Hans Ulrich Walder

Dr. iur., emeritierter Professor der Universität Zürich

Ehemals Gastprofessor an den Universitäten St. Gallen und Freiburg i. Ue.

SchKG

Schuldbetreibung und Konkurs

Das SchKG und zugehörige Verordnungen, mit Verweisungen, Anmerkungen, Hinweisen und Sachregister

unter Mitarbeit von
Dr. iur. Béatrice Grob-Andermacher, Rechtsanwältin, Zug

16., neubearbeitete Auflage 2002
des von Dr. Carl Jaeger begründeten
und von Dr. Marta Daeniker
weitergeführten Präjudizienkommentars

D1722560

orell füssli Verlag AG

Stand von Gesetzgebung und Praxis: 1. Oktober 2002.

Anregungen und Kritik nimmt entgegen:

Hans Ulrich Walder-Richli
Institut Felsenegg
Felsenegg 12
CH-6204 Sempach

Tel. 041 460 10 06; Fax 041 460 10 80
E-Mail: huwsempach@bluewin.ch

Sechzehnte, neubearbeitete Auflage 2002
© 2002 Orell Füssli Verlag AG, Zürich
www.ofv.ch
Printed in Germany
ISBN 3-280-07016-3

Bibliografische Information Der Deutschen Bibliothek
Die Deutsche Bibliothek verzeichnet diese Publikation
in der Deutschen Nationalbibliografie; detaillierte bibliografische Daten
sind im Internet über http://dnb.ddb.de abrufbar.

Inhaltsverzeichnis

I. Gesetzestext

**Bundesgesetz über Schuldbetreibung und Konkurs (SchKG)
vom 11. April 1889 / 16. Dezember 1994**

Verzeichnis der Abkürzungen

a.a.O.	am angegebenen Ort
AB	Aufsichtsbehörde
Abs.	Absatz
a.E.	am Ende
a.F.	alte Folge
AFG	Bundesgesetz über die Anlegefonds vom 18. März 1994
AFV	Vollziehungsverordnung zum Bundesgesetz über die Anlagefonds vom 19. Oktober 1994
AG	Aktiengesellschaft
a.gl.O.	am gleichen Ort
AHVG	BG über die Alters- und Hinterlassenenversicherung vom 20. Dezember 1946
AJP	Aktuelle Juristische Praxis
AlkG	Bundesgesetz über die gebrannten Wasser (Alkoholgesetz) vom 21. Juni 1932 /25. Oktober 1949
AlkV	Verordnung zum Alkohol- und zum Hausbrennereigesetz (Alkoholverordnung) vom 6. April 1962
Anl.	Anleitung der Schuldbetreibungs- und Konkurskammer des Bundesgerichts über die bei der Zwangsverwertung von Grundstücken zu errichtenden Aktenstücke vom 7. Oktober 1920 / 29. November 1976 / 22. Juli 1996
Anm.	Anmerkung
a.o.	ausserordentlich
Arch.	Archiv
Art.	Artikel
AS	Amtliche Sammlung der Bundesgesetze und Verordnungen
Aufl.	Auflage
AVIG	BG über die obligatorische Arbeitslosenversicherung und die Insolvenzentschädigung vom 21. Juni 1982
AVIV	Verordnung über die obligatorische Arbeitslosenversicherung und die Insolvenzentschädigung vom 31. August 1982
BA	Betreibungsamt
BankG, BkG	Bundesgesetz über die Banken und Sparkassen (Bankengesetz) vom 8. November 1934 / 11. März 1971

BankV, VBkG	Verordnung zum Bundesgesetz über die Banken und Sparkassen (Bankenverordnung) vom 17. Mai 1972
BAV	Bundesamt für Verkehr
BB	Betreibungsbeamter, Betreibungsbehörde
BBl	Bundesblatt
BewG	BG über den Erwerb von Grundstücken durch Personen im Ausland vom 16. Dezember 1983
BewV	Verordnung über den Erwerb von Grundstücken durch Personen im Ausland vom 1. Oktober 1984
betr.	betreffend
bezgl.	Bezüglich
Bger, BGr	Bundesgericht
BG	Bundesgesetz
BGBB	Bundesgesetz über das bäuerliche Bodenrecht vom 4. Oktober 1991
BGE	Amtliche Sammlung der Entscheidungen des Bundesgerichtes
BlSchK	Blätter für Schuldbetreibung und Konkurs
br.	britisch
BR	Bundesrat
BRB	Bundesratsbeschluss
BS	Bereinigte Sammlung der Bundesgesetze und Verordnungen 1848–1947
Bst.	Buchstabe
BV	Bundesverfassung
Cdc	Code de commerce français
DBG	Bundesgesetz über die direkte Bundessteuer vom 14. Dezember 1990
ders.	derselbe
DKO	Deutsche Konkursordnung
DZPO	Deutsche Zivilprozessordnung
E., Erw.	Erwägung
E.B.	Offizielle Sammlung der das Schweizerische Staatsrecht betreffenden Aktenstücke der in Kraft bestehenden Beschlüsse, Verordnungen und Konkordate und der zwischen der Eidgenossenschaft und den benachbarten Staaten abgeschlossenen besonderen Verträgen (3 Bände von 1815 bis Ende des Jahres 1848)
édit.	Édition
EV	Eigentumsvorbehalt
EVED	Eidgenössisches Verkehrs- und Energiewirtschaftdepartement
fakultat.	fakultativ
fr., franz.	französisch
FS	Festschrift

GBV	Verordnung betr. das Grundbuch (Grundbuchverordnung) vom 22. Februar 1910
GeBüV	Verordnung über die Führung und Aufbewahrung der Geschäftsbücher (Geschäftsbücherverodnung) vom 24. April 2002
GschG	BG über die Schuldbetreibung gegen Gemeinden und andere Körperschaften des kantonalen öffentlichen Rechts vom 4. Dezember 1947
h.M.	herrschende Meinung
HRV	Verordnung über das Handelsregister vom 7. Juni 1937
i.a.	im allgemeinen
i.d.R.	in der Regel
i.(e.)S	im (engeren) Sinne
i.V.m.	in Verbindung mit
IPRG	Bundesgesetz über das Internationale Privatrecht vom 18. Dezember 1987
IZPR	Internationales Zivilprozessrecht
KA	Konkursamt
kant.	kantonal
KB	Konkursbeamter
KOV	Verordnung des BGr über die Geschäftsführung der Konkursämter vom 13. Juli 1911 / 5. Juni 1996
KS	Kreisschreiben
Kt.	Kanton
Kt.R.	kantonales Recht
KVG	Bundesgesetz über die Krankenversicherung (Krankenversicherungsgesetz) vom 18. März 1994
LBG	Bundesgesetz über das Luftfahrzeugbuch vom 7. Oktober 1959
LVG	BG über die wirtschaftliche Landesversorgung (Landesversorgungsgesetz) vom 8. Oktober 1982
MIZV	Mitteilungen aus dem Institut für zivilgerichtliches Verfahren in Zürich
MPEV	Verordnung über den Militärpflichtersatz vom 9. November 1994
MStG	Militärstrafgesetz vom 13. Juni 1927
MVG	Bundesgesetz über die Militärversicherung (Militärversicherungsgesetz) vom 19. Juni 1992
MPEV	Verordnung über den Militärpflichtersatz vom 9. November 1994
N.	Note
n.F.	neue Folge
NLV	Nachlassvertrag
Nr.	Nummer
NZZ	Neue Zürcher Zeitung
obligat.	obligatorisch

8

OG	BG über die Organisation der Bundesrechtspflege (Organisationsgesetz) vom 16. Dezember 1943
OR	BG über das Obligationenrecht in der revidierten Fassung vom 18. Dezember 1936
p.	page
PfG	Bundesgesetz über die Ausgabe von Pfandbriefen (Pfandbriefgesetz) vom 25. Juni 1930
Pra	Die Praxis des Bundesgerichts
PVG	Bundesgesetz über den Postverkehr vom 2. Oktober 1924
Rb	Rechtsband
revSchKG	SchKG in revidierter Fassung
RV	Rechtsvorschlag
Rz	Randziffer
S.	Seite
SAV	Schweizerisches Anwaltsverband
SchKG	Bundesgesetz über Schuldbetreibung und Konkurs vom 11. April 1889 / 16. Dezember 1994
SchKK	Schuldbetreibungs- und Konkurskammer des Bundesgerichts
SchlB	Schlussbestimmungen
SJK	Schweizerische Juristische Kartothek
SJZ	Schweizerische Juristenzeitung
SR	Systematische Sammlung des Bundesrechts
ST	Schweizer Treuhänder
SRG	Bundesgesetz über das Schiffsregister (Schiffsregistergesetz) vom 28. September 1923
ST	Schweizer Treuhänder
StGB	Schweizerisches Strafgesetzbuch vom 21. Dez. 1937
V, VO	Verordnung
VABK	Verordnung des Bundesgerichts über die Aufbewahrung der Betreibungs- und Konkursakten vom 5. Juni 1996
VAG	Bundesgesetz betreffend die Aufsicht über die privaten Versicherungseinrichtungen (Versicherungsaufsichtsgesetz) vom 23. Juni 1978
VBGr	Verordnung des Bundesgerichts
VBkG, BankV	Verordnung zum Bundesgesetz über die Banken und Sparkassen vom 17. Mai 1972
VBR	Verordnung des Bundesrats
VEP	Verordnung über die schrittweise Einführung des freien Personenverkehrs zwischen der Schweizerischen Eidgenossenschaft und der Europäischen Gemeinschaft sowie ihren Mitgliedstaaten (Verordnung über die Einführung des freien Personenverkehrs) vom 23. Mai 2001 oder

	Verordnung über die schrittweise Einführung des freien Personenverkehrs zwischen der Schweizerischen Eidgenossenschaft und deren Mitgliedstaaten sowie unter den Mitgliedern der Europäischen Freihandelsassoziation (Verordnung über die Einführung des freien Personenverkehrs) vom 22. Mai 2002
Verw. Ger	Verwaltungsgericht
VFRR	Verordnung des BGr über die im Betreibungs- und Konkursverfahren zu verwendende Register sowie die Rechnungsführung vom 5. Juni 1996
VGeK	Verordnung über den Genossenschaftskonkurs vom 20. Dezember 1937
Vgl.	Vergleiche
VmK	Verordnung über das militärische Kontrollwesen vom 7. November 1998
VNB	Verordnung des BGr betr. das Nachlassverfahren von Banken und Sparkassen vom 11. April 1938 / 5. Juni 1996
VStG	Bundesgesetz über die Verrechnungssteuer vom 13. Oktober 1965
VV	Vollziehungsverordnung
VVAG	Verordnung des BGr über Pfändung und Verwertung von Anteilen an Gemeinschaftsvermögen vom 17. Januar 1923 / 5. Juni 1996
VVBkG	Vollziehungsverordnung zum Bundesgesetz über die Banken und Sparkassen vom 30. August 1961/17. Mai 1972
VVG	Bundesgesetz über den Versicherungsvertrag (Versicherungsvertragsgesetz) vom 2. April 1908
VwOG	Bundesgesetz über die Organisation und die Geschäftsführung des Bundesrates und der Bundesverwaltung vom 19. September 1978
VwVG	Bundesgesetz über das Verwaltungsverfahren (Verwaltungsverfahrensgesetz) vom 20. Dezember 1968
VZG	Verordnung des BGr über die Zwangsverwertung von Grundstücken vom 23. April 1920 / 5. Juni 1996
WEG	Wohnbau- und Eigentumsförderungsgesetz vom 4. Oktober 1979
WStB	Wehrsteuerbeschluss (nicht mehr in Kraft)
ZB	Zahlungsbefehl
ZBl	Zeitschrift für Staats- und Gemeindeverwaltung
ZBJV	Zeitschrift des Bernischen Juristenvereins
ZG	Zollgesetz vom 1. Oktober 1925
ZGB	Schweiz. Zivilgesetzbuch vom 10. Dezember 1907
Ziff.	Ziffer
ZR	Blätter für Zürcherische Rechtsprechung
ZSR	Zeitschrift für Schweizerisches Recht
ZV	Verordnung zum Zollgesetz (Zollverordnung) vom 10. Juli 1926

Wichtigste Literaturangaben

1. Allgemeine Literatur zum SchKG
a) Gesetzesmaterialien

Zum BG vom 11.IV.1889 (SR 281.1):

Botschaft des Bundesrates vom 23.II.1886, BBl 1886, II, 1ff.

Ferner Kommissionsprotokolle, Berichte usw. in BBl 1886, III, 605 und 877; 1887, I, 784; II, 257; 1888, I, 353.

Ergänzungsbotschaften BBl 1888, III, 117; IV, 1137; 1889, IV, 1094.

b) Kommentare

Jaeger Carl/Walder Hans Ulrich/Kull Thomas/Kottmann Martin, Das Bundesgesetz betreffend Schuldbetreibung und Konkurs, 4. Auflage, Zürich 1997/2001 (drei Bände).

Jaeger Carl, Daeniker Marta, Schuldbetreibungs- und Konkurspraxis der Jahre 1911–1945, Zürich 1947 (zwei Bände).

Brügger Erwin M., Die schweizerische Gerichtspraxis in Schuldbetreibungs- und Konkursrecht 1946–1984, Adligenswil 1984. Nachträge dazu 1984–1991, Horw 1992.

Gilliéron Pierre-Robert, Commentaire de la loi fédérale sur la poursuite pour dettes et la faillite, Bände 1 bis 3 (Art. 1-270), Lausanne 1997/2001.

Lorandi Franco, Betreibungsrechtliche Beschwerde und Nichtigkeit, Kommentar zu den Artikeln 13-30 SchKG, Basel/Genf/Müchen 2000.

c) Allgemeine Literatur

Amonn Kurt, Gasser Dominik, Grundriss des Schuldbetreibungs- und Konkursrechts, 6. Auflage, Bern 1997.

Blumenstein Ernst, Handbuch des schweizerischen Schuldbetreibungsrechtes, Bern 1911.

Favre Antoine, Cours de Droit des poursuites, 3e édit., Fribourg 1974.

Fritzsche Hans, Walder Hans Ulrich, Schuldbetreibung und Konkurs nach schweizerischem Recht, Bd. 1, 3. Auflage, Zürich 1984; Bd. 2, 3. Auflage, Zürich 1993.

Gilliéron Pierre-Robert, Poursuite pour dettes, Faillite et Concordat, 3e édit., Lausanne 1993.

Jaeger Carl, Krauskopf Lutz, Stoffel W.A., La poursuite pour dettes et la faillite, Reccueil de textes avec annotations, ordonnances d'exécution, législation spéciale, circulaire et index, 13e édit., Lausanne/Paris 1997.

Walder Hans Ulrich/Jent Ingrid, Tafeln zum Schuldbetreibungs- und Konkursrecht, 5. Auflage, Zürich 1997.

2. Gesetzesmaterialien zur Revision des SchKG vom 16. Dezember 1994

Protokoll der Studienkommission 1972–1975;

Protokoll der Expertenkommission 1976–1984;

VE der Expertenkommission und Bericht dazu (1981);

Ergebnisse des Vernehmlassungsverfahrens (1984);

Botschaft des Bundesrates vom 8. Mai 1991 (BBl 1991 III 1 mit Separatausgabe);

Bericht des Bundesamtes für Justiz zur Neuregelung des Eintrittsrechts der Konkursverwaltung in zweiseitige Verträge nach Artikel 211 des Bundesgesetzes über Schuldbetreibung und Konkurs (SchKG) vom 1. September 1993 (BBl 1994 I 1315);

AmtlBull. Nationalrat 1993 S. 1, 30; 1994 S. 1405, 2121, 2530;

AmtlBull. Ständerat 1993 S. 628, 729; 1994 S. 1090, 1355;

Referendumsvorlage Bundesgesetz über Schuldbetreibung und Konkurs; Änderung vom 16. Dezember 1994 (BBl 1994 V 995).

3. Spezialliteratur zur Revision des SchKG vom 16. Dezember 1994

Amberg Peter, Der ausseramtliche Konkursverwalter im summarischen Konkursverfahren, BlSchK 59 (1995), S. 1.

Amonn Kurt, Vom Wildwuchs der Konkursprivilegien, in: FS 100 Jahre SchKG, Zürich 1989, S. 343.

Amonn Kurt, Streiflichter auf die Revision des SchKG, ZBJV 123 (1987), S. 177.

Amonn Kurt, Zur Frage des Gerichtstandes für die paulianische Anfechtung, in: Recht und Rechtsdurchsetzung, FS für Hans Ulrich Walder zum 65. Geburtstag, Zürich 1994, S. 427.

Angst Paul, Neuerungen im Betreibungsverfahren, in: Das revidierte Schuldbetreibungs- und Konkursgesetz (SchKG), Schriftenreihe SAV, Band 13, Bern 1995, S, 13.

Baumgartner Andres, Das Unternehmen im Konkurs. Ein Diskussionsbeitrag zur derzeitigen Revision des Schweizerischen Schuldbetreibungs- und Konkursgesetzes, SJZ 84 (1988), S. 241.

Bertschinger Urs, Zur Neuregelung des Eintrittrechtes der Konkursverwaltung in synallagmatischen Verträgen des Gemeinschuldners (Art. 211 Abs. 2bis SchKG), AJP 10 (1995), S. 889.

Brönnimann Jürgen, Novenrecht und Weiterziehung des Entscheides des Konkursgerichts gemäss Art. 174 E SchKG, in: Recht und Rechtsdurchsetzung, FS für Hans Ulrich Walder zum 65. Geburtstag, Zürich 1994, S. 433.

Brönnimann Jürgen, Feststellung des neuen Vermögens, Arrest, Anfechtung, in: Das revidierte Schuldbetreibungs- und Konkursgesetz (SchKG), Schriftenreihe SAV, Band 13, Bern 1995, S. 118.

Brönnimann Jürgen, Neuerungen bei ausgewählten Klagen des SchKG, in: Aktuelle Fragen des Schuldbetreibungs- und Konkursrechts nach revidiertem Recht, ZSR NF 115 (1996), S. 211.

Brönnimann Jürgen, Zur Klage nach Art. 85a SchKG («Negative Feststellungsklage»), AJP 11 (1996), S. 1394.

Brunner Alexander, Konkurseröffnungsverfahren und Konkursaufschub, in: Das revidierte Schuldbetreibungs- und Konkursgesetz (SchKG), Schriftenreihe SAV, Band 13, Bern 1995, S. 89.

Bürgi Erich, Die vorgeschlagenen Neuerungen im Nachlassverfahren, ST 55 (1982), Nr. 11, S. 12.

Caimi Carlo Luigi, Le caratteristiche principali della revisione parziale della LEF, in: La revisione della legge federale sulla esecuzione e sul fallimento, atti della giornata di studio del 9 ottobre 1995, Lugano 1995, S. 7.

Camponovo Rico, Marenco Tiziana, Das Recht auf Akteneinsicht und Auskunft im Konkurs- und Nachlassverfahren – Voraussetzungen und Schranken der Einsichtnahme, ST 68 (1995), S. 485.

Cometta Flavio, La procedura concordataria nel nuovo diritto, in: La revisione della legge federale sulla esecuzine e sul fallimento, atti della giornata di studio del 9 ottobre 1995, Lugano 1995, S. 109.

Couchepin Pascal, Révision de la loi sur la poursuite et la faillite – assainissement des entreprises et assainissement individuel, ST 67 (1993), S. 79.

Dallèves Louis, Règlement aimable ou judiciaire des dettes selon la LP revisée, AJP 10 (1995), S. 1564.

Dallèves Louis, Concordat, AJP 11 (1996), S. 1439.

Dickmann Martin, Änderungen der Gläubigerrechte durch die SchKG-Revision, ST 55 (1982), Nr. 11, S. 48.

Dupuis Michèle, Zugriffsmöglichkeiten auf Vorsorgeleistungen in der Zwangsverwertung – Die Pfändungsmöglichkeiten bei der 2. und der Säule 3a, ST 68 (1995), S. 525.

Feuz Andreas, Konkurs eingestellt – wie weiter? Folgen und Möglichkeiten des Gläubigers, ST 68 (1995), S. 499.

Gani Lucien, Le lieu suffisant avec la Suisse et d'autres conditions du séquestre lorsque le domicile du débiteur est à l'étranger, SJZ 92 (1996), S. 227.

Gasser Dominik, Neues von der Betreibung aufgrund eines Konkursverlustscheins, in: FS für Pierre Widmer, Bern 1990, S. 1.

Gasser Dominik, Das neue Sanierungsverfahren, BlSchK 57 (1993), S. 201.

Gasser Dominik, Das Abwehrdispositiv der Arrestbetroffenen nach revidiertem SchKG, ZBJV 130 (1994), S. 582.

Gasser Dominik, Nachlassverfahren, Insolvenzerklärung und Feststellung neuen Vermögens nach revidiertem SchKG, ZBJV 132 (1996), S. 1.

Gasser Dominik, Revidiertes SchKG – Hinweise auf kritische Punkte, ZBJV 132 (1996), S. 627.

Gauthey Danielle, Materialien und Literatur zur SchKG-Reform, AJP 5 (1996), S. 1469.

Gilliéron Pierre-Robert, Une alerte centenaire, la volonté de restreindre le cas de séquestre de l'art. 271 al. 1 ch. 4 LP, SJZ 82 (1986), S. 121.

Gilliéron Pierre-Robert, Les privilèges du travailleur dans l'exécution forcée, in: Recht und Rechtsdurchsetzung, FS für Hans Ulrich Walder zum 65. Geburtstag, Zürich 1994, S. 453.

Gilliéron Pierre-Robert, Le séquestre dans la LP révisée, BlSchK 59 (1995), S. 121.

Gilliéron Pierre-Robert, Annulation de l'opposition et exéquatur, in: La revisione della legge federale sulla esecuzione e sul fallimento, atti della giornata di studio del 9 ottobre 1995, Lugano 1995, S. 35.

Grosbéty Dominique, Le sursis concordataire préventif à la faillite – Aperçu de la pratique concordataire, ST 69 (1995), S. 479.

Guggisberg Jürg, Neuerungen aus der Sicht der Gläubiger, in: Das revidierte Schuldbetreibungs- und Konkursgesetz (SchKG), Schriftenreihe SAV, Band 13, Bern 1995, S. 65.

Hardmeier Hans Ulrich, Ist unser Insolvenzrecht noch zeitgemäss?, in: FS 100 Jahre SchKG, Zürich 1989, S. 19.

Hardmeier Hans Ulrich, Grundzüge der Revision des Schuldbetreibungs- und Konkursgesetzes, AJP 1 (1992), S. 249.

Hardmeier Hans Ulrich, Das aktienrechtliche Moratorium und der gerichtliche Nachlassvertrag als Sanierungsinstrumente – Unter Berücksichtigung der Vorlage der eidgenössischen Räte zur Revision des SchKG, in: Recht und Rechtsdurchsetzung, FS für Hans Ulrich Walder zum 65. Geburtstag, Zürich 1994, S. 503.

Hardmeier Hans Ulrich, Entstehung und Schwerpunkte der Revision, in: Das revidierte Schuldbetreibungs- und Konkursgesetz, Schriftenreihe SAV, Band 13, Bern 1995, S. 7.

Hardmeier Hans Ulrich, Änderungen im Konkursrecht, AJP 5 (1996), S. 1428.

Jent-Sörensen Ingrid, Aspekte der Rechtsdurchsetzung zwischen Gläubigern desselben Schuldners in der Betreibung auf Pfändung, in: Recht und Rechtsdurchsetzung, FS für Hans Ulrich Walder zum 65. Geburtstag, Zürich 1994, S. 515.

Jent-Sörensen Ingrid, Die Tragweite von Art. 204 Abs. 1 nach geltendem und revidiertem SchKG, BlSchK 57 (1995) S. 41.

Kleiner Beat, Ausländerarrest – Kompromiss zwischen Schuldnerverfolgung und Schädigung der eigenen Wirtschaft, in: FS 100 Jahre SchKG, Zürich 1989, S. 371.

Kofmel Sabine, Die Rechtsöffnung gemäss revidiertem SchKG, AJP 11 (1996), S. 1349.

Krafft Mathias-Charles, Les traités internationaux sont réservés. – Observations sur certains aspects de la révision de la LP touchant les relations entre le droit international et le droit suisse, in: FS 100 Jahre SchKG, Zürich 1989, S. 161.

Krauskopf Lutz, Schwerpunkte der Revision des SchKG, ST 55 (1982), Nr. 11, S. 4.

Krauskopf Lutz, Die Revision des SchKG im Spannungsfeld der Wirtschaftskriminalität, SJZ 80 (1984), S. 17.

Krauskopf Lutz, Die zivilrechtliche Haftung der Organe, Behörden und Gerichte im Schuldbetreibungs- und Konkursgesetz (SchKG) de lege lata et ferenda, in: FS 100 Jahre SchKG, Zürich 1989, S. 117.

Kren-Kostkiewicz Jolanta, Gerichtsstände im revidierten SchKG, AJP 11 (1996), S. 1360.

Lorandi Franco, Schwander Ivo, Intertemporales Recht und Übergangsbestimmungen im revidierten Schuldbetreibungs und Konkursgesetz, AJP 11 (1996), S. 1464.

Loretan Michael, Der Swapvertrag, phänomenologische und vertragsrechtliche Aspekte des Swapvertrages, Schweizer Schriften zum Bankenrecht, Bd. 38, Zürich 1996.

Meier-Dieterle Felix C., Der Ausländerarrest im neuen SchKG – eine Checkliste, AJP 11 (1996), S. 1416.

Meier Isaak, Betreibungsauskunft – ein ungelöstes Problem des SchKG, in: FS 100 Jahre SchKG, Zürich 1989, S. 129.

Meier Isaak, Vorschlag für ein effizientes Verfahren zur Vollstreckung von Urteilen auf Leistung von Geld oder Sicherheit, SJZ 89 (1993), S. 282.

Meier Isaak, Konkursrecht, Neuerungen des revidierten Rechts und aktuelle Fragen aus Lehre und Praxis, in: Aktuelle Fragen des Schuldbetreibungs- und Konkursrechts nach revidiertem Recht, ZSR NF 115 (1996), I, S. 177.

Müller Manuel, Die Bestimmungen über die Zwangsverwertung von landwirtschaftlichen Grundstücken nach BGBB, BlSchK 59 (1995), S. 87.

Nünlist Guido, Wegleitung zum neuen Schuldbetreibungs- und Konkursrecht (SchKG). Das Eintreiben von Forderungen in der Schweiz. 4. Auflage, Bern 1997.

Ottomann Rudolf, Der Arrest, in: Aktuelle Fragen des Schuldbetreibungs- und Konkursrechts nach revidiertem Recht, ZSR NF 115 (1996), I, S. 242.

Peter Hansjörg, Vallet Damien, Révision du droit des poursuites – Revision des Betreibungsrechts, SJZ 92 (1996), S. 425.

Pfleghard Heinz, Akteneinsicht im Betreibungs- und Konkursverfahren, BlSchK 56 (1992), S. 87.

Riemer Hans Michael, Berufliche Vorsorge und Revision des SchKG, Schweizerische Zeitschrift für Sozialversicherung und berufliche Vorsorge 40 (1996), S. 234 = BlSchK 60 (1996), S. 121.

Schüpbach Henri-Robert, Des trois dimensions temporelles du droit de révocation (art. 285 à 292 LP du 11 avril 1889, révisée le 16 décembre 1994), AJP 11 (1996), S. 1446.

Schwander Ivo, Neuerungen in den Bereichen der Rechtsöffnung sowie der Aufhebung oder Einstellung der Betreibung, aber fehlende Regelung von Exequaturverfahren im SchKG, in: Das revidierte Schuldbetreibungs- und Konkursgesetz (SchKG), Schriftenreihe SAV, Band 13, Bern 1995, S. 35.

Schwander Ivo, Überblick über die SchKG-Reform, AJP 5 (1996), S. 1339.

Schwarz Urs, Das Verhältnis zwischen Spezialitätsprinzip und Margenverpfändung, BlSchK 59 (1995), S. 161.

Sprecher Thomas, Jetzer Rolf P., Einführung in das neue Schuldbetreibungs- und Konkursrecht der Schweiz, Zürich 1997.

Spühler Karl, Novità in materia di sequesto e di accertamento di ritorno a miglior fortuna nella nuova LEF, in: La revisione della legge federale sulla esecuzione e sul fallimento, atti della giornata di studio del 9 ottobre 1995, Lugano 1995, S. 99.

Spühler Karl, Das neue Schuldbetreibungs- und Konkursgesetz – Die Geschichte der Revision und die wesentlichen Änderungen, Einleitung zur Textangabe, Zürich 1996, S. 15.

Spühler Karl, Stücheli Peter, Pfister Susanne B., Schuldbetreibungs- und Konkursrecht I. Revidiertes SchKG ohne Konkursrecht und Nachlassverfahren, Vorlesungsskriptum, Zürich 1996.

Spühler Karl, Pfister Susanne B., Schuldbetreibungs- und Konkursrecht II. Konkursrecht und Nachlassverfahren, Vorlesungsskriptum, Zürich 1997.

Spühler Karl, Die Änderungen beim Beschwerdeverfahren im revidierten Schuldbetreibungs- und Konkursgesetz, AJP 11 (1996), S. 1345.

Staehelin Adrian, Die Revision des SchKG, BlSchK 54 (1990), S. 161.

Stäubli Christoph, Konkursaufschub / Nachlassvertrag / Einvernehmliche private Schuldenbereinigung, Aktuelle Fragen des Schuldbetreibungs- und Konkursrechts nach revidiertem Recht, ZSR NF 115 (1996), I, S. 138.

Stocker Ch., Die Berufung im Sinne von SchKG Art. 174, unter besonderer Berücksichtigung des Zeitpunktes der Konkurseröffnung und der Zulässigkeit von Nova, BlSchK 52 (1988), S. 41.

Stoffel Walter A., Les innovations dans le droit de la faillite, in: La revisione della legge federale sulla esecuzione e sul fallimento, atti della giornata di studio del 9 ottobre 1995, Lugano 1995, S. 75.

Stoffel Walter A., Das neue Arrestrecht, AJP 11 (1996), S. 1403.

Straessle Léon, Die Anhebung der Betreibung – eine kritische Würdigung, BlSchK 55 (1991), S. 121.

Ursprung Rudolf, Der Betreibungs- und Konkursbeamte im Spannungsfeld zwischen Amtsgeheimnis, Auskunftspflicht und Überlastung, BlSchK 56 (1994), S. 201.

Vonder Mühll Georges, Der wirtschaftlich begründete Dringlichkeitsverlauf von Mobilien im Konkurs, BlSchK 59 (1995), S. 1.

Walder Hans Ulrich, Ein Gesetz erhält ein neues Kleid, Zürich 1983.

Walder Hans Ulrich, Schuldbetreibung und Konkurs – seltene Problematik im Parlament, NZZ 1993 (26. März), Nr. 47, S. 21.

Walder Hans Ulrich, Zur Revision des Schuldbetreibungs- und Konkursrechts, NZZ 1994 (28. Juni), Nr. 147, S. 23.

Walder Hans Ulrich, Kollisionen von Rechtsbehelfen, in: Rechtskollisionen, FS für Anton Heini zum 65. Geburtstag, Zürich 1995, S. 497.

Walder Hans Ulrich, Rechtsbehelfe im schweizerischen Bundesgesetz über Schuldbetreibung und Konkurs, in: FS für Hideo Nakamura zum 70. Geburtstag, Tokyo 1996, S. 641.

Walder Hans Ulrich, Beschwerdeverfahren, Abgrenzung kantonales Recht, Bundesrecht, Fristen, Nichtige Verfügungen, in: Aktuelle Fragen des Schuldbetreibungs- und Konkursrechts nach revidiertem Recht, ZSR NF 115/1996, I, S. 11.

Walther Fridolin, Neue und angepasste Fristen im revidierten Bundesgesetz über Schuldbetreibung und Konkurs (SchKG), AJP 11 (1996), S. 1378.

Weyermann Edwin, Die Verordnungen des Bundesgerichts zum SchKG in ihrer geänderten Fassung – ein Überblick, AJP 11 (1996), S. 1370.

Widmer Matthias, Der Nachlassvertrag, eine Rechtswohltat?, in: FS 100 Jahre SchKG, Zürich 1989, S. 385.

Zobl Dieter, Das Eintrittsrecht der Konkursmasse in synallagmatische Verträge und die Vertragspflicht, in: Recht und Rechtsverwirklichung, FS für Hans Ulrich Walder zum 65. Geburtstag, Zürich 1994, S. 533.

Zobl Dieter, Kollisionen zwischen Sachen- und Zwangsvollstreckungs-recht, Gedanken und Bemerkungen zum Ausbau der Aussonderungsrechte im Bankenkonkurs, in: Rechtskollisionen, FS für Anton Heini zum 65. Geburtstag, Zürich 1995, S. 543.

Zobl Dieter, Werlen Thomas, Rechtsprobleme des bilateralen Netting, Schweizer Schriften zum Bankenrecht, Bd. 18, Zürich 1994.

Zobl Dieter, Werlen Thomas, ISDA-Master Agreement unter besonderer Berücksichtigung der Swapgeschäfte, Schweizer Schriften zum Bankenrecht, Bd. 33, Zürich 1995.

4. Weitere ausgewählte Literatur

a) Allgemeines

Amonn Kurt und Gasser Dominik, Die Rechtsprechung des Bundesgerichts im Jahre…, jeweils publiziert in ZBJV und BlSchK.

Gilliéron Pierre-Robert und Peter Hansjörg, Le point sur le droit des poursuites et des faillites/Entwicklungen im Schuldbetreibungs- und Konkursrecht, alljährlich publiziert in SJZ.

Schuldbetreibung und Konkurs im Wandel, Festschrift 75 Jahre Konferenz der Betreibungs- und Konkursbeamten der Schweiz, Basel/Genf/München 2000.

b) Einzelfragen

Amberg Peter, Die Auskunftspflicht Dritter und von Behörden nach Art. 91 Abs. 4 und 5 SchKG, ST 72 (1998) S. 315-318.

Amberg Peter, Der sichere Mietvertrag in der Zwangsvollstreckung ? – Doppelaufruf im Sinne von Art. 142 SchKG, BlSchK 65 (2001) S. 161-174 (s. zu diesem Thema auch die dort in Anm. 1 zitierten Werke von Hess-Odoni, Jent-Sörensen, Monnier und Daniel Stahelin).

Artho von Gunten Yvonne, Die Arresteinsprache, Zürcher Studien zum Verfahrensrecht Band 127, Zürich 2001.

Barthold Beat, Die Geltung des Gerichtsstandes des Betreibungsortes gemäss Art. 85a im Anwendungsbereich des Lugano-Übereinkommens, AJP 6 (1997) S. 161-168.

Bommer Florian, Die Zuständigkeit für Widerspruchs- und Anfechtungsklagen im internationalen Verhältnis, Zürcher Studien zum Verfahrensrecht Band 123, Zürich 2001.

Dieth Markus, Beschwerde in Schuldbetreibungs- und Konkurssachen gemäss Art. 17 ff. SchKG unter Berücksichtigung des Beschwerdeverfahrens im Kanton Aargau, Zürcher Studien zum Verfahrensrecht Band 113, Zürich 1999.

Dubach Alexander, Der Konkursaufschub nach Art. 725a OR. Zweck, Voraussetzungen und Inhalt, SJZ 94 (1998) S. 149-160, 181-188.

Fuchs Ursula, Der Nachlassvertrag mit Vermögensabtretung an einen Dritten, Basler Studien zur Rechtswissenschaft Reihe A: Privatrecht, Band 48, Basel 1999.

Fürstenberger Beat, Einrede des mangelnden und Feststellung neuen Vermögens nach revidiertem Schuldbetreibungs- und Konkursgesetz unter besonderer Berücksichtigung der Kantone Basel-Stadt und Basel-Landschaft, Basler Studien zur Rechtswissenschaft Reihe A: Privatrecht, Band 50, Basel 1999.

Gasser Dominik, Betreibung für Miet- und Pachtzinsforderungen, BlSchK 63 (1999) S. 81-93.

Gehler Karl, Der Gläubigerausschuss im Konkurs und im Nachlassverfahren, Diss. Freiburg 1999.

Graham-Siegenthaler Barbara, Vorzeitige Verwertung und Freihandverkauf im Konkurs, BlSchK 62 (2000) S. 81-87.

Grob Gerhard, Rechtliche Behandlung von Treugut im Konkurs des Treuhänders, BlSchK 80 (1986) 1.

Gübeli Christian A., Gläubigerschutz im Erbrecht, Diss. Zürich 1999.

Gut Beat/Rajower Felix/Sonnenmoser Brigitta, Rechtsvorschlag mangels neuen Vermögens, AJP 7 (1998) S. 529-546.

Hanisch Hans, Die Vollstreckung von ausländischen Konkursentscheiden in der Schweiz, AJP 8 (1999) S. 17-20.

Hug-Beeli Gustav, Konkurseröffnung ohne vorgängige Betreibung auf Antrag des Schuldners, BlSchK 62 (1998) S. 42-55.

Hunkeler Daniel, Das Nachlassverfahren nach revidiertem SchKG. Mit einer Darstellung der Rechtsordnungen der USA, Frankreichs und Deutschlands. Arbeiten aus dem juristischen Deminar der Universität Freiburg, Band 158, Freiburg 1996.

Hunkeler Daniel, Versäumnis des Gesetzgebers als Mitursache für das Swissair-Debakel? BlSchK 66 (2002) S. 7-11.

Jacques Charles, Exécution forcée spéciale des cédules hypothécaires, BlSchK 65 (2002) S. 201-227.

Jent-Sörensen Ingrid, Die Rechtsdurchsetzung bei der Grundstückverwertung in der Spezialexekution (in Vorbereitung).

Kleiner Beat, Verarrestierung von Vermögenswerten, die auf den Namen Dritter lauten, SJZ 78 (1982) 203.

Kren Kostkiewicz Jolanta, Konkurseröffnung und schuldrechtliche Verträge, Bern 1989.

Laydu Molinari Sandra, La poursuite pour les dettes successorales, Diss. Lausanne 1999.

Lorandi Franco, Einstellung des Konkurses über juristische Personen mangels Aktiven (Art. 230a SchKG), AJP 8 (1999) S. 41-44.

Lorandi Franco, Arbeitsverträge im Konkurs des Arbeitgebers, SJZ 96 (2000) S. 150 ff.

Meier Isaak, Einführung in das internationale Insolvenzrecht nach schweizerischem Recht unter Einbezug des europäischen Rechts, MIZV Heft 23 (1998) S. 5-44.

Müller-Chen Markus, Die Auskunftspflicht Dritter beim Pfändungs- oder Arrestvollzug, BlSchK 64 (2000) S. 201-232.

Peter Hansjörg, Fragen zur provisorischen Rechtsöffnung, SJZ 94 (1998) S. 133 ff.

Portmann B. Die Verzinsung der Kurrentforderungen in aktiv saldierenden Konkursverfahren, BlSchK 25 (1961) 33.

Reusser Ruth, Das neue Eherecht und seine Berührungspunkte mit dem SchKG 51 (1987) 81, 121.

Siehr Kurt, Grundfragen des internationalen Konkursrechts, SJZ 95(1999) S. 85-94.

Spühler Karl, Probleme bei der Schuldbetreibung öffentlich-rechtlicher Geldforderungen, ZBl 100 (1999) S. 254 ff.

Spühler Karl/Infanger Dominik, Grundlegendes zur Rechtsöffnung, BlSchK 64 (2000) S. 1-10.

Spühler Karl/Reetz Peter, Das neue Gerichtsstandsgesetz und seine Auswirkungen auf das SchKG, BlSchK 66 (2002) S. 1-7.

Spühler Karl/Reetz Peter/Vock Dominik/Graham-Siegenthaler Barbara, Neuerungen im Zivilprozessrecht, Zürich 2000.

Spühler Karl/Vitelli-Jucker Renate, Zentrale Fragen der Aussonderungsklage, AJP 9 (2000) S. 1463-1467.

Stücheli Peter, Die Rechtsöffnung. Zürcher Studien zum Verfahrensrecht, Band 119, Zürich 2000.

Studer Franz, Das Retentionsrecht in der Zwangsvollstreckung, Zürcher Studien zum Verfahrensrecht Band 115, Zürich 2000.

Tenchio Luca, Feststellungsklagen und Feststellungsprozess nach Art. 85a SchKG, Zürcher Studien zu Verfahrensrecht, Band 111, Zürich 1999.

Vonder Mühll Georges Der wirtschaftlich begründete Dringlichkeitsverkauf von Mobilien im Konkurs, BlSchKG 59 (1995) S. 1-7.

Vouilloz François, La suspension de la faillite faute d'actif (art. 230 et 230a LP), BlSchK 65 (2001) S. 41-57.

Wiprächtiger Hans, Das neue Vermögensstrafrecht und die Änderungen im Bereich der Konkurs- und Betreibungsdelikte, BlSchK 62 (1998) S. 1-21.

Zobl Dieter, Fragen der paulianischen Anfechtung, SJZ 96 (2000) S. 25 ff.

Ein ausführlicheres, auch nach Sachgebieten geordnetes Literatur- und Quellenverzeichnis findet sich bei Jaeger/Walder/Kull/Kottmann, Band 3, S. 385–440.

I. Gesetzestext

Bundesgesetz über Schuldbetreibung und Konkurs (SchKG)

SR 281.1

vom 11. April 1889/16. Dezember 1994

Die Bundesversammlung der Schweizerischen Eidgenossenschaft, gestützt auf Artikel 64 der Bundesverfassung, beschließt:

1 An die Stelle von Art. 64 der Bundesverfassung vom 29. Mai 1874 ist seit Erlass der großen Gesetzesrevision von 1994 Art. 122 Abs. 1 der Bundesverfassung vom 18. April 1999/12. März 2000 getreten, wo allerdings – im Unterschied zur früheren Bestimmung – «das Betreibungsrecht und das Konkursrecht» nicht mehr erwähnt sind.

Erster Titel: Allgemeine Bestimmungen
I. Organisation

Art. 1
A. Betreibungs- und Konkurskreise

[1] Das Gebiet jedes Kantons bildet für die Durchführung der Schuldbetreibungen und der Konkurse einen oder mehrere Kreise.

[2] Die Kantone bestimmen die Zahl und die Grösse dieser Kreise.

[3] Ein Konkurskreis kann mehrere Betreibungskreise umfassen.

1 Kompetenz der **Kantone** im Bereich der Organisation und Besetzung der Schuldbetreibungs- und Konkursbehörden: BGE 114 III 2 E.1, 2.

2 Natur des Verfahrens und Abgrenzung zum **Zivilprozess**: BGE 118 III 31 E.3a, b; 119 III 67 E. 4b.

Art. 2
B. Betreibungs- und Konkursämter
1. Organisation

[1] In jedem Betreibungskreis besteht ein Betreibungsamt, das vom Betreibungsbeamten geleitet wird.

[2] In jedem Konkurskreis besteht ein Konkursamt, das vom Konkursbeamten geleitet wird.

[3] Jeder Betreibungs- und Konkursbeamte hat einen Stellvertreter *(28)*, der ihn ersetzt, wenn er in Ausstand tritt *(10)* oder an der Leitung des Amtes verhindert ist.

[4] Das Betreibungs- und das Konkursamt können zusammengelegt und vom gleichen Beamten geleitet werden.

[5] Die Kantone bestimmen im übrigen die Organisation der Betreibungs- und Konkursämter:

Abs. 1 und 2

1 Betr. **Stellvertretung** und Beamtenwechsel: KOV (Nr. 34) Art. 6, 7.

2 Betr. Funktion als **Sachwalter** im *Nachlassverfahren*: Art. 332 Abs. 2 Satz 2.

3 Ob die Konkursverwaltung die Geschäftsbücher des Gemeinschuldners den kantonalen **Steuerbehörden** zur Verfügung zu stellen habe, bestimmt sich nach dem öffentlichen Recht des Kantons. Aus dem SchKG ergibt sich kein Grund für den Konkursbeamten, dies zu verweigern: BGE 64 III 9 ff.

4 Kompetenz der Kantone im Bereich der **Organisation und Besetzung** der Schuldbetreibungs- und Konkursbehörden: BGE 114 III 2 E.1, 2. Zulässigkeit der Zusammenlegung der Konkursämter mehrerer Konkurskreise an demselben Amtssitz: BGE 114 III 3 E. 2a. Zulässigkeit der Personalunion insoweit als ein Beamter mehr als einem Konkurskreis vorsteht: BGE 114 III 4 E. 2a.

Art. 3
2. Besoldung
Die Besoldung der Betreibungs- und Konkursbeamten sowie ihrer Stellvertreter ist Sache der Kantone.

1 Die Besoldung der Konkursbeamten richtet sich nach **kantonalem** Recht: BGE 125 III 247 E. 2.

Art. 4
C. Rechtshilfe
[1] Die Betreibungs- und die Konkursämter nehmen auf Verlangen von Ämtern, ausseramtlichen Konkursverwaltungen *(237 Abs. 2)* Sachwaltern *(293, 295, 332 Abs. 2, 334, 341 Abs. 2)* und Liquidatoren *(320)* eines andern Kreises Amtshandlungen vor.

[2] Mit Zustimmung des örtlich zuständigen Amtes können Betreibungs- und Konkursämter, ausseramtliche Konkursverwaltungen, Sachwalter und Liquidatoren auch ausserhalb ihres Kreises Amtshandlungen vornehmen. Für die Zustellung von Betreibungsurkunden anders als durch die Post *(64–66, 72)* sowie für die Pfändung *(91)*, die öffentliche Versteigerung *(125)* und den Beizug der Polizei *(64, 91, 225, 275, 283, 284)* ist jedoch allein das Amt am Ort zuständig, wo die Handlung vorzunehmen ist.

1 Rechtshilfe ist erforderlich für **Amtshandlungen** im angesuchten Kreise: BGE 83 III 130, nicht aber für Forderungspfändungen, Zustellungen und Anzeigen: BGE 73 III 87; 86 III 9.

– BA ist frei, eine **Einkommenspfändung** selbst zu vollziehen oder durch BA des Wohnorts des Schuldners vollziehen zu lassen: BGE 91 III 83 E.1.

2 Bei der **requisitionsweise** durchgeführten Pfändung obliegt dem ersuchten Amte die Ausscheidung von unpfändbaren Gegenständen; Beschwerde daher gegen dieses Amt: BGE 84 III 35; 91 III 84 E.1;

– anders für die Kosten: BGE 79 III 29.

3 Gebühr für **Zustellung**: GebVSchKG (Nr. 10) Art. 7.

Art. 5
D. Haftung
1. Grundsatz

[1] Der Kanton haftet für den Schaden, den die Beamten und Angestellten, ihre Hilfspersonen, die ausseramtlichen Konkursverwaltungen, die Sachwalter, die Liquidatoren, die Aufsichts- und Gerichtsbehörden sowie die Polizei bei der Erfüllung der Aufgaben, die ihnen dieses Gesetz zuweist, widerrechtlich verursachen.

[2] Der Geschädigte hat gegenüber dem Fehlbaren keinen Anspruch.

[3] Für den Rückgriff des Kantons auf die Personen, die den Schaden verursacht haben, ist das kantonale Recht massgebend.

[4] Wo die Schwere der Verletzung es rechtfertigt, besteht zudem Anspruch auf Genugtuung.

Abs. 1

1   Der Konkursbeamte schweizerischen Rechts ist ein **Beamter**: BGE 94 III 95 E. b.

2   Haftung für den **Angestellten**: BGE 108 III 75 E. 4.

3   Zur Haftung für **Sachverständige**: BGE 67 II 23.

4   Keine Haftung für Nichtbeachtung eines eingetragenen, aber nicht geltend gemachten **Eigentumsvorbehaltes** bei der Pfändung: BGE 64 III 117 ff.

5   Haftung für **Rechtsverzögerung** wegen Personalmangels bei der Besetzung eines Konkursverfahrens: BGE 119 III E.3;
   – Haftung für **Richter**, der drei Wochen mit der Mitteilung eines Konkurses zuwartet: BGE 120 Ib 249 E.2b.
   – Haftung für verspätete Konkurseröffnung: BGE 127 III 374.

6   Der nach Vollstreckungsrecht bestehende Anspruch auf eine **Geldzahlung des Amtes** ist nicht Schadenersatzanspruch nach Art. 5, sondern vollstreckungsrechtlicher Anspruch gegen den Justiz- und Betreibungsfiskus. Der Berechtigte hat auf dem Beschwerdeweg vorzugehen: BGE 73 III 84 ff.; 76 III 84 f. mit Hinweisen.

7   Das für einen Haftungsprozess zutreffende Bundesrechtsmittel ist die **Verwaltungsgerichtsbeschwerde**: BGE 126 III 437 E. 2c und 3.

Art. 6

2. Verjährung

[1] Der Anspruch auf Schadenersatz verjährt in einem Jahr von dem Tage hinweg, an welchem der Geschädigte von der Schädigung Kenntnis erlangt hat, jedenfalls aber mit dem Ablauf von zehn Jahren von dem Tage der Schädigung an gerechnet.

[2] Wird jedoch der Schadenersatzanspruch aus einer strafbaren Handlung hergeleitet, für die das Strafrecht eine längere Verjährung vorschreibt, so gilt diese auch für ihn.

Abs. 1

1 Kenntnis vom Schaden, Begriff: BGE 111 II 57 E.3, 167 E.1a; BGE 112 II 122 E.4;

  – wenn der Geschädigte durch einen Konkurs oder Nachlassvertrag mit Vermögensabtretung einen **Verlust** erleidet: BGE 111 II 167 E.1a.

  – Beginn der Verjährung von **Regressforderungen**: BGE 115 II 48 E.2.

2 Die zehnjährige Frist kann **unterbrochen** werden: 112 II 232 E.3e.

3 Für das **intertemporale** Recht vgl. SchlBest Art. 2 Abs. 2.

Abs. 2

4 Voraussetzung des Vorliegens einer **strafbaren Handlung:** BGE 121 III 209 E.2c; 122 III 8 E.2c.

Art. 7

3. Zuständigkeit des Bundesgerichts

Wird eine Schadenersatzklage mit widerrechtlichem Verhalten der oberen kantonalen Aufsichtsbehörden oder des oberen kantonalen Nachlassgerichts begründet, so ist das Bundesgericht als einzige Instanz zuständig.

Keine Entscheidungen

1 Mit der Revision der BZP im Anschluss an die Justizreform vom 12. März 2000 werden die Direktprozesse vor Bundesgericht drastisch reduziert. Der vorliegende Artikel ist davon aber nicht betroffen.

Art. 8
E. Protokolle und Register
1. Führung, Beweiskraft und Berichtigung

[1] Die Betreibungs- und die Konkursämter führen über ihre Amtstätigkeiten sowie die bei ihnen eingehenden Begehren und Erklärungen Protokoll; sie führen die Register.

[2] Die Protokolle und Register sind bis zum Beweis des Gegenteils für ihren Inhalt beweiskräftig.

[3] Das Betreibungsamt berichtigt einen fehlerhaften Eintrag von Amtes wegen oder auf Antrag einer betroffenen Person.

Abs. 1

1 Vgl. KOV (Nr. 34) Art. 24a. Anzeige der **Lohnpfändung** nach Art. 99 als amtliche Verrichtung: BGE 107 III 82 E.4.

2 **Keine Löschung** des Eintrages in Betreibungsbuch bzw. -karte, wenn das BA nicht schon beim Empfang des BB seine Unzuständigkeit mit Sicherheit erkannt hat, in welchem Fall ein Tagebuchvermerk genügt hätte: BGE 95 III 3 ff. E.1.

– Bei **nichtiger** Betreibung: BGE 115 III 26 E. 1.

– **Natur** der Löschung: BGE 115 III 26 E 2.

3 **Beschwerde** zulässig wegen **Unklarheit oder Unrichtigkeit** einer Eintragung: BGE 95 III 4.

4 Betr. Betreibungsbuch in **Kartenform** vgl. KS BGer (Plenum) Nr. 31 vom 12.VII.1949 mit Nachträgen vom 30.III.1953 und 11.XII.1959 (hinten Nr. 3, 4).

5 Betr. **Konkursprotokoll** KOV (Nr. 34) Art. 8 bis 11 und V über die Viehpfändung (Nr. 61) Art. 24–26.

Abs. 3

6 Eintragungen dürfen **nicht entfernt** werden, Vorgehen bei Erlöschen der Betreibung: BGE 119 III 99 E.3b.

7 Die Löschung einer auf **Irrtum** des Gläubigers beruhenden Betreibung hat analog zur nichtigen Betreibung (BGE 115 III 24 ff.) zu geschehen. Der Registereintrag ist mit dem Vermerk zu versehen, dass die Betreibung vom Gläubiger irrtümlicherweise angehoben worden ist.

– Die so gekennzeichnete Betreibung darf fortan in den Registerauszügen **nicht mehr erwähnt** werden: BGE 121 III 81 E.3 und 4; vgl. jetzt Art. 8a Abs. 3.

Art. 8*a*
2. Einsichtsrecht

¹ Jede Person, die ein Interesse glaubhaft macht, kann die Protokolle und Register der Betreibungs- und der Konkursämter einsehen und sich Auszüge daraus geben lassen.

² Ein solches Interesse ist insbesondere dann glaubhaft gemacht, wenn das Auskunftsgesuch in unmittelbarem Zusammenhang mit dem Abschluss oder der Abwicklung eines Vertrages erfolgt.

³ Die Ämter geben Dritten von einer Betreibung keine Kenntnis, wenn:

a) Die Betreibung nichtig ist oder aufgrund einer Beschwerde oder eines Urteils aufgehoben worden ist;

b) der Schuldner mit einer Rückforderungsklage obsiegt hat;

c) der Gläubiger die Betreibung zurückgezogen hat.

⁴ Das Einsichtsrecht Dritter erlischt fünf Jahre nach Abschluss des Verfahrens. Gerichts- und Verwaltungsbehörden können im Interesse eines Verfahrens, das bei ihnen hängig ist, weiterhin Auszüge verlangen.

Abs. 1

1 Es ist kein strenger Nachweis erforderlich, wohl aber ernsthafte **Indizien** für das Bestehen eines behaupteten Interesses: BGE 93 III 6; 94 III 45; 105 III 39 E.1. Als genügendes Indiz wurden anerkannt:

   – ein nicht unterzeichneter Bestellschein: BGE 52 III 76;

   – gemäss verschärfter Praxis nicht das Doppel der Antwort auf eine Kreditanfrage: BGE 94 III 45;

   – auch nicht der blosse Hinweis auf den Inkasso-Auftrag eines Klienten durch einen Rechtsanwalt: BGE 105 III 41.

2 **Umfang** des Auszugs: BGE 115 III 84.

3 Das Recht besteht so lange, als das BA gestützt auf die VABK (hinten Nr. 2) verpflichtet ist, die fraglichen Akten **aufzubewahren**: BGE 99 III 45; 110 III 51 E.4.

4 Ist zwischen Gesuchsteller und Schuldner ein Erbteilungsprozess hängig, darf das Recht nicht auf die Zeit nach Eröffnung des Erbganges **beschränkt** werden: BGE 99 III 45.

5 Das Recht auf Erstellung eines Auszuges geht grundsätzlich ebenso weit wie das **Einsichtsrecht**. In den Auszug sind daher auch die Namen der Gläubiger, die Forderungssummen und der Stand der Verfahren aufzunehmen, wenn der Gesuchsteller es verlangt: BGE 102 III 62.

6 Im Konkurs dürfen die Gläubiger grundsätzlich **alle** im Besitze des Konkursamtes (bzw. der Konkursverwaltung) befindlichen **Aktenstücke** einsehen: BGE 58 III 120; 85 III 119; 91 III 96 E.2; 93 III 7; 110 III 51 E.4.

7 Das **Bankgeheimnis** wird im Konkurs von Banken und Sparkassen beschränkt durch die konkursrechtlichen Offenbarungspflichten: BGE 86 III 117 E.1.

Abs. 2

8 Schützenswertes **Interesse** am Auszug aus dem Betreibungsregister: BGE 115 III 83 E.2.

9 Voraussetzung des Interesses:
- wenn der Geschädigte durch einen Konkurs oder Nachlassvertrag mit Vermögensabtretung einen **Verlust** erleidet: BGE 111 II 167 E.1a.
- Ein **Prozessverhältnis** genügt in jedem Fall: BGE 58 III 120; 91 III 96 E.2.
- Das Interesse kann auch bei einem **Dritten** bestehen, wie im Fall des Treugebers eines Konkursgläubigers: BGE 93 III 10.

10 Zur Beschränkung der Einsichtnahme mit Rücksicht auf **Geschäftsgeheimnisse**: BGE 91 III 96 E.3.

11 Keine Pflicht zur Beantwortung von Fragen, die auf eine **Würdigung** der Protokolle und Belege hinauslaufen: BGE 110 III 51 E.4.

12 **Kreditschädigung**, begangen durch anonymes Versenden von Betreibungsregisterauszügen an Geschäftspartner der zuvor Betriebenen: BGE 119 IV 298 E.2, 3.

13 Bei Verweigerung der Einsichtnahme oder Auskunft ist **Beschwerde** an die kantonale AB nach Art. 17 möglich.

14 Zur **Gebühr** vgl. GebVSchKG Art. 12.

Abs. 3 lit.a

15 Die Betreibung muss **bei ihrer Einleitung** ungerechtfertigt gewesen sein: BGE 125 III 334 E. 1, 2. Ein gerichtlicher Abschreibungsbeschluss genügt nicht, um dies darzutun: BGE 125 III 336 E. 3.

16 Bleibt eine Betreibung im Zustand des erhobenen Rechtsvorschlags, ohne dass der Gläubiger Anerkennungsklage erhebt oder die Rechtsöffnung begehrt, so kann der zu Unrecht betriebene Schuldner vom Betreibungsamt nicht verlangen, dem Gläubiger eine Verwirkungsfrist zum Handeln anzusetzen. Ihm steht mangels Klage gemäss Art. 85a SchKG die allgemeine Klage auf Feststellung des Nichtbestehens der Schuld offen, und er kann, falls mit dem Urteil die Nichtigkeit der Betreibung festgestellt wird, die Kenntnisgabe der Betreibung an Dritte gestützt auf Art. 8a Abs. 3 lit. a SchKG verhindern: BGE 128 III 334.

Abs. 3 lit. c

17 Hat ein Gläubiger die Betreibung **zurückgezogen,** so spielt es keine Rolle, wann der Rückzug erfolgt ist (ob vor oder nach der Zahlung): BGE 126 III 477 E. 1.

Art. 9
F. Aufbewahrung von Geld und Wertsachen

Die Betreibungs- und die Konkursämter haben Geldsummen, Wertpapiere und Wertsachen, über welche nicht binnen drei Tagen nach dem Eingange verfügt wird, der Depositenanstalt zu übergeben.

1 KOV (Nr. 34) Art. 18, 22 und 23.

2 **Buchung** im Konto-Korrentbuch: Anl. 15 Abs. 2.

3 **Keine Gebühr:** GebVSchKG (Nr. 10) Art. 19 Abs. 2. Vgl. dazu BGE 72 III 18.

 – Ausnahme für Zahlungen auf **Postcheckkonto**: Schreiben der SchKK 30.VIII.1972 (hinten Nr. 8).

4 Bei Pfändung oder Verarrestierung des Verdienstes eines **Selbständig-erwerbenden** ist das durchschnittliche Monatsbetreffnis zur Verwahrung zu geben: BGE 112 III 21 E.c.

5 Folgen der **Unterlassung**, Frage der Zulässigkeit der Beschwerde: BGE 118 III 1, 3 E.2.

Art. 10
G. Ausstandspflicht

[1] Die Beamten und Angestellten der Betreibungs- und der Konkursämter sowie die Mitglieder der Aufsichtsbehörden dürfen keine Amtshandlungen vornehmen:

1. in eigener Sache;

2. in Sachen ihrer Ehegatten, Verlobten, Verwandten und Verschwägerten in auf- und absteigender Linie sowie ihrer Verwandten und Verschwägerten in der Seitenlinie bis und mit dem dritten Grad;

3. in Sachen einer Person, deren gesetzliche Vertreter, Bevollmächtigte oder Angestellte sie sind;

4. in Sachen, in denen sie aus anderen Gründen befangen sein könnten.

[2] Der Betreibungs- oder der Konkursbeamte, der in Ausstand treten muss, übermittelt ein an ihn gerichtetes Begehren sofort seinem Stellvertreter und benachrichtigt davon den Gläubiger durch uneingeschriebenen Brief.

1 **Zweck** der Bestimmung: BGE 104 III 2 E.3a;

2 **Keine** oder nur ausnahmsweise **Ausstandspflicht** bei Betreibungen eines Kantons gegen Dritte: BGE 97 III 105.

3 Betr. **Konkursbeamte**: KOV (Nr. 34) Art. 6. Der Konkursbeamte, der Vertreter bezw. Organ eines Konkursgläubigers ist, hat nicht nur bei Verfügungen über dessen Forderung, sondern für das gesamte Konkursverfahren in Ausstand zu treten: BGE 99 III 47.

4 Keine Ausstandspflicht für von Betreibungsbehörde (jetzt vom Richter) gemäss OR Art. 725 Abs. 3 (jetzt 725a Abs. 2) ernannten **Sachwalter**: BGE 104 III 2 E. b.

5 Ausstandspflicht besteht auch für ein **Mitglied des Gläubigerausschusses**: BGE 56 III 163 E.3.

6 Betr. Ausstandspflicht eines **Sachwalters im Nachlassverfahren**: BGE 94 III 63 E.4.

Art. 11
H. Verbotene Rechtsgeschäfte

Die Beamten und Angestellten der Betreibungs- und der Konkursämter dürfen über die vom Amt einzutreibenden Forderungen oder die von ihm zu verwertenden Gegenstände keine Rechtsgeschäfte auf eigene Rechnung abschliessen. Rechtshandlungen, die gegen diese Vorschrift verstossen, sind nichtig.

1 Unzulässigkeit der **Ersteigerung von Schuldbriefen** durch einen Mitarbeiter des Betreibungsamtes: BGE 112 III 66 E.2, 3. Dass das betreffende Pfandverwertungsverfahren abgeschlossen ist, steht der Nichtigkeit des Steigerungszuschlages nicht entgegen: BGE 112 III 65.

2 Ungültigkeit des anlässlich einer Versteigerung bei Durchführung eines Nachlassvertrages mit Vermögensabtretung erfolgten Zuschlages an ein **Mitglied des Gläubigerausschusses**: BGE 122 III 336 E.2c.

3 Die Gesellschaft, die mit der Verwaltung eines zur Konkursmasse gehörenden Immobilienkomplexes betraut ist, fällt als **Hilfsperson** des KA unter das Selbstkontrahierungsverbot: BGE 127 III 230 E. 7, 8. Es spielt keine Rolle, dass sie die Freihandofferte namens einer andern Gesellschaft eingereicht hat: BGE 127 III 232 E. 9.

Art. 12

I. Zahlungen an das Betreibungsamt

[1] Das Betreibungsamt hat Zahlungen für Rechnung des betreibenden Gläubigers entgegenzunehmen.

[2] Die Schuld erlischt durch die Zahlung an das Betreibungsamt.

Abs. 1

1 Vgl. Art. 68 Abs. 2, 73, 85, 150, BGE 114 III 50 E.1.

2 Kosten der **Übersendung** an den Gläubiger gehen zu seinen Lasten (GebVSchKG [Nr. 10] 19 Abs. 3).

3 Das Betreibungsamt kann keine Zahlung für eine **gelöschte Betreibung** entgegennehmen: BGE 117 III 2 E.1; Lücke im Gesetz: BGE 117 III 3 E.2.

4 Keine Verpflichtung zur Entgegennahme von Zahlungen für die **Pfandgläubiger**: BGE 64 III 194.

5 Interventionszahlung durch einen **Dritten** kann nur mit Zustimmung des Schuldners erfolgen, die im allgemeinen zu vermuten ist: BGE 76 III 84.

   – **Einschränkung** des Zustimmungserfordernisses in BGE 83 III 102.

6 Die **Bezahlung** des Betrags der gepfändeten Forderung an das Amt ist nicht nur einer Verwertung gleichzusetzen, sondern damit erlischt auch die Schuld gemäss Art. 12; am Tag der Zahlung hört der Lauf der vertraglichen Zinsen auf. Der Umstand, dass eine Widerspruchsklage hängig und/oder eine strafrechtliche Beschlagnahme erfolgt ist, verpflichtet das Amt lediglich, den Betrag zu hinterlegen und nach Wegfall des besagten Hindernisses mit den Zinsen der Hinterlegung zu verteilen: BGE 127 III 184.

7 Zahlungsangebot in Schweizer Währung, auch wenn Schulden auf Fremdwährung lauten; bei Überweisung einer **Fremdwährung** hat das BA diese zu pfänden und zu verwerten: BGE 77 III 99.

8 Bei der Einkommenspfändung hört die Pflicht des Schuldners zur **Verzinsung** seiner Schuld in dem Umfang und von dem Zeitpunkt an auf, da beim Betreibungsamt Einkommensquoten des Schuldners eingehen, und zwar ungeachtet, ob überhaupt und wann das Geld den Gläubigern abgeliefert werde: BGE 116 III 56.

Abs. 2

9 Gleiche Wirkung hat Zahlung an **Konkursrichter**: BGE 90 II 117.

10 Betr. Erlöschen bei Einzahlungen auf das **Postkonto**: BGE 55 III 203.

11 Voraussetzungen zur Aufhebung bei Bezahlung durch **Dritte**: BGE 72 III 7/8.

- **Rückerstattung** der von einem Dritten hinterlegten Betreibungssumme: BGE 90 III 70.
- Die Zahlung eines Drittschuldners an das pfändende oder arrestierende BA hat **befreiende Wirkung**: BGE 73 III 70.

12 Bei **Abschlagszahlungen** besteht kein Anspruch auf Herausgabe eines Teiles der gepfändeten Gegenstände an den Schuldner: BGE 71 III 31.

13 An die Weisung eines mehrfach betriebenen Schuldners, Zahlungen **einem bestimmten Gläubiger** zukommen zu lassen, hat sich das BA zu halten: BGE 96 III 3.

14 Über Aufhebung der Betreibung bei Zahlung an das BA entscheiden die **Betreibungsbehörde**: BGE 114 III 49.

15 Keine Möglichkeit der Arrestierung des vom Schuldner beim BA bezahlten Betrages durch Strafbehörden zu Lasten des **Gläubigers**: BGE 68 III 109. Siehe aber N 6 zu Art. 86.

Art. 13
K   Aufsichtsbehörden
1.   Kantonale
a)   Bezeichnung

[1] Zur Überwachung der Betreibungs- und der Konkursämter hat jeder Kanton eine Aufsichtsbehörde zu bezeichnen.

[2] Die Kantone können überdies für einen oder mehrere Kreise untere Aufsichtsbehörden bestellen.

Abs. 1

1   Betr. **Disziplinargewalt** der Aufsichts- und Nachlassbehörden sowie Weiterziehbarkeit vgl. BGE 94 III 61; 128 III 156.

Abs. 2

2   Wo das kant. Recht eine untere und eine obere Aufsichtsbehörde vorsieht, haben diese den **Instanzenzug** von Bundesrechts wegen zu beachten: BGE 113 III 114 E.2. Die obere AB ist deshalb nicht befugt, eine Beschwerde als erste und einzige kant. Instanz zu beurteilen: BGE 113 III 115.

3   Eine zweite Aufsichtsbehörde bedeutet nicht, dass bei der **Schätzung eines Grundstücks** ein weiteres Gutachten einzuholen wäre: BGE 120 III 136 E.2.

4 Die obere kantonalen AB, die einen **Nichteintretensentscheid** einer unteren kantonalen AB aufhebt, ist von Bundesrechts wegen nicht verpflichtet die Sache zur materiellen Behandlung an die Vorinstanz zurückzuweisen; sie darf die Beschwerde selbst behandeln: BGE 127 III 172 E. 2.

Art. 14

b) Geschäftsprüfung und Disziplinarmassnahmen

[1] Die Aufsichtsbehörde *(13)* hat die Geschäftsführung jedes Amtes alljährlich mindestens einmal zu prüfen.

[2] Gegen einen Beamten oder Angestellten können folgende Disziplinarmassnahmen getroffen werden:

1. Rüge;
2. Geldbusse bis zu 1000 Franken;
3. Amtseinstellung für die Dauer von höchstens sechs Monaten;
4. Amtsentsetzung.

Abs. 1

1 BGer hat **keine Disziplinarbefugnisse**: BGE 43 III 93; 59 III 66; 79 III 154; 81 III 72; 90 III 25.

2 Für das Nachlassverfahren für Banken und Sparkassen vgl. BGE 94 III 59.

Abs. 2 allgemein

3 Voraussetzungen der Amtsenthebung einer gemäss Art. 237 Abs. 2 SchKG gewählten **Konkursverwaltung**, die sich über eine richterlich angeordnete aufschiebende Wirkung hinweggesetzt hat: BGE 112 III 74 E.b.

4 Voraussetzungen einer Disziplinarmassnahme (Ordnungsstrafe) gegen den **Nachlassverwalter** im Nachlassvertrag mit Vermögensabtretung: BGE 114 III 120;

5 **Rechtsmittel** gegen eine Disziplinarmassnahme: Fälle der Weiterziehbarkeit an das Bundesgericht: BGE 112 III 70 E.2a; 128 III 156.

- Betr. Entlassung **des vom Volk gewählten** Beamten vgl. ZR 35 (1936) Nr. 143;
- **Beschwerdelegitimation** der Vollstreckungsorgane, die ihres Amtes enthoben worden sind: BGE 112 III 70 E.2b.

Art. 15

2. Bundesgericht

[1] Das Bundesgericht übt die Oberaufsicht über das Schuldbetreibungs- und Konkurswesen aus und sorgt für die gleichmässige Anwendung dieses Gesetzes.

[2] Es erlässt die zur Vollziehung dieses Gesetzes erforderlichen Verordnungen und Reglemente.

[3] Es kann an die kantonalen Aufsichtsbehörden Weisungen erlassen und von denselben jährliche Berichte verlangen.

[4] Es sorgt insbesondere dafür, dass die Betreibungsämter in den Stand gesetzt werden, Verzeichnisse der in ihrem Kreise wohnenden, der Konkursbetreibung unterliegenden Personen *(39, 40)* zu führen.

Abs. 1

1 Voraussetzungen zur Aufhebung nichtiger Verfügungen von Amtes wegen vgl. Art. 22.

Abs. 2

2 **Verordnungsbefugnis** des BGer: BGE 88 III 44. Gesetzliche Grundlage von Art. 96 KOV: BGE 117 III 46 E.26; von Art. 91 ff. VZG: BGE 117 III 34 E.1, 2.

3 Befugnis des BGer, zu grundsätzlichen Fragen **auch ausserhalb eines Beschwerdeverfahrens** Stellung zu nehmen: BGE 99 III 62; 101 III 66 E.1; 103 III 77 E.1; 106 III 55; 61 III 189;
   – **fehlender Anlass** dazu: BGE 122 III 35 E.2.

4 Kompetenz zur **Abänderung** des Gesetzes im Konkurs- und Nachlassverfahren für Banken, Art. 36 Abs. 5 des Bankengesetzes vom 8.XI.1934 11.III.1971 (Nr. 72), und VBR vom 30.VIII.1961 (Nr. 73) Art. 52 Abs. 4.

Abs. 3

5 Vgl. OG Art. 11 Abs. 1 lit d, ferner KS Bger (SchKK) Nr. 14 vom 6.II.1905 (Nr. 9).

6 Über die **statistischen Erhebungen**, die direkt vom Statistischen Amt eingefordert werden, vgl. KS BGer (Plenum) Nr. 24 vom 23.XII.1935 (Nr. 6) und Richtlinien vom 17. März 1967 (Nr. 7).

7 Das Bundesgericht kann nicht eingreifen, wenn ein Kanton seinen Betreibungsämtern verbietet, mit einem ausserkant. **EDV-Anbieter** zusammenzuarbeiten: BGE 122 III 35 E.2.

Abs. 4

8 Gilt nicht bezüglich **Niederlassung** in anderem Kreis: BGE 67 III 42.

Bemerkung: Gemäss EntwBGG soll Art. 15 dahin geändert werden, dass die darin aufgeführten Kompetenzen auf den **Bundesrat** übertragen werden sollen. Oberste Beschwerdeinstanz bleibt aber das Bundesgericht (Art. 19). Alsdann ist schwer vorstellbar, wie der Bundesrat in der Lage sein soll, «für die gleichmässige Anwendung dieses Gesetzes» zu sorgen.

Art. 16
L. Gebühren

[1] Der Bundesrat setzt den Gebührentarif fest.

[2] Die im Betreibungs- und Konkursverfahren errichteten Schriftstücke sind stempelfrei.

1 Vgl. Gebührenverordnung zum BG über Schuldbetreibung und Konkurs vom 23.IX.1996 (GebVSchKG, Nr. 10). (Vgl. ferner Art. 19 VBGer über Eintragung der Eigentumsvorbehalte vom 19.XII.1910 (Nr. 51), und BGE 76 III 72.

2 Stempelabgaben auf Betreibungsurkunden, die als **Beweismittel** im Forderungsprozess eingelegt werden, sind zulässig: BGE 71 III 65.

Art. 17
M. Beschwerde
1. An die Aufsichtsbehörde

[1] Mit Ausnahme der Fälle, in denen dieses Gesetz den Weg der gerichtlichen Klage vorschreibt *(79, 80–83, 85, 85a, 86, 107, 108, 111, 140, 148, 155, 157, 181, 187, 250, 265a, 278, 279, 284, 315, 316, 321),* kann gegen jede Verfügung eines Betreibungs- oder eines Konkursamtes *(239, 241, 295 Abs. 3)* bei der Aufsichtsbehörde *(13, 14)* wegen Gesetzesverletzung oder Unangemessenheit Beschwerde geführt werden.

[2] Die Beschwerde muss binnen zehn Tagen *(20, 31–33, 239)* seit dem Tage, an welchem der Beschwerdeführer von der Verfügung Kenntnis erhalten hat, angebracht werden.

[3] Wegen Rechtsverweigerung oder Rechtsverzögerung kann jederzeit Beschwerde geführt werden.

[4] Das Amt kann bis zu seiner Vernehmlassung die angefochtene Verfügung in Wiedererwägung ziehen. Trifft es eine neue Verfügung, so eröffnet es sie unverzüglich den Parteien und setzt die Aufsichtsbehörde in Kenntnis.

1 Anfechtungsgründe:
- Nicht anfechtbar sind **richterliche Verfügungen**: BGE 103 Ia 77 E.1; 122 III 35 E.1.
- Fall der Entscheidung eines **Nachlassgerichts**: BGE 80 III 132.

2 Anfechtbare Verfügung: BGE 116 III 93 E.1.
- **Nicht-Verurkundung** eines gegenüber dem Postbeamten erhobenen Rechtsvorschlags: BGE 119 III 9 E.2.
- **Requisitorialpfändung** wegen unrichtiger Anwendung von Art. 92 und 93: BGE 84 III 34 E.2.
- Unterstehen das requirierende und das requirierte Amt der **gleichen AB**, so hat diese auch dann auf die Beschwerde einzutreten, wenn sie sich gegen eine Verfügung des um Rechtshilfe ersuchenden anstatt des ersuchten BA richtet: BGE 85 III 12.
- Die **Anzeige des Konkursamtes** an die Gläubiger, den Schluss des Konkursverfahrens betreffend, bildet keine auf dem Beschwerdeweg anfechtbare Verfügung: BGE 120 III 2 E.1.
- **Freihandverkauf** in der Zwangsvollstreckung: BGE 88 III 76;
- Beschlüsse einer **Gläubigerversammlung**: BGE 101 III 44 E.1;
- **Verteilungsliste** im Konkurs: BGE 103 III 28 E.1; 76 III 104 E.2; 88 III 81 E.3;
- **Verteilung** des mit einer Strafklage eingetriebenen Betrags unter die Gläubiger: BGE 116 III 93 E.1.

3 Keine anfechtbare Verfügung:
- Beurteilung der Frage, ob eine Schuldverpflichtung **Masseverbindlichkeit** ist: BGE 107 Ib 304 E.1a;
- Kein Beschwerderecht gegen **Konkursverwalter** nach Widerruf des Konkurses: BGE 81 III 66;
- Abschluss eines **Dienstbarkeitsvertrages** durch Konkursverwaltung: BGE 108 III 2;
- Ausübung eines im Grundbuch vorgemerkten **Rückkaufrechts** durch die Konkursverwaltung (vorbehalten bleibt die gerichtliche Anfechtung): BGE 86 III 109 E.2;
- Vormerk einer **Forderungsabtretung** im Eigentumsvorbehaltsregister: BGE 80 III 135 E.1; 82 III 99;
- **Honorar** des Sachwalters im Nachlassverfahren: BGE 120 III 109 E.3;

- **Äusserung einer Liquidatorin** im Nachlassverfahren mit Vermögensabtretung, wonach eine Forderung vorläufig von der Kollokation ausgeschlossen sei: BGE 121 III 36 E.2.

4 Abgrenzungsfälle: BGE 108 III 8 E.2, 123 E.4.

Art. 17 ist für Beschwerden gegen die Geschäftsführung des Sachwalters im Nachlassverfahren entsprechend anwendbar; dass die Disziplinargewalt über den Sachwalter der Nachlassbehörde zusteht (BGE 94 III 59 E.2.a), ist durch die erweiterte Formulierung in Art. 295 Abs. 3 überholt.

5 Legitimation:

BGE 99 III 68 E.1; 103 III 28 E.1; 111 III 1; 112 III 3 E.1b; 120 III 108 E.2.

6 Legitimation bejaht:

- eines **Staates** zur Beschwerde gegen den Arrestvollzug, der Vermögenswerte einer öffentlichrechtlichen und seiner Ministerien unterstellten Körperschaft erfasst: BGE 120 III 44 E.3;

- des **Schuldners,** der bestreitet, Eigentümer der mit Arrest belegten Gegenstände zu sein: BGE 111 III 49 E.2; 113 III 141 E.3b; 114 Ia 383 E.c;

- des **Drittansprechers** des Arrestobjektes gegen den Arrestvollzug: 113 III 141 E.3a; 114 Ia 383 E.c; 115 III 126 E.2, 3. Bezüglich sämtlicher Fälle von Arrestnahme ist jetzt aber Art. 278 betr. Einsprache gegen den Arrestbefehl zu beachten.

- des **Dritten,** der zugleich Gläubiger ist, zur Beschwerde, weil die Abtretung des gegen ihn gerichteten Anspruchs nicht in Übereinstimmung mit den entsprechenden Gesetzen und Verordnungen erfolgt sei: BGE 119 III 83.

7 Legitimation verneint:

- des **Ehemanns,** in eigenem Namen die Pfändung des Anspruchs seiner Ehefrau nach Art. 164 ZGB anzufechten: BGE 114 III 80 E.1;

- eines einzelnen **Mitglieds eines Gläubigerausschusses:** BGE 51 III 163; 119 III 121 E.1b;

- einer **einfachen Gesellschaft:** BGE 96 III 103 E.1; 105 III 104 E.2; 108 III 117;

- einer **Person,** die völlig ausserhalb des Betreibungsverfahrens steht und die Nichtigkeit einer betreibungsamtlichen Handlung geltend macht: BGE 112 III 4 E.1d;

- eines **Grundbuchführers:** BGE 96 III 61;

- eines vorläufig nicht zugelassenen **Konkursgläubigers:** BGE 90 III 87 E.1;
- eines **unbeschränkt haftenden Gesellschafters** der Kridarin: BGE 103 III 23 E.1.
- eines **Aktionärs** im Konkurs der AG: BGE 88 III 35 E.26, 79 E.2d.

8   Legitimationsvoraussetzungen beim Konkursiten: BGE 88 III 34 E.2a; 88 III 70; 94 III 88; 95 III 28; 100 III 44 E.1; 103 III 23 E.1; 108 III 2 E.2.

9   Beschwerderecht des Dritten: BGE 70 III 20 E.5; 79 III 3; 80 III 125 E.2; 90 III 89 E.2; 103 III 37 E.1; 105 III 57 E.1, 109 E.1a; 113 III 141 E.3.

10 Beschwerde ist **nur zulässig,**

- wenn der Beschwerdeführer damit im Falle ihrer Gutheissung einen **praktischen Zweck** auf dem Gebiete der Zwangsvollstreckung erreichen kann: BGE 99 III 60 E.1.
- Beschwerderecht **nach Abschluss einer Betreibung** setzt Möglichkeit der wirksamen Berichtigung der angefochtenen Amtshandlung voraus: BGE 77 III 78 E.1.

11 Anfechtungsgründe:

- Prüfung der Frage, ob die Betreibung am unrichtigen **Ort** angehoben und fortgesetzt wurde: BGE 120 III 9 E.3;
- Prüfung der Frage, ob die Zahlung des Schuldners an das Betreibungsamt die Betreibung zum **Erlöschen** gebracht hat: BGE 114 III 50 E.1;
- Unklarheit oder Unrichtigkeit einer **Eintragung**: im Betreibungsbuch BGE 95 III 4;
- Prüfung der Frage, ob ein Guthaben **zur Konkursmasse** gehört: BGE 64 III 36; 77 III 35 E.2; 114 III 22 E.5b;
- Prüfung der Wirkung eines **aussergerichtlichen Vergleichs** zwischen der Konkursmasse und einem Gläubiger in Hinblick auf die Änderung des Kollokationsplans: BGE 113 III 91 E.3;
- zur **Prüfung der Abtretungsverfügung i.S. von Art. 260** auf ihre Gültigkeit: BGE 111 II 85 E.b;
- Ungenauigkeit oder Unklarheit eines **Kollokationsplans** im Konkurs sowie Formfehler desselben (z.B. unterlassene Angabe des Abweisungsgrundes bezüglich einer eingegebenen Forderung): BGE 119 III 8;

- Frage der **Rangfolge der Masseverbindlichkeiten**: BGE 50 III 73; 56 III 181; 58 III 42; 59 III 171; 113 III 149 E.1;
- Prüfung der Frage, ob eine **Retention** nicht in einem unzulässigen Umfang **prosequiert** worden ist: BGE 120 III 158 E.2.

12 Keine Anfechtungsgründe:

- Prüfung der Frage, ob ein Anspruch **rechtsmissbräuchlich** erhoben werde: BGE 113 III 2 Nr. 2;
- Entscheid über die Anwendung von Art. 583 ZGB auf laufende Betreibungsverfahren und darüber, ob die Einrede der Annahme der **Erbschaft** unter öffentlichem Inventar der Untätigkeit eines Gläubigers während des öffentlichen Rechnungsrufes entgegengehalten werden kann: BGE 116 III 7 E.2b;
- Bestreitung der persönlichen **Haftung für Erbschaftsschuld bei einer ausgeschlagenen Verlassenschaft**. Sie erfolgt durch Rechtsvorschlag, da es sich um eine materiell-rechtliche Frage handelt: BGE 82 III 40; 102 III 84 E.5; 103 III 23 E.2; 108 III 2 E.2;
- Bestimmung des Betrags eines Anteils, der dem Betriebenen von einem **Gemeinschaftsvermögen** zusteht, das dieser mit der Ehegattin innehat: BGE 113 III 41 E.3;
- Beurteilung des Bestandes eines **Pfandrechts**, wenn Schuldner die Erhebung des Rechtsvorschlags unterlassen hat: BGE 119 III 102, auch nicht für seinen Ehegatten: BGE 119 III 103 E.2b; wenn der Gläubiger die Betreibung auf Verwertung eines Grundpfandes gewählt hat, so muss der Schuldner sich dagegen mittels Rechtsvorschlag zur Wehr setzen und kann nicht den Beschwerdeweg gemäss Art. 17 ff. SchKG beschreiten: BGE 122 III 296 E.1;
- Beurteilung der Frage, ob der gestützt auf das Grundbuch in das **Lastenverzeichnis** aufgenommene Inhaber eines Schuldbriefs auch der materiell Berechtigte ist (vgl. auch VZG (Nr. 31) Art. 36 Abs. 2): BGE 112 III 30 E.4;
- Beurteilung der Folgen der Zustimmung eines Grundpfandbelasteten zur Errichtung einer **öffentlichrechtlichen Eigentumsbeschränkung** auf dem Grundstück: BGE 121 III 245 E;
- Prüfung der Frage der Rechtsgültigkeit der **Einkommenszession**: BGE 114 III 29 E.c.;
- Berichtigung einer **Unterlassung** des Betreibungsamts von Amtes wegen, wenn diese nicht den ordnungsgemässen Ablauf einer Betreibung betrifft: BGE 118 III 3 E.2;

- Beurteilung der **Zusammensetzung der Erbengemeinschaft** bei Pfändung und Verwertung von Anteilen an Gemeinschaftsvermögen: BGE 113 III 39;
- Beurteilung der Frage, ob eine Schuldverpflichtung **Masseverbindlichkeit** oder gewöhnliche Schuld ist: BGE 106 III 121; 107 Ib 304; 111 Ia 89 E.2a; 113 III 149 E.1; 125 IV 293 E.2.

13 Ermessensmissbrauch bzw. -überschreitung:

BGE 114 III 44 E.2; 119 III 122 E.4.

14 Besondere Beschwerdegründe

- im Zusammenhang mit dem **Widerspruchsverfahren**: BGE 116 III 84 E.3; 120 III 85 E.b;
- im Rahmen des **Verwertungsverfahrens** gemäss Art. 132 SchKG; BGE 114 III 100 E.1, 2;
- im Rahmen einer **Wechselbetreibung**: BGE 118 III 25 E.3;
- betr. **Dienstbarkeitsvertrag einer Konkursverwaltung**;
- **Abgrenzungsfälle**: BGE 101 III 28, 42 E.3; 107 Ib 304 E.1a; 107 III 96 E.4; 104 III 21 E.1; 105 III 8 E.4b, 30 E.2, 64 E.1, 82 E.1, 116 E.5b, 120 E.2a; 106 III 26 E.2, 54 E.2, 81 E.2, 121 E.1.

15 Für den Nachlassvertrag mit Vermögensabtretung (Art. 321): BGE 115 III 145.

16 Form:

- Über die Form der Beschwerde können die **Kantone** Vorschriften aufstellen und das Eintreten auf eine Beschwerde von deren Erfüllung abhängig machen: BGE 86 III 2. Vgl. Art. 20a, Abs. 3.
- **Auslegung** einer Beschwerde ohne ausdrücklich gestellte Anträge: BGE 102 III 130 E.2. Betr. Amtssprache im kt. Verfahren: BGE 83 III 57.

17 Vertretung

- einer juristischen Person mit **Kollektivzeichnung**: BGE 65 III 74;
- eines **Bevormundeten**: BGE 68 III 116; 75 III 80;
- einer Person, der die **Handlungsfähigkeit** vorläufig **entzogen** ist: BGE 113 III 1;
- eines **Minderjährigen** in der gegen ihn gerichteten Betreibung: BGE 79 III 105 E.2;
- im Liquidationsverfahren einer **Erbengemeinschaft**: BGE 71 III 101 E.1; vgl. auch 103 III 10 E.2;

18 Intervention Dritter, auch als Nebenintervenienten, ist im Beschwerde-verfahren ausgeschlossen: BGE 73 III 35 E.1.

19 Zulässigkeit von Beweismitteln: BGE 102 III 13 E.2a; 107 III 3 E.2.

20 Beginn der Frist zur Beschwerde:

– bei einem unter **Verwaltungsbereitschaft** stehenden Schuldner: BGE 102 III 139 E.2b;

– bei trotz Rechtsvorschlag erfolgter **Fortsetzung** der Betreibung : Die Frist beginnt erst nach Zustellung der Pfändungsurkunde, es sei denn, das BA habe die Nichtzulassung des Rechtsvorschlages durch sepa-raten Erlass verfügt: BGE 75 III 88, 85 III 18 E.1; 101 III 10 E.1;

– bei **ordentlicher** Betreibung auf Pfändung oder Konkurs statt Betreibung auf Pfandverwertung: BGE 120 III 106 E.1;

– bei **mündlicher** Orientierung über die Pfändung: BGE 107 III 11 E.2;

– wegen **Unpfändbarkeit**, wenn die Pfändungsurkunde nicht klar an-gibt, was gepfändet und was als Kompetenzstück ausgeschieden ist: BGE 80 III 23 E.2;

– im **Widerspruchsverfahren**: BGE 102 III 142;

– bei sukzessiver Teilnahme mehrer Gläubiger an einer **Einkommens-pfändung:** BGE 78 III 77;

– gegen **Steigerungsbedingungen**: BGE 120 III 27 E.2a;

– gegen den **Steigerungszuschlag:** BGE 70 III 11; 71 III 115;

– bei Kenntnisnahme vom **Verteilungsplan** durch den Schuldner während der Betreibungsferien: BGE 114 III 60 E.2;

– gegen den **Kollokationsplan** von der öffentlichen Bekannt-machung der Auflegung des Planes an: BGE 71 III 182; 93 III 87;

– bei Zustellung der **Arresturkunde** an Untersuchungshäftling: BGE 108 III 5 E.2.

21 Unzulässigkeit einer **Beschwerdeergänzung**: BGE 114 III 5 E.3. i 126 III 30–32.

22 Verkürzte Beschwerdefrist von *fünf* Tagen nach Art. 239 gilt nur für Beschlüsse der eigentlichen ersten Gläubigerversammlung: BGE 69 III 20 E.2.

23 Verlängerung der Beschwerdefrist

– für den im **Ausland** wohnhaften Schuldner: Art. 33 Abs. 2;

– **Auskunftsgesuch** an BA bewirkt keine Verlängerung der Be-schwerdefrist: BGE 77 III 72 E.3.

24 Prüfung der Rechtzeitigkeit von Amtes wegen: BGE 102 III 128; nunmehr Art. 20a Abs. 2 Ziff. 2.

25 Reicht ein nicht zur Vertretung befugtes Organ Beschwerde ein und wird diese nach Ablauf der Beschwerdefrist **genehmigt**, so können mit der Genehmigung der Beschwerde keine neuen Beschwerdepunkte mehr erhoben werden: BGE 114 III 5.

- **Ausnahmefall**: BGE 85 III 97.

26 Eintritt der **Rechtskraft** der Verfügungen

- des **BA** mangels rechtzeitiger Beschwerde: BGE 79 III 166; 85 III 9.
- bei Beschwerde gegen die Wahl des Gläubigerausschusses: im **Konkurs**: BGE 86 III 123 E.2;
- beim **Nachlassvertrag mit Vermögensabtretung**: BGE 81 III 28 E.1.
- Fall der **Wiedererwägung**: BGE 126 III 85–89.

27 Begriff der **Rechtsverweigerung, Rechtsverzögerung**: BGE 77 III 85; 78 III 22 E.2; 79 III 166; 80 III 24, 135; 85 III 9; 88 III 37; 101 III 6 E.2, 70; 105 III 115 E.5a.

28 Rechtsverweigerung: BGE 97 III 30 E.3

- Eine solche kann im Entscheid liegen, ein Verfahren bis nach Erlass eines Urteils in einem Prozess über eine unverteilte Erbschaft, in welchem der beschwerdeführende Erbschaftsgläubiger nicht Partei ist, **zu sistieren**: BGE 101 III 6 E.2.
- Vgl. Art. 21 VBGr betr. Eintragung der Eigentumsvorbehalte vom 19.XII.1910/23.XII.1953/29.X.1962 (Nr. 51). **Eintragungen im Eigentumsvorbehaltsregister** können nur binnen der Frist von 10 Tagen (nicht jederzeit wegen Rechtsverweigerung) angefochten werden: BGE 80 III 135 E.1.II.
- Beschwerde eines Gläubigers, wonach die von der Liquidatorin seinerzeit ausgesetzte Kollokation seiner Forderung **erneut zu prüfen sei,** obwohl diese keine neue Verfügung erlassen hat, ist keine Rechtsverweigerungsbeschwerde: BGE 121 III 37 E.3.

29 Rechtsverzögerung bei genereller Überbelastung eines Konkursamtes: BGE 107 III 5; 119 II 2 E. 1, 2.

30 Unentgeltlichkeit:

- Der aus aBV Art. 4 Abs. 1 (nBV Art. 29 Abs. 3 Satz 2) abgeleitete Anspruch auf unentgeltliche **Rechtsverbeiständung** kann im SchKG-Beschwerdeverfahren nicht grundsätzlich mit dem Hinweis ausgeschlossen werden, gemäss Art. 20a Abs. 1 Satz 1 würden keine Kosten erhoben und keine Entschädigungen zugesprochen. Soweit das SchKG-Beschwerdeverfahren der Offizialmaxime untersteht, ist jedoch die Mitwirkung eines Rechtsanwaltes in aller Regel nicht erforderlich: BGE 122 I 8;

– **Präzisierung** der Rechtsprechung: BGE 122 III 394 E.3c, d.

Art. 18

2. An die obere Aufsichtsbehörde

[1] Der Entscheid einer unteren Aufsichtsbehörde kann innert zehn Tagen *(31)* nach der Eröffnung an die obere kantonale Aufsichtsbehörde weitergezogen werden *(36)*.

[2] Wegen Rechtsverweigerung oder Rechtsverzögerung kann gegen eine untere Aufsichtsbehörde jederzeit bei der oberen kantonalen Aufsichtsbehörde Beschwerde geführt werden.

1 Weiterzugsobjekt:

– Unterschied zwischen Beschluss einer AB und (nicht weiterziehbarem) **Zwischenentscheid**: BGE 98 III 23.

2 Legitimation des Betreibungsamtes

– Generell BGE 119 III 5 E. 1.

– Bei Streichung der für eine ungültige Verfügung erhobenen Gebühr kann das Betreibungsamt mit der Gebührenfrage auch die hierüber ergangene Sachentscheidung weiterziehen: BGE 79 III 147.

3 Legitimation des Konkursamtes: GBE 102 III 163 E. 1; 108 III 78.

4 Legitimation des Liquidators im Nachlassvertrag mit Vermögensabtretung: BGE 105 III 30 E.1;

5 Betr. Kosten: BGE 115 III 7

Bemerkung: Das Verfahren ist zum Teil geregelt durch OG Art. 76 (Aktenbeizug) und 77 Abs. 2 (Feststellung des Zustellungsdatums): Nr. 1a

– Im übrigen ordnet das kantonale Recht das kt. Weiterziehungsverfahren: BGE 86 III 2.

– Die 10-tägige Frist kann aber nicht in Anwendung kant. Prozessrechts verkürzt werden: BGE 84 III 8; andererseits müssen die kantonalen AB von Amtes wegen die Wahrung der Beschwerdefrist feststellen.

– Beweislast: BGE 114 III 51; im weiteren ist für das kantonale Beschwerde- und Rekursverfahren die Zulassung neuer Vorbringen keinesfalls an strengere Voraussetzungen als die im OG Art. 79 vorgesehenen geknüpft: BGE 73 III 33; 82 III 149 E.1. Vgl. auch N 2 zu Art. 13.

Bemerkung: Der EntwBGG, der die Beschwerde an das Bundesgericht in die so genannte Beschwerde in Zivilsachen integriert (Art. 68 Abs. 2 lit. a), enthält in den Art. 103–106 Bestimmungen über das kantonale Verfahren, die für auch für die Beschwerde in Strafsachen und in öffentlich-rechtlichen Angelegenheiten gelten sollen: Nr. 1b.

Art. 19

3. Ans Bundesgericht

¹ Der Entscheid der oberen kantonalen Aufsichtsbehörde kann innert zehn Tagen *(31)* nach der Eröffnung wegen Verletzung von Bundesrecht oder von völkerrechtlichen Verträgen des Bundes sowie wegen Überschreitung oder Missbrauch des Ermessens an das Bundesgericht *(15)* weitergezogen werden *(36)*.

² Wegen Rechtsverweigerung oder Rechtsverzögerung kann gegen die obere kantonale Aufsichtsbehörde jederzeit beim Bundesgericht Beschwerde geführt werden.

1 Allgemein: BGE 120 III 116 E.3a; 122 III 35 E.1.

- Vgl. N 1 zu Art. 14. Betr. unbeschränkte Weiterziehung der Entscheide der Konkursgerichte und der kant. Nachlassbehörden im Konkurs- und Nachlassverfahren von **Banken** Art. 30 Abs. 2 Satz 3, Art. 27 Abs. 2 Satz 2 und 37 des Bankengesetzes vom 8.XI.1934, rev. 11.III.1971 (Nr. 72) sowie VBR 30.VIII.1961 (Nr. 73) Art. 53 Abs. 2; VBR 17.V.1972 (Nr. 74) Art. 63.

- Überprüfung von Entscheiden des **Stundungsgerichts** i.S. von Art. 29 BankG: BGE 117 III 86 E.1b.

2 Kein Weiterzug

- der Gutheissung oder Abweisung eines Gesuches um Erteilung der **aufschiebenden Wirkung** nach Art. 36: BGE 100 III 11.

- des **Rückweisungsentscheides** einer kantonalen Aufsichtsbehörde: BGE 111 III 50.

- eines Entscheides über **Disziplinarmassnahmen**: BGE 128 III 156.

3 Frage des **Weiterzugs**

- von **Zwischenentscheiden**: BGE 104 III 103 E.2; 112 III 94 E.1

- von Entscheiden **richterlicher** Instanzen: BGE 103 Ia 77 E.1; BGE 122 III 34;

- insbesondere des **Konkursrichters** und des **Nachlassgerichts**: BGE 104 III 101 E.1; 119 III 50.
- von Entscheiden in den Betreibungen einer **Pfandleihanstalt** nach Art. 45: BGE 63 III 114.

4 Abgrenzung zwischen Beschwerde an die Schuldbetreibungs- und Konkurskammer und **staatsrechtlicher Beschwerde** in einem Fall, da die örtliche Zuständigkeit des Betreibungsamtes bestritten wird: BGE 118 III 7.

- in einem Fall da Verletzung der **EMRK** geltend gemacht wird: BGE 124 III 206 E. 3b.

5 Beschränkung auf **schweizerisches** Recht: BGE 53 III 57 E.1. Vgl. auch zu Art. 79 OG.

- Die Rüge der Verletzung des Internationalen Pakts über bürgerliche und politische Rechte vom 16. Dezember 1966 (UNO-Pakt II, SR 0.103.2) kann nicht mit Beschwerde gemäss Art. 19 erhoben werden: BGE 128 III 245 (Änderung der Rechtsprechung).

6 **Ermessensmissbrauch** und **Ermessensüberschreitung** als Gesetzesverletzung : BGE 87 III 113; 101 III 54 E.1; 103 III 26 E.4; 104 III 78; 106 III 78; 108 III 63 E.2; 111 III 78 E.1; 112 III 71 E.2; 119 III 122 E.4; 120 III 81 E.1; 122 III 433 E.4a.

7 Legitimation

- einer Person, die wenigstens in ihren **tatsächlichen** Interessen betroffen ist: BGE 112 III 4 E.1d;
- auch des **Ehegatten** eines Schuldners gegen eine Einkommenspfändung, die angeblich ins Existenzminimum der Familie eingreift: BGE 116 III 77 E.1a.

8 Keine Legitimation

- eines Gläubigers, dem im kant. Verfahren (betr. Art. 221 ff.) **keine Parteistellung** zukam und der den einem anderen Gläubiger günstigen Entscheid anfechten will: BGE 112 III 5 E.4;
- des **Betreibungsbeamten** gegen einen Entscheid in Anwendung der GebV SchKG: BGE 115 III 7 E.1;
- der **Konkursverwaltung**: 116 III 34 E.1; 117 III 40 E.2;
- der durch den Entscheid des Stundungsgerichts i.S. von Art. 29 BankG betroffenen **Bank**: BGE 117 III 86 E.2.

9 Frist
  - bei Zustellung des Entscheids der kant. Aufsichtsbehörde an eine **Postfachadresse**: BGE 117 III 4 E.2;
  - bei **erfolgloser** Zustellung: BGE 120 III 4;
  - Berücksichtigung der **Betreibungsferien**: BGE 113 III 5 E.1; 115 III 8 E.3; 117 III 5 E.3;
  - bei Betreibung auf Pfändung oder Konkurs statt Betreibung auf Pfandverwertung: BGE 120 III 106 E.1.
  - bei **Zurückbehaltungsauftrag** an die Post: BGE 123 III 492 E.1.

10 Begründung: BGE 125 III 247.

11 Keine genügende Beschwerdeschrift und **Fristeinhaltung** erforderlich bei **Nichtigkeit**: BGE 111 III 61 E.3; 115 III 14 E.1c; 115 III 26 E.2; 115 III 77 E.1b; 117 III 40 E.1; 118 III 6 E.2; 119 III 6 E.1.

Art. 20
4. Beschwerdefristen bei Wechselbetreibung

Bei der Wechselbetreibung *(177–180)* betragen die Fristen für Anhebung der Beschwerde *(17)* und Weiterziehung derselben *(18 Abs. 1, 19 Abs. 1)* bloss fünf Tage *(31)*; die Behörde hat die Beschwerde binnen fünf Tagen zu erledigen.

Keine Entscheidungen

Art. 20*a*
5. Verfahren

1 Die Verfahren sind kostenlos. Bei böswilliger oder mutwilliger Beschwerdeführung können einer Partei oder ihrem Vertreter Bussen bis zu 1500 Franken sowie Gebühren und Auslagen auferlegt werden.

2 Für das Verfahren vor den kantonalen Aufsichtsbehörden gelten überdies folgende Bestimmungen:

1. Die Aufsichtsbehörden haben sich in allen Fällen, in denen sie in dieser Eigenschaft handeln, als solche und gegebenenfalls als obere oder untere Aufsichtsbehörde zu bezeichnen.

2. Die Aufsichtsbehörde stellt den Sachverhalt von Amtes wegen fest. Sie kann die Parteien zur Mitwirkung anhalten und braucht auf deren Begehren nicht einzutreten, wenn sie die notwendige und zumutbare Mitwirkung verweigern.

3. Die Aufsichtsbehörde würdigt die Beweise frei; unter Vorbehalt von Artikel 22 darf sie nicht über die Anträge der Parteien hinausgehen.

Bei mündlicher Verhandlung sind Artikel 51 Absatz 1 und Buchstaben b und c des Bundesrechtspflegegesetzes entsprechend anwendbar.

4. Der Beschwerdeentscheid wird begründet, mit einer Rechtsmittelbelehrung versehen und den Parteien, dem betroffenen Amt und allfälligen weiteren Beteiligten schriftlich eröffnet.

[3] Im übrigen regeln die Kantone das Verfahren.

1 Vgl. die zu den **Art. 17–19** aufgeführten Entscheidungen.

Abs. 1

2 Verletzung des **Anstandes** kann (nur) nach kantonalem Recht sanktioniert werden: BGE 127 III 179.

3 Unzulässigkeit der Einforderung eines bezüglichen **Kostenvorschusses**: BGE 125 III 382.

Abs. 2 Ziff.2

4 Es besteht immerhin eine Mitwirkungspflicht der Beteiligten: BGE 123 III 228; 124 III 172 E.4a.

Art. 21
6. Beschwerdeentscheid

Die Behörde, welche eine Beschwerde begründet erklärt, verfügt die Aufhebung oder die Berichtigung der angefochtenen Handlung; sie ordnet die Vollziehung von Handlungen an, deren Vornahme der Beamte unbegründetermassen verweigert oder verzögert.

1 Die Beschwerde ist **zulässig**:

- trotz **Unmöglichkeit**, die angefochtene Verfügung rückgängig zu machen oder zu berichtigen: BGE 105 III 104 E.2;

- um eine nach Vollstreckungsrecht vom BA zu erbringende **Zahlung** einzufordern: BGE 73 III 88; 85 III 35 E.1;

- in begrenztem Masse **nach Abschluss** der Betreibung: BGE 77 III 78 E.1.

2 Die Beschwerde ist **nicht zulässig**:

- zur blossen Feststellung pflichtwidrigen Handelns der Betreibungs- und Konkursbehörden: BGE 81 III 67, 86 III 109 E.1; 91 III 46 E.7;

3 Vorgehen bei unzulässiger **Beschlagnahme** eines irregulären Depots: BGE 77 III 65 E.4.

4 **Parteientschädigungen** können nicht zugesprochen werden: BGE 76 III 83 E.1; 85 III 61.

Art. 22
N. Nichtige Verfügungen

[1] Verstossen Verfügungen gegen Vorschriften, die im öffentlichen Interesse oder im Interesse von am Verfahren nicht beteiligten Personen erlassen worden sind, so sind sie nichtig. Unabhängig davon, ob Beschwerde geführt worden ist, stellen die Aufsichtsbehörden von Amtes wegen die Nichtigkeit einer Verfügung fest.

[2] Das Amt kann eine nichtige Verfügung durch Erlass einer neuen Verfügung ersetzen. Ist bei der Aufsichtsbehörde ein Verfahren im Sinne von Absatz 1 hängig, so steht dem Amt diese Befugnis bis zur Vernehmlassung zu.

1 Allgemeines:
- **Voraussetzungen** der von Amtes wegen festzustellenden Nichtigkeit betreibungsamtlicher Verfügungen: BGE 111 III 61; 115 III 14 E.c, 24, 26 E.1, 77 E.1b, E.1; 124 III 214 E.1b; 125 III 338 E.3b.
- Sie kann **jederzeit** geltend gemacht werden: BGE 118 III 6 E.2; 120 III 106 E.1.
- Keine **Löschung** des Eintrages einer nichtigen Betreibung im Betreibungsregister von Amtes wegen: BGE 115 III 26 E.1.
- **Zuständigkeit** für die Nichtigerklärung: BGE 118 III 6 E.2.
- Keine Nichtigerklärung **gerichtlicher Entscheidungen** von Amtes wegen: BGE 120 III 2 E.1; vgl. aber auch BGE 102 III 136 E.3.

2 Anwendungsfälle: Betreibungsamtliche Verfügung: BGE 111 III 61 E.3; 119 III 5 E.1

3 Im Einzelnen sind **nichtig:**
- eine von einer Gläubigerin, der die **juristische Persönlichkeit** abgeht, erwirkte Betreibungshandlung: BGE 114 III 63 E.1a; 115 III 14 E.2; 120 III 13 E.1b;
- die **fehlerhafte Zustellung** eines Zahlungsbefehls: BGE 83 III 16; 117 III 10 E.c; 120 III 119 E.c;
- eine Zustellung während der Dauer des **Rechtsstillstandes** wegen Militär(Zivil- oder Schutz-)dienst: BGE 67 III 70; 127 III 175 E.3.
- Zustellung des Zahlungsbefehls an eine **verhaftete** Person in Missachtung von Art. 60: BGE 38 I 241; 77 III 147 E.1;
- Zustellung, die gegen einen **völkerrechtlichen Vertrag** verstösst: BGE 57 III 30; 82 III 77; 94 III 42 E.4;
- Zustellung an **Betreibungsunfähigen**: BGE 30 I 481;

- Zustellung an einen nicht förmlich ernannten **Beistand** (Art. 68d): BGE 90 III 15;
- Betreibungsurkunden mit **mangelhafter Schuldnerbezeichnung**: BGE 102 III 64;
- Betreibungsurkunden mit **mangelhafter Gläubigerbezeichnung**: BGE 98 III 24;
- trotz **RV** erfolgte Fortsetzung der Betreibung: BGE 73 III 147; 85 III 16;
- ein **Rechtsöffnungsentscheid**, wenn der Schuldner weder Vorladung zur Verhandlung noch den Rechtsöffnungsentscheid erhalten hat: BGE 102 III 136 E.3;
- die Fortsetzung der Betreibung auf dem Wege der **Pfändung** anstatt des Konkurses (oder **umgekehrt**): BGE 79 III 15 E.2; 107 III 60 E.5; 120 III 106 E.1;
- die durch ein **unzuständiges** Amt vorgenommene Pfändung: BGE 68 III 38; 80 III 101; 88 III 10; 91 III 47;
- Betreibungsbehandlungen **nach Rückzug der Betreibung**: BGE 77 III 76.
- die Pfändung nach **Versäumnis einer Frist**: BGE 96 III 117 E.4.
- die Pfändung für **nicht in Betreibung gesetzte Forderung**: BGE 109 III 56 E.5c.
- die Pfändung von Vermögenswerten, die offensichtlich **nicht dem Schuldner gehören**: BGE 84 III 82.
- **Distanzpfändung** sowie Pfändung von Vermögenswerten, die nicht genügend individualisiert sind: BGE 106 III 100; 114 III 76 E.1;
- die Einkommenspfändung, die offensichtlich den **Notbedarf** des Schuldners unberücksichtigt lässt: BGE 97 III 11 E.2; 114 III 82 E.3; 116 III 12 E.2, 3.
- der **Eingriff** in den Notbedarf für nicht auf die Unterhaltsbeiträge angewiesenen Alimentengläubiger: BGE 111 III 19 E.6a, 7; 116 III 12 E.2, 3;
- die Pfändung von Vermögenswerten, die **offensichtlich** nicht dem Schuldner gehören: BGE 84 III 82;
- die Pfändung **nicht in der Schweiz** befindlicher Gegenstände: BGE 41 III 292; 41 III 388;
- die **Einkommenspfändung**, die für eine noch nicht in Betreibung gesetzte Forderung angeordnet wurde: BGE 106 III 13 E.2;

- die Fristansetzung im **Widerspruchsverfahren** ohne genaue Angabe der von der Drittansprache betroffenen Gegenstände: BGE 113 III 108;
- die Ausstellung eines **Verlustscheines**, ohne dass eine Pfändung oder Verwertung durchgeführt worden wäre: BGE 125 III 337.
- die Konkursandrohung durch ein örtlich **unzuständiges** Betreibungsamt: BGE 118 III 6 E.2a;
- die Konkursandrohung bei **hängiger Aberkennungsklage:** BGE 32 I 196; 73 I 356.
- die durch betrügerische Angaben **erschlichene Kollokation:** BGE 87 III 84; 88 III 132; 96 III 105.
- **Steigerungsbestimmungen** des Betreibungsbeamten über die Frist, innert der der Ersteigerer die Räumung des Objektes verlangen kann, und über ein für die Benützung geschuldetes Entgelt: BGE 113 III 47 E.c;
- ein gegen **Art. 11 SchKG** verstossender Steigerungszuschlag, selbst wenn das betreffende Pfandverwertungsverfahren abgeschlossen ist: BGE 112 III 66 E.2; 122 III 337;
- ein Zuschlag an das **Organ** einer im Konkurs stehenden Aktiengesellschaft: BGE 117 III 41 E.3–5;
- die Aufnahme eines nicht im Grundbuch eingetragenen bzw. vorgemerkten **Benützungsrechts** an einer Liegenschaft ins Lastenverzeichnis: BGE 113 III 45 E.2;
- der unter Missachtung der Regeln von VZG Art. 58 Abs. 3 und 67 vorgenommene **Freihandverkauf** im Konkurs: BGE 128 III 109 E.4.
- der nach Konkurseröffnung ausgestellte **Pfändungsverlustschein,** sofern es sich um eine Konkursforderung handelt: BGE 93 III 55;
- die während hängiger Aberkennungsklage ergangene **Konkursandrohung**: BGE 32 I 196; 73 I 356;
- die Einsetzung einer ausseramtlichen Konkursverwaltung im **summarischen** Konkursverfahren: BGE 121 III 144 E.2;
- eine vor dem **Verzichtbeschluss** erfolgte Abtretung oder ein Abtretungsangebot: BGE 118 III 59 E.4; 120 III 38 E.3;
- eine Arrestprosequierung gegen einen bereits im Zeitpunkt des Arrestgesuches **Verstorbenen**: BGE 120 III 40 E.1;
- der Arrestbeschlag von Vermögenswerten, die **nicht im Arrestbefehl** vermerkt sind selbst wenn der Arrestgläubiger damit einverstan-

den war, dass vom Schuldner und vom Dritteigentümer bezeichnete Ersatzgegenstände arrestiert wurden: BGE 113 III 142 E.4;

- die Vollziehung eines Arrestes an Vermögenswerten, die **nicht im Amtskreis des Betreibungsamtes** liegen: BGE 112 III 117 E.2; 114 III 36 E.2; 116 III 109 E.5a; 118 III 9
- Konkurseröffnung am **unrichtigen** Ort: BGE 111 III 69.

4 Im Einzelnen sind **nicht nichtig:**

- der Zahlungsbefehl, der durch einen Dritten **vernichtet** worden ist, nachdem der Schuldner die Entgegennahme verweigert hat: BGE 117 III 7 E.2;
- Amtshandlungen während der **Betreibungsferien**: BGE 121 III 92 E.6d, 285 E.2b;
- die Zustellung einer Betreibungsurkunde in einem **anderen** Kreis als dem des BA: BGE 91 III 45 E.4;
- der Zahlungsbefehl, auf welchem jeder Hinweis auf den **Grund** der Betreibung **fehlt**: BGE 121 III 19 E.2a;
- Verfügungen unter Missachtung von **Art. 1 GebVSchKG**: BGE 103 III 46;
- die Pfändung bei unterlassener **Schätzung** nach Art. 97: BGE 97 III 20;
- die Pfändung bei unterlassener Vormerkung von **Drittansprachen**: BGE 96 III 114 E.4;
- die Pfändung bei Nichtzustellung oder verspäteter Zustellung der **Pfändungsurkunde** an den Schuldner: BGE 89 IV 81; 105 IV 324 E.2a; 108 III 16;
- eine Versteigerung, wenn bei fehlender Angabe im Lastenverzeichnis aus den Steigerungsbedingungen klar hervorgeht, in welchem Umfang die Grundpfandschulden dem Erwerber **überbunden** werden: BGE 116 III 89 E.3;
- der Zuschlag bei Versteigerung, wenn der Zuschlagpreis statt in bar durch **Verrechnung** geleistet wurde: BGE 111 III 62 E.3, 5;
- die Ausstellung eines Verlustscheines durch ein **unzuständiges** Betreibungsamt nach ordnungsgemäss durchgeführtem Pfändungsverfahren: BGE 105 III 61;
- die Aufnahme einer Forderung in den **Kollokationsplan** bei Fehlen der Erklärung des Schuldners über jede Konkurseingabe: BGE 122 III 138 E.1;

- die Zustellung einer Arresturkunde in Missachtung von **Art. 60**: BGE 108 III 5 E.1.

5 Die Nichtigkeit kann **jederzeit** geltend gemacht werden: BGE 121 III 144 E.2;

- bei offensichtlicher Nichtigkeit einer Pfändung kann Richter **materiellrechtliche Beurteilung ablehnen**, ohne vorher die BB darüber entscheiden zu lassen: BGE 96 III 119 E.4c.
- Umgekehrt ist die Nichtigkeit eines **Rechtsöffnungsentscheides** von den Betreibungsbehörden zu beachten: BGE 102 III 36 E.3.

Art. 23
O. Kantonale Ausführungsbestimmungen
1. Richterliche Behörden
Die Kantone bezeichnen *(28)* die richterlichen Behörden, welche für die in diesem Gesetze dem Richter zugewiesenen Entscheidungen zuständig sind.

Keine Entscheidungen

Art. 24
2. Depositenanstalten
Die Kantone bezeichnen die Anstalten, welche gehalten sind, in den in diesem Gesetze vorgesehenen Fällen *(9, 144 Abs. 5, 149a Abs. 2, 264 Abs. 3, 315 Abs. 2, KOV 22)* Depositen *(98)* anzunehmen (Depositenanstalten). Sie haften für die von diesen Anstalten verwahrten Depositen.

1 Andere Depositenstellen dürfen **nicht** benutzt werden: BGE 53 III 10.

Art. 25
3. Prozessbestimmungen
Die Kantone erlassen *(28, 29):*

1. die Prozessbestimmungen für die Streitsachen, welche im beschleunigten Verfahren zu behandeln sind. Dieses Verfahren ist so einzurichten, dass die Parteien auf kurz bemessenen Termin geladen werden und die Prozesse binnen sechs Monaten seit Anhebung der Klage durch Haupturteil der letzten kantonalen Instanz erledigt werden können;

2. die Bestimmungen über das summarische Prozessverfahren für:

   a) Entscheide, die vom Rechtsöffnungs-, vom Komkurs-, vom Arrest- und vom Nachlassrichter getroffen werden;

b) die Bewilligung des nachträglichen Rechtsvorschlages (Art. 77 Abs. 3) und des Rechtsvorschlages in der Wechselbetreibung (Art. 181);

c) die Aufhebung oder Einstellung der Betreibung (Art. 85);

d) den Entscheid über das Vorliegen neuen Vermögens (Art. 265a Abs. 1–3).

Ziff. 1

1   Vgl. die Art. 85a, 109, 111, 148, 157, 250, 265a, 284.

Ziff. 2

2   Vgl. die Art. 80–84, 166, 168–175, 190–193, 195, 196.

Art. 26

4. Öffentlich-rechtliche Folgen der fruchtlosen Pfändung und des Konkurses

[1] Die Kantone können, soweit nicht Bundesrecht anwendbar ist, an die fruchtlose Pfändung und die Konkurseröffnung öffentlich-rechtliche Folgen (wie Unfähigkeit zur Bekleidung öffentlicher Ämter, zur Ausübung bewilligungspflichtiger Berufe und Tätigkeiten) knüpfen. Ausgeschlossen sind die Einstellung im Stimmrecht und im aktiven Wahlrecht sowie die Publikation der Verlustscheine.

[2] Die Rechtsfolgen sind aufzuheben, wenn der Konkurs widerrufen wird, wenn sämtliche Verlustscheingläubiger befriedigt oder ihre Forderungen verjährt sind.

[3] Kommt als einziger Gläubiger der Ehegatte des Schuldners zu Verlust, so dürfen keine öffentlich-rechtlichen Folgen der fruchtlosen Pfändung oder des Konkurses ausgesprochen werden.

1   Das BG betreffend die öffentlichrechtlichen Folgen der fruchtlosen Pfändung und des Konkurses vom 29. April 1920 (SR 284.1) ist **aufgehoben**.

2   Vgl. im übrigen

– BG über die Armee und die Militärverwaltung vom 3. Februar 1995 (SR 510.10) Art. 23;

– V über das militärische Kontrollwesen vom 29. Oktober 1986 Art. 119 (SR 511.2);

– KS BGer (Plenum) Nr. 19 vom 23.IV.1926 (Nr. 19).

Art. 27

5. Gewerbsmässige Vertretung

[1] Die Kantone können die gewerbsmässige Vertretung der am Zwangsvollstreckungsverfahren Beteiligten regeln. Sie können insbesondere:

1. vorschreiben, dass Personen, die diese Tätigkeit ausüben wollen, ihre berufliche Fähigkeit und ihre Ehrenhaftigkeit nachweisen müssen;
2. eine Sicherheitsleistung verlangen;
3. die Entschädigungen für die gewerbsmässige Vertretung festlegen.

[2] Wer in einem Kanton zur gewerbsmässigen Vertretung zugelassen ist, kann die Zulassung in jedem Kanton verlangen, sofern seine berufliche Fähigkeit und seine Ehrenhaftigkeit in angemessener Weise geprüft worden sind.

[3] Niemand kann verpflichtet werden, einen gewerbsmässigen Vertreter zu bestellen. Die Kosten der Vertretung dürfen nicht dem Schuldner überbunden werden.

1　Über den **Begriff** der gewerbsmässigen Vertretung: BGE 61 III 203.

2　Anwendung auf eine **Aktiengesellschaft**: BGE 124 III 433 E. 4a/bb.

3　**Keine** Anwendbarkeit
- des ganzen Art. auf das Rechtsöffnungsverfahren; das **kantonale** Anwaltsmonopol ist zulässig: BGE 59 I 200; 103 Ia 51 E. 1d;
- von Absatz 3 Satz 2 ist auf das Konkurseröffnungsverfahren: BGE 113 III 110 E.3b.

4　Die auf Grund des Art. 27 erlassenen Vorschriften über die Ausübung des Berufs eines **Rechtsagenten** können, ohne dass dadurch Bundesrecht verletzt würde, auch angewendet werden auf ausserhalb des Kantons niedergelassene Beauftragte eines Gläubigers, der im Kanton wohnt und hier eine Betreibung durchführt: BGE 92 III 51 E.2, 3.

5　Unzulässigkeit des **Wohnsitzerfordernisses**: BGE 106 Ia 128 E.2b, 3 Vgl. auch BGBM (Nr. 14).

6　Willkür eines kantonalen **Entschädigungstarifs**: BGE 92 I 250.

Art. 28

P. Bekanntmachung der kantonalen Organisation

[1] Die Kantone geben dem Bundesgericht die Betreibungs- und Konkurskreise *(1)*, die Organisation der Betreibungs- und der Konkursämter *(2, 3)* sowie die Behörden *(23)* an, die sie in Ausführung dieses Gesetzes bezeichnet haben.

[2] Das Bundesgericht sorgt für angemessene Bekanntmachung dieser Angaben.

Keine Entscheidungen

Art. 29
Q. Genehmigung kantonaler Ausführungsvorschriften

Die von den Kantonen in Ausführung dieses Gesetzes erlassenen Gesetze und Verordnungen bedürfen zu ihrer Gültigkeit der Genehmigung des Bundes.

1 Die Genehmigung ist Voraussetzung der **Gültigkeit** des kantonalen Erlasses: BGE 124 III 431 E. 3a.

Art. 30
R. Besondere Vollstreckungsverfahren

[1] Dieses Gesetz gilt nicht für die Zwangsvollstreckung gegen Kantone, Bezirke und Gemeinden, soweit darüber besondere eidgenössische oder kantonale Vorschriften bestehen.

[2] Vorbehalten bleiben ferner die Bestimmungen anderer Bundesgesetze über besondere Zwangsvollstreckungsverfahren.

1 **Kantone**: Bei der Zwangsvollstreckung gegen Kantone ist die Bezeichnung der zulässigen Betreibungsarten und der Betreibungsstellen Sache des kantonalen Rechts.

2 **Bezirke und Gemeinden** Bezüglich der Bezirke und Gemeinden gilt das **BG über die Schuldbetreibung gegen und andere Körperschaften des kantonalen öffentlichen Rechts** vom 4.XII.1947 (Nr. 13).

3 Für die **Nationalbank** bestehen keine besonderen Vorschriften.

4 Bezüglich der **übrigen Banken** gelten:

- BG über die Banken und Sparkassen vom 8.XI.1934 Art. 23quater, 25–37;

- Bankenverordnung vom 17.V.1972 (Nr. 74) Art. 55–63;

- VV zum Bundesgesetz über die Banken und Sparkassen vom 30.XIII.1961 Art. 49–54 (Nr. 73);

- V des Schweizerischen Bundesgerichts betreffend das Nachlassverfahren von Banken und Sparkassen vom 11.IV.1935 / 5.VI.1995 (Nr. 75).

5 für **Anleihensobligationen**: OR Art. 1169; V über die **Gläubigergemeinschaft** bei Anleihensobligationen vom 9.XII.1949 (Nr. 67).

6 für **Anlagefonds**:
- BG über die Anlagefonds vom 18.III.1994 (Nr. 65).
- V zum Bundesgesetz über die Anlagefonds vom 19.X.1994 (Nr. 66).

7 für **Genossenschaften**:
- V des Bundesgerichts über den Genossenschaftskonkurs vom 20.XII.1937 / 5.VI.1996 (Nr. 68).

8 für **Versicherungen**:
- BG über den Versicherungsvertrag vom 2.IV.1908 (Nr. 76) Art. 37, 54–57, 79–82, 86;
- V des Bundesgerichts betreffend die Pfändung, Arrestierung und Verwertung von Versicherungsansprüchen nach dem Bundesgesetz vom 2. April 1908 über den Versicherungsvertrag vom 10.V.1910 / 5.VI.1996 (Nr. 77).

9 für **Eisenbahn- und Schifffahrtsunternehmungen**:
- BG über Verpfändung und Zwangsliquidation von Eisenbahnen und Schiffahrtsunternehmungen vom 25.IX.1917 (SR 742.211.1);
- bei Anleihen von Eisenbahnen oder Schiffahrtsunternehmungen vgl. OR Art. 1185.

10 für die **Landwirtschaft**:
- BG über das bäuerliche Bodenrecht vom 4.X.1991 (Nr. 47).

Art. 30a
S. Völkerrechtliche Verträge und internationales Privatrecht
Die völkerrechtlichen Verträge und die Bestimmungen des Bundesgesetzes vom 18. Dezember 1987 über das Internationale Privatrecht sind vorbehalten.

1 Staatsvertraglich zulässiger **Rechtsmittelweg**: BGE 125 I 414 E.1b.

II. Verschiedene Vorschriften
Art. 31
A. Fristen
1. Berechnung

[1] Ist eine Frist nach Tagen bestimmt, so wird derjenige Tag nicht mitgerechnet, von welchem an die Frist zu laufen beginnt.

[2] Ist eine Frist nach Monaten oder nach Jahren bestimmt, so endigt sie mit demjenigen Tage, der durch seine Zahl dem Tage entspricht, mit welchem

sie zu laufen beginnt. Fehlt dieser Tag in dem letzten Monat, so endigt die Frist mit dem letzten Tage dieses Monats.

³ Fällt der letzte Tag der Frist auf einen Samstag, einen Sonntag oder einen staatlich anerkannten Feiertag, so endigt sie am nächstfolgenden Werktag.

Abs. 1

1 Vgl. Art. 32, 33; ferner OR Art. 77 Abs. 1 Ziff. 1; OR Art. 32.

- **Massgeblicher Zeitpunkt** für den Fristbeginn: BGE 120 III 4 E.1a; 120 III 27 E.1a.
- Fristbeginn bei **Postfachinhabern**: BGE 100 III 3;
- für **Rechtsvorschlag**: BGE 114 III 58 E.2b;
- für **Kollokationsklage**: BGE 112 III 43 E.2, 44 E.3; BGE 114 III 59 E.2c.
- Vgl. Art. 32, 33, 63; ferner OR Art. 77 Abs. 1 Ziff. 3:

Abs. 3

2 regelt nur das **Ende** einer Frist: BGE 94 III 87; 114 III 58 E.2a;

- der Absatz ist auf das Ende der Betreibungsferien **nicht** anwendbar: BGE 80 III 105:
- Massgebend für die Berücksichtigung der Feiertage ist das Recht des Kantons, bei dessen **Amt** die Frist befolgt werden muss: BGE 59 III 97.

3 Bedeutung des **Rückbehaltungsauftrags** bei der Post: BGE 123 III 492.

Art. 32
2. Einhaltung

¹ Schriftliche Eingaben nach diesem Gesetz müssen spätestens am letzten Tag der Frist *(31)* der Behörde eingereicht oder zu deren Handen der schweizerischen Post oder einer schweizerischen diplomatischen oder konsularischen Vertretung übergeben werden.

² Die Frist ist auch dann gewahrt, wenn vor ihrem Ablauf eine unzuständige Behörde angerufen wird; diese überweist die Eingabe unverzüglich der zuständigen Behörde.

³ Ist eine Klage nach diesem Gesetz wegen Unzuständigkeit des Gerichts vom Kläger zurückgezogen oder durch Urteil zurückgewiesen worden, so beginnt eine neue Klagefrist von gleicher Dauer.

[4] Bei schriftlichen Eingaben, die an verbesserlichen Fehlern leiden, ist Gelegenheit zur Verbesserung zu geben.

Abs. 1

1 Vgl. z.B. Art. 17–19, 40, 67, 88, 116, 151, 166 usw.

2 Aufgabe bei der schweizerischen Poststelle. Dabei kommt es darauf an, wann die Sendung zur Weiterbeförderung von der schweizerischen Post **in Empfang genommen** wurde: BGE 92 III 216.

– **Beweislast** für rechtzeitige Postaufgabe obliegt dem Absender: BGE 82 III 102; 97 III 15 E.2b.

– Bei der Postaufgabe gilt der Aufgabestempel als Datumsausweis für und gegen den Absender; **Beweispflicht** des letzteren bei Bestreitung des Zeitpunktes: BGE 82 III 10.

– Es ist aber willkürlich, den (zu beweisenden) **Einwurf** in einen Briefkasten der Übergabe an eine Poststelle nicht gleichzusetzen: BGE 98 Ia 249; 109 Ia 183.

3 Wahrung der Rechtsvorschlagsfrist bei Benützung des bei **der Türe des BA angebrachten Briefkastens**: BGE 70 III 71.

4 Als **pünktliche Leistung** im Sinne von Art. 123 Abs. 5 zweiter Satz kann eine am Verfalltage auf die Postcheckrechnung des BA gemachte Einzahlung gelten, die dem Amt erst später gutgeschrieben worden ist: BGE 62 III 13. Vgl. aber BGE 105 Ia 53.

5 Bei **Banküberweisung** ist zu beachten: Der mit Datenbank ausgeführte Auftrag muss vor Fristablauf der Post übergeben worden sein; die Bank hat zudem als Fälligkeits- oder Ausführungsdatum den letzten Tag der Frist anzugeben: BGE 117 Ib 220; 118 Ia 8.

Abs. 2

6 Das einem örtlich nicht zuständigen Betreibungsamt eingereichte **Betreibungsbegehren** muss von Amtes wegen dem zuständigen Betreibungsamt überwiesen werden, sofern dieses anhand der Angaben im Begehren erkennbar ist: BGE 127 III 567.

Abs. 3

7 Fall des Nichteintretens mangels Leistung des Kostenvorschusses: BGE 126 III 288.

Abs. 4

8 Nichtanwendung auf **ungenügende Begründung** einer Beschwerde: BGE 126 III 30.

9 Verbesserliche Fehler: BGE 126 III 289 E. 2b.

Art. 33
3. Änderung und Wiederherstellung

[1] Die in diesem Gesetze aufgestellten Fristen können durch Vertrag nicht abgeändert werden.

[2] Wohnt ein am Verfahren Beteiligter im Ausland oder ist er durch öffentliche Bekanntmachung anzusprechen, so kann ihm eine längere Frist eingeräumt oder eine Frist verlängert werden.

[3] Ein am Verfahren Beteiligter kann darauf verzichten, die Nichteinhaltung einer Frist geltend zu machen, wenn diese ausschliesslich in seinem Interesse aufgestellt ist.

[4] Wer durch ein unverschuldetes Hindernis davon abgehalten worden ist, innert Frist zu handeln, kann die Aufsichtsbehörde oder die in der Sache zuständige richterliche Behörde um Wiederherstellung der Frist ersuchen. Er muss, vom Wegfall des Hindernisses an, in der gleichen Frist wie der versäumten ein begründetes Gesuch einreichen und die versäumte Rechtshandlung bei der zuständigen Behörde nachholen.

Abs. 1

1 Auch eine **vom BA bewilligte** Verlängerung ist (unter Vorbehalt von Abs. 2) unwirksam: BGE 82 III 32.

Abs. 2

2 Zulässige Fristverlängerung kann auch **stillschweigend** gewährt werden: BGE 91 III 6 E.4.

3 Keine Anwendung auf den Schuldner, der zwar Wohnsitz im Ausland hat, dem aber die Arresturkunden **in der Schweiz zugestellt** werden: BGE 111 III 7 (ergangen zum aufgehobenen Art. 66 Abs. 5).

Abs. 4

4 **Wirkungen** der Wiederherstellung einer Rechtsvorschlagsfrist (früher nachträglicher Rechtsvorschlag): BGE 82 III 18; 85 III 142 E.2a.

5 **Keine Rückwirkungen** der Wiederherstellung, dagegen Fristansetzung an Gläubiger, die schon eine Pfändung erwirkt haben, zum Rechtsöffnungsbegehren oder zur Klage auf Anerkennung der Forderung, KS SchKK Nr. 7 vom 15.XI.1899 zum nachträglichen Rechtsvorschlag (jetzt Art. 77 Abs. 4), welches, ceteris paribus, auch für diesen Fall gelten muss (Nr. 24).

6 Voraussetzung eines **unverschuldeten Hindernisses** bei im Geschäftsleben Tätigem: BGE 119 III 11 E.4b.

Art. 34
B. Mitteilungen der Ämter
1. Schriftlich

Alle Mitteilungen der Betreibungs- und der Konkursämter werden schriftlich erlassen und, sofern das Gesetz nicht etwas anderes vorschreibt *(35, 72, 161, 233)*, durch eingeschriebenen Brief oder durch Übergabe gegen Empfangsbescheinigung zugestellt.

Mitteilungen

1 Vgl. Art. 64–66 sowie GebV SchKG, Art. 9.

2 Mitteilungen unter **Kostennachnahme** müssen auf dem Umschlag den Inhalt bezeichnen: BGE 59 III 68;

Einzelne Fälle

3 Die **Schätzungsurkunde** ist den am Betreibungsverfahren Beteiligten als Mitteilung und nicht als Betreibungsurkunde zuzustellen: BGE 120 III 37;

4 Der **Widerruf** einer Verfügung ist an keine Form gebunden, kann mündlich, auch telefonisch und durch Mitteilung an einen Dritten zu Handen eines Beteiligten erfolgen: BGE 76 III 89;

5 Die an den Gläubiger gerichtete **Fristansetzung** zur Klage auf Aberkennung eines Anspruchs im Lastenverzeichnis ist eine Mitteilung im Sinne dieses Artikels: BGE 121 III 11.

Weiteres

6 Betr. die **Konkursämter**: KOV Art. 5 (Nr. 34).

7 **Rechtsgültige Zustellung** von Mitteilungen: BGE 116 III 9 E.1a;

8 die Zustellung durch eingeschriebenen Brief oder durch Übergabe gegen Empfangsbescheinigung soll sicherstellen, dass dem Beamten jederzeit der **Beweis** für die Mitteilung zur Verfügung steht: BGE 121 III 11.

9 **Vereitelung** der Zustellung durch den Empfänger: BGE 91 III 44 E.2.

10 **Berechtigung zur Entgegennahme** bestimmt sich dort, wo Zustellung durch eingeschriebenen Brief vorgesehen ist, nach *postalischen* Vorschriften: BGE 71 III 15;

Art. 35
2. Durch öffentliche Bekanntmachung
[1] Die öffentlichen Bekanntmachungen erfolgen im Schweizerischen Handelsamtsblatt und im betreffenden kantonalen Amtsblatt. Für die Berechnung von Fristen und für die Feststellung der mit der Bekanntmachung verbundenen Rechtsfolgen ist die Veröffentlichung im Schweizerischen Handelsamtsblatt massgebend.

[2] Wenn die Verhältnisse es erfordern, kann die Bekanntmachung auch durch andere Blätter oder auf dem Wege des öffentlichen Ausrufs geschehen.

Abs. 1

1 Vgl. Art. 66 Abs. 4, 125 Abs. 1, 138, 195 Abs. 3, 232, 249 Abs. 2, 251 Abs. 4, 268 Abs. 4, 269 Abs. 3, 296, 308. Ausnahme: Art. 125 Abs. 2.

Abs. 2

2 Es handelt sich um eine Ermessensfrage; daher nur Beschwerde an kantonale AB: BGE 82 III 9.

Art. 36
C. Aufschiebende Wirkung
Eine Beschwerde *(17–19)*, Weiterziehung *(174 Abs. 1, 185 278 Abs. 3, 4, 294 Abs. 3, 307, 334 Abs. 4, 340)* oder Berufung hat nur auf besondere Anordnung der Behörde, an welche sie gerichtet ist, oder ihres Präsidenten aufschiebende Wirkung. Von einer solchen Anordnung ist den Parteien sofort Kenntnis zu geben.

1 Vgl. OG Art. 80 Abs. 2.

2 Um aufschiebende Wirkung kann schon **vor Beginn** der Beschwerde- bzw. Rekursfrist nachgesucht werden: BGE 85 III 150.

3 Es handelt sich um eine **Ermessensfrage**: BGE 81 III 10 E.2; 82 III 18.

  – Daher und weil kein Entscheid im Sinne von SchKG Art. 19 vorliegt, **kein Weiterzug** mit Beschwerde an das BGer: BGE 100 III 12.

4 Mit dem **Vollzug** der Entscheidungen der AB soll in der Regel bis zum Ablauf der Rekurs- bzw. Beschwerdefrist und im Falle der Weiterziehung bis zum Entscheid über aufschiebende Wirkung zugewartet werden, es sei denn, es liege Gefahr im Verzuge: BGE 78 III 59 E.1.

5 **Gegenstand** der aufschiebenden Wirkung: BGE 101 III 51 E.6.

Art. 37
D. Begriffe

[1] Der Ausdruck «Grundpfand» im Sinne dieses Gesetzes umfasst: die Grundpfandverschreibung, den Schuldbrief, die Gült, die Grundpfandrechte des bisherigen Rechtes, die Grundlast und jedes Vorzugsrecht auf bestimmte Grundstücke sowie das Pfandrecht an der Zugehör eines Grundstücks.

[2] Der Ausdruck «Faustpfand» begreift auch die Viehverpfändung, das Retentionsrecht und das Pfandrecht an Forderungen und anderen Rechten.

[3] Der Ausdruck «Pfand» umfasst sowohl das Grundpfand als das Fahrnispfand.

Abs. 1

1 Gleichgestellt die **Schiffsverschreibung**, BG über das Schiffsregister vom 28.IX.1923, (Nr. 60) Art. 54 Abs. 2.

2 Betr. **Luftfahrzeugverschreibung** vgl. BG vom 7.X.1959 über das Luftfahrzeugbuch (Nr. 57) Art. 26 ff. und KS BGer (Plenum) Nr. 35 vom 16.X.1961 (Nr. 59).

3 Betr. **Retentionsrecht**: BGE 89 III 74 E.1; 96 III 69. Betreibung für Mietzinse, wenn kein Retentionsverzeichnis verlangt wurde: BGE 76 III 26 E.1.

Abs. 2

4 Verhältnis zu **Art. 206 Abs. 1 zweiter Satz**: BGE 124 III 217.

Zweiter Titel: Schuldbetreibung
I. Arten der Schuldbetreibung
Art. 38
A. Gegenstand der Schuldbetreibung und Betreibungsarten

¹ Auf dem Wege der Schuldbetreibung werden die Zwangsvollstreckungen durchgeführt, welche auf eine Geldzahlung *(43, 67 Ziff. 3)* oder eine Sicherheitsleistung *(67 Ziff. 3, 69 Abs. 2 Ziff. 2)* gerichtet sind.

² Die Schuldbetreibung beginnt mit der Zustellung des Zahlungsbefehles *(71, 72, 177, 178)* und wird entweder auf dem Wege der Pfändung *(89)* oder der Pfandverwertung *(151)* oder des Konkurses *(159)* fortgesetzt.

³ Der Betreibungsbeamte bestimmt, welche Betreibungsart anwendbar ist.

Abs. 1

1 **Arrestnahme** für Anspruch auf Sicherheitsleistung ist als solche klar zu umschreiben: BGE 93 III 78 E.2b.

2 Werden in einer Betreibung auf Sicherheitsleistung die durch den Schuldner beigebrachten **Naturalsicherheiten** vom Gläubiger nicht angenommen, hat der BA nicht zu prüfen, ob diese ausreichend wären und die Einstellung der Betreibung zu rechtfertigen vermöchten; die Beurteilung dieser Frage fällt in die Zuständigkeit des Richters (Art. 85, 85a): BGE 110 III 2.

3 Unzulässigkeit **kantonaler Vollstreckungsmassnahmen**: BGE 85 II 196 E.2; 86 II 295 E.2.

4 Verpflichtung zur Rückerstattung einer Geldsumme unter **Strafandrohung** ist unzulässig: BGE 79 II 288.

5 **Aufhebung von Amtes wegen** einer Arrestprosequierung gegen einen bereits im Zeitpunkt des Arrestgesuches Verstorbenen: BGE 120 III 40 E.1.

6 Voraussetzung definitiver Eintragung des **Bauhandwerkerpfandrechtes** für Betreibung auf Pfandverwertung: BGE 125 III 248.

7 Für **Umwandlung** einer Betreibung auf **Geldzahlung** in eine solche auf Sicherheitsleistung ist besonderer neuer Zahlungsbefehl notwendig: BGE 62 III 121;

– ebenso wenn eine auf **Pfandverwertung** eingeleitete Betreibung nunmehr auf Pfändung oder Konkurs gehen soll: BGE 87 III 52.

8 Fortsetzung der Betreibung auf **Konkurs** gegen einen in diesem Zeitpunkt als Mitglied einer Kollektivgesellschaft im Handelsregister Eingetragenen: BGE 120 III 6 E.4.

9 Prüfung **von Amtes wegen**, ob eine Zwangsvollstreckung durch Betreibung auf Pfändung oder auf Konkurs fortzusetzen ist: BGE 112 III 4; 115 III 90 E.1;

- Unzuständigkeit der Betreibungsbehörden zur Prüfung, ob die im Handelsregister erfolgten Eintragungen und Löschungen **gerechtfertigt** sind: BGE 120 III 6 E.4.

10 Konsequenz der **Einstellung** des fälschlicherweise eingeleiteten Pfändungsverfahrens durch das BA zwecks Erlass der Konkursandrohung: BGE 101 III 21 E.1b.

11 Vgl. Art. 39, 160 Ziff. 4, 172 Ziff. 1, 173 Abs. 2, 178 Abs. 2 Ziff. 3.

12 Rechtsmittel betr. Betreibungsart: BGE 122 III 296 E.1.

Art. 39
B. Konkursbetreibung
1. Anwendungsbereich

[1] Die Betreibung wird auf dem Weg des Konkurses, und zwar als «Ordentliche Konkursbetreibung» (Art. 159–176) oder als «Wechselbetreibung» (Art. 177–189), fortgesetzt, wenn der Schuldner in einer der folgenden Eigenschaften im Handelsregister eingetragen ist *(42 Abs. 2):*

1. als Inhaber einer Einzelfirma (Art. 934 und 935 OR);
2. als Mitglied einer Kollektivgesellschaft (Art 554 OR);
3. als unbeschränkt haftendes Mitglied einer Kommanditgesellschaft (Art. 596 OR);
4. als Mitglied der Verwaltung einer Kommanditaktiengesellschaft (Art. 765 OR);
5. als geschäftsführendes Mitglied einer Gesellschaft mit beschränkter Haftung (Art. 781 OR);
6. als Kollektivgesellschaft (Art. 552 OR);
7. als Kommanditgesellschaft (Art. 594 OR);
8. als Aktien- oder Kommanditaktiengesellschaft (Art. 620 und 764 OR);
9. als Gesellschaft mit beschränkter Haftung (Art. 772 OR);
10. als Genossenschaft (Art. 828 OR);
11. als Verein (Art. 60 ZGB);
12. als Stiftung (Art. 80 ZGB).

[2] ...

[3] Die Eintragung äussert ihre Wirkung erst mit dem auf die Bekanntmachung im Schweizerischen Handelsamtsblatt folgenden Tage.

1 **Ausnahmen**: Art. 41, 43.

2 Voraussetzung ist ein **Betreibungsdomizil** in der Schweiz: BGE 59 III 175.

3 Über die vom Betreibungsamt vorzunehmenden **Feststellungen** vgl. BGE 67 III 42.

4 Vgl. Art. 15 Abs. 4; grundsätzlich ist der **Stand im Handelsregister** für die Betreibung massgebend; keine Überprüfungspflicht der Betreibungsbehörden: BGE 80 III 98.

5 Die in Ziff. 1–5 aufgeführten **Einzelpersonen** unterliegen der Konkursbetreibung auch für Schulden, die nicht aus dem Geschäftsbetrieb herrühren: BGE 51 III 165; 120 III 6 E.5.

Art. 40

[1] Die Personen, welche im Handelsregister eingetragen waren, unterliegen, nachdem die Streichung durch das Schweizerische Handelsamtsblatt bekanntgemacht worden ist *(35, 39)*, noch während sechs Monaten *(31)* der Konkursbetreibung.

[2] Stellt der Gläubiger vor Ablauf dieser Frist das Fortsetzungsbegehren *(88)* oder verlangt er den Erlass eines Zahlungsbefehls für die Wechselbetreibung *(177, 178)*, so wird die Betreibung auf dem Weg des Konkurses fortgesetzt.

1 Vgl. VBR vom 7.VI.1937 über das Handelsregister (SR 221.411), Art. 64–68.

2 Stellung der zu **Vertretung** befugten Gesellschafter bei einer sich in Liquidation befindenden Kollektivgesellschaft: BGE 69 III 2 E.1.

   – Anwendung auch auf das geschäftsführende Mitglied einer sich in Konkurs befindenden **GmbH**: BGE 78 III 90.

3 Konsequenzen der **Löschung im Handelsregister**, die durch den Konkurs ausgelöst wurde,

   – bei **Aktiengesellschaft** (Einstellung des Konkurses mangels Aktiven): BGE 53 III 187;

   – bei **unbeschränkt haftendem Teilhaber** einer im Konkurs befindlichen Kommanditgesellschaft, über die der Konkurs mangels Aktiven geschlossen wurde: BGE 62 III 133;

   – bei Inhaber einer **Einzelfirma** nach Einstellung des Konkurses mangels Aktiven: BGE 68 III 17.

4 Es obliegt den Gläubigern, während der Dauer einer Nachlassstundung ihre Rechte wahrzunehmen. Sie müssen daher unter Umständen während der Nachlassstundung ein **Fortsetzungsbegehren** stellen, um den Schuldner noch innerhalb der Frist des Art. 40 Abs. 1 SchKG auf Konkurs betreiben zu können: BGE 122 III 205 E. 1.

- Abs. 1 ist **nicht anwendbar**, solange keine Streichung erfolgt ist; keine Prüfung der Rechtmässigkeit von Eintragung oder Löschung: BGE 120 III 6 E.4.

Art. 41
C. Betreibung auf Pfandverwertung

[1] Für pfandgesicherte Forderungen *(37, 153 Abs. 2)* wird die Betreibung, auch gegen die der Konkursbetreibung unterliegenden Schuldner *(39)*, durch Verwertung des Pfandes (Art. 151–158) fortgesetzt.

[1bis] Wird für eine pfandgesicherte Forderung Betreibung auf Pfändung oder Konkurs eingeleitet, so kann der Schuldner mit Beschwerde (Art. 17) verlangen, dass der Gläubiger vorerst das Pfand in Anspruch nehme.

[2] Für grundpfandgesicherte *(37 Abs. 1)* Zinse oder Annuitäten kann jedoch nach der Wahl des Gläubigers entweder die Pfandverwertung oder, je nach der Person des Schuldners *(39, 42, 43)*, die Betreibung auf Pfändung oder auf Konkurs stattfinden. Vorbehalten bleiben ferner die Bestimmungen über die Wechselbetreibung (Art. 177 Abs. 1).

Abs. 1

1 Voraussetzung ist ein Pfand, das dem *Geltungsbereich* des **schweizerischen Rechtes** untersteht: BGE 36 I 339.

- Betr. **im Auslande liegende** Pfandsachen vgl. BGE 65 III 93.
- Betreibung auf Pfandverwertung für ein im **Auslande liegendes Faustpfand** ist zulässig; Vorlegung des Pfandes bei Stellung des Verwertungsbegehrens: BGE 70 III 55 E.2.

2 Vgl. ferner BG über **Kautionen der ausländischen Versicherungsgesellschaften** vom 4.II.1919 (Nr. 79), Art. 1, 2, 6, 7

3 Auch ein **Retentionsrecht** fällt darunter: BGE 104 III 8 E.2; 106 III E.1.

4 Die Bestimmung ist **nicht anwendbar** auf Betreibungen von Pfandbriefgläubigern gegenüber den Zentralen und auf Darlehensforderungen der Zentralen gegenüber Mitgliedern, die Aktiengesellschaften oder Genossenschaften sind, Art. 27 des Pfandbriefgesetzes vom 25.VI.1930 (Nr. 62). Vgl. auch Art. 45.

5 Vgl. auch das BG über das **Schiffsregister** vom 28.IX.1923 (Nr. 60), Art. 54 Abs. 2 sowie BGE 73 III 5, ferner für **Luftfahrzeug-**

verschreibungen BG vom 7.X.1959 über das Luftfahrzeugbuch (Nr. 57), Art. 26 ff. und KS BGr Nr. 35 vom 16.X.1961 (hinten Nr. 59).

6 Eine **Erbanwartschaft** unterliegt nicht der Zwangsverwertung, auch nicht als Pfand: BGE 73 III 150.

7 Betr. **mehrere** durch ein einziges Pfand gesicherte Forderungen vgl. BGE 104 III 9 E.3.

8 **Nachweis** des Pfandbestands: BGE 119 III 104 E.1.

–   **Schuldner** (vgl. N 9) muss den Bestand des Pfandrechtes in offenkundiger Weise dartun: BGE 83 III 61 E.1.

9 **Beneficium excussionis realis** bei pfandgesicherter Schuld:

–   Dieses ist durch **Beschwerde** gegen ordentliche Betreibung geltend zu machen.

–   Hat Gläubiger ein Selbstverkaufsrecht, so ist **Rechtsvorschlag** zu erheben: BGE 73 III 16.

–   Rechtsbehelf, wenn im Rahmen eines Arrestes geltend gemacht wird, die Forderung sei pfandgesichert: BGE 117 III 75 E.1 (Arrestaufhebungsklage, nunmehr jedoch **Einsprache** nach Art. 278).

–   Für ein auf **kantonalem Recht** beruhendes gesetzliches Grundpfandrecht kann dieses das beneficium excussionis realis von vornherein oder erst subsidiär zulassen: BGE 84 III 70.

–   **Verwirkung** des beneficium bei Unterlassung der Beschwerde: BGE 101 III 21 E.2a;

–   gilt auch im Falle der Betreibung auf **Konkurs**: BGE 110 III 6.

–   **Keine Nichtigkeit** der Betreibung bei Versäumung einer Weiterzugsfrist: BGE 120 III 106 E.1.

–   **Ausgeschlossen** ist das beneficium

–   für eine Schadenersatzforderung gegen einen Haftpflichtversicherten für den **das Pfandrecht** am Ersatzanspruch gemäss VVG Art. 60 **übersteigenden** Betrag: BGE 86 III 44;

–   für ein Pfandrecht, das erst **nach der Zustellung des Zahlungsbefehls** – und nachdem dieser rechtskräftig geworden ist – begründet worden ist: BGE 121 III 483.

–   **Nicht ausgeschlossen** ist das beneficium

–   wenn der Schuldner das Bestehen des Pfandrechtes zwar bestreitet, gleichzeitig aber beweist, dass der Gläubiger ein Pfand- oder Retentionsrecht **geltend macht** und ihn dadurch an der freien Verfügung über diese Gegenstände hindert: BGE 104 III 9 E.2.

– Gläubiger muss sich aber auf ein Pfandrecht **im eigentlichen Sinn**, nicht bloss auf eine Sicherungszession oder eine Zession zahlungshalber berufen: BGE 106 III 6 E.1;

– wenn der Gläubiger behauptet, die Pfänder seien **wertlos**: BGE 83 III 62 E.2;

– wenn ohne weitere Prüfung davon ausgegangen wurde, dass **die ursprüngliche Forderung** neben der im Schuldbrief verkörperten Forderung weiter bestehe: BGE 119 III 107 E.2b.

– Auslegung einer Pfandklausel in einer Scheidungskonvention, wonach **Verzicht** auf das beneficium zulässig ist und allgemeine Haftung des Schuldnervermögens vor der Pfandhaftung angenommen wird: BGE 77 III 4.

– Wenn der Gläubiger die Betreibung auf Verwertung eines Grundpfandes anstelle der Betreibung auf Verwertung eines Faustpfandes gewählt hat, so muss der Schuldner sich dagegen mittels **Rechtsvorschlag** zur Wehr setzen und kann nicht den Beschwerdeweg gemäss Art. 17 ff. SchKG beschreiten: BGE 122 III 296 E. 1

10 Möglichkeit und Wirkungen eines **Verzichts auf das Pfandrecht**: BGE 59 III 18;

– betreffend Verzicht auf die **Pfandverwertungsbetreibung**: BGE 58 III 59; 73 III 15; 84 III 69;

– er ist spätestens im **Betreibungsbegehren** auszusprechen: BGE 83 III 63 E.3; 87 III 53.

– Für eine zugunsten **mehrerer Gläubiger** faustpfandgesicherte Forderung kann nicht von einem einzelnen Gläubiger unter Verzicht auf das Pfandrecht ordentliche Betreibung angehoben werden: BGE 93 III 15 E.2.

11 Für **Mietzinse**, falls kein Retentionsverzeichnis verlangt wurde, Betreibung auf Pfändung oder auf Konkurs: BGE 76 III 28 E.3.

12 **Ausschluss** der einen Betreibungsart, wenn die andere eingeleitet wurde: BGE 61 III 70.

13 Keine persönliche Betreibung mehr für die im **Nachlassverfahren** als ungedeckt erklärten Zinsen von Grundpfandforderungen: BGE 50 III 105.

14 Vgl. auch ZGB Art. 818, 821, 878. Über den Begriff der **Annuitäten** vgl. BGE 63 III 127.

Art. 42

D. Betreibung auf Pfändung

¹ In allen andern Fällen wird die Betreibung auf dem Weg der Pfändung (Art. 89–150) fortgesetzt.

² Wird ein Schuldner ins Handelregister eingetragen *(39)*, so sind die hängigen Fortsetzungsbegehren *(88)* dennoch durch Pfändung zu vollziehen, solange über ihn nicht der Konkurs eröffnet ist *(190–194)*.

Keine Entscheidungen

Art. 43

E. Ausnahmen von der Konkursbetreibung

Die Konkursbetreibung ist in jedem Fall ausgeschlossen für:

1. Steuern, Abgaben, Gebühren, Sporteln, Bussen und andere im öffentlichen Recht begründete Leistungen an öffentliche Kassen oder an Beamte;

2. periodische familienrechtliche Unterhalts- und Unterstützungsbeiträge;

3. Ansprüche auf Sicherheitsleistung.

1 Keine Verwertung in Pfändungsbetreibungen während des **Konkursaufschubes**: BGE 77 III 38.

2 Z.B. fallen unter Ziff. 1:

- Prämienforderungen der **Schweiz. Unfallversicherungsanstalt**: BGE 54 III 225;

- Zollansprüche, **Zollgesetz** vom 1.X.1925 Art. 119 (Nr. 97)

- Forderungen, die sich auf das **Alkoholgesetz** stützen, Art. 66 Abs. 1 des BG vom 21.VI.1932/25.X.1949 (Nr. 82).

3 Vgl. ferner betr. die Betreibung für die **direkte Bundessteuer** das BG vom 14. Dezember 1990 Art. 165 und 166 (Nr. 96)

4 bezüglich der **Mehrwertsteuer** das BG 2 vom 2. September 1999 Art. 69 und 70 (Nr. 95).

5 **Strafprozessuale Beschlagnahme**; Verhältnis zum Bundesrecht: BGE 78 I 218. Anwendung der Strafbestimmungen von StGB Art. 164 Ziff. 1 und 165 Ziff. 2: BGE 81 IV 30.

6 Fortsetzung der Zwangsvollstreckung gegen eine AG zwecks Eintreibung der Beiträge der **beruflichen Vorsorge für Arbeitnehmer**: BGE 115 III 90 E. 2;

- bei Betreibung durch eine **Auffangeinrichtung** BVG: BGE 118 III 13.

7 Die Gläubigerin einer Forderung nach Ziff. 1 muss ein **Rechtssubjekt des öffentlichen Rechts** sein: BGE 125 III 251 E. 1. Vorbehalt besonderer Bestimmungen

Art. 44
F. Verwertung beschlagnahmter Gegenstände

Die Verwertung von Gegenständen, welche auf Grund strafrechtlicher oder fiskalischer Gesetze mit Beschlag belegt sind, geschieht nach den zutreffenden eidgenössischen oder kantonalen Gesetzbestimmungen.

1 Vgl. BG betr. die Bundesstrafrechtspflege vom 15.VI.1934 (SR 312.0), Art. 66 ff., BG über das Verwaltungsstrafrecht vom 22.III.1974 (SR 313.0), Art. 46 f.

2 **Postsendungen** an strafrechtlich zu Kostenzahlung Verurteilte nur mit ausdrücklicher gesetzlicher Ermächtigung arretiermöglich: BGE 63 I 275.

3 Zulässigkeit der Sicherungsbeschlagnahme und der nachfolgenden Einziehung von Vermögenswerten nach **kantonalem Recht**: BGE 115 Ib 535 E.7d; 117 Ia 427 E.20a; 120 IV 367 E.2b;

4 keine Zulässigkeit

- zur Deckung **privatrechtlicher** Schadenersatzansprüche: BGE 115 Ib 535 E.7d;

- oder durch den **Strafrichter** aus anderen als in Art. 58 ff. StGB gegebenen Gründen: BGE 116 IV 204 E.8b;

- wenn die betreffenden Gegenstände vorher in eine **Pfändung** einbezogen oder mit **Konkursbeschlag** belegt worden sind: BGE 113 III 3 E.3a.

5 Verhältnis zu **StGB Art. 59 Ziff. 2 Abs. 3:** BGE 126 I 108 E. 3d/bb.

6 Es fallen auch Gegenstände und Vermögenswerte unter die Bestimmung, die **keinen bestimmten Zusammenhang** mit den verfolgten Straftaten aufweisen: BGE 115 III 6 E.4c.

- Beschlagnahme zur Deckung von **Untersuchungs-, Prozess- und Strafvollzugskosten**: BGE 115 III 4 E.4; 119 Ia 458 E.4d; 119 Ib 74.

- Strafrechtliche Beschlagnahme geht dem **Konkursbeschlag** dann vor, wenn die beschlagnahmten Vermögenswerte mit der Straftat in einem Zusammenhang stehen: BGE 126 I 109.

7 Beschlagnahme zur Durchsetzung von **Steuerforderungen**: BGE 115 III 3 E.3b; 120 IV 368 E.2b.

- Über das Verhältnis der Fiskalgesetze zum **Konkursrecht**: BGE 78 I 219; 115 III 4.

8 Vgl. auch Art. 2, 21, 25–27 VStrR.

9 Kantonales Recht:

- Beschlagnahme auf Grund der **kantonalen Strafprozessordnung** bei Strafverfahren wegen Steuerbetrug: BGE 76 I 33 E.3;
- Zulässigkeit zur Deckung von **Gefangenschaftskosten**: BGE 101 IV 277 E.3a;
- soweit sie zur Sicherstellung privatrechtlicher Schadenersatzansprüche dient, ist sie **bundesrechtswidrig**, wenn die beschlagnahmten Gegenstände zu der Straftat in keiner Beziehung stehen: BGE 76 I 99 E.4; 101 IV 378 E.3b.
- Anders bei **öffentlichrechtlichen** Forderungen aus Strafverfahren: vgl. oben N 4.

Art. 45

2. Forderungen der Pfandleihanstalten

Für die Geltendmachung von Forderungen der Pfandleihanstalten gilt Artikel 910 des Zivilgesetzbuches.

1 Es handelt sich um ZGB Art. 910, lautend: «Ist das Pfand auf den vereinbarten Termin nicht ausgelöst worden, so kann die Anstalt nach vorgängiger öffentlicher Aufforderung zur Einlösung den Pfandgegenstand amtlich verkaufen lassen.

Eine persönliche Forderung kann die Anstalt nicht geltend machen.»

2 Beschwerden gegen Verfügungen in der von einer **Versatzanstalt** angehobenen Betreibung entscheidet, weil vom kantonalen Recht beherrscht, die letztinstanzliche kantonale Aufsichtsbehörde: BGE 63 III 114.

II. Ort der Betreibung

Art. 46

A. Ordentlicher Betreibungsort

[1] Der Schuldner *(38, 39, 42, 67 Ziff. 2)* ist an seinem Wohnsitze zu betreiben.

[2] Die im Handelsregister eingetragenen juristischen Personen und Gesellschaften *(39, 40)* sind an ihrem Sitze, nicht eingetragene juristische Personen *(ZGB 52 Abs. 2, 59)* am Hauptsitze ihrer Verwaltung zu betreiben.

[3] Für die Schulden aus einer Gemeinderschaft *(ZGB 336–348)* kann in Ermangelung einer Vertretung *(ZGB 341, 347)* jeder der Gemeinder am Orte der gemeinsamen wirtschaftlichen Tätigkeit *(ZGB 339 Abs. 1)* betrieben werden.

[4] Die Gemeinschaft der Stockwerkeigentümer *(ZGB 712l)* ist am Ort der gelegenen Sache zu betreiben.

1 **Allgemein: Prüfungspflicht** der Betreibungsbehörden: BGE 120 III 111 E.1;

   – **Zuständigkeit** zur Prüfung der Frage, ob die Betreibung am unrichtigen Ort angehoben und fortgesetzt wurde: BGE 120 III 9 E.3;

2 **Beweislast** von Gläubiger und Schuldner: BGE 120 III 112 E.1b;

   – **Vermutungskriterien**: BGE 125 III 100.

3 Vgl. zum **Wohnsitz** ZGB Art. 23–26 und dazu BGE 57 III 174; 65 III 103 f.; 68 III 50; 72 III 40; 82 II 573; 82 III 13; 88 III 138 E.1; 89 III 8; 119 III 52 E.2a, 55 E.2a.

4 **Aufhebung** des beim unzuständigen Amt erwirkten Zahlungsbefehls nur auf Beschwerde,

   – der Pfändung **von Amtes wegen**: BGE 68 III 35; 80 III 101; 82 III 74; 83 II 50; 88 III 10 E.3; 120 III 106 E.1.

5 Betr. im **Auslande** wohnende Schuldner und Gläubiger: BGE 63 III 115; 82 III 75 E.5.

   – Bestimmung des **Wohnsitzes** in diesem Fall: BGE 120 III 8.

   – Der Schuldner, der einen Wohnsitz in der Schweiz aufgibt und sich ins Ausland begibt, ohne einen neuen Wohnsitz oder Aufenthalt zu begründen, muss an seinem letzten **Wohnsitz in der Schweiz** betrieben werden: BGE 120 III 110 E.1.

   – In einem solchen Fall darf das für die Pfändung zuständige Betreibungsamt sich nicht mit der Feststellung begnügen, dass die Pfändung nicht durchgeführt worden sei; vielmehr muss es gemäss den Art. 89 ff. SchKG vorgehen und eine **Pfändungsurkunde** im Sinne der Art. 112 bis 115 SchKG erstellen: BGE 120 III 113 E.2, 3.

6 Keine Anwendung des **LugÜ** oder des **IPRG** auf die Frage des Betreibungsortes: BGE 124 III 507 E. 3.

7 Betreibung auf Konkurs gegen einen Schuldner, **der weder in der Schweiz noch im Ausland** einen festen Wohnsitz hat: BGE 119 III 52 E.2.

8 Ort der Betreibung gegen den **Arrestgläubiger**: BGE 112 III 85 E.3.

9 Die Wohnsitzbestimmung i.S. von ZGB Art. 23 gilt auch für das **Nachlassverfahren**; Verstösse sind durch **staatsrechtliche Beschwerde** nach OG Art. 84 anzufechten: BGE 68 I 194.

10 Betrügerischer Konkurs ist am Orte zu verfolgen, an dem der Schuldner zur Zeit der Begehung seinen Wohn- und Geschäftssitz hatte, selbst wenn der Konkurs an einem andern Orte eröffnet worden ist: BGE 81 IV 65

11 Für den Sitz gemäss **Abs. 2** vgl. OR Art. 554, 596, 626, 641, 776, 832, ZGB Art. 56.

– Betreibungsort bei **Verlegung** des Sitzes einer AG: BGE 116 III 2 E.2; 123 III 137.

– Unmassgeblichkeit der **Publikation** der Sitzverlegung im Schweiz. Handelsamtsblatt: BGE 116 III 3;

– Betreibungsort bei AG, die ihr Domizil **bei einer anderen AG** hat: BGE 119 III 58 E.3a.

– Konkurseröffnung gegen AG **ohne vorgängige Betreibung**: BGE 107 III 57 E.4b;

– Betreibung gegen eine Versicherungsgesellschaft an deren **Sitz**, nicht an dem in einzelnen Kantonen gewählten Rechtsdomizil: BGE 96 III 91.

– Für Personen des **öffentlichen Rechts** vgl. ZGB Art. 6, 56.

– Für die Einreichung von Betreibungsbegehren gegen **öffentlich-rechtliche Körperschaften** vgl. GSchG (Nr. 13) Art. 4;

– bezüglich der Unterbrechung der **Verjährung** vgl. BGE 71 III 172 E.1.

Art. 47
Aufgehoben

Die Bestimmung regelte den Betreibungsort für eine Person mit gesetzlichem Vertreter (am Wohnsitz derselben bzw. am Sitz der ernennenden oder vermögensverantwortlichen Behörde). Diese Betreibungen sind jetzt am gesetzlichen Wohnsitz des Schuldners einzuleiten. Das ändert nichts daran, dass die Zustellung, um Wirkung zu erlangen, an den gesetzlichen Vertreter erfolgen muss, und zwar selbst wenn eine Entmündigung nicht veröffentlicht worden ist (vgl. dazu Art. 68c).

Art. 48

B. Besondere Betreibungsorte
1. Betreibungsort des Aufenthaltes

Schuldner, welche keinen festen Wohnsitz haben *(46)*, können da betrieben werden, wo sie sich aufhalten *(56)*.

1 Vgl. ZGB Art. 26 und hiezu: BGE 82 III 13; 88 III 138.

2 Die Bestimmung gilt auch für Schuldner, welche den bisherigen Wohnsitz **aufgegeben** haben, ohne einen neuen zu begründen: BGE 72 III 40;

– eine Möglichkeit, **wahlweise** am frühern Wohnsitze oder am tatsächlichen Aufenthaltsorte zu betreiben, besteht nicht, BGE 65 III 103.

3 Die Bestimmung gilt auch in der Betreibung auf **Konkurs**: BGE 119 III 53.

4 Es gibt keine Anwendung der aus **Art. 53** abgeleiteten Regel in diesem Bereich: BGE 115 III 21 E.2.

Art. 49

2. Betreibungsort der Erbschaft

Die Erbschaft kann, solange die Teilung nicht erfolgt, eine vertragliche Gemeinderschaft nicht gebildet oder eine amtliche Liquidation nicht angeordnet ist, in der auf den Verstorbenen anwendbaren Betreibungsart *(39–44)* an dem Ort betrieben werden, wo der Erblasser zur Zeit seines Todes betrieben werden konnte *(ZGB 538)*.

1 Vgl. ZGB Art. 560, 589, 602, 603.

2 Über die Art der **Schuldnerbezeichnung** KS BGer (Plenum) Nr. 16 vom 3.IV.1925 (Nr. 18).

3 Wirkungen der **konkursamtlichen Liquidation** und Einstellung des Verfahrens mangels Aktiven: BGE 79 III 164; 87 III 75 E.2

4 Zur noch nicht erfolgten **Teilung** vgl. ZGB Art. 602, 604, 605, 634.

5 Zur nicht gebildeten **Gemeinderschaft** vgl. ZGB Art. 336 ff:

6 Zur nicht angeordneten **amtlichen Liquidation** vgl. ZGB Art. 578, 593–597;

– Betr. Betreibung **während** amtlicher Liquidation: BGE 72 III 34;

– keine Betreibung einer ausgeschlagenen Erbschaft, deren Liquidation wegen Nichtleistung von Kostenvorschüssen **abgelehnt** wurde: BGE 62 III 102.

7 Abklärung durch das **Betreibungsamt**: BGE 99 III 51.

8 Zur Frage der zivilprozessualen **Parteifähigkeit**: BGE 102 II 387.

9 **Passivlegitimation** im Rechtsöffnungsverfahren: BGE 113 III 81 E.3; 116 III 6 E.2; 118 III 65 E.2a.

10 Art. 49 ist nicht anwendbar auf Arrestierung eines **Liquidationsanteils** an einer unverteilten Erbschaft: BGE 118 III 66 E.2b;

– Arrestierung des Anspruchs auf den Liquidationsanteil eines **italienischen Staatsbürgers** an einer in der Schweiz eröffneten Erbschaft: BGE 91 III. 22.

11 Ausschluss der **persönlichen Haftung** der Erben für die Schulden der Erbschaft: BGE 116 III 7 E.b.

Art. 50
3. Betreibungsort des im Ausland wohnenden Schuldners

[1] Im Auslande wohnende Schuldner, welche in der Schweiz eine Geschäftsniederlassung *(OR 935)* besitzen, können für die auf Rechnung der letztern eingegangenen Verbindlichkeiten am Sitze derselben betrieben werden *(55)*.

[2] Im Auslande wohnende Schuldner, welche in der Schweiz zur Erfüllung einer Verbindlichkeit ein Spezialdomizil gewählt haben, können für diese Verbindlichkeit am Orte desselben betrieben werden.

1 **Qualifizierung** eines Betriebes als Geschäftsniederlassung: BGE 114 III 11 E.2.

– Keine Notwendigkeit des **Eintrags** der Geschäftsniederlassung im Handelsregister: BGE 114 III 8 E.1.

– Demgegenüber Nichtigkeit der **Konkursandrohung** beim Fehlen des Handelsregistereintrages: BGE 79 III 15 E.2; 107 III 60 E.5.

2 Einrede, dass die Verbindlichkeit nicht die Filiale beschlage, durch **Rechtsvorschlag**: BGE 47 III 16.

3 **Konkurs** einer Handelsniederlassung: BGE 40 III 126 E.2.

4 Bei **Sitzverlegung** einer Geschäftsniederlassung kann Betreibung dort fortgesetzt werden: BGE 68 III 149 E.1.

5 Für Schulden, die von einer **ausländischen** Zweigniederlassung einer in der Schweiz domizilierten Gesellschaft eingegangen wurden, ist Betreibung am Sitz der Hauptniederlassung zulässig; Rechtsöffnung ist auch gestützt auf ein ausländisches Urteil zu erteilen: BGE 81 I 59 E.3

6 Verhältnis zu **DGB Art. 169 ff.** (früher WStB Art. 118): BGE 108 Ib 49.

7 Zu **Abs. 2** vgl.

- BG betr. die Aufsicht über die privaten Versicherungseinrichtungen vom 23.VI.1978 (Nr. 80) Art. 29;
- BG betr. Kautionen der ausländischen Versicherungsgesellschaften vom 4.II.1919 (Nr. 79) Art. 7;
- OR Art. 991 Ziff. 5, 994, 1096 Ziff. 4, 1100 Ziff. 4;

8 Betr. **Wechseldomizil:** BGE 47 III 31; 86 III 82 E.2; 89 III 4; 119 III 56 E.2 f;

- Einrede, dass der angegebene Ausstellungsort nicht den von den Parteien getroffenen Abmachungen entspreche, durch **Rechtsvorschlag:** BGE 86 III 84 E.3.

9 Wahl eines **Gerichtsstandes** zur Abwicklung aller Verpflichtungen aus einer Zahlungspflicht: BGE 50 III 171 E.2.

- Aus den Umständen sich ergebender Parteiwille zur Begründung eines **Spezialdomizils**: BGE 68 III 62.
- Das schweizerische Spezial- bzw. Wahldomizil fällt nicht notwendigerweise mit dem **Zahlungsort** zusammen: BGE 89 III 3.
- Betr. die Bedeutung einer schweizerischen **Zahlstelle** für ein *ausländisches* Anleihen: BGE 52 III 165; 53 III 197 E.1.

10 Abs. 2 ist auf den Konkurs **ohne vorgängige Betreibung** nicht anwendbar: BGE 107 III 56 E.4.

Art. 51
4. Betreibungsort der gelegenen Sache

[1] Haftet für die Forderung ein Faustpfand *(37 Abs. 2, ZGB 884–906)*, so kann die Betreibung *(41)* entweder dort, wo sie nach den Artikeln 46–50 stattzufinden hat, oder an dem Ort, wo sich das Pfand oder dessen wertvollster Teil befindet *(ZGB 888, 901, 902)*, eingeleitet werden *(38)*.

[2] Für grundpfandgesicherte Forderungen *(37 Abs. 1, 41 Abs. 2)* findet die Betreibung nur dort statt, wo das verpfändete Grundstück liegt. Wenn die Betreibung sich auf mehrere, in verschiedenen Betreibungskreisen gelegene Grundstücke bezieht, ist dieselbe in demjenigen Kreise zu führen, in welchem der wertvollste Teil der Grundstücke sich befindet.

1 Bestreitung des Bestandes eines Pfandrechts durch **Rechtsvorschlag**: VZG (Nr. 31) Art. 85. Geltendmachung des Pfandrechtes durch den Schuldner als *Einrede* gegen die gewöhnliche Betreibung durch Beschwerde: Art. 41.

2 Betreibung auf Pfandverwertung für ein im **Auslande** liegendes Faustpfand ist zulässig; Vorlegung des Pfandes bei Stellung des Verwertungsbegehrens: BGE 70 III 55 E.2.

3 **Verpfändete Forderungen**, die nicht in einem Wertpapier verkörpert sind, befinden sich am Wohnsitz des Pfandgläubigers: BGE 105 III 119 E.2a.

4 Ein **Wertpapierdepot**, das der Bank verpfändet ist, die das Depotkonto führt, befindet sich am Sitz dieser Bank, wo immer die einzelnen Papiere aufbewahrt sind: BGE 105 III 121 E.2c.

5 Für die Betreibung auf Pfandverwertung von **registrierten Schiffen** ist zuständig das Amt des Heimathafens: BG über das Schiffsregister vom 28.IX.1923 (Nr. 60) Art. 55 Abs. 1.

6 Für die Zwangsvollstreckung in **ausländische Seeschiffe**, die sich auf Schweizergebiet befinden, sind die schweizerischen Behörden zuständig: BGE 73 III 5;

7 für **ausländische Luftfahrzeuge** BG vom 7.X.1959 (Nr. 57) Art. 54 und KS BGer (Plenum) Nr. 35 vom 16.X.1961 (Nr. 59).

8 Für Forderungen der **Baupfandgläubiger** gemäss ZGB 841 (VZG 117): BGE 96 III 128.

Art. 52
5. Betreibungsort des Arrestes

Ist für eine Forderung Arrest gelegt *(271–277)*, so kann die Betreibung auch dort eingeleitet werden, wo sich der Arrestgegenstand befindet *(272)*. Die Konkursandrohung *(159)* und die Konkurseröffnung *(171, 172, 189–191)* können jedoch nur dort erfolgen, wo ordentlicherweise die Betreibung stattzufinden hat *(46–49, 54, 55, 190 Ziff. 1)*.

1 Werden die Arrestgegenstände nachher am **ordentlichen Betreibungsort** für einen andern Gläubiger gepfändet, so wird auch die Arrestbetreibung dort fortgeführt, BR in Arch. f. Sch. und K., III, Nr. 110.

  – **Ergänzungs- und Nachpfändung** von nicht im Arrestbefehl bezeichneten Gegenständen ist ausgeschlossen. BGE 51 III 122; 90 III 80.

  – Die Arrestprosequierung durch die **Betreibung am Wohnort** des Schuldners ist zulässig nach BGE 77 III 129 E.3a.

2 Zur **Bestreitung** des Betreibungsstandes am Arrestort: BGE 100 III 28 E.1b.

3 Keine Betreibung des **Arrestgläubigers** am Arrestort: BGE 112 III 85 E.3.

4 Bei **Nichtigkeit** eines Arrestes fällt auch die örtliche Zuständigkeit für die Betreibung dahin: BGE 111 III 49 E.2.

5 Besteht in der Schweiz kein ordentliches Betreibungsforum, so ist nur Fortsetzung durch **Pfändung** möglich: BGE 59 III 175.

 – Am Arrestort auch kein Konkurs **ohne vorgängige Betreibung**: BGE 107 III 56 E.4a.

Art. 53
C. Betreibungsort bei Wohnsitzwechsel

Verändert der Schuldner seinen Wohnsitz *(46)*, nachdem ihm die Pfändung angekündigt *(90)* oder nachdem ihm die Konkursandrohung *(159)* oder der Zahlungsbefehl zur Wechselbetreibung *(178)* zugestellt worden ist, so wird die Betreibung am bisherigen Orte fortgesetzt.

1 Während des **Einleitungsverfahrens** (mit Einschluss des Rechtsöffnungsverfahrens) ist der allgemeine Betreibungsort veränderlich: BGE 112 III 11 E.2; 115 III 30 E.2.

2 **Rechtsöffnung** nach Wohnsitzverlegung im Einleitungsverfahren ohne Anzeige an den Gläubiger: BGE 76 I 49.

3 Die Bestimmung ist analog anwendbar bei der Betreibung am **Aufenthaltsorte** oder am **Geschäftssitze**: BGE 68 III 149 E.1.

4 Fortsetzung der Betreibung im **Pfändungsverfahren** durch das Amt am Wohnsitz des Schuldners, wo erste gültige Ankündigung erfolgte: BGE 89 III E.3;

 – **Prüfung** dieses Zeitpunktes von Amtes wegen: BGE 80 III 101 E.1;

 – Verfahren, wenn der Schuldner an einen nicht bekannten Ort weggezogen ist und die gepfändeten Sachen **mitgenommen** hat: BGE 48 III 87 E.2.

5 Art. 53 SchKG ist auch auf den Konkurs **ohne vorgängige Betreibung** anwendbar. Der Richter, der im Zeitpunkt der Zustellung der Vorladung zur Konkursverhandlung an den Schuldner örtlich zuständig ist, bleibt es auch dann, wenn dieser in der Folge sein Domizil wechselt: BGE 121 III 14 E.1, 2.

Art. 54

D. Konkursort bei flüchtigem Schuldner

Gegen einen flüchtigen Schuldner *(190)* wird der Konkurs an dessen letztem Wohnsitze *(46, 48)* eröffnet *(171, 189, 190 Ziff. 1)*.

1 Anwendbar auch auf von der Schweiz abwesenden Schuldner, dessen neuer Wohnsitz **unbekannt** ist und der nicht dem Konkurs unterliegt: BGE 120 III 112 E.b.

Art. 55

E. Einheit des Konkurses

Der Konkurs kann in der Schweiz gegen den nämlichen Schuldner gleichzeitig nur an einem Orte eröffnet sein. Er gilt dort als eröffnet, wo er zuerst erkannt wird *(171, 189, 190, 191)*.

Keine Entscheidungen

III. Geschlossene Zeiten, Betreibungsferien und Rechtsstillstand

Art. 56

A. Grundsätze und Begriffe

Ausser im Arrestverfahren *(271–276)* oder wenn es sich um unaufschiebbare Massnahmen zur Erhaltung von Vermögensgegenständen handelt *(124 Abs. 2, 162, 163, 170, 183 Abs. 1, 283, 284)*, dürfen Betreibungshandlungen nicht vorgenommen werden:

1. in den geschlossenen Zeiten, nämlich zwischen 20 Uhr und 7 Uhr sowie an Sonntagen und staatlich anerkannten Feiertagen;

2. während der Betreibungsferien, nämlich sieben Tage vor und sieben Tage nach Ostern und Weihnachten sowie vom 15. Juli bis 31. Juli; in der Wechselbetreibung *(177–189)* gibt es keine Betreibungsferien;

3. gegen einen Schuldner, dem der Rechtsstillstand (Art. 57–62) gewährt ist.

1 Begriff *der* **Betreibungshandlung***:* BGE 115 III 10 E.5, 13 E.b; 117 III 5 E.3; 120 Ib 250 E. 2b/aa; 120 III 10 E.1; 121 III 91 E.6c/aa; 121 III 91.

　　– nicht die **Abfassung des ZB**: BGE 120 III 10.

　　– wohl aber seine **Zustellung:** BGE 121 III 284 E.2e.

　　– nicht ohne weiteres die Zustellung eines kantonalen, der Beschwerde an des Bundesgericht unterliegenden **Beschwerdeentscheides**: 115 III 9 E.4, 12;

- Berücksichtigung der Betreibungsferien bei der Berechnung der **Frist** für die Beschwerde ans Bundesgericht ist davon abhängig, ob die Zustellung des kant. Entscheides im Sinne von BGE 115 III 9 eine Betreibungshandlung darstellt: BGE 117 III 5 E.3.
- nicht die **Ausfällung eines Urteils** im Forderungsprozess nach Art. 79 trotz der darin eingeschlossenen Rechtsöffnung: BGE 81 III 134;
- nicht die bei Abwesenheit des Schuldners nachträglich erstellte **Pfändungsurkunde**: BGE 112 III 17
- nicht die **Mitteilung der Konkurseröffnung**: BGE 120 Ib 250 E.2b/aa.

2 Eine während der Betreibungsferien vorgenommene Betreibungshandlung ist **weder nichtig noch anfechtbar**. Vielmehr entfaltet sie ihre Rechtswirkungen erst nach den Betreibungsferien: BGE 121 III 284 (problematisch, vgl. auch N 6 zu Art. 57).

3 **Unzulässigkeit** einer auf 19.00 Uhr (jetzt **20.00 Uhr**) festgesetzten Pfändung: BGE 112 III 15 E.4;

4 **Zulässigkeit** an **Samstagen**: BGE 82 IV 17 E.2;
- Zulässigkeit der **Zustellung des ZB** an Samstagen; Fristenlauf: BGE 114 III 55 Nr. 18;

5 **Feiertage:**
- **staatlich anerkannte**: BGE 114 III 56 E.1a, 57 E.1b;
- **kantonale**:BGE 114 III 56 E.1a

6 Die Vorschriften über **Betreibungsferien**
- sind im **Konkurs** nicht anwendbar: BGE 96 III 77 E.1;
- dagegen sind sie zu beachten bei Zustellung des Entscheides über die **Einsprache gegen den Arrestbefehl**; dieser Vorgang bildet nicht Bestandteil des Arrestverfahrens: BGE 96 III 47 (für die alte Arrestaufhebungsklage).
- Berücksichtigung der Betreibungsferien, wenn das kant. Recht gegen den **Rechtsöffnungsentscheid** ein ordentliches Rechtsmittel vorsieht und das Ende der Rechtsmittelfrist in die Betreibungsferien fällt: BGE 115 III 92 E.2.

7 Betreffend **Massnahmen** nach Art. 98 ff.: BGE 107 III 70 E.1.

8 Doppelte **Gebühr** für Verrichtungen während der in Ziff. 1 genannten Zeiten: GebV SchKG (Nr. 10) Art. 8.

9 Vgl. auch VZG (Nr. 31) Art. 86, 91 Abs. 2.

10 Sobald in einer Betreibung auf **Grundpfandverwertung** die Steigerung durchgeführt ist und der Zuschlag nicht mehr angefochten werden kann, kommt **Ziff. 2** nicht mehr zur Anwendung: BGE 114 III 60 E.

11 Zulässigkeit von Fortsetzungsbegehren während der Dauer einer **Nachlassstundung**: BGE 122 III 206 E.4.

Art. 57
B. Rechtsstillstand
1. Wegen Militär-, Zivil- oder Schutzdienst
a) Dauer

[1] Für einen Schuldner, der sich im Militär-, Zivil- oder Schutzdienst befindet, besteht während der Dauer des Dienstes Rechtsstillstand *(56 Ziff. 3)*.

[2] Hat der Schuldner vor der Entlassung oder Beurlaubung mindestens 30 Tage ohne wesentlichen Unterbruch Dienst geleistet, so besteht der Rechtsstillstand auch noch während der zwei auf die Entlassung oder Beurlaubung folgenden Wochen.

[3] Für periodische familienrechtliche Unterhalts- und Unterstützungsbeiträge kann der Schuldner auch während des Rechtsstillstandes betrieben werden.

[4] Schuldner, die aufgrund eines Arbeitsverhältnisses zum Bund oder zum Kanton Militär- oder Schutzdienst leisten, geniessen keinen Rechtsstillstand.

1 Vgl. folgende Erlasse:
- BV Art. 58, 59, 61;
- BG über die Armee und die Militärverwaltung (Militärgesetz MG) vom 3.II.1995 (SR 510.10) Art. 12, 13.
- BG über den Zivilschutz (Zivilschutzgesetz, ZSG) vom 17.VI.1994 (SR 520.1), Art. 26. Danach bestand Rechtsstillstand nur bei Dienstleistungen in der Katastrophen- und Nothilfe sowie im Aktivdienst.
- Bundesgesetz über den zivilen Ersatzdienst vom 9.X.1995 Anhang Nr. 4 (Nr. 22);
- KS BGer (Plenum) Nr. 29 vom 7.II.1941 über die *Feststellung* des Eintritts und Wegfalls der den Rechtsstillstand begründenden Tatsachen (Nr. 20).

2 Der Rechtsstillstand gilt nur **für die Zeit des wirklich geleisteten Dienstes**; längere dienstfreie Zeit ist davon ausgeschlossen: BGE 66 III 37.

    – Der **Entlassungstag** muss zum Militärdienst gerechnet werden: BGE 67 II 69.

    – Beschwerde gegen Betreibungshandlungen **nach Beendigung** des Dienstes: BGE 67 III 74 E.1.

3 Kein Rechtsstillstand für **Militärpatienten**, die keinen Sold beziehen: BGE 95 III 8.

4 Betreibungen, die allein gegen einen **Ehegatten** gerichtet sind, werden vom Rechtsstillstand des andern nicht berührt: BGE 66 III 35.

5 Bei Handelsgesellschaften und juristischen Personen vgl. BGE 71 III 25.

6 **Nichtigkeit** aller Zustellungen während der Dauer des Rechtsstillstandes: BGE 67 III 70 (vgl. demgegenüber N 2 zu Art. 56);

    – auch bei **Zivildienst**: BGE 127 III 176–178 E. 3.

Art. 57*a*
b) Auskunftspflicht Dritter

[1] Kann eine Betreibungshandlung nicht vorgenommen werden, weil der Schuldner sich im Militär-, Zivil- oder Schutzdienst befindet, so sind die zu seinem Haushalt gehörenden erwachsenen Personen und, bei Zustellung der Betreibungsurkunden in einem geschäftlichen Betrieb, die Arbeitnehmer oder gegebenenfalls der Arbeitgeber bei Straffolge (Art. 324 Ziff. 5 StGB) verpflichtet, dem Beamten die Dienstadresse und das Geburtsjahr des Schuldners mitzuteilen.

[1bis] Der Betreibungsbeamte macht die Betroffenen auf ihre Pflichten und auf die Straffolge bei deren Verletzung aufmerksam.

[2] Die zuständige Konmmandostelle gibt dem Betreibungsamt auf Anfrage die Entlassung oder Beurlaubung des Schuldners bekannt.

1 Vgl. KS BGer Nr. 29 (Plenum) vom 7.II.1941 (Nr. 20).

Keine Entscheidungen

Art. 57*b*
c) Haftung des Grundpfandes

[1] Gegenüber einem Schuldner, der wegen Militär-, Zivil- oder Schutzdienstes Rechtsstillstand *(56 Ziff. 3)* geniesst, verlängert sich die Haftung des Grundpfandes für die Zinse der Grundpfandschuld (Art. 818 Abs. 1 Ziff. 3 ZGB) um die Dauer des Rechtsstillstandes *(57)*.

[2] In der Betreibung auf Pfandverwertung ist der Zahlungsbefehl auch während des Rechtsstillstandes zuzustellen, wenn dieser drei Monate gedauert hat.

Keine Entscheidungen

Art. 57*c*
d) Güterverzeichnis

[1] Gegenüber einem Schuldner, der wegen Militär-, Zivil- oder Schutzdienstes Rechtsstillstand *(56 Ziff. 3)* geniesst, kann der Gläubiger für die Dauer des Rechtsstillstandes *(57)* verlangen, dass das Betreibungsamt ein Güterverzeichnis *(162)* mit den in Artikel 164 bezeichneten Wirkungen aufnimmt. Der Gläubiger hat indessen den Bestand seiner Forderung und ihre Gefährdung durch Handlungen des Schuldners oder Dritter glaubhaft zu machen, die auf eine Begünstigung einzelner Gläubiger zum Nachteil anderer oder auf eine allgemeine Benachteiligung der Gläubiger hinzielen.

[2] Die Aufnahme des Güterverzeichnisses kann durch Sicherstellung der Forderung des antragstellenden Gläubigers abgewendet werden.

Keine Entscheidungen

Art. 57*d*
e) Aufhebung durch den Richter

Der Rechtsstillstand *(56 Ziff. 3)* wegen Militär- oder Schutzdienstes kann vom Rechtsöffnungsrichter auf Antrag eines Gläubiges allgemein oder für einzelne Forderungen mit sofortiger Wirkung aufgehoben werden, wenn der Gläubiger glaubhaft macht, dass:

1. der Schuldner Vermögenswerte dem Zugriff der Gläubiger entzogen hat oder dass er Anstalten trifft, die auf eine Begünstigung einzelner Gläubiger zum Nachteil anderer oder auf eine allgemeine Benachteiligung der Gläubiger hinzielen, oder

2. der Schuldner, sofern er freiwillig Militär- oder Schutzdienst leistet, zur Erhaltung seiner wirtschaftlichen Existenz des Rechtsstillstandes nicht bedarf, oder

3. der Schuldner freiwillig Militär- oder Schutzdienst leistet, um sich seinen Verpflichtungen zu entziehen.

1   Vgl. GebVSchKG (Nr. 10) Art. 51.

Keine Entscheidungen

Art. 57*e*
f) Militär-, Zivil- oder Schutzdienst des gesetzlichen Vertreters

Die Bestimmungen über den Rechtsstillstand *(56 Ziff. 3)* finden auch auf Personen und Gesellschaften Anwendung, deren gesetzlicher Vertreter sich im Militär-, Zivil- oder Schutzdienst befindet, solange sie nicht in der Lage sind, einen andern Vertreter zu bestellen.

1 Als gesetzliche Vertreter gelten **die ordnungsmässig bestellten Vertreter** von juristischen Personen: BGE 65 III 120; 66 III 51 E.2.

2 Handelsgesellschaften und juristischen Personen kommt Rechtsstillstand nur während der **eigentlichen Militärdienstzeit** ihrer Vertreter zu: BGE 71 III 25.

Bemerkung: Der aufgehobene Absatz 2 findet sich jetzt als Abs. 4 in Art. 57.

Art. 58
2. Wegen Todesfalles in der Familie

Für einen Schuldner, dessen Ehegatte, dessen Verwandter oder Verschwägerter in gerader Linie *(ZGB 20, 21)* oder dessen Hausgenosse gestorben ist, besteht vom Todestag an während zwei Wochen Rechtsstillstand *(56 Ziff. 3)*.

Keine Entscheidungen

Art. 59
3. In der Betreibung für Erbschaftsschulden

[1] In der Betreibung für Erbschaftsschulden *(49 und ZGB 602, 603, 639, 640)* besteht vom Todestage des Erblassers an während der zwei folgenden Wochen *(58)* sowie während der für Antritt oder Ausschlagung der Erbschaft eingeräumten Überlegungsfrist *(ZGB 566–576, 580, 586)* Rechtsstillstand *(56 Ziff. 3)*.

[2] Eine zu Lebzeiten des Erblassers angehobene Betreibung *(38, 67, 69)* kann gegen die Erbschaft gemäss Artikel 49 fortgesetzt werden *(38 Abs. 2)*.

[3] Gegen die Erben kann sie nur dann fortgesetzt werden, wenn es sich um eine Betreibung auf Pfandverwertung *(151–158)* handelt oder wenn in einer Betreibung auf Pfändung die in den Artikeln 110 und 111 angegebenen Fristen für die Teilnahme an der Pfändung bereits abgelaufen sind.

Abs. 3

1 Eine gegen die **Erbschaft** laufende Betreibung kann frei fortgesetzt werden, solange die Bedingungen des Art. 49 SchKG erfüllt sind. Nach Eintritt der Erbteilung kann sie dagegen nur noch auf Verwertung des Pfandes oder der bereits gepfändeten Gegenstände gerichtet sein: BGE 67 III 167.

2 Eine Betreibung auf **Pfändung** kann nur bezüglich der bereits gegenüber dem Erblasser gepfändeten Gegenstände zu Ende geführt werden. Keine Nachpfändung. Beschränkte Wirkung eines Verlustscheins: BGE 67 III 166.

3 Eine Betreibung auf **Pfandverwertung** kann nicht gemäss Art. 158 Abs. 2 ohne neuen Zahlungsbefehl in eine andere Betreibungsart übergeleitet werden: BGE 67 III 166;

Art. 60
4. Wegen Verhaftung

Wird ein Verhafteter betrieben, welcher keinen Vertreter hat *(ZGB 371, 392)*, so setzt ihm der Betreibungsbeamte eine Frist zur Bestellung eines solchen, sofern nicht von Gesetzes wegen der Vormundschaftsbehörde die Ernennung obliegt. Während dieser Frist besteht für den Verhafteten Rechtsstillstand *(56 Ziff. 3)*.

1 Zur **Fristansetzung**:
- Missachtung der Vorschrift bedeutet **Rechtsverweigerung**, gegen die jederzeit Beschwerde geführt werden kann; bis zur Bestellung eines Vertreters besteht Rechtsstillstand für den Schuldner: BGE 77 III 146.

2 Zum **Rechtsstillstand**:
- Er gilt auch für **Gesellschaften**, deren sämtliche Organe verhaftet sind, wenn *rechtzeitige* Bestellung eines Vertreters nicht möglich ist: BGE 96 III 6 E.2, 3.
- Keine analoge Anwendung dagegen auf verhaftete **Ersteigerer**: BGE 75 III 12 E.2.

3 **Folgen der Missachtung**:
- Der auf ungültige Zustellung hin erhobene **Rechtsvorschlag** bleibt beachtlich: BGE 78 III 155; 91 III 6 E.3.
- Keine Ungültigkeit der Zustellung einer **Arresturkunde**: BGE 108 III 4 E.1.
- Wird jedoch der Schuldner erst nach Zustellung der Arresturkunde **zur Bestellung eines Vertreters eingeladen**, so beginnt die Beschwerdefrist erst mit dem ersten Tag nach Ablauf der nach Art. 60 angesetzten Frist: BGE 108 III 5 E.2.

Art. 61

5. Wegen schwerer Erkrankung

Einem schwer kranken Schuldner kann der Betreibungsbeamte für eine bestimmte Zeit Rechtsstillstand gewähren.

1 Obligator. Formular Nr. 44.

- Vgl. BGE 58 III 18; 74 III 38.

2 Fall, wo die Zahlungsunfähigkeit auf **andere Umstände** als die Krankheit zurückzuführen ist: BGE 105 III 104, E. 3, 4.

Art. 62

6. Bei Epidemien oder Landesunglück

Im Falle einer Epidemie oder eines Landesunglücks sowie in Kriegszeiten kann der Bundesrat oder mit seiner Zustimmung die Kantonsregierung für ein bestimmtes Gebiet oder für bestimmte Teile der Bevölkerung den Rechtsstillstand beschliessen.

1 Vgl. auch Art. 337–350 (**Notstundung**) unter ausserordentlichen Verhältnissen, insbesondere im Falle einer andauernden wirtschaftlichen Krise.

Keine Entscheidungen

Art. 63

C. Wirkungen auf den Fristenlauf

Betreibungsferien *(56 Ziff. 2)* und Rechtsstillstand *(56 Ziff. 3)* hemmen den Fristenlauf nicht *(31)*. Fällt jedoch für den Schuldner, den Gläubiger oder den Dritten das Ende einer Frist in die Zeit der Betreibungsferien oder des Rechtsstillstandes *(31, 32)*, so wird die Frist bis zum dritten Tag nach deren Ende verlängert. Bei der Berechnung der Frist von drei Tagen werden Samstag und Sonntag sowie staatlich anerkannte Feiertage nicht mitgezählt.

1 Zur Anwendbarkeit:

- auf die Frist zur **Leistung eines Kostenvorschusses** für eine nach VZG Art. 9 Abs. 2 (Nr 31) verlangte neue Grundstücksschätzung: BGE 84 III 11 E.2;

- auf die **Rekursfrist** im Rechtsöffnungsverfahren: BGE 50 I 38;

- wenn das kant. Recht gegen den Rechtsöffnungsentscheid ein **ordentliches** Rechtsmittel vorsieht und das Ende der Rechtsmittelfrist in die Betreibungsferien fällt: BGE 115 III 93 E.3.

- **Beschränkte** Anwendung dagegen auf Weiterzug von **Beschwerdeentscheid**: BGE 115 III 9 E.4, 13 E. 1b.
- **Keine** analoge Anwendung
- auf das **Konkursverfahren**: BGE 88 III 33 E.1; 96 III 77;
- auf Verfügungen des Sachwalters im Nachlassverfahren: BGE 73 III 92 E.2.

IV. Zustellung der Betreibungsurkunden

Art. 64

A. An natürliche Personen

[1] Die Betreibungsurkunden werden dem Schuldner in seiner Wohnung oder an dem Orte, wo er seinen Beruf auszuüben pflegt, zugestellt. Wird er daselbst nicht angetroffen, so kann die Zustellung an eine zu seiner Haushaltung gehörende erwachsene Person *(ZGB 331)* oder an einen Angestellten geschehen.

[2] Wird keine der erwähnten Personen angetroffen, so ist die Betreibungsurkunde zuhanden des Schuldners einem Gemeinde- oder Polizeibeamten zu übergeben.

1   Betreibungsurkunden:

- Zustellung der **Vorladung** zur Rechtsöffnungsverhandlung: BGE 104 Ia 466 E.3.
- Die **Schätzungsurkunde** ist nicht als Betreibungsurkunde zuzustellen: BGE 120 III 58 E.2;
- wohl aber eine **Konkursandrohung**: BGE 121 III 17 E. 3b.

2   Die beiden **Zustellungsorte** stehen im gleichen Rang: BGE 91 III 44 E.3.

3   Betr. **Aufgabe des Wohnortes**: BGE 68 III 146; 88 III 139.

4   Zustellung an eine **Postlagernd**-Adresse: BGE 116 III 60 E.1.

5   Empfangsberechtigte Personen:

- Gültige Entgegennahme eines eingeschriebenen Briefes durch alle Personen, die nach den **postalischen Vorschriften** hiezu berechtigt sind: BGE 71 III 115;
- ZB gilt auch als zugestellt, wenn Hausgenosse **Annahme verweigert**: BGE 109 III 2, vgl. auch 117 III 7 E.1;
- Zustellung an eine **vom Gesetz nicht vorgesehene** Person: BGE 61 III 158; 88 III 15;
- Verhältnis zu **OR Art. 32 ff.**: BGE 118 III 12 E.b.

6 Eine den ZB betreffende **Abholungseinladung** darf im Gegensatz zu Mitteilungen i.S. von Art. 34 SchKG nicht ins Postfach des Schuldners gelegt werden: BGE 120 III 118 E. 2b (entgegen den dortigen Zitaten betreffen BGE 116 III 9 E.1a und 117 III 9 E.3b den ins Postfach gelegten ZB selber. Der genannte Entscheid ist unhaltbar).

7 Folgen **fehlerhafter Zustellung**:

– Wirkung eines fehlerhaft zugestellten Zahlungsbefehls, von dem der Schuldner **gleichwohl Kenntnis** erhält: BGE 120 III 116 E.3b;

– Frage des **Verzichts** auf neuerliche Zustellung: BGE 112 III 84 E.2;

– Keine Wiederholung der fehlerhaften Zustellung **mangels Rechtsschutzinteresses**: BGE 112 III 84 E. 2.

– Keine Ungültigkeit der Zustellung, wenn der Zahlungsbefehl durch einen Dritten **vernichtet** worden ist, nachdem der Schuldner die Entgegennahme verweigert hat: BGE 117 III 7 E.2.

8 Zustellung mit Hilfe der **Polizei**: Auch bei Renitenz des Schuldners: BGE 112 III 84 E.2a; Ausführung des Mandats: 97 III 111.

Art. 65

B. An juristische Personen, Gesellschaften und unverteilte Erbschaften

[1] Ist die Betreibung *(38 Abs. 1 und 2)* gegen eine juristische Person oder eine Gesellschaft *(46 Abs. 2, 39)* gerichtet, so erfolgt die Zustellung *(64, 66)* an den Vertreter derselben. Als solcher gilt:

1. für eine Gemeinde, einen Kanton oder die Eidgenossenschaft der Präsident der vollziehenden Behörde oder die von der vollziehenden Behörde bezeichnete Dienststelle;

2. für eine Aktiengesellschaft, eine Kommanditaktiengesellschaft, eine Gesellschaft mit beschränkter Haftung, eine Genossenschaft oder einen im Handelsregister eingetragenen Verein *(ZGB 69)* jedes Mitglied der Verwaltung oder des Vorstandes sowie jeder Direktor oder Prokurist *(OR 458–460)*;

3. für eine anderweitige juristische Person *(46 Abs. 2, ZGB 59)* der Präsident der Verwaltung oder der Verwalter;

4. für eine Kollektivgesellschaft oder Kommanditgesellschaft jeder zur Vertretung der Gesellschaft befugte Gesellschafter *(OR 563, 564, 599)* und jeder Prokurist.

[2] Werden die genannten Personen in ihrem Geschäftslokale nicht angetroffen, so kann die Zustellung auch an einen andern Beamten oder Angestellten erfolgen.

³ Ist die Betreibung gegen eine unverteilte Erbschaft *(49)* gerichtet, so erfolgt die Zustellung an den für die Erbschaft bestellten Vertreter *(ZGB 518, 554, 595, 602 Abs. 3)* oder, wenn ein solcher nicht bekannt ist, an einen der Erben *(67 Ziff. 2)*

Abs. 1 Ziff. 1

1 Vgl. BG über die Schweizerischen Bundesbahnen vom 20. III. 1998 Art. 1 und 12 (SR 742.31).

Abs. 1 Ziff. 2

2 Verfahren, wenn diese Personen **gestorben** sind: BGE 56 III 9;

3 Zustellung an eine Aktiengesellschaft, Frage der **Vertretung** auf seiten der Adressatin: BGE 118 III 10;

4 Auch der nicht dem Verwaltungsrat angehörende **Geschäftsführer** einer Aktiengesellschaft muss zur Entgegennahme einer Betreibungsurkunde berechtigt sein: BGE 121 III 16.

Abs. 1 Ziff. 3

5 Zustellung eines Zahlungsbefehls an **juristische Person**: BGE 116 III 10 E.b; 117 III 13 E.5b; 120 III 66 E.3;

Abs. 1 Ziff. 4

6 Betr. die Vertretung der **GmbH** vgl. OR Art. 811–814;

7 Betr. die Vertretung einer in Liquidation befindlichen **Kollektivgesellschaft** : BGE 69 III 2.

Abs. 2

8 Die Behörde hat den Nachweis zu erbringen, dass die **Voraussetzungen** für die Ersatzzustellung gegeben waren: BGE 117 III 13 E.5c; 118 III 12 E.3b; 119 III 59 E.3e.

9 Zum Begriff des **Angestellten** vgl. insbes. BGE 72 III 80.

10 Ersatzzustellung an eine im gleichen Geschäftslokal tätige, **nicht** im Dienste des Betriebenen stehende Angestellte: BGE 96 III 6.

Abs. 4

11 Vgl. BGE 113 III 80 E.2, 3.

12 Über die Art der **Schuldnerbezeichnung** KS BGE Nr. 16 vom 3.IV.1925 (Nr. 18).

13 Ort der Zustellung:

- Betreibungsurkunden für betriebene juristische Personen oder Gesellschaften können auch **ausserhalb** des Geschäftslokals der Betriebenen gültig an den Vertreter oder an dessen Hausgenossen und Angestellte (Art. 64 Abs. 1) zugestellt werden: BGE 72 III 73; 125 III 384.

- zum Begriff des **Geschäftslokals**: BGE 88 III 16;

  - **Domizilwahl** bei anderer Aktiengesellschaft: BGE 119 III 57.

- Bei **Erbengemeinschaft** als Schuldnerin:

- Für Ansprüche gegenüber einer Erbengemeinschaft ist **Willensvollstrecker** zur Entgegennahme von Betreibungsurkunden legitimiert: BGE 71 III 162, 101 III 4 E.1; 102 III 4 E.1b.

  - Frage der **Gutgläubigkeit** des Betreibenden bedeutungslos: BGE 102 III 4.

- Vorgehen, wenn der Empfänger des Zahlungsbefehls behauptet, die Erbschaft sei bereits **verteilt**: BGE 99 III 51.

- Zustellung an **Miterben**, von dem der Gläubiger annimmt, dass er den RV unterlassen werde: BGE 107 III 10 E.1.

- Der im Zahlungsbefehl bezeichnete Erbe gilt auch für die **weiteren Massnahmen** als Vertreter der Erbschaft: BGE 91 III 14.

14 Zur Prüfung der **zivilrechtlichen Fragen** durch die Aufsichtsbehörde: BGE 101 III 7 E.3.

Art. 66
C. Bei auswärtigem Wohnsitz des Schuldners oder bei Unmöglichkeit der Zustellung

[1] Wohnt der Schuldner nicht am Orte der Betreibung *(51, 52)*, so werden die Betreibungsurkunden *(64 Abs. 1)* der von ihm daselbst bezeichneten Person oder in dem von ihm bestimmten Lokale abgegeben.

[2] Mangels einer solchen Bezeichnung erfolgt die Zustellung durch Vermittlung des Betreibungsamtes des Wohnortes oder durch die Post.

[3] Wohnt der Schuldner im Ausland *(50)*, so erfolgt die Zustellung durch die Vermittlung der dortigen Behörden oder, soweit völkerrechtliche Verträge dies vorsehen oder wenn der Empfängerstaat zustimmt, durch die Post.

[4] Die Zustellung wird durch öffentliche Bekanntmachung *(35)* ersetzt, wenn:

1. der Wohnort des Schuldners unbekannt ist;

2. der Schuldner sich beharrlich der Zustellung entzieht;

3. der Schuldner im Ausland wohnt und die Zustellung nach Absatz 3 nicht innert angemessener Frist möglich ist.

Abs. 1

1 Vgl. BGE 68 III 146; 69 III 36.

2 Ein vom Schuldner bevollmächtigter **Rechtsanwalt** kann *Entgegennahme* eines *Zahlungsbefehls* ablehnen: BGE 69 III 83;

3 Unzulässige Zustellung eines Zahlungsbefehls an einen Rechtsvertreter bei Fehlen der **gesetzlichen Voraussetzungen**: BGE 112 III 84 E.2.

4 **Domizilhalter** einer Gesellschaft, die am Ort ihres statutarischen Sitzes kein Geschäftsbüro hat: BGE 120 III 66 E.3.

Abs. 2

5 Zustellung in **anderem** als dem Kreis des Amtes ist durch Beschwerde anfechtbar, kein Nichtigkeitsgrund: BGE 91 III 45 E.4.

6 Trotz **Annahmeverweigerung** beim ersten Zustellungsversuch kann Schuldner Rechtsvorschlag erheben: BGE 91 III 5.

Abs. 3 allgemein

7 Vgl. BGE 117 III 11 E.4, 5.

8 Haager Übereinkommen über die Zustellung gerichtlicher und aussergerichtlicher Schriftstücke im Ausland in Zivil- und Handelssachen vom 15. XII. 1965 (SR 0.274.131): BGE 122 III 296 E. 2a.

9 Eine **vertragswidrige** Zustellung ist nichtig: BGE 57 III 30; 82 III 77.

10 Verlängerung der **Fristen** für Beteiligte im Auslande (bisher Abs. 5): SchKG Art. 33 Abs. 2.

11 Betreffend **einzelne Staaten**:

   – Betr. Rechtshilfevertrag mit der **Tschechischen** und der **Slovakischen** Republik vom 21.XII.1926 (Nr. 125): BGE 76 III 76.

   – Zustellungen nach **Italien** (neue Rechtsprechung): über kantonales Obergericht an örtlich zuständigen italienischen Appellationshof, Schreiben BGer vom 13.IX.1968 (hinten Nr. 117).

   – Zustellung nach Italien durch die **Post** ist nichtig : BGE 94 III 37 E.2.

   – Postzustellungen nach **Frankreich** sind unzulässig: BGE 82 III 75.

   – Anwendung des Haager Übereinkommens vom 15. November 1965 über die Zustellung gerichtlicher und aussergerichtlicher Schriftstücke im Ausland in Zivil- und Handelssachen. Gültigkeit einer dem **israe-**

lischen Recht entsprechenden Zustellung durch Anheften an die Wohnungstür des Empfängers: BGE 122 III 396.

- Mangels völkerrechtlichem Vertrag mit den **USA** Zustellung durch schweizerisches Konsulat keine Bundesrechtsverletzung: BGE 90 III 11.

- Es verstösst nicht gegen Bundesrecht, Arresturkunde und Zahlungsbefehl in den USA (durch Vermittlung des schweiz. Generalkonsulats) per **Post** zuzustellen, auch dann nicht, wenn dies durch einen Angestellten des Schuldners geschieht: BGE 109 III 99 E.2, 3.

Abs. 4

12 Vgl. GebVSchKG Art. 11;

13 Voraussetzungen der öffentlichen Zustellung : BGE 68 III 10 E.2; 79 III 134 E.2; 112 III 6; 119 III 62 E.2a;

14 Beschwerde dagegen: BGE 75 III 82 E.2;

- **Ort** der Beschwerdeführung, wenn öffentliche Zustellung des Zahlungsbefehls und Fortsetzung an verschiedenen Orten erfolgen: BGE 75 III 82 E.2.

- Die **Frist** zur Beschwerde wegen unzulässiger öffentlicher Zustellung des Zahlungsbefehls gegen die Fortsetzung der Betreibung beginnt erst von der Zustellung der Pfändungsurkunde an zu laufen: BGE 75 III 88; 85 III 18 E.b.

15 Frage der Anwendbarkeit, wenn **Übermittlung verweigert** wird:

- Durch den **ersuchten** Staat : BGE 68 III 14 E.4;

- Durch die **schweizerischen** für die Übermittlung auf diplomatischem Weg zuständigen Instanzen: BGE 103 III 3.

V. Anhebung der Betreibung

Art. 67

A. Betreibungsbegehren

¹ Das Betreibungsbegehren ist schriftlich oder mündlich an das Betreibungsamt zu richten. Dabei sind anzugeben:

1. der Name und Wohnort des Gläubigers und seines allfälligen Bevollmächtigten sowie, wenn der Gläubiger im Auslande wohnt, das von demselben in der Schweiz gewählte Domizil. Im Falle mangelnder Bezeichnung wird angenommen, dieses Domizil befinde sich im Lokale des Betreibungsamtes;

2. der Name und Wohnort des Schuldners *(46–51)* und gegebenenfalls seines gesetzlichen Vertreters *(66, 68c, 68d)*; bei Betreibungsbegehren gegen eine Erbschaft *(49, 59)* ist anzugeben, an welche Erben die Zustellung zu erfolgen hat *(65 Abs. 3, 66)*;

3. die Forderungssumme oder die Summe, für welche Sicherheit verlangt wird *(38)*, in gesetzlicher Schweizerwährung *(OR 84)*; bei verzinslichen Forderungen der Zinsfuss und der Tag, seit welchem der Zins gefordert wird *(OR 102, 104)*;

4. die Forderungsurkunde und deren Datum; in Ermangelung einer solchen der Grund der Forderung.

² Für eine pfandgesicherte Forderung sind ausserdem die in Artikel 151 vorgesehenen Angaben zu machen.

³ Der Eingang des Betreibungsbegehrens ist dem Gläubiger auf Verlangen gebührenfrei zu bescheinigen.

Abs. 1 Ingress

1 Oblig. Formular Nr. 1 und 2.

2 Das Betreibungsbegehren ist grundsätzlich zu **unterzeichnen**: BGE 119 III 6 E.2–4;

– ausnahmsweise genügt die Unterzeichnung eines **Begleitschreibens**: BGE 119 III 7 E.5.

3 Bei feststehender **Urteilsunfähigkeit** des Betreibenden darf der Beamte das Betreibungsbegehren zurückweisen: BGE 99 III 6 E.3.

4 **Bestreitung** der Vertretungsbefugnis durch Beschwerde : BGE 84 III 74 E.1.

– **Vollmachtloser** Stellvertreter: BGE 107 III 50 E.1.

– **Gleichzeitige** Betreibung für Gläubigergemeinschaft und einzelne Anleihensgläubiger unzulässig: BGE 107 III 51 E.2.

– Massgebend für die Vertretung einer AG ist **Handelsregistereintrag**: BGE 84 III 74 E.2.

5 **Rückzug** des Begehrens: BGE 59 III 138;

– **Widerruf** desselben: Der Eintritt der Wirkung eines Rückzuges wird verhindert durch den vor der Rückzugserklärung beim Amt eintreffenden Widerruf: BGE 83 III 10.

– Nichtigkeit aller **nachfolgenden** Betreibungshandlungen: BGE 77 III 76.

- Beginn der Wirkungen eines Rückzuges der Betreibung, der nicht dem BA, sondern **dem Schuldner** gegenüber erklärt wurde: BGE 69 III 7.

6 Voraussetzung der **Verjährungsunterbrechung** bei wechselmässigen Ansprüchen: BGE 104 III 22 E.2.

7 Frage des **Rechtsmissbrauchs**: BGE 115 III 19.

Abs. 1 Ziff. 1 und 2

8 Betr. **Gläubiger- und Schuldnerbezeichnung** KS BGer Nr. 16 vom 3.IV.1925 (Nr. 18).

9 Frage der **mangelhaften** Bezeichnung:

- Verwendung des **Allianznamens**: BGE 120 III 61 E.1;
- Zulässigkeit eines **Pseudonyms**: BGE 102 III 135 E.2.
- Unrichtige **Wohnsitzbezeichnung**: BGE 80 III 2; 114 III 65 E.2a.
- des **Schuldners**: BGE 79 III 62 E.2; 102 III 64 E.2, 3;
- Ist Schuldner juristische Person, hat Gläubiger den Namen eines **berechtigten Vertreters** anzugeben, dem der ZB zugestellt werden kann. Bei Fehlen der Angabe hat BA Gelegenheit zur Ergänzung zu geben: BGE 109 III 5;
- Bezeichnung des Schuldners und seines Vertreters im **Arrestbefehl**, wenn jener ein Staat ist: BGE 120 III 45 E. 4a.
- Betreibung **mehrerer** Schuldner: BGE 67 III 140.
- des **Gläubigers**: BGE 82 III 129; 85 III 49; 102 III 64 E.2, 3;
- **Voraussetzungen**, unter denen eine mangelhafte Gläubigerbezeichnung zur Aufhebung der Betreibung führt: BGE 62 III 134; 65 III 97; 80 III 7; 85 III 48; 90 III 12; 98 III 25; 102 III 135 E.2; 114 III 65 E.2.
- Angabe des **wirklichen Wohnorts** des Gläubigers sowohl im Betreibungsbegehren als auch im Zahlungsbefehl unerlässlich, hingegen i.d.R. entbehrlich im Fortsetzungs- und Verwertungsbegehren; Ausnahmefälle; Möglichkeit und Ziel einer Beschwerde: BGE 93 III 50.
- Hat der Gläubiger **keinen** wirklichen Wohnort, so ist seine Aufenthaltsadresse anzugeben: BGE 87 III 60.
- Gemeinschaftliche Betreibung durch **mehrere Gläubiger** nur für Gesamt-oder Solidarforderung zulässig: BGE 71 III 165; 81 III 93.

10 Begriff der allfälligen **Bevollmächtigten**: BGE 121 III 17 E.3a;

11 Fortsetzung der Betreibung bei **Berichtigungsmöglichkeit**: BGE 114 III 63;

12 Der **Inhaber der elterlichen Gewalt** kann Forderungen der unmündigen Kinder im eigenen Namen in Betreibung setzen: BGE 84 II 246.

13 Betreibung der **Zweigniederlassung**: BGE 120 III 13 E.1b.

14 **Anlagefonds** sind nicht aktiv betreibungsfähig: BGE 115 III 14 E.2, 17 E. 2a.

Abs. 1 Ziff. 3

15 Ungenügende Bezifferung der **Zinsforderung**: BGE 81 III 51.

16 Umrechnung in **Schweizer** Währung für eine im Ausland erfüllbare, auf fremde Währung lautende Forderung bewirkt keine Neuerung der Schuld; Bestimmung des Umrechnungskurses: BGE 72 III 107 E.5, 6; BGE 115 III 40 E. 3.

  – Der Betriebene, der einen in ausländischer Währung festgesetzten Betrag schuldet und den in Schweizerfranken ausgedrückten Betrag an das Betreibungsamt bezahlt hat, kann nicht dessen Rückumrechnung und die **Rückerstattung** eines sich dabei ergebenden Differenzbetrages verlangen: BGE 112 III 87 E.2;

17 Angabe der Forderungssumme in **WIR-Checks**: BGE 94 III 77.

18 Ziff. 3 gehört zum schweizerischen **ordre public**: BGE 125 III 449 E. 5a.

Abs. 1 Ziff. 4

19 Anforderungen an die Bezeichnung des **Forderungsgrundes** («Schadenersatz» ohne Erkennbarkeit des Tatbestandes genügt nicht): BGE 121 III 19 E.2a;

20 Gläubiger ist aber nicht verpflichtet, den **Titel** anzugeben, kraft dessen die Forderung fällig ist: BGE 95 III 36 E.1.

Art. 68

B. Betreibungskosten

¹ Der Schuldner trägt die Betreibungskosten. Dieselben sind vom Gläubiger vorzuschiessen *(105)*. Wenn der Vorschuss nicht geleistet ist, kann das Betreibungsamt unter Anzeige an den Gläubiger die Betreibungshandlung einstweilen unterlassen.

² Der Gläubiger ist berechtigt, von den Zahlungen des Schuldners die Betreibungskosten vorab zu erheben *(OR 85 Abs. 1)*.

Abs. 1

1 Vgl. Art. 27 Abs. 3, 135 Abs. 2, 144 (und dazu BGE 111 III 65 E.3).

2 Oblig. Formular Nr. 43 für die Einforderung.

3 Begriff der **Betreibungskosten**: BGE 119 III 65 E.3, 4;

4 Zulässigkeit der unentgeltlichen Rechtspflege: BGE 118 III 28; 118 III 34 E.2;

5 **Rechtsöffnungskosten** gehören zu den **Betreibungskosten:** BGE 37 II 589;

– **Anwaltskosten** in der Rechtsöffnung: BGE 119 III 68.

6 Kosten aufgrund eines Vergleiches im **Aberkennungsprozesse** vgl. BGE 71 III 145.

7 Zu den Betreibungskosten **gehören**:

– **Inkassogebühren** bei Zahlungen an das BA: BGE 73 III 71 E.2

8 Zu den Betreibungskosten **gehören nicht**:

– die in einem **ordentlichen Zivilprozess** dem Schuldner auferlegten Gerichtskosten und Parteientschädigungen: BGE 119 III 66 E.4a, b.

9 Den vom Gläubiger zu leistenden **Kostenvorschuss** (BGE 96 III 123) darf das BA erhöhen, wenn sich der ursprünglich verlangte Betrag als ungenügend erweist: BGE 85 III 86.

– In der Grundpfandbetreibung gemäss VZG Art. 91 werden die laufenden Miet- und Pachtzinse nur dann in die Pfändung einbezogen, wenn der Gläubiger von sich aus **Kostenvorschuss** für **Anzeige** an **Mieter und Pächter** leistet: BGE 64 III 28;

– umgekehrt ist es nicht so, dass der Kostenvorschuss für die Miet- oder Pachtzinssperre mit dem **Betreibungsbegehren** geleistet werden muss: BGE 121 III 190 E.2e.

– Der Gläubiger kann während eines Verwertungsaufschubes nicht zur Vorschussleistung für Kosten einer allfällig durchzuführenden **Verwertung** verpflichtet werden: BGE 77 III 25;

– Vorschusspflicht bei **Aufhebung** einer **Erbengemeinschaft**: BGE 80 III 121 E.3.

– Keine Befreiung vom Kostenvorschuss, auch wenn **Deckung** der Kosten durch Erlös zu erwarten ist: BGE 111 III 66;

Abs. 2

10 Kostentragung

- bei **Scheitern der Verwertung** im Sinne von Art. 126 SchKG: BGE 116 III 28 E.3b.
- bei ungesetzlicher Einleitung eines **Widerspruchsverfahrens**: BGE 86 III 61.
- Abs. 2 betrifft nur die Art der **Abrechnung** des einem einzelnen Gläubiger zukommenden Betrages; das Verwertungsergebnis ist nach Art. 144 ff. unter mehrere Gläubiger zu verteilen: BGE 90 III 38 E.1
- **Abgrenzungen** zu Art. 144 Abs. 3 BGE 111 65 E.3.

11 Weiteres:

- **Rechtsöffnung** für eine rechtskräftige Kostenverfügung: BGE 62 III 16.
- Voraussetzungen der **Fortsetzung** der Betreibung für Kostenbetrag bzw. einen ungedeckten entsprechenden Teilbetrag der Forderung: BGE 77 III 7; 85 III 128.

12 Tariffragen:

- **Nachschlagegebühren** GebV SchKG Art. 12 und dazu: BGE 64 III 83.
- **Wegentschädigungen** GebV SchKG Art. 14.

VI. Betreibung eines in Gütergemeinschaft lebenden Ehegatten

Art. 68*a*

A. Zustellung der Betreibungsurkunden. Rechtsvorschlag

[1] Wird ein in Gütergemeinschaft lebender Ehegatte betrieben, so sind der Zahlungsbefehl und alle übrigen Betreibungsurkunden auch dem andern Ehegatten zuzustellen; das Betreibungsamt holt diese Zustellung unverzüglich nach, wenn erst im Laufe des Verfahrens geltend gemacht wird, dass der Schuldner der Gütergemeinschaft untersteht.

[2] Jeder Ehegatte kann Rechtsvorschlag erheben.

1 Ausgestaltung der Zwangsvollstreckung gegen Ehegatten seit Inkrafttreten des **revidierten Eherechts**: BGE 113 III 50, 60, 69.

Bemerkung: *Abs. 3, der im Entwurf des BR für die Betreibung der Haftung des Gesamtgutes nach wie vor einen begründeten RV verlangte, wurde vom StR gestrichen (AmtlBull StR 1983 S. 643 f.).*

Art. 68*b*

B. Besondere Bestimmungen

[1] Jeder Ehegatte kann im Widerspruchsverfahren (Art. 106–109) geltend machen, dass ein gepfändeter Wert zum Eigengut *(ZGB 225)* des Ehegatten des Schuldners gehört.

[2] Beschränkt sich die Betreibung neben dem Eigengut auf den Anteil des Schuldners am Gesamtgut *(ZGB 222 Abs. 2)*, so kann sich überdies jeder Ehegatte im Widerspruchsverfahren (Art. 106–109) der Pfändung von Gegenständen des Gesamtgutes widersetzen.

[3] Wird die Betreibung auf Befriedigung aus dem Eigengut und dem Anteil am Gesamtgut fortgesetzt, so richten sich die Pfändung und die Verwertung des Anteils am Gesamtgut nach Artikel 132; vorbehalten bleibt eine Pfändung des künftigen Erwerbseinkommens des betriebenen Ehegatten (Art. 93).

[4] Der Anteil eines Ehegatten am Gesamtgut kann nicht versteigert werden *(ZGB 222 Abs. 3)*.

[5] Die Aufsichtsbehörde kann beim Richter die Anordnung der Gütertrennung verlangen *(ZGB 185 Abs. 2 Ziff. 1)*.

1 Ausgestaltung der Zwangsvollstreckung gegen Ehegatten seit Inkrafttreten des **revidierten Eherechts**: BGE 113 III 50, 60, 69.

VII. Betreibung bei gesetzlicher Vertretung oder Beistandschaft

Art. 68*c*

1. Schuldner unter elterlicher Gewalt oder Vormundschaft

[1] Steht der Schuldner unter elterlicher Gewalt *(ZGB 296)* oder unter Vormundschaft *(ZGB 368–372)*, so werden die Betreibungsurkunden dem gesetzlichen Vertreter zugestellt; hat er keinen gesetzlichen Vertreter, so werden sie der zuständigen Vormundschaftsbehörde zugestellt.

[2] Stammt die Forderung jedoch aus einem bewilligten Geschäftsbetrieb oder steht sie im Zusammenhang mit der Verwaltung des Arbeitsverdienstes oder des freien Vermögens (Art. 321 Abs. 2, 323 Abs. 1, 412, 414 ZGB), so werden die Betreibungsurkunden dem Schuldner und dem gesetzlichen Vertreter zugestellt.

[3] Hat der Schuldner einen Verwaltungsbeirat (Art. 395 Abs. 2 ZGB) und verlangt der Gläubiger nicht nur aus den Einkünften, sondern auch aus dem Vermögen Befriedigung, so werden die Betreibungsurkunden dem Schuldner und dem Beirat zugestellt.

1 Einkommenspfändung eines **nicht in häuslicher Gemeinschaft** bei den Eltern wohnenden Minderjährigen: BGE 79 III 106; 85 III 162

2 Die Vorschrift gilt auch dann, wenn die Entmündigung **nicht veröffentlicht** worden ist. Zustellung des Zahlungsbefehls an entlassenen, noch nicht ersetzten Vormund wirksam: BGE 88 III 11.

3 Personen, denen die Handlungsfähigkeit **vorläufig** entzogen ist: BGE 113 III 1.

4 Zuständigkeit der **Aufsichtsbehörden** zur Beurteilung der Urteilsfähigkeit von Amtes wegen: BGE 65 III 47; 104 III 6.

5 Keine sinngemässe Anwendung von Abs. 1 allein deshalb, weil eine **Aktiengesellschaft** an der Adresse gemäss Handelsregisterauszug über keine Geschäftsräumlichkeiten mehr verfügt und die einzige Verwaltungsrätin nicht mehr in der Schweiz wohnt: BGE 108 III 102 E.1.

Art. 68*d*
2. Schuldner unter Beistandschaft

Hat der Schuldner einen Beistand und wurde die Ernennung veröffentlicht oder dem Betreibungsamt mitgeteilt (Art. 397 ZGB), so werden die Betreibungsurkunden zugestellt:

1. bei einer Beistandschaft nach Artikel 325 des Zivilgesetzbuches dem Beistand und dem Inhaber der elterlichen Gewalt;

2. bei einer Beistandschaft nach den Artikeln 392–394 des Zivilgesetzbuches dem Schuldner und dem Beistand.

1 Zustellung an **nicht förmlich ernannten** Beistand ist nichtig; nachträgliche Ernennung heilt den Mangel nicht: BGE 90 III 15.

Art. 68*e*
3. Haftungsbeschränkung

Haftet der Schuldner nur mit dem freien Vermögen, so kann im Widerspruchsverfahren (Art. 106–109) geltend gemacht werden, ein gepfändeter Wert gehöre nicht dazu.

1 Vgl. dazu BGE 85 III 162; 106 III 9.

VIII. Zahlungsbefehl und Rechtsvorschlag

Art. 69

A. Zahlungsbefehl

1. Inhalt

[1] Nach Empfang des Betreibungsbegehrens *(67)* erlässt das Betreibungsamt den Zahlungsbefehl.

Der Zahlungsbefehl enthält:

1. die Angaben des Betreibungsbegehrens *(67)*;

2. die Aufforderung, binnen 20 Tagen *(31 Abs. 1, 3, 33 Abs. 2, 63)* den Gläubiger für die Forderung *(67 Ziff. 3)* samt Betreibungskosten *(68)* zu befriedigen oder, falls die Betreibung auf Sicherheitsleistung geht *(38 Abs. 1)*, sicherzustellen;

3. die Mitteilung, dass der Schuldner, welcher die Forderung oder einen Teil derselben *(74 Abs. 2)* oder das Recht, sie auf dem Betreibungswege geltend zu machen *(265a Abs. 1)*, bestreiten will, innerhalb zehn Tagen *(31, 32 Abs. 1, 3, 33 Abs. 2, 63)* nach Zustellung des Zahlungsbefehls *(64–66, 72)* dem Betreibungsamten dies zu erklären (Rechtsvorschlag zu erheben) hat *(74, 75)*;

4. die Androhung, dass, wenn der Schuldner weder dem Zahlungsbefehl nachkommt, noch Rechtsvorschlag erhebt, die Betreibung ihren Fortgang nehmen werde.

Abs. 1

1 Betr. das **Requisitorialverfahren** vgl. Art. 4 sowie BGE 67 III 106.

2 **unrichtige** Wohnsitzbezeichnung: BGE 80 III 2;

3 **ungenügende** Wohnsitzbezeichnung: BGE 47 III 122; 87 III 59; 93 III 50.

4 Obligat. Formular Nr. 3.

Abs. 2 Ziff. 1

5 Voraussetzungen der Nichtigkeit bei **mangelhafter Gläubigerbezeichnung**: BGE 98 III 25;

6 **mangelhafte Schuldnerbezeichnung**: BGE 102 III 64; vgl. auch Art. 67, N 2.

7 Das Gesetz versteht unter dem **Namen des Schuldners** dessen amtliche Bezeichnung, soweit sie zur Identifikation nötig ist. Der Allianzname ist nicht amtlicher Name: BGE 120 III 61 E.2a;

- das Betreibungsamt kann aber den Schuldner mit dem **Allianz-namen** bezeichnen, wenn dies nötig ist, um Verwechslungen zu vermeiden: BGE 120 III 62 E.2b.

- Wer einen Anspruch geltend machen will, **nicht** mit dem Allianznamen, sondern nur mit dem amtlichen Namen bezeichnet zu werden, muss nachweisen, dass er durch die Verwendung des Alliansnamens in seinen schützenswerten Interessen verletzt worden ist: BGE 120 III 62 E.3.

8 Mit dem Vermerk «**Schadenersatz**» wird der Forderungsgrund auf dem Zahlungsbefehl nur dann genügend umschrieben, wenn dem Betriebenen aus dessen Gesamtzusammenhang klar wird, wofür er belangt wird: BGE 121 III 19 E. 2.

9 Einwendung wegen Unzulässigkeit **mehrerer** Betreibungen nebeneinander für dieselbe Forderung durch **Rechtsvorschlag**; nur bei unbestrittener Identität ist Beschwerde zulässig: BGE 69 III 72.

- Ausnahme im **Arrestverfahren**, nötigenfalls aber Rechtsbehelf der Aufhebung der Betreibung: BGE 88 III 66 E.4.

Art. 70
2. Ausfertigung

[1] Der Zahlungsbefehl *(69)* wird doppelt *(153 Abs. 2)* ausgefertigt. Die eine Ausfertigung ist für den Schuldner, die andere für den Gläubiger *(76 Abs. 2)* bestimmt. Lauten die beiden Urkunden nicht gleich, so ist die dem Schuldner zugestellte Ausfertigung massgebend.

[2] Werden Mitschuldner *(216, 217, OR 50, 51, 143, 144 usw., ZGB 342, 560, 603, 652 usw.)* gleichzeitig betrieben, so wird jedem ein besonderer Zahlungsbefehl zugestellt.

Abs. 1

1 Zustellung des **Doppels** an den Gläubiger durch eingeschriebenen Brief oder gegen Empfangsbescheinigung: BGE 50 III 42.

Abs. 2

2 Auch die entsprechende Anzahl von **Gläubigerdoppeln** mit Zustellungsbescheinigung ist zuzustellen. Für jede zusätzliche doppelte Ausfertigung kann die Hälfte der Gebühr nach GebV SchKG (Nr. 10) Art. 16 Abs. 1 verrechnet werden. In der Arrestbetreibung ist die Identität des Betriebenen mit dem Arrestschuldner gegeben, auch wenn bei kollektiver Schuldnerbezeichnung nur gegen einen betrieben wird: BGE 86 III 132.

Art. 71
3. Zeitpunkt der Zustellung
[1] Der Zahlungsbefehl *(69, 70)* wird dem Schuldner nach Eingang des Betreibungsbegehrens *(67)* zugestellt *(64–66, 72)*.

[2] Wenn gegen den nämlichen Schuldner mehrere Betreibungsbegehren vorliegen, so sind die sämtlichen Zahlungsbefehle gleichzeitig zuzustellen.

[3] In keinem Falle darf einem später eingegangenen Begehren vor einem frühern Folge gegeben werden.

1 Zustellung eines **neuen Zahlungsbefehls** wegen Ungültigkeit des ersten; Wirkungen auf den Rechtsvorschlag: BGE 78 III 155; 91 III 4.

Art. 72
4. Form der Zustellung
[1] Die Zustellung *(64–66)* geschieht durch den Betreibungsbeamten, einen Angestellten des Amtes *(2 Abs. 1)* oder durch die Post.

[2] Bei der Abgabe hat der Überbringer auf beiden Ausfertigungen zu bescheinigen, an welchem Tage *(71 Abs. 1)* und an wen *(64–66)* die Zustellung erfolgt ist.

Abs. 1

1 Zustellungen auf postalischem **Wege ersetzen Rechtshilfe** eines andern BA: BGE 73 III 121.

2 **Vorschriftswidrige** Zustellungsweise hebt Zahlungsbefehl nicht auf, wenn Schuldner ihn persönlich erhalten hat: BGE 81 III 71 E.2a; 104 III 13 E.1.

3 Zustellung mit Hilfe der **Polizei**: BGE 117 III 9 E.b.

Abs. 2

4 Der ZB darf auch dann **nicht in den Briefkasten** des Schuldners gelegt werden, wenn dieser zuvor zu verstehen gegeben hat, dass er den Zahlungsbefehl nicht entgegennehmen werde: BGE 117 III 8 E.3a.

5 **Bescheinigung**, an welchem Tage und an wen die Zustellung des Zahlungsbefehls erfolgt ist:

 – Es muss sie jener Betreibungsbeamte oder Angestellte des Betreibungsamtes ausstellen, der den Zahlungsbefehl **tatsächlich übergeben** hat: BGE 120 III 117.

 – **Urkundscharakter** der Bescheinigung: BGE 117 III 13 E.5c.

6 Nichtigkeit der Betreibung **mangels formeller Notifikation** an den Schuldner und fehlender Zustellungsbescheinigung: BGE 83 III 16;

7 Zustellung an eine **andere Person** als den betriebenen Schuldner: BGE 117 III 6 E.1.

Art. 73
B. Vorlage der Beweismittel

¹ Auf Verlangen des Schuldners wird der Gläubiger aufgefordert, innerhalb der Bestreitungsfrist *(31, 69 Abs. 2 Ziff. 3)* die Beweismittel für seine Forderung beim Betreibungsamt zur Einsicht vorzulegen.

² Kommt der Gläubiger dieser Aufforderung nicht nach, so wird der Ablauf der Bestreitungsfrist dadurch nicht gehemmt. In einem nachfolgenden Rechtsstreit *(79, 80–84)* berücksichtigt jedoch der Richter beim Entscheid über die Prozesskosten den Umstand, dass der Schuldner die Beweismittel nicht hat einsehen können.

1 Fakultatives Formular Nr. 1a.

2 Die Norm bezweckt die **Erleichterung der Prüfung** der in Betreibung gesetzten Forderung: BGE 121 III 20 E.2a.

Art. 74
C. Rechtsvorschlag
1. Frist und Form

¹ Will der Betriebene *(67 Ziff. 2, 153 Abs. 2; VZG 88)* Rechtsvorschlag erheben, so hat er dies sofort dem Überbringer des Zahlungsbefehls oder innert zehn Tagen *(31, 63)* nach der Zustellung dem Betreibungsamt mündlich oder schriftlich zu erklären.

² Bestreitet der Betriebene die Forderung nur teilweise, so hat er den bestrittenen Betrag genau anzugeben *(78 Abs. 2)*; unterlässt er dies, so gilt die ganze Forderung als bestritten.

³ Die Erklärung des Rechtsvorschlags ist dem Betriebenen auf Verlangen gebührenfrei zu bescheinigen.

1 **Zulässigkeit des Rechtsvorschlags**:
   – Zulässigkeit eines gegen einen **mangelhaft zugestellten** Zahlungsbefehl gerichteten Rechtsvorschlags: BGE 112 III 85 E.2.

2 **Inhalt der Erklärung**:
   – Zur Gültigkeit des Rechtsvorschlages genügt inhaltlich eine **eindeutige Bestreitung** jeglicher Ansprüche des Gläubigers: BGE 73 III 153 E.1.
   – **Auslegung** der Rechtsvorschlagserklärung: BGE 86 III 5;
   – Rechtsvorschlag mit **Vorbehalten** vgl. BGE 67 III 17.

– Für gleichzeitige Bestreitung **neuen Vermögens**: vgl. N 1 zu Art. 265a.

– Rechtsvorschlag zur Bestreitung des **Pfandrechts**: VZG Art. 85.

– Rechtsvorschlag bei Betreibung in Gütergemeinschaft lebender **Ehegatten**: Art. 68a Abs. 2.

3 Person der Erklärungsabgabe:

– Bei **Kollektivzeichnungsberechtigung** Rechtsvorschlag durch Einzelnen zulässig: BGE 65 III 73;

– Zulässigkeit eines von einem **Geschäftsführer ohne Auftrag** erhobenen Rechtsvorschlags: BGE 112 III 85 E.2;

– Zuständigkeit eines **zur Vertretung nicht befugten** Angestellten einer Aktiengesellschaft zur Erhebung des Rechtsvorschlages vgl. BGE 97 III 114;

– Gültigkeit des von einem **Dritten** erklärten Rechtsvorschlags auf einem Zahlungsbefehl, der, weil ungültig, durch einen neuen ersetzt wird: BGE 78 III 155; 91 III 4.

4 Erklärungsadressat:

– Die Frist ist innegehalten, wenn Rechtsvorschlag vor deren Ablauf

– dem **requirierten Amte** zukommt: BGE 70 III 49;

– in den vor dem BA angebrachten **Briefkasten** gelegt worden ist: BGE 70 III 71;

– Ein gegenüber **Postboten** erklärter Rechtsvorschlag gilt als an BA gerichtet: BGE 85 III 168;

– ebenso Erklärung gegenüber einem **Schalterbeamten** : BGE 98 III 28.

5 Form des Rechtsvorschlags:

– Form der Erklärung gegenüber dem **Schalterbeamten**: BGE 98 III 28.

– Rechtsmittel gegen die **Nichtverurkundung** eines gegenüber dem Postbeamten erklärten Rechtsvorschlags: BGE 119 III 9 E.2.

– **Telefonisch** erklärter Rechtsvorschlag: BGE 99 III 65 E.4.

– Analoge Anwendung bei RV-Erklärung per **Telefax**: BGE 127 III 181.

6 Teilrechtsvorschlag:

– Ein nur gegen die **Betreibungskosten** gerichteter Rechtsvorschlag ist unzulässig: BGE 77 III 7; 85 III 128.

- Der Hinweis auf einen **geringeren Forderungsbetrag** ist zu beachten. Bedeutung einer Begründung, die scheinbar nur auf einen Teil der Forderung zutrifft: BGE 100 III 45.

7 Frist für den Rechtsvorschlag:
- Massgebend ist das im **Schuldnerdoppel** angegebene Datum der Zustellung: BGE 66 III 92.
- Gelangte der Zahlungsbefehl **trotz fehlerhafter Zustellung** in die Hände des Betriebenen, so beginnt mit dessen tatsächlicher Kenntnisnahme davon die Frist zur Erhebung des Rechtsvorschlages zu laufen: BGE 120 III 114; 128 III 104 E.2.

8 Bescheinigung des Eingangs des Rechtsvorschlags:
- GebVSchKG (Nr. 10) Art. 18 obligat. Formular Nr. 2.

9 Wirkung des Rechtsvorschlags:
- Vgl. Art. 78.
- Eine trotz Rechtsvorschlag erfolgte **Fortsetzung** der Betreibung ist nichtig und von Amtes wegen aufzuheben: BGE 73 III 147: 85 III 16.
- Frist zur **Beschwerdeführung des Gläubigers** wegen ungerechtfertigter Berücksichtigung des Rechtsvorschlages: BGE 91 III 4 E.1.

10 Rückzug des Rechtsvorschlags:
- Widerruf der Rückzugserklärung des Rechtsvorschlages ist unbeachtlich, wenn der Widerruf dem BA vor dem Rückzug zur Kenntnis gelangt ist: BGE 62 III 126;
- selbst wenn **Täuschung** durch den Gläubiger vorliegt: BGE 75 III 42.
- **Keine Anwendung** der Art. 23 ff. OR in der Schuldbetreibung; dagegen kann Strafurteil als Revisionsgrund nach OG Art. 137 lit. a dienen: BGE 75 III 43.
- Auslegung einer «**Rechtsöffnungserklärung**» nach erfolgtem Rechtsvorschlag: BGE 81 III 95 E.2.

Art. 75
2. Begründung

[1] Der Rechtsvorschlag bedarf keiner Begründung. Wer ihn trotzdem begründet, verzichtet damit nicht auf weitere Einreden.

[2] Bestreitet der Schuldner, zu neuem Vermögen gekommen zu sein (Art. 265, 265a), so hat er dies im Rechtsvorschlag ausdrücklich zu erklären; andernfalls ist diese Einrede verwirkt.

[3] Vorbehalten bleiben die Bestimmungen über den nachträglichen Rechtsvorschlag (Art. 77) und über den Rechtsvorschlag in der Wechselbetreibung (Art. 179 Abs. 1).

Abs. 1

1 Ein **unbegrenzt lautender Rechtsvorschlag** ist auf die ganze Betreibungssumme zu beziehen, auch wenn eine Begründung beigefügt wird, die sich nur mit einem Teil der Forderung befasst: BGE 100 III 45.

Abs. 2

2 Rechtsvorschlag mit blosser **Einrede fehlenden neuen Vermögens** (BGE 82 III 10; 103 III 34 E.2; 108 III 7; 109 III 10 E.4) hat auch Wirkungen bezüglich des Bestandes der Forderung:BGE 124 III 379.

Abs. 3

3 In der **Pfandverwertungsbetreibung** gilt der Rechtsvorschlag nunmehr für die Forderung wie für das Pfandrecht, wenn nichts anderes vermerkt ist: VZG Art. 85; BGE 57 III 26 E.2 ist überholt.

Art. 76
3. Mitteilung an den Gläubiger

[1] Der Inhalt des Rechtsvorschlags wird dem Betreibenden auf der für ihn bestimmten Ausfertigung des Zahlungsbefehls *(70 Abs. 1)* mitgeteilt; erfolgte kein Rechtsvorschlag, so ist dies auf derselben vorzumerken.

[2] Diese Ausfertigung wird dem Betreibenden unmittelbar nach dem Rechtsvorschlag, und wenn ein solcher nicht erfolgt ist, sofort nach Ablauf der Bestreitungsfrist *(74)* zugestellt *(34)*.

Abs. 1

1 **Irrtümliche Angabe** auf dem Gläubigerdoppel, es sei kein Rechtsvorschlag erfolgt, bewirkt trotzdem Einstellung der Betreibung nach Art. 78; Richtigstellung erfolgt durch Bericht des BA; Beschwerderecht des Schuldners: BGE 84 III 13; 85 III 4.

Abs. 2

2 Vgl. BGE 50 III 183.

Art. 77

4. Nachträglicher Rechtsvorschlag bei Gläubigerwechsel

[1] Wechselt während des Betreibungsverfahrens der Gläubiger, so kann der Betriebene einen Rechtsvorschlag noch nachträglich bis zur Verteilung oder Konkurseröffnung anbringen.

[2] Der Betriebene muss den Rechtsvorschlag innert zehn Tagen *(31)*, nachdem er vom Gläubigerwechsel Kenntnis erhalten hat, beim Richter *(23)* des Betreibungsortes schriftlich und begründet anbringen und die Einreden gegen den neuen Gläubiger glaubhaft machen.

[3] Der Richter kann bei Empfang des Rechtsvorschlags die vorläufige Einstellung der Betreibung verfügen; er entscheidet über die Zulassung des Rechtsvorschlages nach Einvernahme der Parteien.

[4] Wird der nachträgliche Rechtsvorschlag bewilligt, ist aber bereits eine Pfändung vollzogen worden, so setzt das Betreibungsamt dem Gläubiger eine Frist von zehn Tagen an, innert der er auf Anerkennung seiner Forderung klagen kann. Nutzt er die Frist nicht, so fällt die Pfändung dahin.

[5] Das Betreibungsamt zeigt dem Schuldner jeden Gläubigerwechsel an.

1 Eintritt des Zessionars der Forderung in die **Betreibungsrechte**: BGE 68 III 41;

— Eintritt eines Zessionars in die bereits bis zum **Pfändungsvollzug** fortgeschrittene Betreibung: BGE 91 III 10.

2 Bei **Ausscheiden eines Gläubigers** in einer gemeinschaftlichen Betreibung kann Schuldner Einrede gegen Weiterführung durch die übrigen mittels nachträglichem Rechtsvorschlag erheben: BGE 76 III 91.

3 Fall, da **rechtzeitig** Recht vorgeschlagen wurde: BGE 125 III 43.

4 Vgl. ferner N 4 zu Art. 33.

Art. 78

5. Wirkungen

[1] Der Rechtsvorschlag bewirkt die Einstellung der Betreibung.

[2] Bestreitet der Schuldner nur einen Teil der Forderung *(74 Abs. 2)*, so kann die Betreibung für den unbestrittenen Betrag fortgesetzt werden.

1 Vgl. BGE 82 III 19, 84 III 14.

2 **Frist** für Beschwerde, mit der geltend gemacht wird, das BA habe zu Unrecht die Gültigkeit des RV verneint, läuft mangels formeller Verfügung ab Zustellung der Pfändungsurkunde: BGE 101 III 10 E.1.

3 Folgen der Einreichung einer **Aberkennungsklage** vor dem Rechtsöffnungsentscheid für die Betreibung: BGE 117 III 18 E.1.

4 **Negative Feststellungsklage** des Betreibungsschuldners: BGE 120 II 21. Vgl. auch Art. 85a.

Art. 79
D. Beseitigung des Rechtsvorschlages
1. Im ordentlichen Prozess oder im Verwaltungsverfahren

[1] Ein Gläubiger, gegen dessen Betreibung Rechtsvorschlag erhoben worden ist, hat seinen Anspruch im ordentlichen Prozess oder im Verwaltungsverfahren geltend zu machen. Er kann die Fortsetzung der Betreibung nur aufgrund eines rechtskräftigen Entscheids erwirken, der den Rechtsvorschlag ausdrücklich beseitigt.

[2] Ist der Entscheid in einem andern Kanton ergangen, so setzt das Betreibungsamt dem Schuldner nach Eingang des Fortsetzungsbegehrens eine Frist von zehn Tagen, innert der er gegen den Entscheid Einreden nach Artikel 81 Absatz 2 erheben kann. Erhebt der Schuldner solche Einreden, so kann der Gläubiger die Fortsetzung der Betreibung erst verlangen, nachdem er einen Entscheid des Rechtsöffnungsrichters am Betreibungsort erwirkt hat.

1 **Zulässigkeit** des Urteils:
- Urteil auch zulässig während des **Militärdienstes** des Schuldners: BGE 81 III 134.
- Bei **mehreren** Gläubigern oder Schuldnern Notwendigkeit der Ausscheidung des auf jeden entfallenden Betrages: BGE 67 III 140.
- **Ausstandsrecht:** Zulässigkeit des Mitwirkens eines Richters im ordentlichen Forderungsprozess (Anerkennungsprozess) nach Abweisung eines Rechtsöffnungsbegehrens: BGE 120 Ia 83 E.6.

2 **Wirkungen** des Urteils:
- Nach erteilter Rechtsöffnung oder Feststellung der Forderung im ordentlichen Prozess kann ohne weiteres während der Fristen der Art. 88, 154 und 166 Fortsetzung der Betreibung verlangt werden, sofern das Dispositiv des Entscheides unter bestimmter Bezugnahme auf die hängige Betreibung den **Rechtsvorschlag ausdrücklich für aufgehoben** erklärt: BGE 107 III 64 E.3.
- Dies ist aber nur mit Angabe der gesetzlichen **Schweizerwährung** zulässig: BGE 94 III 75; bei
- **Fortsetzung** der Betreibung

- auf Grund einer **anerkannten** Forderungklage: BGE 77 III 149;
- bei einem **Vergleich** im Forderungs- oder Aberkennungsprozess, speziell in Hinsicht auf Kostentragung: BGE 85 III 129.

- Ist im gerichtlichen Vergleich die Schuldpflicht mit **Gegenleistung** verbunden, die nach Behauptung des Schuldners nicht erfüllt ist, kann Fortsetzung der Betreibung nur durch definitive Rechtsöffnung oder ein ergänzendes materielles Urteil erwirkt werden: BGE 90 III 74.
- Die Regelung gilt auch, wenn Entscheid von **Behörde** oder **Verwaltungsgericht** des Bundes oder des Betreibungskantons stammt: BGE 107 III 65; BGE 128 III 41 E.2.
- Entscheidungsbefugnis einer **Krankenkasse**: BGE 121 V 110 E.2.
- Entscheidungsbefugnis der Schweizerischen **Inkassostelle für Radio- und Fernsehempfangsgebühren:** BGE 128 III 41 E.3, 4.
- Die **Auffangeinrichtung** der beruflichen Vorsorge kann den Rechtsvorschlag des Arbeitgebers nicht beseitigen: BGE 115 III 96 E.1, 2.
- Wirkung einer Verurteilung unter **Bedingungen**: BGE 87 III 117.
- Ein im ordentlichen Prozessverfahren **in einem andern Kanton** erlangtes Urteil bildet den Ausweis über die Beseitigung des Rechtsvorschlages; Fortsetzung der Betreibung kann mit keinen materiellrechtlichen Mitteln mehr gehemmt werden: BGE 64 III 80 E.2;
- speziell für öffentlichrechtliche Forderungen auf Grund eines **Verwaltungsentscheides**: BGE 75 III 45.
- **Vorgehen**, wenn die Fortsetzung der Betreibung gestützt auf den rechtskräftigen Entscheid einer ausserkantonalen Verwaltungs- oder Rekursbehörde verlangt wird: BGE 119 V 329 E.2b, 4, 5a (Präzisierung der Rechtsprechung); BGE 128 III 248 E.3.

Art. 80
2. Durch definitive Rechtsöffnung
a) Rechtsöffnungstitel

[1] Beruht die Forderung *(38 Abs. 1)* auf einem vollstreckbaren gerichtlichen Urteil, so kann der Gläubiger beim Richter *(23)* die Aufhebung des Rechtsvorschlags (definitive Rechtsöffnung) verlangen.

[2] Gerichtlichen Urteilen sind gleichgestellt:

1. gerichtliche Vergleiche und gerichtliche Schuldanerkennungen;

2. auf Geldzahlung oder Sicherheitsleistung gerichtete Verfügungen und Entscheide von Verwaltungsbehörden des Bundes;

3. innerhalb des Kantonsgebiets Verfügungen und Entscheide kantonaler Verwaltungsbehörden *(43)* über öffentlichrechtliche Verpflichtungen, wie Steuern, soweit das kantonale Recht diese Gleichstellung vorsieht.

1 Vollstreckbarkeit allgemein:

– Die definitive Rechtsöffnung berechtigt zur Fortsetzung der Betreibung in der **ganzen Schweiz**; Einreden gestützt auf Art. 81 sind unzulässig (Fall der in einem andern als dem Wohnsitzkanton des Schuldners erteilten Rechtsöffnung): BGE 65 III 81. Vgl. andererseits den revidierten Wortlaut von Art. 81 Abs. 2 und neuerdings GestG Art. 37.

2 Voraussetzungen der Rechtsöffnung allgemein:

– Berufung des Schuldners auf **neue Tatsachen** berechtigt den Gläubiger, neuerdings auf Zahlung zu klagen, statt definitive Rechtsöffnung zu verlangen: BGE 83 II 267 E.2.

– Betr. die Voraussetzungen für den Vollzug eines **Schiedsgerichtsurteils**: BGE 57 I 203,

– insbes. der **Verbandsschiedsgerichtsurteile**: BGE 81 I 325. Wirkung eines solchen: BGE 115 III 32 E.c.

3 Begriff des Urteils:

– Vgl. BGE 101 Ia 15.

– Gegenüber dem Rechtsvorschlag eines **Dritteigentümers** der Pfandsache kann einem Forderung und Pfandrecht feststellenden vollstreckbaren Urteil nur dann der Charakter eines Rechtsöffnungstitels zukommen, wenn der Entscheid diesem Dritteigentümer gegenüber selbst ergangen ist: BGE 75 I 107 E.3.

– Das Urteil, das den **Versicherungsnehmer** zu Schadenersatzleistungen verpflichtet (VVG Art. 60), stellt für den Geschädigten, der sich die Ansprüche gegen den Haftpflichtversicherer hat abtreten lassen, keinen Rechtsöffnungstitel dar: BGE 87 I 98.

– **Moderationsentscheid** in der Regel kein Rechtsöffnungstitel: BGE 106 Ia 340.

– Ein in einem Zivilprozess ergangener **Kostenentscheid** gilt als Zivilurteil: BGE 97 I 238.

– Es ist nicht willkürlich, definitive Rechtsöffnung zu erteilen aufgrund eines Urteils, in dem die **Aberkennungsklage** abgewiesen wurde, die der Betriebene im Zuge einer früheren und nunmehr verwirkten Betreibung bezüglich derselben Forderung angehoben hatte: BGE 127 III 233.

4 Keine Rechtsöffnungstitel sind:

– **gesetzliche Bestimmungen** über das Bestehen einer Leistungspflicht: BGE 113 III 9.

– ZGB Art. 285 Abs. 2 begründet für sich allein keinen Rechtsöffnungstitel für **Kinderzulagen**: BGE 113 III 9.

5 Rechtsöffnungstitel ist:

– der Entscheid der **Vormundschaftsbehörde** über die Entschädigung des Vormunds i.S. von Art. 416 ZGB: BGE 113 II 395 E.2;

– Frage der in einem Scheidungsurteil enthaltenen **Indexklausel**: BGE 116 III 63 E.

6 Verwaltungsentscheide allgemein: Fortsetzung der Betreibung auf Grund eines Verwaltungsentscheides, den der Gläubiger auf einen Rechtsvorschlag hin erstritten hat: BGE 75 III 45.

– Entscheide von Verwaltungsorganen über das mit diesen verbundenen **Steuerpfandrecht** sind solchen über Steuerforderungen gleichgestellt: BGE 75 I 104.

– Gegen den das **gesetzliche Grundpfandrecht** betreffenden Rechtsvorschlag bildet ein dieses Pfandrecht feststellender Entscheid der Steuerbehörden einen Rechtsöffnungstitel: BGE 75 I 106.

7 Entscheide von **Verwaltungsbehörden** des **Bundes**: Bezüglich der in Betracht fallenden Verwaltungsbehörden vgl. die Liste A im Anhang zum Gesetzestext.

– Nachweis der **formellen Rechtskraft**, insbesondere der Zustellung der Steuerveranlagungsverfügung, ist erforderlich, kann aber auch gestützt auf die gesamten Umstände erbracht werden: BGE 105 III 44.

– Verletzung der **Rechtshilfe** zwischen Bund und Kantonen, Rechtsbehelf der Eidgenossenschaft gegen Verweigerung der Rechtsöffnung: BGE 86 IV 228 E.1.

– Vgl. über die Gewährung der Rechtshilfe unter den Kantonen **Konkordat** über Gewährung gegenseitiger Rechtshilfe zur Vollstreckung öffentlichrechtlicher Ansprüche vom 20.XII.1971 (Nr. 25);

– über die Zulässigkeit der **staatsrechtlichen Beschwerde** wegen Verletzung dieses Konkordates vgl. BGE 78 I 483 E.1;

- Einrede der **Doppelbesteuerung**: BGE 115 Ia 215 E.1c.
- ZGB Art. 285 Abs. 2 begründet für sich allein keinen Rechtsöffnungstitel für **Kinderzulagen**: BGE 113 III 9.
- Rechtskräftige Verwaltungsentscheide über **Couponabgaben** stellen einen Rechtsöffnungstitel dar: BGE 77 I 19 E.4 (Überprüfungsrecht des kantonalen Rechtsöffnungsrichters).
- Über die Gleichstellung der rechtskräftigen Veranlagungen, Verfügungen und Entscheide der Behörden für die **Direkte Bundessteuer** vgl. BG vom 14.XII.1990 (Nr. 96), Art. 165.
- Rechtsöffnung für **Radio- und Fernsehempfangsgebühren**: BGE 128 III 41.

8 Betreibungs- und Rechtsöffnungskosten

- Die vom BA oder Gericht festgesetzten **Gebühren** gegenüber dem im Verfahren unterliegenden Gläubiger bilden einen vollstreckbaren Titel: BGE 64 III 56.

9 Wirkungen der Rechtsöffnung: Ein Rechtsöffnungsentscheid äussert **ausschliesslich betreibungsrechtliche** Wirkungen; er schafft bloss Recht für die betreffende Betreibung: BGE 100 III 50 E.3.

Art. 81
b) Einwendungen

¹ Beruht die Forderung *(38 Abs. 1)* auf einem vollstreckbaren Urteil *(80 Abs. 1)* einer Behörde des Bundes oder des Kantons, in dem die Betreibung eingeleitet ist *(38, 46, 67)*, so wird die definitive Rechtsöffnung erteilt, wenn nicht der Betriebene durch Urkunden beweist, dass die Schuld seit Erlass des Urteils getilgt oder gestundet worden ist, oder die Verjährung anruft.

² Handelt es sich um ein in einem andern Kanton ergangenes vollstreckbares Urteil, so kann der Betriebene überdies die Einwendung erheben, er sei nicht richtig vorgeladen worden oder nicht gesetzlich vertreten gewesen.

³ Ist ein Urteil in einem fremden Staat ergangen, mit dem ein Vertrag über die gegenseitige Vollstreckung gerichtlicher Urteile besteht, so kann der Betriebene die Einwendungen erheben, die im Vertrag vorgesehen sind.

1 Urteil einer Behörde des Bundes.

- Für die in Betracht kommenden Behörden vgl. die **Liste A** im Anhang zum Gesetzestext.

2   Urteil einer Behörde des Betreibungskantons.

–   Wirkung der Abstandserklärung nach **bernischem** Zivilprozessrecht als Urteil nach kant. Recht zu beurteilen: BGE 110 III 15 E.2.

3   Urteil einer schweizerischen Behörde ausserhalb des Vollstreckungskantons.

–   Bei der Frage, ob ausserkantonales Urteil vollstreckbar ist, kann auf die in gehöriger Form ausgestellte **Rechtskraftbescheinigung** abgestellt werden: BGE 89 I 244.

–   Anwendung auf Entscheid einer Krankenkasse ausserhalb des Betreibungskantons: BGE 128 III 247.

4   Im Ausland ergangenes Urteil.

–   Für die in Betracht fallenden völkerrechtlichen Verträge vgl. die **Liste B** im Anhang zum Gesetzestext.

–   Vollstreckung einer in einem ausländischen Urteil anerkannten Forderung:

–   wenn mit dem ausländischen Staat ein **Abkommen** über die Vollstreckung besteht: BGE 115 III 31 E.3a;

–   wenn **kein Abkommen** über die Vollstreckung besteht: BGE 115 III 31 E.3 (teilweise überholt durch IPRG); vgl. nunmehr BGE 122 III 441 E.2.

5   Einwendung der Tilgung.

–   **Verlustschein** für sich allein kein Beweis für Bestand einer Gegenforderung: BGE 98 Ia 355 E.2; 102 Ia 364;

–   für den **Konkursverlustschein**: BGE 116 III 67 E.2, 4.

–   Einwendung der **Doppelbesteuerung**: BGE 115 Ia 215 E.c.

–   Berufung auf Vermutung des **Art. 89 OR** genügt nicht: BGE 104 Ia 14.

6   Einwendung der Verwirkung der Betreibung: BGE 125 III 46 E. 3a.

7   Unterhaltsbeiträge

–   **Verzichterklärung** der geschiedenen Ehefrau hinsichtlich Unterhaltsbeiträgen für Kinder, deren Vater in natura für Unterhalt aufgekommen ist: BGE 107 II 13.

–   Direkt an unterhaltsberechtigte Ehefrau ausbezahlte **IVG-Zusatzrente** (Art. 34 Abs. 1 und 3 IVG) gemäss Bestätigung der Ausgleichskasse als Tilgung: BGE 113 III 82 Nr. 17.

–   **Einreden** bezüglich dieser Tilgungsart: BGE 113 III 83 E. 2;

- Tilgung durch die Auszahlung einer **Kinder-Zusatzrente** gemäss Art. 35 Abs. 1 IVG an die Mutter: BGE 114 II 124 E.2;

8 **Gewährung** der Rechtsöffnung

- trotz Nachweis durch Urkunden, dass der Schuldner in früheren Monaten **mehr geleistet** hat, als wozu er durch Urteil verpflichtet war: BGE 115 III 99 E.3, 4;

- trotz **Verzichtserklärung** des Elternteils, dem das Kind zugeteilt worden ist, auf künftige Unterhaltsansprüche des Kindes gegenüber dem anderen Elternteil: BGE 119 II 8 E.b;

- für den nicht erloschenen Teil der Forderung bei **Tilgung zum Teil:** BGE 124 III 501.

- Prüfungsbefugnis des Rechtsöffnungsrichters im Bereich eines **Schiedsgerichtsverfahrens:** BGE 117 III 59 E. 4a.

- Zulässigkeit eines besonderen kant. **Exequaturverfahrens** ausserhalb eines Betreibungsverfahrens: BGE 116 1a 396 E.2 (Präzisierung der Rechtsprechung).

- **LugÜ** (Nr. 101a) s. hinten Nr. 101a. Frage des Rechtsmittels: BGE 125 III 387.

9 Rechtsweg zur Vollstreckung **öffentlichrechtlicher** Geldforderungen: BGE 125 V 398 E.2, 3.

Art. 82
3. Durch provisorische Rechtsöffnung
a. Voraussetzungen

[1] Beruht die Forderung auf einer durch öffentliche Urkunde *(ZGB 9)* festgestellten *(115 Abs. 1, 149 Abs. 2, 265 Abs. 1 Satz 2, 158 Abs. 3)* oder durch Unterschrift bekräftigten *(OR 14, 32–39)* Schuldanerkennung, so kann der Gläubiger die provisorische Rechtsöffnung verlangen *(OR 17)*.

[2] Der Richter *(23)* spricht dieselbe aus *(84)*, sofern der Betriebene nicht Einwendungen, welche die Schuldanerkennung entkräften, sofort glaubhaft macht.

1 **Schuldanerkennung**.

- Erfordernis der durch **Unterschrift** bekräftigten Schuldanerkennung: BGE 106 III 98 E.3;

- nicht die **stillschweigende Genehmigung** eines Kontoauszuges: BGE 106 III 98 E.4; 122 III 128 E.2c.

- Schuldanerkennung der **Ehefrau** als Rechtsöffnungstitel gegenüber dem Ehemann: BGE 75 I 3.

- Durch **Vertreter** ohne schriftliche Vollmacht unterzeichnete Schuldanerkennung: BGE 112 III 88.

- Die Einigung des **Bauhandwerkers** als Subunternehmer mit dem Eigentümer der Liegenschaft über die Eintragung und summenmässige Begrenzung des Grundpfandes bildet in aller Regel keine Schuldanerkennung des Eigentümers betreffend die pfandgesicherte Forderung: BGE 111 III 11.

- Schuldanerkennung ist auch die Urkunde, bei der die Schuldsumme lediglich **leicht bestimmbar** ist: BGE 114 III 72 E.2;

- Fall des **Inkassomandatars**: BGE 119 II 452.

- Ausstellung eines **Verlustscheins** (gemäss Art. 149 und 265 SchKG): BGE 116 III 68 E.4a.

- In der Betreibung gegen den Solidarbürgen kann dem Betreibenden nur dann provisorische Rechtsöffnung gewährt werden, wenn nebst der Bürgschaftsurkunde eine Schuldanerkennung des **Hauptschuldners** vorliegt: BGE 122 III 127 E.2b;

- vgl. auch BGE 119 Ia 442.

2 Einwendungen.

- aus dem **Gesellschaftsrecht**: BGE 116 III 72 E.3.

- bei einem **zweiseitigen**, Zug um Zug zu erfüllenden Vertrag: BGE 79 II 281.

- der örtlichen **Unzuständigkeit des Rechtsöffnungsrichters** vor dem BA unzulässig: BGE 64 III 12.

- **Verwirkung** der Betreibung: BGE 125 III 46 E. 3a.

3 Inhalt des Entscheides.

- In der Betreibung auf **Pfandverwertung** kann auch bezüglich des Pfandrechts provisorische Rechtsöffnung erteilt werden: BGE 71 III 19 E.2a.

- Der Rechtsöffnungsrichter ist zur Prüfung der **Rechtzeitigkeit eines Rechtsvorschlages** nicht zuständig: BGE 95 I 315 E.3.

- Die vom Schuldner behauptete **Nichtigkeit** der Schuldanerkennung kann durch den Rechtsöffnungsrichter bzw. das BGer im staatsrechtlichen Beschwerdeverfahren überprüft werden: BGE 86 I 8 E.2, 3.

4 Bedeutung des Entscheides.

- Der Entscheid über die provisorische Rechtsöffnung ist ein **Endentscheid** i.S. von Art. 87 OG.

Art. 83

b) Wirkungen

[1] Der Gläubiger, welchem die provisorische Rechtsöffnung erteilt ist, kann *(88 Abs. 2, 166 Abs. 2, 154 Abs. 1)* nach Ablauf der Zahlungsfrist *(69 Abs. 2 Ziff. 2, 159)*, je nach der Person des Schuldners *(39, 42)*, die provisorische Pfändung verlangen *(88, 118, 119, 144 Abs. 5, VZG 25)* oder nach Massgabe des Artikels 162 die Aufnahme des Güterverzeichnisses beantragen.

[2] Der Betriebene kann indessen innert 20 *(31)* Tagen nach der Rechtsöffnung auf dem Weg des ordentlichen Prozesses beim Gericht des Betreibungsortes *(46–52)* auf Aberkennung der Forderung klagen.

[3] Unterlässt er dies oder wird die Aberkennungsklage abgewiesen, so werden die Rechtsöffnung sowie gegebenenfalls die provisorische Pfändung *(116)* definitiv *(80, 81)*.

[4] Zwischen der Erhebung und der gerichtlichen Erledigung der Aberkennungsklage steht die Frist nach Artikel 165 Absatz 2 still. Das Konkursgericht hebt indessen die Wirkungen des Güterverzeichnisses auf, wenn die Voraussetzungen zu dessen Anordnung nicht mehr gegeben sind.

Provisorische Pfändung

1 Die provisorische Pfändung ist **wie eine definitive** zu vollziehen, kann somit auch das Einkommen des Schuldners erfassen; Unterschiede jedoch in den Wirkungen: BGE 83 III 18.

2 Die provisorische Einkommenspfändung ist auf die Periode **eines Jahres seit dem Pfändungsvollzug** beschränkt: BGE 117 III 28 E.1; jetzt Art. 93 Abs. 2.

3 solange die Pfändung provisorisch ist, kann **keine Nachpfändung** erfolgen: BGE 117 III 28 E.2.

4 Hat das BA trotz **Aberkennungsklage** eine definitive Pfändung vorgenommen, so ist diese als **provisorische** aufrechtzuerhalten: BGE 92 III 56.

5 Die provisorische Pfändung kann nicht verlangt werden, bevor über ein **Rechtsmittel,** womit die Bewilligung der provisorischen Rechtsöffnung weitergezogen worden ist und dem rechtskrafthemmende Wirkung zukommt, in zweiter Instanz rechtskräftig entschieden worden ist: BGE 122 III 36 (Änderung der Rechtsprechung).

   – Fall **der Feststellung neuen Vermögens** im summarischen Verfahren: BGE 126 III 204.

Anordnung des Güterverzeichnisses

6 Sie darf nur zur Sicherung der **Interessen des Gläubigers** angeordnet werden: BGE 82 I 148 E.2.

7 Richterliche Verfügung zur Anordnung des Güterverzeichnisses kann mit **staatsrechtlicher Beschwerde** wegen Verletzung von BV Art. 4 Abs. 1 (jetzt Art. 9) angefochten werden: BGE 82 I 147 E.1.

Frist zur Anhebung der Aberkennungsklage

8 Sie beginnt erst mit dem unbenutzten Ablauf einer allfälligen **Rekursfrist** an eine obere Instanz, und wenn der Rekurs ergriffen wird, mit dem rechtskräftigen Entscheid der II. Instanz bzw. mit dem unbenutzten Ablauf der Rechtsmittelfrist: BGE 47 III 67; 100 III 77; 124 III 35 E. 2; 127 III 569.

– und zwar ungeachtet der **provisorischen Vollstreckbarkeit** des erstinstanzlichen Entscheids: BGE 104 III 141;

– bei **nichtappellablem Rechtsöffnungsentscheid** oder bloss ausserordentlichem Rechtsmittel ist die **Eröffnung** massgebend: BGE 77 III 138; 101 III 42 E.2;

– Frist, wenn das kant. Recht gegen den Rechtsöffnungsentscheid ein ordentliches Rechtsmittel vorsieht und das Ende der Rechtsmittelfrist in die **Betreibungsferien** fällt: BGE 115 III 94 E.3a, b;

9 **vor Beginn der Frist** eingereichte Klage: BGE 117 III 19 E.b;

10 betr. Wirkung eines **Aussöhnungsversuches:** BGE 68 III 90.

11 Frist für die Aberkennungsklage, wenn dafür ein **Schiedsgericht** zuständig ist und dessen Schiedsrichter in der Schiedsklausel nicht genannt sind: BGE 112 III 124 E.2;

12 Folgen bei Nichtleistung kantonalrechtlichen **Kostenvorschusses:** BGE 113 III 87;

13 Entscheid über die Rechtzeitigkeit grundsätzlich dem **Richter** vorbehalten: BGE 102 III 70.

– Einstellung des Betreibungsverfahrens bei Zweifeln über die **Rechtzeitigkeit:** BGE 102 III 70 E.2b.

14 **Rechtsnatur der Aberkennungsklage:** BGE 83 III 77; 124 IIIIV 208 E. 3a.

15 **Inhalt** der Aberkennungsklage: BGE 78 III 160.

16 Wesen und Wirkung insbesondere bei zweiseitigen Verträgen: BGE 79 II 284 E.3.

17 Gläubigereigenschaft

– bei **Abtretung der Forderung** nach Erlass des ZB, sofern die Forderung bei Anhebung der Betreibung fällig war: BGE 128 III 45 E. 3–5.

– bei **Rückzession** während des Aberkennungsprozesses: BGE 95 III 620 E.1.

18 Zulässigkeit der **Verrechnungseinrede** aus später erworbener Forderung: BGE 68 III 85.

19 Zulässigkeit einer **Widerklage:** BGE 58 I 168 E.2, 3.

20 Zulässig auch Klage bei einem vertraglich vorgesehenen **Schiedsgericht:** BGE 56 III 234 E.24.

Prorogation

21 Ob eine Prorogationsklausel für eine bestimmte Aberkennungsklage wegbedungen worden sei, war bis 31.12.2000 eine Frage des kt. Rechts (BGE 68 III 79; 87 III 26), bestimmt sich jetzt aber nach GestG Art. 9.

22 **Formgerechte Anhängigmachung der Aberkennungsklage :**

– **Unzuständigkeit der Betreibungsbehörden** zu ihrer Beurteilung: BGE 65 III 90.

23 Verbindung der Aberkennungsklage mit **Forderungsklage:** BGE 124 III 207.

24 **Nichterhebung und Abweisung der Aberkennungsklage:**

– Gleiche Wirkung wie die Abweisung hat die **Abschreibung** der Klage wegen Ausbleibens des Klägers: BGE 60 III 44;

25 Die Zurückweisung einer Aberkennungsklage aus prozessualen Gründen stellt einen **berufungsfähigen Endentscheid** dar: BGE 98 II 154 E.1.

26 Wirkung einer **kant. Bestimmung,** wonach eine wegen Nichtleistung des Kostenvorschusses abgeschriebene Klage innert Jahresfrist wieder anhängig gemacht werden kann, mit Bezug auf die Fortsetzung des Betreibungsverfahrens: BGE 113 III 88.

27 Rechtsöffnungskosten sind bei einem **Vergleich im Aberkennungsprozess** in der Regel zur Betreibungssumme zu schlagen: BGE 85 III 127.

Art. 84

4. Rechtsöffnungsverfahren

[1] Der Richter *(23)* des Betreibungsortes *(46–52)* entscheidet über Gesuche um Rechtsöffnung.

² Er gibt dem Betriebenen sofort nach Eingang des Gesuches Gelegenheit zur mündlichen oder schriftlichen Stellungnahme und eröffnet danach innert fünf Tagen seinen Entscheid.

1 Zuständigkeit:

- Nach dem klaren Wortlaut von Abs. 1 ist der ursprüngliche Betreibungsort auch bei Wohnsitzwechsel des Schuldners massgebend, sofern nicht trotz des Rechtsvorschlags (z.B. bei gescheiterter Übermittlung desselben oder wiederhergestellter Frist oder im Falle des nachträglichen Rechtsvorschlags nach Art. 77) bereits ein Fall von Art. 53 eingetreten ist. Die Entscheidungen BGE 112 III 13 und 115 III 30 E.2 sind somit gegenstandslos.

2 Verfahren:

- Verpflichtung des Richters zum Eintreten auch auf ein schriftliches Gesuch, wenn die Urkunden beigelegt sind: BGE 58 I 369.
- Unentgeltliche Prozessführung im Rechtsöffnungsverfahren: BGE 118 III 28; 118 III 34 E.2.
- Nichtigkeit des Entscheides, wenn der Schuldner weder Vorladung zur Verhandlung noch den Rechtsöffnungsentscheid erhalten hat: BGE 102 III 136 E.3.

3 Gebühr: Vgl. GebVSchKG (Nr. 10) Art. 48, 49.

Art. 85

E. Richterliche Aufhebung oder Einstellung der Betreibung
1. Im summarischen Verfahren

Beweist der Betriebene durch Urkunden, dass die Schuld *(38)* samt Zinsen und Kosten *(68, 69 Abs. 2 Ziff. 2)* getilgt oder gestundet ist *(81 Abs. 1)*, so kann er jederzeit beim Gericht *(23)* des Betreibungsortes *(46–53)* im erstern Fall die Aufhebung, im letztern Fall die Einstellung der Betreibung verlangen.

1 Abgrenzung

- zu **Art. 12 Abs. 2**: BGE 114 III 50 E.;
- zu **Art. 77**: BGE 96 I 2.

2 Vgl. **GebVSchKG** (Nr. 10) Art. 48, 49; (Nr 31) VZG Art. 6 lit. b Ziff. 4; für Konkursbetreibung Art. 172 Ziff. 3.

3 Voraussetzung zur Aufhebung der Betreibung

- bei Zahlung durch **Dritten**: BGE 72 III 8;
- bei **Widerruf eines Rückzuges** der Betreibung: BGE 83 III 11;

   – bei **Erfüllung** einer Schuld in fremder Währung: BGE 72 III 105 E.3.

4 Streit um den Verfall von **Abzahlungsraten**: BGE 77 III 13.

5 Gegen kantonalen Entscheid **keine Beschwerde** nach Art. (17–19): BGE 82 III 50.

6 **Keine materielle Rechtskraft** des Entscheides bezüglich Bestand der Forderung: BGE 125 III 151 E.2b/aa.

Art. 85*a*
2. Im beschleunigten Verfahren

[1] Der Betriebene kann jederzeit vom Gericht des Betreibungsortes *(46–53)* feststellen lassen, dass die Schuld nicht oder nicht mehr besteht oder gestundet ist.

[2] Nach Eingang der Klage hört das Gericht die Parteien an und würdigt die Beweismittel; erscheint ihm die Klage als sehr wahrscheinlich begründet, so stellt es die Betreibung vorläufig ein:

1. in der Betreibung auf Pfändung oder auf Pfandverwertung vor der Verwertung oder, wenn diese bereits stattgefunden hat, vor der Verteilung;

2. in der Betreibung auf Konkurs nach der Zustellung der Konkursandrohung.

[3] Heisst das Gericht die Klage gut, so hebt es die Betreibung auf oder stellt sie ein.

[4] Der Prozess wird im beschleunigten Verfahren *(25 Ziff. 1)* durchgeführt.

1 **Allgemeine** negative Feststellungsklage: BGE 120 II 21.

2 Angesichts dieser Klagemöglichkeit muss der Entscheid BGE 115 III 18 (**nichtige Fortsetzung** einer unbestritten gebliebenen Betreibung) als obsolet betrachtet werden.

3 **Legitimation** erst nach rechtskräftiger Beseitigung des Rechtsvorschlags: BGE 125 III 149.

4 **Keine Legitimation** nach Rückzug der Betreibung: BGE 127 III 41.

Abs. 2 und 3

5 Das **Rechtsmittel** gegen die vorsorgliche Massnahme richtet sich nach kantonalem Recht: BGE 125 III 440.

Art. 86

F. Rückforderungsklage

[1] Wurde der Rechtsvorschlag *(74)* unterlassen oder durch Rechtsöffnung beseitigt *(80–83)*, so kann derjenige, welcher infolgedessen eine Nichtschuld bezahlt hat, innerhalb eines Jahres *(31)* nach der Zahlung *(12 Abs. 2, 123)* auf dem ordentlichen Prozesswege den bezahlten Betrag *(69 Abs. 2 Ziff. 2)* zurückfordern.

[2] Die Rückforderungsklage kann nach der Wahl des Klägers entweder beim Gerichte des Betreibungsortes *(46–52)* oder dort angehoben werden, wo der Beklagte seinen ordentlichen Gerichtsstand hat.

[3] In Abweichung von Artikel 63 des Obligationenrechts ist dieses Rückforderungsrecht von keiner andern Voraussetzung als dem Nachweis der Nichtschuld abhängig.

1 **Frist** zur Rückforderungsklage:
   – Bei **Ratenzahlungen** ist die Zahlung der letzten für die Fristberechnung massgebend: BGE 63 II 170 E.3.

2 **Art** der Forderung:
   – Betr. öffentlichrechtliche Forderungen vgl. BGE 53 I 257.

3 **Passivlegitimation**: BGE 60 III 127;
   – zu Art. 77: BGE 96 I 2.
   – Beweislast:
   – dafür, dass wegen der Betreibung bezahlt wurde: BGE 61 II 5;
   – für die Nichtschuld: BGE 119 II 305.

4 Anwendungsfälle:
   – wenn der Betriebene bezahlt hat, um die Zwangsvollstreckung in sein Vermögen zu verhindern: BGE 115 III 37 E.2b;
   – wenn der Betriebene im Nachhinein der Ansicht ist, er habe mehr bezahlt, als von ihm geschuldet gewesen sei: BGE 112 III 87 E.2.

5 Sicherung des Rückforderungsbetrages durch **Arrestierung** der bezahlten Summe: BGE 90 II 116 E.5; 125 III 151 E.2 b/bb.
   – Anwendungsfall: BGE 115 III 37.

Art. 87

G. Betreibung auf Pfandverwertung und Wechselbetreibung

Für den Zahlungsbefehl in der Betreibung auf Pfandverwertung gelten die besondern Bestimmungen der Artikel 151–153, für den Zahlungsbefehl und den Rechtsvorschlag in der Wechselbetreibung diejenigen der Artikel 178–189.

1 Der Entscheid, mit dem in der Wechselbetreibung der Rechtsvorschlag bewilligt wird, ist ein **Endentscheid:** BGE 95 I 254.

IX. Fortsetzung der Betreibung

Art. 88

¹ Ist die Betreibung nicht durch Rechtsvorschlag oder durch gerichtlichen Entscheid eingestellt worden, so kann der Gläubiger frühestens 20 Tage *(31, 69 Abs. 2 Ziff. 2, 83 Abs. 1)* nach der Zustellung des Zahlungsbefehls *(64–66, 70)* das Fortsetzungsbegehren stellen.

² Dieses Recht erlischt ein Jahr *(31)* nach der Zustellung des Zahlungsbefehls. Ist Rechtsvorschlag erhoben worden *(74, 77)*, so steht diese Frist zwischen der Einleitung und der Erledigung eines dadurch veranlassten Gerichts- oder Verwaltungsverfahrens still.

³ Der Eingang des Fortsetzungsbegehrens wird dem Gläubiger auf Verlangen gebührenfrei bescheinigt.

⁴ Eine Forderungssumme in fremder Währung kann auf Begehren des Gläubigers nach dem Kurs am Tage des Fortsetzungsbegehrens erneut in die Landeswährung umgerechnet werden.

Abs. 1

1 Obligat. **Formular** Nr. 4.

2 **Verhältnis** der Fortsetzung der Betreibung

- zum **Arrest:** BGE 116 III 115 E.3;
- zur **Verfügungsbeschränkung** gemäss Art. 145 und 178 ZGB: BGE 120 III 69 E.2.
- Frage der **Rechtskraftbescheinigung:** BGE 126 III 480 E.2.

Abs. 2

3 **Jahresfrist für das Fortsetzungsbegehren:**

- Die Jahresfrist gilt
- auch für Fortsetzungsbegehren, die zu einer **Ergänzungspfändung** führen: BGE 63 III 145;
- für Begehren um **Nachpfändung** gestützt auf provisorischen Verlustschein: BGE 88 III 61 E.1;

- nicht aber für **Nachpfändung von Amtes wegen** nach Art. 145 und für Fortsetzung der Betreibung nach Art. 149 Abs. 3. Frist beim provisorischen Pfändungsanschluss nach Art. 281: BGE 84 III 102 E.3, 92 III 14 E.1.
- **Beginn** der Verwirkungsfrist: BGE 125 III 46 E. 36.
- **Stillstehen** der Verwirkungsfrist,
  - bis über die im Zeitpunkt der Zustellung des Zahlungsbefehles hängige **Anerkennungsklage** rechtskräftig entschieden ist: BGE 113 III 121 E.2, 3.
  - Während der Dauer des **Rechtsöffnungsverfahrens**: BGE 79 III 60;
  - nicht aber während des an ein Rechtsöffnungsverfahren anschliessenden **staatsrechtlichen Beschwerdeverfahrens** oder des Verfahrens, das wegen Anstandes in der Rechtshilfe eingeleitet wurde: BGE 86 IV 230
  - solange der Gläubiger nicht in den Besitz einer Urkunde gelangen kann, welche das Rechtsöffnungsurteil als **vollstreckbar** erklärt: BGE 106 III 55.
  - Während der Dauer eines **Aberkennungsprozesses**: BGE 55 III 53;
  - Während der Dauer von **Klagen nach Art. 265a**: BGE 57 III 203
  - **Stundungen** hemmen den Fristenlauf nicht: BGE 77 III 60;
  - auch nicht ein hängiger **Widerspruchsprozess** über bereits gepfändetes Vermögen: BGE 88 III 62.
  - bezieht sich nur auf die **Maximalfrist**: BGE 124 III 81 E.2.
- Das BA hat die Frist zu beachten, selbst wenn der Schuldner zum voraus auf Geltendmachung **verzichtet**: BGE 101 III 17 (vgl. dazu jetzt Art. 33 Abs. 3).
- Betr. Beilegung des Zahlungsbefehls vgl. BGE 53 III 65.

4 Verweigerung der Fortsetzung: –
- Die Fortsetzung der Betreibung ist zu verweigern, wenn der Schuldner weder eine **Vorladung** zur Rechtsöffnungsverhandlung noch den **Rechtsöffnungsentscheid** erhalten hat: BGE 102 III 137.

5 Merkmale der Fortsetzung:
- Führt das Fortsetzungsbegehren nicht zu einer gültigen Pfändung, so bleibt es **hängig**: BGE 78 III 60 E.2.

- Fortsetzungsbegehren mit **Bedingungen** sind unzulässig und zurückzuweisen: BGE 85 III 71;
- bedingter **Verzicht** auf eine vollzogene Pfändung hat Aufhebung der Betreibung zur Folge, vorbehältlich der Rücksichtnahme auf «Treu und Glauben»: BGE 94 III 79.
- Fortsetzungsbegehren nur in **Schweizerwährung**: BGE 94 III 76 (vgl. jetzt Abs. 4).

6 Es ist von Amtes wegen zu prüfen, ob eine Zwangsvollstreckung durch Betreibung auf **Pfändung** oder auf **Konkurs** fortzusetzen ist: BGE 115 III 90 E.1.

7 Die Betreibung kann bei zeitweiligem Fehlen eines geeigneten **Betreibungsortes** binnen der gesetzlichen Fristen fortgesetzt werden, wenn sich wieder ein solcher vorfindet: BGE 86 III 150.

8 **Nichtigkeit** der Pfändung wegen Versäumnis der Frist, Einfluss auf Widerspruchsprozess: BGE 96 III 117 E.4.

Abs. 3

9 Obligator. Formular Nr. 2.

Abs. 4

10 *Keine Entscheidungen*

Dritter Titel: Betreibung auf Pfändung
I. Pfändung
Art. 89
A. Vollzug
1. Zeitpunkt

Unterliegt der Schuldner der Betreibung auf Pfändung, so hat das Betreibungsamt nach Empfang des Fortsetzungsbegehrens unverzüglich die Pfändung zu vollziehen *(95–99)* oder durch das Betreibungsamt des Ortes, wo die zu pfändenden Vermögensstücke liegen, vollziehen zu lassen.

1 Es handelt sich um eine **Ordnungsvorschrift**: BGE 86 III 89 E.2a;

2 Betr. **Zuständigkeit**: Art. 46, 53. Für Pfändungen von *registrierten Schiffen* vgl. BG über das Schiffsregister vom 28.IX.1923 Art. 55 Abs. 2 (Nr. 60).

3 Vgl. Anweisung SchKK vom 31.XII.1952 (Nr. 28).

4 **Individualisierung** der Vermögenswerte: BGE 114 III 76 E.1, 77 E.1.

- Die Pfändung von Vermögenswerten, die nicht genügend individualisiert sind, ist **nichtig**: BGE 106 III 102 E.1; 107 III 70 E.2;
- Zum **Gattungsarrest**: BGE 75 III 108 E.1:
- Hinweis auf Art. 96 Abs. 1: BGE 112 III 15 E.3.

5 Vollzug bei Forderungen, die **nicht durch Urkunden** vertreten sind: BGE 50 III 48; 74 III 4.

- Pfändbarkeit einer **bestrittenen** Forderung des Schuldners: BGE 107 III 75 E.4.
- Pfändung eines **Sparguthabens**, auf das der Schuldner nur Anwartschaft hat, ist nicht zulässig: BGE 97 III 25 E.2.
- Pfändung der Sache, eventuell der Ersatzforderung: BGE 83 III 137.

6 Vorsorgliche **Sperre**: BGE 120 III 78 E.1c;

- Die **privatrechtliche** Regelung nach Art. 145 bezw. 178 ZGB tritt nicht an die Stelle des Schuldbetreibungsrechts. Die Beschränkung der Verfügungsbefugnis gemäss Art. 145 oder 178 ZGB hat lediglich zur Folge, dass das Zwangsverwertungsverfahren vorübergehend sistiert oder dass seine Einleitung aufgeschoben wird, bis das Sachurteil rechtskräftig und vollstreckbar geworden ist, führt aber nicht zu einer Begünstigung innerhalb des Zwangsverwertungsverfahrens: BGE 120 III 69.

7 Pfändung von **Depots** : BGE 57 III 124.

8 Veräusserung **ohne Eigentumsübertragung** nach ZGB Art. 717;

9 Keine Einwirkung des **Gläubigers** auf den Zeitpunkt der Pfändung: BGE 62 III 153.

10 **Abstellen** der Pfändung nur möglich durch Rückzug des Begehrens: BGE 62 III 153;

11 Besonderheit bei **requisitorisch** angeordneter Pfändung: BGE 67 III 106. Vgl. auch Art. 4.

– **Rechtshilfe** ist erforderlich für Amtshandlungen im angesuchten Kreise: BGE 83 III 130,

– nicht aber für **Forderungspfändungen**, Zustellungen und Anzeigen: BGE 73 III 87; 86 III 9.

– BA ist frei, eine Einkommenspfändung **selbst** zu vollziehen oder durch BA des Wohnorts des Schuldners vollziehen zu lassen: BGE 91 III 83 E.1

– Bei der requisitionsweise durchgeführten Pfändung obliegt dem **ersuchten Amte** die Ausscheidung von unpfändbaren Gegenständen; Beschwerde daher gegen dieses Amt: BGE 84 III 35; 91 III 84 E.1;

12 **Frist zur Beschwerde** gegen Fortsetzung der Betreibung: BGE 75 III 83 E.2;

– eine trotz Erlöschen der Betreibung vorgenommene Pfändung ist **nichtig**: BGE 77 III 58 E.1; 84 III 101 E.1;

– anders für den **Konkurs**: BGE 79 III 29.

– **Nichtigkeit** der Pfändung durch ein unzuständiges Amt: BGE 68 III 116; 72 III 2; 88 III 10 E.2.

13 Vgl. auch **VZG** (Nr. 31) Art. 4, 7, 24 und **GebV SchKG** (Nr. 10) Art. 7.

14 Vorgehen bei **Landesabwesenheit** des Schuldners, der im Ausland keinen Wohnsitz begründet hat: BGE 120 III 113 E.2.

Art. 90
2. Ankündigung
Dem Schuldner wird die Pfändung spätestens am vorhergehenden Tage *(56 Ziff. 1–4)* unter Hinweis auf die Bestimmung des Artikels 91 angekündigt *(34, 64–66)*.

1 Obligat. **Formular** Nr. 5; vgl. auch Anweisung SchKK vom 31.XII.1952 (Nr. 28).

2 Folgen der **Unterlassung**: BGE 79 III 152; 89 IV 80; 96 III 125;

– **Heilung** des Mangels: BGE 115 III 42.

3 Beginn der **Beschwerdefrist**

- bei Widerruf des **Rückzuges des Rechtsvorschlags**: BGE 109 III 16 E.1, 2;
- bei **mehrmaliger Verschiebung** der angekündigten Pfändung: BGE 109 III 17 E.5.

Art. 91

3. Pflichten des Schuldners und Dritter

¹ Der Schuldner ist bei Straffolge verpflichtet:

1. der Pfändung beizuwohnen oder sich dabei vertreten zu lassen (Art. 323 Ziff. 1 StGB);

2. seine Vermögensgegenstände, einschliesslich derjenigen, welche sich nicht in seinem Gewahrsam befinden, sowie seine Forderungen und Rechte gegenüber Dritten anzugeben, soweit dies zu einer genügenden Pfändung nötig ist (Art. 164 Ziff. 1 und 323 Ziff. 2 StGB).

² Bleibt der Schuldner ohne genügende Entschuldigung der Pfändung fern und lässt er sich auch nicht vertreten *(64 Abs. 1, 65 Abs. 2)*, so kann ihn das Betreibungsamt durch die Polizei vorführen lassen.

³ Der Schuldner muss dem Beamten auf Verlangen Räumlichkeiten und Behältnisse öffnen. Der Beamte kann nötigenfalls die Polizeigewalt in Anspruch nehmen.

⁴ Dritte, die Vermögensgegenstände des Schuldners verwahren oder bei denen dieser Guthaben hat, sind bei Straffolge (Art. 324 Ziff. 5 StGB) im gleichen Umfang auskunftspflichtig wie der Schuldner.

⁵ Behörden sind im gleichen Umfang auskunftspflichtig wie der Schuldner.

⁶ Das Betreibungsamt macht die Betroffenen auf ihre Pflichten und auf die Straffolgen ausdrücklich aufmerksam.

Abs. 1 Ziff. 2

1 Auskunftspflicht des Schuldners:

- **allgemein**: BGE 111 III 54 E.3;
- hinsichtlich im **Ausland** erzielter Einkünfte und dort gelegener Vermögenswerte: BGE 114 IV 12 E.1b;
- nicht hinsichtlich der **Vermögensverhältnisse Dritter**, auch wenn diese die Höhe seines Vermögens beeinflussen: BGE 114 IV 14 E.2;
- hinsichtlich der Lage eines verarrestierten **Wertpapiers**: BGE 116 III 109 E.6;
- hinsichtlich **unbeweglicher Vermögenswerte**: BGE 117 III 63 E.3.
- Abstellen auf Indizien: BGE 126 III 93 E. 36, 3c.

Abs. 2

2 Vgl. die allein noch relevante Ziff. 4 des **Schreibens** BGr vom 6.XII.1961.

3 Das BA kann vom Schuldner nicht verlangen, dass dieser sich über die Verwendung von **Geldbeträgen** ausweist, die er möglicherweise vor Jahren besessen hat: BGE 107 III 74 E.4.

Abs. 3

4 Vollzug einer ordnungsgemäss angekündigten Pfändung bei **Abwesenheit** des Schuldners und Wirkungen einer solchen Pfändung: BGE 112 III 16 E.5.

5 Pflicht des BA, nach pfändbarem Gut in den Räumlichkeiten und Behältnissen des Schuldners zu forschen: BGE 83 III 64; 89 IV 81; 124 III 172 E. 4a.

Abs. 4

6 Pfändung eines **Bankkontos**: BGE 120 III 19.

7 Zwangsweise erfolgende Öffnung des vom Schuldner gemieteten **Tresorfaches** bei provisorischer Pfändung: BGE 102 III 8.

Abs. 5

8 Beginn der Auskunftspflicht Dritter: BGE 125 III 393.

9 Auskunftspflicht der Sozialversicherungsanstalten: BGE 124 III 171; Unzulässigkeit einer Strafuntersuchung: BGE 124 III 174 E.6.

Abs. 6

Keine Entscheidungen.

Art. 92

4. Unpfändbare Vermögenswerte

¹ Unpfändbar sind:

1. die dem Schuldner und seiner Familie *(93, ZGB 331)* zum persönlichen Gebrauch dienenden Gegenstände wie Kleider, Effekten, Hausgeräte, Möbel oder andere bewegliche Sachen, soweit sie unentbehrlich sind;

2. die religiösen Erbauungsbücher und Kultusgegenstände;

3. die Werkzeuge, Gerätschaften, Instrumente und Bücher, soweit sie für den Schuldner und seine Familie zur Ausübung des Berufs notwendig sind;

4. nach der Wahl des Schuldners entweder zwei Milchkühe oder Rinder, oder vier Ziegen oder Schafe, sowie Kleintiere nebst dem zum Unterhalt und zur Streu auf vier Monate erforderlichen Futter und Stroh, soweit die Tiere für die Ernährung des Schuldners und seiner Familie oder zur Aufrechterhaltung seines Betriebes unentbehrlich sind;

5. die dem Schuldner und seiner Familie für die zwei auf die Pfändung folgenden Monate notwendigen Nahrungs- und Feuerungsmittel oder die zu ihrer Anschaffung erforderlichen Barmittel oder Forderungen;

6. die Bekleidungs-, Ausrüstungs- und Bewaffnungsgegenstände, das Dienstpferd und der Sold eines Angehörigen der Armee, das Taschengeld einer zivildienstleistenden Person sowie die Bekleidungs- und Ausrüstungsgegenstände und die Entschädigung eines Schutzdienstpflichtigen;

7. das Stammrecht der nach den Artikeln 516–520 des Obligationenrechts bestellten Leibrenten;

8. Fürsorgeleistungen und die Unterstützungen von seiten der Hilfs-, Kranken- und Fürsorgekassen, Sterbefallvereine und ähnlicher Anstalten;

9. Renten, Kapitalabfindung und andere Leistungen, die dem Opfer oder seinen Angehörigen für Körperverletzung, Gesundheitsstörung oder Tötung eines Menschen ausgerichtet werden, soweit solche Leistungen Genugtuung, Ersatz für Heilungskosten oder für die Anschaffung von Hilfsmitteln darstellen;

9a. die Renten gemäss Artikel 20 des Bundesgesetzes über die Alters- und Hinterlassenenversicherung oder gemäss Artikel 50 des Bundesgesetzes über die Invalidenversicherung, die Leistungen gemäss Artikel 12 des Bundesgesetzes vom 19. März 1965 über Ergänzungsleistungen zur Alters-, Hinterlassenen- und Invalidenversicherung sowie die Leistungen der Familienausgleichskassen;

10. Ansprüche auf Vorsorge- und Freizügigkeitsleistungen gegen eine Einrichtung der beruflichen Vorsorge vor Eintritt der Fälligkeit;

11. Vermögenswerte eines ausländischen Staates oder einer ausländischen Zentralbank, die hoheitlichen Zwecken dienen.

[2] Gegenstände, bei denen von vorneherein anzunehmen ist, dass der Überschuss des Verwertungserlöses über die Kosten so gering wäre, dass sich eine Wegnahme nicht rechtfertigt, dürfen nicht gepfändet werden. Sie sind aber mit der Schätzungssumme in der Pfändungsurkunde vorzumerken.

3 Gegenstände nach Absatz 1 Ziffern 1–3 von hohem Wert sind pfändbar; sie dürfen dem Schuldner jedoch nur weggenommen werden, sofern der Gläubiger vor der Wegnahme Ersatzgegenstände von gleichem Gebrauchswert oder den für die Anschaffung erforderlichen Betrag zur Verfügung stellt.

4 Vorbehalten bleiben die besonderen Bestimmungen über die Unpfändbarkeit des Bundesgesetzes über den Versicherungsvertrag (Art. 79 Abs. 2 und 80 VVG), des Urheberrechtsgesetzes vom 9. Oktober 1992 (Art. 18 URG) und des Strafgesetzbuches (Art. 378 Abs. 2 StGB).

1 Allgemeines:

- Eine **Ausdehnung** der Unpfändbarkeitsbestimmungen, etwa durch letztwillige Verfügung, ist ausgeschlossen: BGE 79 III 77 E.2, ebenso die privatrechtliche Abmachung einer Unpfändbarkeit: BGE 84 III 7.

- Eine als **Erbvorempfang** bestellte Rente kann aber als unpfändbar bezeichnet werden: BGE 79 III 74. Bei Leibrente ist schriftlicher Vertragsabschluss Voraussetzung: BGE 120 III 122 E.2.

- Alle hier nicht angeführten Guthaben sind pfändbar: BGE 65 III 10; 97 III 25; so auch ein **Stipendium**: BGE 105 III 52 E.1; vgl. Art. 93 N 1.

- Pfändbarkeit eines **Blankowechsels**: BGE 88 III 100;

- Erlös aus einem **Kompetenzstück** ist pfändbar: BGE 73 III 127 E.5; nicht aber soweit er zu dessen **sofortiger Wiederanschaffung** dient: BGE 80 III 19. . Unpfändbarkeit der **Versicherungssumme für Kompetenzstücke** (VVG (Nr. 76) Art. 55 Abs. 2): BGE 78 III 63;

- Verhältnis der in **Ziff. 9a** erwähnten Unpfändbarkeitsbestimmungen zu Art. 93: BGE 77 III 153; 78 III 118 E.2.

- Selbständiger Unpfändbarkeitsanspruch der **Angehörigen** des Schuldners: BGE 80 III 22 E.1, 2, vgl. 62 III 137; vgl. dazu: BGE 82 III 54; 85 III 66; 91 III 54 E.1, 2;

- Unpfändbarkeit des **einem Ehegatten** zur Durchführung eines Scheidungsprozesses zuerkannten Kostenvorschusses des andern: BGE 78 III 112.

- Eine zur **Patentierung** angemeldete Erfindung stellt ein übertragbares Vermögensrecht dar und ist daher pfändbar: BGE 75 III 6; dagegen unterliegt bei einer **nicht angemeldeten** Erfindung nur die dem Erfinder daraus zukommende **Vergütung** der Pfändung (mit Einschränkung nach Art. 93): BGE 75 III 91.

- **Betriebsgeheimnisse** unterliegen nicht der Zwangsverwertung: BGE 75 III 91.

- Bei **Requisitorialpfändungen** entscheidet das *ersuchte* BA über die unpfändbaren Gegenstände: BGE 84 III 35; 96 III 95; anders für den Konkurs: BGE 79 III 29.

- Berufung auf die Unpfändbarkeit wird zugestanden:

- auch dem **unredlichen** Schuldner BGE 67 III 20.

- auch dem im **Ausland** lebende Schuldner: BGE 84 III 25;

- **nicht** dagegen **juristischen** Personen: BGE 63 III 18 Nr. 5 (problematisch).

- Betr. das Recht des Gläubigers, ein **Verzeichnis** der unpfändbaren Gegenstände zu verlangen, GebVSchKG Art. 24 und 12; es hat aber keinen Einfluss auf den gesetzlichen Fristenlauf: BGE 73 III 115.

- Die zur Beurteilung der Unpfändbarkeit notwendigen Feststellungen sind von BA und von den AB **von Amtes wegen** vorzunehmen: BGE 77 III 153 E.4a; 86 III 50; 89 III 34; 91 III 59; insbesondere bei Forderung: BGE 91 III 58.

- Die Unpfändbarkeit eines gestützt auf ZGB Art. 895 retinierten Gegenstandes ist durch **Rechtsvorschlag** geltend zu machen, beim Retentionsrecht des Vermieters nach OR Art. 268 dagegen durch **Beschwerde** gegen die Aufnahme in die Retentionsurkunde: BGE 83 III 35.

- Beim Entscheide über die Unpfändbarkeit ist grundsätzlich auf die Verhältnisse abzustellen, die im Zeitpunkt der **Pfändung** bzw. Entstehung des Retentionsrechtes bestehen: BGE 82 III 106; 111 III 56 E.2.

- Frage der Unpfändbarkeit muss **vor Durchführung des Widerspruchs- oder Aussonderungsverfahrens** (im Beschwerdeverfahren) entschieden werden: BGE 80 III 20; 84 III 35 E.3.

- Abklärung **von Amtes wegen**: BGE 112 III 80 E.2; 113 III 78 E.2.

- Unpfändbarkeit in Konkurrenz mit **Drittanspruch**: BGE 77 III 108 E.4.

- **Auskunftspflicht** des Schuldners: BGE 111 III 54 E.3.

- **Nichtigkeit** eines zum voraus erklärten **Verzichts** auf die Unpfändbarkeit: BGE 55 III 119.

- Auf eine **verspätete Beschwerde** ist dann einzutreten, wenn durch die Pfändung der Schuldner in eine unhaltbare Notlage gebracht wird: BGE 71 III 34; 76 III 34.
- Voraussetzungen zur Freigabe gepfändeter Berufswerkzeuge: daselbst.
- Unpfändbarkeitsbeschwerden im **Arrestverfahren**: BGE 71 III 148; 76 III 35.
- Beschwerdelegitimation
- eines **Bevormundeten**: BGE 68 III 16; 71 III 2;
- eines **Verheirateten**: BGE 102 III 138.

Abs. 1 Ziff. 1

2 Voraussetzungen, unter denen ein mündiges Kind oder eine andere verwandte Person zur **Familie** des Schuldners gezählt wird: BGE 82 III 22, 107 E.5.

3 Frage der Pfändbarkeit

4 einer **Waschmaschine**: BGE 86 III 7;

5 eines privatem Gebrauch dienenden **Personenwagens**: BGE 95 III 83;
- bei einer **invaliden** Person: BGE 106 III 106; 108 III 62

6 Des dem Schuldner als einzige Unterkunft dienenden **Wohnwagens**: BGE 75 III 2.

7 Unpfändbarkeit auch bei **Möbeln**, die von Dritten beansprucht werden: BGE 111 III 56 E.2.

8 Zu leistende **Abzahlungsraten** für unpfändbares Mobiliar sind bei der Berechnung des Existenzminimums zu berücksichtigen, wobei die Höhe und Dauer der vereinbarten Abzahlung maßgebend sind: BGE 82 III 25; vorausgesetzt, es besteht ein Eigentumsvorbehalt: BGE 82 III 28 E.1.

Abs. 1 Ziff. 2

9 Frage der Pfändbarkeit von **Kultusgegenständen** (i.c. Ikone): BGE 88 III 48.

Abs. 1 Ziff. 3

10 Über den Gegensatz zwischen Beruf und **Unternehmung**: BGE 88 III 52 E.1c; 91 III 55 E.2; 95 III 82; 97 III 56; 106 III 109.

11 Zum Begriff **Berufswerkzeug**: BGE 80 III 109; 81 III 139, 137; 113 III 78 E.2; 117 III 22 E.2; 119 III 13 E.2a.

12 In Betracht kommt auch ein **Bürocomputer**, dessen Fehlen die Konkurrenzfähigkeit des Schuldners beeinträchtigt: BGE 110 III 56.

13 Unpfändbarkeit eines **Automobils**, Erfordernis der Wirtschaftlichkeit, d.h. dass die Verwendungskosten zum Ertrag in einem vernünftigen Verhältnis stehen: BGE 86 III 51; 88 III 53, 89 III 43; 104 III 75.

- Gebrauch des Automobils einer **Prostituierten**: BGE 111 II 301 E.2d;

14 Keine Kompetenzqualität von **Videokassetten**, die in einem Videothekgeschäft vermietet werden: BGE 113 III 79 Nr. 15.

15 Werkzeuge für **Nebenberuf**: BGE 84 III 98.

- BGE 76 III 34.

16 **Massgebender Zeitpunkt** für die Bestimmung der Kompetenzqualität, Bedeutung bevorstehender Änderungen der Verhältnisse: BGE 97 III 59 E.2;

17 für den **Konkurs**: BGE 98 III 32. Verhinderung an der Berufsausübung: BGE 119 III 13 E.2.

18 Automobil eines **unabhängigen Zeitungsverkäufers**: BGE 117 III 22 E.2.

19 Der **Geflügelbestand** einer kleinen Hühnerfarm und das dazugehörige Betriebsinventar sind unpfändbar: BGE 77 III 18;

20 Unpfändbarkeit von **Bienen** und die zur Zucht hierfür erforderlichen Gerätschaften: BGE 77 III 111;

21 Pfändbarkeit von **Hunden**: BGE 76 III 37. Zur Frage eines Pfändungsverbots für Haustiere vgl. BBl 1999 S. 8946; 2002 S. 5808.

Abs. 1 Ziff. 5

22 Anwendbarkeit auf eine Sammlung von **Silbermünzen**: BGE 103 III 7.

Abs. 1 Ziff. 7

23 **Arbeitsvertragliche** Ruhegehälter und Renten fallen nicht darunter: BGE 53 III 167, 70 III 69.

Abs. 1 Ziff. 8

24 Durch **betrügerisches Verhalten** des Schuldners erlangte Unterstützungen sind pfändbar: BGE 87 III 6.

Abs. 1 Ziff. 9

25 Vgl. BG über den Versicherungsvertrag vom 2.IV.1908 (hinten Nr. 76), Art. 86 und BGE 59 III 116.

26 Unpfändbarkeit

27 der Entschädigung für **Heilungskosten** mit einigen Ausnahmen: BGE 85 III 25.

28 der aus der Entschädigung angeschafften **andern Werte** mit Einschränkungen: BGE 82 III 81 E.4.

29 Betr. Unpfändbarkeit von **Invaliditätsrenten** kantonaler Beamter und Invalidenpensionen gegenüber Ansprüchen naher Verwandter auf Alimentation, vgl. BGE 65 III 56, 76.

30 Einrede der Unpfändbarkeit kann Gläubiger mit vertraglichem **Pfandrecht** nicht entgegengehalten werden: BGE 78 III 5 E.2.

31 Kumulation von Lohn und unpfändbaren Ansprüchen: BGE 88 III 54. Keine einschränkende Auslegung: BGE 120 III 15 E.2a.

Abs. 1 Ziff. 9a

32 Art. 20 gilt gemäss Art. 50 des BG vom 19.VI.1959 (SR 831.20) sinngemäss auch für die Leistungen der **Invalidenversicherung**.

33 Abgrenzung zu Ziff. 10: BGE 121 III 290 E.2, 3.

Abs. 1 Ziff. 10

34 Grundsatz: BGE 124 III 214 E.2.

35 Aus Vorbezug erworbene **Liegenschaft:** BGE 124 III 214 E.2.

36 Keine Pfändbarkeit

- einer Rente, auf die ein aus .**gesundheitlichen** Gründen sich vorzeitig aus dem Erwerbsleben Zurückziehender Anspruch hat: BGE 118 III 17 E.1a;

- einer Erwerbsausfallentschädigung infolge vorübergehender oder bleibender **Arbeitsunfähigkeit**: BGE 119 III 16 E.1; 120 III 15 E.2a, 74 E.3.

37 Stellt ein Arbeitnehmer, der die Schweiz endgültig verlässt, ein ausdrückliches Begehren um Auszahlung seiner **Freizügigkeitsleistung**, wird sein Guthaben fällig und kann in der Folge gepfändet und mit Arrest belegt werden: BGE 121 III 33 E.2b und 2c).

38 Das Auszahlungsbegehren unterliegt keinen gesetzlichen Formvorschriften, so dass auch eine **telefonische** Erklärung die Fälligkeit des Freizügigkeitsguthabens bewirkt (BGE 121 III 34 E.2c).

39 Anwendbarkeit auf Leistungen der **3. Säule A**: BGE 121 III 287 E.1.

40 Anwendbarkeit auf **sozialversicherungsrechtliche** Leistungen (IVG, UVG): BGE 118 III 17 E.1a; 120 III 74 E.3.

Abs. 4

41 Zur **bisherigen** Praxis: BGE 55 III 78; 71 III 2; 82 III 154; 87 III 102; 108 III 66.

42 Spezielle Unpfändbarkeitsbestimmungen:

- BG über die Haftpflicht der **Eisenbahn-** und Dampf-schiffahrtsunternehmungen und der Schweizerischen Post vom 28.III.1905 (SR 221.112.742), Art. 15;

- BG über die **Militärversicherung** vom 19.VI.1992 (SR 833.1), Art. 12 Abs. 1;

- BG über die **Unfallversicherung** vom 20.III.1981 (SR 832.20), Art. 50 Abs. 1;

- **ZGB** Art. 354 Abs. 3, 776 Abs. 2 und dazu: BGE 67 III 54;

- BG über die Kautionen der ausländischen **Versicherungs-gesellschaften** vom 4.II.1919/20. III.1992 (SR 961.02, Nr. 79), Art. 6;

- Betr. **kantonalrechtliche Fideikommisse**: BGE 42 III 255; 67 III 13.

Bemerkung

Am 4. Oktober 2002 haben Nationalrat und Ständerat im Zusammenhang mit der Parlamentarischen Initiative «Die Tiere in der schweizerischen Rechtsordnung» folgende Ergänzung von Art. 92 Abs. 1 beschlossen:

1a. Tiere, die im häuslichen Bereich und nicht zu Vermögens- und Erwerbszwecken gehalten werden.

Nach Ablauf der Referendumsfrist wird der Bundesrat das Inkrafttreten bestimmen.

Art. 93

5. Beschränkt pfändbares Einkommen

[1] Erwerbseinkommen jeder Art, Nutzniessungen *(132)* und ihre Erträge *(ZGB 745 ff., 219, 244)*, Leibrenten sowie Unterhaltsbeiträge, Pensionen und Leistungen jeder Art, die einen Erwerbsausfall oder Unterhaltsanspruch abgelten, namentlich Renten und Kapitalabfindungen, die nicht nach Artikel 92 unpfändbar sind, können so weit gepfändet werden, als sie nach dem Ermessen des Betreibungsbeamten für den Schuldner und seine Familie nicht unbedingt notwendig sind.

[2] Solches Einkommen kann längstens für die Dauer eines Jahres gepfändet werden; die Frist beginnt mit dem Pfändungsvollzug. Nehmen mehrere Gläubiger an der Pfändung teil, so läuft die Frist von der ersten Pfändung

an, die auf Begehren eines Gläubigers der betreffenden Gruppe (Art. 110 und 111) vollzogen worden ist.

[3] Erhält das Amt während der Dauer einer solchen Pfändung Kenntnis davon, dass sich die für die Bestimmung des pfändbaren Betrages massgebenden Verhältnisse geändert haben, so passt es die Pfändung den neuen Verhältnissen an.

Frage der beschränkten Pfändbarkeit

1 des/dem **Ehegatten** nach Art. 159, 163 und 164 ZGB zustehenden Betrages: BGE 114 III 82 E.2, 3; 86 E.4; 115 III 107; 117 III 24 E.b.

2 von **Trinkgeldern:** BGE 79 III 156.

3 Den Lohnguthaben gleichgestellt sind Guthaben von **Heimarbeitern** gemäss BG 20.III.1981 über die Heimarbeit (SR 822.31),

4 von **Stipendien:** BGE 105 III 52 E.1, 2

5 des Einkommens einer **Prostituierten:** BGE 111 II 300

6 von **Kapitalabfindungen:** BGE 113 III 13 E.3; 115 III 47 E.1; 117 III 24 E.a;

– wenn diese **bereits ausbezahlt** wurden: BGE 115 III 48.

7 von Leistungen aus **beruflicher Vorsorge:** Sie sind nur vor Eintritt des leistungsbegründenden Ereignisses vollständig unpfändbar. Nach Eintritt dieses Ereignisses sind sie, unabhängig davon, ob sie wegen Alters, Todes oder Invalidität ausgerichtet werden, wie anderes Einkommen nach Art. 93 SchKG beschränkt pfändbar, und können demnach auch im den Notbedarf übersteigenden Umfang mit Arrest belegt werden: BGE 113 III 10; BGE 120 III 71.

Verhältnis zur Unpfändbarkeit

8 Begrenzte Zulässigkeit der **Kumulation**

– mit unpfändbaren Ansprüchen nach Art. 92, Abs. 1 Ziff. 5, 6, 8, 9, 9a: BGE 77 III 152;

– mit unpfändbaren Einkünften wie SUVA Rente: BGE 119 III 17; 120 III 74 E.4, 5. Vgl. BGE 65 III 131 E.2.

– Keine Attraktivkraft des Konkurses auf unpfändbar erklärte Ansprüche: BGE 71 III 141.

9 Pfändung einer **bestrittenen Unterhaltsforderung** nach ZGB Art. 278 Abs. 2: BGE 109 III 105 E.2.

Begriff des Notbedarfs

10 Existenzminimum der Familie: BGE 77 III 158;

- wenn Schuldner in **eheähnlicher Familiengemeinschaft** lebt, aus der Kinder hervorgegangen sind: BGE 106 III 16.

- Berücksichtigung des **Beitrages einer Konkubine** an die Kosten des gemeinsamen Haushaltes: BGE 109 III 101; 128 III 159.

- Vorfrageweise Überprüfung der **Unterstützungspflicht** nach ZGB Art. 328 und 329: BGE 70 III 22; 82 III 114 E.2.

- **Berechnung** des Existenzminimums: BGE 77 III 162; 90 III 35;

- massgebend sind die am **Wohnort des Schuldners** geltenden Ansätze und Berechnungsregeln: BGE 91 III 86.

- Der Gläubiger hat die ihm bekannten Tatbestände im **kantonalen Verfahren** geltend zu machen: BGE 81 III 152.

- Bedeutung der von einer kt. Behörde aufgestellten **Richtlinien:** BGE 86 III 10; 122 I 107.

- Zulässigkeit von **Sozialzuschlägen:** BGE 88 III 108;

- Behandlung von **Steuerabzügen:** BGE 90 III 35;

- betreffend **Steuerschulden:** BGE 69 III 42

- Zu berücksichtigen ist auch ein während der Dauer der Einkommenspfändung entstehender **ausserordentlicher Bedarf:** BGE 85 III 67.

- Ein allfälliges **Verschulden** des Schuldners, das dessen Notbedarf erhöht, ist unerheblich: BGE 77 III 162 E.2.

- **Einrechnung**

  - eines Betrages für **Abschreibung von Arbeitsgeräten** (abgelehnt): BGE 85 III 41.

  - der tatsächlich zu leistender **Unterhaltsbeiträge** bei einem von seinem Ehegatten getrennt lebenden Schuldner: BGE 76 III 6.

  - der **Hypothekarzinsen** des im verpfändeten eigenen Hause wohnenden Schuldners: BGE 70 III 8;

  - der **Umzugskosten** für einen dem Schuldner auferlegten *Wohnungswechsel*: BGE 87 III 103; zur zumutbaren billigeren Wohnung vgl. BGE 104 III 41 E.2; 109 III 52; 114 III 14 E.2, 16 E.4;

  - Raumkosten für Haustiere fallen nicht unter die Wohnkosten des Schuldners: BGE 128 III 337 E. 3b.
    Die durchschnittlichen Auslagen für den Unterhalt und die Pflege von Haustieren sind im Betrag berücksichtigt, welcher dem

Schuldner für seine kulturellen Bedürfnisse und die Freizeitbetätigung zusteht: BGE 128 III 338 E. 3c.

– der Aufwendungen für **fremde Hilfskräfte**: BGE 74 III 18;

– der **Arzt- und Apothekerkosten:** BGE 81 III 15 E.2.

– der Beträge, die der Abzahlung einer **Busse** (BGE 77 III 160 E. 1) oder der **Schadensdeckung** zwecks Vermeidung des Widerrufs des bedingten Strafvollzuges dienen (abgelehnt): BGE 102 III 18;

– der Aufwendungen für **höhere Schulbildung** eines Mündigen: BGE 69 III 42; 98 III 35 (abgelehnt);

– der Auslagen für **eigenes Fahrzeug:** BGE 104 III 75 E.2b; 110 III 18 E.2a

– der **Prämien** für Lebens- und *freiwillige* Unfallversicherungen: BGE 81 III 145; 87 III 105.

– der **Beiträge an Pensionskasse,** soweit zwangsweise geleistet: BGE 93 III 19.

– eines bescheidenen Betrags für **kulturelle Bedürfnisse** und Freizeitbetätigung: BGE 81 III 98 E.3.

– **Nicht bezahlte** oder geforderte Beträge können nicht in die Notbedarfsberechnung einbezogen werden: BGE 112 III 22 E.4; 121 I 1; 121 III 21–23 E.2, 3.

– Berücksichtigung des **Einkommens des Ehegatten des Schuldners:** bei der Berechnung der pfändbaren Lohnquoten ist zunächst das Einkommen beider Ehegatten und ihr gemeinsames Existenzminimum zu bestimmen und das ermittelte Existenzminimum im Verhältnis des Nettoeinkommens auf die Ehegatten aufzuteilen. Die pfändbare Quote des Einkommens des betriebenen Ehegatten ergibt sich alsdann durch Abzug seines Anteils am Existenzminimum von seinem massgeblichen Nettoeinkommen: BGE 114 III 15 E.3.

– Betr. Betreibung für **Alimentationsschulden des früheren Ehegatten:** BGE 82 III 29 E.2;

– bei **nichtgemeinsamem** Kind: BGE 115 III 108 E.7; 116 III 80 E.4; BGE 126 III 356 E.1a/bb. Vgl. auch BGE 72 III 121.

– Arbeitserwerb des **minderjährigen Kinds** Zurechnung lediglich des Beitr. nach ZGB Art. 323 Abs. 2 selbst bei Verzicht: BGE 104 III 78.

– **Kapitalabfindungen:** BGE 115 III 47.

– Pfändung **umstrittenen Lohnes** als bestrittene Forderung: BGE 110 III 20 Nr. 6.

Eingriff in den Notbedarf

11 Pfändung über den Notbedarf hinaus für Alimentationsbeiträge **an nahe Verwandte:** Vorrecht besteht nur für Unterhaltsforderungen aus dem letzten Jahr vor Zustellung des Zahlungsbefehls; es kann nicht mehr beansprucht werden in einer ein Jahr später gestützt auf Art. 149 Abs. 3 eingeleiteten Betreibung: BGE 87 III 8; 105 III 49, 53 E.1, 5; 106 III 19 E.1.

12 Die BB müssen bei Ermittlung des pfändbaren Einkommens von Amtes wegen abklären, ob der Alimentengläubiger auf die Unterhaltsbeiträge **angewiesen** ist: BGE 121 IV 278 E.3d.

– Trifft dies nicht zu, so darf nicht in den Notbedarf eingegriffen werden, sondern ist die Einkommenspfändung nur noch bis zum Existenzminimum zulässig. Eine von dieser Regel abweichende Verfügung ist **nichtig:** BGE 111 III 19 E.6a, 7; 116 III 12 E.2, 3.

13 Vorrecht auch für Unterhaltsbeiträge **gemäss ZGB Art. 125** (früher 151), wobei aber die sonst bei richterlich zugesprochenen Unterhaltsbeiträgen geltende Vermutung, dass der Alimentengläubiger auf die Alimente angewiesen ist, nicht Platz greift: BGE 105 III 55 E.5.

14 Ausmass des Eingriffs in das Existenzminimum: BGE 107 III 76 E.1.

– Auch eine **an sich geringe Differenz** bei der Berechnung der pfändbaren Quote mag Anlass zu Abänderung der Pfändungsurkunde sein: BGE 111 III 16 E.5c.

15 Einkommenspfändung **durch mehrere Gläubiger,** unter denen sich ein Unterhaltsgläubiger befindet: BGE 71 III 151.

– Kein Anschlussrecht anderer Gläubiger an Einkommenspfändung für Unterhaltsgläubiger, wenn Einkommen Existenzminimum nicht überschreitet: BGE 72 III 51.

16 **Umfang** des Vorrechts: BGE 89 III 67.

17 Berechnung des **pfändbaren Betrages:** BGE 67 III 138; 87 III 9.

18 **Kein absolutes** Existenzminimum: BGE 78 III 66.

19 Vorgehen, wenn die bei früherer Lohnpfändung **nicht berücksichtigte** Alimentenschuld in Betreibung gesetzt wird: BGE 84 III 31.

20 **Gleichbehandlung** der Angehörigen aus erster Ehe und jener aus der zweiten: BGE 111 III 16 E.c.

21 **Gemeinwesen** als Gläubiger nach ZGB Art. 289 Abs. 2: BGE 116 III 12 E.1, 2; 121 I 102 E.3b; 123 III 332 E.1; 121 IV 278 E.3d.

22 auch wenn dem Schuldner vorgeworfen werden könnte, dass er bei gutem Willen ein **höheres Einkommen** erzielen könnte, geht es um einen Eingriff ins Existenzminimum: BGE 116 III 13 E.3. V.

Einkommen Selbständigerwerbender

23 Allgemein: BGE 85 III 38; 86 III 16; 112 III 20 E.2, 3.; 126 III 91 E. 3.

24 Zur Feststellung, ob Verdienst aus selbständiger Erwerbsarbeit den Notbedarf übersteigt, ist der während der Pfändungsdauer erzielte **durchschnittliche Monatsverdienst,** nach Abzug der Gewinnungskosten, massgebend: BGE 96 IV 114 E.3.

25 Pfändung eines **Werklohnguthabens:** BGE 82 III 104.

Umfang der Pfändung und Sachverhaltsermittlung

26 Pfändung betrifft das **ganze Erwerbseinkommen** des Schuldners: BGE 93 III 36.

27 Abklärung der tatsächlichen Verhältnisse **von Amtes wegen:** BGE 112 III 21 E.2d; 112 III 80 E.2; 119 III 71 E.1.

28 **Massgebender Zeitpunkt:** BGE 102 III 15 E.4; 105 III 55 E.5; 106 III 13 E.2; 107 III 77 E.3; 108 III 12 E.3, 4.

29 Unzulässig sind:
- eine Einkommenspfändung, die offensichtlich den Notbedarf des Schuldners **unberücksichtigt** lässt (Nichtigkeit): BGE 97 III 11 E.2;
- eine solche, die für eine **noch nicht in Betreibung gesetzte Forderung** angeordnet wurde (Nichtigkeit): BGE 109 III 56 E.2c.
- eine vorläufige Einkommenspfändung **ohne zuverlässige Feststellungen** mit Fristansetzung an den Gläubiger für Strafanzeige: BGE 86 III 54 E.1;

30 **Mitwirkungspflicht** des Schuldners: BGE 119 III 71 E. 1.

31 Fall des Schuldners, der angeblich als Angestellter **im Geschäft seiner Konkubine** arbeitet: BGE 106 III 13 E.2;
- Nachweis des Arbeitsverhältnisses **im Geschäft des andern Ehegatten:** BGE 72 III 121.

32 Inhalt der Pfändungsurkunde: Angabe des **Arbeitgebers** des Schuldners ist zulässig: BGE 107 III 79.

33 Eine hinsichtlich ihrer Höhe angefochtene Einkommenspfändung kann von der AB auch auf ihre **grundsätzliche Zulässigkeit** hin überprüft werden: BGE 82 III 52 E.2.

34 Rückweisung zu neuer Entscheidung nach OG Art. 66 und 81: BGE 82 III 123. Frage der Zulässigkeit von **Nova** vor Bundesgericht: BGE 108 III 12 E.3.

35 Voraussetzung für das Recht des Gläubigers, **vor oberer AB** Einkommenspfändung zu verlangen: BGE 87 III 104.

36 Die Beschwerdeberechtigung steht auch den auf das Einkommen des Schuldners angewiesenen **Familiengliedern** zu: BGE 82 III 54.

37 Es ist auf die Bedürfnisse des **Durchschnittsbürgers** abzustellen: BGE 108 III 65 E.3.

38 *Anspruch* des Schuldners darauf, dass ihm gleichzeitig mit der Einkommenspfändung die **Grundlagen der Pfändung,** wozu auch die Berechnung des Notbedarfs gehört, bekanntgegeben werden: BGE 100 III 15 E.2.

39 Voraussetzung und Wirkungen der Pfändung eines **bestrittenen Lohnguthabens:** BGE 81 III 148; 110 III 23.

40 Benachrichtigung

 – des **Arbeitgebers** durch das BA: Obligatorische Formular Nr. 10.

 – des **Gläubigers** bei Bestand eines nicht feststellbaren Einkommensanspruchs: BGE 65 III 71; 81 III 150; 87 III 105; über die Berechnung des Notbedarfs: BGE 127 III 573.

Nutzniessung

41 Vgl. hiezu: BGE 63 III 110 Abs. 3; 66 III 64.

42 Pfändbarkeit des teilweisen Ertrages eines vom Schuldner als Nutzniesser bestellten **Weinberges:** BGE 72 III 66;

43 periodische Leistungen des Bauberechtigten und Mieters für Benützung eines Grundstücks gelten nicht als Nutzniessung und können **für ein Jahr** gepfändet werden: BGE 94 III 11.

Revision der Einkommenspfändung

44 Eine vollzogene Lohnpfändung bleibt zu Recht bestehen, auch wenn der Schuldner vorübergehend **keinen Verdienst** hat, und ist nur in ihren Wirkungen von künftig entstehenden Arbeitsverhältnissen abhängig: BGE 78 III 128.

45 Forderung für Arbeit **früherer Jahre** ist unpfändbar, soweit Notbedarf entsteht: BGE 92 III 7.

46 Meldepflicht bei **Änderung des Arbeitsverhältnisses,** Strafandrohung nach StGB Art. 292: BGE 83 III 2.

47 Rückerstattung durch den BB eines nicht gepfändeten Lohnbetrages gegenüber dem Schuldner im Rahmen des Existenzminimums, auch wenn er über den gepfändeten Lohnbetrag bereits verfügt hat: BGE 85 III 36.

48 Erhöhung einer Einkommenspfändung wirkt grundsätzlich zurück auf den Tag des Pfändungsvollzuges: BGE 81 III 16 E.4.

49 Revision (nicht Hinfälligwerden) der in den Notbedarf eingreifenden laufenden Pfändung, wenn sich die Verhältnisse des Unterhaltsgläubigers ändern: BGE 72 III 95.

50 Pfändung

- bei **variablem** Lohn: BGE 57 III 124; 68 III 156; 69 III 54 E.2;
- von **Ersatzansprüchen** des Schuldners gegenüber Arbeitgebern (Reisespesen, Provisionen usw.): BGE 75 III 98;
- des streitigen Lohnanspruchs eines **Handelsreisenden:** BGE 84 III 37; 85 III 132.
- einer **Erwerbsausfallentschädigung** infolge vorübergehender Arbeitsunfähigkeit: BGE 119 III 16 E.x.:

Andere Probleme

51 Dauer der **Zinspflicht** des Schuldners bei Lohnpfändung: BGE 116 III 57 E.2;

52 Unpfändbarkeit einer Rente im Falle eines gesundheitsbedingten **vorzeitigen Rücktritts:** BGE 118 III 16;

- Bei **Barauszahlung** gemäss OR Art. 331c, Abs. 4 lit. b Ziff. 2; BGE 117 III 23 E.3, 4; 118 III 18;

53 Berechnung der Jahresfrist bei **fruchtloser Pfändung** oder erfolglosem Arrestvollzug, weil die pfändbare Quote in gesetzeswidriger oder unangemessener Weise bestimmt worden ist: BGE 116 III 21 E.2c;

54 Voraussetzung einer **Nachpfändung:** BGE 117 III 28 E.2.

55 Pfändbarkeit des dem Ehegatten nach ZGB Art. 159, 163, 164 zustehenden **Betrages,** nicht des Anspruchs als solchen: BGE 114 III 82 E.2, 86 E.4; 115 III 107 E.6;

- der **einzelnen Leistungen:** BGE 114 III 82 E.3, 86 E.4; 115 III 107 E.6.

Art. 94
6. Pfändung von Früchten vor der Ernte

1 Hängende und stehende Früchte *(ZGB 643 Abs. 3)* können nicht gepfändet werden *(103 Abs. 2):*

1. auf den Wiesen vor dem 1. April;

2. auf den Feldern vor dem 1. Juni;

3. in den Rebgeländen vor dem 20. August.

[2] Eine vor oder an den bezeichneten Tagen vorgenommene Veräusserung der Ernte ist dem pfändenden Gläubiger gegenüber ungültig.

[3] Die Rechte der Grundpfandgläubiger auf die hängenden und stehenden Früchte als Bestandteile der Pfandsache bleiben vorbehalten, jedoch nur unter der Voraussetzung, dass der Grundpfandgläubiger selbst die Betreibung auf Verwertung des Grundpfandes eingeleitet hat, bevor die Verwertung der gepfändeten Früchte stattfindet *(ZGB 643, 805)*.

Abs. 1

1 Ausschluss einer **separaten Pfändung** nach Pfändung des Grundstücks Art. 102 Abs. 1 und VZG Art. 14 Abs. 1.

2 **Anzeige** von der Pfändung an die Grundpfandgläubiger VZG Art. 14 Abs. 2 und Art. 15 lit. b. Betr. die Verwertung s. Art. 122 Abs. 2.

Abs. 3

3 Vgl. BGE 94 III 16 E.6.

Art. 95
7. Reihenfolge der Pfändung
a) Im allgemeinen

[1] In erster Linie wird das bewegliche Vermögen *(98)* mit Einschluss der Forderungen *(99)* und der beschränkt pfändbaren Ansprüche (Art. 93) gepfändet. Dabei fallen zunächst die Gegenstände des täglichen Verkehrs in die Pfändung; entbehrlichere Vermögensstücke werden jedoch vor den weniger entbehrlichen gepfändet.

[2] Das unbewegliche Vermögen wird nur gepfändet, soweit das bewegliche zur Deckung der Forderungen nicht ausreicht.

[3] In letzter Linie werden Vermögensstücke gepfändet, auf welche ein Arrest gelegt ist *(281)*, oder welche vom Schuldner als dritten Personen zugehörig bezeichnet oder von dritten Personen beansprucht werden.

[4] Wenn Futtervorräte gepfändet werden, sind auf Verlangen des Schuldners auch Viehstücke in entsprechender Anzahl zu pfänden *(92 Ziff. 4)*.

[4bis] Der Beamte kann von dieser Reihenfolge abweichen, soweit es die Verhältnisse rechtfertigen oder wenn Gläubiger und Schuldner es gemeinsam verlangen.

[5] Im übrigen soll der Beamte, soweit tunlich, die Interessen des Gläubigers sowohl als des Schuldners berücksichtigen.

1 Grundsatz der **Spezialität** der Pfändung: Vgl. BGE 97 III 117 E.1.

2 Betr. Pfändung von **Zubehör:** VZG Art. 11, 12 sowie BGE 59 III 61.

3 Betr. **Forderungen**
  – Bestrittene: vgl. BGE 82 III 130 E.3.
  – mit ungewissem Fälligkeitstermin: BGE 99 III 55 E.3.
  – Betr. Forderungen aus Kapitalabfindungen: vgl. BGE 115 III 50 E.2, 3.
  – auf Sachleistung aus Kauf: solche können grundsätzlich gepfändet und arrestiert werden, vorbehältlich der Rechte und Einreden des Verkäufers: BGE 78 III 69 E.3.

Unzulässigkeit der Pfändung

4 eines blossen **Herausgebeanspruchs:** BGE 60 III 232; 72 III 76

5 einer **Erbanwartschaft:** BGE 73 III 150E.1;

6 Betr. das Verfahren bei Pfändung von **Lebensversicherungsanprüchen** zur Feststellung der Begünstigung VBGer vom 10.V.1910, Art. 49 (Nr. 77).

7 Betr. Pfändung von Gegenständen, die unter **Eigentumsvorbehalt** dem Schuldner verkauft wurden, KS SchKK Nr. 29 vom 31.III.1911 (Nr. 54) und KS BGr Nr. 14 vom 11.V.1922 (Nr. 55) sowie BGE 63 II 124.

8 Betr. Pfändbarkeit von nicht begebenen **Eigentümerpfandtiteln** des Schuldners: VZG Art. 13 Abs. 2; Unzulässigkeit, wenn Grundstück selber gepfändet ist: BGE 91 III 76.

9 Betr. **registrierte Schiffe:** vgl. Art. 56 des BG über das Schiffsregister vom 8.IX.1923 (Nr. 60).

10 Der Grundsatz von Abs. 3 gilt nicht für die Pfändung von Vermögensgegenständen, an denen der betreibende Gläubiger ein **Faustpfandrecht** für eine andere Forderung beansprucht und deren Schätzungswert neben der Pfand- auch die Betreibungsforderung deckt: BGE 73 III 73 E.1. Gilt auch bei Geltendmachung von Pfand- oder Retentionsrecht eines **Dritten,** sofern Verwertungserlös dessen gesicherte Forderung nicht übersteigt: BGE 79 III 19.

11 Gegenstände, die der Schuldner als sein Eigentum bezeichnet, sind pfändbar, auch wenn sie sich in Gewahrsam des betreibenden **Gläubigers** befinden und von diesem als Eigentum beansprucht werden: BGE 83 III 105.

12 Beschwerderecht wegen Überpfändung steht auch **Drittansprecher** zu: BGE 70 III 20 E.2.

13 Pfändung eines im Grundbuch auf den Namen eines Dritten eingetragenen **Grundstücks:** BGE 117 III 31 E.3.

14 Analoge Anwendung von Abs. 3 bei **Arrestlegung:** BGE 120 III 51 E.2a.

15 Die Bestimmung ist auch anwendbar bei Zwangsvollstreckung gegen **Gemeinden:** BGE 78 III 150 E.2. Vgl. BGE 115 III 50 E.3.

Art. 95*a*
b) Forderungen gegen den Ehegatten
Forderungen des Schuldners gegen seinen Ehegatten werden nur gepfändet, soweit sein übriges Vermögen nicht ausreicht.

1 Pfändung des dem Ehegatten nach ZGB **Art. 164** zustehenden Betrages zur freien Verfügung: BGE 114 III 78 Nr. 24; 114 III 83 Nr. 25.

Art. 96
B. Wirkungen der Pfändung
¹ Der Schuldner darf bei Straffolge (Art. 169 StGB) ohne Bewilligung des Betreibungsbeamten nicht über die gepfändeten Vermögensstücke verfügen. Der pfändende Beamte macht ihn darauf und auf die Straffolge ausdrücklich aufmerksam.

² Verfügungen des Schuldners sind ungültig, soweit dadurch die aus der Pfändung den Gläubigern erwachsenen Rechte verletzt werden, unter Vorbehalt der Wirkungen des Besitzerwerbes durch gutgläubige Dritte *(ZGB 714, 933–936, 884, 899, 900, 937, 960)*.

Abs. 1

1 **Tragweite** dieser Bestimmung: BGE 83 III 4.

2 Der tatsächlichen ist die **rechtliche** Verfügung gleichgestellt: BGE 75 IV 64.

3 **Pfändungsvollzug:** BGE 93 III 36; 94 III 80.

   – Bei **Abwesenheit** des Schuldners wird die Pfändung erst mit der Zustellung der Pfändungsurkunde an ihn wirksam: BGE 112 III 16 E.5a.

4 **Beschränkung der Verfügungsfähigkeit** des Pfändungs- bzw. Arrestschuldners nur mit Bezug auf die Pfändungs- bzw. Arrestgläubiger: BGE 113 III 36 E.a; 120 III 140 E.2b.

   – Die Vorschrift ist bei der Betreibung für *Mietzinse* hinsichtlich der retinierten Gegenstände analog anzuwenden: BGE 74 III 70.

Abs. 2

5 **Keine Verletzung** des nach nicht bewilligter Verfügung begründeten Beschlagsrechts eines neuen Gläubigers: BGE 113 III 36 E.1a.

6 Betr. **Ersetzung** gepfändeter Gegenstände durch andere oder Hinterlage: BGE 60 III 196.

7 Widerspruchsverfahren bei Bestreitung des **guten Glaubens:** BGE 58 III 183 E.4.

8 Das im Grundbuch vorgemerkte Kaufsrecht wirkt (auch) gegenüber einer späteren Pfändung: BGE 102 III 22 (*Änderung der Rechtsprechung*).

Art. 97
C. Schätzung. Umfang der Pfändung

[1] Der Beamte schätzt die gepfändeten Gegenstände, nötigenfalls mit Zuziehung von Sachverständigen.

[2] Es wird nicht mehr gepfändet, als nötig ist, um die pfändenden Gläubiger *(88, 110, 111)* für ihre Forderungen samt Zinsen und Kosten *(67 Abs. 1 Ziff. 3, 68 Abs. 2 Ziff. 2)* zu befriedigen.

Abs. 1

1 VVAG Art. 5 Abs. 3, VZG Art. 9. Hiezu BGE 91 III 69.

2 In der Pfändung einer pfandbelasteten Forderung fällt bei der Schätzung nur der für die übrigen Gläubiger verfügbare **Überschuss** in Betracht. Folglich entsprechende Ausdehnung der Pfändung auf anderes Vermögen des Schuldners: BGE 91 III 62.

3 Gesetzliche Pflicht zur **Schätzung** der gepfändeten Gegenstände: BGE 73 III 22. Die Unterlassung der Vornahme einer Schätzung macht die Pfändung indessen weder nichtig noch anfechtbar: BGE 97 III 20;

4 **Bedeutung** der Schätzung: BGE 82 III 125; 112 III 77 E.10; 120 III 82 E.3.

5 Anwendung von Art. 97 auf **Retentionsverzeichnis:** BGE 93 III 22 E.4.

6 Betr. Verhältnis von **Schätzungskosten** zum mutmasslichen Wert des Objektes: BGE 110 III 68.

7 Betr. neue Sachverständige im **Beschwerdeverfahren** VZG Art. 9.

8 Betr. Gebühr: GebVSchKG Art. 13.

9 Das Grundstück, dessen mutmasslicher Verkaufswert nach Art. 9 Abs. 1 VZG zu bestimmen ist, umfasst nicht nur die Bodenfläche, sondern auch die darauf befindlichen **Gebäude,** gleichgültig ob sie fertiggestellt sind oder nicht: BGE 120 III 79 E.3.

10 Das Recht, die im Hinblick auf die Verwertung vorgenommene Schätzung in Frage zu stellen und (im Sinne von VZG Art. 9 Abs. 2) eine **neue Schätzung** zu verlangen, ist nicht abhängig von der seinerzeitigen Stellungnahme zur Schätzung nach Art. 97 Abs. 1: BGE 122 III 339 E.3a.

  – Liegen voneinander abweichende Schätzungen zweier gleich kompetenter Sachverständiger vor, so ist es zulässig, sich für einen **Mittelwert** zu entscheiden: BGE 120 III 79 E.2b. Berechnungsgrundlagen dieses Mittels: BGE 120 III 79 E.2c.

11 Schätzung der Forderung eines **Treugebers;** Auskunftspflicht der Bank: BGE 112 III 94 E.3; keine Berufung auf Bankgeheimnis: BGE 112 III 94 E.3, 99 E.6;

12 nicht der Drittansprecher hat die gepfändeten bzw. verarrestierten Gegenstände zu schätzen: BGE 112 III 63 E.4; Anfechtbarkeit der Schätzung von Arrestgegenständen durch **Drittansprecher:** BGE 112 III 76 E.1;

13 Objekte, die dem **Retentionsrecht des Vermieters** unterliegen: BGE 112 III 77 E. 1b;

14 **Faustpfänder** im Pfandverwertungsverfahren: BGE 112 III 78 E. 1b.

Abs. 2

15 Bei der Bestimmung des Ausmasses der Pfändung dürfen allfällige **Prozesskosten,** mit Ausnahme der Rechtsöffnungskosten, nicht berücksichtigt werden: BGE 73 III 134.

16 **Beschränkung** der Pfändung bei Zustimmung der Miterben auf den Anteil an *einer* von zwei *Gemeinschaftsvermögen* bildenden Liegenschaften, wenn genügende Deckung: BGE 91 III 74 E.3.

17 Möglichkeit der **Nachpfändung:** BGE 59 III 92.

18 Keine Berücksichtigung einer neuen **nachträglichen Schätzung:** BGE 62 III 160.

19 Kein Beschwerderecht des **Drittansprechers,** ausser bei Retentionsrecht des Vermieters und bei Faustpfandverwertung: BGE 112 III 77.

20 Analoge Anwendung von Abs. 2 auf **Retentionsrecht:** BGE 106 III 33 E.3a; 108 III 123 E.5.

21 **Herabsetzungsmöglichkeit** nach *Widerspruchsverfahren,* nicht dagegen nach *Abzahlungen:* BGE 48 III 199; 68 III 71.

22 Der Schuldner kann sich dagegen wehren, wenn das Betreibungsamt mehr arrestiert hat, als die **Arrestverfügung** bestimmt: BGE 113 III 99.

Art. 98

D. Sicherungsmassnahmen
1. Bei beweglichen Sachen

[1] Geld, Banknoten, Inhaberpapiere, Wechsel und andere indossable Papiere, Edelmetalle und andere Kostbarkeiten werden vom Betreibungsamt verwahrt *(9)*.

[2] Andere bewegliche Sachen können einstweilen in den Händen des Schuldners oder eines dritten Besitzers gelassen werden gegen die Verpflichtung, dieselben jederzeit zur Verfügung zu halten.

[3] Auch diese Sachen sind indessen in amtliche Verwahrung zu nehmen oder einem Dritten zur Verwahrung zu übergeben, wenn der Betreibungsbeamte es für angemessen erachtet oder der Gläubiger glaubhaft macht, dass dies zur Sicherung seiner durch die Pfändung begründeten Rechte geboten ist.

[4] Die Besitznahme durch das Betreibungsamt ist auch dann zulässig, wenn ein Dritter Pfandrechte an der Sache hat. Gelangt dieselbe nicht zur Verwertung, so wird sie dem Pfandgläubiger zurückgegeben.

Abs. 1

1 allgemein:
- Inhaberschuldbrief im **Miteigentum** von Schuldner und einem Dritten ist vom BA in Verwahrung zu nehmen: BGE 90 III 77;
- ebenso Eigentümertitel auf Liegenschaften in **Gesamteigentum:** BGE 91 III 75. Betr. die auf den *Namen* lautenden Grundpfandtitel: BGE 60 III 140.
- Dem Zeichner von Aktien sind vor der Ausgabe von Aktien oder Interimsscheinen die **Aktionärrechte** zu pfänden oder zu arrestieren; keine Kognition des BB über Aktionäreigenschaft des Schuldners: BGE 77 III 90.
- **Verwahrung** möglichst auch von Gegenständen, die von einem **Dritten** zu Eigentum angesprochen werden: BGE 54 III 134 E.2;
- Verwahrung von **Arrestgegenständen:** BGE 82 III 122; 127 III 114 E.3c.
- Bei Pfändung eines Gelddepots bei einem Dritten in Form einer Sachhinterlage ist nach dieser Bestimmung vorzugehen, bei einem **depositum irregulare** dagegen hat Forderungspfändung zu erfolgen; Voraussetzungen zur Besitznahme: BGE 77 III 64.

- Ein im Pfandvertrag stipuliertes **Selbstverkaufsrecht** kann im Falle der Pfändung oder im Konkurse des Schuldners nicht ausgeübt werden: BGE 81 III 58 (umstritten).
- Zum Zweck der **Sicherungsvorkehr:** BGE 113 III 147 E.c;
- Verunmöglichung derselben bei Weigerung zur Aussage über die Lage des verarrestierten **Wertpapiers:** BGE 116 III 109 E.5b;
- Umfang der **Auskunftspflicht:** BGE 116 III 110 E.b.

Abs. 2

2 Schadenersatzpflicht des **Dritten,** der die ohne Erfolg als sein Eigentum angesprochene Sache dem Pfändungsbeschlag *entzieht:* BGE 61 III 152 E.2.

3 Betr. registrierte Schiffe: BG über das Schiffsregister vom 28.IX.1923 (hinten Nr. 60) Art. 57.

4 Betr. Luftfahrzeuge BG vom 7.X.1959 über das Luftfahrzeugbuch (hinten Nr. 57) Art. 56 und KS BGer Nr. 35 vom 16.X.1961 (hinten Nr. 59)

Abs. 3

5 Wenn Dritter Gewahrsam mit Schuldner teilt, kann amtliche Verwahrung erfolgen: BGE 79 III 109; 82 III 99.

- Im (alleinigen) Gewahrsam des **Drittansprechers** liegende Gegenstände können nicht amtlich verwahrt werden: BGE 83 III 46 E.1.
- **Kein Beschwerderecht** des Dritten, wenn Schuldner alleinigen Gewahrsam an der gepfändeten Sache hat und die Sache nicht zum Nutzen des Dritten verwendet: BGE 82 III 99.
- **Eigentumsansprache** des Ehegatten oder hängige **Pfändungsbeschwerde** hindert amtliche Verwahrung nicht: BGE 80 III 112.

Abs. 4

6 Zulässigkeit von Zwangsmassnahmen gegen Dritte und bei Widersetzlichkeit; Strafsanktionen: BGE 79 III 112.

7 Wird das Grundstück selbst arrestiert und ist ein auf dem Grundstück lastender **Eigentümerpfandtitel** bereits zu seinem vollen Nennwert verpfändet worden, so kann der Zweck einer amtlichen Verwahrung des Titels nicht mehr erreicht werden; eine allfällige Weiterbegebung des Titels vermindert das Arrestsubstrat nicht. Der Drittgewahrsamsinhaber hat den betreffenden Titel daher nicht einzuliefern: BGE 113 III 145.

8 **Sicherung** der Pfändungsrechte: BGE 115 III 44.

Art. 99

2. Bei Forderungen

Bei der Pfändung von Forderungen oder Ansprüchen, für welche nicht eine an den Inhaber oder an Order lautende Urkunde besteht *(98)*, wird dem Schuldner des Betriebenen angezeigt, dass er rechtsgültig nur noch an das Betreibungsamt leisten könne.

1 Obligator. Formulare Nr. 9 und (betr. Einkommenspfändung) Nr. 10.

2 Vgl. VBGer betr. Pfändung usw. von Versicherungsansprüchen vom 10.V.1910 (Nr. 77) Art. 13, und hiezu BGE 85 III 57.

3 Das Recht, die im Hinblick auf die Verwertung vorgenommene Schätzung in Frage zu stellen und (im Sinne von VZG Art. 9 Abs. 2) eine **neue Schätzung** zu verlangen, ist nicht abhängig von der seinerzeitigen Stellungnahme zur Schätzung nach Art. 97 Abs. 1: BGE 122 III 339 E.3a.

4 **Inkassogebühren** sind an das pfändende oder arrestierende BA zu zahlen: BGE 73 III 70.

5 **Möglichkeit der Betreibung** für die gepfändete Forderung durch den betriebenen Schuldner: BGE 67 III 23.

6 Bedeutung und Notwendigkeit der **Anzeige an Drittschuldner:** BGE 83 III 5, 19 E.2; 86 IV 172.

   – Die Anzeige ist bloss **Sicherungsmassnahme** und hat keinen Einfluss auf die Gültigkeit der Pfändung: BGE 107 III 81; 109 III 13 E.2.

   – Pfändung erfolgt **am Betreibungsorte** und ist dem *Drittschuldner* von dort aus anzuzeigen, auch wenn er seinen Wohnsitz in einem andern Betreibungskreis hat: BGE 73 III 88, 121.

   – **Arrestanzeige** an Bank: BGE 101 III 37 E.1, 39.

   – Zulässigkeit, die Angabe des Höchstbetrages in der Arrestanzeige zu unterlassen: BGE 103 III 38 E.2, 3.

7 Erhebt eine Bank bei der Pfändung eines Bankkontos als Drittschuldnerin Verrechnungseinrede, so ist die gegenüber ihr geltend gemachte Forderung als bestrittene zu pfänden und kein Widerspruchverfahren durchzuführen: BGE 120 III 20 E.4.

8 Pfändungsvollzug: BGE 93 III 36; 94 III 80 E.3.

   – Zum Vollzuge genügt blosse Eröffnung an den betriebenen Schuldner mit Eintrag in der Pfändungsurkunde: BGE 74 III 3.

Art. 100
3. Bei anderen Rechten, Forderungseinzug
Das Betreibungsamt sorgt für die Erhaltung der gepfändeten Rechte und erhebt Zahlung für fällige Forderungen.

1 Vgl. GebVSchKG Art. 19.

2 Kein *Pfändungshinfall* bei Versäumung des Verwertungsbegehrens im diesem Falle von Art. 100: BGE 68 III 57.

3 Vorgehen, wenn bei einem zweiseitigen Rechtsgeschäft die Leistungspflicht bestritten oder die Leistung zurückbehalten wird: BGE 78 III 71.

Art. 101
4. Bei Grundstücken
a. Vormerkung im Grundbuch
1 Die Pfändung eines Grundstückes *(ZGB 655)* hat die Wirkung einer Verfügungsbeschränkung *(ZGB 960 Abs. 1 Ziff. 2, 973, 974)*. Das Betreibungsamt teilt sie dem Grundbuchamt unter Angabe des Zeitpunktes und des Betrages, für den sie erfolgt ist, zum Zwecke der Vormerkung unverzüglich mit. Ebenso sind die Teilnahme neuer Gläubiger an der Pfändung und der Wegfall der Pfändung mitzuteilen *(110, 111)*.

2 Die Vormerkung wird gelöscht, wenn das Verwertungsbegehren nicht innert zwei Jahren nach der Pfändung gestellt wird.

1 VZG (Nr. 31) Art. 3–7, 15. Obligator. Formular VZG Nr. 2 in Anl. 3. GBV Art. 18, 73, 74, 108.

2 Umfang einer **Verfügungsbeschränkung** i.S. von ZGB Art. 960;
– Entscheid darüber im Widerspruchsverfahren: BGE 74 III 7 E.1.

3 **Unterlassung der Mitteilung** an Grundbuchamt macht Pfändung nicht ungültig: BGE 97 III 20.

4 Pfändung eines im Grundbuch **auf einen andern Namen** eingetragenen Grundstücks: VZG Art. 10 und Anl. 9.
– Pfändbarkeit eines Grundstückes, das der Schuldner allem Anschein nach an seinen Sohn veräussert hat, um es der Zwangsverwertung zu entziehen: BGE 114 III 88 E. 2, 3.

5 Betr. Löschung: VZG Art. 6. Obligator. Formular VZG Nr. 3 in Anl. 4.

Art. 102
b) Früchte und Erträgnisse

[1] Die Pfändung eines Grundstückes erfasst unter Vorbehalt der den Grundpfandgläubigern zustehenden Rechte *(94 Abs. 3, ZGB 106)* auch dessen Früchte und sonstige Erträgnisse.

[2] Das Betreibungsamt hat den Grundpfandgläubigern sowie gegebenenfalls den Mietern oder Pächtern von der erfolgten Pfändung Kenntnis zu geben *(34)*.

[3] Es sorgt für die Verwaltung und Bewirtschaftung des Grundstücks.

Erträgnisse
- VZG (Nr. 31) Art. 11, 14, 22, 83; BGE 125 III 240 E.2c.
- Anzeige von der **Miet- und Pachtzinssperre** an den Schuldner: VZG Art. 92. Obligator. Formular VZG Nr. 6 in Anl. 8.
- Zeitpunkt der **Räumung** von Wohn- und Geschäftsräumen: VZG Art. 19.
- Betr. Transporteinnahmen eines gepfändeten registrierten **Schiffes,** Art. 57 BG über das Schiffsregister vom 28.IX.1923 (Nr. 60).
- Stellung der **Miteigentümer:** BGE 67 III 109.
- Anwendung bei **Arrestierung** eines Grundstückes: BGE 83 III 109 E.1.

Nachricht an Grundpfandgläubiger, Mieter und Pächter
- VZG (Nr. 31) Art. 15 Abs. 1 lit. b. Obligator. Formular Nr. 4 in Anl. 5 (Grundpfandgläubiger) und VZG Nr. 5 in Anl. 7 (Mieter und Pächter);
- Anzeigen bei **Pfändungsanschlüssen** und Pfändungen nach Anhebung der Grundpfandbetreibung: Anl. 6.

Verwaltung und Bewirtschaftung
- VZG (Nr. 31) Art. 16–22, 24 Abs. 3. GebVSchKG Art. 27. *Rechnungsführung* Anl. 15 und 16. **Verteilung** der Erträgnissse der Verwaltung VZG Art. 22; **Verteilungsliste:** Anl. (Nr. 32) 24, 25.

Art. 103
c) Einheimsen der Früchte

[1] Das Betreibungsamt sorgt für das Einheimsen der Früchte (Art. 94 und 102).

[2] Im Falle des Bedürfnisses sind die Früchte zum Unterhalt des Schuldners und seiner Familie in Anspruch zu nehmen *(229 Abs. 2)*.

1 Vgl. VZG Art. 16 Abs. 3, 19.

2 Unter Abs. 2 fallen auch **Mietzinserträgnisse:** BGE 62 III 5; ebenso der Ertrag **beweglichen Vermögens:** BGE 64 III 105.

3 Der **Fruchtgenuss** bemisst sich nach dem **Unterhaltsbedarf bis zur nächsten Ernte:** BGE 73 III 124 E.2;

– für die Bemessung der Unterhaltsbeiträge an den Schuldner gelten die Regeln über die Bestimmung des **unpfändbaren Betrages** bei der Lohnpfändung: BGE 94 III 16 E.6.

– Die Unterstützungsberechtigung besteht während der ganzen Dauer der betreibungsrechtlichen **Verwaltung:** BGE 65 III 21.

4 Wirkungen im **Arrestvollzug:** BGE 83 III 111 E.2.

Art. 104
5. Bei Gemeinschaftsrechten

Wird ein Niessbrauch oder ein Anteil an einer unverteilten Erbschaft, an Gesellschaftsgut oder an einem andern Gemeinschaftsvermögen gepfändet, so zeigt das Betreibungsamt die Pfändung den beteiligten Dritten an.

1 Vgl. VVAG (Nr. 29) Art. 17, ZGB Art. 222, 341, 342, 344, 602 Abs. 3; 652; OR Art. 548, 586, 619; VZG (Nr. 31) Art. 23 Abs. 3; Obligator. Formular Nr. 17.

2 Betr. Miteigentumsanteile an Grundstücken VZG (Nr. 31) Art. 23, ZGB Art. 646 und VVAG Art. 4.

Art. 105
6. Kosten für Aufbewahrung und Unterhalt

Der Gläubiger hat dem Betreibungsamt auf Verlangen die Kosten der Aufbewahrung *(98)* und des Unterhalts *(100, 102 Abs. 3)* gepfändeter Vermögensstücke vorzuschiessen.

1 Vgl. VZG (Nr. 31) Art. 16 Abs. 4. GebVSchKG (Nr. 10) Art. 26, 27.

Art. 106
E. Ansprüche Dritter (Widerspruchsverfahren)
1. Vormerkung und Mitteilung

[1] Wird geltend gemacht, einem Dritten stehe am gepfändeten Gegenstand das Eigentum, ein Pfandrecht *(37)* oder ein anderes Recht zu, das der Pfändung entgegensteht oder im weitern Verlauf des Vollstreckungsverfahrens zu berücksichtigen ist, so merkt das Betreibungsamt den Anspruch des Dritten in der Pfändungsurkunde *(112)* vor oder zeigt ihn, falls die Urkunde bereits zugestellt ist *(113, 114)*, den Parteien besonders an *(34)*.

[2] Dritte können ihre Ansprüche anmelden, solange der Erlös aus der Verwertung des gepfändeten Gegenstandes noch nicht verteilt ist *(144)*.

[3] Nach der Verwertung kann der Dritte die Ansprüche, die ihm nach Zivilrecht bei Diebstahl, Verlust oder sonstigem Abhandenkommen einer beweglichen Sache (Art. 934 und 935 ZGB) oder bei bösem Glauben des Erwerbers (Art. 936 und 974 Abs. 3 ZGB) zustehen, ausserhalb des Betreibungsverfahrens geltend machen. Als öffentliche Versteigerung im Sinne von Artikel 934 Absatz 2 des Zivilgesetzbuches gilt dabei auch der Freihandverkauf nach Artikel 130 dieses Gesetzes.

Abs. 1

1 Vgl. KS SchKK Nr. 29 vom 31.III.1911 betr. Eigentumsvorbehalte (Nr. 54).

– Verfahren bei Pfändung von **unter Eigentumsvorbehalt** verkauften Sachen: BGE 78 III 103; 79 III 69; 101 III 25 E.2.

2 Rechte, welche die Pfändung **ausschliessen** oder zurücktreten lassen: BGE 53 III 1; 59 III 181; 62 III 139.

3 Wer nicht **dem Namen nach bekannt** ist, kann keine Drittansprache machen: BGE 109 III 58.

4 Vorgehen bei erhobenen Eigentums- und Pfandansprüchen **verschiedener Dritter:** BGE 110 III 60.

5 **Gegenstand** des Widerspruchsverfahrens ist das von Dritten geltend gemachte *Recht:* BGE 69 III 40 E.1.

6 Verfahren auch anwendbar bei Streit über die Gültigkeit des nach Pfändung, aber vor Kenntnis davon eingetragenen **Eigentumsvorbehalts:** BGE 101 III 25;

7 Widerspruchsverfahren auch, wenn Forderung gepfändet ist und von Dritten als **ihm zustehend** beansprucht wird: BGE 47 III 7; 54 III 298; 79 III 163; 88 III 56, 115 E.1

8 Speziell Streit über die Rangfolge verschiedener **Faustpfandrechte:** BGE 65 III 52; 68 III 23.

9 Arrestierung oder Pfändung der **Pfandsache** bzw. des Erlöses in einer Faustpfandbetreibung: BGE 74 III 68 E.4.

– Verfahren nach Art. 106 und 107 bei Auseinandersetzung zwischen Pfändungsgläubiger und **retentionsberechtigtem Vermieter:** BGE 77 III 163; 81 III 8 E.1.

– **Form der Geltendmachung:** BGE 57 III 73 (auch mündlich möglich); BGE 52 III 184 (Angabe des Betrages der gesicherten Forderung nötig).

- Speziell bei **Zollpfandrecht:** BGE 68 III 23.
- Anmeldung durch **Schuldner:** BGE 61 III 104.

10 Vgl. VBGr. betr. die Eintragung der Eigentumsvorbehalte vom 19.XII.1910, (Nr. 51) Art. 18 und dazu BGE 65 III 119.

11 Von Amtes wegen hat das Amt nur das Bestehen von **Viehverpfändungen** festzustellen: VBR vom 30.X.1917/7.VII.1971, Art. 27 (Nr. 61).

12 Betr. das Aussonderungsrecht des Bundes an kriegswirtschaftlichen Pflichtlagern vgl. BG vom 8.X.1982 über die wirtschaftliche Landesverteidigung (Nr. 88), Art. 14, und V vom 6.VII.1983 (Nr. 89).

13 **Befugnisse des Betreibungsamtes** in Anwendung der Art. 106 ff. SchKG: BGE 120 III 84 E.3b.

14 Pflicht zur **genauen Bezeichnung** der der Pfändung entgegengehaltenen Drittansprachen; der Richter hat nur solche zu beurteilen, über die das BA das Widerspruchsverfahren eröffnet hat: BGE 84 III 159 E.5.

- **Irrtümlicher Vermerk** einer Drittansprache hat keine rechtliche Wirkung: BGE 86 III 18.
- **Formelle Erfordernisse** der Anmeldung: BGE 114 III 98 E.3b;
- Der blosse Hinweis auf die **Herkunft eines Vermögenswertes** ist nicht ohne weiteres als Drittansprache zu verstehen: BGE 83 III 23 E.1.
- Formulierung in der **Pfändungsurkunde:** BGE 119 III 24 E.2, 3.

15 Eine allfällige Unpfändbarkeitsbeschwerde für gleichen Gegenstand muss vor **Durchführung des Widerspruchsverfahrens** entschieden werden: BGE 83 III 20; 85 III 35 E.3.

16 **Rückzug** der Drittansprache innerhalb der dem Gläubiger zur Bestreitung angesetzten Frist: BGE 69 III 44.

17 Vorfrageweise Überprüfung der **Rechtsfähigkeit** des Drittansprechers: BGE 76 III 62.

18 Das Widerspruchsverfahren kann aber nicht dazu dienen, Vermögen des Schuldners der Verwertung zu entziehen, weil er im Betreibungsverfahren **nicht gesetzmässig vertreten** ist: BGE 84 III 161 E.6.

Abs. 2

19 Materielle Voraussetzungen: BGE 114 III 96 E.3a;

- Gilt auch für das **Retentionsrecht des Vermieters**: BGE 75 III 30 E.2.

- Voraussetzungen des Widerspruchsverfahrens über den **Verkaufserlös:** BGE 71 III 122; 74 III 68 E.2.

20 Formelle Voraussetzungen: BGE 114 III 98 E.3.

- Keine Aufhebung **des Steigerungszuschlages** zwecks Durchführung des Widerspruchsverfahrens, wenn der Erlös aus der Steigerung bereits verteilt worden ist: BGE 98 III 66.

- Bei Pfändung von Eigentum eines Dritten mit dessen **Zustimmung** in einer gegen einen andern gerichteten Betreibung ist nachträgliche Drittansprache oder Admassierung unzulässig: BGE 78 III 100.

- Betr. den Zeitpunkt, in welchem der Dritte den Anspruch spätestens zu erheben hat und über die allfälligen Folgen **verspäteter Anmeldung:** BGE 78 III 73; 83 III 26; 84 III 87.

- Es kommt darauf an, ob die Drittansprache **arglistig verzögert** wurde: BGE 67 III 67.

  - Dieser Vorwurf ist schon dann gerechtfertigt, wenn der Dritte mit der Anmeldung seiner Rechte ohne beachtlichen Grund längere Zeit **zuwartet,** obwohl ihm bewusst sein muss, dass er damit den Gang des Betreibungsverfahrens hemmt: BGE 88 III 117; 95 III 15; 102 III 143; 104 III 45; 106 III 58; 111 III 7 E.2c; 111 III 23 E.2; 112 III 62 E.1; 113 III 105 E.2; 114 III 94 E.1a; 120 III 125 E.2a.

  - Notwendigkeit **persönlicher Kenntnis** beim Ansprecher: BGE 109 III 19. Vgl. auch BGE 109 III 23; 58 (Nr. 16); 59 (Nr. 17); 112 III 59 (Nr. 15) (Arrestverfahren).

  - **Rechtsmissbrauch (im Arrestverfahren) verneint,** da zunächst Abklärungen getroffen werden mussten und Arrestgläubigerin Kenntnis von möglicher Drittansprache hatte: BGE 111 III 24 E.3; 114 III 96 E.2.

  - Der Staat, zu dessen Gunsten im Rahmen gegenseitiger Rechtshilfe eine Sperrung verfügt worden ist, handelt **nicht gegen den Grundsatz von Treu und Glauben,** wenn er – gestützt auf die Rechtsprechung, welche der strafrechtlichen den Vorrang vor der zivilrechtlichen Zwangsmassnahme einräumt – mit der Anmeldung seines Drittanspruches bis zum Entscheid über die Rechtshilfe zuwartet, zumal er im Rechtshilfeverfahren klar zu erkennen gegeben hat, dass er Anspruch auf die umstrittenen

Vermögenswerte erhebe und die Arrestgläubiger mit der Anmeldung des Drittanspruches im Falle der Abweisung des Rechtshilfegesuches rechnen mussten: BGE 120 III 123 E.2 und3.

- Keine Pflicht zur Erhebung der Eigentumsansprache, solange Arrestaufhebungsklage (jetzt **Einspracheverfahren**) hängig ist: BGE 113 III 106 E.3.
- Fall der Sperrung im Rahmen **gegenseitiger Rechtshilfe:** BGE 120 III 125 E.2.

Art. 107
2. Durchsetzung
a) Bei ausschliesslichem Gewahrsam des Schuldners

[1] Schuldner und Gläubiger können den Anspruch des Dritten beim Betreibungsamt bestreiten, wenn sich der Anspruch bezieht auf:

1. eine bewegliche Sache im ausschliesslichen Gewahrsam *(ZGB 919)* des Schuldners;

2. eine Forderung oder ein anderes Recht, sofern die Berechtigung des Schuldners wahrscheinlicher ist als die des Dritten;

3. ein Grundstück, sofern er sich nicht aus dem Grundbuch ergibt.

[2] Das Betreibungsamt setzt ihnen dazu eine Frist von zehn Tagen.

[3] Auf Verlangen des Schuldners oder des Gläubigers wird der Dritte aufgefordert, innerhalb der Bestreitungsfrist seine Beweismittel beim Betreibungsamt zur Einsicht vorzulegen. Artikel 73 Absatz 2 gilt sinngemäss.

[4] Wird der Anspruch des Dritten nicht bestritten, so gilt er in der betreffenden Betreibung als anerkannt.

[5] Wird der Anspruch bestritten, so setzt das Betreibungsamt dem Dritten eine Frist von 20 Tagen, innert der er gegen den Bestreitenden auf Feststellung seines Anspruches klagen kann. Reicht er keine Klage ein, so fällt der Anspruch in der betreffenden Betreibung ausser Betracht.

1 **Allgemeines**: Beschwerde des Schuldners wegen Zulässigkeit des Widerspruchsverfahrens: BGE 86 III 61 E.2.

2 Betr. **Retentionsrecht** für Miet- und Pachtzins ist das Widerspruchsverfahren erst *nach* der Verwertung einzuleiten: BGE 54 III 6.

- Anmeldung des Retentionsrechtes für den **fälligen Mietzins** innert 10 Tagen nach Kenntnis der Pfändung, des laufenden Mietzinses bis zur Verteilung des Verwertungserlöses: BGE 65 III 107. Obligator. Formular Nr. 21.

- Bei Bestreitung eines **nach erfolgter Pfändung** in ein Retentions-verzeichnis aufgenommenen Gegenstandes ist dem Vermieter Klage-frist anzusetzen: BGE 77 III 164.
- Kein **Widerspruchsverfahren** zwischen Retentionsgläubiger und Schuldner: BGE 90 III 102 E.2; hingegen zwischen Drittansprecher mit Eigentumsvorbehalt und Retentionsgläubiger (KS Nr. 29 vom 31.III.1911, Nr. 54; Nr. 14 vom 11.V.1922, hinten Nr. 55): BGE 96 III 69.

3 Parteirollenverteilung (Frage des Gewahrsams):

- Für die Beurteilung der Gewahrsamsverhältnisse ist **Zeitpunkt der Pfändung** massgebend: BGE 80 III 116; 122 III 437 E.2a, 2b.
- In der Arrestbetreibung sind indessen die Gewahrsamsverhältnisse zur Zeit der **Arrestlegung** massgebend, auch wenn erst bei der Pfändung eine Drittansprache erhoben wird: BGE 76 III 89 E.2. Vgl. auch BGE 71 III 6; 72 III 21.
- Die **Beweislast** ist unabhängig von Parteirollenverteilung: BGE 83 III 30; 84 III 154; 88 III 127.
- Ausübung des Gewahrsams durch **Erbschaftsverwalter** für gesetz-liche Erben: BGE 83 III 28.
- Mitgewahrsam des **Ehegatten**
- am gemeinsam benutzten **Hausrat**: BGE 58 III 105; 64 III 144;
- am Inventar eines auf den Namen des Ehemannes geführten **Ge-werbebetriebes**, wenn es als sein *Eigentum* im Handelsregister eingetragen und publiziert ist: BGE 68 III 180.
  - Beilage eines *Inventars* zum **Gütertrennungsvertrag** erforder-lich, in dem die als Eigentum bezeichneten Gegenstände spezifi-ziert sind: BGE 77 III 117 E.2.
- Bedeutung der **Mitarbeit** des Ehegatten im **landwirtschaftlichen** Betrieb und der Eintragungen auf ihren Namen in der Tierverkehrs-kontrolle; Mitgewahrsam am Vieh i.d.R. nicht gegeben: BGE 89 III 70 E.2;
- an einem vom Ehegatten **betriebenen landwirtschaftlichen Ge-werbe**: BGE 71 III 16; 76 III 8;
  - *nicht* aber an der **Preisforderung** für ein vom Ehegatten in ei-genem Namen geführten und verkauften Gewerbe: BGE 71 III 106;
- bei **hinterlegten Papieren** im Eheprozess: BGE 68 III 161;

- Fall von Vermögenswerten, die im Rahmen einer gegen die Ehefrau gerichteten Betreibung gepfändet, aber im **Konkurs des Ehemannes** ohne dessen Eigentumsansprache verwertet wurden: BGE 114 III 77 E.2.

- Mitgewahrsam eines im Haushalte des Schuldners lebenden **Minderjährigen**: BGE 66 III 90.

- Verteilung der Parteirollen, wenn sich die Sache vorliegend eine gewöhnliche Forderung weder im Gewahrsam des Schuldners noch in dem des Drittansprechers, sondern in jenem eines **Vierten** befindet: BGE 120 III 84 E.3a.

- Betr. **Automobile**: BGE 60 III 219; 64 III 138; 67 III 146.

- Bei einem vom Schuldner benutzten, vom Titular des **Fahrzeugausweises** zu Eigentum angesprochenen Automobils: BGE 76 III 40.

- Mangels Benachrichtigung vom Besitzesübergang (Art. 924 Abs. 2 ZGB), kann der Verwahrer – im vorliegenden Fall der kantonale Abschleppdienst – den Angeklagten und Schuldner als einzige Person betrachten, die nach Aufhebung der **strafrechtlichen Beschlagnahme** zur Entgegennahme oder Rücknahme des Wagens berechtigt ist. Insoweit er nicht in seinen eigenen Rechten betroffen ist, übt der Verwahrer nur für den Schuldner Besitz aus; demzufolge liegt Gewahrsam des Schuldners vor: BGE 121 III 85.

- Betr. **Grundstücke**: VZG Art. 10 und 11 und VVAG.1923, Art. 4.

- Widerspruchsverfahren bei Pfändung eines **nicht** auf den Schuldner (als Erben) eingetragenen Grundstücks: VZG Art. 10; BGE 84 III 18 E.2.

- Bei Streit über die Frage, ob **Stockwerkeigentum** oder Alleineigentum mit Überbau vorliege: BGE 99 III 11.

- Gültigkeit einer **Vormerkung** nach ZGB Art. 960 und deren Wirkungen sind im Widerspruchsverfahren zu entscheiden: BGE 81 III 104 E.3.

- Keine Anwendung auf **Eigentümerschuldbrief**, der auf gepfändetem Grundstück lastet: BGE 104 III 17 E.2b.

- Massgebende Kriterien für die Parteirollenverteilung bei Abtretung eines **angefallenen Erbanteils** an einen Dritten: BGE 67 III 53; 87 II 225; 88 III 56 E.1.

- Parteirollenverteilung bei Streit über die Gültigkeit des nach Pfändung, aber vor Kenntnis davon eingetragenen **Eigentumsvorbehalts**: BGE 101 III 26.

- Pfändung der Forderung des Inhabers eines **gemeinsamen Bank-Kontos**; Rechte des Mitinhabers: BGE 112 III 98 E.5. Bei Pfändung von Interimsscheinen (OR Art. 688): BGE 75 III 10.

- Betr. **Lebensversicherungsansprüche** VBGr betr. Pfändung usw. von Versicherungsansprüchen vom 10.V.1910, Art. 46, 9 und dazu: BGE 85 III 62.

- Betr. **verpfändetes Vieh** VBR über die Viehverpfändung vom 30.X.1917/7.VII.1971 (hinten Nr. 61), Art. 24–27.

- **Beschwerde** wegen Parteirollenverteilung: BGE 71 III 62; 76 III 8.

- **Fristansetzung zur Bestreitung:** Formulare Nr. 18, 19, 20.

- Zum Erfordernis der klaren Bezeichnung der die Drittansprache bestreitenden Person: BGE 85 III 48 E.2.

- Bei ungenügender Kollektivbezeichnung ist BA zur **Abklärung** verpflichtet: BGE 72 III 99.

- **Nichtigkeit** der Fristansetzung, wenn es an genauer Angabe der von Drittansprache betroffenen Gegenstände fehlt: BGE 113 III 108.

4   **Vorlegung der Beweismittel:** *Keine Entscheidungen*

5   **Anerkennung des Anspruches:** Wirkung bei Gruppenpfändung: BGE 61 III 104.

6   **Fristansetzung zur Klage**: Obligator. Formulare Nr. 23, 25.

- **Gesetzliche** Klagefristen, die BA unter Vorbehalt von Art. 33 Abs. 2 nicht verlängern kann: BGE 82 III 32.

- Kriterien für **Klagefristansetzung**: BGE 79 III 163.

- **Bedeutungslosigkeit** einer **nach Fristablauf** vom BA erneut angesetzten Frist: BGE 107 III 120 E.1.

- **Neuansetzung** nach erteilter aufschiebender Wirkung im Beschwerdeverfahren: BGE 123 III 370 E.3a.

7   **Möglichkeit der Klage** auch vor einer Verwaltungsinstanz: BGE 68 III 23.

- Ausschliessliche Zuständigkeit des **schweizerischen** Richters: BGE 107 III 120 E.2.

- Betr. **Gerichtsstand** vgl. Art. 109.

- Nicht der mit der Widerspruchsklage befasste Richter, sondern die **Betreibungsbehörden** entscheiden, ob eine Betreibung mit einem Nichtigkeitsgrund behaftet sei: BGE 84 III 151 E.2.
- Zuständigkeit der **Gerichte** zur Entscheidung über die formgerechte Einleitung der Klage: BGE 66 III 70 E.2.
- Vorfrageweise Prüfung materiell-rechtlicher Einwände, wie **Rechtsfähigkeit** des Beklagten, ist im Widerspruchsverfahren zulässig: BGE 76 III 62.
- Ob Arrestgläubiger Forderung genügend **glaubhaft** gemacht hat, ist im Prozess zwischen ihm und Drittansprecher nicht zu prüfen: BGE 102 III 168 E.1.
- Folgen der **Abtretung** der in Betreibung gesetzten Forderung: BGE 68 III 41.
- Verbindung der Klage mit **Anfechtungsklage** nach Art. 285 ff.: BGE 107 III 121 E.3; vgl. jetzt auch Art. 265a Abs. 3.

8   Erledigung des Prozesses:

- **Massgeblicher Zeitpunkt** für die Beurteilung der Eigentumsansprache: BGE 112 III 101 E.3;
- Berücksichtigung des **Untergangs** des Drittanspruchs zwischen dem Pfändungsvollzug und der Urteilsfällung: BGE 112 III 101 E.3b.

9   Streitwertberechnung für die Klage:

- BGE 56 III 38; 81 II 311.

10 Dem obsiegenden Gläubiger sind bei Zahlungsunfähigkeit des Drittansprechers die **Prozesskosten** vorweg aus dem Erlös der streitigen Sache zu decken: BGE 77 III 15.

11 Wirkung der **Rechtskraft** des Urteils wie Verzicht auf die Klage nur für die betreffende Betreibung: BGE 85 III 62; 86 III 142 E.2; 92 III 19 E.3.

Art. 108
b) Bei Gewahrsam oder Mitgewahrsam des Dritten

[1] Gläubiger und Schuldner können gegen den Dritten auf Aberkennung seines Anspruchs klagen, wenn sich der Anspruch bezieht auf:

1. eine bewegliche Sache im Gewahrsam oder Mitgewahrsam *(106)* des Dritten;

2. eine Forderung oder ein anderes Recht, sofern die Berechtigung des Dritten wahrscheinlicher ist als diejenige des Schuldners;

3. ein Grundstück, sofern er sich aus dem Grundbuch ergibt.

[2] Das Betreibungsamt setzt ihnen dazu eine Frist von 20 Tagen *(31)*.

[3] Wird keine Klage eingereicht, so gilt der Anspruch in der betreffenden Betreibung als anerkannt *(vgl. auch 107 Abs. 4)*.

[4] Auf Verlangen des Gläubigers oder des Schuldners wird der Dritte aufgefordert, innerhalb der Klagefrist seine Beweismittel beim Betreibungsamt zur Einsicht vorzulegen. Artikel 73 Absatz 2 gilt sinngemäss.

1 Voraussetzung der Pfändung bei Drittgewahrsam:

– **Nichtigkeit** der Pfändung von Vermögenswerten, die *offensichtlich* nicht dem Schuldner, sondern einem Dritten gehören: BGE 84 III 82.

– Bei offensichtlicher Nichtigkeit der Pfändung kann Richter materiellrechtliche Beurteilung **ablehnen**, ohne vorher die Betreibungsbehörden darüber entscheiden zu lassen: BGE 96 III 119 E.4c.

2 Parteirollenverteilung (Frage des Gewahrsams):

– Vgl. Art. 107 N 3

3 Fristansetzungen

– Vgl. Art. 107 N 6.

– Betr. **Konkurrenz** von Pfändungsgläubiger und Pfandgläubiger:· BGE 68 III 54.

– Bei gleichzeitiger Eigentumsansprache durch **zwei Personen** hat der bestreitende Gläubiger gegen beide Ansprecher zu klagen; BA muss trotz Hängigkeit des Eigentumsprozesses Klagefrist nach Art. 109 ansetzen: BGE 81 III 106.

– Werden **Eigentums- und Pfandansprachen** von verschiedenen Dritten erhoben, so ist der Fristansetzung für beide Klagen beizufügen, dass die Frist zur Klage gegen den Pfandansprecher erst mit dem Tage zu laufen beginnt, an welchem das gegenüber dem Eigentumsansprecher erstrittene Urteil in Rechtskraft tritt. Dem Pfandansprecher muss von dieser Art und Weise der Fristansetzung Mitteilung gemacht werden: BGE 56 III 77; 110 III 63.

4 Vorlegung der Beweismittel:

– Vgl. Art. 107 Abs. 3.

5 Erledigung des Prozesses:

– Vgl. Art. 107 N 8.

Art. 109
c) Gerichtsstand

[1] Beim Gericht des Betreibungsortes sind einzureichen:

1. Klagen nach Artikel 107 Absatz 5;

2. Klagen nach Artikel 108 Absatz 1, sofern der Beklagte Wohnsitz im Ausland hat.

2 Richtet sich die Klage nach Artikel 108 Absatz 1 gegen einen Beklagten mit Wohnsitz in der Schweiz, so ist sie an dessen Wohnsitz einzureichen.

3 Bezieht sich der Anspruch auf ein Grundstück, so ist die Klage in jedem Fall beim Gericht des Ortes einzureichen, wo das Grundstück oder sein wertvollster Teil liegt.

4 Das Gericht zeigt dem Betreibungsamt den Eingang und die Erledigung der Klage an. Der Prozess wird im beschleunigten Verfahren durchgeführt.

5 Bis zur Erledigung der Klage bleibt die Betreibung in bezug auf die streitigen Gegenstände eingestellt, und die Fristen für Verwertungsbegehren (Art. 116) stehen still.

Abs. 5

1 Einstellung der Betreibung nur für den **streitigen**, nicht auch für andere Pfändungsgegenstände: BGE 96 III 117.

2 Einstellung der Betreibung während des Prozesses hat keinen Einfluss auf die Frist für das Fortsetzungsbegehren in der **Arrestbetreibung**: BGE 84 III 103 E.3; vgl. auch BGE 108 III 38 E.2.

3 Wirkung eines in der Bundesrepublik Deutschland erwirkten **Anfechtungsurteils** für das Betreibungsverfahren in der Schweiz: BGE 107 III 121 E.3. Vgl. jetzt aber IPRG Art. 166, 171 (hiernach Nr. 101).

Art. 110
F. Pfändungsanschluss
1. Im allgemeinen

1 Gläubiger, die das Fortsetzungsbegehren innerhalb von 30 Tagen *(31)* nach dem Vollzug einer Pfändung *(95, 96–99, 101)* stellen *(88)*, nehmen an der Pfändung teil *(114, 281)*. Die Pfändung wird jeweils so weit ergänzt, als dies zur Deckung sämtlicher Forderungen einer solchen Gläubigergruppe notwendig ist *(97)*.

2 Gläubiger, die das Fortsetzungsbegehren erst nach Ablauf der 30tägigen Frist stellen, bilden in der gleichen Weise weitere Gruppen mit gesonderter Pfändung.

3 Bereits gepfändete Vermögenstücke können neuerdings gepfändet werden, jedoch nur so weit, als deren Erlös nicht den Gläubigern, für welche die vorgehende Pfändung stattgefunden hat, auszurichten sein wird *(117 Abs. 2)*.

Abs. 1

1   Betr. **Fristbeginn** (massgebend tatsächlicher Vollzug der Pfändung): BGE 101 III 88; 104 III 53; 106 III 112 E.1, 2.

–   Auch **provisorische Pfändung** löst Anschlussfrist aus, trotz Einsprachemöglichkeit des Schuldners gegen Rechtsöffnungsentscheid: BGE 104 III 53 E.2.

–   Der Anschluss eines **zweiten Gläubigers** lässt für den ersten keine neue Beschwerdefrist über die Pfändung selbst zu: BGE 72 III 51 E.2.

–   Berücksichtigung der Anschlussfrist im **Anfechtungsverfahren** nach Art. 288: BGE 85 III 191 E.2d.

2   **Keine automatische Teilnahme** an Pfändung, sondern erst durch Verfügung des BA; spätere Nachholung der vom BA versäumten Anschlusspfändung ist unter Umständen möglich: BGE 81 III 112.

–   Vgl. aber BGE 116 III 46 E.3a, 3c.

3   **Ergänzungspfändungen** dürfen nur während und unmittelbar nach dem Ablauf der Teilnahmefrist stattfinden: BGE 80 III 78; 83 III 134; 114 III 101 E.1c.

4   Betr. Anschlusspfändung nach **Arrestnahme.** BGE 101 III 80; 110 III 29; 116 III 47 E.4; 116 III 117 E.4; 119 III 95 E.2.

5   Anschluss an eine **Neupfändung** eines Gegenstandes: BGE 70 III 63; 85 III 78.

6   Wirkung eines **fehlenden Entscheids** über den Umfang und ob jemand an einer Zwangsvollstreckung teilnimmt: BGE 116 III 46 E.b

7   Die **Änderung der Pfändung** (z.B. des pfändbaren Lohnbetreffnisses) hat Wirkung für die ganze Gruppe: BGE 78 III 76.

8   Betr. **Kostenvorschuss**: BGE 61 III 142; Vgl. GebVSchKG Art. 20 und 22; Obligator. Formular 5 f und g gemäss Anweisung SchKK vom 31.XII.1952 (hinten Nr. 28).

9   Die Frist gilt auch für **Alimentengläubiger** in der Einkommenspfändung: BGE 71 III 151;

10 Über den Unterschied zwischen *Ergänzungspfändung* und **Nachpfändung.** BGE 59 III 92; 63 III 145.

Abs. 2

11 Über die **Stellung** der Gläubiger der **Gruppen**: BGE 61 III 136; 65 III 109; 67 III 81.

– Stellung der Gläubiger **nachgehender Gruppen** bei revisionsweiser Erhöhung des gepfändeten oder arrestierten Einkommensbetrages: BGE 93 III 37. keine Teilnahme für andere Gläubiger, wenn das Einkommen des Schuldners das Existenzminimum der Familie nicht übersteigt: BGE 72 III 51.

Abs. 3

12 Dahinfallen der Pfändung mangels genügender Angebote hat keine *Wirkung* für *nachgehende Pfändungsgläubiger.* BGE 65 III 38.

13 Der Schuldner kann auch wieder die **Unpfändbarkeit** geltend machen: BGE 63 III 62.

14 Die **Pfändungsurkunde** hat die Betreibungs- oder Gruppennummer und den Gesamtbetrag der Forderung anzugeben: BGE 77 III 73.

Art. 111

2   Privilegierter Anschluss

[1] An der Pfändung können ohne vorgängige Betreibung innert 40 Tagen *(31)* nach ihrem Vollzug teilnehmen:

1. der Ehegatte *(ZGB 174)* des Schuldners;

2. die Kinder *(ZGB 233 Abs. 3),* Mündel und Verbeiständeten *(ZGB 456)* des Schuldners für Forderungen aus dem elterlichen *(ZGB 318, 324– 327)* oder vormundschaftlichen *(ZGB 426)* Verhältnis;

3. die mündigen Kinder und die Grosskinder des Schuldners für die Forderungen aus den Artikeln 334 und 334bis des Zivilgesetzbuches;

4. der Pfründer des Schuldners für seine Ersatzforderung nach Artikel 529 des Obligationenrechts.

[2] Die Personen nach Absatz 1 Ziffern 1 und 2 können ihr Recht nur geltend machen, wenn die Pfändung während der Ehe, des elterlichen oder vormundschaftlichen Verhältnisses oder innert einem Jahr *(31)* nach deren Ende erfolgt ist; die Dauer eines Prozess- oder Betreibungsverfahrens wird dabei nicht mitberechnet. Anstelle der Kinder, Mündel und Verbeiständeten kann auch die Vormundschaftsbehörde die Anschlusserklärung abgeben *(ZGB 392 Ziff. 2 und 3).*

[3] Soweit dem Betreibungsamt anschlussberechtigte Personen bekannt sind, teilt es diesen die Pfändung durch uneingeschriebenen Brief mit.

[4] Das Betreibungsamt gibt dem Schuldner und den Gläubigern von einem Anspruch Kenntnis *(34)* und setzt ihnen eine Frist von zehn Tagen *(31)* zur Bestreitung.

⁵ Wird der Anspruch bestritten, so findet die Teilnahme nur mit dem Recht einer provisorischen Pfändung statt *(83, 118, 119 Abs. 2, 144, ZGB 326)*, und der Ansprecher muss innert 20 Tagen *(31)* beim Gericht des Betreibungsortes klagen; nutzt er die Frist nicht, so fällt seine Teilnahme dahin. Der Prozess wird im beschleunigten Verfahren *(25 Ziff. 1)* durchgeführt.

Abs. 1

1 Obligator. Formular 5 f und g gemäss Anweisung der SchKK vom 31.XII.1952 (Nr. 28 hiernach); BGE 127 III 49 E.3a/bb.

2 **Frist** für Anschlussbegehren läuft von der ersten die Gruppe einleitenden Pfändung an, gleichgültig, ob Anschlussberechtigte während dieser Frist von der Pfändung Kenntnis erhielten: BGE 85 III 169; 98 III 51 E.2.

  – **Neue Teilnahmefrist** zur Anschlusspfändung bei Nachpfändungen auf Beschwerde des Gläubigers wegen ungenügender Pfändung: BGE 70 III 16.

3 **Mündlich** gestellte Begehren sind zulässig: BGE 73 III 138.

4 Voraussetzung ist rechtliche Möglichkeit einer **Ergänzungspfändung** : BGE 60 III 7;

  – Anschluss an den **Arrest** daher ausgeschlossen: BGE 53 III 33; 56 III 170.

Abs. 2

5 Vgl. BGE 41 III 400; 73 III 137.

Abs. 4

6 Verfügung des BA über Zulassung eines **verspäteten Pfändungsanschlusses** kann nur nach Art. 17 Abs. 2 angefochten werden: BGE 73 III 137; 85 III 79.

Abs. 5

7 Klage nur möglich betr. die **Existenz** der Forderung, nicht über ihre Privilegierung: BGE 52 III 112 E.2; 53 III 195.

8 Ausscheidung der **Kompetenzen** der AB und des Richters: BGE 61 III 25.

  – Keine Zuständigkeit des Bundesgerichts **als einzige Instanz**: BGE 71 III 172.

9 Geltend gemachte Forderung muss **fällig** sein: BGE 127 III 49 E.3a/bb, cc.

10 Obligator. Formular Nr. 8 für die Klagefristansetzung.

11 Nur die **rechtzeitig** erhobene Klage hält die provisorische Teilnahme an der Pfändung aufrecht: BGE 106 III 66 E.2.

Art. 112
G. Pfändungsurkunde
1. Aufnahme

[1] Über jede Pfändung wird eine mit der Unterschrift des vollziehenden Beamten oder Angestellten zu versehende Urkunde (Pfändungsurkunde) aufgenommen. Dieselbe bezeichnet den Gläubiger *(88, 110, 111)* und den Schuldner, den Betrag der Forderung *(67 Abs. 1 Ziff. 3, 69 Abs. 2 Ziff. 2)*, Tag und Stunde der Pfändung *(89, 90)*, die gepfändeten Vermögensstücke samt deren Schätzung *(97)* sowie, gegebenenfalls, die Ansprüche Dritter *(106–109)*.

[2] Werden Gegenstände gepfändet, auf welche bereits ein Arrest gelegt ist, so wird die Teilnahme des Arrestgläubigers an der Pfändung (Art. 281) vorgemerkt.

[3] Ist nicht genügendes *(97, 115 Abs. 2)* oder gar kein pfändbares *(115 Abs. 1)* Vermögen vorhanden, so wird dieser Umstand in der Pfändungsurkunde festgestellt.

Abs. 1

1 Obligator. Formular Nr. 7; vgl. dazu GebV SchKG Art. 24.
  – Betr. detaillierte **Kostenrechnung**: BGE 50 III 176.

2 Die **unpfändbaren** Gegenstände sind nicht aufzunehmen, aber besonders zu verzeichnen; der Gläubiger kann eine Abschrift verlangen: BGE 55 III 193 E.1.

3 Unterlassung der Vormerkung von **Drittansprachen** macht Pfändung nicht ungültig: BGE 97 III 21 E.2b;

4 Pflicht zur Erstellung einer Pfändungsurkunde, wenn der Schuldner seinen schweizerischen Wohnsitz **verlassen** hat, ohne im Ausland einen neuen zu begründen: 120 III 113 E.2.

Abs. 2

5 **Tragweite** der Vormerkungspflicht: BGE 116 III 45 E.3.

Art. 113
2. Nachträge

Nehmen neue Gläubiger an einer Pfändung teil oder wird eine Pfändung ergänzt, so wird dies in der Pfändungsurkunde nachgetragen.

1 Vgl. GebV SchKG Art. 22.

2 Der Anschluss eines zweiten Gläubigers lässt für den ersten **keine neue Beschwerdefrist** über die Pfändung selbst zu: BGE 72 III 51 E.2.

3 **Dahinfallen** der Pfändung mangels genügender Angebote hat keine *Wirkung* für *nachgehende Pfändungsgläubiger.* BGE 65 III 38.

Art. 114
3. Zustellung an Gläubiger und Schuldner

Das Betreibungsamt stellt den Gläubigern und dem Schuldner nach Ablauf der 30tägigen Teilnahmefrist unverzüglich eine Abschrift der Pfändungsurkunde zu.

1 Vgl. GebV SchKG Art. 24; VZG Art. 24 Abs.

2 Nichtzustellung oder verspätete Zustellung an Schuldner verletzt weder öffentliche noch Drittinteressen, **keine Nichtigkeit** der Betreibungshandlungen: BGE 89 IV 81;

3 **Keine weiteren Betreibungshandlungen** vor Zustellung der Pfändungsurkunde: 105 IV 324 E.2a; 108 III 16.

4 Anwendbar sinngemäss auch bei der **Retention**: BGE 105 IV 324 E.2a. Keine weitere Betreibungshandlung bis zur Zustellung der Pfändungsurkunde: BGE 108 III 14.

5 Beginn der **Beschwerdefrist:** BGE 124 III 214 E. 1c.

Art. 115
4. Pfändungsurkunde als Verlustschein

[1] War kein pfändbares Vermögen vorhanden, so bildet die Pfändungsurkunde den Verlustschein im Sinne des Artikels 149.

[2] War nach der Schätzung des Beamten nicht genügendes Vermögen vorhanden, so dient die Pfändungsurkunde dem Gläubiger als provisorischer Verlustschein und äussert als solcher die in den Artikeln 271 Ziffer 5 und 285 bezeichneten Rechtswirkungen.

[3] Der provisorische Verlustschein verleiht dem Gläubiger ferner das Recht, innert der Jahresfrist nach Artikel 88 Absatz 2 die Pfändung neu entdeckter Vermögensgegenstände zu verlangen. Die Bestimmungen über den Pfändungsanschluss (Art. 110 und 111) sind anwendbar.

Abs. 1

1 Das BA ist nicht verpflichtet, in der leeren Pfändungsurkunde **Verdienstverhältnisse** und Existenzminimum des Schuldners anzugeben: BGE 77 III 71 E.2.

2 Voraussetzung zur Ausstellung eines provisorischen oder definitiven Verlustscheines ist eine **definitive** Pfändung: BGE 76 III 1; 83 III 19.

3 Ausstellung einer leeren Pfändungsurkunde infolge vermeintlicher **Nichtexistenz** eines gepfändeten Erbanspruchs: BGE 80 III 76.

4 Anspruch des Gläubigers auf Ausstellung des definitiven Verlustscheines in der **Einkommenspfändung**: BGE 116 III 29 E.13.

5 **Keine Nichtigkeit** des von einem örtlich unzuständigen Betreibungsamt auf Grund eines ordnungsgemäss durchgeführten Pfändungsverfahrens ausgestellten Verlustscheines: BGE 105 III 61 ff.

Abs. 2

6 Provisorischer Verlustschein verleiht Gläubiger vorläufig die Legitimation zur **Anfechtungsklage**: BGE 96 III 115.

– Provisorischer Verlustschein genügt, um die anfechtbare Handlung auch **strafrechtlich** verfolgen zu können: BGE 75 IV 110.

Abs. 3

7 Voraussetzungen einer **Nachpfändung**: BGE 117 III 28 E.2.

8 Begehren um Nachpfändungen **neu entdeckter** Vermögensstücke nur innert der Frist von Art. 88 Abs. 2: BGE 88 III 61.

9 Keine Verlängerung der Frist durch **Widerspruchsprozess**: BGE 88 III 62.

10 Bei Nachpfändungen entstehen neue Teilnahmefristen für weitere **Anschlusspfändungen**: BGE 70 III 63.

II. Verwertung

Art. 116

A. Verwertungsbegehren
1. Frist

[1] Der Gläubiger *(111 Abs. 3, 118)* kann die Verwertung der gepfändeten beweglichen Vermögenstücke sowie der Forderungen und der anderen Rechte frühestens einen Monat und spätestens ein Jahr *(31)*, diejenige der gepfändeten Grundstücke *(101–103)* frühestens sechs Monate und spätestens zwei Jahre nach der Pfändung *(89, 90)* verlangen.

[2] Ist künftiger Lohn gepfändet worden und hat der Arbeitgeber gepfändete Beträge bei deren Fälligkeit nicht abgeliefert, so kann die Verwertung des Anspruches auf diese Beträge innert 15 Monaten *(31)* nach der Pfändung *(89, 90)* verlangt werden.

[3] Ist die Pfändung wegen Teilnahme mehrerer Gläubiger ergänzt worden, so laufen diese Fristen von der letzten erfolgreichen Ergänzungspfändung *(110)* an.

1 Vgl. Formular Nr. 27. Vgl. ferner Art. 93, 95 Abs. 1; VVAG Art. 8 und hierzu BGE 85 III 80 E.3b.

2 Betr. **Empfangsbescheinigung** Formular Nr. 2.

3 Die Frist ist eine **gesetzliche** und wird für die ganze Gruppe gewahrt, auch wenn das Verwertungsbegehren von einem nachträglich zu einer nachgehenden Gruppe versetzten Gläubiger gestellt wird: BGE 85 III 78 E.3a;

4 **Fristenlauf** wird durch streitige Pfändung anderer Gegenstände nicht berührt: BGE 79 III 161 E.2.

– **Fristbeginn**: BGE 115 III 109 E.2.

– Frist bei Verwertung von **Grundstücken**: BGE 114 III 103 E.3; sie gilt auch für die Verwertung der Miteigentumsanteile: BGE 85 III 83 E.1.

– **Verlängerung** der Frist: VZG Art. 25;

– **Stillstand** der Frist während des Lastenbereinigungsprozesses: BGE 64 III 250.

– Bei **Fristversäumung** Hinfall der Pfändung von *Amtes wegen* zu beachten: BGE 68 III 56 E.3.

– Alsdann fällt auch die Legitimation zur **Anfechtungsklage** dahin: BGE 96 III 114 E.1.

– Nachträgliche Betreibungshandlungen sind **nichtig**: BGE 69 III 50.

– **Parteivereinbarungen** darüber sind irrelevant: BGE 91 III 29. .

5 Gesonderte Verwertung der **Zugehör**: VZG Art. 27.

6 Einforderung eines **Grundbuchauszugs**: VZG Art. 28; Anl. 11; obligator. Formular VZG Nr. 7 Anl. 10.

7 Für registrierte **Schiffe** gilt die Verwertungsfrist für *bewegliche* Sachen: Art. 58 des BG über das Schiffsregister vom 28.IX.1923 (hinten Nr. 60), ebenso für gepfändete **Luftfahrzeuge**: Art. 57 des BG vom 7.X.1959 über das Luftfahrzeugbuch (hinten Nr. 57).

8 Unzulässig sind Verwertungsbegehren, die an eine **Bedingung** geknüpft sind: BGE 85 III 70.

9 **Rechtskraft** einer Verfügung, durch die ein Verwertungsbegehren abgewiesen wurde: BGE 79 III 166 E.1.

10 Kein neues Begehren notwendig nach Durchführung des **Widerspruchsverfahrens** über Drittansprachen: BGE 62 III 55.

Art. 117
2   Berechtigung
[1] Das Recht, die Verwertung zu verlangen *(116)*, steht in einer Gläubigergruppe *(110, 111)* jedem einzelnen Teilnehmer zu.

[2] Gläubiger, welche Vermögensstücke gemäss Artikel 110 Absatz 3 nur für den Mehrerlös gepfändet haben, können gleichfalls deren Verwertung verlangen.

1   Die Frist ist damit für **alle** Teilnehmer gewahrt: BGE 54 III 310; 85 III 79.

Art. 118
3.   Bei provisorischer Pfändung
Ein Gläubiger, dessen Pfändung eine bloss provisorische *(77 Abs. 4, 83 Abs. 1, 111 Abs. 5, 281 Abs. 1)* ist, kann die Verwertung nicht verlangen. Inzwischen laufen für ihn die Fristen des Artikel 116 nicht.

1   Betr. **Grundstücke**: VZG Art. 25; BGE 83 III 19.

Art. 119
4.   Wirkungen
[1] Die gepfändeten Vermögensstücke werden nach den Artikeln 122–143a verwertet *(44, 45)*.

[2] Die Verwertung wird eingestellt, sobald der Erlös den Gesamtbetrag der Forderungen *(67 Abs. 1 Ziff. 3, 68 Abs. 2, 69 Abs. 2 Ziff. 2, 144 Abs. 4)* erreicht, für welche die Pfändung provisorisch oder endgültig ist. Artikel 144 Absatz 5 ist vorbehalten.

Keine Entscheidungen

Art. 120
5.   Anzeige an den Schuldner
Das Betreibungsamt benachrichtigt *(34, 64)* den Schuldner binnen drei Tagen von dem Verwertungsbegehren.

1   Formular Nr. 26 betr. Grundstücke: VZG Art. 28.

Art. 121
6.   Erlöschen der Betreibung
Wenn binnen der gesetzlichen Frist das Verwertungsbegehren nicht gestellt oder zurückgezogen und nicht erneuert wird, so erlischt die Betreibung.

1 **Französischer** Text deutlicher: «si, retirée, la réquisition n'a pas été renouvelée *dans ce délai*».

2 Der Rückzug muss **bedingungslos** erfolgen: BGE 41 III 429; 85 III 71.

– **Kein Rückzug** liegt in der nach Stellung des Verwertungsbegehrens erteilten Zustimmung, das Ergebnis des über die gepfändete Forderung hängigen Prozesses abzuwarten: BGE 74 III 45,

– wohl aber gilt als Rückzug der dem Schuldner vom Gläubiger bewilligte **Aufschub**: BGE 114 III 103 E.3;

3 Rückzug bei Verwertung von Anteilen an **Gemeinschaftsvermögen**: BGE 114 III 104;

4 **Ausnahme** vom Erlöschen der Betreibung: BGE 68 III 56 E.3.

Art. 122
B. Verwertung von beweglichen Sachen und Forderungen
1. Fristen
a) Im allgemeinen

¹ Bewegliche Sachen und Forderungen *(93, 95 Abs. 1, 116 Abs. 1)* werden vom Betreibungsamt frühestens zehn Tage *(124, 145)* und spätestens zwei Monate *(31, 56, 63)* nach Eingang des Begehrens *(116)* verwertet *(125, 130, 131)*.

² Die Verwertung hängender oder stehender Früchte *(94)* darf ohne Zustimmung des Schuldners nicht vor der Reife stattfinden.

1 Verwertung gepfändeter Gegenstände durch das Betreibungsamt, selbst wenn ein Dritter ein **Pfandrecht** daran hat und zwischen dem Schuldner und dem Pfandgläubiger die private Verwertung vereinbart worden ist: BGE 116 III 26 E.2. Vgl. auch BGE 81 III 58.

2 Voraussetzung zur Verwertung des gepfändeten Gegenstandes ist, dass er dem Ersteigerer tatsächlich **übergeben** werden kann: BGE 72 III 77.

3 Zuständigkeit für registrierte **Schiffe**: BG über das Schiffsregister vom 28.IX.1923 (hinten Nr. 60), Art. 55 Abs. 2; für **Luftfahrzeuge** vgl. Art. 53 und 54 des BG vom 7.X.1959 über das Luftfahrzeugbuch (hinten Nr. 57).

4 Die Verwertung eines **Automobils** schliesst ohne weiteres auch den Fahrzeugausweis und die Haftpflichtpolice ein: BGE 77 III 168.

5 Die Fristen gelten nicht für die **Verwertungen nach Art. 132**: BGE 29 I 238.

6 Im Prozess liegende **Forderungen** stellen keine Vermögenswerte «anderer Art» im Sinne von Art. 132 SchKG dar. Sie sind deshalb grundsätzlich öffentlich zu versteigern, wenn keine Forderungsüberweisung nach Art. 131 SchKG zustande kommt: BGE 120 III 131.

– Das SchKG enthält diesbezüglich auch mit Blick auf den möglicherweise unbefriedigenden Versteigerungserlös solcher Forderungen **keine Lücke**, die nach Art. 1 Abs. 2 ZGB vom Gericht gefüllt werden könnte: BGE 120 III 131.

7 Verwertung von **Versicherungsansprüchen**: VBGr. vom 10.V.1910, Art. 15–20 (Nr. 77).

Art. 123
b) Aufschub der Verwertung

¹ Macht der Schuldner glaubhaft, dass er die Schuld ratenweise tilgen kann, und verpflichtet er sich zu regelmässigen und angemessenen Abschlagzahlungen an das Betreibungsamt, so kann der Betreibungsbeamte nach Erhalt der ersten Rate die Verwertung um höchstens zwölf Monate hinausschieben.

² Bei Betreibungen für Forderungen der ersten Klasse (Art. 219 Abs. 4) kann die Verwertung um höchstens sechs Monate aufgeschoben werden.

³ Der Betreibungsbeamte setzt die Höhe und die Verfalltermine der Abschlagszahlungen fest; er hat dabei die Verhältnisse des Schuldners wie des Gläubigers zu berücksichtigen.

⁴ Der Aufschub verlängert sich um die Dauer eines allfälligen Rechtsstillstandes *(57ff.).* In diesem Fall werden nach Ablauf des Rechtsstillstandes die Raten und ihre Fälligkeit neu festgesetzt.

⁵ Der Betreibungsbeamte ändert seine Verfügung von Amtes wegen oder auf Begehren des Gläubigers oder des Schuldners, soweit die Umstände es erfordern. Der Aufschub fällt ohne weiteres dahin, wenn eine Abschlagzahlung nicht rechtzeitig geleistet wird.

Abs. 1

1 Obligator. Formular Nr. 29; betr. Bezahlung der *Kosten* der Abbestellung einer angekündigten Steigerung: VZG Art. 32 Abs. 1.

2 **Voraussetzungen**: BGE 121 III 200.

3 **Dauer** des Aufschubes ist Ermessensfrage: BGE 87 III 110.

4 In der gleichen Betreibung nur **einmaliger** Aufschub: BGE 67 III 82; 88 III 23 (Nr. 4);

– betr. **spätere Betreibung** des mit Abschlagszahlungen in Rückstand geratenen Schuldners: BGE 97 III 118.

- Betr. **Gruppengläubiger** vgl. BGE 67 III 82.
- Verwertungsaufschub an **Dritteigentümer** *des Pfandes*: BGE 101 III 73.

5 Pflicht zur Leistung eines **Kostenvorschusses** für eine allfällige Verwertung besteht während dieser Zeit für den Gläubiger nicht; eine solche Verfügung ist nichtig: BGE 77 III 26 E.2.

6 Abschlagszahlungen berechtigen den Schuldner **nicht** auf **Freigabe** eines verhältnismässigen Teiles von gepfändeten Gegenständen: BGE 71 III 31.

Abs. 2

7 Gilt auch gegenüber Solidarbürgen: BGE 68 III 38.

Abs. 3

8 Die **Höhe** der Abschlagszahlungen bemisst sich nicht nach den für die Einkommenspfändung geltenden Grundsätzen: BGE 87 III 110.

- Eine zugunsten des betreibenden Gläubigers **bestehende** *Einkommenspfändung* ist aber bei der Festsetzung der Abschlagszahlungen zu berücksichtigen: BGE 74 III 17.
- Zahlungen auf Forderungen, die beim Schuldner gepfändet worden sind und vom Drittschuldner an das BA geleistet werden, sind auf seine Abschlagszahlungen **anzurechnen**: BGE 84 III 78 E.2.

Abs. 5

9 Auf die Frage des **Verschuldens** kommt nichts an: BGE 88 III 22 E.3.

10 Bei Nichteinhalten der Abschlagszahlungen kann BA von sich aus **Verwertung** anordnen, Art. 121 ist nicht anwendbar: BGE 95 III 18 E.1.

Art. 124
c) **Vorzeitige Verwertung**

1 Auf Begehren des Schuldners kann die Verwertung stattfinden, auch wenn der Gläubiger noch nicht berechtigt ist, dieselbe zu verlangen *(116 Abs. 1, 122 Abs. 1)*.

2 Der Betreibungsbeamte kann jederzeit Gegenstände verwerten, die schneller Wertverminderung ausgesetzt sind, einen kostspieligen Unterhalt erfordern oder unverhältnismässig hohe Aufbewahrungskosten verursachen.

Abs. 2

1 Voraussetzungen zur **Aufhebung** eines *Freihandverkaufes* oder Steigerungszuschlages nach Ablauf eines Jahres wegen eines fehlerhaften Verfahrens: BGE 73 III 25.

2 Vorzeitige Verwertung eines **Automobils** im Arrestverfahren; Zuständigkeit: BGE 101 III 28.

3 Keine vorzeitige Verwertung bei Sinken des Preises von **Modeartikeln**: BGE 81 III 121.

4 Vorzeitige Verwertung eines **Grundstücks**, wenn Geschäftsbetrieb Grundpfandzinsen nicht zu decken vermag; Prüfungsbefugnis des BGer: BGE 96 III 85 (Konkursfall).

5 Im Falle des **Arrestes** bleiben auch bei Pendenz eines *Arrestprosequierungsprozesses* die Betreibungsbehörden zur Anordnung vorzeitiger Verwertung zuständig: BGE 101 III 30 E.1e.

Art. 125
2. Versteigerung
a) Vorbereitung

¹ Die Verwertung geschieht *(Ausnahmen: 130–132)* auf dem Wege der öffentlichen Steigerung *(136bis, OR 229–236)*. Ort, Tag und Stunde derselben werden vorher öffentlich bekanntgemacht.

² Die Art der Bekanntmachung sowie die Art und Weise, der Ort und der Tag der Steigerung *(122)* werden vom Betreibungsbeamten so bestimmt, dass dadurch die Interessen der Beteiligten bestmögliche Berücksichtigung finden. Die Bekanntmachung durch das Amtsblatt *(35)* ist in diesem Falle nicht geboten.

³ Haben der Schuldner, der Gläubiger *(116, 117)* und die beteiligten Dritten *(106, 108, 151, 153)* in der Schweiz einen bekannten Wohnort oder einen Vertreter *(67 Abs. 1 Ziff. 1 und 2)*, so teilt ihnen das Betreibungsamt wenigstens drei Tage vor der Versteigerung deren Zeit und Ort durch uneingeschriebenen Brief *(34)* mit.

Abs. 1

1 Die Bekanntmachung hat mindestens **drei** Tage vorher zu erfolgen: KS BGer Nr. 2 vom 7.XI.1912 (Nr. 30);

2 Vgl. GebV SchKG Art. 11.

3 Obligator. Formular Nr. 31.

4 Über die Besonderheiten bei Steigerung von **Personen-Versicherungsansprüchen** vgl. VBGer. vom 10.V.1910, Art. 15–20 (hinten Nr. 77).

5 **Schriftliche** Angebote sind in analoger Anwendung von VZG Art. 58 grundsätzlich auch in der Fahrnissteigerung zulässig: BGE 69 III 57.

6 Stellvertreter haben sich auf Verlangen über ihre **Handlungsvollmacht** auszuweisen: BGE 82 III 59.

7 Einsatz eines **Auktionshauses**: BGE 115 III 53.

8 Bei **Forderungen**: BGE 111 III 59 E.1a; 120 III 134 E.3.

Abs. 2

9 Besonderheiten der Publikation bei Verwertung von Gegenständen mit **Liebhaberpreisen**: BGE 45 III 87.

10 Keine Publikation im Konkurs notwendig, aber **Spezialanzeigen** an Faustpfandgläubiger: BGE 43 III 261.

11 **Anfechtung** der Steigerung, wenn Publikation nicht im *zugesicherten* Umfang erfolgte: BGE 70 III 16 E.1.

- Beginn der **Frist** für die Anfechtung von **Steigerungsbedingungen**: BGE 105 III 6.

Abs. 3

12 Obligator. Formular Nr. 30.

13 Jedem pfändenden Gläubiger ist eine besondere **Steigerungsanzeige** zuzustellen: BGE 40 III 20; 73 III 140 E.2.

- Nichtbeachtung dieser Gesetzesvorschrift rechtfertigt die **Aufhebung** der Steigerung; diese kann vom Betroffenen durch Beschwerde gemäss Art. 17 angefochten werden: BGE 82 III 37; 106 III 22 E.1.

- Aufhebung des Zuschlages; **Grenzen**: BGE 106 III 23 E.2;

14 Frage der Anfechtbarkeit der **Steigerungsbedingungen**: BGE 121 III 26 E.2b;

15 Anzeige an den Schuldner im Konkurs **nicht** notwendig: BGE 88 III 82 E.3b; 94 III 102.

Art. 126

b) Zuschlag, Deckungsprinzip

[1] Der Verwertungsgegenstand wird dem Meistbietenden nach dreimaligem Aufruf zugeschlagen *(231, 235)*, sofern das Angebot den Betrag

allfälliger dem betreibenden Gläubiger im Range vorgehender pfandgesicherter Forderungen *(106, 108, 238)* übersteigt.

[2] Erfolgt kein solches Angebot, so fällt die Betreibung in Hinsicht auf diesen Gegenstand dahin *(145, 149, 158)*.

1　Allgemeines:

- Vgl. Art. 129 Abs. 3.
- Voraussetzung der Verwertung einer gepfändeten **Forderung** durch Zwangsversteigerung: BGE 111 III 59 E.1a;
- Verwertung gepfändeter Gegenstände durch das Betreibungsamt, selbst wenn ein Dritter ein Pfandrecht daran hat und zwischen dem Schuldner und dem Pfandgläubiger die **private Verwertung** vereinbart worden ist: BGE 116 III 26 E.2.

2　Deckungsprinzip:

- Für die in Betreibung gesetzte Forderung gilt das Deckungsprinzip grundsätzlich **nicht**, vorbehältlich VZG Art. 54 Abs. 2: BGE 107 III 124 E.1.
- Betr. Gegenstände mit **Eigentumsvorbehalt** KS SchKK Nr. 29 vom 31.III.1911 und KS BGer Nr. 14 vom 11.V.1922 (hinten Nr. 54 und 55).
- **Retentionsrecht** eines Vermieters oder Verpächters ist vom Deckungsprinzip auch für nicht verfallenen Mietzins ausgenommen: BGE 65 III 6; vgl. 89 III 74 E.1.
- Wirkungen, wenn ein Grundpfandgläubiger auf dem Weg der ordentlichen Betreibung betreibt und das Betreibungsamt das pfandbelastete Grundstück **pfändet**: BGE 116 III 90 E.4;
- Auswirkung des Deckungsprinzipes bei Zusammentreffen einer Betreibung auf Pfändung mit einer solchen auf Verwertung eines gewöhnlichen **Pfandes**: BGE 91 III 65 E.2c, d.
- Fall der Betreibung lediglich für **Zinsen**: BGE 110 III 73.
- **Verzicht** der vorgehenden Gläubiger auf das Deckungsprinzip unbeachtlich: BGE 104 III 81 E.3, 4.

3　Verfahren:

- **Verschiebung** des Termins durch das Amt in ausserordentlichen Fällen möglich: BGE 63 III 25 E.2;
- Pflicht des Steigerungsleiters zur **Aufklärung** des Gantpublikums. BGE 79 III 118; 83 III 40 E.1.

- Betr. Übergabe nur gegen **Erlegung** des Kaufpreises Art. 129 Abs. 2.

4 Anfechtung bzw. Nichtigkeit des Zuschlages:

- Betr. **Anfechtung** der Steigerung gilt Art. 132a: BGE 79 III 118;

- Betr. **Anfechtung der Steigerungsbedingungen** nach erfolgtem Zuschlag: BGE 121 III 26 E.2b.

- **Aufhebung** des Zuschlages bei fehlerhaftem Verfahren: BGE 67 III 90;

- nicht mehr nach Ablauf eines **Jahres**: Art. 132a Abs. 3.

- **Nichtigkeit des Zuschlags,** der einer in Konkurs stehenden Aktiengesellschaft auf das Steigerungsangebot eines ihrer Organe hin erteilt wird: BGE 117 III 41 E.3–5.

5 Kostentragung bei Scheitern der Verwertung: BGE 116 III 27 E.3b.

Art. 127
c) Verzicht auf die Verwertung

Ist von vorneherein anzunehmen, dass der Zuschlag gemäss Artikel 126 nicht möglich sein wird, so kann der Betreibungsbeamte auf Antrag des betreibenden Gläubigers von der Verwertung absehen und einen Verlustschein ausstellen *(115, 149)*.

1 Voraussetzungen im allgemeinen vgl. BGE 67 III 8.

2 **Verzicht** auf Verwertung, wenn der Erlös nicht einmal die Kosten decken würde: BGE 83 III 134; 88 III 106; bei Verwertung des gepfändeten Anteils an einem Gemeinschaftsvermögen, wenn Teilverwertung bereits stattgefunden hat: BGE 97 III 70.

3 Recht des pfändenden Gläubigers, ein **Absehen von der Verwertung** zu beantragen: BGE 116 III 28 E.4; Recht auf Antragstellung der **Pfandgläubiger,** wenn der betreibende Gläubiger keinen entsprechenden Antrag gestellt hat: BGE 116 III 27 E.3a.

Art. 128
d) Gegenstände aus Edelmetall

Gegenstände aus Edelmetall *(98 Abs. 1)* dürfen nicht unter ihrem Metallwert zugeschlagen werden *(130 Ziff. 3)*.

Keine Entscheidungen

Art. 129
e)   Zahlungsmodus und Folgen des Zahlungsverzuges
[1] Die Versteigerung geschieht gegen Barzahlung *(OR 84)*.

[2] Der Betreibungsbeamte kann jedoch einen Zahlungstermin von höchstens 20 Tagen *(31)* gestatten. Die Übergabe findet in jedem Falle nur gegen Erlegung des Kaufpreises statt.

[3] Wird die Zahlung nicht rechtzeitig geleistet, so hat das Betreibungsamt eine neue Steigerung anzuordnen, auf die Artikel 126 Anwendung findet *(125)*.

[4] Der frühere Ersteigerer und seine Bürgen haften für den Ausfall und allen weitern Schaden. Der Zinsverlust wird hiebei zu fünf von Hundert berechnet.

Abs. 1

1   Modalitäten bei Versteigerung einer **gepfändeten Forderung:** BGE 111 III 59 E.1d; insbesondere Zulässigkeit der Leistung des Zuschlagpreises durch Verrechnung: BGE 111 III 60 E.2; vgl. auch BGE 79 III 21 E.1. Leistungsbefreiung des **Drittschuldners** durch Zahlung an Ersteigerer, der Zuschlagsprotokoll vorweist: BGE 111 III 62 E.4.

Abs. 2

2   Unzulässige Bedingung der Leistung des Restpreises bei **Luftfahrzeug:** BGE 109 III 73 E.2, 3; fehlende Festlegung eines Zahlungstermins: BGE 111 III 60 E.1d.

Abs. 3

3   Anwendung auf Verwertung eines **Luftfahrzeuges:** BGE 109 III 72 E.1. Folgen des Konkursausbruches: BGE 109 III 75 E.4.

Abs. 4

4   Betr. Feststellung und Verwertung der **Ausfallforderung** VZG Art. 72, 131 und BGE 28 II 587; 29 I 600.

Art. 130
3.   Freihandverkauf
An die Stelle der Versteigerung kann der freihändige Verkauf treten *(129)*:

1.   wenn alle Beteiligten *(125 Abs. 3)* ausdrücklich damit einverstanden sind;

2. wenn Wertpapiere *(98 Abs. 1)* oder andere Gegenstände, die einen Markt- oder Börsenpreis haben, zu verwerten sind und der angebotene Preis dem Tageskurse gleichkommt;

3. wenn bei Gegenständen aus Edelmetall, für die bei der Versteigerung die Angebote den Metallwert nicht erreichten, dieser Preis angeboten wird *(128)*;

4. im Falle des Artikels 124 Absatz 2.

Allgemein

1 Vgl. GebV SchKG (Nr. 10) Art. 30. Verwertung von Kunstgegenständen durch ein privates **Auktionshaus:** BGE 115 III 53 E.3a.

2 Das vertragliche Verkaufsrecht auf einem Grundstück kann nicht ausgeübt werden: BGE 126 III 93.

Ziff. 1

3 Über seine Behandlung nach den gewöhnlichen **privatrechtlichen Regeln:** BGE 50 III 110; 85 II 102 E.3. Art. 34. Befristete *Möglichkeit zur Anfechtung* eines Freihandverkaufes: Art. 132a Abs. 3.

4 Beteiligt sind auch die Gläubiger **aller Gruppen,** für die gepfändet ist: BGE 59 III 94. Ebenso der **Dritteigentümer** von Gegenständen, die dem Retentionsrecht des Vermieters unterworfen sind, selbst wenn er dieses anerkennt: BGE 107 III 22. Anders, wenn der Schuldner die Eigentumsansprache **mit Erfolg bestritten** hat: BGE 107 III 23 E.2b. Bei Verwertung von Anteilen an **Gemeinschaftsvermögen** ist Zustimmung des Schuldners unerlässlich: BGE 74 III 83. Fehlende Zustimmung des vorrangigen Pfändungsgläubigers: BGE 115 III 55 E.b.

Ziff. 2

5 Freihandverkauf nicht kotierter **Kassascheine** nur mit Zustimmung aller Beteiligten möglich: BGE 63 III 81 E.2. 131

Art. 131
4. Forderungsüberweisung

[1] Geldforderungen des Schuldners, welche keinen Markt- oder Börsenpreis haben *(98, 130 Ziff. 2)*, werden, wenn sämtliche pfändende Gläubiger *(88, 110, 111, 117)* es verlangen, entweder der Gesamtheit der Gläubiger oder einzelnen von ihnen für gemeinschaftliche Rechnung zum Nennwert an Zahlungsstatt angewiesen *(OR 166)*. In diesem Falle treten die Gläubiger bis zur Höhe ihrer Forderungen in die Rechte des betriebenen Schuldners ein *(OR 168, 169, 170)*.

2 Sind alle pfändenden Gläubiger einverstanden, so können sie oder einzelne von ihnen, ohne Nachteil für ihre Rechte gegenüber dem betriebenen Schuldner, gepfändete Ansprüche im eigenen Namen sowie auf eigene Rechnung und Gefahr geltend machen *(260 Abs. 1)*. Sie bedürfen dazu der Ermächtigung des Betreibungsamtes. Das Ergebnis dient zur Deckung der Auslagen und der Forderungen derjenigen Gläubiger, welche in dieser Weise vorgegangen sind. Ein Überschuss ist an das Betreibungsamt abzuliefern.

Abs. 1

1 Obligator. Formular Nr. 33. Fakultat. Formular Nr. 3;

2 Vgl. Geb VSchKG Art. 35 Abs. 1.

3 Keine Anwendung auf **andere als Geldforderungen**: BGE 78 III 70 E.3. Die in Betreibung gesetzten Forderungen gelten in diesem Betrage als getilgt: BGE 33 I 269 E.5.

4 Verwertung einer **gepfändeten Forderung**, wenn die Betreibungsgläubiger nicht deren Abtretung an Zahlungsstatt verlangen: BGE 111 III 59 E.1b;

– im **Prozess** liegende Forderung: BGE 120 III 134 E.3.

Abs. 2

5 Obligator. Formular Nr. 34.

6 Vgl. VVAG Art. 13, 14.

7 Vgl. GebV SchKG Art. 35 Abs. 2.

8 **Voraussetzungen** im allgemeinen: BGE 96 III 21; 120 III 132 E.1;

– keine analoge Anwendung auf einen Fall, da einer von mehreren Gläubigern mit einer **Strafklage** einen Betrag eintreiben konnte: BGE 116 III 94 E.2a, b;

– Schutz der Gläubiger einer **Stockwerkeigentümergemeinschaft** bezüglich der Beitragsforderungen: BGE 119 II 410.

– **Zweifelhafte** Begründetheit einer Forderung verhindert ihre Pfändung oder Verarrestierung nicht: BGE 85 II 361 E.1.

9 Geltendmachung des einem pfändenden Gläubiger überwiesenen Anspruchs **in eigenem Namen**, aber nicht aus eigenem Recht: BGE 93 III 9.

– Betr. Vorgehen bei einem **nicht zahlenmässig** festgesetzten Forderungsbetrag gegenüber dem Drittschuldner vgl. BGE 74 III 8;

– «**Abtretung**» von Ansprüchen

- aus **VVG** Art. 60: BGE 87 I 98 E.1.
- im **Konkurs**: Art. 260
- im **Nachlassverfahren**: Art. 325.
- Bestimmung der aus dem Ergebnis vorweg zu deckenden **Auslagen**; Beschwerderecht des Schuldners, nicht aber des Drittschuldners: BGE 89 III 38.

Art. 132
5. Besondere Verwertungsverfahren

[1] Sind Vermögensbestandteile anderer Art zu verwerten, wie eine Nutzniessung *(93, ZGB 758, 781, 782)* oder ein Anteil an einer unverteilten Erbschaft, an einer Gemeinderschaft *(ZGB 343 Ziff. 3)*, an einem Gesellschaftsgut *(OR 572 Abs. 2, 613, 793, 845)* oder an einem andern gemeinschaftlichen Vermögen *(104)*, so ersucht der Betreibungsbeamte die Aufsichtsbehörde um Bestimmung des Verfahrens.

[2] Die gleiche Regel gilt für die Verwertung von Erfindungen, von Sortenschutzrechten, von gewerblichen Mustern und Modellen, von Fabrik- und Handelsmarken und von Urheberrechten.

[3] Die Aufsichtsbehörde kann nach Anhörung der Beteiligten die Versteigerung anordnen oder die Verwertung einem Verwalter übertragen oder eine andere Vorkehrung treffen.

Abs. 1

1 Allgemeines: BGE 113 III 41 E.3;

2 Vermögensbestandteile **anderer Art**: BGE 120 III 133 E.2.

3 Betr. **Miteigentumsanteil** VZG Art. 73–73i und *Verfahren* Anl. 31–36.
- Vgl. hiezu auch BGE 74 III 22.

4 Betr. Verwertung einer **unverteilten Erbschaft**: BGE 80 III 119; 87 III 107.

5 Begriff der **Anhörung** der Beteiligten durch die AB; Unzulässigkeit, einem Gläubiger den Anspruch auf Liquidation des Gemeinschaftsvermögens in eigenem Namen anzubieten: VVAG Art. 9–13;

6 BGE 96 III 18 E.4; vgl. 97 III 70.

7 Bei der Pfändung eines **Comptejoint** sind die Bestimmungen der VVAG nur dann anzuwenden, wenn zwischen dem Betreibungsschuldner und den Mitinhabern des Kontos offensichtlich ein Gemeinschaftsverhältnis im Sinne von VVAG Art. 1 besteht: BGE 110 III 26 E.3, 4.

8 In diesem Verfahren hat die kant. Aufsichtsbehörde **nicht** über die Verteilung eines allfälligen Erlöses und die Berücksichtigung bestimmter Gläubiger und Pfändungsgruppen zu befinden: BGE 114 III 100 E.1, 2.

Abs. 2

9 BG betr. die Erfindungspatente vom 25.VI.1954 (SR 232.14) und Verordnung hiezu (SR 232.141);

10 BG über den Schutz von Pflanzenzüchtungen vom 20.III.1975 (SR 232.16);

11 BG betr. die gewerblichen Muster und Modelle vom 30.III.1900 (SR 232.12) und Verordnung hiezu vom 27.VII.1900 mit Änderungen (SR 232.121);

12 BG über den Schutz von Marken und Herkunftsangaben vom 28.VIII.1992 (SR 232.11) und Verordnung hiezu vom 23.XII.1992 (SR 232.111);

13 BG betr. das Urheberrecht und verwandte Schutzrechte vom 9.X.1992 (SR 231.1) und Verordnung hiezu vom 26.IV.1993 (SR 231.11).

Abs. 3

14 Vgl. VVAG Art. 8–15, speziell über Tragweite des Art. 10 Abs. 3; vgl. BGE 80 III 119; 87 III 108.

15 Verwertung eines gepfändeten Anteils am Vermögen einer Gesellschaft mit Sitz im **Ausland** : BGE 93 III 119.

16 Beschränkung der AB auf Bestimmung des **Verwertungsverfahrens**: BGE 114 III 100.

17 Bedeutung des **Verwertungsaufschubs**: BGE 114 III 102.

Art. 132a
6. Anfechtung der Verwertung

[1] Die Verwertung kann nur durch Beschwerde gegen den Zuschlag oder den Abschluss des Freihandverkaufs angefochten werden.

[2] Die Beschwerdefrist von Artikel 17 Absatz 2 beginnt, wenn der Beschwerdeführer von der angefochtenen Verwertungshandlung Kenntnis erhalten hat und der Anfechtungsgrund für ihn erkennbar geworden ist.

[3] Das Beschwerderecht erlischt ein Jahr nach der Verwertung.

1 Anfechtung beim Zuschlag von **Luftfahrzeugen**: BG vom 7.X.1959 über das Luftfahrzeugbuch (Nr. 57) Art. 60.

2 Voraussetzungen zur **Aufhebung** des Zuschlages: BGE 73 III 23, 141; 98 III 59.

- **Aufhebung** des Zuschlags
- wegen **Irreführung** des Steigerungsteilnehmers über eine notwendige Grundlage des Steigerungskaufs oder wegen Verfahrensfehlern: BGE 95 III 22 E.24;
- bei Interimsscheinen von nur teilweise liberierten Namensaktien wegen **Grundlagenirrtums** des Ersteigerers: BGE 79 III 116 E.2
- wegen angeblich zu kurz angesetztem **Versteigerungstermin**: BGE 119 III 27 E.2;
- Möglichkeit der Anfechtung des Eigentumserwerbs im Falle, da die Parkplätze, die als persönliche Dienstbarkeiten zugunsten des Schuldners errichtet worden sind, bei der Zwangsverwertung der Stockwerkeinheiten **ausgeschlossen** wurden: BGE 121 III 27 E. 2d.

3 Unzulässigkeit des Antrags, das Steigerungsobjekt einer **anderen Person** zuzuschlagen: BGE 119 III 74.

Art. 133
C. Verwertung der Grundstücke
1. Frist

[1] Grundstücke werden vom Betreibungsamt frühestens einen Monat *(31, VZG 29)* und spätestens drei Monate nach Eingang des Verwertungsbegehrens *(116)* öffentlich versteigert *(141)*.

[2] Auf Begehren des Schuldners und mit ausdrücklicher Zustimmung sämtlicher Pfändungs- und Grundpfandgläubiger kann die Verwertung stattfinden, auch wenn noch kein Gläubiger berechtigt ist, sie zu verlangen.

1 Betr. die **örtliche Zuständigkeit** vgl. VZG Art. 24, 74–78. Speziell betr. Miteigentumsanteile: VZG Art. 73–73i und Anl. 31 ff.

2 Zuständigkeit der **Kantone** zu weiteren Vorschriften über die Steigerung: OR Art. 236.

3 ein Anspruch des **Kaufsberechtigten**, darauf dass mit der Verwertung des Grundstücks gewartet wird, bis er die Fläche, auf die sich das Kaufsrecht bezieht, zu Eigentum erworben hat: BGE 114 III 20 E.4.

4 In einer Betreibung auf Pfandverwertung, in der ja der zu verwertende Gegenstand von vornherein bestimmt ist, hat das Betreibungsamt die Zwangsverwertung auf diesen Gegenstand allein zu beschränken: vorliegend auf die Stockwerkeinheiten, unter **Ausschluss** der Parkplätze, die als persönliche Dienstbarkeiten zugunsten des Schuldners das Gesamtgrundstück belasten: BGE 121 III 26 E.2b–2d.

5 Fall des **Gesamtpfandes:** BGE 126 III 34 E, 2, 3.

Art. 134
2. Steigerungsbedingungen
a) Auflegung

[1] Die Steigerungsbedingungen *(135)* sind vom Betreibungsamten *(133 Abs. 1)* in ortsüblicher Weise aufzustellen und so einzurichten, dass sich ein möglichst günstiges Ergebnis erwarten lässt.

[2] Dieselben werden mindestens zehn Tage vor der Steigerung im Lokal des Betreibungsamtes zu jedermanns Einsicht aufgelegt.

1 Vgl. betr. die Publikation der Auflage Art. 138 Abs. 2 Ziff. 2. Beginn der **Beschwerdefrist** mit dem Tage der Auflage.

2 Über **Verschiebung** einer rechtskräftig angesetzten Versteigerung vgl. BGE 63 III 25 E.2.

3 Das **Lastenverzeichnis** (Art. 140) kann durch die Steigerungsbedingungen nicht abgeändert werden: BGE 99 III 70 E.3. Vgl. auch BGE 121 III 24 E.2a.

4 Kein Anspruch auf **verspätetes Erscheinen:** BGE 122 III 434 E.4b.

5 Zahlungen, die über den Zuschlagspreis **hinausgehen:** BGE 123 III 57 E.4.

6 Anfechtbarkeit **vorschriftsgemäss veröffentlichter** Steigerungsbedingungen: BGE 123 III 409.

7 Ist das zu verwertende Grundstück vom Bundesgesetz über das bäuerliche Bodenrecht (BGBB) erfasst, gehört ein entsprechender Hinweis zum notwendigen Inhalt der Steigerungsbedingungen; werden die aufgelegten Steigerungsbedingungen nachträglich ergänzt, sind sie im Sinne von VZG Art. 52 neu aufzulegen: BGE 128 III S. 340 E. 4.

Der Betreibungsschuldner, der noch vor dem Steigerungstag erfährt, dass in den Steigerungsbedingungen zu Unrecht nicht auf das BGBB hingewiesen worden war, und deren Ergänzung verlangen will, darf damit nicht untätig bis nach Abschluss der Steigerung zuwarten; wenn er nicht zu Beginn der Steigerung die mit dem erwähnten Mangel behafteten Steigerungsbedingungen beanstandet, kann er diese nicht mehr mit Beschwerde gegen den Zuschlag in Frage stellen: BGE 128 III 341 E. 5.

Art. 135
b) Inhalt

[1] Die Steigerungsbedingungen bestimmen, dass Grundstücke mit allen darauf haftenden Belastungen (Dienstbarkeiten, Grundlasten, Grundpfandrechten und vorgemerkten persönlichen Rechten) versteigert werden und damit verbundene persönliche Schuldpflichten auf den Erwerber übergehen. Der Schuldner einer überbundenen Schuld aus Grundpfandverschreibung oder aus Schuldbrief wird frei, wenn ihm der Gläubiger nicht innert einem Jahr nach dem Zuschlag erklärt, ihn beibehalten zu wollen (Art. 832 ZGB). Fällige grundpfandgesicherte Schulden werden nicht überbunden, sondern vorweg aus dem Erlös bezahlt.

[2] Die Steigerungsbedingungen stellen ferner fest, welche Kosten dem Erwerber obliegen.

Abs. 1

1 Vgl. VZG Art. 45–52.

2 Obligator. Formular VZG Nr. 13 in Anl. 21.

3 Besonderheiten bei Versteigerung eines **Miteigentumsanteils**, Anl. 31ff.

4 Vgl. GebVSchKG Art. 29.

5 **Änderung** des Lastenverzeichnisses: BGE 121 III 26 E.2b; 21;

6 **Wirkungen** eines in Rechtskraft erwachsenen Lastenverzeichnisses: BGE 112 III 34 E.3;

7 **Schweigen** des Lastenverzeichnisses bezüglich Überbindung der Grundpfandschulden: BGE 116 III 89 E.3.

8 Zustellung der **Fristansetzung** zur Klage auf Aberkennung eines Anspruchs im Lastenverzeichnis: BGE 121 III 12 E.1.

9 Voraussetzung der **Änderung des Lastenverzeichnisses von Amtes wegen:** BGE 121 III 27 E.2b.

10 Zwangsversteigerung einer mit **Bundeshilfe gemäss WEG** erstellten Liegenschaft: BGE 125 III 298 E.2b.

11 **Satz 3:** Anwendungsfall: BGE 123 III 58 E.4b.

12 **Löschung** von Pfandrecht und Titel: BGE 125 III 254 E.2a.

13 Die Steigerungsbedingungen dürfen **keine Verfügungen** i.S. von Art. 17 treffen: BGE 32 III 141.

14 **Nichtigkeit** einer Bedingung, die die Räumung des Objektes oder das Entgelt für seine Benützung betrifft: BGE 113 III 47 E.3c.

15 Betr. ein im Grundbuch vorgemerktes **Vorkaufsrecht** vgl. VZG Art. 31 und 67.

 – Betr. das **gesetzliche** Vorkaufsrecht der Miteigentümer vgl. VZG Art. 60a, Anl. 33.

16 Folgen der **Nichtaufnahme** einer Last in das Lastenverzeichnis; Fälligkeit der Beitragsforderung nach ZGB Art. 712i: BGE 106 II 188, 191.

17 Bei **pfandgesicherten Forderungen** unterbricht die Verwertung den Zinsenlauf gegenüber dem Gemeinschuldner; die fälligen Grundpfandzinsen sind aus dem Verwertungserlös vorweg zu decken: VZG Art. 46–48; BGE 96 III 86.

18 Der zweite Satz von Abs. 1 ist **nicht** anwendbar im **Konkursverfahren**: VZG Art. 130 Abs. 4.

19 Bei Steigerungsangeboten durch **Personen** im **Ausland** ist das Bundesgesetz vom 16. Dezember 1983 (hinten Nr. 45) zu beachten.

20 **Löschung von Grundpfandtiteln** bei Freihandverkauf: BGE 125 III 152.

Abs. 2

21 Vgl. VZG Art. 49 Abs. 1 lit. A.

Art. 136
c) Zahlungsmodus

Die Versteigerung geschieht gegen Bezahlung oder unter Gewährung eines Zahlungstermins von höchstens sechs Monaten *(31).*:

1 Barzahlung:

 – Vgl. VZG Art. 46, 47.

 – Ausstellung eines **Checks** stellt bei Überprüfungsmöglichkeit Barzahlung dar: BGE 91 III E. 1b.

 – Betr. die Bezahlung einer kantonalen **Handänderungssteuer** VZG Art. 66 Abs. 4.

 – «**Verrechnung**» gegen vom Schuldner bestrittene Grundpfandforderung wird verneint: BGE 79 III 121.

2 Zahlungstermin:

 – Soll dem Ersteigerer ein Teil des Zuschlagspreises *gestundet* werden, so ist bereits in den Steigerungsbedingungen ein **genauer Termin** für die Bezahlung des Restzuschlagspreises anzugeben, die Anordnung, wonach dieser bei Grundbuchanmeldung zu leisten sei, ist unzulässig: BGE 112 III 25 E. 4a–c.

 – Eine **Verlängerung** kann nur mit Zustimmung sämtlicher Beteiligten erfolgen: BGE 75 III 13.

Art. 136bis
Aufgehoben

Inhalt und Praxis zu dieser Bestimmung finden sich jetzt in dem (auch auf die Verwertung von Fahrnis anwendbaren) Art. 132a.

Art. 137
d) Zahlungsfrist

Wenn ein Zahlungstermin gewährt wird, bleibt das Grundstück bis zur Zahlung der Kaufsumme auf Rechnung und Gefahr des Erwerbers in der Verwaltung des Betreibungsamtes. Ohne dessen Bewilligung darf inzwischen keine Eintragung in das Grundbuch vorgenommen werden *(ZGB 960 Abs. 1 Ziff. 1, GBV 74 Abs. 2)*. Überdies kann sich das Betreibungsamt für den gestundeten Kaufpreis *(143 Abs. 2)* besondere Sicherheiten ausbedingen.

1 Vgl. VZG Art. 45 Abs. 1 lit.e, 66.

2 Allein den **Grundpfandgläubigern** – entsprechend ihren Forderungen – stehen die zwischen der Leistung der Aktontozahlung und der aufgeschobenen Bezahlung des Restzuschlagpreises anwachsenden Zinsen zu: BGE 122 III 41 E.2.

Art. 138
3. Versteigerung
a) Bekanntmachung, Anmeldung der Rechte

1 Die Steigerung *(125, 133, 136)* wird mindestens einen Monat vorher *(31)* öffentlich bekanntgemacht *(35, VZG 29 Abs. 1)*.

2 Die Bekanntmachung enthält *(VZG 29 Abs. 2 und 3, 64)*:

1. Ort, Tag und Stunde der Steigerung *(VZG 29 Abs. 1)*;

2. die Angabe des Tages, von welchem an die Steigerungsbedingungen aufliegen *(134 Abs. 2)*;

3. die Aufforderung an die Pfandgläubiger und alle übrigen Beteiligten *(140 Abs. 1, VZG 34b)*, dem Betreibungsamt innert 20 Tagen *(VZG 36 Abs. 1)* ihre Ansprüche am Grundstück, insbesondere für Zinsen und Kosten, einzugeben *(VZG 29 Abs. 2 und 3)*. In dieser Aufforderung ist anzukündigen, dass sie bei Nichteinhalten dieser Frist am Ergebnis der Verwertung nur teilhaben, soweit ihre Rechte im Grundbuch eingetragen sind *(140 Abs. 1)*.

3 Eine entsprechende Aufforderung wird auch an die Besitzer von Dienstbarkeiten gerichtet, soweit noch kantonales Recht zur Anwendung kommt

(ZGB 676 Abs. 3, 691 Abs. 2 und ZGB Schlusstitel 17, 21, 44; VZG 29 Abs. 3).

1 Ankündigungsfrist allgemein: BGE 119 III 27 E.2a.

- Der Erwerber eines mit einer **Verfügungsbeschränkung** belasteten Grundstücks kann nicht verlangen, dass ihm die Steigerung noch einen Monat zum voraus angezeigt werde: BGE 78 III 7 E.4;

- Die **erste Steigerungspublikation** darf nicht während der Betreibungsferien erfolgen: BGE 121 III 91 E.6c/aa;

- Die erste Steigerungspublikation nach Art. 138 SchKG ist eine Betreibungshandlung im Sinne von Art. 56 SchKG; die zweite gemäss Art. 29 Abs. 4 VZG war eine bloss an die Gläubiger gerichtete Bekanntmachung, und der Schuldner hatte kein schutzwürdiges Interesse, deren Modalitäten in Frage zu stellen; insbesondere konnte er sich nicht beschweren, dass die 10tägige Frist zu Wiederholung der Steigerungspublikation nicht eingehalten und letztere während der Betreibungsferien vorgenommen worden ist: BGE 121 III 88 (VZG Art. 29 Abs. 4 ist nunmehr aufgehoben.)

- keine Minimalfrist bei **zweiter Versteigerung**: BGE 119 III 26. .

2 Für die **Bekanntmachung** existiert das Musterformular VZG Nr. 7a.

- Die Bekanntmachung soll eine möglichst **grosse Anzahl Interessierter** erreichen. Eine Publikation, die diesen Zweck nicht erfüllt, ist gesetzwidrig: BGE 110 III 31;

3 vom Bieter vorzulegende **Ausweise**: BGE 120 III 25.

4 Verwertung eines Grundpfandobjekts, wenn im hängigen **Grundbuchberichtigungsverfahren** zu klären ist, ob der Grundpfandgegenstand mit einem Miteigentumsanteil an einem anderen Grundstück subjektivdinglich verknüpft ist: BGE 112 III 105 E.2;

- **Unzulässigkeit** der Festsetzung des Steigerungstermins, solange das Grundbuchberichtigungsverfahren nicht rechtskräftig entschieden ist: BGE 112 III 106 E.2.

5 Text der **Aufforderung** an die Pfandgläubiger und Dienstbarkeitsberechtigten Anl. 12.

- Situation, wenn Pfandgläubiger irrtümlich eine zu niedrige Forderung eingegeben und diese erst nach Ablauf der Eingabefrist **berichtigt** hat: BGE 113 III 17 E.2.

- **Beschwerderecht** der nicht betreibenden Grundpfandgläubiger: BGE 87 III 4.

– Bedeutung der **Eingabefrist**: BGE 101 III 38 E.2, 3; 113 III 17 E.2, 118.

6 Besonderheit der Publikation bei Versteigerung von **Miteigentums-anteilen** Anl. 31, 34.

Art. 139
b) Anzeige an die Beteiligten

Das Betreibungsamt stellt dem Gläubiger, dem Schuldner, einem allfälligen dritten Eigentümer des Grundstücks *(151 Abs. 1, 153 Abs. 2)* und allen im Grundbuch eingetragenen Beteiligten *(VZG 28, 30 Abs. 24)* ein Exemplar der Bekanntmachung durch uneingeschriebenen Brief zu *(34, VZG 52)*, wenn sie einen bekannten Wohnsitz oder einen Vertreter haben.

1 Vgl. ZGB Art. 860, 875, 877. Grundbuchverordnung (SR 211.432.1) Art. 51.

2 Besonderheit der Anzeige bei Verwertung eines **Miteigentumsanteils** Anl. 33.

3 Folgen der **Nichtzustellung** der Steigerungsbedingungen an den Gläubiger, dessen Name und Wohnort beim Schuldner leicht in Erfahrung gebracht werden kann: BGE 116 III 87 E.2.

4 Bei öffentlicher Versteigerung im **Konkurs** hat Schuldner keinen Anspruch auf Zustellung: BGE 94 III 102.

Art. 140
c) Lastenbereinigung, Schätzung

¹ Vor der Versteigerung *(VZG 28, 33)* ermittelt der Betreibungsbeamte *(VZG 75)* die auf dem Grundstück ruhenden Lasten (Dienstbarkeiten, Grundlasten, Grundpfandrechte und vorgemerkte persönliche Rechte) *(138 Abs. 2 Ziff. 3, VZG 34 Zif. b, 35, 36)* anhand der Eingaben der Berechtigten und eines Auszuges aus dem Grundbuch *(VZG 28, 34)*.

² Er stellt den Beteiligten das Verzeichnis der Lasten zu und setzt ihnen gleichzeitig eine Bestreitungsfrist von zehn Tagen *(31, 34, VZG 37–39)*. Die Artikel 106–109 sind anwendbar *(VZG 30 Abs. 1, 40–44)*.

³ Ausserdem ordnet der Betreibungsbeamte eine Schätzung des Grundstücks an und teilt deren Ergebnis den Beteiligten mit *(VZG 44, 9 Abs. 2)*.

Abs. 1

1 Vgl. Formular Nr. 7 für die Einforderung des **Grundbuchauszuges**, Anl. Art. 10 und 11.

2 Erstreckung der **Pfandsicherung**: ZGB Art. 818, dazu BGE 101 III 75.

3 Das Lastenbereinigungsverfahren kann eingeleitet werden, auch wenn der Umfang des zu verwertenden Grundpfandobjekts noch nicht bestimmt ist, sondern in einem Grundbuchberichtigungsverfahren erst zu klären ist, ob der Grundpfandgegenstand mit einem Miteigentumsanteil an einem anderen Grundstück subjektiv–dinglich verknüpft ist: BGE 112 III 106 E.2;

4 Gleichbehandlung der Gläubiger öffentlichen und privaten Rechts: BGE 120 III 23 E.2.

Abs. 2

5 Das Lastenverzeichnis ist für jedes Grundstück **besonders** zu erstellen. Obligat. Formular VZG Nr. 9 in Anl. 17. Obligator. Formular VZG Nr. 11a in Anl. 20 für Klagefristansetzung;

6 Das Betreibungsamt hat denjenigen, der ein in das Lastenverzeichnis aufgenommenes Recht bestreitet, ohne Verzug aufzufordern, i.S. von Art. 107 Abs. 5 SchKG gerichtliche **Klage** zu erheben: BGE 112 III 110 E.4;

7 betr. **Einstellung** der Steigerung bis zum Austrag eines Prozesses: Art. 141.

8 Vorgehen
- bei **Bestreitung** der **Forderung**: BGE 71 III 110; Wirkung der Bestreitung einer im Lastenverzeichnis eingetragenen Forderung: BGE 113 III 19 E.3.
- Ernennung eines **Beistandes** für *unbekannt abwesende Gläubiger* von bestrittenen Grundpfandforderungen: BGE 62 III 123;
- **Unzulässigkeit** der Anfechtung der Begründetheit der Betreibungsforderung sowie des diese sichernden Pfandrechts durch den Schuldner, welcher den RV unterlassen hat: BGE 118 III 22.
- wenn nur **Rangfolge** der Gläubiger betreffend, keine öffentliche Bekanntmachung des abgeänderten Lastenverzeichnisses; anfechtbar binnen 10 Tagen nach Auflegung: VZG Art. 37; BGE 96 III 76 E.1, 81 E.4.
- bei Streitigkeiten über das **Gläubigerrecht** an Grundpfandforderungen: BGE 87 III 68;
- Möglichkeit der Anfechtung des Lastenverzeichnisses im Falle, da die Parkplätze, die als persönliche Dienstbarkeiten zugunsten des Schuldners errichtet worden sind, bei der Zwangsverwertung der Stockwerkeinheiten **nicht berücksichtigt** wurden: BGE 121 III 27 E.2d.

9 Bestreitung einer im Lastenverzeichnis eingetragenen Forderung verhindert **Eintritt der Rechtskraft** des Lastenverzeichnisses im Umfange der Bestreitung nur gegenüber dem Bestreitenden: BGE 113 III 19 E.3.

- Wirkungen eines in Rechtskraft erwachsenen Lastenverzeichnisses mit Bezug auf die darin festgehaltene **Rangordnung**: BGE 112 III 34 E.3;

- sind die Steigerungsbedingungen hinsichtlich der Frage, in welchem Umfang die Grundpfandschulden dem Erwerber überbunden werden, klar, so bewirkt ein diesbezügliches **Schweigen** im Lastenverzeichnis keine Ungültigkeit der Versteigerung: BGE 116 III 89 E.3.

- **Abänderung** von Amtes wegen: BGE 120 III 23 E.1.

- **Rechtsbehelf** und Frist: 120 III 23 E.1, 24 E.3.

- Betr. nach der Pfändung ins Grundbuch **neu eingetragene Lasten**: BGE 50 III 116.

- Unzulässigkeit der Errichtung einer **neuen Grunddienstbarkeit** durch das BA zu Lasten eines von ihm als Pfand zu verwertenden Grundstücks; eine solche im Lastenverzeichnis aufgenommene Bestimmung ist schlechthin **nichtig**: BGE 97 III 99 E.5.

10 Betr. die Angabe des Gläubigers eines **Inhaberpfandbriefes**: BGE 57 III 131; 63 III 121.

- Namens des Gläubigers darf der betreffende Titel **nicht** aufgenommen werden: BGE 97 III 75 E.3.

11 Betr. Aufnahme der **Zugehör**: BGE 99 III 69 E.2, 70 E.4.

- Begehren um Aufnahme neuer **Zugehörgegenstände**: VZG Art. 38. *Verfahren* und obligator. Formular VZG Nr. 10, 11, 12 in Anl. 18 und 19.

12 Betr. nicht im Grundbuch vorgemerkte **Miet- und Pachtverträge**: VZG Art. 50.

13 Beschwerde gegen Lastenverzeichnis: BGE 78 III 166.

14 Wirkung des Bereinigungsverfahrens auf *hängige Betreibungen*: BGE 64 III 205.

- **Nachträgliches** Lastenbereinigungsverfahren wegen später bekannt gewordener Tatsachen ist zulässig, wenn sich bestimmte Rechte und erhebliche Interessen nur so in genügender Weise wahren lassen: BGE 76 III 43.

15 Verteilung des Verwertungserlöses bei erfolgreicher *Bestreitung* eines *vorgehenden Pfandes*: BGE 63 III 122 E.2.

Abs. 3

16 Die Schätzung ist erst **nach** Durchführung des *Lastenbereinigungsverfahrens* (VZG Art. 44) anzuordnen und hat deren Ergebnis zu berücksichtigen. Verfahren bei nachträglicher Abänderung der amtlichen Schätzung: BGE 71 III 126.

17 Das Recht, die Schätzung in Frage zu stellen und (im Sinne von Art. 9 Abs. 2 VZG) eine **neue Schätzung** zu verlangen, ist nicht abhängig von der seinerzeitigen Stellungnahme zur Schätzung nach Art. 97 Abs. 1: BGE 122 III 339 E.3a.

Art. 141
d) Aussetzen der Versteigerung

¹ Ist ein in das Lastenverzeichnis aufgenommener Anspruch streitig, so ist die Versteigerung bis zum Austrag der Sache auszusetzen, sofern anzunehmen ist, dass der Streit die Höhe des Zuschlagspreises beeinflusst oder durch eine vorherige Versteigerung andere berechtigte Interessen verletzt werden.

² Besteht lediglich Streit über die Zugehöreigenschaft oder darüber, ob die Zugehör nur einzelnen Pfandgläubigern verpfändet sei, so kann die Versteigerung des Grundstückes samt der Zugehör gleichwohl stattfinden *(VZG 115 Abs. 2)*.

Abs. 1

1 Die Voraussetzung besteht nicht,
  - es sich um Lasten handelt, die dem betreibenden Gläubiger **nachgehen**: BGE 53 III 135; 67 III 45;
  - neben der Forderung des betreibenden Gläubigers im **gleichen Range** noch eine andere Pfandforderung besteht (Berücksichtigung der strittigen Forderung im Verteilungsstadium): BGE 84 III 92, 93;
  - beim Streit um die eigene Pfandforderung im **Konkurs**: BGE 68 III 113; 75 III 103;
  - vgl. aber auch BGE 72 III 30 (zu VZG Art. 128).

2 Wirkungen, wenn ein Grundpfandgläubiger auf dem Weg der ordentlichen Betreibung betreibt und das Betreibungsamt die grundpfandbelastete Liegenschaft **pfändet**: BGE 116 III 90 E.4.

3 Verschiebung wegen eines Prozesses über ein **Vorkaufsrecht**: BGE 98 III 56.

4   Kein Aufschub wegen Klage auf **Wiederherstellung des ursprünglichen** Rechtszustandes durch beschwerdeberechtigte kantonale Behörde gemäss BewB Art. 22 (heute BewG, Nr. 45, Art. 27): BGE 111 III 29.

5   **VZG Art. 53 Abs. 1** hat im Verhältnis zu SchKG Art. 141 Abs. 1 keine Bedeutung: BGE 107 III 127 E.2.

6   **VZG Art. 54 Abs. 2** gilt auch in der Betreibung auf Grundpfandverwertung: BGE 107 III 124 E.1.

     –   Fall, dass der Mindestzuschlag vom Ergebnis eines Lastenbereinigungsprozesses abhängt: BGE 107 II 125 E.1.

7   Keine Aufschiebung der Erhebung des Kaufpreises, nur weil der **Lastenbereinigungsprozess** noch pendent ist: BGE 115 III 64 E.4.

8   Begriff der **«sonst berechtigten Interessen»**: BGE 84 III 93 E.2.

     –   Darunter sind auch diejenigen des **Schuldners** auf Erzielung eines möglichst *günstigen Erlöses* zu verstehen. Also kann unter Umständen auch wegen eines von ihm allein geführten Prozesses über eine *Servitut* zugunsten des Grundstückes die Versteigerung eingestellt werden, wenn ihr Bestand den Preis *wesentlich* beeinflusst und der Prozess durch den Schuldner in guten Treuen und ohne Verzögerung geführt wird: BGE 53 III 135.

Art. 142
e) Doppelaufruf

[1] Ist ein Grundstück ohne Zustimmung des vorgehenden Grundpfandgläubigers mit einer Dienstbarkeit, einer Grundlast oder einem vorgemerkten persönlichen Recht belastet *(ZGB 812; GBV 37)* und ergibt sich der Vorrang des Pfandrechts aus dem Lastenverzeichnis, so kann der Grundpfandgläubiger innert zehn Tagen nach Zustellung des Lastenverzeichnisses den Aufruf sowohl mit als auch ohne die Last verlangen *(VZG 56, 104)*.

[2] Ergibt sich der Vorrang des Pfandrechts nicht aus dem Lastenverzeichnis, so wird dem Begehren um Doppelaufruf nur stattgegeben, wenn der Inhaber des betroffenen Rechts den Vorrang anerkannt hat oder der Grundpfandgläubiger innert zehn Tagen nach Zustellung des Lastenverzeichnisses am Ort der gelegenen Sache Klage auf Feststellung des Vorranges einreicht.

Reicht das Angebot für das Grundstück mit der Last zur Befriedigung des Gläubigers nicht aus und erhält er ohne sie bessere Deckung, so kann er die Löschung der Last im Grundbuch verlangen. Bleibt nach seiner Befriedigung ein Überschuss, so ist dieser in erster Linie bis zur Höhe des Wertes der Last zur Entschädigung des Berechtigten zu verwenden.

1 Allgemein zu der Voraussetzung: BGE 121 III 243 E.1; 126 III 313 E.2b.

   – zur Ablehnung eines doppelten Aufrufes: BGE 70 III 13;

   – zur Zulassung: BGE 81 III 18.

2 Analoge Anwendung auf den Fall, der im Lastenverzeichnis eine **Verfügungsbeschränkung** im Sinne von BewG Art. 23 (BB 1961 Art. 16) vermerkt ist: BGE 111 III 32 E.4.

   – Wenn aber zugunsten von Nachbargrundstücken und zulasten des zu versteigernden Grundstückes im öffentlichen Recht begründete **Ausnützung** übertragen worden ist, so wird der Bestand der öffentlichrechtlichen Eigentumsbeschränkung durch die Zwangsverwertung nicht erschüttert; und es ist deshalb undenkbar, dass das Grundstück an der Steigerung einmal mit und einmal ohne Berücksichtigung der öffentlichrechtlichen Eigentumsbeschränkung ausgerufen wird: BGE 121 III 242.

3 Unzulässigkeit der Anfechtung der **Steigerungsbedingungen** und des darin vorgesehenen Doppelaufrufs zur Infragestellung der im Lastenverzeichnis festgelegten Rangordnung: BGE 112 III 33;

4 Doppelaufruf bei Ausübung eines **Kaufsrechts**: BGE 114 III 21.

5 Doppelaufruf bei Geschäftsmiete: BGE 126 III 290.

6 Das Verfahren kann auch von einem **Pfandgläubiger** verlangt werden, dessen Anspruch von einem andern im Lastenbereinigungsverfahren mit Erfolg bestritten, aber vom Schuldner anerkannt wurde: VZG Art. 42.

7 Verhältnis zu LPG Art. 14: Eintritt in den Pachtvertrag: BGE 124 III 37.

8 Die Versteigerung darf auch im **Konkursverfahren** nur unter Einbezug der bestrittenen **Zugehör** stattfinden: BGE 68 III 114; 86 III 73.

Art. 142*a*
4. Zuschlag. Deckungsprinzip. Verzicht auf die Verwertung
Die Bestimmungen über den Zuschlag und das Deckungsprinzip (Art. 126) sowie über den Verzicht auf die Verwertung (Art. 127) sind anwendbar.

1 Vgl. VZG Art. 54, 105.

2 Betr. Zugehör VZG Art. 27, 57, 62.

3 Betr. **mehrere** Grundstücke VZG Art. 45 lit. b, 74 Abs. 3 und 108.

4 Betr. **Miteigentum** VZG Art. 73–73i.

5 Betr. **registrierte Schiffe** Art. 61 des BG über das Schiffsregister vom 28.IX.1923 (hinten Nr. 60).

6 Betr. **Luftfahrzeuge** vgl. des BG über das Luftfahrzeugbuch vom 7.X.1959 (Nr. 57) Art. 58 und 59.

7 Unbeachtlichkeit des **Verzichtes** auf das Deckungsprinzip: BGE 104 III 81 E.3.

8 Betreibung für **Zinse** von mehreren in *ungleichem Range* stehenden Kapitalforderungen: BGE 58 III 16.

9 **Protokollierung** VZG Art. 61, 75, 78.

10 Obligat. **Formular** VZG Nr. 13 in Anl. 21.

11 **Vollzug** VZG Art. 66, 70, 78.

12 **Verfahren** beim Aufruf und Zuschlag: BGE 59 III 25; 83 III 40.

13 Wirkungen, wenn ein Grundpfandgläubiger auf dem Weg der ordentlichen Betreibung betreibt und das Betreibungsamt die grundpfandbelastete Liegenschaft **pfändet**: BGE 116 III 90 E.4.

14 Beschwerdelegitimation

– wegen Verletzung des **Deckungsprinzips**: BGE 67 III 90;

– wegen **Verweigerung des Zuschlags** zu einem die gesetzlichen Bedingungen erfüllenden Preise: BGE 71 III 124.

Art. 143
5. Folgen des Zahlungsverzuges

[1] Erfolgt die Zahlung nicht rechtzeitig *(137; VZG 45 lit. d und e, 46–49)*, so wird der Zuschlag rückgängig gemacht, und das Betreibungsamt ordnet sofort eine neue Versteigerung an *(VZG 63)*. Artikel 126 ist anwendbar.

[2] Der frühere Ersteigerer und seine Bürgen *(VZG 45 lit. e)* haften für den Ausfall und allen weiteren Schaden. Der Zinsverlust wird hierbei zu fünf vom Hundert berechnet.

1 Zahlungsfrist:

– Nichteinhalten der **nach Art. 136** gewährten Zahlungsfrist vgl. BGE 75 III 13 E.3.

– Zahlung an **Grundpfandgläubiger**: BGE 115 III 62.

– Zusätzliche Frist von 10 Tagen im Anschluss an **Beschwerdeverfahren**: BGE 109 III 39 ff.

2 Zahlungsverzug:

– Definition des **Zahlungsverzuges**: BGE 108 III 18 E.1.

– Der Verzug in der Erfüllung einer dem Ersteigerer überbundenen Verpflichtung gegenüber einer **Drittperson** hat i.a. nicht die Aufhebung des Zuschlages zur Folge: BGE 108 III 19 E.2.

- Fristansetzung des Betreibungsamtes an den Ersteigerer zur **Garantieleistung**, wenn dieser Gläubiger befriedigt hat (durch Schuldübernahme), deren Forderung bestritten ist: BGE 115 III 63 E.3.

3   Haftung des früheren Ersteigerers:

- Betr. die **Mitteilungen** über die Höhe und betreffend die Verwertung der Ausfallforderung VZG Art. 72, 79 Abs. 1, 131.
- Obligator. **Formular** VZG Nr. 14 in Anl. 22.
- Voraussetzung zur Haftung ist ein aus der Nichterfüllung des ersten Steigerungskaufs entstandener **Schaden**. Über das Bestehen einer Haftung entscheidet im Streitfalle der Richter: BGE 82 III 140.

4   Anwendbarkeit der Bestimmung bei Freihandverkauf im Konkurs: BGE 128 III 109 E.4b.

Art. 143*a*
6. Ergänzende Bestimmungen
Für die Verwertung von Grundstücken gelten im übrigen die Artikel 123 und 132a.

Keine Entscheidungen

Art. 143*b*
7. Freihandverkauf
[1] An die Stelle der Versteigerung kann der freihändige Verkauf treten, wenn alle Beteiligten damit einverstanden sind und mindestens der Schätzungspreis angeboten wird.

[2] Der Verkauf darf nur nach durchgeführten Lastenbereinigungsverfahren im Sinne von Artikel 138 Absatz 2 Ziffer 3 und Absatz 3 und Artikel 140 sowie in entsprechender Anwendung der Artikel 135–137 erfolgen.

Vgl. Entscheidungen zu Art. 130.

Art. 144
D. Verteilung
1. Zeitpunkt Art der Vornahme
[1] Die Verteilung findet statt, sobald alle in einer Pfändung enthaltenen Vermögensstücke verwertet sind *(VZG 79 Abs. 1)*.

[2] Es können schon vorher Abschlagsverteilungen vorgenommen werden *(266, VZG 79 Abs. 3)*.

[3] Aus dem Erlös werden vorweg die Kosten für die Verwaltung, die Verwertung, die Verteilung *(VZG 20, 21, 80)* und gegebenenfalls die Beschaffung eines Ersatzgegenstandes (Art. 92 Abs. 3) bezahlt.

[4] Der Reinerlös wird den beteiligten Gläubigern bis zur Höhe ihrer Forderungen, einschliesslich des Zinses bis zum Zeitpunkt der letzten Verwertung und der Betreibungskosten (Art. 68), ausgerichtet *(VZG 81–83)*.

[5] Die auf Forderungen mit provisorischer Pfändung *(83 Abs. 1, 111 Abs. 3, 118, 281 Abs. 1)* entfallenden Beträge werden einstweilen bei der Depositenanstalt hinterlegt *(9)*.

Abs. 1

1 Zuständigkeit: VZG Art. 24 Abs. 3, 78 Abs. 2.

2 Unzulässigkeit einer Verteilung, wenn der Erlös an der Verwertung eines Grundstücks Gegenstand einer **strafrechtlichen Beschlagnahme** bildet: BGE 105 III 2.

Abs. 2

3 Abschlagszahlungen aus **Erträgnissen** der Verwaltung: VZG Art. 22, 83.

Abs. 3

4 Abgrenzung zu **Art. 68**: BGE 111 III 65 E.3.

5 Belastung der die Verwertung verlangenden **Gruppengläubiger**, wenn sie durch den Erlös nicht gedeckt werden: BGE 55 III 123.

6 Rückerstattung des **Kostenvorschusses**, falls ein Gläubiger einer nachgehenden Pfändungsgruppe das Verwertungsbegehren gestellt hat: BGE 111 III 64 E.2;

– lediglich der **Nettoerlös**, der nach Abzug der Kosten verbleibt, kommt den Gläubigern der vorangehenden Pfändungsgruppen zugute: BGE 111 III 65 E.2.:

Abs. 4

7 **Berechnung** des Reinerlöses: BGE 66 III 15;

8 **Verteilung** des Erlöses und der Kosten: BGE 90 III 38 E.1;

– im Verhältnis zu **Arrestgläubiger**: BGE 90 III E.2;

– bei Verwertung einer **verpfändeten** Sache in einer Betreibung auf Pfändung: BGE 89 III 77.

9 **Dauer der Verzinsung** der Schuld bei Einkommenspfändung: BGE 116 III 57 E.2.

10 Umfang der **Kostendeckung**: BGE 73 III 134.

– Betr. die Kosten der **Übersendung** an den Gläubiger: GebVSchKG Art. 21, 32.

11 Zustellung der Schlussrechnung an den **Schuldner** gegen gebührenden Vorschuss: BGE 77 III 78 E.2.

12 Kompetenz der **AB** zur Kontrolle und Verurteilung des BA, bzw. des Staates, zur richtigen Zahlung: BGE 35 I 482 E.2, 787.

Abs. 5

13 Hinterlegung auch von Forderungen von nicht betreibenden Faustpfand- und Retentionsgläubigern bis zum Eintritt der Fälligkeit: BGE 29 I 233.

14 Einkommenspfändung: BGE 83 III 19 E.1.

Art. 145
2. Nachpfändung

[1] Deckt der Erlös den Betrag der Forderungen nicht *(126, 141)*, so vollzieht das Betreibungsamt unverzüglich *(90)* eine Nachpfändung und verwertet die Gegenstände möglichst rasch. Ein besonderes Begehren eines Gläubigers ist nicht nötig, und das Amt ist nicht an die ordentlichen Fristen *(122, 133)* gebunden.

[2] Ist inzwischen eine andere Pfändung *(91)* durchgeführt worden, so werden die daraus entstandenen Rechte durch die Nachpfändung nicht berührt.

[3] Die Bestimmungen über den Pfändungsanschluss (Art. 110 und 111) sind anwendbar.

Abs. 1

1 Zuständigkeit: VZG Art. 24 und 78 Abs. 2.

2 Betr. Zulässigkeit einer **amtlichen** Nachpfändung vgl. BGE 70 III 46; 80 III 79; 83 III 134 E.3; 114 III 101 E.c, d.

   – Nachpfändung **von Amtes wegen** und Nachpfändung **auf Antrag eines Gläubigers**: BGE 120 III 86 E.3b, 3c.

   – Wird die Verwertung zuvor gepfändeter Gegenstände unmöglich, so ist unabhängig der Gründe, die dazu geführt haben, **von Amtes wegen** eine Nachpfändung vorzunehmen: BGE 120 III 86 E.3d.

3 Kein Aufschub nach Art. 123: BGE 49 III 20.

4 Bei **Grundstücken** sind die Fristen der Art. 134 und 138 jedenfalls zu beachten.

Abs. 3

5 Neue **Teilnahmefristen**: BGE 70 III 63.

Art. 146

3. Kollokationsplan und Verteilungsliste
a) Rangfolge der Gläubiger

[1] Können nicht sämtliche Gläubiger befriedigt werden, so erstellt das Betreibungsamt den Plan für die Rangordnung der Gläubiger (Kollokationsplan) und die Verteilungsliste *(VZG 79 Abs. 2)*.

[2] Die Gläubiger erhalten den Rang, den sie nach Artikel 219 im Konkurs des Schuldners einnehmen würden. Anstelle der Konkurseröffnung ist der Zeitpunkt des Fortsetzungsbegehrens massgebend.

Abs. 1

1 Zuständigkeit: VZG Art. 24 und 78 Abs. 2.

2 Fakultat. Formular Nr. 4.

3 Verbindung mit dem **Verteilungsplan** für die Pfändungsgläubiger VZG Art. 80–83 und Anl. 27. Ferner VBR 1 Art. 20.

4 Der **Kollokationsplan** ist auf die *Rangordnung* der Gläubiger beschränkt: VZG Art. 79.

5 Selbständige **Entscheidungsbefugnis** des BA darüber. Der Rang der *Bauhandwerkerpfandrechte* ist nicht im Lastenverzeichnis, sondern erst bei der Verteilung zu bestimmen: BGE 63 III 4.

6 Verteilungsliste
 – für die **Früchte** aus der Liegenschafts*verwaltung*, wenn das Grundstück nicht verwertet wird: VZG Art. 22, 95, und Anl. 24, 25; Obligator. Formular VZG Nr. 17.
 – für die **Pfandgläubiger** eines verwerteten Grundstückes Anl. 26;
 – über die **Erträgnisse** eines nicht zugeschlagenen Grundstückes Anl. 28; obligator. Formular VZG Nr. 20.

7 **Keine Berechtigung** des BA, die vom Schuldner nicht bestrittenen oder gerichtlich zugelassenen *Beträge* der Forderungen usw. zu **ändern**. Die Forderungen sind vielmehr in den Kollokationsplan so aufzunehmen, wie sie aus den dem Pfändungsbegehren vorausgegangenen Verfahren hervorgehen: BGE 31 II 823 E.5; 81 III 23 E.2b.
 – Die **Betreibungs- und Rechtsöffnungskosten** sind der Hauptforderung zuzurechnen: BGE 90 III 38.

8 Beginn der Frist zur **Anfechtung** der Verteilungsliste, wenn der Schuldner von ihr während der Betreibungsferien Kenntnis erhält: BGE 114 III 60 E.2.

Abs. 2

9 Kein Vorrecht mehr in **späterer** Betreibung: BGE 88 III 130 (anders noch BGE 81 III 23 E.2a).

10 Verweigerung der Auszahlung trotz rechtskräftigem Kollokationsplan, wenn Kollokationsplan durch **unerlaubte Handlung** erwirkt worden ist (Konkursfall): BGE 64 III 141.

Art. 147
b) Auflegung

Der Kollokationsplan und die Verteilungsliste werden beim Betreibungsamt aufgelegt. Diese benachrichtigt die Beteiligten davon und stellt jedem Gläubiger einen seine Forderung betreffenden Auszug zu *(34)*.

1 **Zuständigkeit**: VZG Art. 24, 78 Abs. 2.

2 Betr. Auflegen der Verteilungsliste für **Grundstücke**: VZG Art. 80, 81; Obligatorisches Formular Nr. 35.

Art. 148
c) Anfechtung durch Klage

[1] Will ein Gläubiger *(146 Abs. 1, 147)* die Forderung oder den Rang eines andern Gläubigers bestreiten, so muss er gegen diesen innert 20 Tagen *(31)* nach Empfang des Auszuges *(147)* beim Gericht des Betreibungsortes *(46–53)* Kollokationsklage erheben.

[2] Der Prozess wird im beschleunigten Verfahren durchgeführt *(25 Ziff. 1)*.

Heisst das Gericht die Klage gut, so weist es den nach der Verteilungsliste auf den Beklagten entfallenden Anteil am Verwertungserlös dem Kläger zu, soweit dies zurDeckung seines in der Verteilungsliste ausgewiesenen Verlustes und der Prozesskosten nötig ist. Ein allfälliger Überschuss verbleibt dem Beklagten.

1 Bestreiten der Forderung eines andern Gläubigers mangels Fälligkeit durch **Kollokationsklage**: BGE 95 III 36 E.1.

2 Betr. **Grundstücke** VZG Art. 43 Abs. 1 und 79 Abs. 2 und obligator. Formulare Nr. 35 und VZG Nr. 17.

3 Ausschliessliche Möglichkeit der Beschwerde gegen mit dem Kollokationsplan verbundene **Verteilungsliste**: BGE 64 III 135.

– Wenn der **Gläubiger** eine Änderung in Hinsicht auf seine eigene Forderung verlangt, so ist dafür nur die Beschwerde an die Aufsichtsbehörde gegeben: BGE 31 I 821 E.2; 37 I 455 E.1.

- Befugnis des **Schuldners** zur Anfechtung des Kollokationsplanes: BGE 81 III 23 E.1.
- Entscheid der AB auf Wegweisung einer Betreibung aus der **Pfändungsgruppe** wirkt sich zugunsten aller an der Gruppe beteiligten *Gläubiger* aus: BGE 70 III 48.
- **Ausschluss** der Anfechtung, wenn in einem früheren Verfahren dazu schon Gelegenheit geboten war (Art. 107, 111 Abs. 2, 140 Abs. 2).

Art. 149

4. Verlustschein
a) Ausstellung und Wirkung

[1] Jeder Gläubiger *(VZG 84)*, der an der Pfändung teilgenommen hat, erhält für den ungedeckten Betrag seiner Forderung *(144 Abs. 1 und 5)* einen Verlustschein *(115)*. Der Schuldner erhält ein Doppel des Verlustscheins.

[1bis] Das Betreibungsamt stellt den Verlustschein aus, sobald die Höhe des Verlustes feststeht.

[2] Der Verlustschein gilt als Schuldanerkennung im Sinne des Artikels 82 und gewährt dem Gläubiger die in den Artikeln 271 Ziffer 5 und 285 erwähnten Rechte.

[3] Der Gläubiger kann während sechs Monaten nach Zustellung des Verlustscheines ohne neuen Zahlungsbefehl die Betreibung fortsetzen.

[4] Der Schuldner hat für die durch den Verlustschein verurkundete Forderung keine Zinsen zu zahlen. Mitschuldner, Bürgen und sonstige Rückgriffsberechtigte, welche an Schuldners Statt Zinsen bezahlen müssen, können ihn nicht zum Ersatz derselben anhalten.

Abs. 1

1 Obligator. Formular Nr. 36. Formular für als Verlustschein dienende leere Pfändungsurkunde vgl. Anweisung der SchKK vom 28.II.1945 (hinten Nr. 33).

2 **Mitteilung** an die Untergruppe Personelles: VBR über das militärische Kontrollwesen (VmK), 7.XII.1998 (SR 511.22) Art. 104 Abs. 1.

3 Definitiver Verlustschein in der **Einkommenspfändung**: BGE 116 III 29 E.13.

4 Kein Verlustschein in der **Arrestbetreibung** am vom Domizil verschiedenen Arrestorte: BGE 90 III 80.

- ist die Konfertierung des Verlusts durch gesetzmässige Verwertung: BGE 125 III 337.

Abs. 1bis

5 Pfändung einer **nicht bestehenden Forderung** führt mangels anderer Vermögenswerte zur Ausstellung eines Verlustscheines: BGE 74 III 81.

6 Kein Verlustschein ohne vorherige fruchtlose Verwertung: BGE 57 III 138; 96 III 115; 125 III 158.

7 Ablehnung der Ausstellung eines Verlustscheines in bestimmter Form; liegt darin Rechtsverweigerung? BGE 97 III 3.

Abs. 2

8 Öffentlichrechtliche Folgen: Art. 26.

9 Zivilrechtliche Folgen ZGB Art. 175, 182 Abs. 2, 185, 234, 480, 524, 609.

10 Verlustschein bewirkt keine Neuerung des ursprünglichen Rechtsverhältnisses: BGE 81 III 23 E.2a.

11 Pfändungsverlustschein schafft **keine Vermutung** für *Bestand* der Forderung, sondern nur Indiz dafür: BGE 69 III 90 E.1.

12 Der Pfändungsverlustschein stellt **keinen urkundlichen Beweis** i.S. von Art. 81 für den Bestand einer Gegenforderung dar: BGE 116 III 67 E.4.

13 Zur Strafbarkeitsbestimmung von StGB Art. 164 Ziff. 1: Verlustschein muss **rechtskräftig** sein: BGE 84 IV 15; 89 IV 78 E.1.

14 Vorgehen bei **Verlust**: BGE 30 I 207.

15 **Aufhebung** eines in einer nichtigen Betreibung ausgestellten Verlustscheines: BGE 73 III 27.

Abs. 3

16 Nur derjenige Gläubiger, der sich im Besitze eines **definitiven** Verlustscheines befindet, braucht keinen neuen Zahlungsbefehl zu erwirken: BGE 102 III 27.

17 Keine Möglichkeit der Pfändung von Gegenständen, die in der frühern Betreibung **unpfändbar** erklärt wurden: BGE 65 III 41.

18 Zeitliche Beschränkung für **Alimentationsbeiträge**: BGE 75 III 51.

19 Unrichtige Angabe über die **Weiterführung** der Betreibung im Verlustschein nicht verbindlich: BGE 74 III 22.

20 Fortsetzung der Betreibung ohne neuen Zahlungsbefehl ist unzulässig, wenn für die Forderung ein **Konkursverlustschein** besteht: BGE 69 III 86; 90 III 107;

21 keine **Verwirkung des Zahlungsbefehls**, solange die Frist für das Begehren um Fortsetzung der Betreibung nicht abgelaufen ist: BGE 121 III 488.

22 Wirkungen eines **neuen Verlustscheins**: BGE 24 I 540;

- **nochmalige** Betreibung ohne Zahlungsbefehl ist ausgeschlossen: BGE 69 III 71.

23 *Neue* Betreibung am **Wohnsitz** des Schuldners zur Zeit des Begehrens: BGE 62 III 92.

Art. 149*a*
b) Verjährung und Löschung

[1] Die durch den Verlustschein verurkundete Forderung verjährt 20 Jahre nach der Ausstellung des Verlustscheines; gegenüber den Erben des Schuldners jedoch verjährt sie spätestens ein Jahr nach Eröffnung des Erbganges.

[2] Der Schuldner kann die Forderung jederzeit durch Zahlung an das Betreibungsamt, welches den Verlustschein ausgestellt hat, tilgen. Das Amt leitet den Betrag an den Gläubiger weiter oder hinterlegt ihn gegebenenfalls bei der Depositenstelle.

[3] Nach der Tilgung wird der Eintrag des Verlustscheines in den Registern gelöscht. Die Löschung wird dem Schuldner auf Verlangen bescheinigt.

1 AHVG Art. 16 Abs. 2 Satz 4 , wo gesagt wird, Abs. 5 des bisherigen Art. 149 sei auf Beitragsforderungen nicht anwendbar, ist nicht angepasst worden (vgl. BBl 1994 V S. 1080), doch gilt dies sinngemäss für Art. 149a.

Art. 150
5. Herausgabe der Forderungsurkunde

[1] Sofern die Forderung eines Gläubigers vollständig gedeckt wird, hat derselbe die Forderungsurkunde *(67 Abs. 1 Ziff. 4, 73)* zu quittieren und dem Betreibungsbeamten zuhanden des Schuldners herauszugeben.

[2] Wird eine Forderung nur teilweise gedeckt *(149 Abs. 1)*, so behält der Gläubiger die Urkunde; das Betreibungsamt hat auf derselben zu bescheinigen oder durch die zuständige Beamtung bescheinigen zu lassen, für welchen Betrag die Forderung noch zu Recht besteht.

[3] Bei Grundstücksverwertungen veranlasst das Betreibungsamt die erforderlichen Löschungen und Änderungen von Dienstbarkeiten, Grundlasten,

Grundpfandrechten und vorgemerkten persönlichen Rechten im Grundbuch *(VZG 68, 69)*.

Abs. 1

1 Anspruch des Schuldners auf Herausgabe **jeder Beweisurkunde** sowie
Feststellung der Tilgung der Forderung im Betreibungsbuch: BGE 95 III 45
E.1.

2 Bei der Faustpfandverwertung hat der Faustpfandgläubiger **das Pfand
herauszugeben:** BGE 56 III 114.

Abs. 2

3 Grundbuchverordnung Art. 67 und 68 Abs. 1 und 2 finden analoge
Anwendung bei **«Verrechnung»** des Steigerungspreises mit Forderung
des Bieters: BGE 79 III 24 E.2.

Vierter Titel: Betreibung auf Pfandverwertung

Art. 151

A. Betreibungsbegehren

Wer für eine durch Pfand (Art. 37) gesicherte Forderung Betreibung einleitet *(38 Abs. 2)*, hat im Betreibungsbegehren zusätzlich zu den in Artikel 67 aufgezählten Angaben den Pfandgegenstand zu bezeichnen. Ferner sind im Begehren anzugeben:

a) der Name des Dritten, der das Pfand bestellt oder den Pfandgegenstand zu Eigentum erworben hat *(VZG 88)*;

b) die allfällige Verwendung des verpfändeten Grundstücks als Familienwohnung des Schuldners oder des Dritten (Art. 169 ZGB).

² Betreibt ein Gläubiger aufgrund eines Faustpfandes, an dem ein Dritter ein nachgehendes Pfandrecht hat (Art. 886 ZGB), so muss er diesen von der Einleitung der Betreibung benachrichtigen.

Abs. 1

1 Formular Nr. 1

- Wechselforderungen: Art. 177.
- Forderungen mit Pfand an im Ausland gelegenen Grundstücken VZG Art. 1 Abs. 1.
- Rechte an Gesamteigentum: VZG Art. 1 Abs. 2.
- Verwertung der von ausländischen Versicherungsgesellschaften geleisteten Kautionen: BG betr. die Kautionen der ausländischen Versicherungsgesellschaften vom 4.II.1919 (Nr. 79), Art. 7.
- Zahlung unter der Bedingung der **Herausgabe des Pfandes:** Der Schuldner hat die Wahl, entweder auf Bedingung zu verzichten oder die Betreibung weitergehen zu lassen: BGE 74 III 25.
- Genaue **Bezeichnung** des Pfandes: BGE 81 III 5 E.2. Für **Aktien** genügt Angabe des Depotscheines; Vorlegung des Pfandes ist erst bei Fortsetzung der Betreibung erforderlich: BGE 70 III 54 E.1.
- **Zugehör** ist nicht speziell anzuführen: BGE 52 III 96.
- **Bauhandwerkerpfandrecht:** Dieses muss definitiv im Grundbuch eingetragen sein: BGE 125 III 248–250.
- **Mehrere Grundstücke**: ZGB Art. 816 Abs. 3; VZG Art. 100, 107.
- Mehrere **subsidiär** haftende Pfandgrundstücke: VZG Art. 87.
- Fall des **Gesamtpfandes:** BGE 126 III 34. E. 2,3.

- *Pfandbetreibung* für Mietzins auf Grund einer beim Auszug des Mieters erfolgten Faustverpfändung von **Mobilien**: BGE 74 III 12.
- *Bestreitung* des Pfandrechtes durch den Schuldner und Dritteigentümer erfolgt durch **Rechtsvorschlag**: Art. 153 N. 2, VZG Art. 85, 93 und BGE 57 III 26 E.2; vgl. hiezu auch BGE 72 III 16.
- Der Einwand, dass einem Gläubiger nicht das Grundstück, sondern eine grundpfandversicherte **Forderung** verpfändet und daher Faustpfandbetreibung durchzuführen sei, ist durch Rechtsvorschlag zu erheben: BGE 78 III 95.

Abs. 2

2 Kein Anspruch des **Kaufsberechtigten** darauf, dass mit der Verwertung des Grundstücks gewartet wird, bis er die Fläche, auf die sich das Kaufsrecht bezieht, zu Eigentum erworben hat: BGE 114 III 20 E.4.

Art. 152
B. Zahlungsbefehl
1. Inhalt. Anzeige an Mieter und Pächter

Nach Empfang des Betreibungsbegehrens *(71 Abs. 1)* erlässt das Betreibungsamt *(51 Abs. 2)* einen Zahlungsbefehl nach Artikel 69, jedoch mit folgenden Besonderheiten:

1. Die dem Schuldner anzusetzende Zahlungsfrist *(69 Abs. 2 Ziff. 2, 154)* beträgt einen Monat *(31, 62)*, wenn es sich um ein Faustpfand *(37 Abs. 2)*, sechs Monate, wenn es sich um ein Grundpfand *(37 Abs. 1)* handelt.

2. Die Androhung lautet dahin, dass, wenn der Schuldner weder dem Zahlungsbefehle nachkommt noch Rechtsvorschlag *(74–78)* erhebt, das Pfand verwertet werde.

² Bestehen auf dem Grundstück Miet- oder Pachtverträge und verlangt der betreibende Pfandgläubiger die Ausdehnung der Pfandhaft auf die Miet- oder Pachtzinsforderungen (Art. 806 ZGB), so teilt das Betreibungsamt den Mietern oder Pächtern die Anhebung der Betreibung mit und weist sie an, die fällig werdenden Miet- oder Pachtzinse an das Betreibungsamt zu bezahlen.

Abs. 1 Ziff. 2

1 Rechtsvorschlag gilt, wenn nichts anderes bemerkt wird, für Forderung und Pfandrecht: VZG Art. 85. Der Einwand, dass einem Gläubiger nicht das Grundstück, sondern eine grundpfandversicherte Forderung verpfändet und daher **Faustpfandbetreibung** durchzuführen sei, ist ebenfalls durch Rechtsvorschlag zu erheben: BGE 78 III 95.

2 Vgl. SchRG (Nr. 60) Art. 59

3 Vgl. LBG (Nr. 57) Art. 57

Abs. 2

4 **Ausdehnung** der Pfandhaft auf Miet- und Pachtzinsforderungen des Eigentümers der verpfändeten Grundstücke: VZG Art. 91;

 - **Folgen** der Ausdehnung der Pfandhaft: VZG Art. 93–96, Anl. 7 und 8, obligator. Formular VZG Nr. 5 und 6.

5 **Auszüge** an Pfandeigentümer: VZG Art. 92.

6 **Fristansetzung** zur Beseitigung des Rechtsvorschlages: VZG Art. 93

7 Vgl. SchRG Art. 59 (Nr. 60)

8 Vgl. LBG Art. 57 (Nr. 57)

9 Obligator. **Formular** VZG Nr. 8 in Anl. 13.

10 Verzicht auf **Zinsensperre**: Anl. 14 und dazu BGE 64 III 28.

11 **Abrechnung** über Zinse: VZG Art. 21;

12 **Rechnungsführung**: Anl. 15 und 16.

13 **Verwaltung** eines verpfändeten und registrierten Schiffes: SchRG Art. 59 (hinten Nr. 60)

14 **Verteilung** der Zinse: VZG Art. 22, 95, und Anl. 24.

Art. 153
2. Ausfertigung. Stellung des Dritteigentümers des Pfandes

[1] Die Ausfertigung des Zahlungsbefehls erfolgt gemäss Artikel 70.

[2] Das Betreibungsamt stellt auch folgenden Personen einen Zahlungsbefehl zu:

a) dem Dritten, der das Pfand bestellt oder den Pfandgegenstand zu Eigentum erworben hat *(VZG 88, 89, 100)*;

b) dem Ehegatten des Schuldners oder des Dritten, falls das verpfändete Grundstück als Familienwohnung dient (Art. 169 ZGB).

Der Dritte und der Ehegatte können Rechtsvorschlag erheben wie der Schuldner.

[3] Hat der Dritte das Ablösungsverfahren eingeleitet (Art. 828 und 829 ZGB), so kann das Grundstück nur verwertet werden, wenn der betreibende Gläubiger nach Beendigung dieses Verfahrens dem Betreibungsamt

nachweist, dass ihm für die in Betreibung gesetzte Forderung noch ein Pfandrecht am Grundstück zusteht.

⁴ Im übrigen finden mit Bezug auf Zahlungsbefehl und Rechtsvorschlag die Bestimmungen der Artikel 71–86 Anwendung.

Abs. 1

1 Vormerkung einer Verfügungsbeschränkung im Grundbuch, wenn kein Rechtsvorschlag erhoben oder dieser rechtskräftig beseitigt ist: VZG Art. 90; ZGB Art. 960 Abs. 1 Ziff. 1.

Abs. 2 lit. a

2 Bedeutung der **Ausfertigung**: BGE 52 III 115.

3 Der **Dritteigentümer** eines verpfändeten Gegenstandes wird auch als Betriebener betrachtet: BGE 121 III 30 E.2b; vgl. dazu Art. 85a.

– Besteht zur Zeit des Eigentumserwerbes durch den Dritten eine **Verfügungsbeschränkung**, so hat dieser keinen Anspruch auf nachträgliche Zustellung: BGE 78 III 6; 96 III 69 E.1.

– Anspruch auf Zustellung hat nur der **wirkliche** Eigentümer: BGE 127 III 116 E.3.

– Wer mit dem Schuldner **gemeinschaftlicher Eigentümer** des Pfandgrundstückes ist, muss als Dritteigentümer in die Betreibung einbezogen werden, selbst wenn er gleichzeitig als Mitschuldner betrieben ist: BGE 77 III 33 E.3;

– Gleich wie der *Dritteigentümer* eines Faustpfandes ist der Dritteigentümer eines gemäss Art. 895 ff. ZGB **retinierten** Gegenstandes zu behandeln: BGE 93 III 99;

– vgl. dagegen für das **Mietretentionsrecht**: BGE 70 II 227.

– Wirkung einer dem Dritten erteilten **Nachlassstundung**: BGE 51 III 236.:

Abs. 3

4 Die *Einleitung* der Grundpfandbetreibung wird durch ein hängiges Purgationsverfahren **nicht ausgeschlossen**: BGE 100 III 53 E.2.

Art. 153*a*

C. Rechtsvorschlag. Widerruf der Anzeige an Mieter und Pächter

¹ Wird Rechtsvorschlag erhoben, so kann der Gläubiger innert zehn Tagen nach der Mitteilung des Rechtsvorschlages Rechtsöffnung verlangen oder auf Anerkennung der Forderung oder Feststellung des Pfandrechts klagen.

[2] Wird der Gläubiger im Rechtsöffnungsverfahren abgewiesen, so kann er innert zehn Tagen nach Eröffnung des Urteils Klage erheben.

[3] Hält er diese Fristen nicht ein, so wird die Anzeige an Mieter und Pächter widerrufen.

1 Anwendbares Verfahren bei einer Mietzinssperre, wenn zu gleich die Forderung oder das Pfandrecht und das **Pfandrecht an den Mietzinsen** bestritten werden: BGE 126 III 483 E.1.

Art. 154
D. Verwertungsfristen

[1] Der Gläubiger kann die Verwertung eines Faustpfandes *(37 Abs. 2)* frühestens einen Monat *(31, 152 Abs. 1 Ziff. 1)* und spätestens ein Jahr, die Verwertung eines Grundpfandes *(37 Abs. 1)* frühestens sechs Monate *(152 Abs. 1 Ziff. 1)* und spätestens zwei Jahre nach der Zustellung des Zahlungsbefehls *(71, 72)* verlangen. Ist Rechtsvorschlag *(VZG 93)* erhoben worden, so stehen diese Fristen zwischen der Einleitung und der Erledigung eines dadurch veranlassten gerichtlichen Verfahrens *(153a, 78, 79, 83 Abs. 2)* still *(88 Abs. 2, VZG 98)*.

[2] Wenn binnen der gesetzlichen Frist das Verwertungsbegehren nicht gestellt oder zurückgezogen und nicht erneuert wird, so erlischt die Betreibung *(121)*.

Abs. 1

1 Formular Nr. 27; Vormerkung einer **Verfügungsbeschränkung**: VZG Art. 97.

2 Das Recht, die Verwertung zu **verlangen**, steht auch dem Schuldner und Dritteigentümer eines Grundpfandes zu: BGE 69 III 81.

3 Betreibung gegen den **Dritteigentümer**: VZG Art. 88 Abs. 3.

4 **Frist** für die Verwertung

- eines verpfändeten registrierten **Schiffes** wie für ein Faustpfand: SchKG Art. 58 (hinten Nr. 60);

- für **Luftfahrzeuge**: LBG (Nr. 57) Art. 58

- Die **Fristunterbrechung** bezieht sich auf die *Maximalverwertungsfrist,* nicht auf die Minimalfrist von 1 bzw. 6 Monaten: BGE 90 III 85.

- In der **Retentionsbetreibung** für Miet- und Pachtzinsen werden Fristen nur durch Einreichen der Klage innert 10 Tagen seit Ablehnung der Rechtsöffnung gehemmt: BGE 69 III 51.

5 Weiterführung der Betreibung nach Einstellung und Schliessung des **Konkurses** mangels Aktiven mit Verlängerung der Maximalfrist um die Dauer des Konkursverfahrens: BGE 105 III 65 E.2.

– Die Bestimmung von Satz 2 über den Stillstand der Frist bezieht sich nur auf die **Maximalfrist:** BGE 124 III 79.

Art. 155
E. Verwertungsverfahren
1. Einleitung

[1] Hat der Gläubiger das Verwertungsbegehren gestellt, so sind die Artikel 97 Absatz 1, 102 Absatz 3, 103 und 106–109 auf das Pfand sinngemäss anwendbar.

[2] Das Betreibungsamt benachrichtigt den Schuldner binnen drei Tagen von dem Verwertungsbegehren

Abs. 1

1 Vormerkung einer **Verfügungsbeschränkung** im Grundbuch: VZG Art. 97.

2 Einforderung des **Grundbuchauszuges** und *Schätzung:* VZG Art. 99.

3 Keine analoge Anwendung von VZG Art. 99 Abs. 2 bzw. 9 Abs. 2 auf **nicht kotierte Aktien***:* BGE 101 III 34 E.2b, 2c.

4 Die Mitteilung der **Schätzung** kann in der Steigerungspublikation erfolgen: BGE 52 III 155.

5 **Neue Schätzung** nach Durchführung des Lastenverzeichnisses, VZG Art. 44. Obligator. Formular VZG Nr. 7 in Anl. 10, 11.

6 Schätzung eines **Gemäldes**, Verhältnis der Kosten zum mutmasslichen Wert: BGE 110 III 68.

7 Pfand im **Dritteigentum** VZG Art. 100.

8 **Verwaltung** VZG Art. 101.

9 Verwertung setzt **Übergabe** des Faustpfandes an BA voraus: BGE 70 III 56.

10 Verpfändeter **Versicherungsanspruch** VBGer betr. Pfändung usw. von Versicherungsansprüchen vom 10.V.1910, Art. 15–16, 20 (Nr. 77).

11 Kein Widerspruchsverfahren über **Erlös** eines schon vor Einleitung der Betreibung verkauften Pfandes: BGE 71 III 120; 74 III 69.

12 Ausübung eines im Grundbuch vorgemerkten **Kaufrechts** während der Hängigkeit einer das fragliche Grundstück betreffenden Grundpfandbetreibung: BGE 114 III 19.

- Beim **Widerspruchsverfahren** mit den Besonderheiten der Betreibungsart Rechnung zu tragen: BGE 123 III 367 E 3.

13 Grenzen der analogen Anwendung der Art. 106 ff SchKG: BGE 123 III 369 E.3a.

- Bei Betreibung auf Faustpfandverwertung: BGE 123 III 370 E. 3c.
  - ausnahmsweise Anwendbarkeit von Art. 108 SchKG: BGE 123 III 371 E.3c..

14 Analoge Anwendung von Art. 109 Abs. 5 SchKG: BGE 127 III 117.

Abs. 2

15 Anzeige an Dritteigentümer VZG Art. 99 Abs. 1.

16 Unterlassung der Anzeige an den Dritteigentümer berechtigt diesen nicht zur Beschwerde, wenn er vom Verwertungsbegehren früh genug Kenntnis erhalten hat, um seine Interessen wahren zu können: BGE 96 III 125.

17 Kaution einer ausländischen Versicherungsgesellschaft gemäss BG über die Kautionen der ausländischen Versicherungsgesellschaften vom 4.II.1919, Art. 7 (hinten Nr. 79).

Art. 156
2. Durchführung

¹ Für die Verwertung gelten die Artikel 122–143b *(VZG 102)*. Die Steigerungsbedingungen (Art. 135) bestimmen jedoch, dass der Anteil am Zuschlagspreis, der dem betreibenden Pfandgläubiger zukommt, in Geld zu bezahlen ist, wenn die Beteiligten nichts anderes vereinbaren *(VZG 47)*. Sie bestimmen ferner, dass die Belastung des Grundstücks *(138, 151)*, die zugunsten des Betreibenden bestand, im Grundbuch gelöscht wird *(150)*.

² Vom Grundeigentümer zu Faustpfand begebene Eigentümer- oder Inhabertitel werden im Falle separater Verwertung auf den Betrag des Erlöses herabgesetzt.

1 Pfandhaft **mehrerer** Grundstücke: VZG Art. 100, 107.

- **Getrennt** verpfändete Grundstücke: VZG Art. 108.
- Zur Frage, ob **Verfahren mit einem Gesamtaufruf** zu einem Gesamtpreis oder nur Einzelruf nach VZG Art. 108 Abs. 1bis analog angewendet wird, vgl. BGE 126 III 35 E. 3.
- Das BA verfügt nicht über das ihm durch ZGB 816 Abs. 2 und VZG 107 Abs. 1 gewährte **Ermessen,** wenn nach dem festgelegten Schätzungswert sofort ersichtlich ist, dass alle Grundstücke, welche

Gegenstand des Gesamtpfandes bilden, verkauft werden müssen, um den betreibenden Gläubiger zu befriedigen: BGE 126 III 34f. E. 2..

2 Pfand im **Dritteigentum**: VZG Art. 103.

3 **Vorzeitige** Verwertung von Grundstücken nicht zulässig: BGE 107 III 128 E.3.

– Zuständigkeit und Gründe zur **Verschiebung** einer Steigerung: BGE 84 III 92 E.2.

– Betr. nachträgliches **Lastenbereinigungsverfahren**: vgl. BGE 76 III 42.

4 **Doppelaufruf** VZG Art. 104.

– Voraussetzungen zur Aufnahme in die **Steigerungsbedingungen** vgl. BGE 81 III 62.

5 **Deckungsprinzip** VZG Art. 105 und 106.

– **Ausnahme** vom Deckungsprinzip

– für Versteigerung von registrierten **Schiffen**: SchKG Art. 61 (Nr. 60) Art. 61.

– für **Luftfahrzeuge**: LBG Art. 59 (Nr. 57) Art. 59.

6 Teilnahme eines **Pfändungsgläubigers**, der das Verwertungsbegehren noch nicht stellen konnte: BGE 64 III 205.

7 Anzeige an **Mieter** und **Pächter**: VZG Art. 70, 102.

8 Betr. Anmeldung des **Eigentumsüberganges** VZG Art. 68, 102, 110.

9 Betr. Einforderung der **Pfandtitel** VZG Art. 69, 102.

– Herausgabe **verlustig** gewordener Titel über Grundpfand-verschreibungen an den Gläubiger: BGE 44 III 73.

– Wenn wegen **ungenügender Pfanddeckung** das Pfand ganz oder teilweise zu löschen ist, muss das Betreibungsamt den oder die Titel im vorliegenden Fall die Schuldbriefe dem Grundbuchamt zur Lö-schung oder Herabsetzung des Pfandrechtes zustellen: BGE 121 III 434 E.2a; 122 III 434 E.5.

10 Entsprechend Art. 85 Abs. 1 OR, der auf die Zwangsverwertung und insbesondere auf die Betreibung auf Pfandverwertung anwendbar ist, muss der **Ertrag** aus der Pfandverwertung zuerst auf die Kosten der Betreibung und die Verzugszinsen und sodann auf das Kapital angerech-net werden (E.2b).

11 Die **persönliche** Forderung aus dem Schuldbrief besteht trotz ergebnis-loser Verwertung der Liegenschaft weiter: BGE 68 III 87 E.1.

12 Zulässigkeit der direkten Befriedigung der Grundpfandgläubiger durch den **Ersteigerer**: BGE 115 III 62 E.2;

13 Zulässigkeit der Weigerung des Gläubigers, den Erlös aus der Grundpfandverwertung auf seine **ursprüngliche** Forderung anzurechnen: BGE 115 II 155 E.6.

14 Erwerb eines **Inhaberschuldbriefs** durch den Pfandgläubiger im Faustpfandverwertungsverfahren und anschliessende Betreibung auf Grundpfandverwertung für den im Titel ausgewiesenen Forderungsbetrag: BGE 115 II 153 E.4, 5.

15 Fall des **Gesamtaufrufs:** BGE 126 III 34 E. 2,3.

16 **Löschung** von Grundpfandtiteln: BGE 125 III 252.

17 Feststellung der **Nichtigkeit** eines Steigerungszuschlags nach Abschluss des Pfandverwertungsverfahrens: BGE 112 III 66 E.3.

18 Wird in einer Betreibung auf Grundpfandverwertung ein Grundstück **freihändig** verkauft, so gilt – nicht anders als im Fall der öffentlichen Versteigerung – der Grundsatz, dass bei auf dem Grundstück lastenden Schuldbriefen Grundpfandrecht und Titel soweit gelöscht werden müssen, als die persönliche Schuldpflicht nicht überbunden und der Gläubiger aus dem Pfanderlös nicht befriedigt wird.

Art. 157
3. Verteilung

[1] Aus dem Pfanderlös *(VZG 114, 115)* werden vorweg die Kosten für die Verwaltung, die Verwertung und die Verteilung bezahlt *(144 Abs. 3, 262 Abs. 2, VZG 20, 21, 112).*

[2] Der Reinerlös wird den Pfandgläubigern bis zur Höhe ihrer Forderungen einschliesslich des Zinses bis zum Zeitpunkt der letzten Verwertung und der Betreibungskosten ausgerichtet *(67 Abs. 1 Ziff. 3, 68, 69 Abs. 2 Ziff. 2, VZG 46, 48).*

[3] Können nicht sämtliche Pfandgläubiger befriedigt werden, so setzt der Betreibungsbeamte, unter Berücksichtigung des Artikels 219 Absätze 2 und 3 die Rangordnung der Gläubiger und deren Anteile fest.

[4] Die Artikel 147, 148 und 150 finden entsprechende Anwendung.

Abs. 1 und 2

1 Betr. die Kosten der **Liegenschaftsverwaltung**: VZG Art. 49 lit. a.

2 Die bei der Betreibung auf Grundpfandverwertung anfallenden **Grundstückgewinnsteuern** sind als Kosten der Verwertung im Sinne von

Art. 157 Abs. 1 SchKG zu betrachten und demzufolge vom Bruttoerlös abzuziehen und zu bezahlen, bevor der Nettoerlös an die Gläubiger verteilt wird: BGE 122 III 248 E.5b.

3 **Konkurrenz** zwischen Pfand- und Pfändungsgläubiger: VZG Art. 113.

4 Betr. **unbekannte** Gläubiger oder solche mit unbekanntem Aufenthalt: BGE 62 III 124:

Abs. 3

5 Zur **Zuständigkeit** vgl. VZG Art. 77, 78.

6 Aufstellung eines **Kollokationsplanes** im Falle mehrerer Betreibungen von Grundpfandgläubigern: BGE 122 III 90 E.1b.

7 Einstellung der Verteilung, wenn **Bauhandwerkerpfandrechte** zu Verlust kommen: VZG Art. 117.

8 **Gesamtpfand**: VZG Art. 118.

9 Anmeldung zur **Löschung von Grundpfandrechten** und Verfügungsbeschränkung im Grundbuch VZG Art. 110.

10 **Löschung von Dienstbarkeiten** und Grundlasten VZG Art. 116.

11 **Verteilungsliste**: VZG Art. 112.

12 Anzeige vom Untergang einer **Viehverpfändung** an das Verschreibungsamt VBR vom 30.X.1971/7.VII.1971 betr. Viehverpfändung Art. 23 (hinten Nr. 61). Vgl. auch BGE 95 III 33.

Art. 158
4. Pfandausfallschein

[1] Konnte das Pfand wegen ungenügenden Angeboten (Art. 126 und 127) nicht verwertet werden *(VZG 111)* oder deckt der Erlös die Forderung nicht, so stellt das Betreibungsamt dem betreibenden Pfandgläubiger einen Pfandausfallschein aus.

[2] Nach Zustellung dieser Urkunde kann der Gläubiger die Betreibung, je nach der Person des Schuldners *(38, 39)*, auf dem Wege der Pfändung oder des Konkurses führen, sofern es sich nicht um eine Gült oder andere Grundlast handelt. Betreibt er binnen Monatsfrist, so ist ein neuer Zahlungsbefehl nicht erforderlich.

[3] Der Pfandausfallschein gilt als Schuldanerkennung im Sinne von Artikel 82.

Abs. 1

1 Pfandausfallschein auch an die **nachgehenden Pfandgläubiger,** deren *Forderungen fällig* sind: VZG Art. 120; obligator. **Formular** Nr. 42.

2 **Bescheinigung** an die nachgehenden Pfandgläubiger mit *nicht* fälligen Forderungen Anl. 29; obligator. **Formular** VZG Nr. 21.

3 **Kein** Pfandausfallschein
- für die mit dem Betreibenden im gleichen Range Stehenden, wenn sie **nicht betrieben** haben: BGE 55 III 61;
- wenn es sich um ein Faustpfand an durch das Ergebnis der Verwertung eines Grundstücks nicht gedeckten **Inhaberschuldbriefen** handelt: BGE 97 III 120.
- wenn Pfand wegen **Drittansprache** nicht verwertet werden kann: BGE 79 III 125 E.2.

4 Folgen bei fehlendem Angebot: 122 III 435 E.5.

5 Gegen den **Drittschuldner** nur auf besonderes Verlangen: BGE 62 III 98.

6 **Löschung** im Grundbuch bei Pfandrecht für Baurechtszins: ZGB Art. 779.

Abs. 2

7 Notwendiger *Inhalt* einer auf Pfandausfallschein beruhenden Pfändungsankündigung oder Konkursandrohung: BGE 85 III 173.

8 **Ausnahme** von der direkten Fortsetzung der Betreibung für Pfandbetreibungen
- nach einem **Nachlassvertrag** VZG Art. 121,
- wenn **ernsthafte Einreden** gegen die persönliche Haftbarkeit erhoben werden, z.B. im Falle von VZG Art. 89 Abs. 2;
- beim Pfandausfallschein gegen den **Drittschuldner**: BGE 62 III 96.
- Einrede der Nichthaftung des Schuldners für PfandausfallForderung erst im **neuen Betreibungsverfahren**: BGE 64 III 174.

9 Wirkungen des Pfandausfallscheins, wenn ein **Eigentümerschuldbrief** zunächst in Faustpfandverwertung ersteigert und dann grundpfandverwertet wird: BGE 89 III 44 E.1.

10 **Monatsfrist** läuft vom Empfang des Pfandausfallscheines: BGE 64 III 34. Im Fall von Art. 158 Abs. 2 SchKG wird aber der Eintritt der Verwirkung des Zahlungsbefehls hinausgeschoben; sie tritt nicht ein, solange die Frist für das Begehren um Fortsetzung der Betreibung nicht abgelaufen ist: BGE 121 III 486.

Fünfter Titel: Betreibung auf Konkurs
I. Ordentliche Konkursbetreibung
Art. 159
A. Konkursandrohung
1. Zeitpunkt

Unterliegt der Schuldner der Konkursbetreibung, so droht ihm das Betreibungsamt nach Empfang des Fortsetzungsbegehrens unverzüglich den Konkurs an *(38 Abs. 3)*.

1 Prüfung **von Amtes wegen**, ob eine Zwangsvollstreckung durch Betreibung auf Pfändung oder auf Konkurs fortzusetzen ist: BGE 112 III 4; 115 III 90 E.1.

- Aufhebung von rechtswidrigen Betreibungshandlungen durch das Amt, das irrtümlicherweise die Betreibung auf Pfändung fortgesetzt hat: BGE 101 III 21; nunmehr **SchKG Art. 22 Abs. 2.**

2 Obligator. Formular Nr. 47.

3 Eine während der Hängigkeit einer **Aberkennungsklage** erlassene Konkursandrohung ist nichtig: BGE 32 I 196, 73 I 356.

- Konkursandrohung trotz Hängigkeit des **Rechtsmittels** gegen den Rechtsöffnungsentscheid, wenn diesem keine aufschiebende Wirkung zukommt: BGE 101 III 42. Vgl. BGE 122 III 36.

Art. 160
2. Inhalt

¹ Die Konkursandrohung enthält:

1. die Angaben des Betreibungsbegehrens *(67 Abs. 1 Ziff. 1–4)*;
2. das Datum des Zahlungsbefehls *(71)*;
3. die Anzeige, dass der Gläubiger nach Ablauf von 20 Tagen das Konkursbegehren stellen kann *(166)*;
4. die Mitteilung, dass der Schuldner, welcher die Zulässigkeit der Konkursbetreibung bestreiten will, innert zehn Tagen bei der Aufsichtsbehörde Beschwerde zu führen hat (Art. 17).

² Der Schuldner wird zugleich daran erinnert, dass er berechtigt ist, einen Nachlassvertrag vorzuschlagen *(293 ff.)*.

Keine Entscheidungen

Art. 161
3. Zustellung

¹ Für die Zustellung der Konkursandrohung *(160)* gilt Artikel 72.

² Ein Doppel derselben wird dem Gläubiger zugestellt, sobald die Zustellung an den Schuldner erfolgt ist.

1 Zustellung an den Schuldner nach Publikation «Briefpost Schweiz» (Nr. 91) **Gebühr**: GebVSchKG Art. 16, 39.

Art. 162
B. Güterverzeichnis
1. Anordnung

Das für die Eröffnung des Konkurses zuständige Gericht (Konkursgericht) *(23, 166 Abs. 1, 170)* hat auf Verlangen des Gläubigers, sofern es zu dessen Sicherung geboten erscheint, die Aufnahme eines Verzeichnisses aller Vermögensbestandteile des Schuldners (Güterverzeichnis) anzuordnen.

1 **Weitere** Fälle: Art. 57c, 170, 174, 341.

2 Anspruch auf Errichtung eines Güterverzeichnisses **nach Vollstreckbarerklärung**: BGE 126 III 441.

3 Notwendigkeit der Prüfung der Voraussetzungen; **Gebühr**: GebV SchKG Art. 53.

4 Die Anordnung des Güterverzeichnisses unterliegt **nicht** der Berufung an das BGr: OG Art. 48; BGE 72 II 190.

   – Anfechtung mit **staatsrechtlicher Beschwerde**: BGE 82 I 147.

Art. 163
2. Vollzug

¹ Das Betreibungsamt *(46–53, 89, 221 Abs. 2)* nimmt das Güterverzeichnis auf. Es darf damit erst beginnen, wenn die Konkursandrohung zugestellt ist; ausgenommen sind die Fälle nach den Artikeln 83 Absatz 1 und 183.

² Die Artikel 90–92 finden entsprechende Anwendung *(224–226)*.

1 **Strafandrohung** vgl. StGB Art. 323 Ziff. 1 und 3, und 326.. 91). **Gebühr** GebVSchKG 40.

2 Zu den Befugnissen des Konkursrichters und des Konkursbeamten vgl. BGE 30 I 754. **Kein Einzug** fälliger Forderungen durch das BA: BGE 46 III 107.

Art. 164
3. Wirkungen
a) Pflichten des Schuldners

[1] Der Schuldner ist bei Straffolge (Art. 169 StGB) verpflichtet, dafür zu sorgen, dass die aufgezeichneten Vermögensstücke erhalten bleiben oder durch gleichwertige ersetzt werden; er darf jedoch davon so viel verbrauchen, als nach dem Ermessen des Betreibungsbeamten zu seinem und seiner Familie Lebensunterhalt erforderlich ist.

[2] Der Betreibungsbeamte macht den Schuldner auf seine Pflichten und auf die Straffolge ausdrücklich aufmerksam.

Keine Entscheidungen

Art. 165
b) Dauer

[1] Die durch das Güterverzeichnis begründete Verpflichtung des Schuldners wird vom Betreibungsbeamten aufgehoben, wenn sämtliche betreibende Gläubiger einwilligen.

[2] Sie erlischt von Gesetzes wegen vier Monate nach der Erstellung des Verzeichnisses.

Abs. 2

1 Bei hängiger **Aberkennungsklage** s. Art. 83 Abs. 4.

Art. 166
C. Konkursbegehren
1. Frist

[1] Nach Ablauf von 20 Tagen seit der Zustellung der Konkursandrohung *(159)* kann der Gläubiger unter Vorlegung dieser Urkunde *(161 Abs. 2)* und des Zahlungsbefehls *(70 Abs. 1)* beim Konkursgerichte *(25 Ziff. 2, 162)* das Konkursbegehren stellen.

[2] Dieses Recht erlischt 15 Monate *(31)* nach der Zustellung des Zahlungsbefehls. Ist Rechtsvorschlag erhoben worden *(74, 75)*, so steht diese Frist zwischen der Einleitung und der Erledigung eines dadurch veranlassten gerichtlichen Verfahrens *(78, 79, 88 Abs. 2)* still.

Abs. 1

1 Ein Konkursbegehren, das vor Fristablauf der **Post** übergeben worden ist, aber erst danach bei der zuständigen Behörde eingeht, muss zugelassen werden: BGE 122 III 131 E.2b.

2 Über die Möglichkeit der **Verschiebung** der Konkurseröffnung vgl. Art. 173a.

3 Vgl. ferner Art. 19–21 des BG über Verpfändung und Zwangsliquidation von Eisenbahnen und Schiffahrtsunternehmungen vom 25.IX.1917 (SR 742.211);

4 Vgl. BKG Art. 36;

5 Vgl. Art. 18 des BG über Sicherstellung von Ansprüchen aus Lebensversicherungen inländischer Lebensversicherungsgesellschaften vom 25.VI.1930 (SR 961.03, hinten Nr. 78).

Abs. 2

6 **Stillstand** der Frist,

- solange der Gläubiger nicht in den *Besitz der* **Urkunde** gelangen kann, welche das Rechtsöffnungsurteil als vollstreckbar erklärt: BGE 106 III 55.

- auch für die Zeit des **Aberkennungsprozesses:** BGE 46 III 17; 55 III 54.

7 Ebenso steht die Frist still, bis über die im Zeitpunkt der Zustellung des ZB hängige **Anerkennungsklage** rechtskräftig entschieden ist: BGE 113 III 121 E.2, 3.

8 **Verwirkung** des Zahlungsbefehls nach Ausstellung eines Pfandausfallscheins: BGE 121 III 486 E.3.

Art. 167
2. Rückzug

Zieht der Gläubiger das Konkursbegehren zurück, so kann er es vor Ablauf eines Monats nicht erneuern.

1 Ein **Sistierungsgesuch** ist einem *Rückzug* gleichzustellen: BGE 64 I 199.

2 Anders in der **Wechselbetreibung**: BGE 62 I 212.

3 Keine Wirkung des **Rückzugs** eines Konkursbegehrens während eines staatsrechtlichen Beschwerdeverfahrens: BGE 118 III 39 E.2b.

Art. 168
3. Konkursverhandlung

Ist das Konkursbegehren gestellt, so wird den Parteien wenigstens drei Tage vorher die gerichtliche Verhandlung angezeigt *(34, 64–66)*. Es steht denselben frei, vor Gericht zu erscheinen, sei es persönlich, sei es durch Vertretung *(171)*.

1 Konkursbegehren gegen eine Versicherungsgesellschaft: Art. 19 des BG betr. die Sicherstellung usw. vom 25.VI.1930 (Nr. 78).

Art. 169
4. Haftung für die Konkurskosten

[1] Wer das Konkursbegehren stellt, haftet für die Kosten, die bis und mit der Einstellung des Konkurses mangels Aktiven (Art. 230) oder bis zum Schuldenruf (Art. 232) entstehen.

[2] Das Gericht kann von dem Gläubiger einen entsprechenden Kostenvorschuss verlangen *(68)*.

Abs. 1

1 **Kosten** des Konkursdekretes: GebV SchKG Art. 52.

2 **Umfang** der Kostenpflicht: BGE 118 III 29 E.2b, 2c.

3 **Unentgeltliche** Rechtspflege: BGE 118 III 28 E.2; 119 III 29 E.2a.

4 Solidarische Haftung **mehrerer**, die das Begehren gleichzeitig stellen: BGE 53 III 158.

5 Möglichkeit, sich aus einem allfälligen Prozessergebnis nach Art. 131 Abs. 2 oder Art. 260 dafür vorab zu **decken**: BGE 68 III 119.

Abs. 2

6 Recht des **Konkursamtes**, vgl. KOV Art. 35.

7 Kostenvorschuss muss **vor Konkurseröffnung** angefordert werden: BGE 97 I 611.

8 Keine analoge Anwendung von **Art. 230 Abs. 3**, wenn gegen eine Gesellschaft mangels Aktiven der Konkurs nicht eröffnet worden ist und der Gläubiger auch keinen Kostenvorschuss geleistet hat: BGE 113 III 118 E.3b.

9 Die nach **Nichtleistung** des Vorschusses notwendig werdende neue Betreibung geht wieder auf Konkurs: BGE 113 III 119 E.3c.

Art. 170
5. Vorsorgliche Anordnungen

Das Gericht kann sofort nach Anbringung des Konkursbegehrens *(166, 168)* die zur Wahrung der Rechte der Gläubiger notwendigen vorsorglichen Anordnungen treffen *(162, ZGB 960 Abs. 1 Ziff.*

1 Für die **Wechselbetreibung** s. Art. 189.

2 Gebühr: GebV SchKG Art. 53.

Art. 171
D. Entscheid des Konkursgerichts
1. Konkurseröffnung

Das Gericht *(166 Abs. 1, 173 Abs. 3)* entscheidet ohne Aufschub *(25 Ziff. 2)*, auch in Abwesenheit der Parteien. Es spricht die Konkurseröffnung aus *(175 Abs. 2)*, sofern nicht einer der in den Artikeln 172–173a erwähnten Fälle vorliegt.

1 Betr. die Möglichkeit des *Aufschubes* der Konkurseröffnung gegenüber **Aktiengesellschaften** und **Genossenschaften**, wenn eine *Sanierung* möglich erscheint, vgl. OR Art. 725a und 903;

2 speziell gegenüber **Banken**, wenn sie ein Stundungsgesuch eingereicht haben, VBR vom 30.VIII.1961 (Nr. 73) Art. 45 Abs. 2.

3 Aufschub der Konkurs-Eröffnung **allgemein**: Art. 173a.

4 **Parteientschädigung**: GebV SchKG Art. 62.

Art. 172
2. Abweisung des Konkursbegehrens

Das Gericht weist das Konkursbegehren *(166)* ab:

1 wenn die Konkursandrohung von der Aufsichtsbehörde aufgehoben ist *(173)*;

2 wenn dem Schuldner die Wiederherstellung einer Frist (Art. 33 Abs. 4) oder ein nachträglicher Rechtsvorschlag (Art. 77) bewilligt worden ist;

3 wenn der Schuldner durch Urkunden beweist, dass die Schuld, Zinsen und Kosten inbegriffen *(67 Abs. 1 Ziff. 3, 69 Abs. 2 Ziff. 2, 169)*, getilgt ist oder dass der Gläubiger ihm Stundung gewährt hat *(85)*.

1 **Allgemeines**:
  – Vgl. Art. 166 Abs. 2, 173 Abs. 2, 173a.
  – Bei örtlicher **Unzuständigkeit** ist auf das Begehren von Amtes wegen nicht einzutreten: BGE 59 I 20 (anders BGE 54 III 182).

2 **Einzelne Fälle**:

3 Anwendung von Ziff. 1 auf den Fall, da der Rechtsvorschlag **nicht endgültig beseitigt** ist: BGE 73 I 357.

Ziff. 3

4 Das Gewähren von **Abschlagszahlungen** schließt Fortsetzung der Betreibung für verfallene Raten nicht aus: BGE 77 III 12.

Art. 173

3. Aussetzung des Entscheides

a) Wegen Einstellung der Betreibung oder Nichtigkeitsgründen

[1] Wird von der Aufsichtsbehörde infolge einer Beschwerde (160 Abs.1 Ziff. 4) oder vom Gericht gemäss Artikel 85 oder 85a Absatz 2 die Einstellung der Betreibung verfügt (36), so setzt das Gericht den Entscheid über den Konkurs aus.

[2] Findet das Gericht von sich aus, dass im vorangegangenen Verfahren eine nichtige Verfügung (Art. 22 Abs. 1) erlassen wurde, so setzt es den Entscheid ebenfalls aus und überweist den Fall der Aufsichtsbehörde *(172 Ziff. 1).*

[3] Der Beschluss der Aufsichtsbehörde wird dem Konkursgerichte mitgeteilt. Hierauf erfolgt das gerichtliche Erkenntnis.

1 Andere Fälle der Aussetzung OR Art. 725a Abs. 1 und 903 Abs.5;Vgl. VBR zum Bankengesetz vom 17.V.1972 (Nr. 74) Art. 56; vgl. hiezu auch BGE 73 I 356.

Art. 173*a*

b) Wegen Einreichung eines Gesuches um Nachlass- oder Notstundung oder von Amtes wegen

[1] Hat der Schuldner oder ein Gläubiger ein Gesuch um Bewilligung einer Nachlassstundung *(293)* oder einer Notstundung *(338)* anhängig gemacht, so kann das Gericht den Entscheid über den Konkurs aussetzen.

[2] Das Gericht kann den Entscheid über den Konkurs auch von Amtes wegen aussetzen, wenn Anhaltspunkte für das Zustandekommen eines Nachlassvertrages bestehen; es überweist die Akten dem Nachlassrichter.

[3] Bewilligt der Nachlassrichter die Stundung nicht, so eröffnet der Konkursrichter den Konkurs.

1 Die **Pfändungsbetreibung** für privilegierte Lohnforderungen (Art. 297 Abs. 2) ist nicht erst nach Bewilligung der Nachlassstundung, sondern schon nach Aussetzung des Konkurserkenntnisses zulässig, dessen Datum als Stichtag für die Berechnung der Lohnrückstände gilt; bereits eingeleitete Konkursbetreibung kann vom Lohngläubiger ohne neue Betreibung auf Pfändung weitergeführt werden: BGE 78 III 28.

Art. 174

4. Weiterziehung

[1] Der Entscheid des Konkursgerichtes kann innert zehn Tagen nach seiner Eröffnung an das obere Gericht weitergezogen werden. Die Parteien kön-

nen dabei neue Tatsachen geltend machen, wenn diese vor dem erstinstanzlichen Entscheid eingetreten sind.

[2] Das obere Gericht kann die Konkurseröffnung aufheben, wenn der Schuldner mit der Einlegung des Rechtsmittels seine Zahlungsfähigkeit glaubhaft macht und durch Urkunden beweist, dass inzwischen:

1. die Schuld, einschliesslich Zinsen und Kosten, getilgt ist;

2. der geschuldete Betrag beim oberen Gericht zuhanden des Gläubigers hinterlegt ist; oder

3. der Gläubiger auf die Durchführung des Konkurses verzichtet.

[3] Erkennt das obere Gericht dem Rechtsmittel aufschiebende Wirkung zu, so trifft es die notwendigen vorsorglichen Anordnungen zum Schutz der Gläubiger (Art. 170).

1 Keine Anwendung auf **Aussetzung** des Konkurserkenntnisses: BGE 78 III 27.

2 Für **Banken** haben die Kantone eine *einzige* kantonale Instanz zu bezeichnen, BankG Art. 36. Gegen deren Entscheide ist ein unbeschränkter Rekurs (hier hat das Rechtsmittel seinen Namen behalten) an das BGr möglich, Art. 53 Abs. 2 VBR vom 30.VIII.1961 (vgl. Verordnung vom 17.V.1972) zum Bankengesetz (Nr. 74) Art. 63.

3 Keine Legitimation der **Gläubiger** zum Rechtsmittel gegen Konkurseröffnung wegen Insolvenzerklärung des Schuldners: BGE 123 III 403 E.3 (Bestätigung der Rechtsprechung).

Art. 175
E. Zeitpunkt der Konkurseröffnung

[1] Der Konkurs gilt von dem Zeitpunkte an als eröffnet, in welchem er erkannt wird.

[2] Das Gericht stellt diesen Zeitpunkt im Konkurserkenntnis fest.

1 Ist gegen das erstinstanzliche Urteil **Berufung** eingelegt und ihr aufschiebende Wirkung nach Art. 36 gewährt worden, so tritt die Wirkung der Konkurseröffnung erst in dem Augenblicke ein, da die aufschiebende Wirkung dahinfällt: BGE 53 III 206; 54 III 11; 79 III 46; 85 III 158.

2 **Datum** der Konkurseröffnung ist in diesem Falle dasjenige des Rechtsmittelentscheides: BGE 85 III 157.

3 Konkursdekret bewirkt Übergehen des Eigentums an **Pflichtlagern** an den Bund gemäss Art. 13 Abs. 1 des BG über die wirtschaftliche Landesverteidigung vom 8.X.1982 (hinten Nr. 88); das Bundesamt für wirtschaftliche Landesversorgung meldet Bundesansprüche an, V über das

Aussonderungs- und das Pfandrecht des Bundes an Pflichtlagern vom 6.VII.1983, (Nr. 89) Art. 4.

Art. 176

F. Mitteilung der gerichtlichen Entscheide

¹ Das Gericht teilt dem Betreibungs-, dem Konkurs-, dem Handelsregister- und dem Grundbuchamt unverzüglich mit:

1. die Konkurseröffnung *(175)*;

2. den Widerruf des Konkurses *(195, 196)*;

3. den Schluss des Konkurses *(268 Abs. 2)*;

4. Verfügungen, in denen es einem Rechtsmittel aufschiebende Wirkung erteilt *(36)*;

5. vorsorgliche Anordnungen *(170)*.

² Die Konkurseröffnung wird im Grundbuch angemerkt.

1 Vgl. Art. 40 hievor und VBR über das **Handelsregister** vom 7.VI.1937 (SR 221.411), Art. 64–66 und KS BGr vom 7.XII.1955 (Nr. 70).

2 Pflicht zur **sofortigen Mitteilung** eines Konkurserkenntnisses: BGE 120 Ib 250 E.2b/aa.

3 **Haftung** des Kantons für Richter, der mit der Mitteilung des Konkurser- kenntnisses drei Wochen zuwarte: BGE 120 Ib 249 E.2b (der Entscheid erging in Anwendung des Verantwortlichkeitsgesetzes des Kantons Zug; nunmehrige Rechtsquelle ist Art. 5 SchKG).

4 Betr. die Verbindlichkeit eines **gesetzwidrig** erlassenen Konkurs- erkenntnisses für das KA und die AB vgl. BGE 30 I 849; 45 I 53; 49 III 248 E.3.

5 KA und AB können ein Konkurserkenntnis jedenfalls dann nicht auf seine **Gesetzmässigkeit** überprüfen, wenn mit der Durchführung des Konkur- ses bereits begonnen worden ist: BGE 100 III 23.

II. Wechselbetreibung

Art. 177

A. Voraussetzungen

¹ Für Forderungen, die sich auf einen Wechsel oder Check gründen, kann, auch wenn sie pfandgesichert sind *(41 Abs. 1)*, beim Betreibungsamte *(46 ff.)* die Wechselbetreibung verlangt werden, sofern der Schuldner der Konkursbetreibung unterliegt *(39–41)*.

² Der Wechsel oder Check ist dem Betreibungsamte zu übergeben *(9)*.

Abs. 1

1 Voraussetzung der Wechselbetreibung: BGE 111 III 35 E.1; Formular Nr. 1.

2 Im Betreibungsbegehren ist als Forderungsgrund der **Wechsel** oder **Check** mit dem Ausstellungsdatum anzugeben: BGE 78 III 14.

- **Titel** und **Protest** müssen vorhanden sein: BGE 111 III 36 E.2a;

- Wechselbetreibung für «**billet à ordre**» auch ohne Bezeichnung als «Wechsel» («de change») zulässig, BGE 70 III 40.

- Ein Wechsel, der den Namen des **Bezogenen** nicht enthält (OR 991 Ziff. 3) gilt nicht als Wertpapier (OR 992 Abs. 1) und kann, da das Zahlungsversprechen fehlt, auch nicht als Eigenwechsel betrachtet werden: BGE 111 III 36 E.2b, 3.

3 Der Gläubiger, der für pfandgesicherte Forderung **Pfandbetreibung** angehoben hat, kann diese zurückziehen und dafür Wechselbetreibung anheben: BGE 67 III 115.

4 **Prüfungsbefugnis** der Betreibungsbehörden: BGE 113 III 124 E.3; 118 III 26 E.3b.

- Keine Pflicht des BA, Entscheid über Pflicht zur Eintragung im **Handelsregister** herbeizuführen: BGE 61 III 44.

- Enthält der vorgelegte Titel die vom Gesetz geforderten Angaben (OR Art. 991, 1096, 1100) offensichtlich nicht, muss das BA die Wechselbetreibung **verweigern**: BGE 111 III 35 E.1.

- Es darf aber, sofern ihm mit dem Begehren um Wechselbetreibung ein Check vorgelegt wird, die Zustellung des ZB nur ablehnen, wenn es dem vorgelegten Titel klar und **offensichtlich** an formellen Erfordernissen gebricht: BGE 113 III 124.

- Vorlegung des **Protestes** notwendig, falls wechselrechtliche Wirkungen, auf die sich Gläubiger beruft, davon abhängen (OR Art. 1034, 1098, 1129): BGE 111 III 36 E.2a. Vgl. auch N 2 zu Art. 178.

- Pflicht zur Übergabe des **Originaltitels** bei gleichzeitiger Betreibung mehrerer nicht im gleichen Kreise wohnender Wechselverpflichteter beim zuerst in Anspruch genommenen BA: BGE 41 III 263; 74 III 35.

Art. 178

B. Zahlungsbefehl

[1] Sind die Voraussetzungen der Wechselbetreibung vorhanden *(177)*, so stellt das Betreibungsamt dem Schuldner unverzüglich einen Zahlungsbefehl zu.

Der Zahlungsbefehl enthält:

1. die Angaben des Betreibungsbegehrens *(67 Abs. 1 Ziff. 1–4)* ;
2. die Aufforderung, den Gläubiger binnen fünf *(31)* Tagen für die Forderung samt Betreibungskosten *(67 Abs. 1 Ziff. 3, 68, 69 Abs. 2 Ziff. 2)* zu befriedigen;
3. die Mitteilung, dass der Schuldner Rechtsvorschlag erheben (Art. 179) oder bei der Aufsichtsbehörde Beschwerde wegen Missachtung des Gesetzes führen kann (Art. 17 und 20);
4. den Hinweis, dass der Gläubiger das Konkursbegehren stellen kann, wenn der Schuldner dem Zahlungsbefehl nicht nachkommt, obwohl er keinen Rechtsvorschlag erhoben hat oder sein Rechtsvorschlag beseitigt worden ist (Art. 188).

[2] Die Artikel 70 und 72 sind anwendbar.

Abs. 1

1 betr. **ausländische** *Wechsel* : BGE 53 III 127;

2 betr. wechselmässige Haftung

- der **Rechtsnachfolger** eines Wechselunterzeichners: BGE 19, 262; 34 I 840;
- der **Kollektivgesellschafter** für Forderungen gegen die aufgelöste oder erfolglos betriebene Kollektivgesellschaft: BGE 39 I 298.

3 **Verweigerung** der Wechselbetreibung bei offensichtlichem Fehlen einer vom Gesetz geforderten Angabe: BGE 111 III 35 E. 1c; 113 III 124 E.3;

- *Name des* **Bezogenen** ist unerlässlich und nicht ersetzbar durch Akzept: BGE 67 III 153.
- Ebenso **Angabe** des Wechsels oder Checks mit **Ausstellungsdatum**, sofern sich der Schuldner nicht anderweitig zweifelsfrei über Forderungstitel erkundigen konnte: BGE 78 III 14.
- Frage der sachlichen **Zuständigkeit** für die Beurteilung des Einwandes, es fehle an einem **Wechselprotest**: BGE 118 III 24. Vgl. auch N 4 zu Art. 177.

Abs. 2 Ziff. 3

4 Folgen der Einreichung des **Rechtsvorschlages** beim Richter anstatt beim BA: Art. 32 Abs. 2.

Abs. 3

5 Oblig. **Formular** Nr. 46.

6 **Gebühr**: GebVSchKG Art. 11.

Art. 179
C. Rechtsvorschlag
1. Frist und Form

[1] Der Schuldner kann beim Betreibungsamt innert fünf Tagen nach Zustellung des Zahlungsbefehls schriftlich Rechtsvorschlag erheben; dabei muss er darlegen, dass eine der Voraussetzungen nach Artikel 182 erfüllt ist. Auf Verlangen bescheinigt ihm das Betreibungsamt die Einreichung des Rechtsvorschlags gebührenfrei.

[2] Mit der im Rechtsvorschlag gegebenen Begründung verzichtet der Schuldner nicht auf weitere Einreden nach Artikel 182.

[3] Artikel 33 Absatz 4 ist nicht anwendbar.

Abs. 1

1 **Formular** Nr. 2. Vgl. N 4 zu Art. 178.

Art. 180
2. Mitteilung an den Gläubiger

[1] Der Inhalt des Rechtsvorschlags wird dem Betreibenden auf der für ihn bestimmten Ausfertigung des Zahlungsbefehls *(70 Abs. 1)* mitgeteilt; wurde ein Rechtsvorschlag nicht eingegeben, so wird dies in derselben vorgemerkt *(76 Abs. 1)*.

[2] Diese Ausfertigung wird dem Betreibenden sofort nach Eingabe des Rechtsvorschlags oder, falls ein solcher nicht erfolgte, unmittelbar nach Ablauf der Eingabefrist *(178 Abs. 2 Ziff. 3)* zugestellt.

Keine Entscheidungen

Art. 181
3. Vorlage an das Gericht

Das Betreibungsamt legt den Rechtsvorschlag *(178 Abs. 2)* unverzüglich dem Gericht *(23)* des Betreibungsortes vor. Dieses lädt die Parteien vor und entscheidet, auch in ihrer Abwesenheit, innert zehn Tagen nach Erhalt des Rechtsvorschlages.

1 Zuständigkeit der AB zur Beurteilung der **Rechtzeitigkeit** des Rechtsvorschlages: BGE 55 III 50 E.1.

2 Die Parteien sind immer **vorzuladen**, es kann aber ohne ihre Anwesenheit entschieden werden: BGE 27 I 411. Vgl. den nunmehrigen Wortlaut von Art. 84.

Art. 182
4. Bewilligung

Das Gericht bewilligt den Rechtsvorschlag:

1. wenn durch Urkunden bewiesen wird, dass die Schuld *(178 Abs. 2 Ziff. 2)* an den Inhaber des Wechsels oder Checks bezahlt oder durch denselben nachgelassen oder gestundet ist *(172 Ziff. 3)*;

2. wenn Fälschung des Titels glaubhaft gemacht wird *(82 Abs. 2)*;

3. wenn eine aus dem Wechselrechte hervorgehende Einrede begründet erscheint *(OR 1007)*;

4. wenn eine andere nach Artikel 1007 des Obligationenrechts zulässige Einrede geltend gemacht wird, die glaubhaft erscheint; in diesem Falle muss jedoch die Forderungssumme in Geld oder Wertschriften hinterlegt oder eine gleichwertige Sicherheit geleistet werden *(184 Abs. 2, ZGB 421 Ziff. 5)*.

Ziff. 1

1 Anwendbarkeit von Art. 8 ZGB: BGE 113 III 89 E.4a.

– Es ist nicht willkürlich, den Rechtsvorschlag nicht zu bewilligen, wenn der Gegenbeweis des Gläubigers **Zweifel** an den Urkunden aufkommen lässt: BGE 113 III 89 E.4a.

Ziff. 4

2 Betr. die **Hinterlegung** vgl. BGE 42 III 363; 119 III 75.

– **Fristansetzung** hiefür: BGE 90 I 205 E.2.

– **Verweigerung** des Rechtsvorschlages mangels Hinterlegung der Forderungssumme bis zur erstinstanzlicher Verhandlung verstösst nicht gegen klares Recht: BGE 104 III 98.

– Es ist nicht willkürlich, wenn der Richter nicht kotierte **Obligationen** ohne festen Kurswert nicht als genügende Hinterlage anerkennt und wenn er dem Schuldner, der bereits im Genuss einer kurzen Hinterlegungsfrist war, nicht noch eine Nachfrist zu Beibringung einer solchen Hinterlage ansetzt: BGE 110 III 34.

Art. 183
5. Verweigerung. Vorsorgliche Massnahmen

[1] Verweigert das Gericht die Bewilligung des Rechtsvorschlages, so kann es vorsorgliche Massnahmen treffen *(170)*, insbesondere die Aufnahme des Güterverzeichnisses gemäss den Artikeln 162–165 anordnen.

[2] Das Gericht kann nötigenfalls auch dem Gläubiger eine Sicherheitsleistung auferlegen.

Keine Entscheidungen

Art. 184
6. Eröffnung des Entscheides. Klagefrist bei Hinterlegung

[1] Der Entscheid über die Bewilligung des Rechtsvorschlags *(181)* wird den Parteien sofort eröffnet *(188 Abs. 1)*.

[2] Ist der Rechtsvorschlag nur nach Hinterlegung des streitigen Betrages bewilligt worden *(182 Ziff. 4)*, so wird der Gläubiger aufgefordert, binnen zehn Tagen *(31)* die Klage auf Zahlung anzuheben *(79, 186)*. Kommt der Gläubiger dieser Aufforderung nicht nach, so wird die Hinterlage zurückgegeben.

Keine Entscheidungen

Art. 185
7. Weiterziehung

Der Entscheid über die Bewilligung des Rechtsvorschlags kann innert fünf Tagen nach der Eröffnung an das obere Gericht weitergezogen werden.

1 Erschöpfung des kantonalen **Instanzenzuges** vor einer staatsrechtlichen Beschwerde: BGE 90 I 204 E.1.

2 Die Frage der Zulässigkeit von **Noven** im Weiterziehungsverfahren gegen die Bewilligung des Rechtsvorschlags richtet sich nach kant. Recht: BGE 119 III 109 E.3;

3 Die Regelung des kantonalen Rechts, wonach gegen den Entscheid die **Revision** nicht zulässig ist, verstößt nicht gegen aBV Art. 4 Abs. 1 (nBV Art. 9) : BGE 109 Ia 105 E.2, 3.

Art. 186
8. Wirkungen des bewilligten Rechtsvorschlages

Ist der Rechtsvorschlag bewilligt, so wird die Betreibung eingestellt; der Gläubiger hat zur Geltendmachung seines Anspruchs den ordentlichen Prozessweg zu betreten.

Keine Entscheidungen

Art. 187

D. Rückforderungsklage

Wer infolge der Unterlassung oder Nichtbewilligung eines Rechtsvorschlags eine Nichtschuld bezahlt hat, kann das Rückforderungsrecht nach Massgabe des Artikels 86 ausüben.

1 Zahlung an den **Konkursrichter** ist derjenigen an das BA gleichzustellen und befreit den Schuldner: BGE 90 II 116 E.5.

2 Möglichkeit der **Arrestierung** der bezahlten Summe: BGE 90 II 117 E.5.

Art. 188

E. Konkursbegehren

¹ Ist ein Rechtsvorschlag nicht eingegeben, oder ist er beseitigt *(186)*, nichtsdestoweniger aber dem Zahlungsbefehle nicht genügt worden *(178 Abs. 2 Ziff. 2)*, so kann der Gläubiger unter Vorlegung des Forderungstitels *(177 Abs. 2)* und des Zahlungsbefehls *(180, 70)* sowie, gegebenenfalls, des Gerichtsentscheides das Konkursbegehren stellen *(166)*.

² Dieses Recht erlischt mit Ablauf eines Monats seit der Zustellung des Zahlungsbefehls *(31)*. Hat der Schuldner einen Rechtsvorschlag eingegeben *(178 Abs. 2 Ziff. 3)*, so fällt die Zeit zwischen der Eingabe desselben und dem Entscheid über dessen Bewilligung *(181)* sowie, im Falle der Bewilligung, die Zeit zwischen der Anhebung und der gerichtlichen Erledigung der Klage *(186)* nicht in Berechnung.

1 **Teilzahlung** vermag die Konkurseröffnung nicht abzuwenden: BGE 119 III 112 unten.

Art. 189

F. Entscheid des Konkursgerichts

¹ Das Gericht *(166 Abs. 1)* zeigt den Parteien Ort, Tag und Stunde der Verhandlung über das Konkursbegehren an. Es entscheidet, auch in Abwesenheit der Parteien, innert zehn Tagen nach Einreichung des Begehrens.

² Die Artikel 169, 170, 172 Ziffer 3, 173, 173a, 175 und 176 sind anwendbar.

1 Der Kostenvorschuss im Sinne von Art. 169 Abs. 2 SchKG muss **vor** der Konkurseröffnung eingefordert werden. Der Konkursrichter, der den Gläubiger erst *nach* der Konkurseröffnung zur Vorschussleistung auffordert und mit der Mitteilung des Konkursdekrets zuwartet, bis der verlangte Betrag eingetroffen ist, verstösst gegen das Willkürverbot: BGE 97 I 611.

III. Konkurseröffnung ohne vorgängige Betreibung

Art. 190

A. Auf Antrag eines Gläubigers

[1] Ein Gläubiger kann ohne vorgängige Betreibung beim Gerichte die Konkurseröffnung verlangen:

1. gegen jeden Schuldner, dessen Aufenthaltsort unbekannt ist oder der die Flucht ergriffen hat, um sich seinen Verbindlichkeiten zu entziehen, oder der betrügerische Handlungen zum Nachteile der Gläubiger begangen oder zu begehen versucht oder bei einer Betreibung auf Pfändung Bestandteile seines Vermögens verheimlicht hat;

2. gegen einen der Konkursbetreibung unterliegenden Schuldner, der seine Zahlungen eingestellt hat;

3. im Falle des Artikels 309.

[2] Der Schuldner wird, wenn er in der Schweiz wohnt oder in der Schweiz einen Vertreter hat, mit Ansetzung einer kurzen Frist vor Gericht geladen und einvernommen.

Abs. 1

1 **Jeder** Gläubiger ist berechtigt, gleichgültig, ob seine Forderung fällig ist oder nicht: BGE 85 III 151.

– Es ist aber nicht willkürlich, wenn dem **Zessionar** einer auf Art. 754 ff. OR gestützten Forderung das Recht abgesprochen wird, die Konkurseröffnung gegen den zur Verantwortung gezogenen Verwaltungsrat zu verlangen: BGE 122 III 490 E. 3b.

Ziff. 1

2 Konkurseröffnung ohne vorgängige Betreibung bei Forderung, die **nach** der Vermögensverheimlichung entstanden ist: BGE 120 III 88 E.3b.

3 **Betrügerische Handlungen**, Begriff: BGE 97 III 311.

4 Konkurseröffnung über eine **Gesellschaft** allein am ordentlichen Betreibungsort: BGE 107 III 56.

Ziff. 2

5 Anwendbarkeit von **Art. 53** auf den Konkurs ohne vorgängige Betreibung: BGE 121 III 15 E.2.

6 Keine Anwendung von **StGB Art. 164 Ziff. 1 und 165 Ziff. 2**, wenn gegenüber Schuldner Konkurs eröffnet worden ist, obwohl er der Betreibung auf Pfändung unterlag: BGE 81 IV 30.

Art. 191

B. Auf Antrag des Schuldners

[1] Der Schuldner kann die Konkurseröffnung selber beantragen, indem er sich beim Gericht zahlungsunfähig erklärt *(169, 194)*.

[2] Der Richter eröffnet den Konkurs, wenn keine Aussicht auf eine Schuldenbereinigung nach den Artikeln 333 ff. besteht.

1 Änderung gegenüber dem **alten Text**: BGE 123 III 403 E.3a.

2 Anspruch des Schuldners auf **unentgeltliche Rechtspflege**: BGE 118 III 27, 119 III 28, 113; für das Rechtsmittelverfahren: BGE 118 III 33.

3 **Legitimation** *der Gläubiger* zur Anfechtung der Konkurseröffnung: BGE 111 III 67 E.2, 69; 118 III 36 E.3.

4 Fall, da der Konkurs nicht am **richtigen Ort** eröffnet wurde: BGE 111 III 69.

5 S. auch Art. 174 N 3.

Art. 192

C. Gegen Kapitalgesellschaften und Genossenschaften

Gegen Aktiengesellschaften, Kommanditaktiengesellschaften, Gesellschaften mit beschränkter Haftung und Genossenschaften kann der Konkurs ohne vorgängige Betreibung in den Fällen eröffnet werden, die das Obligationenrecht vorsieht (Art. 725a, 764 Abs. 2, 817, 903 OR).

1 Begriff der **Zahlungsunfähigkeit** bzw. **Überschuldung**: BGE 104 IV 83.

2 Bei **Banken** ist die Anwendung von OR Art. 725a ausgeschlossen, Art. 35 des Bankengesetzes vom 8.XI.1934/11.III.1971 (Nr. 72).

Art. 193

D. Gegen eine ausgeschlagene oder überschuldete Erbschaft

[1] Die zuständige Behörde benachrichtigt das Konkursgericht, wenn:

1. alle Erben die Erbschaft ausgeschlagen haben oder die Ausschlagung zu vermuten ist (Art. 566 ff. und 573 ZGB);

2. eine Erbschaft, für welche die amtliche Liquidation verlangt oder angeordnet worden ist, sich als überschuldet erweist (Art. 597 ZGB).

[2] In diesen Fällen ordnet das Gericht die konkursamtliche Liquidation an.

³ Auch ein Gläubiger oder ein Erbe kann die konkursamtliche Liquidation verlangen.

Abs. 1 und 2

1 Es handelt sich hier um eine Vorschrift über das zu beobachtende Verfahren; ob eine Verlassenschaft **ausgeschlagen** worden sei oder nicht, betrifft das materielle Recht: BGE 82 III 40.

2 Für **verpfändete** Grundstücke vgl. BGE 71 III 169.

3 Für Besonderheit des **Schuldenrufes** vgl. Art. 234.

4 Betr. Verwertung eines von einem **Dritten** *bestellten Pfandes* VZG Art. 89 Abs. 2.

5 Betr. Anwendbarkeit der Bestimmungen über das **materielle Konkursrecht**: BGE 27 II 198.

6 Umfang der **Rechte** der Erbschafts-Konkursmasse: BGE 67 III 183.

7 Rechtswirkungen der **Konkurseinstellung** nach Art. 230: BGE 87 III 74. Jetzt Art. 230a.

8 Einem Erben, der die Erbschaft unter **öffentlichem Inventar** angenommen hat, können die **Kosten** des Konkursverfahrens nicht auferlegt werden, wenn in der Folge – wegen Überschuldung der Erbschaft – die Erbschaftsbehörde das Konkursgericht benachrichtigt und dieses die konkursamtliche Liquidation anordnet: BGE 124 III 286–288.

Abs. 3

9 **Keine Betreibung** für Erbschaftsschulden, auch nicht auf Pfandverwertung: BGE 47 III 11.

– **Ausnahme** bei Betreibung auf Verwertung von Vermögen, das im *Miteigentum* oder *Gesamteigentum* der Erbengemeinschaft und anderer Beteiligter steht: BGE 62 III 147.

– Anders, wenn eine **zweite**, von derselben Person zu liquidierende Erbschaft beteiligt ist: BGE 64 III 51.

Art. 194
E. Verfahren

¹ Die Artikel 169, 170 und 173a–176 sind auf die ohne vorgängige Betreibung erfolgten Konkurseröffnungen anwendbar. Bei Konkurseröffnung nach Artikel 192 ist jedoch Artikel 169 nicht anwendbar.

² Die Mitteilung an das Handelsregisteramt (Art. 176) unterbleibt, wenn der Schuldner nicht der Konkursbetreibung unterliegt.

1 Vgl. dazu KS BGer Nr. 33 vom 7.XII.1955 (Nr. 70).

IV. Widerruf des Konkurses

Art. 195

A. Im allgemeinen

[1] Das Konkursgericht *(166)* widerruft den Konkurs und gibt dem Schuldner das Verfügungsrecht über sein Vermögen zurück, wenn:

1. er nachweist, dass sämtliche Forderungen getilgt sind;
2. er von jedem Gläubiger eine schriftliche Erklärung vorlegt, dass dieser seine Konkurseingabe zurückzieht; oder
3. ein Nachlassvertrag zustandegekommen ist *(322)*.

[2] Der Widerruf des Konkurses kann vom Ablauf der Eingabefrist an *(232 Abs. 2)* bis zum Schlusse des Verfahrens verfügt werden.

[3] Der Widerruf des Konkurses wird öffentlich bekanntgemacht *(176)*.

Abs. 1

1 **Gebühr**: Geb VSchKG Art. 53.

2 Zu den **Voraussetzungen**: BGE 111 III 72 E.2b.

3 Zum **Antrag** auf Widerruf des Konkurses ist auch der Schuldner selbständig ohne Mitwirkung der Konkursverwaltung berechtigt: BGE 85 III 88.

4 Die bei der Konkurseröffnung *hängigen Betreibungen* bleiben nach Widerruf des Konkurses **ausser Kraft**: BGE 75 III 67.

5 Kein Beschwerderecht wegen **schuldhafter Pflichtverletzung** des Konkursverwalters nach Widerruf des Konkurses; Schadenersatz nach Art. 5: BGE 81 III 66.

6 Der Widerruf hat keine Auswirkungen auf die Nichtigkeit eines **Steigerungszuschlags**, der der zuvor in Konkurs stehenden Aktiengesellschaft erteilt wird: BGE 117 III 43 E.5.

Insbes. Ziff. 1

7 Unmöglichkeit des *Rücktrittes* vom Rückzug, aber Weiterbestand der Konkurseingabe bei Nichtzustandekommen des Widerrufs: BGE 64 III 39.

Insbes. Ziff. 2

8 Keine analoge Anwendung auf den Widerruf eines **Auflösungsbeschlusses** einer AG: BGE 123 III 481 E.5a, 6.

Insbes. Ziff. 3

9 Rückzug oder **Verzicht** auf eine beim Nachlassvertrag im Konkurs in den Kollokationsplan aufgenommene Forderung bewirkt nicht deren Untergang: BGE 92 II 246.

Abs. 3

10 Musterformular KOV Nr. 14c.

11 Mitteilung an den **Handelsregisterführer** nach KS BGer Nr. 33 vom 7.XII.1955.

Art. 196
B. Bei ausgeschlagener Erbschaft

Die konkursamtliche Liquidation einer ausgeschlagenen Erbschaft wird überdies eingestellt, wenn vor Schluss des Verfahrens *(195 Abs. 2)* ein Erbberechtigter den Antritt der Erbschaft erklärt und für die Bezahlung der Schulden hinreichende Sicherheit leistet.

Keine Entscheidungen

Sechster Titel: Konkursrecht

I. Wirkungen des Konkurses auf das Vermögen des Schuldners

Art. 197

A. Konkursmasse

1. Im allgemeinen

[1] Sämtliches pfändbares *(92)* Vermögen, das dem Schuldner zur Zeit der Konkurseröffnung *(175)* gehört *(198, 199, 205, 222, 223, 225, 242)*, bildet, gleichviel wo es sich befindet, eine einzige Masse (Konkursmasse), die zur gemeinsamen Befriedigung der Gläubiger *(208, 211, 232 Abs. 2 Ziff. 2, 262 Abs. 2)* dient.

[2] Vermögen, das dem Schuldner vor Schluss des Konkursverfahrens *(268)* anfällt, gehört gleichfalls zur Konkursmasse.

1 Örtlicher Umfang der Konkursmasse:

- Zum Verhältnis Universalitäts-**Territorialprinzip**: BGE 107 II 486 E.2.

- Folgen für in der Schweiz gelegenes Vermögen des im **Ausland** in Konkurs gefallenen Schuldners: BGE 107 II 487 E.3; 111 III 40 E.1.Vgl. dazu **IPRG** Art. 166 ff. (hiernach Nr. 101).

- Wirkungen eines gestützt auf das Übereinkommen zwischen einigen Kantonen und der **Krone Württemberg** (hinten Nr. 109) zu vollziehenden Konkurses: BGE 111 III 41. Vgl. dazu auch BGE 104 III 69; 109 III 84.

- Betr. Vermögen

- in **andern Konkurskreisen** Art. 221 Abs. 2,

- im **Ausland** KOV Art. 27 Abs. 1, 62 und VZG Art. 1 Abs. 1.

- Über die **Abgrenzung** des Konkursbeschlagrechts entscheidet die AB im Beschwerdeverfahren: BGE 77 III 35 E.2.

2 Sachlicher Umfang der Konkursmasse:

- **Allgemein**: BGE 111 III 75 E.2;

- Hinsichtlich

- der **Abtretung** von Forderungen: BGE 111 III 75 E.3a;

- der Abtretung von **künftigen** Forderungen vor der Konkurseröffnung: BGE 111 III 75 E.3; 114 III 27 E.1a;

- bei künftigen **Lohnforderungen**: BGE 114 III 27 E.1a, 41 E.2;

- hinsichtlich der Forderung aus einer Begünstigungsklausel eines **Versicherungsvertrags**: BGE 112 II 160 E.b;
- Verhältnis der aus dem Besitz abgeleiteten Vermutungen zur **Vermutung** des Miteigentums gemäss Art. 148 Abs. 3 ZGB: BGE 117 II 125 E.2;
- **Einschränkung** des Prinzips durch ZGB Art. 480 ZGB: BGE 111 II 132;
- Betr. **Miteigentumsanteile** VZG Art. 73, 73i, 122;
- Anteilsrechte an **Gemeinschaftsvermögen** VVAG Art. 16;
- über **beides** KS BGer Nr. 17 vom 1.II.1926 (hinten Nr. 36) und dazu BGE 68 III 44.

- Ansprüche gegen die **Konkursverwaltung** wegen ihrer Amtshandlung gehören nicht dazu: BGE 114 III 23;
- Behandlung des dem Schuldner zufolge Wechsels von einer unselbständigen zu einer selbständigen Erwerbstätigkeit ausbezahlten **Pensionskassenguthabens**: BGE 118 III 43.
- Aussonderungsrecht des **Treugebers**: BGE 99 II 396 E.6; 102 III 172; 106 III 89; 107 III 104; 112 III 95 E.4b; 113 III 31 E.3; 114 II 50 E.4c; 117 II 430 E.3.
- Aussonderung im **Erbschaftskonkurs** des Fiduziars: BGE 78 II 449 E.24.
- Betr. die **öffentlichrechtlichen** Forderungen: BGE 48 III 229.
- Betr. Eintragung eines **Eigentumsvorbehalts**: BGE 93 III 100.

3 **Zuständigkeit**:

- Die endgültige Entscheidung über die Frage, was als Vermögen des Gemeinschuldners zur Konkursmasse gehört und was Dritte beanspruchen können, obliegt dem **Richter**. Was sich in Gewahrsam des Dritten befindet, kann die Konkursverwaltung nur durch *Klage*, nicht durch Verfügung zur Masse ziehen: BGE 99 III 14; 100 III 66. Vgl. auch BGE 104 III 24 E.2.

4 **Zeitlicher Umfang der Konkursmasse**:

- Ausgeschlossen sind:
- der Arbeitserwerb während des Konkursverfahrens: BGE 25 I 372;
- die während des Konkursverfahrens ausgerichtete Entschädigung wegen vorzeitiger Auflösung eines Arbeitsverhältnisses: BGE 77 III 36 E.3;

- Nicht ausgeschlossen ist der Einbezug der **Abgangs-entschä-digung**, die eine Pensionskasse dem austretenden, sich im Konkurs befindenden Mitglied zugesprochen hat und die betrags-mässig festgelegt worden ist: BGE 109 III E.2b.
- Zur Konkursmasse gehört nur das dem Konkursiten vor Schluss des Verfahrens anfallende **Nettovermögen**: BGE 72 III 85.

5 Weiteres

- Konkurs über inländische **Schadensversicherungseinrich-tungen**: SchVG Art. 18–22 (hinten Nr. 79a);
- Separatkonkurs über die **Kaution** *einer ausländischen* **Versicherungsgesellschaft** BG über die Kautionen der ausländischen Versicherungsgesellschaften vom 4.II.1919 (hinten Nr. 79) Art. 10.
- Verwertung von **Familienheimstätten**: ZGB Art. 356
- Aufhebung von **Schenkungsversprechen**: OR Art. 250.
- Betr. **Eigentümerpfandtitel**: KOV Art. 28, 75
- Behandlung von **Postsendungen**: KOV Art. 38;
- Betr. *registrierte* **Schiffe**: SchRG (hinten Nr. 60) Art. 60;
- Betr. **Luftfahrzeuge**: LBG (hinten Nr. 57) Art. 52.
- Ein **Zeitungstitel** ist im Inventar aufzunehmen; bei streitigem
- Anspruch hat sich das BA an die Angaben der Gläubiger zu halten: BGE 81 III 123.
- Gesetzliche Vorschriften, die im öffentlichen Interesse die Veräusserung bestimmter Gegenstände **verbieten** oder **beschränken**, sind auch im Konkurs zu beachten: BGE 94 I 510.

Art. 198

2. Pfandgegenstände

Vermögensstücke, an denen Pfandrechte haften, werden, unter Vorbehalt des den Pfandgläubigern gesicherten Vorzugsrechtes *(232 Abs. 2 Ziff. 4, 262 Abs. 2)*, zur Konkursmasse gezogen.

1 Betr. die von **Dritten** zu Pfand gegebenen Sachen: KOV Art. 61, ferner BGE 73 III 80 E.2.

2 Betr. Pfänder im **Ausland:** VZG Art. 1 und KOV Art. 62.

3 Betr. verpfändete **Lebensversicherungsansprüche** BG über den Versicherungsvertrag vom 2.IV.1908 (Nr. 76), Art. 86, und VBGr vom 5.V.1910, Art. 11 ff., 15 ff., 21.

4 Betr. die **Rechte** der Pfandgläubiger im Konkurs: Art. 256 Abs. 2 und BGE 47 III 39; 49 III 28.

5 Ausschluss der privaten Pfandverwertung durch den Pfandgläubiger: BGE 81 III 58.

6 Betr. die **Früchte** der Pfandsache: BGE 61 III 165.

7 Betr. den Aussonderungsanspruch des Bundes an **Pflichtlagern** vgl. BG über die wirtschaftliche Landesverteidigung vom 8.X.1982 (hinten Nr. 88), Art. 13 und V dazu vom 6.VII.1983, hiernach Nr. 89.

8 Die **Anmeldung** des Pfandrechts im Konkurs des Pfandeigentümers ist für seine rechtsgültige Beanspruchung auch dann ausreichend, wenn es zur Sicherung einer Solidarschuld bestellt worden ist; in einem Fall, da sich auch der persönlich haftende Mitverpflichtete in Konkurs befindet, ist die Geltendmachung der pfandgesicherten Forderung in jenem Konkurs demnach nicht erforderlich: BGE 113 III 128 Nr. 29.

Art. 199
3. Gepfändete und arrestierte Vermögenswerte

[1] Gepfändete Vermögensstücke *(95–99)*, deren Verwertung im Zeitpunkte der Konkurseröffnung noch nicht stattgefunden hat *(144; VZG 22 Abs. 4, 96)*, und Arrestgegenstände fallen in die Konkursmasse.

[2] Gepfändete Barbeträge, abgelieferte Beträge bei Forderungs- und Einkommenspfändung sowie der Erlös bereits verwerteter Vermögensstücke werden jedoch nach den Artikeln 144–150 verteilt, sofern die Fristen für den Pfändungsanschluss (Art. 110 und 111) abgelaufen sind; ein Überschuss fällt in die Konkursmasse.

Abs. 1

1 **Voraussetzungen** hierfür BGE 79 III 103.

2 **Übergang** der Rechte des pfändenden Gläubigers an den Pfändungsobjekten auf die Konkursmasse: BGE 61 III 55; 67 III 38; 110 III 81. Die Masse tritt nicht schlechthin in die Rechte der Pfändungsgläubiger ein: BGE 99 III 15.

Abs. 2

3 Im Pfändungsverfahren verwirkte **Kompetenz- und Vindikationsansprüche** können im Konkurs wieder geltend gemacht werden: BGE 58 III 60.

4 Betr. die Stellung der Gläubiger mit **provisorischer Pfändung**: BGE 40 III 90.

5 Keine Anwendung auf Vermögenswerte, die der Gemeinschuldner in der Betreibung gegen Dritten **freiwillig** pfänden ließ: BGE 78 III 100.

6 Betr. die Admassierung von **Früchten** und sonstigen Erträgnissen gepfändeter *Grundstücke* VZG Art. 22 Abs. 4.

7 Zuständigkeit der **Betreibungsbehörden** zum Entscheid über die Frage, ob eine wegen der Konkurseröffnung abgeschriebene *Aberkennungsklage* formgerecht eingereicht war: BGE 65 III 119. Vgl. dazu BGE 118 III 41 E.5.

– Die **dem BA vorgesetzten** AB haben darüber zu entscheiden, ob ein vom BA eingezogener Forderungsbetrag den Pfändungsgläubigern oder der Konkursmasse zufalle: BGE 74 III 43.

Art. 200
4. Anfechtungsansprüche
Zur Konkursmasse gehört ferner alles, was nach Massgabe der Artikel 214 und 285–292 Gegenstand der Anfechtungsklage ist.

Keine Entscheidungen

Art. 201
5. Inhaber- und Ordrepapiere
Wenn sich in den Händen des Schuldners ein Inhaberpapier (OR 978–988, 622, 683, 688, 482, 1105) oder ein Ordrepapier (OR 1145, 1001, 1105, 1147, 1151, 1152, 482) befindet, welches ihm bloss zur Einkassierung (OR1008) oder als Deckung für eine bestimmt bezeichnete künftige Zahlung übergeben oder indossiert worden ist, so kann derjenige, welcher das Papier übergeben oder indossiert hat, die Rückgabe desselben verlangen.

Keine Entscheidungen

Art. 202
6. Erlös aus fremden Sachen
Wenn der Schuldner eine fremde Sache *(197 Abs. 1)* verkauft und zur Zeit der Konkurseröffnung *(175)* den Kaufpreis noch nicht erhalten hat, so kann der bisherige Eigentümer gegen Vergütung dessen, was der Schuldner darauf zu fordern hat *(OR 65, ZGB 938–940)*, Abtretung der Forderung gegen den Käufer *(OR 165, 170)* oder die Herausgabe des inzwischen von der Konkursverwaltung eingezogenen Kaufpreises *(205)* verlangen *(232 Abs. 2 Ziff. 2)*.

1 Analoge Anwendung auf eine vom Schuldner **zedierte** Forderung: BGE 70 III 83. Vgl. OR Art. 32, 401, 425; ZGB Art. 934–936 und 940.

Art. 203
7. Rücknahmerecht des Verkäufers

[1] Wenn eine Sache *(ZGB 925)*, welche der Schuldner gekauft *(OR 189, 204, 237)* und noch nicht bezahlt hat, an ihn abgesendet, aber zur Zeit der Konkurseröffnung *(175)* noch nicht in seinen Besitz übergegangen ist *(ZGB 920–924)*, so kann der Verkäufer die Rückgabe derselben verlangen *(232 Abs. 2 Ziff. 2, 242)*, sofern nicht die Konkursverwaltung den Kaufpreis bezahlt *(211 Abs. 2)*.

[2] Das Rücknahmerecht ist jedoch ausgeschlossen, wenn die Sache vor der öffentlichen Bekanntmachung des Konkurses *(232, 35)* von einem gutgläubigen Dritten *(ZGB 3)* auf Grund eines Frachtbriefes, Konnossements oder Ladescheines zu Eigentum oder Pfand erworben worden ist *(ZGB 925)*.

Abs. 1

1 Stellung des Frachtführers: BGE 26 II 149, 38 II 163 ff.

Abs. 2

2 Gleichstellung des gutgläubig erworbenen Retentionsrechtes: BGE 38 II 203; 40 II 210. Gegenteilige Entscheidung: BGE 59 III 101.

Art. 204
B. Verfügungsunfähigkeit des Schuldners

[1] Rechtshandlungen, welche der Schuldner nach der Konkurseröffnung *(175)* in bezug auf Vermögensstücke, die zur Konkursmasse gehören *(197–199)*, vornimmt, sind den Konkursgläubigern gegenüber ungültig *(205 Abs. 2)*.

[2] Hat jedoch der Schuldner vor der öffentlichen Bekanntmachung des Konkurses *(232, 35)* einen von ihm ausgestellten eigenen oder einen auf ihn gezogenen Wechsel bei Verfall bezahlt, so ist diese Zahlung gültig, sofern der Wechselinhaber von der Konkurseröffnung keine Kenntnis hatte und im Falle der Nichtzahlung den wechselrechtlichen Regress gegen Dritte mit Erfolg hätte ausüben können *(OR 1033, 1045 ff.)*.

Abs. 1

1 Begriff der **Rechtshandlung**: BGE 40 III 397.

2 Bezieht sich auch auf Handlungen, welche die **Passivmasse** betreffen: BGE 54 I 264.

3 Hemmung der Wirkungen des Konkurses infolge aufschiebender Wirkung des **Rechtsmittels**: BGE 79 III 43; 85 III 158.

4 Vgl. ZGB Art. 524 (und hiezu BGE 76 III 268 E.1), 578, 933, 960, 973; OR Art. 405 Abs. 2.

5 Wirkungen der Konkurseröffnung und der Einstellung des Konkurses mangels Aktiven auf das **Verfügungsrecht** der Genossenschaft und die Vertretungsbefugnis der Organe: BGE 90 III 252.

6 Bedeutung der **Ungültigkeit**: BGE 55 III 169.

7 Wirkung der Dispositionsunfähigkeit des Gemeinschuldners auf den Rechtserwerb des **gutgläubigen Dritten** im Bereich des Immobiliarsachenrechts: BGE 115 III 113 E.3–6.

8 Tragweite des **Konkursbeschlags**: BGE 118 III 41 E.4.

9 Zur Konkursmasse gehörende **Vermögenswerte**: BGE 121 III 30 E.3.

10 **Rechtsmittelfrist** bei Zustellung einer sozialversicherungsrechtlichen Verfügung an den Schuldner: BGE 116 V 288 E.e.

Art. 205
C. Zahlungen an den Schuldner

¹ Forderungen, welche zur Konkursmasse gehören *(197 Abs. 1)*, können nach Eröffnung des Konkurses *(175)* nicht mehr durch Zahlung an den Schuldner getilgt werden; eine solche Zahlung bewirkt den Konkursgläubigern gegenüber *(197)* nur insoweit Befreiung, als das Geleistete in die Konkursmasse gelangt ist.

² Erfolgte jedoch die Zahlung vor der öffentlichen Bekanntmachung des Konkurses *(232 Abs. 1, 35)*, so ist der Leistende von der Schuldpflicht befreit, wenn ihm die Eröffnung des Konkurses nicht bekannt war.

1 Betr. **Verrechnung** vgl. Art. 213.

2 Betr. **Nachlass** und **Neuerung** vgl. Art. 204.

3 Es handelt sich um eine **zwingende** Bestimmung: BGE 60 III 138.

Art. 206
D. Betreibungen gegen den Schuldner

¹ Alle gegen den Schuldner hängigen Betreibungen *(199)* sind aufgehoben, und neue Betreibungen für Forderungen, die vor der Konkurseröffnung entstanden sind, können während des Konkursverfahrens nicht eingeleitet werden. Ausgenommen sind Betreibungen auf Verwertung von Pfändern, die von Dritten bestellt worden sind.

² Betreibungen für Forderungen, die nach der Konkurseröffnung entstanden sind, werden während des Konkursverfahrens durch Pfändung oder Pfandverwertung fortgesetzt.

[3] Während des Konkursverfahrens kann der Schuldner keine weitere Konkurseröffnung wegen Zahlungsunfähigkeit beantragen (Art. 191).

Allgemeines

1 Es handelt sich um eine zwingende Bestimmung: BGE 93 III 57 E.13.

Abs. 1

2 **Grundsatz:** BGE 121 III 29 E.2.

3 Übergang der **Pfändungsrechte** auf die Konkursmasse: BGE 67 III 36.

4 Bei **Widerruf** des Konkurses ist *Fortsetzung* der durch dessen Eröffnung aufgehobenen *Betreibungen nicht* mehr *statthaft:* BGE 75 III 71; 75 III 86;

- wohl aber bei dessen **Einstellung:** vgl. Art. 230 Abs. 4.

5 - Zulässigkeit einer Betreibung auf **Pfandverwertung,** wenn das Pfand einem Dritten gehört: BGE 121 III E:2, 94 E.1; BGE 124 III 217 E.1a.

- vom Mieter geleistete **Kaution** zwecks Vermeidung der Geltendmachung des Retentionsrechts des Vermieters: BGE 121 III 95.

- Unzulässigkeit einer Betreibung auf Pfandverwertung bei Kaution, die der **Drittansprecher** zwecks sofortiger Herausgabe der angesprochenen Gegenstände geleistet hat: BGE 121 III 94 E.1.

6 Rechtswirkungen bei **aufgehobener** Konkurseröffnung: BGE 111 III 70.

7 Für den Fall, dass die Konkurserklärung im Ausland erfolgte und in der Schweiz vollstreckbar erklärt wurde, vgl. IPRG Art. 170 Abs. 3.

8 Betreffend die **Ausnahme** gemäss Satz 2 vgl. KOV Art. 61.

- Betriebener ist in einem solchen Fall der **Schuldner** persönlich und nicht die Konkursmasse. Auch der Dritteigentümer wird als Betriebener betrachtet: BGE 121 III 29 E.2.

- Wirkungen der **Aufhebung** des Konkursdekrets mit Bezug auf eine vor Konkurseröffnung angehobene Betreibung auf Pfandverwertung: BGE 111 III 71 E.1, 3.

9 Die Betreibungsurkunden sind der **Konkursverwaltung** zuzustellen, wo die Betreibung gegen den Schuldner während der Dauer seines Konkursverfahrens angehoben worden ist und zur Konkursmasse gehörendes Vermögen betrifft: BGE 121 III 30 E.3.

10 Anwendung auf *amtliche Liquidation von* **Erbschaften,** von Vermögen im **Miteigentum** oder von **Anteilsvermögen** mit Ausnahme der Betreibung auf Verwertung: BGE 62 III 147.

11 Wirkungen der **Einstellung** des Konkursverfahrens i.S. von Art. 230 mit Bezug auf Betreibungen auf Pfandverwertung: BGE 111 III 72 E.2a; 120 III 141.

12 Betr. Rechte der **Grundpfandgläubiger** auf Miet- und Pachtzinse VZG Art. 22 Abs. 4, 96.

13 Ein **Solidarbürge**, der die Hauptschuld bezahlt hat, kann Betreibung auf Pfandverwertung nach Konkurseröffnung nicht fortsetzen: BGE 94 III 3.

14 Eine auf AHVG Art. 52 gestützte Schadenersatzforderung der **Ausgleichskasse** entsteht spätestens im Zeitpunkt, wo die Ausgleichskasse ihre Verfügung gemäss AHVV Art. 81 Abs. 1 erlässt. Demzufolge ist im vorliegenden Fall die Schadenersatzforderung nach der Konkurseröffnung entstanden und kann dafür nicht eine neue Betreibung angehoben werden: BGE 121 III 382, 386 E 4; 123 V E. 5a.

15 Das Retentionsrecht des **Vermieters von Geschäftsräumen** wird wegen Art. 37 Abs. 2 betreibungsrechtlich zwar als Faustpfand betrachtet. Demzufolge ist die Retention durch Betreibung auf Pfandverwertung zu prosequieren. Doch kann das Retentionsrecht nicht der Pfandbetreibung durch einen Dritten gleichgestellt werden, welche nach der Ausnahmeregelung des Art. 206 Abs. 1 zweiter Satz im Konkurs des Schuldners die Aufhebung der Betreibung verhindert: BGE 124 III 217/218 E. 1. Fällt der Mieter in Konkurs, so muss der Vermieter von Geschäftsräumen seine Forderung und das Retentionsrecht im Konkurs eingeben (BGE 124 III 218 E. 2a).

Abs. 2

16 In jedem Falle, wo es um einen **Mietvertrag über Geschäftsräume** geht, sind nach der Konkurseröffnung entstandene Mietzinsforderungen im Umfange des gesetzlichen Retentionsrechts als Konkursforderungen zu behandeln, dies unabhängig davon, ob der Schuldner eine juristische Person ist (BGE 124 III 41–43). Vgl. auch BGE 104 III 84 E. 4.

Art. 207
E. Einstellung von Zivilprozessen und Verwaltungsverfahren

¹ Mit Ausnahme dringlicher Fälle *(238)* werden Zivilprozesse, in denen der Schuldner Partei ist und die den Bestand der Konkursmasse berühren, eingestellt. Sie können im ordentlichen Konkursverfahren frühestens zehn Tage nach der zweiten Gläubigerversammlung *(252)*, im summarischen Konkursverfahren frühestens 20 Tage nach der Auflegung des Kollokationsplanes wieder aufgenommen werden.

² Unter den gleichen Voraussetzungen können Verwaltungsverfahren eingestellt werden.

³ Während der Einstellung stehen die Verjährungs *(OR 134–138)* und die Verwirkungsfristen still.

⁴ Diese Bestimmung bezieht sich nicht auf Entschädigungsklagen wegen Ehr- und Körperverletzungen oder auf familienrechtliche Prozesse.

Abs. 1

1 Anwendung auf mit Zivilprozess zusammenhängende **Beschwerdeverfahren**, welche die seit Konkurseröffnung bestehende materielle Rechtslage verändern können: BGE 100 Ia 302 E.2.

2 Einstellung eines Zivilprozesses im Sinne von Art. 207 SchKG bei einer **Streitverkündung** nach der Walliser Zivilprozessordnung: BGE 120 III 143 E.3 und 4.

3 Betr. pendente **Passivprozesse** KOV Art. 63 und BGE 88 III 45.

– **Aberkennungsprozesse**, in denen der Schuldner Kläger ist: BGE 71 III 93; 118 III 40;

4 Fall, wo nur Frage der **Fälligkeit** der Forderung Gegenstand des Prozesses ist: BGE 83 III 79.

5 Betr. **Aktivprozesse,** die erst einzuleiten sind: BGE 86 III 127 E.3.

6 Betr. **Adhäsionsprozesse:** BGE 54 I 368. Betr. von Einzelgläubigern angehobene *Anfechtungsprozesse:* BGE 34 II 93,

7 Betr. **Widerspruchsprozesse**: BGE 99 III 14 E.1.

8 **Wirkung** der Einstellung: BGE 54 I 265.

9 Möglichkeit des **Vergleichsabschlusses** durch Gläubigerausschuss: BGE 103 III 25.

Abs. 2

10 Anwendung auf Entschädigung im Enteignungsverfahren: BGE 103 III 24.

II Wirkungen des Konkurses auf die Rechte der Gläubiger

Art. 208

A. Fälligkeit der Schuldverpflichtungen

¹ Die Konkurseröffnung *(175)* bewirkt gegenüber der Konkursmasse die Fälligkeit *(OR 75–82, 102, 108 Ziff. 3)* sämtlicher Schuldverpflichtungen des Schuldners *(210, 211)* mit Ausnahme derjenigen, die durch seine Grundstücke pfandrechtlich gedeckt sind. Der Gläubiger kann neben der

Hauptforderung die Zinsen bis zum Eröffnungstage *(175)* und die Betreibungskosten geltend machen *(67 Abs. 1 Ziff. 3, 69 Abs. 2 Ziff. 2, 232 Abs. 2 Ziff. 2)*.

² Von noch nicht verfallenen unverzinslichen Forderungen wird der Zwischenzins (Diskonto) zu fünf vom Hundert in Abzug gebracht.

Abs. 1

1 Vgl. BGE 83 III 79.

2 Für das Pfand im Eigentum eines **Dritten** vgl. VZG Art. 89.

3 Fälligkeit **künftiger** Lohnforderungen bei Konkurs des Arbeitgebers: BGE 120 II 367.

Abs. 2

4 Anwendbarkeit der Bestimmung auf den Nachlassvertrag mit Vermögensabtretung: BGE 107 III 27 E.3b.

Art. 209
B. Zinsenlauf

¹ Mit der Eröffnung des Konkurses hört gegenüber dem Schuldner der Zinsenlauf auf *(149 Abs. 4, 265 Abs. 2)*.

² Für pfandgesicherte Forderungen *(37 Abs. 3)* läuft jedoch der Zins bis zur Verwertung weiter, soweit der Pfanderlös den Betrag der Forderung und des bis zur Konkurseröffnung aufgelaufenen Zinses übersteigt.

Keine Entscheidungen

Art. 210
C. Bedingte Forderungen

¹ Forderungen *(197)* unter aufschiebender Bedingung *(OR 151)* werden im Konkurs zum vollen Betrag zugelassen; der Gläubiger ist jedoch zum Bezug des auf ihn entfallenden Anteils an der Konkursmasse nicht berechtigt, solange die Bedingung nicht erfüllt ist *(264 Abs. 3)*.

² Für Leibrentenforderungen gilt Artikel 518 Absatz 3 des Obligationenrechts.

1 Gleichbehandlung von Forderungen, die durch Abtretung von Forderungen zahlungshalber **gesichert** sind: BGE 55 III 80; 59 III 87.

2 Betr. zukünftige **Alimentationsforderungen**: BGE 40 III 453.

3 Betr. Forderungen aus **Bürgschaft** Art. 215;

4 Betr. **Regressforderungen** Art. 216 Abs. 2, 217;

5 Betr. Forderungen des Versicherungsnehmers aus **Versicherungsverträgen** BG über den Versicherungsvertrag vom 2.IV.1908 (Nr. 76), Art. 36, 37.

6 Forderung des **Pfründers** im Konkurs des Pfrundgebers OR Art. 529.

Art. 211

D. Umwandlung von Forderungen

1 Forderungen, welche nicht eine Geldzahlung zum Gegenstande haben, werden in Geldforderungen von entsprechendem Werte umgewandelt *(OR 84)*.

2 Die Konkursverwaltung *(237, 238, 253)* hat indessen das Recht, zweiseitige Verträge, die zur Zeit der Konkurseröffnung nicht oder nur teilweise erfüllt sind, anstelle des Schuldners zu erfüllen. Der Vertragspartner kann verlangen, dass ihm die Erfüllung sichergestellt werde *(OR 83)*.

2bis Das Recht der Konkursverwaltung nach Absatz 2 ist jedoch ausgeschlossen bei Fixgeschäften (Art. 108 Ziff. 3 OR) sowie bei Finanztermin-, Swap- und Optionsgeschäften, wenn der Wert der vertraglichen Leistungen im Zeitpunkt der Konkurseröffnung aufgrund von Markt- oder Börsenpreisen bestimmbar ist. Konkursverwaltung und Vertragspartner haben je das Recht, die Differenz zwischen dem vereinbarten Wert der vertraglichen Leistungen und deren Marktwert im Zeitpunkt der Konkurseröffnung geltend zu machen.

3 Vorbehalten bleiben die Bestimmungen anderer Bundesgesetze über die Auflösung von Vertragsverhältnissen im Konkurs sowie die Bestimmungen über den Eigentumsvorbehalt (Art. 715 und 716 ZGB).

Abs. 1

1 Analoge Anwendung auf Forderungen in **ausländischer Währung**: BGE 105 III 94 E.2a.

2 Für die Umwandlung ist das **Erfüllungsinteresse** massgebend: BGE 32 II 536.

3 Umwandlung des Sachgewährleistungsanspruchs in eine Geldforderung beim **Nachlassvertrag mit Vermögensabtretung**: BGE 107 III 109 E.3c, d; ähnlich BGE 112 II 449.

Abs. 2

4 Vgl. OR Art. 259, 316, 337a, 392, 405, 518, 545, 572, 578.

5 Betr. die Rechte des **Versicherers** bei Konkurs des Versicherungsnehmers in der Schadensversicherung BG über den Versicherungsvertrag vom 2.IV.1908 (hinten Nr. 76), Art. 55.

6 Betr. die Verpflichtung der Masse zu Schadenersatz, wenn sie den Eintritt in einen **Kaufvertrag** ablehnt: BGE 39 II 401.

7 Rechte
- des Vermieters gegenüber der Konkursmasse des **Mieters**, welche den Vertrag nicht übernimmt: BGE 27 II 46; 42 III 281.
- des Verpächters im Konkurs des **Pächters**: BGE 29 II 670. Betr. eine unter Eigentumsvorbehalt verkaufte Sache: BGE 73 III 167.
- des Verlaggebers im Konkurs des **Verlegers**: BGE 49 II 459;

8 Grundsätzlich Anwendbarkeit von Abs. 2 auch auf Verpflichtungen des Konkursiten, die auf **Geldzahlung** gerichtet sind: BGE 104 III 88 E.3a.
- Folge der **Ablehnung** ist lediglich, dass Verpflichtung nicht Masseschuld wird: BGE 104 III 90 E.3b. Vgl. aber auch Abs. 2bis.

9 Zuständigkeit des **Zivilrichters**: BGE 110 III 84.

Zu Abs. 3

10 Ausnahmen Art. 201–203; ZGB Art. 959 und VZG Art. 51.

11 Nicht betroffen werden auch Rechte auf **grundbuchliche Vormerkungen** (Bauhandwerkerpfandrecht): BGE 40 II 453. Wird zur Sicherung eines obligatorischen Anspruchs im Grundbuch eine Verfügungsbeschränkung vorgemerkt, entfaltet sie ihre Wirkungen auch im Konkurs, nicht dagegen die Kanzleisperre des kantonalen Rechts: BGE 104 II 176 E.5, 6.

12 Bezüglich der Vormerkung **persönlicher Rechte** gemäss Art. 959 ZGB vgl. BGE 102 III 20; III 108 E.2b.

Art. 212
E. Rücktrittsrecht des Verkäufers

Ein Verkäufer, welcher dem Schuldner die verkaufte Sache vor der Konkurseröffnung *(175)* übertragen hat, kann nicht mehr von dem Vertrage zurücktreten und die übergebene Sache zurückfordern, auch wenn er sich dies ausdrücklich vorbehalten hat *(OR 214)*.

1 Betr. Verkauf unter **Eigentumsvorbehalt**: BGE 48 II 163; 73 III 167.

2 Analoge Anwendbarkeit beim **Nachlassvertrag mit Vermögensabtretung**: BGE 112 II 449.

Art. 213
F. Verrechnung
1. Zulässigkeit

[1] Ein Gläubiger kann seine Forderung mit einer Forderung, welche dem Schuldner ihm gegenüber zusteht, verrechnen *(214 und OR 120–125)*.

[2] Die Verrechnung ist jedoch ausgeschlossen:

1. wenn ein Schuldner des Konkursiten erst nach der Konkurseröffnung *(175)* dessen Gläubiger wird, es sei denn, er habe eine vorher eingegangene Verpflichtung erfüllt oder eine für die Schuld des Schuldners als Pfand haftende Sache eingelöst, an der ihm das Eigentum oder ein beschränktes dingliches Recht zusteht (Art. 110 Ziff. 1 OR);

2. wenn ein Gläubiger des Schuldners erst nach der Konkurseröffnung *(175)* Schuldner desselben oder der Konkursmasse wird.

[3] Die Verrechnung mit Forderungen aus Inhaberpapieren ist zulässig, wenn und soweit der Gläubiger nachweist, dass er sie in gutem Glauben vor der Konkurseröffnung erworben hat.

[4] Im Konkurs einer Kommanditgesellschaft, einer Aktiengesellschaft, einer Kommanditaktiengesellschaft, einer Gesellschaft mit beschränkter Haftung oder einer Genossenschaft können nicht voll einbezahlte Beträge der Kommanditsumme *(OR 610 Abs. 2)* oder des Gesellschaftskapitals *(OR 681 und 687, 764 Abs. 2, 802)* sowie statutarische Beiträge an die Genossenschaft *(OR 867)* nicht verrechnet werden.

1   Grundsatz der Verrechenbarkeit: BGE 122 III 134 E.4a.

- **Verrechnungsverbot**: BGE 122 III 134 E.4a; 127 III 274.
- Allgemeine Anwendbarkeit des Art. 213 im **Nachlassvertrag mit Vermögensabtretung**: BGE 40 III 302.
- Verrechnung **öffentlichrechtlicher** Forderungen: BGE 107 Ib 278 E.3.
- Zum Begriff *«***Masseforderung***»:* BGE 83 III 70.
- Betr. die Rechte der **Konkursmasse** zur Verrechnung einer Forderung der Masse mit der Forderung auf die Konkursdividende: BGE 56 III 174; 83 III 75.
- Grundsätzlich keine Verschiebung der Verrechnung mit Forderungen des **Schuldners** in das Verteilungsstadium: BGE 56 III 147; 83 III 71.
- In BGE 83 III 72 E.5 lässt BGer noch im **Verteilungsstadium** (mit einer eher unbefriedigenden Begründung) die Verrechnung mit einer im Kollokationsplan anerkannten Forderung zu, weil die Gegenfor-

derung erst später durch Rückzession wieder in das Konkursvermögen gelangte.

- Betr. Verrechnungsrecht eines **Gläubigers** einerseits und der **Konkursmasse** anderseits: BGE 71 III 185 E.2.
- Forderungen des **Gemeinschuldners** sind im Kollokationsverfahren nicht mit der Konkursdividende, sondern mit der Schuld des Konkursiten zu verrechnen: BGE 83 III 44.
- Die vom Konkursgläubiger abgegebene, von der Konkursverwaltung **nicht anerkannte** Verrechnungserklärung steht einer Abtretung der der Masse zustehenden Gegenforderung an andere Konkursgläubiger nicht entgegen: BGE 103 III 11 E.3.
- Verrechnung auch möglich, wenn die Forderung des Gemeinschuldners zur Zeit der Konkurseröffnung **nicht fällig** ist: BGE 42 III 277.
- Vorgehen bei **Bestreitung** der Verrechnungsmöglichkeit durch die Konkursmasse: BGE 71 III 185 E.2.
- Frage der Zulässigkeit der Leistung des Zuschlagspreises bei **Versteigerung** durch Verrechnung: BGE 111 III 60 E.2. Zeitpunkt der Entstehung einer Schadenersatzforderung wegen Formmangels einer vom Gemeinschuldner bestätigten Abtretung: BGE 88 III 26 E.7.
- **Anwendungsfall**: BGE 105 III 8 E.4b; 115 III 65.
- **Ausschluss** der Verrechnung nur, wenn die Forderung auf Tatsachen beruht, die in die Zeit nach Konkurseröffnung oder Bekanntmachung der Nachlassstundung fallen: BGE 107 III 27 E.3c, 143 E.3, 111 I b 158 E.3.
- Dass die Forderung zu jenem Zeitpunkt *bedingt* war, ist ohne Belang: BGE 107 III 28.
- Zulässigkeit der Verrechnungserklärung, nachdem Gläubiger in früheren Nachlassverfahren auf Verrechnung **verzichtet** hat: BGE 107 III 146 E.5.
- Ausschluss der Verrechnung von **Mietzinsschulden** des Mieters bei Konkurs des Vermieters: BGE 115 III 67 E.b;
- Wirkungen eines **Verrechnungsvertrages** über künftige Mietzinsforderungen: 115 III 67 E.c;
- Ausschluss der Verrechnung von Mietzinsschulden einer vom Schuldner getrennt lebenden **Ehefrau** mit ihrer gestützt auf eine Tren-

nungskonvention geltend gemachten Forderung auf Unterhaltsbeitrag bzw. unentgeltliches Wohnen: BGE 117 III 65 E.2.

– Verrechnung von Forderungen auf Grund des **UVG** mit fälligen Leistungen: Verrechenbarkeit von ausstehenden Prämienforderungen des Unfallversicherers gegenüber dem ehemaligen Inhaber einer Einzelfirma mit dessen nach Konkurseröffnung entstandenen Anspruch auf Taggeldleistungen: BGE 125 V 319 E.4, 5.

– Abs. 2 Ziff. 1 schliesst die Verrechnung einer **nach** der Konkurseröffnung fälligen, aber vorher begründeten Forderung nicht aus: BGE 106 III 117 E.3.

Abs. 4

2 Wirkungen der Konkurseröffnung über eine AG hinsichtlich des fiduziarischen Eigentümers (eines Bankenkonsortiums) von **Vorratsaktien**: BGE 117 II 299;

3 Verrechnung im Konkurs

– der Kollektivgesellschaft OR Art. 570;

– der Kommanditgesellschaft OR Art. 613, 614.

4 Die **Konkursverwaltung** kann die Verrechnung geltend machen: BGE 53 III 211;

– nicht erhältliche **Aktienbeträge** kann sie gegen eine dem Aktionär zukommende Konkursdividende verrechnen, auch wenn der Aktionär seine Forderungen während des Konkurses einem Dritten abgetreten hat: BGE 76 III 17 E.4.

– Dagegen kann eine Konkursgläubiger, dessen Forderung auf einen Dritten übergegangen ist, nicht die Verrechnung der darauf entfallenden Konkursdividende mit einer ihm gegenüber der **Masse** obliegenden Verbindlichkeit (in casu: Schadenersatzschuld) verlangen: BGE 84 III 138.

Art. 214
2. Anfechtbarkeit

Die Verrechnung ist anfechtbar *(285, 260)*, wenn ein Schuldner des Konkursiten vor der Konkurseröffnung *(175)*, aber in Kenntnis von der Zahlungsunfähigkeit des Konkursiten, eine Forderung an denselben erworben hat, um sich oder einem andern durch die Verrechnung unter Beeinträchtigung der Konkursmasse einen Vorteil zuzuwenden *(288, OR 123)*.

1 Die Anfechtung kann nur einen Anspruch gegen den **Schuldner** des Gemeinschuldners begründen: BGE 95 III 87 E.5.

2 Die Bestimmung setzt nicht Täuschungsabsicht, sondern nur die Absicht des Verrechnenden voraus, sich auf Kosten der Mitgläubiger einen in der gegebenen Situation nicht mehr gerechtfertigten **Vorteil** zu verschaffen: BGE 122 III 135 E.4a.

3 Anwendbarkeit auch im **Nachlassverfahren mit Vermögens-abtretung**: BGE 41 III 149 E.5.

4 **Geltendmachung** der Anfechtbarkeit: BGE 30 II 509 E.5.

Art. 215
G. Mitverpflichtungen des Schuldners
1. Bürgschaften
[1] Forderungen aus Bürgschaften des Schuldners können im Konkurse geltend gemacht werden, auch wenn sie noch nicht fällig sind *(210)*.

[2] Die Konkursmasse tritt für den von ihr bezahlten Betrag in die Rechte des Gläubigers gegenüber dem Hauptschuldner und den Mitbürgen ein (Art. 507 OR). Wenn jedoch auch über den Hauptschuldner oder einen Mitbürgen der Konkurs eröffnet wird, so finden die Artikel 216 und 217 Anwendung.

1 Betr. **Rückbürgschaften**: BGE 54 III 301.

2 Gleichstellung des **Wechselbürgen**: BGE 96 III 39.

Art. 216
2. Gleichzeitiger Konkurs über mehrere Mitverpflichtete
[1] Wenn über mehrere Mitverpflichtete gleichzeitig der Konkurs eröffnet ist, so kann der Gläubiger in jedem Konkurse seine Forderung im vollen Betrage geltend machen.

[2] Ergeben die Zuteilungen aus den verschiedenen Konkursmassen mehr als den Betrag der ganzen Forderung, so fällt der Überschuss nach Massgabe der unter den Mitverpflichteten bestehenden Rückgriffsrechte an die Massen zurück.

[3] Solange der Gesamtbetrag der Zuteilungen den vollen Betrag der Forderung nicht erreicht, haben die Massen wegen der geleisteten Teilzahlungen keinen Rückgriff gegeneinander.

1 Vgl. OR Art. 143, 181, 495, 496, 497, 498, 568, 759, 869, 918, 1044; ZGB Art. 206, 207, 219, 220, 243, 603, 639. Ausnahme Art. 218 Abs. 1.

2 Fall, da ein **Pfandrecht** zur Sicherung einer Solidarschuld bestellt worden ist und sich auch der persönlich haftende Mitverpflichtete im Konkurs befindet: BGE 113 III 131.

Art. 217
3. Teilzahlungen von Mitverpflichteten

[1] Ist ein Gläubiger von einem Mitverpflichteten des Schuldners für seine Forderung teilweise befriedigt worden, so wird gleichwohl im Konkurse des letztern die Forderung in ihrem vollen ursprünglichen Betrage aufgenommen, gleichviel, ob der Mitverpflichtete gegen den Schuldner rückgriffsberechtigt ist oder nicht.

[2] Das Recht zur Eingabe der Forderung im Konkurse steht dem Gläubiger und dem Mitverpflichteten zu *(OR 511)*.

[3] Der auf die Forderung entfallende Anteil an der Konkursmasse kommt dem Gläubiger bis zu seiner vollständigen Befriedigung zu. Aus dem Überschusse erhält ein rückgriffsberechtigter Mitverpflichteter den Betrag, den er bei selbständiger Geltendmachung des Rückgriffsrechtes erhalten würde. Der Rest verbleibt der Masse.

Abs. 1

1 **Begriff** des Mitverpflichteten: BGE 121 III 193 E.2.

2 Die Bestimmung ist auch anwendbar
- bei durch Betreibung auf **Pfandverwertung** erzwungener Befriedigung: BGE 41 III 66,
- wenn der Gläubiger aus Wertschriften befriedigt wurde, die ein Mitverpflichteter von einem **Dritten** in Händen hatte und unberechtigterweise zu Pfand gegeben hatte: BGE 51 III 202 E.3.

3 Fall, da ein Pfandrecht zur Sicherung einer **Solidarschuld** bestellt worden ist und sich auch der persönlich haftende Mitverpflichtete im Konkurs befindet: BGE 113 III 131.
- Anwendbarkeit auf **kollozierte** Forderung, für welche ganz oder zum Teil im Eigentum eines Dritten stehende Gegenstände als Pfand haften: BGE 110 III 113.

4 Vgl. auch BGE 60 III 217.

5 Bedeutung von Zahlungen, die der **Wechselgläubiger** erhält: BGE 96 III 39.

6 Besonderheit, wenn ein Mitverpflichteter dem andern sich als **Rückbürge** verpflichtet hat: BGE 54 III 301.

7 Anwendbarkeit im **Nachlassverfahren**: BGE 25 II 949 E.4, 5.

Abs. 2

8 Betr. Form der *Zulassung* und *Bestreitung* vgl. BGE 25 III 948 E.3.

Abs. 3

9 Zuweisung in der **Verteilungsliste**: BGE 44 III 193;

10 Stellung des **Rückgriffsberechtigten** gegenüber der Restforderung des Gläubigers: BGE 64 III 46.

11 Gleichstellung des **Drittpfandeigentümers**: BGE 110 III 114 E.2b.

Art. 218
4. Konkurs von Kollektiv- und Kommanditgesellschaften und ihren Teilhabern

[1] Wenn über eine Kollektivgesellschaft und einen Teilhaber derselben gleichzeitig der Konkurs eröffnet ist, so können die Gesellschaftsgläubiger *(OR 571)* im Konkurse des Teilhabers nur den im Konkurse der Gesellschaft unbezahlt gebliebenen Rest ihrer Forderungen geltend machen *(OR 568)*. Hinsichtlich der Zahlung dieser Restschuld durch die einzelnen Gesellschafter gelten die Bestimmungen der Artikel 216 und 217 *(OR 564 Abs. 1 und 2)*.

[2] Wenn über einen Teilhaber, nicht aber gleichzeitig über die Gesellschaft der Konkurs eröffnet ist *(OR 571)*, so können die Gesellschaftsgläubiger im Konkurse des Teilhabers ihre Forderungen im vollen Betrage geltend machen. Der Konkursmasse stehen die durch Artikel 215 der Konkursmasse eines Bürgen gewährten Rückgriffsrechte zu.

[3] Die Absätze 1 und 2 gelten sinngemäss für unbeschränkt haftende Teilhaber einer Kommanditgesellschaft.

1 Sobald der Konkurs über die Gesellschaft **ausgesprochen** ist, können die Gesellschafter belangt werden; die Gesellschaftsgläubiger brauchen nicht bis zum Antrag des Gesellschaftskonkurses zu warten: BGE 36 II 376 E.2.

2 Betr. das Recht der Konkursverwaltung eines Gesellschafters, die **Auflösung** *der Gesellschaft* zu verlangen, vgl. OR Art. 575 und VVAG Art. 16.

Art. 219
H. Rangordnung der Gläubiger

[1] Die pfandgesicherten Forderungen werden aus dem Ergebnisse der Verwertung der Pfänder vorweg bezahlt *(262 Abs. 2)*.

[2] Hafteten mehrere Pfänder für die nämliche Forderung, so werden die daraus erlösten Beträge im Verhältnisse ihrer Höhe zur Deckung der Forderung verwendet (VZG 132, 118).

[3] Der Rang der Grundpfandgläubiger und der Umfang der pfandrechtlichen Sicherung für Zinsen und andere Nebenforderungen bestimmt sich nach den Vorschriften über das Grundpfand (ZGB 795, 818, 819; KOV 58).

[4] Die nicht pfandgesicherten Forderungen *(KOV 61, 62)* sowie der ungedeckte Betrag der pfandgesicherten Forderungen werden in folgender Rangordnung aus dem Erlös der ganzen übrigen Konkursmasse gedeckt *(220, 247, KOV 56–59)*:

Erste Klasse

a) Die Forderungen von Arbeitnehmern aus dem Arbeitsverhältnis, die in den letzten sechs Monaten vor der Konkurseröffnung entstanden sind, sowie die Forderungen wegen vorzeitiger Auflösung des Arbeitsverhältnisses infolge Konkurses des Arbeitgebers und die Rückforderungen von Kautionen.

b) Die Ansprüche der Versicherten nach dem Bundesgesetz über die Unfallversicherung sowie aus der nicht obligatorischen beruflichen Vorsorge und die Forderungen von Personalvorsorgeeinrichtungen gegenüber den angeschlossenen Arbeitgebern.

c) Die familienrechtlichen Unterhalts- und Unterstützungsansprüche, die in den letzten sechs Monaten vor der Konkurseröffnung entstanden und durch Geldzahlungen zu erfüllen sind.

Zweite Klasse

a) Die Forderungen von Personen, deren Vermögen kraft elterlicher Gewalt (ZGB 318, 324–327) dem Schuldner anvertraut war für alles, was derselbe ihnen in dieser Eigenschaft schuldig geworden ist.

Dieses Vorzugsrecht gilt nur dann, wenn der Konkurs während der elterlichen Verwaltung oder innert einem Jahr nach ihrem Ende eröffnet worden ist.

b) Die Beitragsforderungen nach dem Bundesgesetz vom 20. Dezember 1946 über die Alters- und Hinterbliebenenversicherung, dem Bundesgesetz vom 19. Juni 1959 über die Invalidenversicherung, dem Bundesgesetz vom 20. März 1981 über die Unfallversicherung, dem Erwerbsersatzgesetz vom 25. September 1952 und dem Arbeitslosenversicherungsgesetz vom 25. Juni 1982.

c) Die Prämien- und Kostenbeteiligungsfoderungen der sozialen Krankenversicherung.

d) Die Beiträge an die Familienausgleichskasse.

Dritte Klasse

Alle übrigen Forderungen.

[5] Bei den in der ersten und zweiten Klasse gesetzten Fristen werden nicht mitberechnet:

1. die Dauer eines vorausgegangenen Nachlassverfahrens;
2. die Dauer eines Konkursaufschubes nach den Artikeln 725a, 764, 817 oder 903 des Obligationenrechts;
3. die Dauer eines Prozesses über die Forderung;
4. bei der konkursamtlichen Liquidation einer Erbschaft die Zeit zwischen dem Todestag und der Anordnung der Liquidation.

Pfandgesicherte Forderungen

1 Verpfändung von Hauptsache und **Zugehör**: BGE 48 III 177 E.1;

2 betr. **Kollokation**: BGE 36 I 146 E.1 und KOV Art. 58, 60, 61;

3 bei gleichzeitiger Sicherstellung durch **Grund- und Faustpfand**: BGE 40 III 329 E.2;

4 Tragweite einer **Gesamtpfandklausel** und Abrechnung: BGE 103 III 28 E.2.

5 Es verstösst nicht gegen den Grundsatz der Rechtsgleichheit, die Pfandgläubiger in gewissen Fällen von der **Grundstückgewinnsteuer** zu befreien, nicht dagegen nicht pfandgesicherte Gläubiger: BGE 111 Ia 91 E.3b.

Nicht pfandgesicherte Forderungen

6 **Allgemeines:**
- **Vereinbarung** über den Rangvorgang: BGE 119 III 32.
- Amtspflicht der Konkursverwaltung zur **Prüfung** der für das Privileg und die Konkursforderungen geltenden Voraussetzungen: BGE 87 III 86.
- Berechnung der **Fristen** für das Privileg im Pfändungsverfahren: Art. 146 Abs 2, BGE 88 III 130.
- Bei **Nachlassstundung**: Art. 297 Abs. 2, BGE 97 I 317 E.2.
- **Wahrung** der Privilegien während Nachlassstundung: BGE 76 I 284 E.2, 3.
- **Übergang** des Privilegs mit der Forderung: BGE 49 III 202.

7 Privilegierte Forderungen:

– Zum Begriff des Arbeitnehmers vgl. SJZ 74 (1978) S. 363 Nr. 73 (Ausschluss von «Führungskräften» einer AG). Erfordernis des Bestehens eines **Unterordnungsverhältnisses** für das Arbeitnehmerprivileg: BGE 118 III 46.

– Für die Forderungen der Personalvorsorgeeinrichtungen vgl. BGE 83 III 155 E.6; 97 III 85.

– Über das **«Sparprivileg»** vgl. BGE 63 III 133; 65 III 125 und nunmehr BankG Art 37a (Nr. 1b).

– Das Konkursprinzip der sozialen Krankenversicherung erstreckt sich nicht auf Forderungen für Mahn- und Bearbeitungskosten der Versicherer: BGE 127 III 471.

Intertemporales Recht

8 Massgeblich ist der Zeitpunkt der Bewilligung des **Nachlassstundung** (und nicht der Genehmigung des Nachlassvertrags) bezüglich der Kollokatiion nach alter oder neuer Privilegienordnung: BGE 125 III 158 E.3b, c.

Bemerkung

Als Zeitpunkt des Inkrafttretens der Revision vom 24. März 2000 bezüglich der Zweiten Klasse lit. b – hat der Bundesrat den 1. Januar 2001 festgesetzt (AS 2000 S. 2532). Die Schlussbestimmung der Revisionsvorlage (Art. 1) entspricht derjenigen von Art. 2 Abs. 3 SchlBest der Änderung vom 16. Dezember 1994. Danach gelten die im bisherigen Recht enthaltenen Privilegien weiter, wenn vor dem Inkrafttreten des Gesetzes der Konkurs eröffnet, die Pfändung vollzogen oder die Nachlassstundung bewilligt worden ist. (Es geht hier allerdings nicht um die Weitergeltung bisheriger Privilegien, sondern darum, dass Privilegien hinzugekommen sind.)

Art. 220
I. Verhältnis der Rangklassen

¹ Die Gläubiger der nämlichen Klasse haben unter sich gleiches Recht.

² Die Gläubiger einer nachfolgenden Klasse haben erst dann Anspruch auf den Erlös, wenn die Gläubiger der vorhergehenden Klasse befriedigt sind.

Keine Entscheidungen

Siebenter Titel: Konkursverfahren

I. Feststellung der Konkursmasse und Bestimmung des Verfahrens

Art. 221

A. Inventaraufnahme

Sofort nach Empfang des Konkurserkenntnisses *(176)* schreitet das Konkursamt zur Aufnahme des Inventars *(KOV 25–29)* über das zur Konkursmasse gehörende Vermögen *(197–199, 200)* und trifft die zur Sicherung desselben erforderlichen Massnahmen *(223, 240, 243 Abs. 2)*.

1 Betr. **Zuständigkeit**: Art. 53, 55.

2 Zuständig für die Liquidation der *Kautionshinterlage* einer *ausländischen Versicherungsgesellschaft* ist das Konkursamt des Sitzes der Geschäftsstelle, BG über die Kautionen der ausländischen Versicherungsgesellschaften vom 4.II.1919 (hinten Nr. 79), Art. 10.

3 Betr. **Kostenvorschuss** KOV Art. 35.

4 Obligator. **Formular** KOV Nr. 3, 3c, 3e. Weitere Aufzeichnungen Art. 224–226;

5 betr. **Grundstücke**: KOV Art. 26;

  – betr. **Fruchtertrag**: KOV Art. 33;

  – betr. **Eigentümerpfandtitel**: KOV Art. 28.

  – Betr. *Anzeige* an die **Mieter und Pächter** eines Grundstückes des Schuldners VZG Art. 124. Obligator. Formular VZG Nr. 5 in Anl. 7.

  – Betr. Einforderung eines **Grundbuchauszuges** KOV Art. 26 und obligator. Formular VZG Nr. 7 in Anl. 10

6 Betr. registrierte **Schiffe** Art. 60 BG über das Schiffsregister vom 28.IX.1923 (Nr. 60).

7 **Eigentumsansprachen** und deren Erledigung KOV Art. 34 und Ausführungen hiezu in BGE 90 III 1.

  – Betr. die Stellung des KA gegenüber *Dritten,* die im Besitze von Massegut sind: BGE 50 III 3, 52 III 8.

  – Auch **zweifelhafte** Rechtsansprüche sind aufzuführen: BGE 64 III 36.

8 Vgl. auch VBGr über den **Genossenschaftskonkurs** vom 20.XII.1937 (Nr. 68).

9 Im **Ausland** liegende Vermögensstücke: KOV Art. 27.

10 Betr. **Offiziere** und **Unteroffiziere** vgl. KS Plenum Nr. 19 betr. *Meldepflicht an die Militärbehörden* vom 23.IV.1926 (Nr. 19).

11 Beaufsichtigung des **Postverkehrs** des Schuldners: KOV Art. 38.

Art. 222
B. Auskunfts- und Herausgabepflicht

[1] Der Schuldner ist bei Straffolge verpflichtet, dem Konkursamt alle seine Vermögensgegenstände anzugeben und zur Verfügung zu stellen (Art. 163 Ziff. 1 und 323 Ziff. 4 StGB).

[2] Ist der Schuldner gestorben *(49, 193)* oder flüchtig *(54, 190 Abs. 1 Ziff. 1)*, so obliegen allen erwachsenen Personen, die mit ihm in gemeinsamem Haushalt gelebt haben *(64 Abs. 1, KOV 30)*, unter Straffolge dieselben Pflichten (Art. 324 Ziff. 1 StGB).

[3] Die nach den Absätzen 1 und 2 Verpflichteten müssen dem Beamten auf Verlangen die Räumlichkeiten und Behältnisse öffnen. Der Beamte kann nötigenfalls die Polizeigewalt in Anspruch nehmen *(91 Abs. 3)*.

[4] Dritte, die Vermögensgegenstände des Schuldners verwahren oder bei denen dieser Guthaben hat, sind bei Straffolge im gleichen Umfang auskunfts- und herausgabepflichtig wie der Schuldner (Art. 324 Ziff. 5 StGB) *(91 Abs. 4)*.

[5] Behörden sind im gleichen Umfang auskunftspflichtig wie der Schuldner *(91 Abs. 5)*.

[6] Das Konkursamt macht die Betroffenen auf ihre Pflichten und auf die Straffolgen ausdrücklich aufmerksam.

Abs. 1

1 **Einvernahme** des Schuldners: KOV Art. 37.

Abs. 2

2 **Tod** des Gemeinschuldners nach der Konkurseröffnung: BGE 45 III 221 E.3.

Abs. 3

3 Möglichkeit der **polizeilichen** Mitwirkung: BGE 42 III 91.

4 **Zur Auskunftspflicht allgemein:**
- Vorsatz auf **Benachteiligung** der Gläubiger: BGE 93 IV 92.
- Abgrenzung zwischen **Ungehorsam** und Verheimlichung: BGE 102 IV 174 E.2c.

– **Nichtangabe** von Vermögenswerten ist mehr als Ungehorsam (StGB Art. 323 Ziff. 4).

Art. 223

C. Sicherungsmassnahmen

[1] Magazine, Warenlager, Werkstätten, Wirtschaften und dergleichen sind vom Konkursamte *(221 Abs. 2)* sofort zu schliessen und unter Siegel zu legen, falls sie nicht bis zur ersten Gläubigerversammlung *(237, 238)* unter genügender Aufsicht verwaltet werden können.

[2] Bares Geld, Wertpapiere *(98 Abs. 1)*, Geschäfts- und Hausbücher sowie sonstige Schriften von Belang nimmt das Konkursamt in Verwahrung *(9, KOV 18, 22)*.

[3] Alle übrigen Vermögensstücke sollen, solange sie nicht im Inventar verzeichnet sind, unter Siegel gelegt sein; die Siegel können nach der Aufzeichnung neu angelegt werden, wenn das Konkursamt es für nötig erachtet.

[4] Das Konkursamt sorgt für die Aufbewahrung der Gegenstände, die sich ausserhalb der vom Schuldner benützten Räumlichkeiten befinden *(221 Abs. 2)*.

Abs. 1

1 Beschlagnahme von Sachen, die zum gemeinsamen Haushalt von in Gütertrennung lebenden Ehegatten gehören: BGE 116 III 34 E.2.

Abs. 2

2 Betr. **Eigentümerpfandtitel** KOV Art. 28; vgl. auch BGE 91 III 75 E.4c/aa.

3 Betr. den *Abschluss* der **Geschäftsbücher** KOV Art. 36;

– ihre **Aufbewahrung** oder **Rückgabe** KOV Art. 15.

– Recht auf **Einsichtnahme**: BGE 93 III 7.

– Verhältnis der Herausgabepflicht zum **Anwaltsgeheimnis**: Rechtsanwalt als Verwaltungsratsmitglied einer konkursiten Aktiengesellschaft: BGE 114 III 108 E.3b, 109 E.3c, d.

Abs. 1 und 3

4 Für die **Ausnahme** vgl. Art. 224

5 Für die Berücksichtigung von **Drittrechten** vgl. BGE 119 III 78.

Abs. 4

6 Betr. verpfändete **Schiffe** BG über das Schiffsregister vom 28.IX.1923 (Nr. 60) Art 60

7 Stellung des KA gegenüber **dritten** Besitzern: BGE 50 III 3, 52 III 8.

8 Betr. unter **Eigentumsvorbehalt** verkaufte Sachen: BGE 90 III 20.

Art. 224

D. Kompetenzstücke

Die in Artikel 92 bezeichneten Vermögensteile werden dem Schuldner zur freien Verfügung überlassen, aber gleichwohl im Inventar aufgezeichnet *(228)*.

1 Über ihre **Ausscheidung** KOV Art. 29 Abs. 4 und 31.

2 Mitteilung an die **Gläubiger** KOV Art. 32.

3 Verhältnis zu Pfand- oder Eigentumsansprachen KOV Art. 54.

4 Die Frage der Kompetenzqualität ist **vor Durchführung des Aussonderungsverfahrens** zu erledigen: BGE 83 III 20.

5 Befriedigung des Kompetenzanspruchs in erster Linie aus Gegenständen, an denen **keine Drittrechte** geltend gemacht werden: BGE 60 III 120.

6 Bei Aufnahme des Konkursinventars im Rechtshilfeverfahren entscheidet das **ersuchende** Amt über Kompetenzstücke: BGE 79 III 30.

7 Der Schuldner hat innert zehn Tagen seit Unterzeichnung des Inventars mit **Beschwerde** die Kompetenzqualität geltend zu machen: BGE 106 III 77.

Art. 225

E. Rechte Dritter
1. An Fahrnis

Sachen, welche als Eigentum dritter Personen bezeichnet oder von dritten Personen als ihr Eigentum beansprucht werden, sind unter Vormerkung dieses Umstandes gleichwohl im Inventar aufzuzeichnen *(KOV 34)*.

1 Betr. Sachen des **andern Ehegatten** ZGB Art. 188, 193, 198–200, 205.

2 Betr. die Vormerkung **späterer Entscheidungen** über Drittrechte KOV Art. 34.

Art. 226
2. An Grundstücken

Die im Grundbuch eingetragenen Rechte Dritter an Grundstücken des Schuldners werden von Amtes wegen im Inventar vorgemerkt *(138 Abs. 2 Ziff. 3, 246; KOV 26 Abs. 1)*.

1 Für die **anderen Rechte** vgl. Art. 232 Ziff. 2.

2 Auf Grundstücke, die auf einen **Dritten** im Grundbuch eingetragen sind, ist VZG Art. 10 analog anwendbar.

Art. 227
F. Schätzung

In dem Inventar wird der Schätzungswert jedes Vermögensstückes verzeichnet *(97; KOV 25, 29 Abs. 2, 27 Abs. 2)*.

1 Betr. Schätzung der Grundstücke vgl. VZG Art. 9.

Art. 228
G. Erklärung des Schuldners zum Inventar

[1] Das Inventar wird dem Schuldner *(222 Abs. 2)* mit der Aufforderung vorgelegt, sich über dessen Vollständigkeit und Richtigkeit zu erklären.

[2] Die Erklärung des Schuldners wird in das Inventar aufgenommen und ist von ihm zu unterzeichnen *(KOV 29, 30, 31)*.

1 Über **weitere Auskünfte**, die vom Gemeinschuldner zu verlangen sind, KOV Art. 37.

2 Auskunftspflicht im Konkurs von **Banken**: BGE 86 III 117.

Art. 229
H. Mitwirkung und Unterhalt des Schuldners

[1] Der Schuldner ist bei Straffolge (Art. 323 Ziff. 5 StGB) verpflichtet, während des Konkursverfahrens zur Verfügung der Konkursverwaltung *(222, 240, 244)* zu stehen; er kann dieser Pflicht nur durch besondere Erlaubnis enthoben werden. Nötigenfalls wird er mit Hilfe der Polizeigewalt zur Stelle gebracht. Die Konkursverwaltung macht ihn darauf und auf die Straffolge ausdrücklich aufmerksam.

[2] Die Konkursverwaltung kann dem Schuldner, namentlich wenn sie ihn anhält, zu ihrer Verfügung zu bleiben, einen billigen Unterhaltsbeitrag gewähren *(262 Abs. 1)*.

3 Die Konkursverwaltung bestimmt, unter welchen Bedingungen und wie lange der Schuldner und seine Familie *(92 Ziff. 1)* in der bisherigen Wohnung verbleiben dürfen, sofern diese zur Konkursmasse gehört.

Abs. 1

1 Anwendung von Abs. 1 auch auf unbeschränkt haftenden Gesellschafter einer im Konkurs befindlichen **Kommanditgesellschaft:** BGE 29 I 593.

Abs. 2

2 Es besteht **kein Rechtsanspruch** auf Alimentation: BGE 35 I 800 E.2.

- Jedenfalls hat keine Alimentation zum Nachteil der **Pfandgläubiger** stattzufinden: BGE 26 I 509.

- Recht des Gemeinschuldners auf **Beschwerde** gegen Verweigerung des Unterhaltsbeitrages: BGE 106 III 78.

Abs. 3

3 Daraus lässt sich kein Anspruch auf kostenloses Wohnen ableiten: BGE 117 III 64 E.1.

Art. 230
I. Einstellung des Konkursverfahrens mangels Aktiven
1. Im allgemeinen

1 Reicht die Konkursmasse voraussichtlich nicht aus, um die Kosten für ein summarisches Verfahren zu decken, so verfügt das Konkursgericht *(166 Abs. 1)* auf Antrag des Konkursamtes *(KOV 39 Abs. 2)* die Einstellung des Konkursverfahrens *(196)*.

2 Das Konkursamt macht die Einstellung öffentlich bekannt *(35)*. In der Publikation weist es darauf hin, dass das Verfahren geschlossen wird, wenn nicht innert zehn Tagen ein Gläubiger die Durchführung des Konkursverfahrens verlangt und die festgelegte Sicherheit für den durch die Konkursmasse nicht gedeckten Teil der Kosten leistet *(KOV 93)*.

3 Nach der Einstellung des Konkursverfahrens kann der Schuldner während zwei Jahren auch auf Pfändung betrieben werden.

4 Die vor der Konkurseröffnung eingeleiteten Betreibungen leben nach der Einstellung des Konkurses wieder auf. Die Zeit zwischen der Eröffnung und der Einstellung des Konkurses wird dabei für alle Fristen dieses Gesetzes nicht mitberechnet.

Abs. 1

1 **Gebühr:** GebV SchKG Art. 53.

2 Der **Vorbehalt** der WIR-Bank, der mit der Überweisung des einem Ver-rechnungsguthaben des Schuldners entsprechenden Geldbetrages an die Konkursnmassse verbunden worden ist und wonach der Geldbetrag im Falle einer Einstellung des Konkursverfahrens auszuzahlen sei, ist für die Konkurorgane unbeachtlich: BGE 127 III 371, 372–374 E. 4, 5.

3 **Amtshandlungen** des Konkursverwalters, die auf Weiterführung des Verfahrens gerichtet sind, fallen ins Leere und sind unbeachtlich: BGE 102 III 82;

– Bedeutung dieser Bekanntgabe: BGE 64 III 170.

– Der Vorbehalt der WIR Bank, der mit der Überweisung des einem Verrechnungsguthaben des Schuldners entsprechenden Geldbetra-ges an die Konkursmasse verbunden worden ist und wonach der Geldbetrag im Falle einer Einstellung des Konkursverfahrens mangels Aktiven an die Bank zurückerstattet sei, ist für die Konkursorgane unbeachtlich: BGE 127 III 371.

4 Bei **Ablehnung** des Eigentumserwerbs durch den *Staat* kann konkurs-amtliche Versteigerung angeordnet werden an verpfändeten Grundstük-ken einer konkursamtlich zu liquidierenden Verlassenschaft: BGE 71 III 168.

5 Bei Einstellung des Verfahrens über eine durch Konkurs aufgelöste **Genossenschaft** sind die Organe befugt, ein dem KA bekanntes Aktivum freihändig zu veräussern: BGE 90 II 252.

6 Verwertung von **Grundstücken** einer aufgelösten Aktiengesellschaft, Genossenschaft oder eines Vereins Art. 230a Abs. 2. Vgl. dazu BGE 63 III 83;

– betr. den Umfang der **Pfandliquidation** sowie das Beschwerde-recht *Dritter:* BGE 68 III 103.

7 Verpfändete Grundstücke bei **ausgeschlagener Erbschaft**: Art. 230a.

Abs. 2

8 **Bekanntgabe** des sicherzustellenden Betrages: BGE 48 III 195; 64 III 169;

– **Umfang** der Sicherheit: BGE 51 III 83; 55 III 93.

– Zulässige **Höhe** der Sicherheitsleistungen: BGE 117 III 68 E.2;

– durch sie dürfen nicht Kosten gedeckt werden, die in der **Vergangenheit** angefallen sind und wegen einer Fehleinschätzung des Konkursamts einen höheren Betrag als den geschätzten erreichen: BGE 117 III 69 E.b.

- Über ein Gesuch für **Nachfrist** zur Vorschussleistung ist vom Konkursrichter zu entscheiden: BGE 74 III 77; 97 III 37 E.2;
- Folgen der **Nichtleistung** der Sicherheit: BGE 117 III 70; vgl. auch BGE 120 III 2;
- **Unentgeltliche Rechtspflege:** BGE 119 III 28, 113.

9 Für die **Verfahrenskosten** haben die Gläubiger aufzukommen, welche die Konkurseröffnung verlangt hatten: BGE 102 III 87 E.2.

- Recht aus einem **Prozessergebnis** nach Art. 260 sich dafür vorab zu decken: BGE 68 III 119.

10 Möglichkeit der **Wiedererwägung** der Einstellungsverfügung: BGE 102 III 84 E.5.

11 Musterformular: KOV Nr. 14d.

12 Fristbeginn für die Geltendmachung des Anspruchs auf **Insolvenzentschädigung** gemäss Art. 51 ff. AVIG bei Einstellung des Konkursverfahrens: BGE 114 V 354.

Abs. 3

13 Deckung der **Kosten** und Auslagen: Art. 169, 189, 194; ZGB Art. 584.

14 Keine analoge Anwendung, wenn gegen eine Gesellschaft der Konkurs **mangels Aktiven** nicht eröffnet worden ist: BGE 113 III 117 E.2.

15 Unmöglichkeit der **neuen Betreibung** einer Aktiengesellschaft: BGE 53 III 191; 56 III 192.

16 Keine Anwendung auf den Fall der **Nichtleistung des Kostenvorschusses nach Art. 169 Abs. 2**; BGE 113 III 117 E.2.

Abs. 4

17 Möglichkeit der Fortsetzung einer vor der Konkurseröffnung angehobenen Anfechtungsklage: BGE 51 III 218.

18 Dieser als Ausnahmebestimmung zu Art. 206 Abs. 1 konzipierte Absatz ist nur auf Betreibungen anwendbar, die im Moment des Konkurses **noch fortgesetzt** werden können. Somit kann die Betreibung, für die das Fortsetzungsbegehren gestellt worden ist und die zur Eröffnung des Konkurses geführt hat, nach dessen Einstellung nicht wieder aufleben : BGE 124 III 123–125.

Art. 230a

2. Bei ausgeschlagener Erbschaft und bei juristischen Personen

[1] Wird die konkursamtliche Liquidation einer ausgeschlagenen Erbschaft mangels Aktiven eingestellt, so können die Erben die Abtretung der zum Nachlass gehörenden Aktiven an die Erbengemeinschaft oder an einzelne Erben verlangen, wenn sie sich bereit erklären, die persönliche Schuldpflicht für die Pfandforderungen und die nicht gedeckten Liquidationskosten zu übernehmen. Macht keiner der Erben von diesem Recht Gebrauch, so können es die Gläubiger und nach ihnen Dritte, die ein Interesse geltend machen, ausüben.

[2] Befinden sich in der Konkursmasse einer juristischen Person verpfändete Werte und ist der Konkurs mangels Aktiven eingestellt worden, so kann jeder Pfandgläubiger trotzdem beim Konkursamt die Verwertung seines Pfandes verlangen. Das Amt setzt dafür eine Frist.

[3] Kommt kein Abtretungsvertrag im Sinne von Absatz 1 zustande und verlangt kein Gläubiger fristgemäss die Verwertung seines Pfandes, so werden die Aktiven nach Abzug der Kosten mit den darauf haftenden Lasten, jedoch ohne die persönliche Schuldpflicht, auf den Staat übertragen, wenn die zuständige kantonale Behörde die Übertragung nicht ablehnt.

[4] Lehnt die zuständige kantonale Behörde die Übertragung ab, so verwertet das Konkursamt die Aktiven.

1   Bisher: BGE 68 III 10; 71 III 168; 72 III 12.

Art. 231

K.   Summarisches Konkursverfahren

[1] Das Konkursamt beantragt dem Konkursgericht *(166 Abs. 1)* das summarische Verfahren, wenn es feststellt, dass:

1.   aus dem Erlös der inventarisierten Vermögenswerte *(221, 228)* die Kosten des ordentlichen Konkursverfahrens voraussichtlich nicht gedeckt werden können *(227)*; oder

2.   die Verhältnisse einfach sind.

[2] Teilt das Gericht die Ansicht des Konkursamtes, so wird der Konkurs im summarischen Verfahren durchgeführt, sofern nicht ein Gläubiger vor der Verteilung des Erlöses das ordentliche Verfahren verlangt und für die voraussichtlich ungedeckten Kosten hinreichende Sicherheit leistet *(230 Abs. 2)*.

3 Das summarische Konkursverfahren wird nach den Vorschriften über das ordentliche Verfahren durchgeführt, vorbehältlich folgender Ausnahmen:

1. Gläubigerversammlungen werden in der Regel nicht einberufen. Erscheint jedoch aufgrund besonderer Umstände eine Anhörung der Gläubiger als wünschenswert, so kann das Konkursamt diese zu einer Versammlung einladen oder einen Gläubigerbeschluss auf dem Zirkularweg herbeiführen.

2. Nach Ablauf der Eingabefrist (Art. 232 Abs. 2 Ziff. 2) führt das Konkursamt die Verwertung durch; es berücksichtigt dabei Artikel 256 Absätze 2–4 und wahrt die Interessen der Gläubiger bestmöglich. Grundstücke darf es erst verwerten, wenn das Lastenverzeichnis erstellt ist.

3. Das Konkursamt bezeichnet die Kompetenzstücke im Inventar und legt dieses zusammen mit dem Kollokationsplan auf.

4. Die Verteilungsliste braucht nicht aufgelegt zu werden.

1 Einfluss des Vorhandenseins von **verpfändeten** Vermögensstücken Art. 262 Abs. 2 und KOV Art. 39.

2 Über die Geltendmachung **zweifelhafter** Ansprüche ist ein Beschluss der Gläubiger zu veranlassen: BGE 64 III 37.

3 Der Übergang vom summarischen zum **ordentlichen** Konkursverfahren vollzieht sich erst in dem Zeitpunkt, da der Gläubiger, der das ordentliche Konkursverfahren verlangt hat, den Kostenvorschuss leistet: BGE 113 III 138 E.4.

4 **Nähere Vorschriften** über das Verfahren in KOV Art. 32, 49, 70, 93, 96.

– Bei Verkauf aus **freier Hand** muss allen Gläubigern Gelegenheit gegeben werden, Angebote zu machen; der Grundsatz gilt indessen nicht vorbehaltlos: Art. 256 Abs. 3. Möglichkeit der Beschwerde wegen *ungenügender* Bekanntmachung: BGE 63 III 87.

– Nach Abschluss des **Kollokationsverfahrens** sind alle Aktiven *sofort* zu verwerten: BGE 71 III 9.

– Verbot, im summarischen Konkursverfahren **Anzahlungen** an die Gläubiger zu leisten: BGE 117 III 45 E.1.

– Unzulässigkeit der Einsetzung einer **ausseramtlichen** Konkursverwaltung: BGE 121 III 143 E.1b.

II. Schuldenruf
Art. 232
A. Öffentliche Bekanntmachung

[1] Das Konkursamt macht die Eröffnung des Konkurses öffentlich bekannt *(35)*, sobald feststeht, ob dieser im ordentlichen oder im summarischen Verfahren durchgeführt wird *(230, 231)*.

[2] Die Bekanntmachung enthält:

1. die Bezeichnung des Schuldners und seines Wohnortes *(46)* sowie des Zeitpunktes der Konkurseröffnung *(175)*;

2. die Aufforderung an die Gläubiger des Schuldners *(197, 208–215)* und an alle, die Ansprüche auf die in seinem Besitz befindlichen Vermögensstücke haben *(201–203, 225, 226)*, ihre Forderungen oder Ansprüche samt Beweismitteln (Schuldscheine, Buchauszüge usw.) innert einem Monat *(31)* nach der Bekanntmachung dem Konkursamt einzugeben;

3. die Aufforderung an die Schuldner des Konkursiten, sich innert der gleichen Frist beim Konkursamt zu melden *(205)*, sowie den Hinweis auf die Straffolge bei Unterlassung (Art. 324 Ziff. 2 StGB);

4. die Aufforderung an Personen, die Sachen des Schuldners als Pfandgläubiger *(37, 198, 219 Abs. 1)* oder aus anderen Gründen besitzen, diese Sachen innert der gleichen Frist dem Konkursamt zur Verfügung zu stellen, sowie den Hinweis auf die Straffolge bei Unterlassung (Art. 324 Ziff. 3 StGB) und darauf, dass das Vorzugsrecht erlischt, wenn die Meldung ungerechtfertigt unterbleibt;

5. die Einladung zu einer ersten Gläubigerversammlung *(235–239)*, die spätestens 20 Tage nach der öffentlichen Bekanntmachung stattfinden muss und der auch Mitschuldner *(216, 217, 303)* und Bürgen *(215, 303)* des Schuldners sowie Gewährpflichtige beiwohnen können;

6. den Hinweis, dass für Beteiligte, die im Ausland wohnen, das Konkursamt als Zustellungsort gilt, solange sie nicht einen anderen Zustellungsort in der Schweiz bezeichnen.:

Abs. 1

1 Musterformulare KOV Nr. 14a. Betr. Mitteilung an Militärbehörde s. Art. 149 N 2.

2 Bekanntmachung des Konkurses von **Banken** und Sparkassen VBR vom 17.V.1972 (Nr. 74) Art. 55.

3 Wirkungen einer noch nicht publizierten Konkurseröffnung für den gutgläubig erwerbenden Dritten im **Immobiliarsachenrecht**: BGE 115 III 113 E.3, 5.

Abs. 2 Ziff. 2

4 Betr. **Anleihensobligationäre** und ihre besondere Einberufung vgl. Art. 1183 OR.

5 Betr. **Aussonderungsrecht** des *Bundes* an Pflichtlagern, Eingabe im Konkurs, V vom 26.IV.1963, Art. 3, hiernach Nr. 89.

6 Betr. die **Dienstbarkeiten**, die unter dem früheren kantonalen Recht ohne Eintragung entstanden: VZG Art. 123, 29 Abs. 2.

7 Betr. die Möglichkeit **gesonderter** Aufforderung an die **Dienstbarkeitsberechtigten** Anl. 12 Abs. 2.

8 Auch die Inhaber von **Inhabertiteln** haben ihre *Namen* anzugeben: BGE 57 III 133.

9 **Faustpfandgläubiger** an Vermögenswerten *Dritter* sind ebenfalls anmeldungsberechtigt: BGE 64 III 65.

10 Angabe von Pfandrechten an **Zugehör**: BGE 55 III 98.

11 Forderungsanspruch, allein auf Grund von **mündlichen** Erklärungen des Gläubigers oder dessen Vertreters, für Aufnahme in den Kollokationsplan unzulässig: BGE 93 III 64 E.2.

- Nichtvorlage von **Belegen**, weil solche nicht bestehen, zieht für den Gläubiger keine Kostenpflicht nach sich: BGE 68 III 139. Betr. *Rückgabe* der Beweismittel: KOV Art. 41.

- Versehentlich **nicht** *aufgenommene* eingegebene *Forderungen* sind als verspätete Konkurseingabe zu behandeln: BGE 68 III 143.

- Unstatthaftigkeit der Erhebung von kantonalen Stempelabgaben von den Eingaben: BGE 48 III 22.

Abs. 2 Ziff. 4

12 Diese Bestimmung gilt nicht für **Dritte**, die an den in ihrem Besitz befindlichen, vom Konkursamt als Bestandteil der Masse betrachteten Gegenständen das Eigentum oder ein sonstiges, die Verwertung im Konkurs ausschliessendes Recht geltend machen: BGE 86 III 29; 90 III 21 E.1.

- Beschlagnahmerecht einer Sache durch BA bei **unselbständigem** Besitz (Pfandbesitz) eines Dritten, wobei Schuldner selbständigen Besitz hat: BGE 73 III 80.

- Die Beschlagnahme einer unter **Eigentumsvorbehalt** verkauften, vom Eigentümer wieder zurückgenommenen Sache ist unzulässig: BGE 90 III 19.
- Die Herausgabe ändert am **Besitz** im Sinne von Art. 895 ZGB nichts: BGE 105 II 192 E.3b.
- Vertraglich stipuliertes **Selbstverkaufsrecht** des Pfandgläubigers kann nicht mehr ausgeübt werden: BGE 81 III 58.

13 Auskunftspflicht der Banken geht dem Bankgeheimnis vor: BGE 94 III 99.

14 Verwirkung des Vorzugsrechts tritt nur bei erheblichem Verschulden ein: BGE 71 III 87.

Abs. 2 Ziff. 5

15 Keine Gläubigerversammlung beim Konkurs von Banken und Sparkassen; ihre Rechte übt die Konkursverwaltung aus, die vom Konkursgericht ernannt wird: Art. 36 Abs. 2 BG über Banken vom 8.XI.1934/11.III.1971 (hinten Nr. 72).

16 Beschwerdelegitimation des Konkursiten gegen Massnahmen des KA betr. Massevermögen: BGE 94 III 83 E.3; 95 III 28/29 E.2.

Art. 233
B. Spezialanzeige an die Gläubiger

Jedem Gläubiger, dessen Name und Wohnort bekannt sind, stellt das Konkursamt ein Exemplar der Bekanntmachung mit uneingeschriebenem Brief zu.

1 Gebühr GebVSchKG Art. 46 Abs. 4. Über weitere Berechtigte KOV Art. 40.

2 Inhalt, namentlich Einforderung der Pfandtitel KOV Art. 40.

3 Mitteilung an **kantonale Militärbehörden** VBR über das militärische Kontrollwesen vom 23.XII.1969.

4 Keine Spezialanzeigen im **summarischen** Verfahren: KOV Art. 40.

Art. 234
C. Besondere Fälle

Hat vor der Liquidation einer ausgeschlagenen Erbschaft *(193)* oder in einem Nachlassverfahren vor dem Konkurs bereits ein Schuldenruf stattgefunden *(ZGB 582, 583, 595)*, so setzt das Konkursamt die Eingabefrist auf zehn Tage fest und gibt in der Bekanntmachung an, dass bereits angemeldete Gläubiger keine neue Eingabe machen müssen.

Keine Entscheidungen

III. Verwaltung

Art. 235

A. Erste Gläubigerversammlung
1. Konstituierung und Beschlussfähigkeit

[1] In der ersten Gläubigerversammlung *(232 Abs. 2 Ziff. 5)* leitet ein Konkursbeamter *(3)* die Verhandlungen und bildet mit zwei von ihm bezeichneten Gläubigern das Büro *(KOV 42 Abs. 3)*.

[2] Das Büro entscheidet über die Zulassung von Personen, welche, ohne besonders eingeladen zu sein, an den Verhandlungen teilnehmen wollen *(232 Abs. 2 Ziff. 5)*.

[3] Die Versammlung ist beschlussfähig, wenn wenigstens der vierte Teil der bekannten Gläubiger *(226, 232 Abs. 2 Ziff. 2, 233)* anwesend oder vertreten ist. Sind vier oder weniger Gläubiger anwesend oder vertreten, so kann gültig verhandelt werden, sofern dieselben wenigstens die Hälfte der bekannten Gläubiger ausmachen.

[4] Die Versammlung beschliesst mit der absoluten Mehrheit der stimmenden Gläubiger. Bei Stimmengleichheit hat der Vorsitzende den Stichentscheid. Wird die Berechnung der Stimmen beanstandet, so entscheidet das Büro.:

Abs. 1

1 Besondere Versammlung der **Obligationäre** eines *Anleihens* vgl. Art. 1183 OR.

2 Betr. die Gläubigergemeinschaft im Konkurs einer **Bank** VBR zum Bankengesetz vom 30.VIII.1961/17.V.1972 (Nr. 73) Art. 49.

Abs. 2

3 Keine analoge Anwendung auf Nachlassvertrag mit Vermögensabtretung: BGE 82 III 87 E.1.

4 Befugnis des Bureaus zur Prüfung der Vollmachten des **Gläubigervertreters**; Beschwerdemöglichkeit gegen Entscheid: BGE 86 III 96;

- **Voraussetzung** für die Vertretung von Gläubigern: BGE 97 III 124.

- Der Stimmenkauf zieht die **Ungültigkeit** der Bevollmächtigung nach sich: BGE 40 III 173; 86 III 100 E.5.

Abs. 3 und 4

5 **Protokollierung:** KOV Art. 42.

6 **Gebühr** GebVSchKG Art. 48.

7 Jeder Gläubiger hat, ohne Rücksicht auf die Höhe und Privilegierung seiner Forderung, nur **eine** Stimme. Vertreter haben so viele Stimmen, als sie Gläubiger vertreten: BGE 38 I 777.

– Nicht mitgezählt wird, wer sich der Stimme **enthält**: BGE 40 III 4 E.2.
– Ermittlung des **massgebenden Quorums**: BGE 116 III 105 E.6b.

8 Bedeutung des Mehrheitsbeschlusses bezüglich **Kostenvorschüssen** für Prozessführung: BGE 110 III 95.

Art. 236
2. Beschlussunfähigkeit

Ist die Versammlung nicht beschlussfähig *(235 Abs. 3)*, so stellt das Konkursamt dies fest *(KOV 42)*. Es orientiert die anwesenden Gläubiger über den Bestand der Masse und verwaltet diese bis zur zweiten Gläubigerversammlung *(237–243, KOV 47)*.

Keine Entscheidungen

Art. 237
3. Befugnisse
a) Einsetzung von Konkursverwaltung und Gläubigerausschuss

[1] Ist die Gläubigerversammlung beschlussfähig *(235 Abs. 3)*, so erstattet ihr das Konkursamt Bericht *(KOV 42)* über die Aufnahme des Inventars *(221, 228, KOV 32)* und den Bestand der Masse.

[2] Die Versammlung entscheidet *(239)*, ob sie das Konkursamt oder eine oder mehrere von ihr zu wählende Personen als Konkursverwaltung *(240, 241)* einsetzen wolle.

[3] Im einen wie im andern Fall kann die Versammlung aus ihrer Mitte einen Gläubigerausschuss wählen; dieser hat, sofern die Versammlung nichts anderes beschliesst, folgende Aufgaben:

1. Beaufsichtigung der Geschäftsführung der Konkursverwaltung, Begutachtung der von dieser vorgelegten Fragen, Einspruch gegen jede den Interessen der Gläubiger zuwiderlaufende Massregel;

2. Ermächtigung zur Fortsetzung des vom Gemeinschuldner betriebenen Handels oder Gewerbes mit Festsetzung der Bedingungen *(223, 238)*;

3. Genehmigung von Rechnungen *(242 Abs. 1)*, Ermächtigung zur Führung von Prozessen *(207, 240, 242, 250)* sowie zum Abschluss von Vergleichen und Schiedsverträgen *(KOV 66 Abs. 3)*;

4. Erhebung von Widerspruch gegen Konkursforderungen, welche die Verwaltung zugelassen hat *(247, KOV 64 Abs. 1)*;

5. Anordnung von Abschlagsverteilungen an die Konkursgläubiger im Laufe des Konkursverfahrens *(266)*.

Abs. 1

1 Zulässigkeit von Zirkularbeschlüssen: BGE 103 III 26 E.4.

Abs. 2

2 **Anzeige** an die AB, KOV Art. 43 und an das Handelsregister VBR vom 7.VI.1937, Art. 64 und KS BGer Nr. 33 vom 7.XII.1955.

3 Bestätigt die 2. Gläubigerversammlung eine **a.o. Konkursverwaltung** in ihrem Amt, so kann der Beschluss der 1. Gläubigerversammlung, mit dem diese eingesetzt wurde, nicht mehr angefochten werden: BGE 105 III 69 E.1.

  – Im Konkurs von **Banken** wird die Konkursverwaltung vom Konkursgericht bezeichnet: Art. 36 Abs. 2 des BankG (Nr. 72) und VBR vom 17.V.1972 (Nr. 74), Art. 63.

4 Wählbarkeit **juristischer Personen:** BGE 101 III 46 E.25.

5 **Amtsenthebung** einer gewählten Konkursverwaltung, die sich über eine gerichtlich angeordnete aufschiebende Wirkung hinweggesetzt hat: BGE 112 III 72 E.7.

Abs. 3 allgemein

6 Recht der AB, den Beschluss als **unangemessen** aufzuheben: BGE 59 III 134;

  – Stellung der **Mitglieder** des Gläubigerausschusses: BGE 51 III 161.

  – Beschwerde gegen die **Wahl:** BGE 48 III 196.

  – **Abberufung** eines Mitgliedes: BGE 119 III 118.

    – Keine Überprüfung der **Nichtbestätigung** eines Mitgliedes durch das BGer, soweit nicht Ermessensüberschreitung vorliegt: BGE 101 III 77.

  – **Überwachung** durch die AB: BGE 101 III 66.

  – Weitere **Kompetenz**: Art. 255.

  – **Protokollierung** seiner Beschlüsse: KOV Art. 44.

  – **Beschwerde** gegen die Protokollierung: BGE 52 III 20.

  – Kein Gläubigerausschuss im **Bankenkonkurs** Art. 36 des Bankengesetzes.

  – Möglichkeit der Ernennung auch noch durch die **2. Gläubigerversammlung**: BGE 55 III 182 E.1.

Abs. 3 Ziff. 2

7 Zustimmung der **Pfandgläubiger**: BGE 49 III 115; 51 III 47.

8 Voraussetzung für die Weiterführung des **Geschäftsbetriebs** des Schuldners: BGE 95 III 30 E.2b.

Abs. 3 Ziff. 3

9 Anwendung von Ziff. 3 auch auf Prozesse, die im Zeitpunkt der Konkurseröffnung bereits **anhängig** sind: BGE 103 III 25.

10 Recht der Konkursgläubiger zur **Anfechtung eines Vergleiches** und Voraussetzungen zur Neuauflage des Kollokationsplanes bei Abschluss eines Vergleiches: BGE 75 III 63.

Abs. 3 Ziff. 5

11 Bedeutung einer formell rechtskräftigen Kollokation; Voraussetzungen, um eine solche infolge betrügerischer Eingabe **nichtig** zu erklären: BGE 91 III 92.

Art. 238
b) Beschlüsse über dringliche Fragen

[1] Die Gläubigerversammlung kann über Fragen, deren Erledigung keinen Aufschub duldet, Beschlüsse fassen, insbesondere über die Fortsetzung des Gewerbes oder Handels des Gemeinschuldners, über die Frage, ob Werkstätten, Magazine oder Wirtschaftsräume des Gemeinschuldners offen bleiben sollen *(223)*, über die Fortsetzung schwebender Prozesse *(207)*, über die Vornahme von freihändigen Verkäufen *(243, 256)*.

[2] Wenn der Gemeinschuldner einen Nachlassvertrag vorschlägt *(252 Abs. 2, 332)*, kann die Gläubigerversammlung die Verwertung einstellen.

Abs. 1

1 Betr. **Grundstücke**: VZG Art. 128.

2 Betr. **Dringlichkeit** des Verkaufs: BGE 34 I 884 E.4.

3 Betr. Zustimmung der **Pfandgläubiger** Art. 256.

4 Beschlüsse im Konkurs einer AG gestützt auf **irreführende Angabe** sind i.d.R. nichtig: BGE 96 III 105.

Abs. 2

5 Notwendigkeit der Einstellung, wenn ein **Nachlassvertrag** schon *vorgeschlagen* ist: BGE 35 I 269.

Art. 239
4. Beschwerde

[1] Gegen Beschlüsse der Gläubigerversammlung kann innert fünf Tagen *(31)* bei der Aufsichtsbehörde Beschwerde geführt werden *(17–19)*.

[2] Die Aufsichtsbehörde entscheidet innerhalb kurzer Frist, nach Anhörung des Konkursamtes und, wenn sie es für zweckmässig erachtet, des Beschwerdeführers und derjenigen Gläubiger, die einvernommen zu werden verlangen.

1 Legitimation auch des **Schuldners**: BGE 101 III 44 E.1; 103 III 23 E.1 (jetzt durch den Gesetzeswortlaut verdeutlicht).

2 Ein Beschwerderecht hat jeder **Gläubiger**, der weder ausdrücklich, noch durch konkludentes Handeln zugestimmt hat: BGE 69 III 21 E.3.

3 Die kurze Frist von fünf Tagen gilt nur für Beschlüsse der ersten Gläubigerversammlung; für nachträglich auf dem **Zirkularwege** gefasste Beschlüsse gilt die zehntägige Frist: BGE 69 III 20 E.2.

4 **Zehn Tage** für die Weiterziehung der Entscheide einer untern an eine obere AB: BGE 41 III 429.

5 Die kt. AB können den Beschluss betr. Einsetzung eines Gläubigerausschusses als **unangemessen** aufheben oder an Stelle eines Mitgliedes ein anderes bezeichnen: BGE 59 III 134; 86 III 123.

Art. 240
B. Konkursverwaltung
1. Aufgaben im allgemeinen

Die Konkursverwaltung hat alle zur Erhaltung und Verwertung der Masse gehörenden Geschäfte zu besorgen *(243)*; sie vertritt die Masse *(213 Abs. 2, 215, 218 Abs. 2, 250 Abs. 2)* vor Gericht *(KOV 66)*.

1 **Befugnisse** und Pflichten der Konkursverwaltung: BGE 116 III 102 E.b; 121 III 31 E.3.

– Konkursverwaltung ist sachlich nicht zuständig, Forderungen, welche die Konkursmasse und Dritte gleichzeitig beanspruchen, durch eine entsprechende Verfügung zu **admassieren**; darüber entscheidet der Richter: BGE 90 III 92.

– Betr. die Möglichkeit, für die Steigerung von *Grundstücken* das Konkursamt als solches oder ein **anderes Amt** zu bezeichnen: KOV Art. 98.

- Betr. die Pflicht der Konkursverwaltung, im **Genossenschafts-konkurs** die Haftung der persönlich haftenden Genossenschafter zu realisieren: OR Art. 869, 873 und dazu VGeK (Nr. 68).

2 Eintreibung von Zinsen und Kapitalbzahlungen aus einem vom Gemeinschuldner verpfändeten **Schuldbriefe**: BGE 71 III 157 E. 3, 4. E.3, 4.

3 Die Bestimmung gibt der Konkursmasse grundsätzlich nicht mehr Recht, als der **Konkursit** hatte: BGE 106 Ib 366.

4 Vertretungsbefugnis der Konkursverwaltung im **Prozess**: BGE 90 III 89 E.2.

- **Beschwerderecht** der Konkursverwaltung: BGE 75 III 91 E.1; 85 III 91 E.1.
- Beschwerderecht des KA gegen Massnahmen des vom gleichen Beamten geleiteten **BA**: BGE 63 III 80 E.1.

5 Die Konkursmasse hat kein Anrecht auf Erteilung des **Armenrechtes**: BGE 61 III 172.

Art. 241
2. Stellung der ausseramtlichen Konkursverwaltung
Die Artikel 8–11, 13, 14 Absatz 2 Ziffern 1, 2 und 4 sowie die Artikel 17–19, 34 und 35 gelten auch für die ausseramtliche Konkursverwaltung.

1 Dazu betr. die **Geschäftsführung**: KOV Art. 43, 97 und 98.

2 Spez. betr. **Protokollierung**: KOV Art. 810, 97.

3 **Entschädigung** GebVSchKG Art. 47–49 und KOV Art. 84.

4 Betr. **Disziplinarrecht** der AB: BGE 39 I 501 E.5.

5 Über die Möglichkeit der AB, den Beschluss über Einsetzung einer ausseramtlichen Konkursverwaltung **aufzuheben**: BGE 31 I 742; 41 III 416.

6 **Beschränkung** der Befugnisse des Konkursverwalters: BGE 88 III 96.

7 Eine ausseramtliche Konkursverwaltung hat ihr **Domizil** am Sitze des Konkursamtes: KOV Art. 98.

8 Schadenersatzklage bezüglich von der Konkursverwaltung ernannten **Sachverständigen**: BGE 67 III 23.

9 Anspruch Dritter auf **Akteneinsichtnahme**: BGE 93 III 8 E.2.

Art. 242

3. Aussonderung und Admassierung

[1] Die Konkursverwaltung *(237 Abs. 3 Ziff. 1)* trifft eine Verfügung über die Herausgabe von Sachen, welche von einem Dritten beansprucht werden *(203, 225, 232 Abs. 2 Ziff. 2)*.

[2] Hält die Konkursverwaltung den Anspruch für unbegründet, so setzt sie dem Dritten eine Frist von 20 Tagen, innert der er beim Richter am Konkursort Klage einreichen kann. Hält er diese Frist nicht ein, so ist der Anspruch verwirkt.

[3] Beansprucht die Masse bewegliche Sachen, die sich im Gewahrsam oder Mitgewahrsam eines Dritten befinden, oder Grundstücke, die im Grundbuch auf den Namen eines Dritten eingetragen sind, als Eigentum des Schuldners, so muss sie gegen den Dritten klagen.

Abs. 1

1   **Zeitpunkt** der Verfügung: KOV Art. 45, 47;

2   **Inhalt**: KOV Art. 46, 48, 52;

3   Befugnisse der **Konkursverwaltung**: BGE 116 III 102 E.b.

4   **Gebühr**: GebV SchKG Art. 46 Abs. 1 lit. b.

5   Für die Aussonderung von im **Auslande** unter Eigentumsvorbehalt veräusserten, in die Schweiz verbrachten Sachen ist schweizerisches Recht massgebend: BGE 93 III 101 E.2b.

6   Betr. **Kompetenzgegenstände:** KOV Art. 54.

7   In Konkurrenz mit **Drittansprachen:** BGE 83 III 21.

8   Verhältnis zwischen Eigentumsansprache und **Retention:** KOV Art. 53; BGE 107 III 86 E.2;

9   gleichzeitige Beanspruchung als **Pfand:** KOV Art. 53.

10 Streitigkeiten, die sich auf **beschränkte dingliche Rechte** beziehen, sind im Kollokationsverfahren gemäss Art. 250 auszutragen: BGE 114 III 25.

11 Durch das **Zurückziehen** der Eigentumsansprache eines Gläubigers wird dieser nicht von der Teilnahme am Verwertungserlös der angesprochenen Sache ausgeschlossen: BGE 75 III 18 E.3.

12 Über die Tragung der **Verwahrungskosten** ausgesonderter Gegenstände vgl. BGE 76 III 49 E.1.

13 Verfügung gegenüber dem Bundesamt für **wirtschaftliche Landesversorgung**: V vom 8.X.1982, Art. 6, hiernach Nr. 89.

Abs. 2

14 Anwendungsbereich: BGE 114 III 25 E.2,

- für nicht in einem Wertpapier verkörperte **Forderungen** vgl. BGE 90 III 92; 105 III 14;

- keine Anwendung dieses Verfahrens, wenn Dritter behauptet, Gläubiger einer ins Konkursinventar aufgenommenen Forderung zu sein: BGE 70 III 38; 76 III 11;

15 Frist zur Klage: BGE 114 III 25 E.2. Betr. den Begriff der Klage: BGE 35 II 104 E.2.

16 Für eine gestützt auf einen **Kaufvertrag mit Eigentumsvorbehalt** *nach Ablauf* der Eingabefrist angemeldete Eigentumsanspräche ist auch dann das Aussonderungsverfahren einzuleiten, wenn vorher auf Grund des gleichen Vertrages eine pfandgesicherte Forderung eingegeben und kolloziert wurde: BGE 81 III 26.

17 Fristansetzung auch dann, wenn **Abtretungsgläubiger** nach Art. 260 den Anspruch bestreiten wollen: BGE 27 I 237.

Abs. 3

18 Massgebender Zeitpunkt bezüglich der Gewahrsamsverhältnisse ist die Konkurseröffnung: BGE 110 III 90 E.2.

- Bei *Grundstücken* begründet der **Eintrag im Grundbuch** den Gewahrsam: BGE 85 III 53.

19 Hat die Konkursverwaltung die von einem Dritten angesprochenen Vermögenswerte im Verlauf den Konkursverfahrens veräussert und dadurch den Gewahrsam an der Sache verloren, gelangt als Surrogat der veräusserten Gegenstände der **Erlös** – als für den Drittansprecher auszuscheidender Vermögenswert – in den Gewahrsam der Konkursmasse: BGE 122 III 437.

20 Bezüglich **Mitsprache** vgl. BGE 122 III 437 E.2a.

21 Rechtsbehelfe des Drittansprechers: BGE 87 III 19/20; 91 III 109.

Art. 243
4. Forderungseinzug, Notverkauf

[1] Unbestrittene fällige Guthaben der Masse *(232 Abs. 2 Ziff. 3)* werden von der Konkursverwaltung, nötigenfalls auf dem Betreibungswege, eingezogen.

[2] Die Konkursverwaltung verwertet ohne Aufschub Gegenstände, die schneller Wertverminderung ausgesetzt sind, einen kostspieligen Unterhalt

erfordern oder unverhältnismässig hohe Aufbewahrungskosten verursachen *(124 Abs. 2)*. Zudem kann sie anordnen, dass Wertpapiere und andere Gegenstände, die einen Börsen- oder einen Marktpreis haben *(130 Ziff. 2)*, sofort verwertet werden.

³ Die übrigen Bestandteile der Masse werden verwertet, nachdem die zweite Gläubigerversammlung stattgefunden hat *(252–254)*.

Abs. 1

1 Begriff des **unbestrittenen** Guthabens: BGE 108 III 22 E.2.

2 Betr. **bestrittene.** Art. 260, KOV Art. 79 Abs. 2.

3 Betr. **Anfechtungsansprüche** Art. 256 Abs. 4.

4 Betr. **Lebensversicherungsansprüche** VBGr vom 10.V.1910, Art. 10 und 15–21.

5 Über die Geltendmachung der persönlichen Haftbarkeit von **Genossenschaftern** vgl. BGE 62 III 155 und VBGr vom 20.XII.1937.

6 **Keine andere Art** der Realisierung zulässig: BGE 50 III 68 E.3.

7 Berechtigung der Konkursverwaltung zum Einzuge fälliger Forderungen auch dann, wenn sie einem Dritten **verpfändet** sind: BGE 71 III 155 E.1.

8 **Schuldbriefe** fallen unter die Bestimmung von Art. 256 Abs. 2: BGE 48 III 138.

9 Verzicht auf Einziehung **schwer einbringlicher** Guthaben: BGE 93 III 26 E.2.

– Versteigerung eines dabei sich ergebenden **Verlustscheines**: BGE 26 II 483 E.2.

Abs. 2

10 Diese Vorschrift bezieht sich sowohl auf **bewegliche Sachen** als auch auf **Grundstücke**. Die Verwertung darf nicht von endgültiger Lastenbereinigung im Kollokationsverfahren erfolgen, sofern nicht Interessen besonderer Art dafür sprechen: BGE 75 III 102 E.1 in Verbindung mit VZG Art. 128 Abs. 2;

– der Anwendungsbereich wird in BGE 78 III 79 einschränkend **präzisiert**.

11 Bei drohender **Wertverminderung** sind Fahrnisse *unbekümmert* der *Pfandansprachen* unverzüglich zu verwerten; betr. *Grundstücke* vgl. aber VZG Art. 128, BGE 71 III 73; 80 III 80.

12 Für die Art der Verwertung Art. 256–259. Befugnis, vor der 2. Gläubiger-versammlung die Verwertungsart für Mobilien festzulegen: BGE 105 III 76 E.3.

Abs. 3

13 Verwertung im **summarischen** Konkursverfahren nach Abschluss des Kollokationsverfahrens: BGE 71 III 9.

14 Verwertung **retinierter** Gegenstände, obwohl Kollokationsprozess noch nicht erledigt: BGE 107 III 91.

15 Abs. 3 ist hinsichtlich der Verwertung von **Grundstücken** durch VZG Art. 128 eingeschränkt: BGE 107 III 91 E.1.

– Die Verwertung eines Grundstücks kann grundsätzlich nur aufgrund eines Beschlusses der **zweiten Gläubigerversammlung** erfolgen: BGE 115 III 124 E.2.

IV. Erwahrung der Konkursforderungen. Kollokation der Gläubiger

Art. 244

A. Prüfung der eingegebenen Forderungen

Nach Ablauf der Eingabefrist *(232 Abs. 2 Ziff. 2)* prüft die Konkursverwal-tung die eingegebenen Forderungen *(246, 251)* und macht die zu ihrer Erwahrung nötigen Erhebungen. Sie holt über jede Konkurseingabe die Erklärung des Schuldners ein *(265 Abs. 1; KOV 55, 30 Abs. 1)*.

1 Obligator. **Formular** für das Verzeichnis der Forderungseingaben: KOV Nr. 4.

2 Über die *Pflicht,* die nötigen **Erhebungen** über die eingegebenen For-derungen zu machen: BGE 96 III 107 E.2;

– **mündliche** Erklärungen eines Parteivertreters genügen nicht: BGE 93 III 65.

– Auskunftspflicht im Konkurse einer **Bank**: BGE 86 III 117.

3 Angemeldete Forderungen, die aus **Versehen** nicht in den Kollokati-onsplan aufgenommen worden sind, werden wie verspätete Eingaben behandelt: BGE 68 III 143 E.1.

– Über das Schicksal der nicht eingegebenen Forderungen Art. 267.

4 Zukünftige **Mietzinsforderung**: BGE 104 III 91 E.4.

5 Stellung der *Miteigentümer* an einem in das Verfahren einbezogenen **Grundstücke**: BGE 66 III 18.

6 Kollokation eines **Drittpfandrechts** im Konkurs des Pfandgläubigers: BGE 113 III 130 E.3.

7 Zulässigkeit, Gläubiger von **kleinen Forderungen** vorab zu befriedigen im Nachlassverfahren von Banken: BGE 111 III 87;

– Begriff der kleinen Gläubiger: BGE 111 III 90 E.3.

8 **Nichteinholen** der Erklärung des Konkursiten führt nur dann zur *Aufhebung* des Kollokationsplanes, wenn seine Erklärungen *nachweisbar* zu einer *andern Entscheidung* geführt hätten: BGE 71 III 183; 103 III 20 E.8; 122 III 138 E.1.

Art. 245
B. Entscheid
Die Konkursverwaltung *(237, 247 Abs. 1)* entscheidet über die Anerkennung der Forderungen. Sie ist hiebei an die Erklärung des Schuldners nicht *(244)* gebunden.

1 Betr. Fristansetzung zur Einreichung von **Beweismitteln** und Unstatthaftigkeit *bedingter* Zulassungen oder Abweisungen: KOV Art. 59.

2 Möglichkeit einer **Abänderung***:* KOV Art. 65–67.

3 Betr. die Entscheidung

– über **Rangordnung***:* Art. 247,

– über **Pfand** und sonstige **dingliche** Rechte: KOV Art. 58, 60 und VZG Art. 125.

– Betr. **öffentlichrechtliche** Forderungen: BGE 48 III 228; 63 III 60 E.2 und KOV Art. 63.

4 Notwendigkeit rechtzeitiger Geltendmachung des **Verrechnungsrechtes** durch die Masse: BGE 56 III 149 E.2; 83 III 45.

5 Konkursverwaltung hat sich **eindeutig** über Zulassung oder Abweisung der Forderung zu erklären: BGE 85 III 97 E.3.

– Vorgehen bei paulianischer Anfechtung: Kreisschreiben Nr. 10 vom 9.VII.1915 (hinten Nr. 42).

6 **Masseschulden** dürfen nicht in den Kollokationsplan aufgenommen werden: BGE 75 III 59 E.1; 106 III 123; 111 I a 90 E.c;

7 Kollokationsrechtliche Behandlung einer im Konkurs angemeldeten Forderung, die im Zeitpunkt der Konkurseröffnung bereits Gegenstand eines **Prozesses** war: BGE 112 III 38 E.3.

8 Verweigerte Berücksichtigung einer *Parteivereinbarung*, wonach der Umfang des **Pfandrechts** über die tatsächlich geschuldeten Zinsen ausgedehnt wird: BGE 115 II 352 E.24.

Art. 246
C. Aufnahme von Amtes wegen
Die aus dem Grundbuch ersichtlichen Forderungen werden samt dem laufenden Zins in die Konkursforderungen aufgenommen *(245)*, auch wenn sie nicht eingegeben worden sind *(140 Abs. 1, 226; KOV 26 Abs. 1)*.

1 Auch die **beschränkten dinglichen Rechte:** BGE 39 I 448 E.2.

2 Auch die **Faustpfandrechte** sind soweit möglich von Amtes wegen aufzunehmen: BGE 64 III 70; KOV Art. 56 und 58.

3 Befugnis der Konkursverwaltung, die Rechte wegen Anfechtbarkeit oder Ungültigkeit durch ausdrückliche Verfügung **abzuweisen**: BGE 24 I 385.

4 Keine Anwendbarkeit des letzten Halbsatzes auf **verfallene Zinsen:** BGE 99 III 26 E.3.

Art. 247
D. Kollokationsplan
1. Erstellung
¹ Innert 60 Tagen *(31)* nach Ablauf der Eingabefrist *(232 Abs. 2 Ziff. 2)* erstellt die Konkursverwaltung den Plan für die Rangordnung der Gläubiger (Kollokationsplan, Art. 219 und 220).

² Gehört zur Masse ein Grundstück, so erstellt sie innert der gleichen Frist ein Verzeichnis der darauf ruhenden Lasten (Pfandrechte, Dienstbarkeiten, Grundlasten und vorgemerkte persönliche Rechte). Das Lastenverzeichnis *(142)* bildet Bestandteil des Kollokationsplanes.

³ Ist ein Gläubigerausschuss ernannt worden *(237)*, so unterbreitet ihm die Konkursverwaltung den Kollokationsplan und das Lastenverzeichnis zur Genehmigung; Änderungen kann der Ausschuss innert zehn Tagen *(31)* anbringen *(KOV 64)*.

⁴ Die Aufsichtsbehörde kann die Fristen dieses Artikels wenn nötig verlängern.

Abs. 1 und 2
1 **Form:** KOV Art. 56–58, 60, 70;

2 **Einsicht** in die Akten, insbes. das Inventar: BGE 103 III 19;

3 nachträgliche **Abänderung** KOV Art. 65–67;

4 obligator. **Formular** KOV Nr. 6.

5 Besonderes **Lastenverzeichnis** für jedes *Grundstück* als Bestandteil des Planes: VZG Art. 125;

6 obligator. **Formular**: VZG Nr. 9 K und 9a K; vgl. Anl. 17.

7 **Pfand ansprachen**: KOV Art. 60 Abs. 3;

    – verpfändete Eigentümerpfandtitel: VZG Art. 126;

    – Forderungen mit Pfand in **Dritteigentum**: KOV Art. 61,

    – mit **ausländischem** Pfandobjekt: KOV Art. 62,

8 im **Prozesse** liegende: KOV Art. 63;

9 **verspätete** Konkurseingaben: Art. 251, KOV Art. 69,

10 **abgewiesene** Konkurseinngaben: Art. 248.

11 **Gebühr** GebV SchKG Art. 46 Abs. 1 lit. a.

12 Die Vormerkung von **Bauhandwerkerpfandrechten** wahrt die Frist von ZGB Art. 839 Abs. 2 und sichert das Pfandrecht auch im nachfolgenden Konkurs; Legitimation zur Klage nach ZGB Art. 841: BGE 83 III 141 E.3.

13 Betr. **Vorkaufsrecht**: BGE 39 I 650 E.2;

14 **Zugehör**: BGE 40 III 322; 55 III 42.

15 **Nachrücken** in leere Pfandstellen: BGE 43 III 277; 44 III 97.

16 Kollokation der gemäss Art. 291 bei Gutheissung der Anfechtungsklage wieder in Kraft tretenden Forderung des **Anfechtungsbeklagten**: BGE 103 III 17 E.4.

17 Forderungen, die durch Abtretungen von Forderungen zahlungshalber oder zur **Sicherung** gedeckt sind: BGE 55 III 80; 59 III 90

18 Mehrfache **Kollokationspläne**, wenn verschiedene Haftungsmassen vorliegen: BGE 42 III 146; 48 III 210; 60 III 13.

19 Zur **Wirkung** der *rechtskräftigen* Kollokation: BGE 103 III 49. Fall von Rechtsverzögerung: BGE 107 III 5 E.2.

Abs. 3

20 **Beschwerde** wegen Nichtbeachtung der Vorschrift: BGE 27 I 602.

Art. 248
2. Abgewiesene Forderungen

Im Kollokationsplan werden auch die abgewiesenen *(250 Abs. 2)* Forderungen, mit Angabe des Abweisungsgrundes, vorgemerkt.

1 Betr. die geltend gemachten oder aus den öffentlichen Büchern ersichtlichen **beschränkten dinglichen Rechte** KOV Art. 58 Abs. 2 und VZG Art. 125.

2 Verbot **bedingter** Abweisung oder Zulassung: KOV Art. 59.

3 Kollokationsplan **ohne klare Entscheidung** bezüglich angemeldeter Forderung: BGE 103 III 15 E.3.

4 Abweisung des geltend gemachten Pfandrechts infolge **paulianischer Anfechtung**: BGE 114 III 111; 112 E.b.d.

Art. 249
3. Auflage und Spezialanzeigen

[1] Der Kollokationsplan wird beim Konkursamte zur Einsicht aufgelegt.

[2] Die Konkursverwaltung macht die Auflegung öffentlich bekannt *(35 und KOV 67 Abs. 1)*.

[3] Jedem Gläubiger, dessen Forderung ganz oder teilweise abgewiesen worden ist *(248)* oder welcher nicht den beanspruchten Rang erhalten hat *(247)*, wird die Auflegung des Kollokationsplanes und die Abweisung seiner Forderung besonders angezeigt.

Abs. 1

1 Betr. allfällige **Abänderungen:** KOV Art. 65 Abs. 2 und 67 Abs. 3 und dazu BGE 57 III 193.

2 **Nachträge**
   - über **verspätet** angemeldete Forderungen: Art. 251 und KOV Art. 69;
   - über von der Masse erst **nachträglich anerkannte** Forderungen: KOV Art. 66.

3 **Lastenverzeichnis** für Grundstücke als Bestandteile des Planes: VZG Art. 125.

Abs. 2

4 Bekanntmachung auch durch das Konkursamt bei der **ausseramtlichen Konkursverwaltung:** KOV Art. 98 Abs. 1.

5 **Zeitpunkt** der Auflage: KOV Art. 67 Abs. 2.

6 Pflicht zur Verschwiegenheit im **Bankenkonkurs** ist begrenzt

7 durch die konkursrechtlichen **Offenbarungspflichten:** BGE 86 III 117; vgl. auch BGE 91 III 96 E.3.

8 Pflicht zur **Mitteilung** von der Auflage des Kollokationsplanes an Miteigentümer eines in das Verfahren einbezogenen Grundstückes: BGE 66 III 20.

Abs. 3

9 **Musterformular** KOV Nr. 14b.

10 Hinweis auf Art. 260 betr. Eigentumsansprachen im **summarischen** Verfahren: KOV Art. 49.

11 **Legitimation** zur Anfechtung des Kollokationsplanes: BGE 111 II 84 E.a;

12 Berechnung des **Schadenersatzanspruchs**, wenn der Geschädigte durch den Konkurs einen Verlust erleidet: BGE 111 II 167 E.a;

13 **Gegenstand** der Kollokationsklage: BGE 115 III 147 E.4.

Art. 250
4. Kollokationsklage

[1] Ein Gläubiger, der den Kollokationsplan anfechten will oder welcher nicht den beanspruchten Rang erhalten hat, weil seine Forderung ganz oder teilweise abgewiesen worden ist, muss innert 20 Tagen *(31)* nach der öffentlichen Auflage *(35 Abs. 1)* des Kollokationsplanes *(249)* beim Richter am Konkursort gegen die Masse *(240)* klagen.

[2] Will er die Zulassung eines andern Gläubigers oder dessen Rang bestreiten, so muss er die Klage gegen den Gläubiger richten. Heisst der Richter die Klage gut, so dient der Betrag, um welchen der Anteil des Beklagten an der Konkursmasse herabgesetzt wird, zur Befriedigung des Klägers bis zur vollen Deckung seiner Forderung einschliesslich der Prozesskosten. Ein Überschuss wird nach dem berichtigten Kollokationsplan verteilt.

[3] Der Prozess wird im beschleunigten Verfahren durchgeführt (*25 Ziff. 1).*

Abs. 1

1 **Beginn der Frist:** BGE 62 III 203; 112 III 42.

- Fristbeginn, wenn am Tag der öffentlichen Bekanntmachung das Konkursamt der Öffentlichkeit **nicht zugänglich** ist: BGE 112 III 44 E.3.

- Frist für Beschwerde wegen Fehlens einer **klaren Entscheidung:** BGE 85 III 97 E.2; 103 III 15 E.3. Vgl. demgegenüber BGE 71 III 182; 86 III 24.

2 Vorgehen bei **Verrechnung:** BGE 83 III 71 E.3, 7.

3 **Formmängel** des Kollokationsplanes sind durch Beschwerde anzufechten: BGE 83 III 44, 81; 96 III 42; 103 III 14 E.1. Richter dafür nicht zuständig: BGE 105 III 127 E.4.

4 Eine nicht binnen gesetzlicher Frist angefochtene Kollokation wird rechtskräftig; sie kann nicht wegen eines später entdeckten Irrtums nach Inkrafttreten des Kollokationsplanes nachträglich berichtigt werden. Ist die Kollokation **durch betrügerische Angaben** erschlichen worden, so ist sie dagegen nichtig: BGE 87 III 84; 88 III 132; 96 III 105.

5 Betr. den Begriff der **Klageanhebung**: BGE 33 II 455; 35 II 105. Betr. Zulässigkeit und Ort eines im kantonalen Recht vorgesehenen Vermittlungsverfahrens: BGE 100 III 38.

6 **Streitwertberechnung**
- bei Bestreitung des **Forderungsbestandes** mutmassliche Dividende. BGE 65 III 31.
- bei Streit nur über **Pfandrecht**: BGE 93 II 85 E.1.
- für die **Berufung**: BGE 87 II 193;
- Anwendung von **OG Art. 55 lit. a**: BGE 79 III 173; 81 II 74; 82 III 96.

7 Abgrenzung zwischen Klage und **Beschwerde**: BGE 119 III 84;
- Über den Umfang der **Pfandhaft** hat nicht die AB, sondern der Richter zu entscheiden: BGE 97 III 41 E.1.

8 Abgrenzung zum **Aussonderungsverfahren**: BGE 114 III 25 E.2;

9 Abgrenzung zur **paulianischen Anfechtungsklage**: BGE 114 III 113 E.d.

10 Anfechtbarkeit der Rangordnung im **Lastenverzeichnis**: BGE 112 III 34 E.3;

11 Verfahren zur Feststellung des Rangverhältnisses zwischen **Grundpfandrechten**: BGE 96 II 13 E.2.
- Geltendmachung des **Bauhandwerkerpfandrechts**: BGE 96 III 43; 119 III 124.

12 Kollokation eines Gläubigers auf Grund eines **Vergleichs**, jedoch unter Vorbehalt höherer Ansprüche für den Fall der Anfechtung des Vergleichs; Voraussetzungen für Kollokationsklage anderer Gläubiger: BGE 78 III 135.
- Der **aussergerichtliche Vergleich** hat nicht die Wirkung eines rechtmässigen Urteils. Die Masse kann sich daher (unter Berufung auf Willensmangel) weigern, den Kollokationsplan abzuändern; die

Verfügung ist mit Beschwerde anfechtbar: BGE 113 III 90 Nr. 20 (vgl. auch unten N 2 a.E.).

13 **Interesse** des voll befriedigten Gläubigers an der Kollokationsklage gegen einen Mitgläubiger: BGE 115 III 69 E.3.

14 Kollokationsprozess für **öffentlichrechtliche** Forderung: BGE 120 III 32.

15 Bei **Identität** eines Eigentums- und Pfandanspruches kann Prozess im selben *Verfahren* geführt werden: BGE 71 III 85.

16 Kollokationsklagen mit **patentrechtlichen** Streitfragen unterliegen ebenfalls der Beurteilung durch das Konkursgericht;

17 unzulässig ist **patentrechtliche Widerklage** im Kollokationsverfahren: BGE 71 III 195 E.2.

18 Ausschluss eines vertraglich vorgesehenen **Schiedsgerichtes**: BGE 33 II 655.

19 Wegfallen der Legitimation des Gläubigers infolge **Abtretung** der kollozierten Forderung: BGE 78 II 272 E.2.

20 **Interesse** des klagenden Gläubigers: BGE 115 III 68.

21 **Berechnung** des Prozessgewinnes: BGE 30 I 474 E.2a;

- für den obsiegenden **Abtretungsgläubiger**: BGE 88 III 46;
- bei erfolgreicher Bestreitung des Forderungsbetrages einer **pfandversicherten** Forderung: BGE 114 III 114.
- bei **mehreren** Klägern: BGE 25 I 551.

Abs. 3

22 **Prozesskosten** sind Masseschulden: BGE 62 III 35.

23 Betr. **Hauptintervention**: BGE 48 III 168 E.2.

24 **Wegweisungsklage** gegen den Eigentümer eines verpfändeten gewöhnlichen Grundpfandtitels: BGE 64 III 69 E.2.;

25 zur Kollokation als Voraussetzung zur **Beschwerde** über die Forderung betreffende Verfügung: KOV Art. 63 Abs. 2 und BGE 109 III 34 E.5.

26 Anerkennung einer **ausländischen Konkursmasse** als Kollokationsklägerin: BGE 109 III 117 E.2b.

27 Ausschluss der Kollokationsklage betr. bereits im **Prozess** liegende Forderungen KOV Art. 63.

28 **Rückzug** der Kollokationsklage, Folgen: BGE 93 III 88 E.2.

29 Die Klage kann sich auch auf **andere** als die in der *Konkurseingabe* angegebenen **Gründe** stützen: BGE 81 III 14. **Anerkennung** der Klage oder Vergleich durch die Masse nach Auflage des Planes KOV Art. 66.

30 Protokollierung des **Prozessergebnisses** im Kollokationsplan: KOV Art. 64.

31 Nichtigkeit der **Neuauflage** des Kollokationsplanes nach Abänderung durch Urteil: BGE 108 III 24 E.2, 25 E.3.

32 Anfechtung des im Kollokationsprozess der Masse abgeschlossenen **Vergleichs:** BGE 107 III 138 (vgl. auch oben N 1).

Art. 251
5. Verspätete Konkurseingaben

¹ Verspätete *(232 Abs. 2 Ziff. 2)* Konkurseingaben können bis zum Schlusse des Konkursverfahrens angebracht werden.

² Der Gläubiger hat sämtliche durch die Verspätung verursachten Kosten *(KOV 69)* zu tragen und kann zu einem entsprechenden Vorschusse angehalten werden *(68)*.

³ Auf Abschlagsverteilungen, welche vor seiner Anmeldung stattgefunden haben, hat derselbe keinen Anspruch *(266, 237 Abs. 3 Ziff. 5)*.

⁴ Hält die Konkursverwaltung eine verspätete Konkurseingabe für begründet, so ändert sie den Kollokationsplan ab und macht die Abänderung öffentlich bekannt *(KOV 69)*.

⁵ Der Artikel 250 ist anwendbar.

1 **Voraussetzung** der Zulässigkeit: BGE 106 II 374 E.3; 106 III 44 E.4; 108 III 82 E.5; 115 III 72 E.1.

2 **Prüfung** der Zulässigkeit im Beschwerdeverfahren: BGE 108 III 81 E.4.

3 Über die Kollokation der erst **nach** Auflegung des Kollokationsplanes geltend gemachten oder entdeckten Konkursforderungen vgl. KOV Art. 60, ferner BGE 68 III 143.

4 Analoge Anwendung beim **Nachlassvertrag** mit Vermögensabtretung: BGE 97 III 87.

5 **Kosten** der Neuauflage des Kollokationsplanes: BGE 68 III 138 E.1.

6 Betr. **Abänderung** und **Ergänzung** einer rechtzeitigen Eingabe: BGE 36 I 460 E.1.

7 Nachträglicher **Gläubigerwechsel:** BGE 26 I 116. Anwendungsfall: BGE 115 III 72.

8 Keine Publikation, sondern einfache **Anzeige** an den Ansprecher bei Abweisung KOV Art. 69.

   – Betr. Bekanntgabe an die **Gläubiger** KOV Art. 50.

9 Wirkungen der **Rechtskraft** eines Kollokationsplans: BGE 122 III 202 E.9b.

– Der indirekte Schaden des Gläubigers entspricht nicht notwendigerweise dem Betrag der kollozierten Forderung: BGE 122 III 202 E.9b.

V. Verwertung

Art. 252

A. Zweite Gläubigerversammlung

1. Einladung

[1] Nach der Auflage des Kollokationsplanes lädt die Konkursverwaltung die Gläubiger, deren Forderungen nicht bereits rechtskräftig abgewiesen sind *(245)*, zu einer zweiten Versammlung ein. Die Einladung muss mindestens 20 Tage vor der Versammlung verschickt werden.

[2] Soll in dieser Versammlung über einen Nachlassvertrag verhandelt werden *(332)*, so wird dies in der Einladung angezeigt.

[3] Ein Mitglied der Konkursverwaltung führt in der Versammlung den Vorsitz. Der Artikel 235 Absätze 3 und 4 findet entsprechende Anwendung.

Abs. 1

1 Obligator. *Formular* KOV Nr. 5.

2 **Form**: eingeschriebener Brief.

3 Die **Gläubigerversammlung** hat i.d.R. über die gerichtliche Geltendmachung von Ansprüchen oder Abschluss eines Vergleiches zu entscheiden; Ausnahmefälle: BGE 86 III 127 E.3.

– **Zeitpunkt** der Einberufung: BGE 69 III 23 E.4

– Zulässigkeit der Beschlussfassung auf *dem* **Zirkularwege***:* Art. 255a.

– Betr. die Möglichkeit **weiterer** Gläubigerversammlungen: BGE 48 III 135.

– Keine Gläubigerversammlung im **Bankenkonkurs**: Art. 36 des Bankengesetzes. .

4 Hinweis auf **Abtretungsbegehren** nach Art. 260: KOV Art. 48.

5 Verwertung von Rechten aus **Verkaufsversprechen**: BGE 105 III 14 E.3.

6 Keine analoge Anwendung im **Nachlassverfahren** mit Vermögensabtretung: BGE 82 III 91.

Abs. 2

7 Betr. summarisches Verfahren KOV Art. 96a.

Abs. 3

8 **Protokollierung:** KOV Art. 42;

9 **Gebühr:** GebV SchKG Art. 46 Abs. 3.

Art. 253
2. Befugnisse

[1] Die Konkursverwaltung erstattet der Gläubigerversammlung einen umfassenden Bericht über den Gang der Verwaltung und über den Stand der Aktiven und Passiven *(KOV 42)*.

[2] Die Versammlung beschliesst über die Bestätigung der Konkursverwaltung *(236, 237 Abs. 2, 241)* und, gegebenen Falles, des Gläubigerausschusses *(237 Abs. 3)* und ordnet unbeschränkt alles Weitere für die Durchführung des Konkurses an.

1 Fortführung von **Prozessen:** Art. 207.

2 Entscheid über **Aussonderungsansprüche:** Art. 242 und KOV Art. 47.

3 **Verkäufe** aus freier Hand: Art. 256.

4 **Verzicht** auf Ansprüche: Art. 260 und KOV Art. 48.

5 Abschlagszahlungen Art. 266.

6 **Nachlassvertrag:** Art. 252 Abs. 2 und 332;

   – **Einstellung** der Verwertung, bis er angenommen wird: Art. 332 Abs. 2.

7 **Rückübertragung** eines Grundstückes durch die Konkursverwaltung, gestützt auf ein im Grundbuch vorgemerktes Rückkaufsrecht; Befugnis der Gläubigerversammlung, über allfällige Anfechtung zu entscheiden: BGE 86 III 112 E.3.

8 Die 2. Gläubigerversammlung darf auf einen abgeänderten, in Rechtskraft erwachsenen Kollokationsplan **nicht zurückkommen**: BGE 107 III 137.

9 Nichtbestätigung eines Mitgliedes des **Gläubigerausschusses**: BGE 101 III 77 E.3.

10 Bestätigt die 2. Gläubigerversammlung eine **ausserordentliche Konkursverwaltung** in ihrem Amt, so kann der Beschluss der 1. Gläubigerversammlung, mit dem diese eingesetzt wurde, nicht mehr angefochten werden: BGE 105 III 69 E.1.

- Zur **Auswechslung** der Konkursverwaltung im allgemeinen: BGE 109 III 89 E.3b.
11 Beschwerdemöglichkeit nur bei **Gesetzesverletzung**: BGE 87 III 113 E.3;
- zur Beschwerde nach **Art. 19**: BGE 101 III 54 E.1.
- Umfang des Beschwerderechts
- des **Schuldners**: BGE 85 III 180; 103 III 23 E.1;
- des vorläufig nicht anerkannten **Konkursgläubigers**, dessen Forderung noch Gegenstand eines hängigen Prozesses bildet: BGE 90 III 87.
- Ausschluss der Beschwerde wegen Teilnahme eines nicht bevollmächtigten **Gläubigervertreters**, gegen dessen Zulassung kein Einspruch erfolgte: BGE 67 III 47.
12 Missbrauch des Selbstverwaltungsrechts: BGE 61 III 130; 87 III 113.
13 Gewöhnliche **Beschwerdefrist**: BGE 32 I 436.

Art. 254
3. Beschlussunfähigkeit
Ist die Versammlung nicht beschlussfähig, so stellt die Konkursverwaltung dies fest und orientiert die anwesenden Gläubiger über den Stand der Masse. Die bisherige Konkursverwaltung und der Gläubigerausschuss bleiben bis zum Schluss des Verfahrens im Amt.

1 Die **Abtretung** streitiger Rechtsansprüche der Konkursmasse an einzelne Gläubiger ist nur möglich, wenn Gläubigerbeschluss über Geltendmachung oder Verzicht vorliegt;

2 Beschwerdemöglichkeit **innert 10 Tagen**: BGE 71 III 137 E.2.

3 Gebühr: GebV SchKG Art. 46 Abs. 1 lit. d.

Art. 255
B. Weitere Gläubigerversammlungen
Weitere Gläubigerversammlungen werden einberufen, wenn ein Viertel der Gläubiger oder der Gläubigerausschuss es verlangt oder wenn die Konkursverwaltung es für notwendig hält.

1 Bei nachträglichen **Eigentumsansprachen:** KOV Art. 50.

2 Betr. Beschlüsse auf dem **Zirkularwege** KOV Art. 48, 96a und BGE 101 III 77 E.2; 103 III 26 E.4.

3 Gleichstellung mit der **2. Gläubigerversammlung**: BGE 32 I 429.

Art. 255*a*
C. Zirkularbeschluss

[1] In dringenden Fällen, oder wenn eine Gläubigerversammlung nicht beschlussfähig gewesen ist, kann die Konkursverwaltung den Gläubigern Anträge auf dem Zirkularweg stellen. Ein Antrag ist angenommen, wenn die Mehrheit der Gläubiger ihm innert der angesetzten Frist ausdrücklich oder stillschweigend zustimmt.

[2] Sind der Konkursverwaltung nicht alle Gläubiger bekannt, so kann sie ihre Anträge zudem öffentlich bekanntmachen.

Keine Entscheidungen

(Die im BGE 101 III 77 E.2, 103 III 26 E.4, 103 III 82 E.2 publizierten Entscheidungen sind durch diese neue Bestimmung ersetzt worden.)

Art. 256
D. Verwertungsmodus

[1] Die zur Masse gehörenden Vermögensgegenstände *(197 Abs. 1, 198)* werden auf Anordnung der Konkursverwaltung öffentlich versteigert *(125, 257–259)* oder, falls die Gläubiger es beschliessen *(238, 253, 255)*, freihändig verkauft *(108, 130)*.

[2] Verpfändete Vermögensstücke *(198, 237)* dürfen nur mit Zustimmung der Pfandgläubiger anders als durch Verkauf an öffentlicher Steigerung verwertet werden.

[3] Vermögensgegenstände von bedeutendem Wert und Grundstücke dürfen nur freihändig verkauft werden, wenn die Gläubiger vorher Gelegenheit erhalten haben, höhere Angebote zu machen.

[4] Anfechtungsansprüche nach den Artikeln 286–288 dürfen weder versteigert noch sonstwie veräussert werden.

1   Betr. im Besitz des Schuldners befindliche oder von ihm verpfändete **Eigentümerpfandtitel**: KOV Art. 75 und 76.

2   Betr. fällige und unbestrittene **Forderungen** und solche mit Börsenwert: Art. 243.

3   Betr. Gegenstände mit **Marktwert**: Art. 243 Abs. 2; solche, die *versichert* sind: KOV Art. 77, VZG Art. 62.

4   Betr. **Vieh**: KOV Art. 78.

5   Besonderheit für **Lebensversicherungsansprüche** KOV Art. 77 Abs. 2 und VBGr vom 10.V.1910, Art. 10, 15–21.

6   Betr. **Aktien**, die nach den Statuten nur mit Genehmigung des Verwaltungsrates übertragen werden können: BGE 60 III 53 E.2.

- Verwertung des Anspruches auf Einzahlung ausstehender Aktienbeträge im Konkurs der Gesellschaft: BGE 90 II 167.

7 Anteil des Schuldners am **Gesamteigentum** mit der Ehefrau: BGE 68 III 44.

8 Ungerechtfertigter **Aufschub** als Gesetzesverletzung anfechtbar: BGE 71 III 9.

9 Auktion einer Kunstsammlung durch beauftragten **Privaten**: BGE 105 III 70.

10 Ein im Pfandvertrag eingeräumtes **Selbstverkaufsrecht** des Pfandgläubigers fällt dahin: BGE 44 III 49; 81 III 58.

11 Rechtsnatur des **Freihandverkaufs**: BGE 105 III 74 E.2; 106 III 83 E.5.

12 Voraussetzungen seiner **Aufhebung:** BGE 106 III 83 E.5.

13 Zuständigkeit zur Wiederherstellung des **früheren Zustandes:** BGE 106 III 86 E.7.

14 Voraussetzungen für ausnahmsweisen Freihandverkauf im **Bankenkonkurs:** BGE 93 III 26 E.2.

15 **Stellvertreter** haben sich auf Verlangen über ihre Handlungsvollmacht auszuweisen: BGE 82 III 58.

16 **Aufhebung** wegen Missachtung von Verfahrensregeln: BGE 101 III 55 E.2.

17 Keine Notwendigkeit **öffentlicher Beurkundung** eines **Freihandverkaufs;** Eigentumserwerb durch Verfügung von Konkursamt oder Konkursverwaltung: BGE 128 III 107 E. 2, 3.

18 Anwendung von **Art. 143** sowie von **VGZ Art. 58 Abs. 3, 63 und 67:** BGE 128 III 109 E. 4.

Abs. 2

19 Die Regel gilt auch im summarischen Verfahren: KOV Art. 96b und BGE 71 III 9.

- Faustpfandgläubiger können **Verschiebung** verlangen, bis über ihr Pfandrecht definitiv entschieden ist: BGE 53 III 15.

- Zustimmung der **Pfandgläubiger** und der übrigen **Konkursgläubiger** ist nicht erforderlich, wenn sie aus dem Freihandverkauf vollständig bar befriedigt werden: BGE 72 III 32; 88 III 39.

- Vgl. ferner BGE 47 III 35: 49 III 115; 51 III 47.

Abs. 3

20 Vgl. BGE 82 III 62; 101 III 56 E.3c; für Grundstücke auch BGE 60 III 201; 88 III 39 E.6; 81 E.4.

Art. 257
E. Versteigerung
1. Öffentliche Bekanntmachung

[1] Ort, Tag und Stunde der Steigerung werden öffentlich bekanntgemacht *(35, 125 Abs. 2)*.

[2] Sind Grundstücke zu verwerten, so erfolgt die Bekanntmachung mindestens einen Monat vor dem Steigerungstage und es wird in derselben der Tag angegeben, von welchem an die Steigerungsbedingungen *(134, 259)* beim Konkursamte zur Einsicht aufgelegt sein werden.

[3]Den Grundpfandgläubigern werden Exemplare der Bekanntmachung, mit Angabe der Schätzungssumme, besonders zugestellt.:

Abs. 1

1 Zuständige **Stelle.** Art. 259.

2 Möglichkeit, dass die Kantone die Verwertung einer ausseramtlichen Konkursverwaltung entziehen: KOV Art. 98.

3 Steigerungsort. BGE 31 I 756.

4 Steigerungspublikation Art. 125 N 2.

5 Neue **Schätzung**: BGE 51 III 8.

6 Eine bereits durchgeführte Auktion kann auf dem **Beschwerdeweg** nicht rückgängig gemacht werden: BGE 105 III 71.

Abs. 2

7 Zeitpunkt VZG Art. 128.

8 Gleiche Frist auch für **Lebensversicherungsansprüche** VBGr vom 10.V.1910, Art. 16.

9 Fristbeginn für **Anfechtung** von Steigerungsbedingungen: BGE 105 III 6.

10 Vgl. VZG Art. 45 und obligator. Formular VZG Nr. 13 K in Anl. 21;

11 ferner betr. **Inhalt** VZG Art. 130;

12 betr. das dazu gehörende **Lastenverzeichnis** Art. 249 Abs. 1;

13 betr. **Änderungen** VZG Art. 52.

14 Auflage beim Konkursamt auch, wenn eine ausseramtliche Konkursverwaltung besteht: KOV Art. 98.

Abs. 3

15 Obligator. Formular KOV Nr. 8a und 8b.

- Besonderer Inhalt der Anzeige: VZG Art. 129.
- Mitteilung
- auch an die **andern Pfandgläubiger** bei Verwertung ihrer Pfänder KS BGr Nr. 11 vom 20.X.1917 (hinten Nr. 38);
- den Gläubigern, denen **Grundpfandtitel verpfändet** *sind* KOV Art. 71.
- **Konkursit** hat keinen Anspruch auf besondere Anzeige: BGE 94 III 102.
  - Wohl aber Anzeige eines **freihändigen Verkaufs** an ihn: *Einstellung* des Konkursverfahrens, wenn der Schuldner seine Gläubiger ohne Verwertung seiner Aktiven befriedigen kann und der erforderliche Betrag hinterlegt wird: BGE 88 III 85 E.5, 6.

Art. 258
2. Zuschlag

[1] Der Verwertungsgegenstand wird nach dreimaligem Aufruf dem Meistbietenden zugeschlagen.

[2] Für die Verwertung eines Grundstücks gilt Artikel 142 Absätze 1 und 3. Die Gläubiger können zudem beschliessen, dass für die erste Versteigerung ein Mindestangebot festgesetzt wird**.**

Abs. 1

1 Gilt auch für **Forderungen***:* BGE 30 I 828 und Art. 243.

2 **Modalitäten** Art. 259, 128, 129.

3 Betr. Anteile an **Gemeinschaftsvermögen** VBGr vom 17.I.1923, Art. 16;

4 betr. **Miteigentumsanteile** VZG Art. 73–73i, 130; über beides KS BGr Nr. 17 vom 1.II.1926.

Abs. 2

5 Betr. Grundstücke

- im **summarischen** Verfahren KOV Art. 96b;
- in der Liquidation eines **Bankennachlassvertrages** mit Vermögensabtretung VBGer vom 11.IV.1935, Art. 35.

6 **Protokollierung** KOV Art. 72, 73;

7 obligator. **Formular** VZG Nr. 13 K in Anl. 21, VZG Art. 61, 130;

8 ferner Vorschriften VZG Art. 130, 41 Abs. 2, 45–52, 56–70, 108, 110 Abs. 2.

Art. 259
3. Steigerungsbedingungen

Für die Steigerungsbedingungen gelten die Artikel 128, 129, 132a, 134–137 und 143 sinngemäss. An die Stelle des Betreibungsamtes tritt die Konkursverwaltung.

1 Keine Anwendung von Art. 126 (**Deckungsprinzip**).

2 Der Natur der Sache nach kann auch **Art. 135 Abs. 1 Satz 2** nicht angewendet werden (VZG Art. 130 Abs. 4).

3 **Verlängerung** der Zahlungsfristen nur mit Zustimmung der *Konkursverwaltung* und *sämtlicher* betreibenden Gläubiger und zu Verlust gekommenen Pfandgläubiger zulässig: BGE 75 III 13 E.3.

4 Unzulässig ist die Aufnahme von **Zusagen** in die Steigerungsbedingungen: BGE 95 III 24 E.4a.

5 Betr. die Verwertung der **Ausfallforderung** VZG Art. 131, 72 und Anl. 22, obligator. Formular VZG Nr. 14.

Art. 260
F. Abtretung von Rechtsansprüchen

[1] Jeder Gläubiger *(247, 252)* ist berechtigt, die Abtretung derjenigen Rechtsansprüche der Masse *(200, 242, 243 Abs. 1)* zu verlangen, auf deren Geltendmachung die Gesamtheit der Gläubiger verzichtet *(253 Abs. 2, KOV 79 Abs. 2)*.

[2] Das Ergebnis dient nach Abzug der Kosten zur Deckung der Forderungen derjenigen Gläubiger, an welche die Abtretung stattgefunden hat, nach dem unter ihnen bestehenden Range *(219)*. Der Überschuss ist an die Masse abzuliefern.

[3] Verzichtet die Gesamtheit der Gläubiger auf die Geltendmachung und verlangt auch kein Gläubiger die Abtretung, so können solche Ansprüche nach Artikel 256 verwertet werden.

Wesen (Rechtsnatur) der «Abtretung»

1 Übernahme bzw. Übertragung der Geltendmachung von Rechtsansprüchen **allgemein**: BGE 113 III 137 E.3b; 116 III 101 E.4a;

2 Abgrenzung zur **Zession**: BGE 111 II 83 E.3a; 113 III 137 E.3a.
   - Es handelt sich **nicht** um eine materielle Abtretung von Rechten, sondern um die Erteilung der Ermächtigung, an Stelle der Masse den

Prozess zu führen: KOV Art. 80 und Formular KOV Nr. 7 und BGE 61 III 3 E.2; vgl. im einzelnen BGE 105 III 138.

– Bedeutung für **Einreden**: BGE 106 II 145 E.2c.

3 Abgrenzung zum **Auftrag**: BGE 113 III 137 E.3a.

4 Das Prozessführungsrecht ist ein **Nebenrecht** der Konkursforderung, das dem Schicksal dieser Forderung folgt. Mit ihrem Untergang fällt es dahin: BGE 109 III 29.

– Das Prozessführungsrecht kann nur als Nebenrecht zusammen mit der Konkursforderung **gepfändet** werden: BGE 98 III 72.

– **Übergang** der Abtretungsrechte mit der Forderung: BGE 61 III 3 E.2;

   – auf die **Erben***:* BGE 56 III 70.

– **Befriedigung** des Abtretungsgläubigers ändert nichts, wenn er kolloziert bleibt: BGE 113 III 22.

Verzicht der Gesamtheit der Gläubiger auf Geltendmachung

5 Die Gläubiger können nur auf Ansprüche verzichten, die der **Masse** zustehen: BGE 101 II 328 E.2. Vgl. BGE 103 III 12 E.3b.

– **Voraussetzung** des Verzichts der Gesamtheit der Gläubiger: BGE 102 III 82 E.3b.

– Bei nicht **beschlussfähiger** Gläubigerversammlung: BGE 71 III 138.

– Blosses **Stillschweigen** ohne vorherige Kenntnisgabe des Anspruches kann nicht als Verzicht ausgelegt werden; vgl. dazu BGE 54 III 285 E.2.

– Nichtigkeit der Abtretung ohne vorherige Stellungnahme **aller** Gläubiger: BGE 79 III 12. Vgl. auch BGE 116 III 76.

– Keine Nichtigkeit bei Verzicht auf Geltendmachung allein durch **Konkursverwaltung**, sofern Abtretung allen Gläubigern angeboten wurde: BGE 86 III 25 E.2. Vgl. auch BGE 103 III 8 Nr. 3.

6 Folgen der **Untätigkeit** der Gläubiger bei Eigentumsansprache: BGE 75 III 17 E.2.

In Betracht fallende Ansprüche

7 Gegenstand der Abtretung sind nur Ansprüche, die Bestandteil der **Konkursmasse** sind: BGE 114 III 23.

8 Betr. pendente Prozesse gegen die Masse KOV Art. 63;

9 analoge Anwendung auf einen bei der Konkurseröffnung gegen den Gemeinschuldner hängigen **Passivprozess**, auf dessen Weiterführung die Gläubigerversammlung verzichtet: BGE 88 III 45.

10 Streitige Rechtsansprüche der Masse: KOV Art. 79; BGE 85 I 126 E.3c;

- von **Eigentumsansprachen** der Ehefrau: BGE 56 III 212;
- der **Begünstigungsklauseln** nach VVG Art. 81: BGE 81 III 142.
- Ausgeschlossen sind die Rechte auf Bestreitung von Ansprüchen, über die im **Kollokationsverfahren** zu entscheiden ist: Art. 250 und KOV Art. 58, 66 Abs. 1.

Verantwortlichkeitsansprüche im Konkurs der Aktiengesellschaft

11 Zulässigkeit **zivilrechtlicher Abtretung** von Schadenersatzforderungen der AG aus Verantwortlichkeit ausserhalb des Konkurses: BGE 82 III 56 E.3, 4, 5.

12 Verantwortlichkeitsansprüche i.S. von **OR Art. 754:** BGE 111 II 83 E.3a, 182 E.3; 113 II 278 E.3; 122 III 202 E.9b.

13 Hat sich der Gläubiger die Ansprüche gemäss dieser Bestimmung abtreten lassen, ist in der Regel davon auszugehen, dass diese Abtretung auch die Ansprüche aus **OR Art. 757 Abs. 2** umfasst: BGE 113 II 279 E.4.

14 Die **Einwilligung der Aktionäre** in die schädigende Handlung kann der eigenen Klage der Gläubiger nicht entgegengehalten werden: BGE 111 II 183 E.b, c.

Legitimation zur Stellung des «Abtretungsbegehrens»

15 Berechtigung eines Gläubigers

- dessen Anspruch im Kollokationsverfahren **bestritten** ist: BGE 48 III 89;
- dessen Anspruch (beim Zeitpunkt der Konkurseröffnung bereits Gegenstand eines Prozesses) lediglich pro memoria vorgemerkt ist: BGE 128 III 291.

16 Ein unter **Vormundschaft** stehender Gläubiger kann die Abtretung von Rechtsansprüchen der Masse nicht selbständig verlangen: BGE 94 III 18.

17 Dem im Konkurs rechtskräftig kollozierten Gesellschaftsgläubiger kann das auf Verantwortlichkeitsansprüche belangte Gesellschaftsorgan nicht entgegenhalten, die **Kollokation** sei zu Unrecht erfolgt: BGE 111 II 81.

18 Beschwerde des Dritten gegen die Abtretung: BGE 119 III 81.

19 Nichtigkeit der Abtretung eines vom Gläubiger **gegen ihn selbst** geltend zu machenden Anspruches: BGE 34 II 95 E.3.

Verfahren bei der «Abtretung»

20 Über das Recht der Konkursverwaltung, eine **Frist** zur Anbringung von Begehren zu stellen KOV Art. 48–50 und 79 Abs. 2.

21 Betr. **Frist** zur Geltendmachung der Ansprüche und deren Widerruf: BGE 63 III 72; 65 III 1 E.1; 65 III 18.

22 Abtretung nur, wenn daraus der Masse **kein Schaden** erwächst: BGE 45 III 47.

23 Begehren um Abtretung kann, soweit Anspruch noch nicht zur Kenntnis gebracht, während der **ganzen Dauer** des Konkurses gestellt werden: BGE 77 III 82.

24 Ausschluss der Abtretung von **Anfechtungsansprüchen** nach Erhalt einer Entschädigung vom Anfechtungsbeklagten: BGE 67 III 39 E.3.

25 Aushändigung der **Urkunden**: BGE 73 III 109.

26 Die Abtretung ist zu **widerrufen,** wenn Masseanspruch *nach* Abtretung, aber *vor* irgendwelchen Vorkehren des Abtretungsgläubigers anerkannt wird: BGE 84 III 43.

27 **Auslegung** der Abtretungserklärung entsprechend OR Art. 18: BGE 92 III 61 E.1;

– nach ihrem **wahren** Sinn: BGE 107 III 93.

28 Sind Forderungen abgetreten worden, so darf die Konkursverwaltung nicht weitere Forderungen **gemäss Art. 164 OR** zedieren, ohne dass hiefür die Zustimmung der Abtretungsgläubiger vorliegt: BGE 115 III 78 E.2.

29 Wirkung der Abtretung bei vollständiger **Befriedigung** des Abtretungsgläubigers: 113 III 21; BGE 115 III 69 E.3.

30 Nichtigkeit einer Abtretung, da **vor dem Verzicht** der Masse auf Geltendmachung der Ansprüche erfolgt: BGE 118 III 57.

31 Besonderheiten im **Bankenkonkurs**: BGE 93 III 27 E.3.

32 Abtretung von Rechtsansprüchen im **Nachlassvertrag** mit Vermögensabtretung: Art. 325, BGE 64 III 21.

33 Verfahren bei Bestreitung von Begünstigungen bei verpfändeten **Lebensversicherungen:** BGE 55 III 157 (Nr. 37).

Stellung der Pfandgläubiger

34 Vorrecht mit Bezug auf **Ausfallforderung** gemäss Art. 143 Abs. 2 S. VZG Art. 131.

Frist für die gerichtliche Geltendmachung des Anspruches

35 Klageanhebung als bundesrechtlicher Begriff: BGE 65 III 64.

36 Wenn Rechtsansprüche an mehrere Gläubiger abgetreten worden sind, muss die Konkursverwaltung allen **dieselbe Frist** zur Klageeinleitung ansetzen; und ebenso muss sie eine Fristverlängerung allen Abtretungsgläubigern und nicht nur einem von ihnen einräumen. Dem Grundsatz der Gleichbehandlung aller Gläubiger widerspricht es indessen nicht, wenn Fristverlängerung nur jenen Abtretungsläubigern gewährt wird, die darum innert der angesetzten Frist ersucht haben, und nicht auch jenen Abtretungsgläubigern, welche die Frist unbenützt haben verstreichen lassen, obwohl der Widerruf der Abtretung für den Fall, dass keine Klage eingeleitet werde, angedroht wurde: BGE 121 III 291 E.3b.

Mehrzahl von Abtretungsgläubigern

37 Obligator. Formular KOV Nr. 7 Ziff. 5 und BGE 49 II 385 E.2; 49 III 123; 50 III 85;

- speziell mehrerer Erben: BGE 58 III 93 E.4.

38 Klagen mehrerer Abtretungsgläubiger: BGE 93 III 64.

- Streitgenossenschaft: BGE 107 III 96.

- Haben sich mehrere Gläubiger denselben Anspruch der Masse abtreten lassen, bilden sie unter sich eine **notwendige** Streitgenossenschaft, da nur ein einziges Urteil über den Anspruch ergehen kann; es muss ihnen aber das Recht gewahrt bleiben, unabhängig voneinander Tatsachenbehauptungen aufzustellen, ihren Rechtsstandpunkt zu vertreten und auf eine Weiterführung des Prozesses ohne Rechtsverlust für die übrigen Gläubiger zu verzichten: BGE 121 III 488 (Nr. 94).

- Da die Abtretungsgläubiger nicht verpflichtet sind, Klage einzuleiten und den Prozess bis zu einem gerichtlichen Urteil weiterzuführen, kann Streitgenossenschaft nur zwischen jenen Gläubigern bestehen, welche die ihnen abgetretenen Rechtsansprüche **geltend machen wollen**: BGE 121 III 291 E.3a.

Durchführung des Prozesses

39 Der Gläubiger führt den Prozess **anstelle der Masse** im eigenen Namen und auf eigene Rechnung und Gefahr; daher Parteibezeichnung des Prozessführenden: BGE 86 III 158; 93 III 49.

40 Die abgetretene Forderung kann durch Prozess, auf gütlichem Wege, auch durch **Vergleich**, geltend gemacht werden: BGE 93 III 63 E.1a; 102 III 30.

 – Vorgehen, wenn **Konkursmasse** Vergleich abschliessen möchte: BGE 86 III 127 E.3 (vgl. KOV Art. 66).

 – Vorgehen,

 – wenn Vergleich schon vor Aufstellung des **Kollokationsplanes** abgeschlossen wurde: BGE 78 III 137.

 – Nach erstrittenem, weiterziehbarem **Urteil**: BGE 67 III 102.

41 Streitwertberechnung: BGE 87 II 193.

Prozessergebnis

42 Über die **Flüssigmachung** Formular Ziff. 2 und 3 der Bedingungen und KOV Art. 80 Abs. 2.

43 Abzugsberechtigte Kosten: BGE 73 III 45.

44 Betr. Haftung für Kosten der **Verwahrung** des beanspruchten Gegenstandes während der Prozessdauer: BGE 76 III 54.

45 Ausweise Formular Ziff. 4 der Bedingungen.

46 Folgen **schuldhafter Prozessführung** Formular Ziff. 7 der Bedingungen.

Verteilung des Prozessergebnisses

47 Verteilungsliste: KOV Art. 86.

48 Ein Überschuss ist dem Konkursamt auch dann (zuhanden der Masse) **abzuliefern**, wenn das Konkursverfahren in der Zwischenzeit abgeschlossen worden ist: BGE 122 III 342.

49 Keine analoge Anwendung der Bestimmung auf einen Fall, da einer von mehreren Gläubigern mit einer **Strafklage** einen Betrag eintreiben konnte: BGE 116 III 94 E.2a, b.

Zeitliche Konsequenzen

50 Folgen der **Einstellung** des Konkurses bezüglich der Abtretung: BGE 33 I 241.

51 Fortführung des Prozesses nach **Schluss** des Konkurses: BGE 61 III 2.

52 Abtretung im Verlaufe des von der **Masse** angehobenen Prozesses: BGE 67 III 101.

53 Zusammenfassung der Rechtsprechung: BGE 113 III 137 E.3.

54 Erlöschen des Konkursbeschlagsrechts und Rückfall des Verfügungsrechtes an Gemeinschuldner bei **Verzicht** auf Weiterführung des Prozesses durch Konkursmasse oder Konkursgläubiger: BGE 68 III 104.

55 Einfluss der Abtretung auf den **Schluss** des Konkursverfahrens KOV Art. 83, 95.

- Betr. nach Schluss des Verfahrens **neu entdeckte** zweifelhafte Rechtsansprüche Art. 269 Abs. 3.
- Nach Konkursschluss Abtretung **nur nach Art. 269**: BGE 120 III 36.
- Abweichende Situation bei **verfrühtem** Schluss des Konkursverfahrens: BGE 127 III 526.

Art. 260bis

Aufgehoben

Diese Bestimmung verwies auf die Bestimmungen des ZGB und die ergänzenden kantonalen Vorschriften betreffend die Heimstätten (ZGB 349–359, letztere Bestimmung aufgehoben durch BG über die Genehmigung kantonaler Erlasse durch den Bund vom 15. Dezember 1989 (AS 1991 362) Ziff. II/21 sowie ZGB 960 Abs. 1 Ziff. 3. Der Hinweis wurde als «lediglich deklaratorischer Natur» betrachtet (Botschaft Ziff. 203.23 S. 99 zu Art. 143bis).

VI. Verteilung

Art. 261

A. Verteilungsliste und Schlussrechnung

Nach Eingang des Erlöses der ganzen Konkursmasse *(243, 256 Abs. 2, 260 Abs. 3)* und nachdem der Kollokationsplan in Rechtskraft erwachsen ist *(250)*, stellt die Konkursverwaltung die Verteilungsliste und die Schlussrechnung auf.

1 Inhalt

- Vgl. KOV Art. 85 und **Formular** nach KOV Art. 2 Ziff. 8.
- Massgebend ist der **Kollokationsplan** : BGE 31 I 781.
- Nachträgliche **Abänderungen**, um Einreden vorzubringen, die im Kollokationsverfahren zu erledigen waren, sind ausgeschlossen: BGE 87 III 83 E.2.
- Voraussetzung einer nachträglichen **Verrechnung** einer im Kollokationsplan anerkannten Konkursforderung im Verteilungsstadium: BGE 83 III 70.

- **Keine Verrechnung** der Dividendenschuld der Masse mit einer erst nach Rechtskraft des Kollokationsplanes festgestellten Forderung des Gemeinschuldners, wohl aber mit einer solchen der Masse: BGE 54 III 20; 56 III 149 E.2.
- Geltendmachung anderer nachträglicher **Reduktionsgründe**: BGE 39 I 667.
- Über den Einfluss der **Abtretungen** nach Art. 260 vgl. KOV Art. 83 Abs. 2.
- Betr. vorherige **Abschlagszahlungen** Art. 266 und KOV Art. 82. Reihenfolge der Befriedigung bei Abschlagsverteilungen: BGE 119 III 32.
- Verteilung von **Zinsen** auf dem Erlös der Verwertung von Pfandgegenständen: BGE 108 III 29 E.3; 108 III 32 E.24.

2 Verfahren

- Verteilungsliste und Schlussrechnung auch im **summarischen** Verfahren nötig: KOV Art. 96c.
- Bei Streit über nachträgliche *Änderung* des **Bezugsberechtigten** Deponierung: BGE 39 I 536.
- Vorgehen, wenn **Massekosten** bestritten werden: BGE 76 III 49.

Art. 262

B. Verfahrenskosten

[1] Sämtliche Kosten für Eröffnung *(169)* und Durchführung des Konkurses sowie für die Aufnahme eines Güterverzeichnisses werden vorab gedeckt.

[2] Aus dem Erlös von Pfandgegenständen *(37, 198, 232 Abs. 2 Ziff. 4)* werden nur die Kosten ihrer Inventur, Verwaltung und Verwertung gedeckt.

1 Allgemeines:

- Analoge Anwendung beim **Nachlassverfahren** mit Vermögensabtretung: BGE 113 III 150 E.2; vgl. auch BGE 126 III 294–296.
- **Massaverbindlichkeit** allgemein: BGE 105 III 22; 106 III 126; 107 Ib 305 E.2a; 111 Ia 89 E.c.

Abs. 1

2 Betr. Kosten eines vorangegangenen **öffentlichen Inventars**: KOV Art. 85 Abs. 4;

3 Betr. **Gebühr** für Buch- und Rechnungsführung und die Global-
entschädigung der Konkursverwaltung: GebV SchKG Art. 46, 47 und KOV
Art. 84;

– über die **Rechnungsführung** und Belege: KOV Art. 24, 16 und 17.
Vorschuss der Kosten: Art. 169, 230 Abs. 2, 231 Abs. 2.

4 Zu den Verfahrenskosten gehören auch diejenigen des **Konkursdekretes** und seiner Mitteilung, auch wenn ein einzelner Gläubiger den
Konkurs herbeigeführt hat, aber nicht die *Parteientschädigung* an den
das Konkursbegehren stellenden Gläubiger: BGE 52 III 108; 80 III 83 E.2;

– nicht die Kosten eines vorangegangenen **vormundschaftlichen Inventars** nach ZGB Art. 398: BGE 44 III 31;

– nicht die Kosten des **Sachwalters** im Nachlassverfahren: BGE 43 III
255.

– nicht die Kosten für missbräuchliche **Auskunftserteilung** an Gläubiger. Solche Kosten, wie überhaupt alle durch gesetzliche Massnahmen der Gläubiger veranlassten, sind diesen aufzuerlegen: BGE
52 III 192.

– Ausnahmen bezüglich der **Auslagen** und **Gebühren** des Konkursamtes: BGE 113 III 151 E.a, b.

5 **Barauslagen** und Masseverbindlichkeiten haben vor den Gebühren
Anspruch auf Deckung; Pflicht der Konkursverwaltung zur Freigabe von
Guthaben, die nicht zum Konkursvermögen gehören: BGE 82 III 162.

6 **Prozessentschädigungen** sind Masseschulden: BGE 63 III 60 E.1;

– ebenso Prozesskosten des Rekursverfahrens im **Bankennachlass**.
BGE 95 III 75.

7 Voraussetzungen, die die Konkursmasse berechtigen, Konkurskosten
einzelnen Gläubigern oder Drittansprechern aufzuerlegen: BGE 82 III
159 E.5.

8 Betr. die **Objektsteuern** als Masseschulden: BGE 51 III 213; 62 III 130;
96 I 246; 111 Ia 89; BGE 122 III 248 E.5b.

– Konkrete Schulden: nach Konkurseröffnung entstandene **Steuerforderungen**: BGE 111 Ia 89 E.c; BGE 122 II 223 E.3; 122 III 248
E.5b.

– der **Kanton** kann sich ohne Bundesvorschrift für seine öffentlichrechtlichen Forderungen nicht via Art. 44 SchKG eine bessere Stellung einräumen: 111 Ia 90 E.d.

- Im **Nachlassverfahren mit Vermögensabtretung** gehört zu den Massaschulden die Mehrwertsteuer für Arbeiten, die der Schuldner während der Nachlassstundung mit Zustimmung des Sachwalters hat ausführen lassen. Es handelt sich dabei um eine Verbindlichkeit, die nicht vom Nachlassvertrag betroffen ist. Für solche Forderungen kann der Gläubiger gegen die Mass Betreibung auf Pfändung anheben: BGE 126 III 294–296).

- **Gleichbehandlungsgebot:** BGE 122 II 227 E.5c.

9 Betr. die Abgrenzung der **Zuständigkeit** um über die Eigenschaft als Massaschuld zu entscheiden vgl. BGE 48 III 224; 56 III 181; 57 III 185; 62 III 86; 75 III 23, 59; 76 III 49 E.1.

- Wird eine Forderung nicht als Massaverbindlichkeit anerkannt, so obliegt es dem Gläubiger, der eine solche behauptet, innerhalb angemessener Frist vor dem Zivilrichter oder vor der zuständigen Verwaltungsbehörde gegen die Konkursmasse zu **klagen**: BGE 125 III 293).

- Die Klage ist nicht fristgebunden, doch ist es der Konkursverwaltung fertiggestellt den Massegläubiger dahin zu informieren, dass die Verteilung des Substrates an die Konkursgläubiger **ohne Berücksichtigung seiner Forderung** erfolge, sofern er nicht innert angemessener Frist Klage erheben werde: BGE 125 III 194.

- Die Frage, ob innerhalb der Masseverbindlichkeiten eine **Rangfolge** besteht, ist von der AB zu prüfen, nicht aber, ob eine bestimmte Forderung als Masseverbindlichkeit zu betrachten oder zu kollozieren ist: BGE 113 III 149 E.1.

Abs. 2

10 Betr. die **separate** Behandlung dieser Erlöse in der Verteilungsliste KOV Art. 85 Abs. 2 und 3;

- wenn es sich um **Grundstücke** handelt, vgl. VZG Art. 81.

- Einfluss dieses Grundsatzes auf die Gestaltung des zu eröffnenden **Konkursverfahrens:** Art. 230 Abs. 1, 231 Abs. 1 und KOV Art. 39.

11 Bei Grundpfandverwertung sind die Verwertungskosten und die ungedeckten Verwaltungskosten dem **Ersteigerer** zu überbinden: VZG Art. 46, 49 Abs. 1 lit. a.

- Das **Kollokationsverfahren** gehört nicht zu den Verwaltungshandlungen; Kollokationskosten der Masse gehören daher nicht zu den Kosten der Pfandverwaltung: BGE 72 III 69 E.2.

- Im Pfandverwertungsverfahren liegt die Vorschusspflicht dem **Pfandgläubiger** ob: BGE 71 III 160.

12 Betr. die Kosten der Weiterführung eines auf dem Pfandobjekt betriebenen **Gewerbes**: BGE 58 III 7.

13 Betr. Verwahrungskosten im **Aussonderungsverfahren**: BGE 76 III 49.

14 Massegläubiger verliert Recht auf vollständige Deckung der Kosten nicht, wenn Konkursverwaltung es unterlässt, auf dem Erlös aus Pfandgegenständen den ihm zustehenden Betrag vorweg zu erheben: BGE 106 III 129 E.7.

Art. 263
C. Auflage von Verteilungsliste und Schlussrechnung

[1] Die Verteilungsliste und die Schlussrechnung werden während zehn Tagen beim Konkursamte aufgelegt.

[2] Die Auflegung wird jedem Gläubiger unter Beifügung eines seinen Anteil betreffenden Auszuges angezeigt.

Abs. 1

1 Auflage beim **Konkursamt**, auch wenn eine *ausserordentliche Konkursverwaltung* amtete (Art. 241) oder eine sonstige Amtsstelle die Versteigerung besorgte: KOV Art. 98.

2 Die Kostenrechnung ist auch aufzulegen, wenn der Konkurs durch Nachlassvertrag **widerrufen** wird: BGE 63 I 68.

3 Obligat. **Formular** KOV Nr. 10.

4 Form der **Zustellung** Art. 34 und KOV Art. 87.

- Anzeige auch an den **Schuldner** KOV Art. 87 Abs. 1;
- Anzeige auch an die **Massegläubiger**, wenn sie nicht voll befriedigt werden können: BGE 50 III 167.

5 Beschwerde nur gegen **provisorische** Verteilungsliste: BGE 94 III 53;

6 Rechtskraft nach unbenutztem Ablauf der zehntägigen Beschwerdefrist: BGE 56 III 89;

- **Falsche Rechtsmittelbelehrung** hemmt Fristenlauf nicht, sondern kann nur ein Grund für die Wiederherstellung nach OG Art. 35 sein: BGE 86 III 35.

Art. 264

D. Verteilung

¹ Sofort nach Ablauf der Auflegungsfrist *(263 Abs. 1)* schreitet die Konkursverwaltung zur Verteilung.

² Die Bestimmungen des Artikels 150 finden entsprechende Anwendung.

³ Die den Forderungen unter aufschiebender Bedingung oder mit ungewisser Verfallzeit *(210)* zukommenden Anteile werden bei der Depositenanstalt hinterlegt *(9, 24)*.

Abs. 1

1 Vorherige **Erkundigung** nach dem Vorhandensein und der Erledigung von allfälligen *Beschwerden* KOV Art. 88;

2 **Kosten** der Versendung zu Lasten der Gläubiger; Formular KOV Nr. 10;

3 Einstellung der Verteilung des Grundstückerlöses, wenn Pfandforderungen von **Bauhandwerkern** dabei zu Verlust kommen: VZG Art. 117 und 132.

4 Abs. 1, nicht Abs. 3 anwendbar auf Dividende einer das Grundstück als Ganzes belastenden **Pfandforderung**: BGE 102 III 50 E.1.

5 **Keine Verzinsung** bei verspäteter Ablieferung: BGE 63 III 158.

6 **Rechte des Gläubigers**, dem das KA den Betrag zu Unrecht nicht abliefert oder veruntreut, gegen den Staat: BGE 53 III 219.

  – Möglichkeit der **Verweigerung** der Auszahlung wegen betrügerischer Erwirkung der Kollokation: BGE 64 III 141;

  – Voraussetzung zur **Deponierung** gemäss Art. 168 OR: BGE 68 III 55 E.1.

Abs. 2

7 Verfahren betr. verlustig gegangene und nicht zur Abschreibung eingereichte **Grundpfandtitel:** KOV Art. 74, geändert durch VZG Art. 130, 69;

  – betr. die **Eigentümerpfandtitel** und leeren Pfandstellen: KOV Art. 75, 76;

Abs. 3

8 Erwähnung im **Schlussbericht:** KOV Art. 92.

9 **Zurückbehaltung** der Dividende

  – für Forderungen mit **Pfand**, das im Ausland liegt: KOV Art. 62;

- für **Sicherheitsansprüche**: KOV Art. 82 Abs. 2; Eintritt des regressberechtigten Drittpfandeigentümers in das Bezugsrecht: KOV Art. 61;
- welche die Konkursverwaltung zur **Verrechnung** mit Masseforderungen verwenden will: BGE 40 III 444 E.3.

Art. 265
E. Verlustschein
1. Inhalt und Wirkungen

¹ Bei der Verteilung *(263)* erhält jeder Gläubiger *(244)* für den ungedeckt bleibenden Betrag seiner Forderung einen Verlustschein *(149)*. In demselben wird angegeben, ob die Forderung vom Gemeinschuldner anerkannt oder bestritten worden ist. Im erstern Falle gilt der Verlustschein als Schuldanerkennung im Sinne des Artikels 82.

² Der Verlustschein berechtigt zum Arrest *(271 Abs. 1 Ziff. 5)* und hat die in den Artikeln 149 Absatz 4 und 149a bezeichneten Rechtswirkungen. Jedoch kann gestützt auf ihn eine neue Betreibung nur eingeleitet werden *(38–44, 190)*, wenn der Schuldner zu neuem Vermögen gekommen ist. Als neues Vermögen gelten auch Werte, über die der Schuldner wirtschaftlich verfügt.

Abs. 1

1   Betr. Forderungen mit aufschiebender **Bedingung** und ungewisser Verfallzeit Art. 264 Abs. 3.

2   Betr. die **nicht eingegebenen** Forderungen Art. 267.

3   Obligator. **Formular** KOV Nr. 11, Erwähnung einer allfälligen Heimstätte: KOV Art. 89.

4   Betr. die Gläubiger, denen **Massarechte** nach Art. 260 abgetreten wurden: BGE 37 II 129.

5   Der Verlustschein stellt **keinen urkundlichen Beweis i.S. von Art. 81 SchKG** dar für den Bestand einer Gegenforderung: BGE 116 III 68 E.b.

Abs. 2

6   **Rechtsnatur** der Einrede: BGE 35 III 467.

7   Die Einrede mangelnden neuen Vermögens kann nicht erhoben werden bei einem in **ausländischem** Konkurs erlittenen Verlust: BGE 36 I 794; 90 III 107 E.2.

8   Einer **vor dem Konkurs** ausgestellten Lohnabtretung kann nach Konkursschluss nicht die Einrede des fehlenden neuen Vermögens entgegengehalten werden: BGE 75 III 114.

    –   Auch nicht im Verfahren nach **OR Art. 325 Abs. 1**: BGE 114 III 41.

9   Den **Erben** des Schuldners ist Einrede versagt: BGE 65 III 59. Keine Einrede gegenüber späterer Betreibung auf Pfandverwertung: BGE 102 III 54 E.3.

10 Zulässigkeit **strafrichterlicher** Weisung zur Schadendeckung, wenn für den Schaden aus Delikt Konkursverlustscheine bestehen: BGE 103 IV 136 E.3.

11 Über den **Arbeitsverdienst** als neues Vermögen: BGE 65 III 24; 99 Ia 20; 109 III 94.

Art. 265*a*

2. Feststellung des neuen Vermögens

¹ Erhebt der Schuldner Rechtsvorschlag mit der Begründung, er sei nicht zu neuem Vermögen gekommen, so legt das Betreibungsamt den Rechtsvorschlag dem Richter des Betreibungsortes vor. Dieser hört die Parteien an und entscheidet endgültig.

² Der Richter bewilligt den Rechtsvorschlag, wenn der Schuldner seine Einkommens- und Vermögensverhältnisse darlegt und glaubhaft macht, dass er nicht zu neuem Vermögen gekommen ist.

³ Bewilligt der Richter den Rechtsvorschlag nicht, so stellt er den Umfang des neuen Vermögens fest (Art. 265 Abs. 2). Vermögenswerte Dritter, über die der Schuldner wirtschaftlich verfügt, kann der Richter pfändbar erklären, wenn das Recht des Dritten auf einer Handlung beruht, die der Schuldner in der dem Dritten erkennbaren Absicht vorgenommen hat, die Bildung neuen Vermögens zu vereiteln.

⁴ Der Schuldner und der Gläubiger können innert 20 Tagen nach der Eröffnung des Entscheides über den Rechtsvorschlag auf dem ordentlichen Prozessweg beim Richter des Betreibungsortes Klage auf Bestreitung oder Feststellung des neuen Vermögens einreichen. Der Prozess wird im beschleunigten Verfahren durchgeführt.

Abs. 1

1   Bei «Rechtsvorschlag, nicht zu neuem Vermögen gekommen» gilt **auch die Schuld** als bestritten: BGE 103 III 34 E.2.

2   Das BA prüft die Zulässigkeit eines RV wegen fehlenden neuen Vermögens nur in **formeller** Hinsicht. Es hat aber nicht zu prüfen, ob die Einrede mangelnden neuen Vermögens im konkreten Fall zulässig ist, denn darüber hat der Richter zu entscheiden: BGE 124 III 379–381.

3 Über **Unpfändbarkeitsbeschwerde** (im Arrestverfahren) ist trotz der erhobenen Einrede des fehlenden neuen Vermögens sofort zu entscheiden: BGE 71 III 13 E.1.

Abs. 2

4 Fall der dem Schuldner gar nicht zustehenden Einrede: BGE 108 III 8.

5 Vgl. auch BGE 114 III 41 E.1.

6 Der Entscheid betreffend Bewilligung des RV ist ein **Endentscheid** im Sinne von OG Art. 87. Er gilt als letztinstanzlich, soweit mit der staatsrechtlichen Beschwerde eine Verletzung des rechtlichen Gehörs gerügt wird: BGE 126 III 110–112.

Abs. 3

7 Hat der Richter festgestellt, dass der Betriebene zu neuem Vermögen gekommen ist, und ist die Betreibungsforderung nicht (mehr) bestritten, so kann der Gläubiger der **Fortsetzungsbegehren** einreichen und die provisorische Pfändung verlangen: BGE 126 III 207 E.3c.

Abs. 4

8 **Klagemöglichkeiten** von Schuldner und Gläubiger nach Bewilligung bzw. Verweigerung des Rechtsvorschlags: BGE 126 III 205 E.3a, b.

9 **Sicherungsmöglichkeiten** des Gläubigers während des beschleunigten Verfahrens: BGE 126 III 207 E.3b, c.

Art. 265*b*

3. Ausschluss der Konkurseröffnung auf Antrag des Schuldners

Widersetzt sich der Schuldner einer Betreibung, indem er bestreitet, neues Vermögen zu besitzen, so kann er während der Dauer dieser Betreibung nicht selbst die Konkurseröffnung (Art. 191) beantragen.

Keine Entscheidungen

Art. 266

F. Abschlagsverteilungen

¹ Abschlagsverteilungen können vorgenommen werden *(237 Abs. 3 Ziff. 5, 253 Abs. 2)*, sobald die Frist zur Anfechtung des Kollokationsplanes *(250)* abgelaufen ist.

² Artikel 263 gilt sinngemäss.

1 Vorherige Auflegung eines **provisorischen** Verteilungsplanes notwendig: KOV Art. 82 Abs. 1, 88.

   – **Voraussetzung** dafür BGE 57 III 95 E.3.

2 Betr. **verspätet** eingegangenen Forderungen Art. 251 Abs. 4.

- Anfechtung der **Verweigerung** von Abschlagszahlungen an den Wechselgläubiger: BGE 96 III 45.

- **Verzugszinsen**, die der Erwerber eines versteigerten Grundstücks zahlt, sind unter alle Gläubiger zu verteilen: BGE 94 III 54 E.6.

- **Zinsforderung**: BGE 105 III 89 E.2.

- Abschlagsverteilung des Erlöses aus der Verwertung eines pfandbelasteten **Grundstücks**: BGE 122 III 41 E.2;

- **Zuteilung** der vom Ersteigerer ab dem Tag der Steigerung bis zu jenem der Bezahlung des Restzuschlagspreises anwachsenden Zinsen: BGE 122 III 42.

Art. 267
G. Nicht eingegebene Forderungen

Die Forderungen derjenigen Gläubiger, welche am Konkurse nicht teilgenommen haben, unterliegen denselben Beschränkungen wie diejenigen, für welche ein Verlustschein ausgestellt worden ist.

1 Ausschluss jeglicher Haftung für die Forderungen gegenüber einer ausgeschlagenen und nach Art. 193 liquidierten **Erbschaft**: ZGB Art. 593 Abs. 3.

VII. Schluss des Konkursverfahrens

Art. 268
A. Schlussbericht und Entscheid des Konkursgerichtes

¹ Nach der Verteilung *(264, 265)* legt die Konkursverwaltung *(KOV 97)* dem Konkursgerichte *(162)* einen Schlussbericht vor.

² Findet das Gericht, dass das Konkursverfahren vollständig durchgeführt sei, so erklärt es dasselbe für geschlossen.

³ Gibt die Geschäftsführung der Verwaltung dem Gerichte zu Bemerkungen Anlass, so bringt es dieselben der Aufsichtsbehörde *(13, 14)* zur Kenntnis.

⁴ Das Konkursamt macht den Schluss des Konkursverfahrens öffentlich bekannt.

Abs. 1 und 2

1 Einfluss von pendenten **Prozessen** nach Art. 260 s. KOV Art. 95.

2 **Inhalt und Form**: KOV Art. 92; gilt auch für das summarische Verfahren: KOV Art. 93.

3 Die Erklärung gemäss Abs. 2 ist **keine beschwerdefähige Verfügung**: BGE 120 III 2.

Abs. 4

4 Gilt auch für die **ausseramtliche** Konkursverwaltung: KOV Art. 97, 93.

5 **Musterformular** KOV Nr. 14e;

6 **Aktenübergabe** der ausserordentlichen Konkursverwaltung an das Konkursamt KOV Art. 98 Abs. 2.

Art. 269
B. Nachträglich entdeckte Vermögenswerte

[1] Werden nach Schluss des Konkursverfahrens Vermögensstücke entdeckt, welche zur Masse gehörten *(197, 198, 200)*, aber nicht zu derselben gezogen wurden, so nimmt das Konkursamt dieselben in Besitz und besorgt ohne weitere Förmlichkeit die Verwertung und die Verteilung des Erlöses an die zu Verlust gekommenen Gläubiger nach deren Rangordnung *(219, 250)*.

[2] Auf gleiche Weise verfährt das Konkursamt mit hinterlegten Beträgen, die frei werden *(264)* oder nach zehn Jahren nicht bezogen worden sind.

[3] Handelt es sich um einen zweifelhaften Rechtsanspruch, so bringt das Konkursamt den Fall durch öffentliche Bekanntmachung *(35)* oder briefliche Mitteilung *(34)* zur Kenntnis der Konkursgläubiger *(265)*, und es finden die Bestimmungen des Artikels 260 entsprechende Anwendung.

Abs. 1

1 Entsprechende Anwendung in den Fällen des Art. 260, wenn ein **Überschuss** für die Masse entsteht: KOV Art. 95;

2 Entschädigung wegen **vorzeitiger Auflösung eines Arbeitsverhältnisses** fällt nicht in Nachkonkurs: BGE 77 III 36 E.3.

3 Fall, da eine **ausseramtliche** Konkursverwaltung eingesetzt war: KOV Art. 98.

4 **Vertretungsmacht** des Konkursamtes: BGE 67 III 181 E.2.

5 Betr. den Begriff des **«Entdeckens»:** BGE 50 III 138.

6 Keine Anwendung auf Vermögenswerte, deren Existenz und Massezugehörigkeit der Konkursverwaltung und den Gläubigern bereits vor Abschluss des Konkurses **bekannt** waren oder bekannt gewesen sein sollten: BGE 116 III 98 E.26;

- das Wissen eines **einzelnen** Gläubigers genügt für den Ausschluss des Nachkonkurses nicht: BGE 116 III 104 E.b (Präzisierung der Rechtsprechung); 117 III 73 E.c;
- Kriterium des **Kennenmüssens**: BGE 116 III 106 E.7.
- Betr. Abgrenzung der **Kompetenzen** von Gerichten und Konkursbehörden bezüglich Frage, ob ein Anspruch ein neu «entdecktes» Vermögensstück darstelle: BGE 90 III 44.
- Voraussetzung der **Weigerung** des Konkursamtes, ein neu entdecktes Vermögen in den Nachkonkurs einzubeziehen: BGE 117 III 71 E.1, 2.
- **Folgen** eines zu Unrecht verfügten Ausschlusses: BGE 116 III 103 E.c.

7 Verfahren bei Einstellung des Konkurses einer **Genossenschaft** mangels Aktiven: BGE 90 II 252 E.2.

Abs. 3

8 Verfahren im **Nachlassvertrag** mit Vermögensabtretung: Art. 329.

9 Prüfung der Voraussetzungen des «Nachkonkurses» durch den mit der **Beurteilung des Anspruches** befassten Richter: BGE 73 III 157.

- Zulässige **Rügen**: BGE 111 II 85 E.b.
- **Beschwerde** des Drittschuldners nur, wenn Abtretung unzweifelhaft zu Unrecht erfolgte: BGE 74 III 75.
- Gegen einen **Verwertungsbefehl** der AB kann KA nicht Beschwerde führen: BGE 108 III 78.

Art. 270
C. Frist für die Durchführung des Konkurses

1 Das Konkursverfahren soll innert einem Jahr nach der Eröffnung des Konkurses *(165)* durchgeführt sein.

2 Diese Frist kann nötigenfalls durch die Aufsichtsbehörde verlängert werden.

Keine Entscheidungen

Achter Titel: Arrest

Art. 271

A. Arrestgründe

[1] Der Gläubiger *(38, 272)* kann für eine fällige Forderung, soweit diese nicht durch ein Pfand gedeckt ist *(37 Abs. 3)*, Vermögensstücke des Schuldners *(272, 274 Abs. 2 Ziff. 4)* mit Arrest belegen lassen:

1. wenn der Schuldner keinen festen Wohnsitz hat *(48, 54)*;

2. wenn der Schuldner in der Absicht, sich der Erfüllung seiner Verbindlichkeiten zu entziehen, Vermögensgegenstände beiseite schafft, sich flüchtig macht oder Anstalten zur Flucht trifft *(190 Abs. 1 Ziff. 1)*;

3. wenn der Schuldner auf der Durchreise begriffen ist oder zu den Personen gehört, welche Messen und Märkte besuchen, für Forderungen, die ihrer Natur nach sofort zu erfüllen sind;

4. wenn der Schuldner nicht in der Schweiz wohnt, kein anderer Arrestgrund gegeben ist, die Forderung aber einen genügenden Bezug zur Schweiz aufweist oder auf einem vollstreckbaren gerichtlichen Urteil oder auf einer Schuldanerkennung im Sinne von Artikel 82 Absatz 1 beruht;

5. wenn der Gläubiger gegen den Schuldner einen provisorischen *(115 Abs. 2)* oder einen definitiven Verlustschein *(149, 265)* besitzt.

[2] In den unter den Ziffern 1 und 2 genannten Fällen kann der Arrest auch für eine nicht verfallene Forderung verlangt werden; derselbe bewirkt gegenüber dem Schuldner die Fälligkeit der Forderung.

Bedeutung des Arrests

1 Vgl. dazu BGE 107 III 35 E.2.

- **Sinn** und **Zweck** des Arrests: BGE 115 III 35 E.b; 117 Ia 505;

2 **höchstprovisorischer** Charakter des Arrests: BGE 116 III 115 E.3a; 117 Ia 505; 123 II 613 E. 6b/aa.

- **Verhältnis zu Sicherungsmassnahmen** i. S. v. LugÜ Art. 39 Abs. 2: BGE 126 III 440 E.4.

- Unterschied zwischen Arrest und **vorsorglicher Verfügung**: BGE 86 II 295 E.2.

- Unzulässigkeit des Arrestes für Ansprüche aus ZGB Art. 151 und 154 vor rechtskräftiger **Scheidung**: BGE 78 II 91 E.2.

- **Abgrenzung**

- zur **Grundbuchsperre** nach kantonalem Recht: BGE 108 II 512 E.7, 8b/bb;
- zur **Beschlagnahme** nach kantonalem Recht: BGE 108 III 107.

3 Verhältnis zur **Pfändung**: BGE 116 III 115 E.3; 117 Ia 505.

4 Ein **Gattungsarrest** ist zulässig: BGE 90 III 96; 96 III 110 E.3.

- Speziell betr. Gegenstände im Gewahrsam von **Banken**: BGE 75 III 109; 102 III 8.
- Bei Dokumenten im Gewahrsam der **Korrespondenzbank** eines Akkreditivgeschäfts: BGE 113 III 31 E.3

Arrestierbare Gegenstände

5 Arrest zulässig

- von Vermögensstücken, die sich bei der **Akkreditivbank** befinden: BGE 114 II 47 E.4;
- von Vermögensstücken, die dem Arrestschuldner nur **fiduziarisch** gehören: 113 III 31 E.3;
- von Ansprüchen aus Treuhandverhältnissen an **Schiffshypotheken** beim Treuhänder: BGE 103 III 89.
- einer zugunsten des Arrestschuldners ausgestellten **Bankgarantie** auf Verlangen des Auftraggebers : BGE 117 III 79 E.7.
- des Anspruchs auf Auszahlung der **Dividenden** auf Namenaktien nur mit den entsprechenden Coupons : BGE 99 III 20 E.3.
- auf Vermögenswerte, an denen die Eigentumsverhältnisse **strittig** sind: BGE 106 III 132 E.1; 107 III 34 E.1;
- auch bei Unklarheit über **Mehrfachberechtigung** am Gemeinschaftskonto: BGE 112 III 52 Nr. 14.
- auf **Anteil an unverteilter Erbschaft**: BGE 118 III 62.
- auf Liquidationsanteil eines **nicht in der Schweiz wohnhaften Schuldners** an einer unverteilten Erbschaft am letzten Wohnsitz des Erblassers, gleichgültig, wo sich die zur Erbschaft gehörenden Vermögensstücke befinden: BGE 109 III 92.

6 Kein Arrest

- auf **Vindikationsansprüchen**: BGE 102 III 98 E. 1; 108 III 87 E.3;
- auch nicht von **Sicherheitsleistungen** i.S. von Art. 177, die hinfällig geworden sind und sich ohne rechtliche Grundlage in den Händen des Betreibungsamtes befinden: BGE 108 III 103 E.1, 2

- wohl aber auf Anspruch der **Bankkunden** gegen die inländische Depotbank auf Herausgabe von bei ausländischen Korrespondenzbanken hinterlegten Wertpapieren: BGE 108 III 98;

- auf Ansprüche der **Akkreditivbank** gegen die von ihr beauftragte Korrespondenzbank auf Ablieferung der von dieser aufgenom-menen Akkreditivkdokumente: BGE 108 III 99 E.4;

- auf **Akkreditivdokumente**, die sich noch bei der Korrespondenzbank befinden: BGE 113 III 31 E.3.

- auf einen **Check** beim Bezogenen: BGE 98 III 77.

- auf Vermögensstücken, die der Erfüllung **hoheitlicher** Aufgaben dienen: BGE 111 Ia 64 E.7a;

- die Frage, ob ein verarrestierter Betrag wegen hoheitlicher Zweckbestimmungen vom Arrestbeschlag auszunehmen ist, hängt mit dem **Immunitätsanspruch** eines Staates zusammen: BGE 111 Ia 65 E.a;

  - Voraussetzung, unter der für **Bargeld** Immunität beansprucht werden kann: BGE 111 Ia 65 E.b.

7 Das Verbot des Arrest bei Forderungen, die durch ein **Pfand** gesichert sind, dient nur den Interessen des Schuldners: BGE 113 III 93; 117 Ia 505; 117 III 75 E.1;

- zur Arrestierbarkeit **pfandbelasteter** Vermögensstücke ferner: BGE 116 III 25 E.1;

- Betr. die Besonderheiten der Betreibung im Falle der nur **teilweise** vorhandenen Pfanddeckung: BGE 53 III 21 E.3.

- Der Vertrag auf **Hinterlegung sicherheitshalber** begründet ein Pfandrecht: BGE 102 Ia 231 E.2.

8 Arrestgegenstände können nur Vermögenswerte sein, die **dauernd** «oder eine gewisse Dauer» in der Schweiz liegen: BGE 112 III 50 E.b;

- Voraussetzungen des zulässigen **Taschenarrests**: BGE 112 III 51 E.c;

- Gegenstände, die sich im **Ausland** befinden: BGE 90 II 162.

9 Arrest an **verpfändetem Schuldbrief** nicht am Briefkastendomizil der Besitzerin: BGE 112 III 118 E.3a.

10 Betr. Gegenstände, die mit einem **öffentlichrechtlichen Beschlag** belegt sind: vgl. BGE 93 III 93 E.3.

Eigentum des Arrestschuldners an den Arrestgegenständen

11 Kein Arrest auf Vermögensstücken, von denen der Gläubiger geltend macht, sie stünden nicht im Eigentum des Schuldners, sondern in dem eines **Dritten**: BGE 104 III 58 E.3; 105 III 112 E.3a; 106 III 88 E.1, 2; 107 III 102, 104 E.1, 155 E.3.

– Bezeichnet der Gläubiger Gegenstände, deren Arrestierung er verlangt, **selber** als einem Dritten gehörend oder im Gesamteigentum des Schuldners und weiterer Personen stehend, so ist ein Arrestvollzug als nichtig von Amtes wegen aufzuheben: BGE 82 III 70.

– **Beschwerdegitimation** des Dritten, der das Eigentum an den arrestierten Vermögenswerten beansprucht, und des Arrestschuldners, der geltend macht, diese stünden im Eigentum des Dritten: BGE 113 III 141 E.3.

– Werden Ansprüche Dritter an den verarrestierten Gegenständen behauptet, ist das **Widerspruchsverfahren** einzuleiten: BGE 93 III 92; vgl. auch BGE 96 III 109; 104 III 44, 59 E.4.

– Bezüglich **verspäteter** Anmeldung von Drittansprachen s. Art. 106.

– **Beschränkung** der Frist auf 10 Tage ist bundesrechtswidrig: BGE 109 III 27. Vgl. auch BGE 109 III 58 (Nr. 17).

12 Kein Arrest auf Vermögenswerten, die nach Angaben des **Gläubigers** (fiduziarisch) **ihm** gehören: BGE 107 III 102, 105 E.2.

13 Arrestierung von Forderungen, die von einem Dritten **einem andern** als dem Arrestschuldner gutgeschrieben worden sind: BGE 80 III 89.

14 Die Entscheidungen gemäss N 15 und 16 bedürfen angesichts des neuen Einspracheverfahrens nach Art. 178 der genauen Prüfung darüber, wieweit sie noch angewendet werden können.

Arrestforderungen

15 Einem Arrestbegehren sind gleichgestellt die Verfügung der **Alkoholverwaltung** und der **Zollverwaltung** betr. Sicherstellung einer im Gesetz vorgesehenen Forderung: Art. 67 des BG vom 21.VI.1932 über gebrannte Wasser (hinten Nr. 82) und Art. 120 der VV dazu vom 6.IV.1962 (hinten Nr. 83) sowie Art. 124 des BG vom 1.X.1925 (Zollgesetz) (hinten Nr. 97).

– Vgl. ferner die Gleichstellung der Sicherstellungsverfügung betr. die **direkte Bundessteuer** Art. 170 des BG vom 14. Dezember 1990 (hinten Nr. 96).

- Die gleiche Bestimmung findet sich in Art. 58 der Verordung des BG über die Mehrwertsteuer (hinten Nr. 95).

16 Betr. Arrest gestützt auf einen **Verlustschein**: BGE 65 III 41; 88 III 68.

Arrestgründe im einzelnen

17 Grundsätzliche **Prüfungsbefugnis**: BGE 105 III 141.

Ziff. 4

18 Arrestierung von Lohnforderungen eines in der Schweiz arbeitenden **Grenzgängers** mit Wohnsitz in Deutschland: BGE 114 III 32 E.2b.

19 Ein **genügender Bezug zur Schweiz** ist gegeben, wenn die Forderung, für die ein neues Arrestbegehren gestellt worden ist, bereits Gegenstand einer Klage auf Prosequierung eines früheren Arrestes bildet, der unter Herrschaft des alten Rechtbewilligt war. Das gilt selbst dann, wenn die Zuständigkeit der schweizerischen Gerichte für die Klage einzig gestützt auf Art. 4 IPRG (Arrestgerichtsstand) angenommen worden ist: BGE 124 III 219–221.

Verfahrensfragen

20 Um die Arrestbewilligung zu erlangen, muss der Gläubiger glaubhaft machen, das Vermögensgegenstände, die formell auf den Namen Dritter lauten, dem Schuldner gehören: BGE 126 III 96–98 E. 4.

21 Die Weigerung, einen Arrestbefehl mit Bezug auf Sicherungsmassnahmen im Sinne von LugÜÜ Art. 39 Abs. 2 zu erlassen, ist nicht willkürlich: BGE 126 III 438–444 E. 4 und 5.

22 Regelung des **Vollstreckungsverfahrens** ausschliesslich durch *Bundesrecht:* BGE 85 II 196 E.2.

23 Möglichkeit der **Wiederholung** eines dahingefallenen oder abgewiesenen Arrests: BGE 60 I 256 E.3.

24 Ein **rechtsmissbräuchlich** erwirkter Arrest darf nicht aufrechterhalten werden: BGE 105 III 114 E.4.

25 **Kein Rechtsmissbrauch** des Gläubigers, der seine Pflichten als Verkäufer erfüllt hat und in der Folge die gelieferte Ware mit Arrest belegen lässt, um sich für eine nach Bestellung der arrestierten Ware entstandene Schadenersatzforderung gegen den Käufer Deckung zu verschaffen: BGE 110 III 38.

26 Auch der Gläubiger, welcher auf die in der Schweiz liegenden Vermögenswerte Arrest legen lässt, nachdem er vorerst seine Forderungen in dem im Ausland eröffneten Konkurs angemeldet hatte, handelt **nicht rechtsmissbräuchlich**: BGE 111 III 42 E.2.

27 Wird in einem (norwegischen) Urteil gesagt, die klagende (siegreiche) Partei könne nach zwei Wochen seit dessen Mitteilung provisorische Vollstreckungsmassnahmen ergreifen und ist gegen das Urteil eine **Berufung** ergriffen worden, so handelt es sich nicht um ein vollstreckbares gerichtliches Urteil: BGE 126 III 156–159.

28 Ohne ausdrückliche oder konkludente Angabe des **Arrestgrundes** ist Arrestbefehl nicht vollziehbar: BGE 73 III 101.

29 Ersuchen an Dritte um **Auskunft** unter Androhung von Strafsanktionen: BGE 75 III 110 E.3; 101 III 63 E.3; 102 III 8; 103 III 93; 104 III 49; 107 III 99.

30 **Auskunftsverweigerung** bewirkt nicht ohne weiteres Verwirkung der Drittansprüche: BGE 109 III 25 E.1, 2.

31 **Unpfändbarkeitsanspruch** ist bei Arrestnahme geltend zu machen; Versäumung hat Verwirkungsfolgen: BGE 71 III 98.

32 Voraussetzungen und Zeitpunkt der **Freigabe** arrestierter Gegenstände trotz Versäumnis der Beschwerdefrist: BGE 76 III 34.

Einzelne Entscheidungen bedürfen angesichts den neuen Einspracheverfahrens nach Art. 178 der genauen Prüfung darüber, wieweit sie noch angewendet werden können.

Art. 272

B. Arrestbewilligung

¹ Der Arrest wird vom Richter des Ortes bewilligt, wo die Vermögensgegenstände sich befinden, wenn der Gläubiger glaubhaft macht, dass:

1. seine Forderung besteht;
2. ein Arrestgrund vorliegt;
3. Vermögensgegenstände vorhanden sind, die dem Schuldner gehören.

² Wohnt der Gläubiger im Ausland und bezeichnet er keinen Zustellungsort in der Schweiz, so ist das Betreibungsamt Zustellungsort.

Arrestort

1 Bei mangelnder Bestimmung des Wohnsitzes des Arrestschuldners, oder wenn er im Ausland wohnt, können gewöhnliche Forderungen, die sonst als am Wohnsitz ihres **Gläubigers** gelegen gelten: BGE 56 III 230; 61 III 109,

- am Wohnsitz des **Drittschuldners** arrestiert werden: BGE 63 III 44; 75 III 27; 76 III 19; 91 III 22 E.1;
- allenfalls auch an **Zweigniederlassung** des Drittschuldners: BGE 80 III 122:
- Besteht für die arrestierte Forderung an einer Sache eine **Sicherung**, so ist sie am Orte gelegen, wo die Sache liegt: BGE 61 III 109;
- Arrestierung von Ansprüchen aus **Treuhandverhältnissen**: BGE 103 III 89.

2 **Wertpapiere** können nur am Ort ihrer Lage arrestiert werden: BGE 67 III 11; 92 III 26; 99 III 20 E.4.

3 **Arrestort**
- bei durch Wertpapiere verkörperten **Forderungen**: BGE 112 III 118 E.3a; 116 III 109 E.5b;
- bei hälftigem **Miteigentumsanteil** an einem Inhaberschuldbrief: BGE 116 III 109 E.5b;
- bei einem verpfändeten, inländischen **Patent-** und **Gebrauchsmusterrecht**, dessen Inhaber im Ausland wohnt: BGE 112 III 118 E.3b;
- bei einem ausländischen **Immaterialgüterrecht**: BGE 112 III 119;
- bei **Schweizerpatenten** Arrest am Sitze des Eidg. Amtes für geistiges Eigentum: BGE 62 III 59.
- bei Anteil an **unverteilter** Erbschaft am letzten Wohnsitz des Erblassers: BGE 109 III 92; 102 III 99; 103 III 90; 107 III 149;

4 Nichtigkeit eines am **unrichtigen Orte** erlassenen Arrestes: BGE 56 III 231; 73 III 103; 75 III 26; 90 II 162; 103 III 88.

Arrestbefehl

5 **Inhalt:** Art. 274;

6 **Rechtsbehelfe:** Art. 278;

7 **Gebühr:** GebVSchKG Art. 56;

8 **Kostenersatz:** Art. 281 Abs. 2.

9 Bewilligung nur gegen **Sicherstellung** Art. 273

10 Keine Anhörung des **Arrestschuldners**: BGE 107 III 30 E.2, 3.

11 Um die Arrestbewilligung zu erlangen, muss der Gläubiger glaubhaft machen, das Vermögensgegenstände, die formell auf den Namen **Dritter** lauten, dem Schuldner gehören: BGE 126 III 96–98 E. 4.

Art. 273
C. Haftung für Arrestschaden

[1] Der Gläubiger haftet sowohl dem Schuldner als auch Dritten für den aus einem ungerechtfertigten Arrest erwachsenen Schaden. Der Richter kann ihn zu einer Sicherheitsleistung verpflichten.

[2] Die Schadenersatzklage kann auch beim Richter des Arrestortes eingereicht werden.

Abs. 1

1 **Umfang** des Schadens: BGE 34 II 283; 48 II 236; 93 I 284.

- Zur Festsetzung der Sicherheitsleistung, zu welcher der Arrestgläubiger verpflichtet werden kann, ist der allfällige Schaden, den der Arrest verursacht, **abzuschätzen;** hierzu ist die Kenntnis notwendig, ob und gegebenenfalls für welchen Betrag Vermögensgegenstände tatsächlich arrestiert worden sind : BGE 126 III 96–98 E. 4.

- **Dauer** der Nicht-Verfügbarkeit der arrestierten Güter als Schadenselement: BGE 113 III 102 E.11.

- Kosten der **Arrestprosequierung** als Schadenselement bei Sicherheitsleistung: BGE 113 II 100 E.10.

2 Keine Schadenersatzpflicht des Arrestgläubigers, wenn das **Betreibungsamt** mehr arrestiert hat, als die Arrestverfügung bestimmt: BGE 113 III 98 E.8.

3 Keine Unvereinbarkeit der Arrestkaution mit Art. 17 der Haager Übereinkunft betr. Zivilprozessrecht vom 1.III.1954 (SR 0.274.12): BGE 93 I 281 E.4.

4 Kantonales Recht, das ein Rechtsmittel ausserhalb des Einspracheverfahrens vorsieht, ist bundesrechtswidrig. BGE 126 III 487–489 E. 2.

- Zulässig ist gegen den letztinstanzlichen kantonalen Entscheid die staatsrechtliche Beschwerde: BGE 126 III 486–487 E. 1

5 Möglichkeit nachträglicher Erhöhung der Arrestkaution: BGE 112 III 112.

- Berücksichtigung nachträglich eingetretener **Umstände**: BGE 113 III 97 E.6, 7.

6 **Verjährung** der Schadenersatzforderung in einem Jahr: BGE 31 II 257; 64 III 111.

- Die Frist **beginnt** mit dem Dahinfallen des Arrestes: BGE 64 III 113 E.3; 115 III 35 E.a.

Abs. 2.

7 Betr. die Möglichkeit, gegenüber einer Klage des Arrestgläubigers auf Bezahlung der Arrestforderung den Schadenersatz **widerklageweise** zu verlangen: BGE 47 I 181 E.3.

Art. 274
D. Arrestbefehl

[1] Der Arrestrichter beauftragt den Betreibungsbeamten *(272, 89)* oder einen anderen Beamten oder Angestellten mit dem Vollzug des Arrestes *(275)* und stellt ihm den Arrestbefehl zu.

[2] Der Arrestbefehl enthält:

1. den Namen und den Wohnort des Gläubigers und seines allfälligen Bevollmächtigten *(67 Abs. 1 Ziff. 1)* und des Schuldners *(67 Abs. 1 Ziff. 2)*;

2. die Angabe der Forderung, für welche der Arrest gelegt wird *(67 Abs. 1 Ziff. 3)*;

3. die Angabe des Arrestgrundes *(271)*;

4. die Angabe der mit Arrest zu belegenden Gegenstände *(271 Abs. 1, 272)*;

5. den Hinweis auf die Schadenersatzpflicht des Gläubigers und, gegebenen Falles, auf die ihm auferlegte Sicherheitsleistung *(273)*.

1 Arrestbefehl mit der Bezeichnung **mehrerer** Schuldner (in casu beider Ehegatten) ist unzulässig: BGE 80 III 91.

2 **Mangelhafte** Gläubiger- und Wohnortbezeichnung; Folgen: BGE 82 III 129.

3 Anforderungen an die **Bezeichnung** der Gegenstände: BGE 96 III 110 E.3; 102 III 108 E.6; 112 III 52 Nr. 14.

 – bei **Gattungsarrest**: BGE 106 III 103 E.1

4 Werden nicht die im Arrestbefehl vermerkten, sondern **andere Vermögenswerte** mit Beschlag belegt, ist der Arrest nichtig, und zwar auch dann, wenn der Arrestgläubiger damit einverstanden war, dass vom Schuldner und vom Dritteigentümer bezeichnete Ersatzgegenstände arrestiert wurden: BGE 113 III 142 E.4.

5 Fehlt Angabe eines **Arrestgrundes**, so ist Arrestbefehl *nicht vollziehbar:* BGE 73 III 101 E.1.

6 Einrede der **Unpfändbarkeit** ist im Arrestvollzuge zu erheben: BGE 71 III 98.

- Schranken der Pfändbarkeit eines **Werklohnguthabens**: BGE 82 III 130 E.4.

7 **Strafrechtliche** Beschlagnahme geht vor: BGE 93 III 93 E.1b.

8 Arrestierung eines **Grundstücks** erfasst ohne weiteres auch die Früchte und sonstigen Erträgnisse: BGE 83 III 109.

9 Vermögenswerte, die **nicht im Amtskreis des Betreibungsamtes** liegen: BGE 112 III 117 E.2; 116 III 109 E.5a;

10 Arrestbefehl mit **Formfehler**: BGE 112 III 48 E.1; 114 III 36 E.2.

11 Voraussetzungen einer zulässigen **Vollzugsverweigerung**: BGE 112 III 117 E.2; 114 III 36 E.2; 116 III 108 E.5.

Art. 275
E. Arrestvollzug
Die Artikel 91–109 über die Pfändung gelten sinngemäss für den Arrestvollzug.

1 **Zeitpunkt** Art. 56;

2 **Gegenstand** Art. 274.

3 Zulässigkeit der **Beschwerde** gegen Arrestvollzug: BGE 88 III 141 E.1.

4 **Ungenügende Gläubiger- und Wohnortbezeichnung** heben den tatsächlich erfolgten Arrestvollzug nicht ohne weiteres auf: BGE 82 III 129.

5 Personenwagen als **Kompetenzstück**: BGE 106 III 106.

6 Über den **Bestand** einer arrestierten Forderung haben die Betreibungsbehörden nicht zu entscheiden: BGE 90 III 96;

- bei **zweifelloser Nichtexistenz** lässt sich Aufhebung der Arrestierung jedoch rechtfertigen: BGE 81 III 17; 82 III 130.

7 Eine amtliche Verwahrung von Gegenständen, die der **Drittansprecher** in Gewahrsam hat, ist unzulässig; ob zu verwahren sei, entscheidet das BA anlässlich des Arrestvollzuges: BGE 83 I 47.

8 **Nichtigkeit** der Arrestierung

- von **ausserhalb des Betreibungskreises** befindlichen Sachen: BGE 90 II 162: 112 III 117 E.2;

- wenn **andere** als die im Arrestbefehl angeführten Gegenstände arrestiert werden: BGE 90 III 51; 92 III 24 E.1.

9 Vollzug eines auf einem **Verlustschein** beruhenden Arrestbefehls einige Monate nach seiner Ausstellung: BGE 113 III 143 E.6.

10 Arrestnahme allein berechtigt nicht zur **Anschlusspfändung**, wohl aber das Fortsetzungsbegehren des Arrestgläubigers innerhalb der Frist von Art. 110 Abs. 1: BGE 101 III 81.

- Unmöglichkeit von Ergänzungs- und Nachpfändungen auf **nicht** im Befehl genannten Gegenständen: BGE 51 III 122 E.4.

11 Stellung

- des **Drittansprechers**: BGE 56 III 122; 63 III 139 E.1; 70 III 21; 103 III 87 E.1; 104 III 44 E.2;

- des **Drittschuldners**: BGE 79 III 5.

- Anzeige an ihn kann durch **Telex** (jetzt eher Telefax) erfolgen (hinten Nr. 40).

- Arrestanzeige keine **Vollzugshandlung**: BGE 103 III 39.

- Bei **Widerspruchsverfahren**: BGE 65 III 41; 76 III 89 E.2.

12 Möglichkeit eines **Notverkaufs**: BGE 35 I 816: 101 III 29 E.12.

13 Notwendigkeit, den Dritten zur **Auskunftgabe** über die bei ihm zu verarrestierenden Gegenstände aufzufordern: BGE 100 III 28 E.2; 101 III 61 E.1.

- **Wirkungen** Art. 277, 281.

- Die Auskunftspflicht gemäss Art. 91 Abs. 4 entsteht erst **mit Ablauf der Einsprachefrist des Art. 278** und, wenn Einsprache erhoben wird, erst mit dem Eintritt der Rechtskraft: BGE 125 III 392–397.

14 Einfluss des **Niederlassungs- und Konsularvertrages** zwischen der Schweiz und Italien vom 22.VI.1868 auf die Arrestierung des Anspruches auf den Liquidationsanteil eines in Italien domizilierten Italieners an einer in der Schweiz eröffneten Erbschaft: BGE 91 III 24 E.2.

15 Änderung der Rechtsprechung betr. **Zustellung** der Betreibungsurkunden nach Italien, s. Nr. 117.

Art. 276
F. Arresturkunde

[1] Der mit dem Vollzug betraute Beamte oder Angestellte *(274 Abs. 1)* verfasst die Arresturkunde *(112)*, indem er auf dem Arrestbefehl die Vornahme des Arrestes mit Angabe der Arrestgegenstände *(271 Abs. 1, 274 Abs. 2 Ziff. 4)* und ihrer Schätzung *(97, 275)* bescheinigt, und übermittelt dieselbe sofort dem Betreibungsamte *(272)*.

² Das Betreibungsamt stellt dem Gläubiger und dem Schuldner sofort eine Abschrift der Arresturkunde zu *(64–66, 113)* und benachrichtigt Dritte, die durch den Arrest in ihren Rechten betroffen werden.

1 Obligator. **Formular** Nr. 45.

2 Arresturkunde und Zahlungsbefehl müssen durch das **BA** zugestellt werden; private Zustellung ist nicht wirksam.

3 Bei Zustellung hat sich das BA an die auf dem **Arrestbefehl** vermerkte Adresse zu halten: BGE 109 I 99 E.1.

4 **Unmöglichkeit** der Zustellung macht den Arrest nicht ohne weiteres hinfällig: BGE 68 III 12.

Art. 277
G. Sicherheitsleistung des Schuldners

Die Arrestgegenstände *(274 Abs. 2 Ziff. 4)* werden dem Schuldner zur freien Verfügung überlassen, sofern er Sicherheit leistet, dass im Falle der Pfändung *(279, 281)* oder der Konkurseröffnung die Arrestgegenstände oder an ihrer Stelle andere Vermögensstücke von gleichem Werte vorhanden sein werden. Die Sicherheit ist durch Hinterlegung, durch Solidarbürgschaft oder durch eine andere gleichwertige Sicherheit zu leisten.

1 **Zweck** der Bestimmung: BGE 116 III 40 E.b;

2 **Anwendbarkeit** auch bei Grundstücken: BGE 116 III 39 E.3a;

3 Wirkung: Löschung der Sicherheit der im Grundbuch vorgemerkten **Verfügungsbeschränkungen**: BGE 116 III 40 E.c.

4 **Amtliche Verwahrung** darf gemäss Art. 98 stattfinden, jedoch ohne Gewaltanwendung: BGE 63 III 76; 75 III 109 E.2b.

5 Bei Freigabe der verarrestierten Gegenstände ist auf allfällige Rechte **Dritter** Rücksicht zu nehmen: BGE 82 III 127 E.4.

6 Voraussetzung der Sicherheitsleistung ist, dass der Arrest **rechtmässig** ist: BGE 112 III 52 E.4;

7 **Rechtsnatur** und Wirkungen der Sicherheit: BGE 10 III 103 E.1a.

8 Unzulässigkeit der Arrestierung von hinfällig gewordenen **Sicherheitsleistungen**, die sich ohne rechtliche Grundlage noch in den Händen des Betreibungsbeamten befinden: BGE 108 III 104 E.1b.

   – Der Gläubiger, dem ein Arrest bewilligt worden ist, kann aber für eine andere Forderung als jene, für welche der Arrest verlangt wurde, auch die vom Arrestschuldner geleistete Sicherheit arrestieren lassen, sofern er nicht durch ungesetzliche oder unredliche Mittel Kenntnis von der Sicherheitsleistung erlangt hat: BGE 114 III 33.

9 Will der Schuldner die Arrestgegenstände zur freien Verfügung behalten, so hat das BA den Arrest, soll dieser nicht nichtig sein, gleichwohl zu **vollziehen** und alsdann den Schuldner aufzufordern, Sicherheit zu leisten: BGE 113 III 143 E.5.

10 Ausschluss nach Vollzug der **Pfändung**: BGE 120 III 90.

11 Höhe der Sicherheit: BGE 116 III 41.

– Die Höhe der Sicherheitsleistung bestimmt das **BA**; konnte die amtliche Schätzung der arrestierten Gegenstände bei Arrestvollzug nicht genau festgestellt werden, so hat eine neue Bewertung zu erfolgen: BGE 82 III 124 E.3.

– Höchstbetrag der Sicherheit bei **unbekanntem Wert** der Arrestgegenstände: BGE 114 III 39 E.2.

12 Art der Sicherheitsleistung: BGE 113 III 100 E.8, Ersatz von Arrestgegenständen durch mindestens gleichwertige Sicherheiten: BGE 116 III 40 E.b;

– **Bankgarantie**: BGE 116 III 41 E.4.

– Ein für den Arrestgläubiger neben der Arrestforderung gegen den Schadenersatzschuldner bestehender **direkter** Anspruch gegen Haftpflichtversicherer bildet keine Sicherheit: BGE 78 III 144.

– Die Person, welche die **Solidarbürgschaft** leistet, wird nicht Schuldner des Arrestgläubigers. Die aus der Solidarbürgschaft sich ergebende Forderung gehört daher nicht zum Vermögen des Arrestgläubigers: BGE 106 III 132 E.2, 3.

Art. 278
H. Einsprache gegen den Arrestbefehl

[1] Wer durch einen Arrest in seinen Rechten betroffen ist, kann innert zehn Tagen, nachdem er von dessen Anordnung Kenntnis erhalten hat, beim Arrestrichter Einsprache erheben.

[2] Der Arrestrichter gibt den Beteiligten Gelegenheit zur Stellungnahme und entscheidet ohne Verzug.

[3] Der Einspracheentscheid kann innert zehn Tagen an die obere Gerichtsinstanz weitergezogen werden. Vor dieser können neue Tatsachen geltend gemacht werden.

[4] Einsprache und Weiterziehung hemmen die Wirkung des Arrestes nicht.

⁵ Während des Einspracheverfahrens und bei Weiterziehung des Einspracheentscheides laufen die Fristen nach Artikel 279 nicht.

1 Die *Einsprache* gemäss dieser Bestimmung ersetzt (mit weiterem Anwendungsbereich) die bisher in Art. 279 geregelte **Arrestaufhebungsklage**.

2 Mit unbenütztem Ablauf der Einsprachefrist bzw. mit Eintritt der Rechtskraft des Einspracheentscheids beginnt die **Auskunftspflicht des Dritten**, der Gewahrsam an Arrestgegenständen ausübt: BGE 125 III 393 E.2b, c.

3 Unzulässigkeit des Tessiner Rechts, das betreffend Sicherheitsleistungen des Arrestgläubigers ein vom Einspracheverfahren **gesondertes Rechtsmittelverfahren** vorsieht: BGE 126 III 487 E.2.

4 Legitimation des **Arrestgläubigers**: BGE 126 III 489 E.2b.

5 Der **bisherige Inhalt** von Art. 278 findet sich jetzt in Art. 279.

Art. 279
I. Arrestprosequierung

¹ Hat der Gläubiger nicht schon vor der Bewilligung des Arrestes *(272)* Betreibung eingeleitet oder Klage eingereicht, so muss er dies innert zehn Tagen *(31)* nach Zustellung der Arresturkunde *(276 Abs. 2)* tun.

² Erhebt der Schuldner Rechtsvorschlag *(74–78, 178 Abs. 3, 179)*, so muss der Gläubiger innert zehn Tagen, nachdem ihm dieser mitgeteilt worden ist, Rechtsöffnung verlangen *(80–82)* oder Klage auf Anerkennung seiner Forderung *(79)* einreichen. Wird er im Rechtsöffnungsverfahren abgewiesen, so muss er die Klage innert zehn Tagen nach Eröffnung des Urteils einreichen.

³ Hat der Schuldner keinen Rechtsvorschlag erhoben oder ist dieser beseitigt worden, so muss der Gläubiger innert zehn Tagen, seitdem er dazu berechtigt ist (Art. 88), das Fortsetzungsbegehren stellen. Die Betreibung wird, je nach der Person des Schuldners, auf dem Weg der Pfändung oder des Konkurses fortgesetzt.

⁴ Hat der Gläubiger seine Forderung ohne vorgängige Betreibung gerichtlich eingeklagt, so muss er die Betreibung innert zehn Tagen nach Eröffnung des Urteils einleiten.

Betreibungsort und Gerichtsstand

1   **Betreibungsort** Art. 272, 52.

2   Der Gerichtsstand für die Arrestprosequierungsklage bestimmt sich nach **Gerichtsstandsgesetz** (GestG), da es sich um eine reine Forderungsklage handelt. Der Vorbehalt von Art. 1 Abs. 2 lit. c GestG greift nicht Platz. Gegenüber im Ausland wohnhaften Schuldnern gilt Art. 4 **IPRG**, soweit sie nicht in einem dem Lugano-Übereinkommen angeschlossenen Staat domiziliert sind (Art. 3 Abs. 2 LugÜ).

–   Art. 3 Abs. 2 LugÜ begründet aber kein Betreibungsberbot: BGE 120 III 93.

3   Die Arrestprosequierung kann nach Wahl des Gläubigers durch Betreibung am *schweizerischen* **Wohnort** des Schuldners oder am **Arrestort** erfolgen: BGE 77 III 129 E.2.

4   Voraussetzung für die Arrestprosequierung im **Ausland**: BGE 66 III 59 E.2; 114 II 188.

Vorgehen bei der Betreibung

5   Mehrfache Betreibung für die **gleiche** Forderung im Falle der Arrestprosequierung zulässig: BGE 88 III 64 E.4.

6   **Prosequierung**

–   durch **Pfandverwertungsbetreibung**, wenn Arrest für nicht gedeckt erscheinende Teile einer pfandversicherten Forderung bewilligt: BGE 53 III 21 E.3;

–   bei **öffentlichrechtlichen** Ansprüchen: BGE 50 III 87; bei Arrest gestützt auf einen *Verlustschein:* BGE 59 III 116.

–   durch **Klage**: BGE 121 III 185 E.1 (Änderung der Rechtsprechung).

Frist

7   Der Gläubiger muss, auf die Gefahr hin, dass der Arrest dahinfällt, diesen innert zehn Tagen vom Moment an, **da er die Arresturkunde erhalten hat**, prosequieren; ob der Schuldner diese Urkunde ebenfalls erhalten hat, ist nicht massgeblich: BGE 126 III 293 f.

8   Voraussetzungen für die **Hemmung** des Fristenlaufs für die Einleitung der Arrestprosequierung bei hängigem Widerspruchsverfahren: BGE 108 III 38 E.3.

9   Frist auch massgebend für **Schiedsgerichtsverfahren**: BGE 66 III 60; 101 III 62 E.2; 112 III 123 E.14.

10 Die **Gerichte** entscheiden über ihre Zuständigkeit, und das BA hat sich an den richterlichen Entscheid zu halten: BGE 77 III 141. Kompetenzabgrenzung zwischen BB und Gerichten: BGE 80 III 94.

Bedeutung der Arrestprosequierungsklage

11 Vor Bewilligung des Arrests angehobene Klage vermag den Arrest **nur** aufrechtzuerhalten, wenn sie sich auf die Arrestforderung selbst bezieht: BGE 93 III 77 E.2a.

12 Feststellungsklage kann zulässig sein: BGE 65 III 51.

13 Beschränkung des Verfahrens betr. Arrestprosequierung auf die gemäss Scheidungsurteil geschuldeten **Unterhaltsbeiträge:** BGE 126 III 58 E.3b.

14 Klage muss auf Zahlung einer **Geldforderung** (nicht auf Herausgabe von Gegenständen) gerichtet sein: BGE 106 III 94 E.2.

15 Inhalt der Klage: BGE 32 I 262;

– bei einer vom **ausländischen** Recht beherrschten Forderung: BGE 68 III 93.

– bei Einrede **fehlenden neuen Vermögens** ist zur Prosequierung auf dessen Feststellung zu klagen: BGE 93 III 70 E.2. Abs. 2.

– kein Recht des Arrestgläubigers, mit dieser Klage **andere** als die Arrestforderung geltend zu machen: BGE 110 III 97.

– keine Überprüfung der **Rechtmässigkeit** des Arrestes im Arrestprosequierungsprozess: BGE 85 II 364 E.3.

Verhältnis zur Schadenersatzklage

16 Mit Gutheissung der Einsprache nach Art. 278 bzw. Abweisung der Arrestprosequierungsklage beginnt **einjährige Verjährungsfrist** für die Schadenersatzklage gemäss Art. 273 zu laufen: BGE 64 III 114.

Weitere Verfahrensabwicklung

17 Bei **kollektiver** Schuldnerbezeichnung Arrestprosequierung nur gegen einen der Schuldner zulässig: BGE 86 III 132.

– Schuldner kann in solchem Fall jederzeit **Freigabe** der Arrestgegenstände verlangen, sofern nicht von Amtes wegen erfolgt: BGE 106 III 93 E.1.

18 Sistierung des Verfahrens bei Rechtshängigkeit vor ausländischem Richter: BGE 118 II 190 E.3b.

Art. 280
K. Dahinfallen
Der Arrest fällt dahin, wenn der Gläubiger:

1. die Fristen nach Artikel 279 nicht einhält;
2. die Klage oder die Betreibung zurückzieht oder erlöschen lässt; oder
3. mit seiner Klage vom Gericht endgültig abgewiesen wird.

1 **Massnahmen**, mit denen das BA ein mangels Prosequierung dahinfallendes Arrestverfahren weiterführt, sind nichtig: BGE 93 III 71 E.3.

2 Wirkungen der Einstellung des **Rechtsöffnungsverfahrens**: BGE 67 III 156.

Art. 281
L Provisorischer Pfändungsanschluss
[1] Werden nach Ausstellung des Arrestbefehls *(274)* die Arrestgegenstände von einem andern Gläubiger gepfändet, bevor der Arrestgläubiger selber das Pfändungsbegehren stellen kann *(279)*, so nimmt der letztere von Rechtes wegen provisorisch an der Pfändung teil *(110–111)*.

[2] Der Gläubiger kann die vom Arreste herrührenden Kosten aus dem Erlöse der Arrestgegenstände vorwegnehmen.

[3] Im übrigen begründet der Arrest kein Vorzugsrecht.

Abs. 1

1 **Voraussetzungen** der Anwendbarkeit: BGE 113 III 36 E.b; 116 III 44 E.2–4.

2 Solches Begehren auch notwendig, wenn sich an den Arrest ein **Widerspruchsverfahren** angeschlossen hat: BGE 37 I 447;
  – der **Arrestgläubiger** selbst muss aber nicht um Teilnahme nachsuchen: BGE 116 III 44 E.2a, 114 E.2.

3 Betr. Pfändungsanschluss **nach** Arrestnahme: BGE 101 III 81, 89.

4 Stellung des Arrestgläubigers bei der Revision einer **Einkommenspfändung**: BGE 93 III 38 E.2.

5 Frist von 10 Tagen zur Stellung des **Fortsetzungsbegehrens** nach Prozesserledigung: Art. 279 Abs. 3.

6 Fall, dass zwei Arreste zueinander in **Konkurrenz** stehen und der erste Gläubiger noch keine Pfändung erwirkt hat: BGE 116 III 117 E.4;

7 Abschluss der **Verteilung** des Erlöses: BGE 116 III 45 E.c;

8 Verhältnis dieser Spezialbestimmung zu **Art. 110**: BGE 116 III 47 E.4, 114 E.2, 4.

9 Keine Anwendung bei vorheriger Pfändung und **abgelaufener** Teilnahmefrist: BGE 113 III 37 E.3b.

10 Keine Teilnahme bei **späterer Pfändung** durch anderen Gläubiger: BGE 119 III 93.

Abs. 2

11 Nur Kosten von **Arrestbewilligung und Vollzug** sind zu decken: BGE 73 III 135; 90 III 40.

Abs. 3

12 Schicksal des Arrests im *Konkurs:* Art. 199 Abs. 1. Wirkungen des Arrestvollzugs aus der Sicht des Arrestgläubigers: BGE 116 III 116 E.3b.

Neunter Titel: Besondere Bestimmungen über Miete und Pacht

Art. 282
Aufgehoben

Diese Bestimmung regelte den Zahlungsbefehl, der mit der Androhung verbunden war, dass nach Ablauf der Zahlungsfrist von Art. 265 bzw. 293 (nunmehr Art. 257d bzw. 287) OR der Mieter oder Pächter ausgewiesen würde. Dieses Institut wurde mit der Revision des Miet- und Pachtrechts vom 15. Dezember 1989 (in Kraft getreten am 1. Juli 1990) aufgehoben.

Art. 283
Retentionsverzeichnis

[1] Vermieter und Verpächter von Geschäftsräumen können, auch wenn die Betreibung nicht angehoben ist, zur einstweiligen Wahrung ihres Retentionsrechtes (Art. 268 ff. und 299c OR) die Hilfe des Betreibungsamtes in Anspruch nehmen.

[2] Ist Gefahr im Verzuge, so kann die Hilfe der Polizei oder der Gemeindebehörde nachgesucht werden.

[3] Das Betreibungsamt nimmt ein Verzeichnis der dem Retentionsrecht unterliegenden Gegenstände auf und setzt dem Gläubiger eine Frist zur Anhebung der Betreibung auf Pfandverwertung an.

Allgemeines

1 **Formular** Nr. 39 für das Begehren;

2 **Gebühr**: GebV SchKG Art. 20, 21.

3 **Weiterbestehen** des Retentionsrechts trotz Nichtigerklärung von Betreibungshandlungen, solange die Sachen vom BA verwahrt werden: BGE 72 II 372.

4 Keine Nichtigkeit bei Aufnahme des Retentionsverzeichnisses unmittelbar nach dem **Zahlungsbefehl**: BGE 57 III 58.

5 Fall eines **rechtsmissbräuchlichen** Retentionsbegehrens: BGE 105 III 83 E.2.

6 Schreiben der Schuldbetreibungs- und Konkurskammer an die kant. Aufsichtsbehörden und Betreibungs- und Konkursämter im Zusammenhang mit der Änderung von Art. 268 und 299c OR (früher 273, 286 OR) im Sinne der Beschränkung auf **Geschäftsräume**: BGE 116 III 49 ff. (Nr. 41a);

7 **intertemporalrechtliche** Anwendbarkeit: BGE 116 III 121 E.13;

8 Verhältnis zu **Untermieter**: BGE 120 III 54 E.7;

9 **strafrechtliche** Wirkung: BGE 121 IV 356 E.2b.

Legitimation

10 Betr. **Zessionare**: BGE 57 III 25.

11 In einer von anderer Seite angehobenen Betreibung ist das Retentionsrecht, das ein Vermieter oder Verpächter als Dritter geltend macht, vom **Deckungsprinzip** des Art. 126 ausgenommen: BGE 89 III 75.

Kompetenz des Betreibungsamtes

12 Das BA darf Retentionsvornahme aus materiellrechtlichen Gründen **nicht ablehnen**, ausser wenn das vom Vermieter beanspruchte Retentionsrecht unzweifelhaft nicht besteht: BGE 86 III 38; 97 III 45; 103 III 41 E.1.

    – Dasselbe gilt bezüglich des **Betrages** der Miete und der **Zeitabschnitte**, für die solche geschuldet sind: BGE 103 III 43 E.2.

Retentionsberechtigte Forderung

13 Voraussetzungen

    – für **Miet- und Pachtzins:** OR Art. 268–268b, 299c.

    – **Retentionsverzeichnis** als Voraussetzung der Betreibung auf Pfandverwertung auch nötig bei Betreibung für verfallenen Mietzins: BGE 37 I 147.

    – **Begriff** des laufenden Mietzinses: BGE 60 III 9

    – Für laufenden Halbjahreszins Retention nur bei **unmittelbarer Gefahr**: BGE 97 III 45 E.2.

        – wenn **Gefahr** im Verzuge ist: BGE 83 III 114 E.2 . Eine Faustverpfändung von Mobiliar erübrigt die Aufnahme eines Retentionsverzeichnisses: BGE 74 III 12.

    – für Forderungen des Vermieters auf Ersatz von **Instandsetzungskosten**: BGE 80 III 130;

    – für **Heizkostenbeiträge**: BGE 75 III 32 E.3.

14 Kein Retentionsrecht

    – für **Ersatzansprüche** nach OR Art. 266 Abs. 2

    – für **Schadenersatzansprüche** wegen Vertragsverletzung: BGE 86 III 39.

    – für die im Mietvertrag vorgesehene **Sicherheitsleistung** des Mieters: BGE 111 II 71.

Umfang des Retentionsrechts

15 Ausgeschlossene Gegenstände: OR 268, 299c und BGE 69 III 77 E.2.

16 Automobil auf gemietetem Parkplatz: BGE 120 III 55 E.8.

17 Anwendung auf das im Tank einer Hotelliegenschaft gelagerte **Heizöl**: BGE 109 III 44 E.2, 3.

18 Befugnis der **BB** zu entscheiden, ob ein Gegenstand wegen Unpfändbarkeit nicht in die Retentionsurkunde aufgenommen werden kann: BGE 82 III 79 E.2; 90 III 101 E.1.

- Bestreitet der Schuldner dagegen das Retentionsrecht nach **ZGB Art. 895**, weil der retinierte Gegenstand nach Art. 92 unpfändbar ist, so hat er dies durch **begründeten Rechtsvorschlag** zu tun: BGE 83 III 35.

- Beim Entscheide über die **Unpfändbarkeit** ist grundsätzlich auf die Verhältnisse im Zeitpunkt der Entstehung des Retentionsrechtes abzustellen: BGE 83 III 33.

Verfahren bei Aufnahme des Retentionsverzeichnisses

19 Inhalt der Urkunde Art. 112;

20 Mitteilungen Art. 113.

21 Zeitpunkt der Aufnahme Art. 56

22 Die Aufnahme des Retentionsverzeichnisses ist dem Schuldner **nicht anzukündigen**: BGE 93 III 21 E.2.

- Zulässigkeit von **Sicherungsmassnahmen** im Retentionsverfahren erst, wenn der erhobene Rechtsvorschlag beseitigt ist: BGE 127 III 112 E.3a;

- ausnahmsweise früher: BGE 127 III 113 E.3a, b;

- der Retentionsschuldner darf nicht mit Kosten für vorzeitig angeordnetes Auswechseln von **Türschlössern** belastet werden: BGE 127 III 114 E.4.

23 Analoge Anwendung von **Art. 97 Abs. 2**: BGE 93 III 22; 97 III 46 E.4; 108 III 123 E.5.

24 Form der Urkunde bei **mehreren** Schuldnern oder Gläubigern: BGE 67 III 140.

25 Wenn die Schätzung der Gegenstände Fachkenntnisse bedingt, ist **Sachverständiger** beizuziehen: BGE 93 III 22 E.4.

26 Umfang der Retentionsurkunde, wenn gewisse Gegenstände von **Dritten** beansprucht werden: BGE 108 III 123 E.5.

- Anwendung von Art. 106–109 erst nach Stellung des **Verwertungsbegehrens**: BGE 28 I 63; obligator. Formular Nr. 40.
- Art. 106 Abs. 2 ist für das Retentionsrecht des Vermieters **analog** anzuwenden: BGE 75 III 30 E.2.
  - Wirkung: BGE 35 I 508 E.4.
- Besondere **obligator.** Formulare Nr. 22 und 26 für das *Widerspruchsverfahren.* Beschwerdemöglichkeit des Drittansprechers, wenn zuviel retiniert ist: BGE 61 III 13.
- **Einreden** des Dritteigentümers retinierter Gegenstände: BGE 70 II 226.
- **Eigenmächtiges Wegschaffen** retinierter Gegenstände durch Drittansprecher beeinträchtigt Retentionsrechte der Gläubiger nicht; gutgläubiger Erwerb durch Dritte bleibt vorbehalten: BGE 69 III 67.
- Keine Befugnis des **Schuldners**, Entlassung von angeblich einem Dritten gehörenden Gegenständen aus dem Retentionsbeschlag zu verlangen: BGE 106 III 34 E.3b

27 Andere als in der Retentionsurkunde aufgenommene Gegenstände können nicht verwertet werden. Keine diesbezügliche Beschwerdelegitimation des Drittansprechers, der nicht Widerspruchsklage erhoben hat: BGE 70 III 20 E.2.

- **Herausgabe** der Gegenstände an ihn gegen hinreichende Sicherstellung der ganzen in Betreibung stehenden Mietzinsforderung: BGE 66 III 83.

28 Möglichkeit eines **Notverkaufs**: BGE 35 I 815 E.2.

29 Amtliche Verwahrung beeinträchtigt das Retentionsrecht des Vermieters in keiner Weise: BGE 48 III 146; 75 III 30 E.1.

30 Die Verwertung retinierbarer Gegenstände zugunsten von **Pfändungsgläubigern** lässt das nicht ausgeübte Retentionsrecht nicht ohne weiteres untergehen.

Frist

31 Sie beträgt nach dem obligator. Formular Nr. 40 für verfallenen Mietzins **10 Tage nach Zustellung der Urkunde, für laufenden Zins 10 Tage nach Verfall der letzten Zinsrate der Mietperiode.** Die Verwirkung der Frist zieht Untergang des Retentionsbeschlages nach sich: BGE 66 III 11 E.3; 105 III 86 E.2;

    – ebenso das Hinausschieben des Fristbeginns durch verspätete **Zustellung der Urkunde** an den Schuldner nach dem Willen des Gläubigers: BGE 106 III 31 E.1a. Vgl. auch N 22.

Hinterlegung

32 Abwendung durch **Sicherstellung:**

    – Depositum tritt an Stelle des **Retentionsobjektes**. Der Gläubiger erwirbt an der Hinterlage ein Pfandrecht; gleiche Regeln wie für Retentionsrecht; steht allfällige Bewilligung gerichtlicher Hinterlegung aus, ist Hinterlage kein taugliches Retentions-Ersatzobjekt: BGE 90 III 57.

    – Depositum wird **frei** bei nicht fristgerechter Prosequierung der Retention: BGE 73 III 131. Vgl. auch N 16 zu Art. 284.

    – Prosequierung des Retentionsrechts des Vermieters mit Bezug auf eine von einem **Drittansprecher** zwecks sofortiger Herausgabe der angesprochenen Gegenstände geleisteten Kaution: BGE 121 III 95.

Betreibung auf Pfandverwertung

33 Die Angabe des **Pfandgegenstandes** (Art. 151 Abs. 1) liegt im Retentionsverzeichnis.

    – **Rechtsvorschlagsbegründung** Art. 75 und 153, Art. 85 VZG.

    – Wenn gegen die Betreibung Rechtsvorschlag erhoben wird, so hat der Gläubiger, bei Verlust des Retentionsbeschlages, innert 10 Tagen **Rechtsöffnung** zu verlangen oder **Klage** auf Anerkennung des Forderungsrechtes bzw. des Retentionsrechtes anzustellen. Nach Abweisung im Rechtsöffnungsbegehren ist die ordentliche Klage innert 10 Tagen anzustrengen: KS SchKK Nr. 24 vom 12.VII.1909 (hinten Nr. 41).

34 Fall der **provisorischen Rechtsöffnung:** BGE 71 III 18. Vorgehen, wenn Rechtsöffnung nur für die Forderung erhältlich ist: BGE 102 III 148 E.3b.

35 Hinfall des Retentionsbeschlages, wenn bei ausdrücklicher Bestreitung der Forderung und des Retentionsrechts nur auf Feststellung der Forderung geklagt wird; nachträgliche Klageergänzung ist unbehelflich: BGE 76 III 23 E.2. Vgl. auch BGE 62 III 8. Betr.

Weiteres

36 Strafrechtliche Wirkungen der Aufnahme ins Verzeichnis: BGE 121 IV 356 E.2b.

Art. 284
Rückschaffung von Gegenständen

Wurden Gegenstände heimlich oder gewaltsam fortgeschafft, so können dieselben in den ersten zehn Tagen nach der Fortschaffung mit Hilfe der Polizeigewalt in die vermieteten oder verpachteten Räumlichkeiten zurückgebracht werden. Rechte gutgläubiger Dritter bleiben vorbehalten. Über streitige Fälle entscheidet der Richter im beschleunigten Prozessverfahren *(25 Ziff. 1)*.

1 **Heimliche** Fortschaffung: BGE 76 III 55; 80 III 39; 101 II 94 E.2a.

2 Anwendbar nur auf Gegenstände, die **vor** Aufnahme des Retentionsverzeichnisses fortgeschafft wurden: BGE 104 III 26; zur *Frist:* BGE 106 III 32 E.2.

3 Anwendung auf ausgepumptes **Heizöl**: BGE 109 III 43 E.1, 44 E.4.

4 Zuständig das BA, in dessen Kreis sich die Gegenstände **vor** der Wegschaffung befanden: BGE 52 III 36 E.2.

5 Aufnahme der Retentionsurkunde aufgrund von dessen Requisition durch das BA der **gelegenen Sache**: BGE 52 III 37 E.3.

6 Androhung dieser Massnahme unterliegt der **Beschwerde**: BGE 80 III 10 E.1.

7 Rückverbringung bei Wegnahme durch einen **Dritten**: BGE 104 III 26 E.1.

8 Verfahren bei **Widerspruch** des neuen Besitzers: BGE 68 III 5.

9 Primafacie-Kognition der **AB** bei Widerspruch: BGE 52 III 124.

10 Der neue dritte Besitzer hat **Beklagtenrolle:** BGE 41 III 112.

11 Auch die Frage der **Gutgläubigkeit** des Dritten gehört in dieses Verfahren: BGE 63 III 35 E.1.

12 *Dritter* ist, wer sich auf ein erst **nach** der Fortschaffung begründetes Recht stützen kann: BGE 71 III 77 E.2; 101 II 97 E.3.

13 **Rückschaffung** und Retentionsverzeichnis nicht möglich vor dem Urteil: BGE 68 III 6.

14 **Schadenersatzpflicht** bei Nichtrückschaffung: BGE 101 II 98 E.4.

15 Zulässigkeit auch während **Rechtsstillstand:** BGE 40 III 375 E.4.

16 Eine zur Abwendung der Rückschaffung hinterlegte **Geldsumme** kann, wenn Zahlungsbefehl und Retentionsrecht unangefochten bleiben, ohne weitere Förmlichkeiten zur Zahlung der Mietzinsforderung verwendet werden: BGE 83 III 136. Vgl. auch BGE 121 III 95.

Zehnter Titel: Anfechtung

Art. 285

A. Zweck. Aktivlegitimation

¹ Mit der Anfechtung sollen Vermögenswerte der Zwangsvollstreckung zugeführt werden, die ihr durch eine Rechtshandlung nach den Artikeln 286–288 entzogen worden sind.

² Zur Anfechtung sind berechtigt:

1. jeder Gläubiger, der einen provisorischen *(115 Abs. 2)* oder definitiven *(115 Abs. 1, 149)* Pfändungsverlustschein erhalten hat;

2. die Konkursverwaltung oder, nach Massgabe der Artikel 260 und 269 Absatz 3, jeder einzelne Konkursgläubiger.

Allgemein

1 Die Anfechtung hat **nicht zivilrechtliche** Gültigkeit der angefochtenen Veräusserung zur Voraussetzung: BGE 73 III 144;

2 Die Ansprüche aus ZGB Art. 193 und Art. 285 ff. SchKG beruhen auf unterschiedlichen Voraussetzungen und haben andere Folgen. Die paulianischen Rechtsbehelfe sind nicht anwendbar, wenn der Gläubiger gestützt auf ZGB Art, 193 durchdringt: BGE 127 III 5 E. 2a.

- Die Anfechtung eines **Grundstückkaufs** betrifft nicht die materielle Gültigkeit der Übertragung, sondern bewirkt lediglich wirksames Beschlagsrecht des Gläubigers: BGE 81 III 102, 91 III 102.

- Die Ansprüche aus ZGB Art. 193 und aus Art. 285 ff. auf unterschiedlichen Voraussetzungen und haben andere Folgen. Die partianischen Rechtsbehelfe sind nichts anwendbar, wenn der Gläubiger gestützt auf ZGB Art. 193 durchdringt: BGE 127 III 5 E. 2a.

3 Die Anfechtung sie ist **nicht von Amtes wegen** anzuwenden: BGE 74 III 86.

4 **Obligatorischer** Charakter des Anspruchs: BGE 106 III 44 E.3. Vgl. auch N 10, 13.

5 **Verhältnis**

- zum **Widerspruchsverfahren**: BGE 115 III 142 E.c;

- zur **Kollokationsklage**: BGE 114 III 113 E.d;

- Verhältnis zur Haftung gemäss **ZGB Art. 579** : BGE 116 II 258 E.4.

Voraussetzungen des Anspruchs

6 Die Voraussetzungen zur paulianischen Anfechtung fallen dahin, wenn das Vermögen oder die Rückgewähr anfechtbar veräusserter Werte des

Schuldners zur Befriedigung der Gläubiger **ausreicht**; Zweck der Anfechtung kann daher nie die Erzielung eines Überschusses für die Erben des Schuldners sein: BGE 73 III 44.

7 Bezieht sich nur auf Handlungen, welche das **der Exekution unterliegende** Vermögen beschlagen: BGE 85 III 190.

8 Übergang der Rechte eines pfändenden Gläubigers an die **Konkursmasse**: BGE 67 III 37.

9 **Geltendmachung** des Anfechtungsrechtes

- im Weg der **Widerspruchsklage**: BGE 107 III 121 E.2
- durch **Einrede**; BGE 50 III 144; 114 III 11 E. 2.
- durch **Verrechnung** bei der Kollokation: BGE 62 III 166.

10 Anfechtung der Gültigkeit einer Begünstigung nach **VVG Art. 81**: BGE 81 III 143.

Pfändungsverlustschein

11 Über die Besonderheiten bei Klage aus **provisorischem** Verlustschein: BGE 37 II 500; 96 III 115; 103 III 103; 115 III 140 E.2;

- Frage der Gutheissung, bevor **definitiver** Verlustschein vorliegt: BGE 115 III 142 E.b.
- Für **Strafklage** braucht nicht definitiver Verlustschein abgewartet zu werden: BGE 75 IV 110.

12 Ein in einer **nichtig** erklärten Betreibung ausgestellter Verlustschein ist als Legitimationstitel untauglich: BGE 80 III 147.

13 Auf Grund eines **Konkursverlustscheins** kann der einzelne Gläubiger nur klagen, wenn es sich um einen Fall des Art. 269 handelt und gestützt auf eine Abtretung nach Art. 260: BGE 23 II 17–24; 28 II 153; vgl. aber auch BGE 34 II 92.

14 Ein gegen einen **Kollektivgesellschafter** ausgestellter Verlustschein berechtigt nicht zur Anfechtung von Rechtshandlungen der *Kollektivgesellschaft*; BGE 65 III 140.

15 **Klagelegitimation**:

- **Übergang** derselben mit der Forderung: BGE 55 III 172.
- **Erlöschen** derselben mit der vollen Befriedigung des Gläubigers; BGE 53 III 216.
- Zulässigkeit der **Einreden** gegen den Bestand der Forderung des Anfechtungsklägers: BGE 26 II 477.

16 **Streitwert**; BGE 57 III 105; 66 II 60.

Konkurs

17 Der Rechtsbehelf hilft nicht, wo es um Ansprüche gegen die Konkursverwaltung wegen ihrer **Amtshandlung** geht: BGE 114 III 22 E.5a.

18 Ersatz der nicht mehr vorhandenen Objekte durch **Geldzahlung** des Anfechtungsgegners: BGE 47 III 93.

19 Übergang der vom Pfändungsgläubiger noch nicht realisierten Objekte bzw. Geldzahlungen an die **Konkursmasse**: BGE 47 III 94.

20 Unmöglichkeit der **Veräusserung** des Anfechtungsanspruches durch die Konkursverwaltung: Art. 256 Abs. 4.

21 Betr. die Ansprüche des Bundes bei **Pflichtlagern** vgl. Art. 13 des BG über die wirtschaftliche Landesverteidigung vom 8.X.1982 (hinten Nr. 88) und V dazu vom 6.VII.1983 (Nr. 89).

Gegenstand und Natur des Anspruchs

22 Gegenstand der Anfechtungsklage können nur Rechtshandlungen sein, an denen der **Konkursit** beteiligt war: BGE 95 III 96 E.4a.

23 Möglichkeit, sich der Anfechtung durch **aussergerichtliche Erklärung** zu unterziehen: BGE 63 III 21.

Art. 286
B. Arten
1. Schenkungsanfechtung

¹ Anfechtbar sind mit Ausnahme üblicher Gelegenheitsgeschenke *(ZGB 527 Ziff. 3, 632)* alle Schenkungen *(OR 239)* und unentgeltlichen Verfügungen, die der Schuldner innerhalb des letzten Jahres vor der Pfändung *(89, 112 Abs. 2)* oder Konkurseröffnung *(175)* vorgenommen hat.

² Den Schenkungen sind gleichgestellt:

1. Rechtsgeschäfte, bei denen der Schuldner eine Gegenleistung angenommen hat, die zu seiner eigenen Leistung in einem Missverhältnis steht;

2. Rechtsgeschäfte, durch die der Schuldner für sich oder für einen Dritten eine Leibrente *(OR 516)*, eine Pfrund *(OR 521)*, eine Nutzniessung *(ZGB 746)* oder ein Wohnrecht *(ZGB 776)* erworben hat.

Schenkungen

1 Vgl. dazu Art. 291 Abs. 3; betr. den **Begriff** der hier behandelten Rechtsgeschäfte: BGE 31 II 352; 34 II 400; 49 III 30; 95 III 51 E.2.

2 **Pfandbestellung** für eine fremde Schuld: BGE 49 III 30. Vgl. auch N 5.

Période suspecte

3 Gemeint ist für die Fristberechnung die Pfändung in der laufenden (dem Verlustschein vorangegangenen) Betreibung: BGE 108 II 522.

4 Beginn der *Frist*
- bei Bewilligung der Nachlassstundung: Art. 331 Abs. 2;
- bei Bewilligung des Konkursaufschubes: Art. 331 Abs. 2;
- bei Bewilligung einer Notstundung: Art. 343 Abs. 2.

5 Verlängerung der Frist
- bei vorausgegangenem Nachlassverfahren ohne bewilligten Nachlassvertrag: Art. 288 a Ziff. 1;
- bei vorausgegangenem Konkursaufschub ohne bewilligten Nachlassvertrag: Art. 288a Ziff. 2;
- im Falle der konkursamtlichen Liquidation einer ausgeschlagenen oder überschuldeten Erbschaft: Art. 288a Ziff. 3;
- um die Dauer der vorausgegangenen Betreibung: Art. 288a Ziff. 4.

Schenkungsähnliche Tatbestände (Abs. 2 Ziff. 1)

6 Beispiele: BGE 21 II 12–71; 26 II 210; 31 II 350; 45 III 159, 182; 65 III 145 E.4.

7 Anwendung auf den Fall der Errichtung eines **Grundpfandes** *für fremde Schuld:* BGE 95 III 51. Vgl. auch N 2.

Tatbestände gemäss Abs. 2 Ziff. 2

8 Betr. **Nutzniessung**: BGE 45 III 170.

9 Keine Klage bei Bestellung der Leibrente durch einen **Dritten**: BGE 64 III 187 E.3.

10 Streitwertberechnung: BGE 48 II 414.

11 Kollokation einer Forderung, deren Tilgung anfechtbar ist: BGE 83 III 44.

Art. 287
2. Überschuldungsanfechtung

¹ Die folgenden Rechtshandlungen sind anfechtbar, wenn der Schuldner sie innerhalb des letzten Jahres vor der Pfändung *(89, 112 Abs. 1)* oder Konkurseröffnung *(175)* vorgenommen hat und im Zeitpunkt der Vornahme bereits überschuldet war:

1. Bestellung von Sicherheiten *(37)* für bereits bestehende Verbindlichkeiten, zu deren Sicherstellung der Schuldner nicht schon früher verpflichtet war;

2. Tilgung einer Geldschuld auf andere Weise als durch Barschaft oder durch anderweitige übliche Zahlungsmittel;

3. Zahlung einer nicht verfallenen Schuld.

[2] Die Anfechtung ist indessen ausgeschlossen, wenn der Begünstigte beweist, dass er die Überschuldung des Schuldners nicht gekannt hat und auch nicht hätte kennen müssen.

Période suspecte

1 Betr. Berechnung und Verlängerung der **Frist** vgl. N. 3 bis 5 zu Art. 286.

Überschuldung

2 **Begriff** der Überschuldung: BGE 19 559; 25 II 939; 33 II 368 E.4; 40 III 392.

Tatbestände gemäss Abs. 2 Ziff. 1

3 Verpflichtung des Schuldners zur Sicherstellung schliesst Anfechtung der Pfandbestellung und Tilgung durch ein nicht übliches Zahlungsmittel aus: BGE 71 III 89.

– *Ausschluss* der Anfechtung bei einer **zum vornherein**, wenn auch nicht mit öffentlicher Beurkundung, vereinbarten Grundpfandbestellung: BGE 74 III 50 E.1.

4 Sicherung einer **Konto-Korrentforderung:** BGE 30 II 609; 37 II 118.

5 Sicherstellung einer **Gegenleistung** gemäss OR Art. 83 ist nur nach Art. 288 anfechtbar: BGE 63 III 153 E.23.

6 Pfandbestellung für **Wechselprolongation:** BGE 42 III 300 E.

7 Verpflichtung muss **klagbar** sein: BGE 41 III 163; 43 III 233. Betr. den Zeitpunkt der Verpflichtung: BGE 56 III 125. Anfechtung ausgeschlossen, wenn Sicherheitsbestellung wenigstens allgemein versprochen wurde: BGE 62 III 65.

Tatbestände gemäss Abs. 2 Ziff. 2

8 Guthabenabtretungen: BGE 30 II 361 E.2;

– Bei **Abtretungen** von Forderungen «**zahlungshalber**» ist angesichts überwiegenden Sicherungscharakters Ziff. 1 anwendbar; umfassen die Abtretungen aber auch in der Zukunft liegende Tilgungen, so findet Ziff. 2 Anwendung: BGE 85 III 196 E.3.

- Umschreibung von Abtretungen, die nicht als **«übliche Zahlungs-mittel»** gelten: BGE 85 III 199 E.4.

9 Betr. Zahlung durch **Anweisung**: BGE 30 II 361;

10 Waren: BGE 24 II 228

- Rücknahme **verkaufter** Waren: BGE 26 II 153 E.4.

11 Verdeckte Tilgung durch **Veräusserungsgeschäft** und Kompensation der Verkaufsschuld: BGE 19 445 E.4; 26 II 212 E.3; 38 II 326 E.5, 337 E.4.

12 Zahlung durch einen **Dritten**, der auf eigenen Kosten interveniert, ist nicht anfechtbar, wenn Empfänger gutgläubig Zuwendung als zu Lasten des Dritten entgegennehmen konnte: BGE 74 III 59 E.7.

Tatbestände gemäss Abs. 2 Ziff. 3

13 Anwendung auch dann, wenn die Zahlung durch einen **Dritten** für den Schuldner erfolgt: BGE 53 III 177;

14 Zahlung in einen laufenden **Konto-Korrent**: BGE 25 II 181 E.3.

Kenntnis von der Überschuldung

15 Gemeint ist Kenntnis des **Zustands** der Überschuldung: BGE 30 II 612 E.6; 33 II 368 E.4.

16 Erkundigungspflicht: BGE 25 II 935; 34 II 77 E.6.

17 Beweisindizien: BGE 25 II 942.

- **Freie Überprüfung** durch das BGer, vgl. BGE 28 II 592.

- Betr. **Beweiskraft**: BGE 95 II 59.

Art. 288
3. Absichtsanfechtung

Anfechtbar sind endlich alle Rechtshandlungen, welche der Schuldner innerhalb der letzten fünf Jahre vor der Pfändung oder Konkurseröffnung in der dem andern Teile erkennbaren Absicht vorgenommen hat, seine Gläubiger zu benachteiligen oder einzelne Gläubiger zum Nachteil anderer zu begünstigen.

Allgemeines

1 Verhältnis zu **StGB Art. 167**: BGE 117 IV 25 E.4a, b.

2 Zum **Begriff:** Notwendig ist Verschlechterung der Exekutionsrechte des Gläubigers: BGE 26 II 149; 28 II 160 E.3; 29 II 390 E.4; 85 III 190.

3 Äquivalente Gegenleistung schliesst Anfechtbarkeit nicht aus,

- wenn die dem Schuldner zukommende Leistung ihrerseits in einer seinen Gläubigern **nachteiligen Weise** verwendet wurde: BGE 65 III 147 E.5;
- und die entsprechende Absicht für den Geschäftspartner **erkennbar** war: BGE 79 III 174;
- wobei ein **innerer Zusammenhang** zwischen den beiden Vorgängen vorausgesetzt wird: BGE 53 III 79.

Fünfjahresfrist

4 Betr. **Berechnung** und Verlängerung der Frist vgl. N 3 bis 5 zu Art. 286 sowie Art. 288a.

Tatbestände im einzelnen

5 Anfechtbar sind:

- **Prozesshandlungen**: BGE 30 II 357 E.3;
- **Unterlassungen**: BGE 27 II 423;
- **Pfandbestellungen** auch für neue Schulden, wenn sie im Zustand der Überschuldung gemacht wurden: BGE 53 III 79;
- **Tilgungsgeschäfte**: BGE 89 III 18;
- **Forderungsabtretungen** zur Sicherstellung eines Darlehens: BGE 89 III 49 E.2. Anfechtbarkeit verneint: BGE 101 III 94;
- Benachteiligung der übrigen Gläubiger durch Rückzahlung eines dem bedrängten Schuldner kurzfristig gewährten **Darlehens**: BGE 99 III 36 (Änderung der Rechtsprechung);
- Schaffung einer **Verrechnungsmöglichkeit** durch Kaufgeschäft: BGE 57 III 144 E.2; 103 III 52 E.2b.
- Auch nicht zulässig, wenn die Rechtshandlung **Erfüllung** einer Verbindlichkeit bedeutet: BGE 38 II 354;
- Begünstigung der Ehefrau oder eines Dritten durch Abschluss und Erfüllung eines **Versicherungsvertrages** vgl. BGE 64 III 88.
- Verlust auch ohne die anfechtbare Handlung: BGE 85 III 189 E.2.

Handelnde Personen

6 Es genügt, wenn ein den Schuldner verpflichtender **Vertreter** gehandelt hat: BGE 39 II 397; 91 III 102.

Erkennbarkeit der Absicht

7 Es genügt, wenn die Absicht erkennbar war bei der dem Dritten zuzumutenden **Aufmerksamkeit**: BGE 40 III 207; 83 III 85.

- Betr. die **Erkundigungspflicht**: BGE 30 II 165; 33 II 670.
- Nahe **Verwandtschaft** oder Ehe als Indiz für Erkennbarkeit: BGE 40 III 298; 43 III 251 E.4.
- Erkennbarkeit auch angenommen, wenn Benachteiligung nur als **eventuelle** Folge eines andern Zweckes mitgewollt war: BGE 55 III 87.
- Es genügt, wenn die Schädigung oder Begünstigung als normale Folge vorausgesehen werden **konnte** oder **musste**: BGE 37 II 305; 41 III 73.
- Erkennbarkeit der Begünstigungsabsicht bei Aushändigung eines **Pfandes**, wenn der Schuldner von Anfang an zur Pfandbestellung verpflichtet war: BGE 99 III 92.

8 **Insolvenz** des Schuldners ausser bei Pfandbestellung für neue Schulden im allgemeinen nicht nötig: BGE 30 II 166; 47 III 103 E.3.

- **Beispiele**: BGE 35 II 694; 38 II 345; 39 II 368; 40 III 381; 41 III 70; 103 III 110 E.2c.

Verfahrensfragen

9 **Kollokation** einer vom Konkursiten anfechtbar getilgten Forderung: BGE 83 III 44 E.2.

10 Gegenstand der Anfechtung, wenn versprochene Leistung durch Vormerkung im **Grundbuch** dinglich gesichert ist: BGE 103 III 110 E.2c.

11 **Nachträgliche** Berufung auf diesen Anfechtungsgrund (oder denjenigen des Art. 287) im Prozess bedeutet keine unzulässige Klageänderung: BGE 33 II 660.

Art. 288*a*
4. Berechnung der Fristen
Bei den Fristen der Artikel 286–288 werden nicht mitberechnet:

1. die Dauer eines vorausgegangenen Nachlassverfahrens;
2. die Dauer eines Konkursaufschubes nach den Artikeln 725a, 764, 817 oder 903 des Obligationenrechts;
3. bei der konkursamtlichen Liquidation einer Erbschaft die Zeit zwischen dem Todestag und der Anordnung der Liquidation;
4. die Dauer der vorausgegangenen Betreibung.

Art. 289
C. Anfechtungsklage
1. Gerichtsstand

Die Anfechtungsklage ist beim Richter am Wohnsitz des Beklagten einzureichen. Hat der Beklagte keinen Wohnsitz in der Schweiz, so kann die Klage beim Richter am Ort der Pfändung oder des Konkurses eingereicht werden.

Keine Entscheidungen

Art. 290
2. Passivlegitimation

Die Anfechtungsklage richtet sich gegen die Personen, die mit dem Schuldner die anfechtbaren Rechtsgeschäfte abgeschlossen haben oder von ihm in anfechtbarer Weise begünstigt worden sind, sowie gegen ihre Erben *(193, ZGB 560, 596)* oder andere Gesamtnachfolger und gegen bösgläubige Dritte *(ZGB 940)*. Die Rechte gutgläubiger Dritter *(ZGB 3 Abs. 2)* werden durch die Anfechtungsklage nicht berührt.

Keine Entscheidungen

Art. 291
D. Wirkung

[1] Wer durch eine anfechtbare Rechtshandlung Vermögen des Schuldners erworben hat, ist zur Rückgabe desselben verpflichtet. Die Gegenleistung ist zu erstatten, soweit sie sich noch in den Händen des Schuldners befindet oder dieser durch sie bereichert ist *(62, 64, 65)*. Darüber hinaus kann ein Anspruch nur als Forderung gegen den Schuldner geltend gemacht werden.

[2] Bestand die anfechtbare Rechtshandlung in der Tilgung einer Forderung, so tritt dieselbe mit der Rückerstattung des Empfangenen wieder in Kraft.

[3] Der gutgläubige Empfänger einer Schenkung *(286)* ist nur bis zum Betrag seiner Bereicherung *(OR 62, 64)* zur Rückerstattung verpflichtet.

Abs. 1

1 Kein dinglicher, sondern nur **persönlicher** Anspruch auf Rückgewähr: BGE 32 II 561; 36 II 145.

2 Bemessung der Ersatzleistung im **Konkurs**: BGE 50 III 151; 65 III 149; 89 III 21.

3 Besonderheiten **ausserhalb** des Konkurses: Ersatz geht nicht über volle Befriedigung des Anfechtungsklägers: BGE 26 II 214.

- Klagebetrag bei anfechtbarer Begünstigung in der **Lebensversicherung**: BGE 64 III 91 E.4.

- Keine Wertersatzpflicht, wenn *Sachen* ohne Verschulden des Beklagten **untergegangen** sind, bevor Anfechtungsanspruch geltend gemacht wurde: BGE 30 III 150; 65 III 149.

- Bei Missverhältnis zwischen Leistung und Gegenleistung einer **unteilbaren** Sache Anspruch auf volle Vergütung der Gegenleistung: BGE 65 III 147 E.5.

- Der Anspruch des Beklagten auf Rückerstattung **nimmt an der Masse teil**: BGE 74 III 88.

- Rückgewähr eines **Grundstückes** nach Pfändung: Berichtigung des Grundbuches weder nötig noch zulässig: BGE 63 III 31 E.3;

4 denn dem Gläubiger wird lediglich das Beschlagsrecht gesichert, das ihm durch die anfechtbare Rechtshandlung entzogen wurde: BGE 47 III 92; 81 III 102; 91 III 103.

- Rückgewährsanspruch wird geltend gemacht durch **Pfändung** der betr. Gegenstände, an die sich andere Gläubiger nicht anschliessen können: BGE 57 III 108.

5 Zulässigkeit des Anschlusses des **Beklagten**: BGE 67 III 174 E.4.

- Zur Pfändung ist ein **neuer Zahlungsbefehl** nicht nötig: BGE 43 III 215.

- **Retentionsrecht** an der zurückzugewährenden Sache: BGE 41 III 450;

6 an deren Stelle am **Ersatzbetrag**; Voraussetzungen hiefür: BGE 89 III 23.

7 Direkte Einforderung des **Wertersatzes**, wenn Gegenstände nicht mehr vorhanden sind, ohne Pfändung: BGE 47 III 92 E.1.

- Ersatz bei Anfechtung einer **Pfandbestellung**: BGE 50 III 151 E.6.

8 **Umfang** der Rückgabepflicht: ausser der Sache selbst auch die *Erträgnisse*: BGE 98 III 45.

Abs. 2

9 Wiederaufleben der dafür bestellten *Nebenrechte* (Bürgschaft): BGE 64 III 149.

10 Im Konkursverfahren kann der Anspruch auf die **Dividende** für die Forderung der Klage als Einrede entgegengehalten werden, wenn die Forderung anerkannt ist: BGE 41 III 77 E.3.

11 Kollokation derselben **von Amtes wegen**, KS BGr Nr. 10 vom 9.VII.1915 (Nr. 42); dazu BGE 103 III 17 E.4.

12 Analoge Anwendung auf anfechtbare Errichtung eines Namensschuldbriefes zwecks Tilgung einer Frauengutsforderung: BGE 79 III 34.

Abs. 3

13 Voraussetzung der Rückerstattungspflicht bei einem **schenkungsähnlichen** Geschäft: BGE 53 III 39.

Art. 292
E. Verwirkung
Das Anfechtungsrecht ist verwirkt:

1. nach Ablauf von zwei Jahren seit Zustellung des Pfändungsverlustscheins (Art. 285 Abs. 2 Ziff. 1);

2. nach Ablauf von zwei Jahren seit der Konkurseröffnung (Art. 285 Abs. 2 Ziff. 2).

Keine Entscheidungen

Elfter Titel: Nachlassverfahren

I. Nachlassstundung

Art. 293

A. Bewilligungsverfahren;

1. Gesuch; vorsorgliche Massnahmen

[1] Ein Schuldner, der einen Nachlassvertrag erlangen will, muss dem Nachlassrichter ein begründetes Gesuch und den Entwurf eines Nachlassvertrages einreichen. Er hat dem Gesuch eine Bilanz und eine Betriebsrechnung oder entsprechende Unterlagen beizulegen, aus denen seine Vermögens-, Ertrags- oder Einkommenslage ersichtlich ist, sowie ein Verzeichnis seiner Geschäftsbücher, wenn er verpflichtet ist, solche zu führen (Art. 957 OR).

[2] Ein Gläubiger, der ein Konkursbegehren stellen kann, ist befugt, beim Nachlassrichter ebenfalls mit einem begründeten Gesuch die Eröffnung des Nachlassverfahrens zu verlangen.

[3] Nach Eingang des Gesuchs um Nachlassstundung oder nach Aussetzung des Konkurserkenntnisses von Amtes wegen (Art. 173a Abs. 2) trifft der Nachlassrichter unverzüglich die zur Erhaltung des schuldnerischen Vermögens notwendigen Anordnungen. In begründeten Fällen kann er die Nachlassstundung für einstweilen höchstens zwei Monate provisorisch bewilligen, einen provisorischen Sachwalter ernennen und diesen mit der Prüfung der Vermögens-, Ertrags- oder Einkommenslage des Schuldners und der Aussicht auf Sanierung beauftragen.

[4] Auf die provisorisch bewilligte Nachlassstundung finden die Artikel 296, 297 und 298 Anwendung.

1 Besonderes Verfahren in folgenden Fällen:

- Für Eisenbahn- und Schiffahrtsunternehmen gemäss BG vom 25.IX.1917 über Verpfändung und Zwangsliquidation derselben (Nr. 69), Art. 51–77;

- für **Banken** in Art. 29–35 und 37 des BG vom 8.XI.1934/– 11.III.1971 über Banken und Sparkassen (Nr. 72) und VBR dazu vom 17.V.1972 (Nr. 74), Art. 55–60, 63, VBGr vom 11.IV.1935;

- vgl. ferner OR Art. 1157–1186;

- vgl. im weitern Gesetz über die Schuldbetreibung gegen Gemeinden und andere Körperschaften des kantonalen öffentlichen Rechts vom 4. Dezember 1947 (GSchG) Nr. 13.

2 **Beweiseignung** der Bilanz: 114 IV 33 E.2b.

3 Kein Klagerecht der Gesellschaftsgläubiger aus aktienrechtlicher Verantwortlichkeit bei Prozessvergleich: BGE 122 III 171.

4 Wirkung der Bewilligung einer Nachlassstundung hinsichtlich des Anspruchs auf **Insolvenzentschädigung:** BGE 123 V 106 E.2.

Art. 294
2. Ladung. Entscheid und Weiterziehung

[1] Liegt ein Gesuch um Nachlassstundung vor oder werden provisorische Massnahmen angeordnet, so lädt der Nachlassrichter den Schuldner und den antragstellenden Gläubiger unverzüglich zur Verhandlung vor. Er kann auch andere Gläubiger anhören oder vom Schuldner die Vorlage einer detaillierten Bilanz und einer Betriebsrechnung oder entsprechender Unterlagen sowie das Verzeichnis seiner Bücher verlangen.

[2] Sobald der Nachlassrichter im Besitz der notwendigen Unterlagen ist, entscheidet er möglichst rasch über die Bewilligung der Nachlassstundung; er berücksichtigt dabei namentlich die Vermögens-, Ertrags- oder Einkommenslage des Schuldners und die Aussichten auf einen Nachlassvertrag.

[3] Wo ein oberes kantonales Nachlassgericht besteht, können der Schuldner und der gesuchstellende Gläubiger den Entscheid binnen zehn Tagen nach der Eröffnung an das obere Nachlassgericht weiterziehen.

[4] Soweit der Entscheid die Ernennung des Sachwalters betrifft, kann ihn auch jeder andere Gläubiger weiterziehen.

1 Beweiseignung der Bilanz: BGE 114 IV 33 E.2b.

2 Es gilt die **Untersuchungsmaxime;** der Schuldner ist auch zu befragen: BGE 59 III 37.

3 Legitimation der Gläubiger bezüglich der Frage der Person des Sachwalters bejaht: BGE 103 Ia 78 E.4.

Art. 295
3. Bewilligung und Dauer der Nachlassstundung. Ernennung und Aufgaben des Sachwalters

[1] Besteht Aussicht auf einen Nachlassvertrag, so gewährt der Nachlassrichter dem Schuldner die Nachlassstundung für vier bis sechs Monate und ernennt einen oder mehrere Sachwalter. Die Dauer der provisorisch gewährten Stundung wird nicht angerechnet.

2 Der Sachwalter:

a) überwacht die Handlungen des Schuldners;

b) erfüllt die in den Artikeln 298–302 und 304 bezeichneten Aufgaben;

c) erstattet auf Anordnung des Nachlassrichters Zwischenberichte und orientiert die Gläubiger über den Verlauf der Stundung.

3 Auf die Geschäftsführung des Sachwalters sind die Artikel 8, 10, 11, 14, 17–19, 34 und 35 sinngemäss anwendbar.

4 Auf Antrag des Sachwalters kann die Stundung auf zwölf, in besonders komplexen Fällen auf höchstens 24 Monate verlängert werden. Bei einer Verlängerung über zwölf Monate hinaus sind die Gläubiger anzuhören.

5 Die Stundung kann auf Antrag des Sachwalters vorzeitig widerrufen werden, wenn dies zur Erhaltung des schuldnerischen Vermögens erforderlich ist oder wenn der Nachlassvertrag offensichtlich nicht abgeschlossen werden kann. Der Schuldner und die Gläubiger sind anzuhören. Die Artikel 307–309 gelten sinngemäss.

Nachlassstundung

1 Betr. Stundung für **Gläubigergemeinschaften bei Anleihensobligationen** vgl. OR Art. 1166. *Sechs* Monate bei Banken Art. 37 Abs. 3 des Bankengesetzes (hinten Nr. 72).

Sachwalter

2 Bei **Banken** ist der in einem vorangegangenen Stundungsverfahren nach Art. 29 f. des Bankengesetzes funktionierende Kommissär auch Sachwalter: Art. 35 des Bankengesetzes; dieser ist gleich wie der Sachwalter im gemeinrechtlichen Verfahren ein öffentliches Organ des Staates: BGE 94 III 58 E.2.

– Im Nachlassverfahren der *Banken* hat er auch «die Verantwortlichkeitsansprüche, die der Bank nach Art. 40–42 des Bankengesetzes zustehen, zu prüfen und zu wahren»: Art. 54 VBR dazu vom 30.VIII.1961 (17.V.1972, Art. 63).

– Vgl. auch Art. 2 der VBGr dazu vom 11.IV.1935 (hinten Nr. 75).

3 Zur **Entschädigung** vgl. GebVSchKG Art. 61.

– Betr. **Umfang** der zu entschädigenden Verrichtungen: BGE 94 III 23 E.6.

– Betr. **Vorschuss***:* BGE 100 III 34.

4 Keine **Beschwerde** gegen Handlungen des Sachwalters oder der Konkursverwaltung, die sich auf den Vollzug des Nachlassvertrages beziehen: BGE 81 III 31;

- jedoch gegen dem Schuldner erteilte Weisungen i.S. von Art. 298. Zur Beschwerde **legitimiert** sind diejenigen, in deren Rechte mit der Verfügung eingegriffen wurde: BGE 82 III 135.

- Bei **Banken** ist Beschwerdeinstanz die kant. Nachlassbehörde und das BGr: Art. 37 Abs. 2 des Bankengesetzes und Art. 54 VBR dazu vom 30.VIII.1961 (17.V.1972, Art. 63).

- Für die Ausübung der **Disziplinargewalt** ist die Nachlassbehörde zuständig: BGE 68 III 125 E.1.

- Disziplinarbehörde des Sachwalters im Gegensatz zum **Nachlassverwalter** im Nachlassvertrag mit Vermögensabtretung: BGE 114 III 121.

5 Die Vorschriften über **Betreibungsferien und Rechtsstillstand** auf die Verfügungen des Sachwalters und auf die Frist zur Beschwerde keine Anwendung: BGE 73 III 92 E.2.

Art. 296
4. Öffentliche Bekanntmachung

Die Bewilligung der Stundung wird öffentlich bekanntgemacht *(35)* und dem Betreibungsamt sowie dem Grundbuchamt unverzüglich mitgeteilt *(34)*. Die Nachlassstundung wird im Grundbuch angemerkt *(ZGB 960 Abs. 2)*.

1 Für **Banken** vgl. Art. 55 VBR vom 17.V.1972 zum Bankengesetz (Nr. 74).

Art. 297
B. Wirkungen der Stundung
1. Auf die Rechte der Gläubiger

[1] Während der Stundung kann gegen den Schuldner eine Betreibung weder eingeleitet noch fortgesetzt werden *(56 Ziff. 3)*. Verjährungs- und Verwirkungsfristen stehen still. Für gepfändete Vermögensstücke gilt Artikel 199 Absatz 2 sinngemäss.

[2] Auch während der Stundung sind folgende Betreibungen zulässig:

1. die Betreibung auf Pfändung für die Forderungen der ersten Klasse (Art. 219 Abs. 4);

2. die Betreibung auf Pfandverwertung für grundpfandgesicherte Forderungen; die Verwertung des Grundpfandes bleibt dagegen ausgeschlossen.

[3] Mit der Bewilligung der Stundung hört gegenüber dem Schuldner der Zinsenlauf für alle nicht pfandgesicherten Forderungen auf, sofern der Nachlassvertrag nichts anderes bestimmt.

[4] Für die Verrechnung gelten die Artikel 213–214a. An die Stelle der Konkurseröffnung tritt die Bekanntmachung der Stundung, gegebenenfalls des vorausgegangenen Konkursaufschubes nach den Artikeln 725a, 764, 817 und 903 des Obligationenrechts.

Zu Abs. 1 und 2

1   Auch dann keine Betreibung, wenn Nachlassstundung von **örtlich unzuständiger** Nachlassbehörde gewährt wurde: BGE 98 III 38 E.2. Vgl. auch BGE 126 III 296

– Über die **Fortdauer der Verwaltung** eines gepfändeten Grundstücks durch das BA: VZG Art. 16 Abs. 2.

– Gültig vollzogene und unangefochten gebliebene **Betreibungshandlungen** bestehen während der Stundung weiter; der Gläubiger kann sich darauf berufen, wenn der Nachlassvertrag nicht zustande kommt: BGE 76 III 108.

– Betr. **Rechtskraft** des ein Konkursprivileg anerkennenden Entscheides: BGE 83 III 119 E.2.

– Während der Nachlassstundung können **Fortsetzungsbegehren** gestellt und protokolliert, nicht aber vollzogen werden: BGE 122 III 207.

Abs. 4

2   Art. 214a existiert nicht. Seine Erwähnung ist ein **Versehen** des Gesetzgebers.

Art. 298
2. Auf die Verfügungsbefugnis des Schuldners
[1] Der Schuldner kann seine Geschäftstätigkeit unter Aufsicht des Sachwalters *(295)* fortsetzen. Der Nachlassrichter kann jedoch anordnen, dass gewisse Handlungen rechtsgültig nur unter Mitwirkung des Sachwalters vorgenommen werden können, oder den Sachwalter ermächtigen, die Geschäftsführung anstelle des Schuldners zu übernehmen.

² Ohne Ermächtigung des Nachlassrichters können während der Stundung nicht mehr in rechtsgültiger Weise Teile des Anlagevermögens veräussert oder belastet, Pfänder bestellt, Bürgschaften eingegangen oder unentgeltliche Verfügungen *(286)* getroffen werden.

³ Handelt der Schuldner dieser Bestimmung oder den Weisungen des Sachwalters zuwider *(295)*, so kann der Nachlassrichter auf Anzeige des Sachwalters dem Schuldner die Verfügungsbefugnis über sein Vermögen entziehen oder die Stundung widerrufen. Der Schuldner und die Gläubiger sind anzuhören. Die Artikel 307–309 sind anwendbar.

1 Vgl. über das teilweise abweichende Verfahren bei **Banken** Art. 2 VBGr vom 11.IV.1935 (hinten Nr. 75).

2 **Beschwerderecht** des von einer ungültigen Handlung betroffenen Gläubigers oder Dritten: BGE 82 III 134 E.1.

Art. 299
C. Besondere Aufgaben des Sachwalters
1. Inventaraufnahme und Pfandschätzung

¹ Der Sachwalter nimmt sofort nach seiner Ernennung ein Inventar über sämtliche Vermögensbestandteile des Schuldners auf und schätzt sie *(227)*.

² Der Sachwalter legt den Gläubigern die Verfügung über die Pfandschätzung zur Einsicht auf; er teilt sie vor der Gläubigerversammlung, den Pfandgläubigern und dem Schuldner schriftlich mit.

³ Jeder Beteiligte kann innert zehn Tagen beim Nachlassrichter gegen Vorschuss der Kosten eine neue Pfandschätzung verlangen. Hat ein Gläubiger eine Neuschätzung beantragt, so kann er vom Schuldner nur dann Ersatz der Kosten beanspruchen, wenn die frühere Schätzung wesentlich abgeändert wurde.

1 **Gebühr** GebV SchKG Art. 55.

2 Betr. **Banken** Art. 3 VBGer vom 11.IV.1935 (hinten Nr. 75).

3 Betr. Inventarisierung der **in andern Kreisen und Kantonen** liegenden Vermögensstücke KS BGr Nr. 15 vom 22.XI.1922.

Art. 300
2. Schuldenruf

¹ Der Sachwalter fordert durch öffentliche Bekanntmachung (Art. 35 und 296) die Gläubiger auf, ihre Forderungen binnen 20 Tagen einzugeben, mit der Androhung, dass sie im Unterlassungsfall bei den Verhandlungen über den Nachlassvertrag nicht stimmberechtigt sind *(302, 305)*. Jedem

Gläubiger, dessen Name und Wohnort bekannt sind, stellt der Sachwalter ein Exemplar der Bekanntmachung durch uneingeschriebenen Brief zu.

² Der Sachwalter holt die Erklärung des Schuldners über die eingegebenen Forderungen ein.

Abs. 1

1 Keine Berechtigung des Sachwalters zum Einzug: BGE 60 III 187.

2 Eingabe von Ansprüchen des **Bundes**: V über die wirtschaftliche Kriegsvorsorge vom 26.IV.1963 (hinten Nr. 89) Art. 3.

3 Bei **Banken** beträgt die Frist 30 Tage: Art. 5 VBGr vom 11.IV.1935 (hinten Nr. 75);

- bei *Banken* gelten die aus den Büchern ersichtlichen Forderungen als **angemeldet**: Art. 37 Abs. 4 des Bankengesetzes;

- betr. **Anleihensobligationen** vgl. OR Art. 1184.

Abs. 2

4 Über die Wirkung der Bestreitung Art. 305 Abs. 3, 310. Besonderheiten bei **Banken** VBGr vom 11.IV.1935 (Nr. 75), Art. 8 und 9.

Art. 301
3. Einberufung der Gläubigerversammlung

¹ Sobald der Entwurf des Nachlassvertrages erstellt ist, beruft der Sachwalter durch öffentliche Bekanntmachung eine Gläubigerversammlung ein mit dem Hinweis, dass die Akten während 20 Tagen vor der Versammlung eingesehen werden können. Die öffentliche Bekanntmachung muss mindestens einen Monat vor der Versammlung erfolgen.

² Artikel 300 Absatz 1 Satz 2 ist anwendbar.

1 Bei **Banken** *keine* Gläubigerversammlung, sondern nur eine öffentliche Aufforderung zur Geltendmachung von Einwendungen gegen den öffentlich aufzulegenden Nachlassvertrag: Art. 37 Abs. 3 des Bankengesetzes; VBR dazu vom 30.VIII.1961, Art. 52 (17.V.1972, Art. 63), Nr. 73 und VBR vom 11.IV.1935, Art. 10 und 11.

- Betr. die im Bankenverfahren aufzulegenden **Akten**: VBGr vom 11.IV.1935, Art. 10.

2 Keine besondere *Anzeige* von der **Schätzung der Pfänder** an die Pfandgläubiger im gewöhnlichen Verfahren: BGE 51 III 177 E.2; dagegen wohl bei *Banken:* VBGr vom 11.IV.1935, Art. 4.

Art. 301a–d
Aufgehoben

Art. 301a bis 301d regelten die Einstellung der Verwertung eines als Pfand haftenden Grundstückes bis auf höchstens ein Jahr nach Bestätigung des Nachlassvertrages. Dieses Institut ist nun in Art. 306a geregelt.

Art. 302
D. Gläubigerversammlung

¹ In der Gläubigerversammlung *(300 Abs. 2)* leitet der Sachwalter die Verhandlungen; er erstattet Bericht über die Vermögens-, Ertrags- oder Einkommenslage des Schuldners *(299–301)*.

² Der Schuldner ist gehalten, der Versammlung beizuwohnen, um ihr auf Verlangen Aufschlüsse zu erteilen.

³ Der Entwurf des Nachlassvertrags wird den versammelten Gläubigern zur unterschriftlichen Genehmigung vorgelegt.

1 **Gebühr** GebV SchKG Art. 55.

2 Bis zur **Bestätigungsverhandlung** bei der Nachlassbehörde eingehende Zustimmungserklärungen sind zu berücksichtigen: BGE 35 I 269 E.3.

3 Ende der **Beschwerdefrist** gegen Schätzung der Vermögensstücke mit dem Tage der Gläubigerversammlung: BGE 94 III 27 E.1.

Art. 303
E. Rechte gegen Mitverpflichtete

¹ Ein Gläubiger, welcher dem Nachlassvertrag nicht zugestimmt hat, wahrt sämtliche Rechte gegen Mitschuldner, Bürgen und Gewährspflichtige (Art. 216).

² Ein Gläubiger, welcher dem Nachlassvertrag zugestimmt hat, wahrt seine Rechte gegen die genannten Personen, sofern er ihnen mindestens zehn Tage vor der Gläubigerversammlung deren Ort und Zeit mitgeteilt und ihnen die Abtretung seiner Forderungen gegen Zahlung angeboten hat (Art. 114, 147, 501 OR).

³ Der Gläubiger kann auch, unbeschadet seiner Rechte, Mitschuldner, Bürgen und Gewährspflichtige ermächtigen, an seiner Stelle über den Beitritt zum Nachlassvertrag zu entscheiden.

1 **Pfandgläubiger** für den durch das Pfand nicht gedeckten Teil: BGE 40 III 60 E.4.

2 Betr. **nur teilweise verbürgte** Forderung: BGE 59 III 145 E.2.

3 Begriff des Mitschuldners: BGE 121 III 193 E.2.

4 Die Rechte erlöschen aber, soweit der Gläubiger im Nachlassvertrag **Befriedigung** gefunden hat. Frage des Einflusses des Nachlassvertrages einer Kollektivgesellschaft auf die Haftung der (ausgeschiedenen) Gesellschafter offengelassen: BGE 101 Ib 461 E.3;

- aber in BGE 109 III 129 mit älteren Entscheiden dahin beantwortet, dass der Nachlassvertrag die Gesellschafter von den Gesellschaftsschulden **befreit**.

5 Für **Banken** abgeändert durch VBGr vom 11.IV.1935 (hinten Nr. 75), Art. 12

- OR Art. 1184 bei Anleihensobligationen.

6 **Unterlassung** der Mitteilung schadet nicht, wenn Gläubigerversammlung dem Bürgen ohnehin bekannt war: BGE 59 III 147.

- Bedeutung der Erklärung, der Bürge werde **behaftet** und habe selbst einzugeben: BGE 59 III 146.

Art. 304
F. Sachwalterbericht; öffentliche Bekanntmachung der Verhandlung vor dem Nachlassgericht

[1] Vor Ablauf der Stundung unterbreitet der Sachwalter dem Nachlassrichter alle Aktenstücke *(300 Abs. 2)*. Er orientiert in seinem Bericht über bereits erfolgte Zustimmungen und empfiehlt die Bestätigung oder Ablehnung des Nachlassvertrages *(305, 306)*.

[2] Der Nachlassrichter trifft beförderlich seinen Entscheid.

[3] Ort und Zeit der Verhandlung werden öffentlich bekanntgemacht *(35)*. Den Gläubigern ist dabei anzuzeigen, dass sie ihre Einwendungen gegen den Nachlassvertrag in der Verhandlung anbringen können.

1 **Gebühr**: GebVSchKG Art. 54.

2 Es ist willkürlich, einen Nachlassvertrag zu bestätigen, wenn der Sachwalter die Akten mit seinem Gutachten erst **nach Ablauf der Nachlassstundung** der Nachlassbehörde unterbreitet hat: BGE 85 III 79.

3 Betr. das Verfahren für **Banken** VBGr vom 11.IV.1935 (Nr. 75), Art. 13.

4 Vorherige **Auflage** der Vertragsentwürfe zur Einsicht der Gläubiger VBR vom 30.VIII.1961 zum Bankengesetz (Nr. 73), Art. 52 (17.V.1972, Art. 63) und VBGr dazu vom 11.IV.1935, Art. 10.

II. Allgemeine Bestimmungen über den Nachlassvertrag.

Art. 305

A. Annahme durch die Gläubiger

[1] Der Nachlassvertrag ist angenommen, wenn ihm bis zum Bestätigungsentscheid die Mehrheit der Gläubiger, die zugleich mindestens zwei Drittel des Gesamtbetrages der Forderungen vertreten, oder ein Viertel der Gläubiger, die aber mindestens drei Viertel des Gesamtbetrages der Forderungen vertreten, zugestimmt hat.

[2] Die privilegierten Gläubiger und der Ehegatte des Schuldners werden weder für ihre Person noch für ihre Forderung mitgerechnet. Pfandgesicherte Forderungen zählen nur zu dem Betrag mit, der nach der Schätzung des Sachwalters ungedeckt ist.

[3] Der Nachlassrichter entscheidet *(304 Abs. 2 und 3)*, ob und zu welchem Betrage bedingte Forderungen und solche mit ungewisser Verfallzeit sowie bestrittene Forderungen mitzuzählen sind. Dem gerichtlichen Entscheide über den Rechtsbestand der Forderungen wird dadurch nicht vorgegriffen *(301)*.

1   Zu Abs. 1: stillschweigende Zustimmung bei **Banken** VBR vom 30.VIII.1961 (Nr. 73), Art. 52 Abs. 2 (17.V.1972, Art. 63).

– Andere Bestimmungen für **Eisenbahn- und Dampfschiffahrtsgesellschaften** (einfache Mehrheit der Stimmenden und einfache Summenmehrheit in einer Gruppe), Art. 65 BG über Verpfändung und Zwangsliquidation der Eisenbahngesellschaft vom 25.IX.1917 (Nr. 69).

– Für eine **Gläubigergemeinschaft bei Anleihensobligationen** ist eine Mehrheit von zwei Dritteln des im Umlauf befindlichen Kapitals für Gemeinschaftsbeschlüsse notwendig: OR Art. 1170;

2   bei **mehreren** Gemeinschaften ist zudem auch Mehrheit der Gemeinschaften erforderlich: OR Art. 1171;

– nach Art. 20 GSchG ist bei **Gemeinden** und anderen Körperschaften des kantonalen öffentlichen Rechts Zustimmung von zwei Dritteln der vertretenen Gläubiger, mindestens aber der einfachen Mehrheit des umlaufenden Obligationenkapitals erforderlich.

– Keine Umrechnung von Forderungen **mit ausländischer Währung** im gewöhnlichen Nachlassvertrag: BGE 50 II 30 E.2.

– Schätzung hat den **Marktwert** festzustellen: BGE 49 III 111.

3 Abstellen auf **Verkehrs**-, nicht auf Fortführungswert: BGE 107 III 41 E.2, 3.

4 **Beschwerde** dagegen innert 10 Tagen seit Auflage der Akten des Sachwalters: BGE 51 III 179.

5 **Spezielle** Anzeige von der Schätzung bei Banken VBGr vom 11.IV.1935 (Nr. 75) Art. 4.

6 Nachlassverfahren als **Vollstreckungsersatz**: BGE 125 III 157 E. 3b;
- Wirkungen desselben: BGE 125 III 157 E. 3b.

7 Verhältnis des Nachlassverfahrens zu OR Art. 335d: BGE 123 III 179 E.3a.

Art. 306
B. Bestätigungsentscheid
1. Voraussetzungen

[1] ...

[2] Die Bestätigung des Nachlassvertrages wird an folgende Voraussetzungen geknüpft:

1. Die angebotene Summe muss in richtigem Verhältnis zu den Möglichkeiten des Schuldners stehen; bei deren Beurteilung kann der Nachlassrichter auch Anwartschaften des Schuldners berücksichtigen.

[1bis] Bei einem Nachlassvertrag mit Vermögensabtretung (Art. 317 Abs. 1) muss das Verwertungsergebnis oder die vom Dritten angebotene Summe höher erscheinen als der Erlös, der im Konkurs voraussichtlich erzielt würde.

2. Der Vollzug des Nachlassvertrages, die vollständige Befriedigung der angemeldeten privilegierten Gläubiger *(305 Abs. 2)* sowie die Erfüllung der während der Stundung mit Zustimmung des Sachwalters eingegangenen Verbindlichkeiten müssen hinlänglich sichergestellt sein, soweit nicht einzelne Gläubiger ausdrücklich auf die Sicherstellung ihrer Forderungen verzichten.

[3] Der Nachlassrichter kann eine ungenügende Regelung auf Antrag eines Beteiligten oder von Amtes wegen ergänzen.

1 Zur **Verhältnismässigkeit** der angebotenen Summe nach Abs. 1 Ziff. 1. BGE 73 III 150; 122 III 181 E.5b.

2 Zur **Sicherstellung** der privilegierten Gläubiger nach Abs. 1 Ziff. 2:
- In einem nachfolgenden Konkurs haben sie nur **Aussonderungsrecht**: BGE 53 III 90.

- Betr. Sicherstellung durch **Bürgschaft**: BGE 52 III 55.
- Sicherstellung gehört zu den **materiellen Voraussetzungen** für die Bestätigung des Nachlassvertrages: BGE 64 I 81.

Art. 306a

2. Einstellung der Verwertung von Grundpfändern

[1] Der Nachlassrichter kann auf Begehren des Schuldners die Verwertung eines als Pfand haftenden Grundstückes für eine vor Einleitung des Nachlassverfahrens entstandene Forderung auf höchstens ein Jahr nach Bestätigung des Nachlassvertrages *(Art. 304)* einstellen, sofern nicht mehr als ein Jahreszins der Pfandschuld aussteht. Der Schuldner muss indessen glaubhaft machen, dass er das Grundstück zum Betrieb seines Gewerbes nötig hat und dass er durch die Verwertung in seiner wirtschaflichen Existenz gefährdet würde.

[2] Den betroffenen Pfandgläubigern ist vor der Verhandlung über die Bestätigung des Nachlassvertrages *(Art. 304)* Gelegenheit zur schriftlichen Vernehmlassung zu geben; sie sind zur Gläubigerversammlung *(Art. 302)* und zur Verhandlung vor dem Nachlassrichter persönlich vorzuladen.

[3] Die Einstellung der Verwertung fällt von Gesetzes wegen dahin, wenn der Schuldner das Pfand freiwillig veräussert, wenn er in Konkurs gerät oder wenn er stirbt.

[4] Der Nachlassrichter widerruft die Einstellung der Verwertung auf Antrag eines betroffenen Gläubigers und nach Anhörung des Schuldners, wenn der Gläubiger glaubhaft macht, dass:

1. der Schuldner sie durch unwahre Angaben gegenüber dem Nachlassrichter erwirkt hat; oder
2. der Schuldner zu neuem Vermögen oder Einkommen gelangt ist, woraus er die Schuld, für die er betrieben ist, ohne Gefährdung seiner wirtschaftlichen Existenz bezahlen kann; oder
3. durch die Verwertung des Grundpfandes die wirtschaftliche Existenz des Schuldners nicht mehr gefährdet wird.

1 Die Bestimmung (früher Art. 301a, 301c, 301d) gilt nicht für den **Nachlassvertrag im Konkurs**: BGE 107 III 42 E.3.

2 **Abs. 2 Ziff. 1:** Tragweite beim Nachlassvertrag mit teilweiser Vermögensabtretung und beim Prozentvergleich: BGE 122 III 181 E.5b.

Art. 307
3. Weiterziehung

Wo ein kantonales Nachlassgericht besteht, kann der Entscheid über den Nachlassvertrag innert zehn Tagen nach der Eröffnung an dieses weitergezogen werden.

1 **Gebühr:** GebV SchKG Art. 61 Abs. 1.

2 Uneingeschränkte **Weiterziehung** ohne Rücksicht auf den Streitwert: BGE 42 I 344.

3 **Schriftliche Mitteilung** jedenfalls an den *Schuldner:* BGE 60 I 11.

  – Im übrigen **kantonales Recht** massgebend

  – für **Mitteilung** und Beginn des Fristenlaufs: BGE 51 I 369.

  – Kein Stillstand der Frist wegen **Betreibungsferien** oder **Rechtsstillstand**: BGE 50 III 13.

4 Betr. **Legitimation** zur Weiterziehung: BGE 55 I 72.

  – Es ist nicht willkürlich anzunehmen, dass ein Gläubiger, der zwar dem Nachlassvertrag nicht zugestimmt hat, sich vor erster Instanz aber auch **nicht vernehmen lässt**, das Recht verwirkt, den Bestätigungsentscheid an die obere kantonale Nachlassbehörde weiterzuziehen: BGE 122 III 400 E.2.

5 Keine **Weiterziehung an das BGer.** Besondere Bestimmungen für *Banken* betr. Weiterziehung an das BGer: VBR vom 30.VIII.1961 (hinten Nr. 73), Art. 53 Abs. 2 (17.V.1972, Art. 63) und VBGer vom 11.IV.1935 (Nr. 75), Art. 19.

Art. 308
4. Öffentliche Bekanntmachung

¹ Der Entscheid wird, sobald er rechtskräftig ist *(36, 397),* öffentlich bekanntgemacht *(35)* und dem Betreibungsamt *(312)* sowie dem Grundbuchamt mitgeteilt. Er wird auch dem Handelsregisteramt mitgeteilt, wenn ein im Handelsregister eingetragener Schuldner einen Nachlassvertrag mit Vermögensabtretung erwirkt hat.

² Mit der öffentlichen Bekanntmachung des Entscheides fallen die Wirkungen der Stundung *(297, 298)* dahin.

1 Bis zum rechtskräftigen Entscheid dauert die Stundung fort, sofern nur **innert der Stundungsfrist** die Akten dem Nachlassgericht übermittelt wurden: BGE 33 I 814.

  – Vgl. auch betr. **Dahinfallen** der Wirkungen bei Verwerfung durch die I. Instanz: BGE 49 III 261.

2 Geltendmachung der Stundung durch **Rechtsvorschlag**: BGE 59 III 276.

3 Vgl. betr. **Banken** VBGr vom 11.IV.1935 (Nr. 75), Art. 20.

– Bei Banken Fortdauer der Stundung beim Nachlassvertrag mit Vermögensabtretung VBGr vom 11.IV.1935, Art. 27–43.

4 Vollzug der Prozent- und Stundungsvergleiche ist regelmässig nicht Sache des Sachwalters und untersteht nicht der Kontrolle der AB: BGE 28 I 100; 31 II 170.

– Anders bei **Banken** VBGr vom 11.IV.1935 (Nr. 75) Art. 26 ff.

Art. 309
C. Wirkungen
1. Ablehnung

Wird der Nachlassvertrag abgelehnt oder die Nachlassstundung widerrufen (Art. 295 Abs. 5 und 298 Abs. 3), so kann jeder Gläubiger binnen 20 Tagen seit der Bekanntmachung über jeden Schuldner die sofortige Konkurseröffnung verlangen *(190 Abs. 1 Ziff. 3)*.

1 Über die Gültigkeit eines vom Sachwalter bestellten **Pfandrechtes** entscheidet im nachfolgenden Konkurs der Kollokationsrichter: BGE 77 III 46 E.1.

2 Bedeutung des **Verzichtes** eines Gläubigers einer Gesellschaft in ihrem nachfolgenden Konkurs: BGE 64 III 277.

3 Es obliegt den Gläubigern, während der Dauer einer Nachlassstundung ihre Rechte wahrzunehmen. Sie müssen daher unter Umständen während der Nachlassstundung ein **Fortsetzungsbegehren** stellen, um den Schuldner noch innert der Frist des Art. 40 Abs. 1 SchKG auf Konkurs betreiben zu können: BGE 122 III 205 E.1.

Art. 310
2. Bestätigung
a) Verbindlichkeit für die Gläubiger

[1] Der bestätigte Nachlassvertrag ist für sämtliche Gläubiger verbindlich, deren Forderungen entweder vor der Bekanntmachung der Stundung oder seither ohne Zustimmung des Sachwalters entstanden sind. Ausgenommen sind die Pfandgläubiger für den durch das Pfand gedeckten Forderungsbetrag.

[2] Die während der Stundung mit Zustimmung des Sachwalters eingegangenen Verbindlichkeiten verpflichten in einem Nachlassvertrag mit Vermögensabtretung oder in einem nachfolgenden Konkurs die Masse.

Kreis der Beteiligten

1 Keine Rücksicht auf die Teilnahme am Verfahren; auch für nicht angemeldete **privilegierte** Forderungen Art. 306 Abs. 2 Ziff. 2. Stellung der Ehefrau des Schuldners bei Güterverbindung gemäss UebBest (SchlBest II/2 Abs. 4) im Nachlassverfahren: BGE 69 III 27 E.3.

Pfandrechte

2 Gleichstellung
- des **Eigentumsvorbehaltes**: BGE 41 III 464;
- der **Sicherungsübereignung**: BGE 39 II 663.

3 Anwendung auf den **Nachlassvertrag mit Vermögensabtretung**: BGE 84 III 108 E.Id;
- für grundpfandversicherte Forderungen kann die Liquidationsmasse des Nachlassvertrags mit Vermögensabtretung auf **Grundpfandverwertung** betrieben werden: BGE 84 III 106.

Weiteres zur Wirkung

4 **Zeitpunkt** des Eintritts der Wirkung: BGE 26 II 194 E.4; Wirkung: BGE 28 II 581.
- Umrechnung von Forderungen in ausländischer Währung: Massgebend ist der Tag der **Bestätigung des Nachlassvertrages**: BGE 110 III 106.

5 Keine **Gütertrennung**: BGE 31 I 733

Betreibung auf Pfandverwertung

6 Möglichkeit der Pfandverwertungsbetreibung für den **ganzen Betrag**: BGE 34 II 780; 59 III 198.

7 Begriff des **Pfandausfalles**: BGE 61 III 200;

8 Realisierung des **Pfandausfallscheines**: BGE 67 III 78.

9 **Folgen** der durchgeführten Betreibung VZG Art. 121.

10 Betr. **Honorar des Sachwalters** bei diesem Nachlassvertrag: BGE 63 III 90.

11 Bei **Banken** kann den Pfandgläubigern auch gegen ihren Willen Stundung auferlegt werden: Art. 37 Abs. 7 des Bankengesetzes vom 8.XI.1934/11.III.1971 (hinten Nr. 72) und Art. 18 VBGr dazu vom 11.IV.1935 (hinten Nr. 75).

Masseverbindlichkeiten gemäss Abs. 2

12 Die ab Stundungsdatum geschuldeten Beiträge an **Sozialversiche-rungen** sind Masseverbindlichkeiten: BGE 100 III 31 E.1.

13 Keine Masseverbindlichkeiten sind der **Sachgewährleistungs-anspruch** für Arbeiten, die vor Bewilligung der Nachlassstundung aus-geführt wurden: BGE 107 III 109 E.3,

- auch nicht ein eventueller **Schadenersatzanspruch**: BGE 107 III 110 E.4.

- Keine Masseverbindlichkeit ist die auf vor der Bewilligung der Nach-lassstundung ausgeführten Bauarbeiten geschuldete **Waren-umsatzsteuer**: BGE 107 Ib 305 E.2.

- Mehrwertsteuer als Masseverbindlichkeit: BGE 126 III 295 E.1b.

14 Ob **Honorar- und Spesenforderung** des Sachwalters als Masseverbindlichkeiten gelten, entscheiden die Gerichte: BGE 78 III 174; vgl. dazu BGE 105 III 22; 126 III 295 E.1b.

- Für die Beantwortung der Frage, ob beim NLV mit Vermögens-abtretung die Honorarforderung des Sachwalters (gegebenenfalls) gleichrangig neben den anderen Masseverbindlichkeiten steht, sind die im Konkurs für die Zeit der **Konkursverwaltung** geltenden Grundsätze analog anzuwenden: BGE 113 III 150 E.2.

- Soweit das Sachwalterhonorar überhaupt als Masseverbindlichkeit zu betrachten ist, ist es innerhalb dieser Verbindlichkeiten an **letzter** Stelle zu berücksichtigen: BGE 113 III 150 E.3.

15 Masseverbindlichkeiten werden vom Nachlassvertrag nicht erfasst und dürfen **sofort** bezahlt werden: BGE 100 III 32 E.2.

Art. 311
b) Dahinfallen der Betreibungen

Mit der Bestätigung des Nachlassvertrages fallen alle vor der Stundung gegen den Schuldner eingeleiteten Betreibungen mit Ausnahme derjenigen auf Pfandverwertung dahin; Artikel 199 Absatz 2 gilt sinngemäss.

1 Dahinfallen auch der **Arreste**: BGE 59 III 30 E.2.

2 Dahinfallen der ganzen **Betreibung auf Pfändung**: BGE 39 I 455 E.2.

- Fortsetzungsmöglichkeit nach **Aufhebung** des Nachlassvertrags: BGE 42 III 121.

- Möglichkeit der Fortsetzung der **Pfandverwertungsbetreibung**: Art. 310 N 4 und BGE 22 I 693.

Art. 312
c) Nichtigkeit von Nebenversprechen

Jedes Versprechen, durch welches der Schuldner einem Gläubiger mehr zusichert, als ihm gemäss Nachlassvertrag zusteht, ist nichtig (Art. 20 OR).

1 Gültigkeit

- von Versprechen **Dritter** zu Lasten ihres eigenen Vermögens: BGE 49 III 209,

- eines Versprechens des Schuldners nach Abschluss des gerichtlichen Verfahrens **schenkungshalber** oder zur Erfüllung einer moralischen Pflicht: BGE 40 III 463.

2 Eine nach Bestätigung des Nachlassvertrages, aber auf vorherige Zusicherung hin aufgestellte **Schuldanerkennung** ist ungültig;

3 **Novation** der Schuld auf Grund eines Verlustscheins im Konkursverfahren: BGE 86 III 79.

4 Beim Nachlassvertrag **einer Kollektiv- oder Kommanditgesellschaft** wird der Gesellschafter der Schuldnerin gleichgestellt: BGE 79 III 88.

5 Anwendbarkeit auf den **aussergerichtlichen** Nachlassvertrag: BGE 50 II 503.

Art. 313
D. Widerruf des Nachlassvertrages

[1] Jeder Gläubiger kann beim Nachlassrichter den Widerruf eines auf unredliche Weise zustandegekommenen Nachlassvertrages verlangen (Art. 20, 28, 29 OR).

[2] Die Artikel 307–309 finden sinngemässe Anwendung.

1 **Wirkung** für alle Gläubiger: BGE 26 II 189.

2 **Erschleichung** eines Nachlassvertrages in echter Konkurrenz mit Urkundenfälschung: BGE 114 IV 32 Nr. 11.

3 Anwendbarkeit von **Konkursnormen** auf den Nachlassvertrag mit Vermögensabtretung: BGE 112 II 449; 113 III 150 E.2.

III. Ordentlicher Nachlassvertrag

Art. 314

A. Inhalt

[1] Im Nachlassvertrag ist anzugeben, wieweit die Gläubiger auf ihre Forderungen verzichten und wie die Verpflichtungen des Schuldners erfüllt und allenfalls sichergestellt werden.

[2] Dem ehemaligen Sachwalter oder einem Dritten können zur Durchführung und zur Sicherstellung der Erfüllung des Nachlassvertrages Überwachungs-, Geschäftsführungs- und Liquidationsbefugnisse übertragen werden.

Keine Entscheidungen

Art. 315

B. Bestrittene Forderungen

[1] Der Nachlassrichter setzt bei der Bestätigung des Nachlassvertrages *(306, 307)* den Gläubigern mit bestrittenen Forderungen *(301, 305, 313)* eine Frist von 20 Tagen zur Einreichung der Klage am Ort des Nachlassverfahrens, unter Androhung des Verlustes der Sicherstellung der Dividende im Unterlassungsfall.

[2] Der Schuldner hat auf Anordnung des Nachlassrichters die auf bestrittene Forderungen entfallenden Beträge bis zur Erledigung des Prozesses bei der Depositenanstalt zu hinterlegen.

1 **Gerichtsstand** am Ort des Nachlassrichters: BGE 43 I 280 (gilt auch nach Inkrafttreten des GestG (Art. 1 Abs. 3 lit. b).

    – Zulässigkeit der **Prorogation**: BGE 48 III 218.

2 Statt der Fristansetzung **Kollokationsverfahren** im Nachlassvertrag mit Vermögensabtretung; vgl. auch VBGr vom 11.IV.1935 (Nr. 75)

3 zum **Bankengesetz** Art. 17 Abs. 2.

4 Vgl. Art. 9 V über die **wirtschaftliche Kriegsvorsorge** vom 26.IV.1963 (hinten Nr. 89);

5 vgl. auch BG über Verpfändung und Zwangsliquidation von **Eisenbahngesellschaften** usw. vom 25.IX.1917 (Nr. 69), Art. 69 und BGE 44 III 217.

Art. 316

C. Aufhebung des Nachlassvertrages gegenüber einem Gläubiger

[1] Wird einem Gläubiger *(311)* gegenüber der Nachlassvertrag nicht erfüllt, so kann er beim Nachlassrichter für seine Forderung die Aufhebung des

Nachlassvertrages verlangen, ohne seine Rechte *(306 Abs. 2, 313)* daraus zu verlieren.

² Artikel 307 findet sinngemäss Anwendung.

1 Für die **andern** Gläubiger bleibt der Nachlassvertrag bestehen: BGE 26 II 196.

2 Folgen bei **Erfüllungsverzug**: BGE 79 III 92 E.2a.

3 Der Gläubiger, der die Nachlassdividende nicht ausbezahlt erhält, obschon er den Schuldner nach Ablauf des im Nachlassverfahren vorgesehenen Termins zweimal **gemahnt** hat, hat mit Bezug auf seine Forderung einen Anspruch auf Aufhebung des Nachlasses, und zwar auch dann, wenn der Schuldner die Dividende noch vor der Verhandlung bezahlt, die der mit dem Begehren um Aufhebung des Nachlasses angerufene Richter angesetzt hat: BGE 110 III 42.

4 Der Entscheid durch eine kantonale Behörde unterliegt *nicht* der Beurteilung an das **Bundesgericht**: BGE 74 III 27.

5 Folgen nachträglicher **Konkurseröffnung**: BGE 52 III 17.

Art. 316*a*–t

Aufgehoben.

Es entsprechen

alt	neu
316a	*317*
316b	*318*
316c	*310*
316d	*319*
316e	*320*
316f	*5*
316g	*321*
316h	*322*
316i	*323*
316k	*324*
316l	*325*
316m	*297 Abs. 4*
316n	*326*
316o	*327*

316p	*328*
316q	*329*
316r	*330*
316s	*331*
316t	–

IV. Nachlassvertrag mit Vermögensabtretung
Art. 317
A. Begriff

[1] Durch den Nachlassvertrag mit Vermögensabtretung kann den Gläubigern das Verfügungsrecht über das schuldnerische Vermögen eingeräumt oder dieses Vermögen einem Dritten ganz oder teilweise abgetreten werden.

[2] Die Gläubiger üben ihre Rechte durch die Liquidatoren und durch einen Gläubigerausschuss aus. Diese werden von der Versammlung gewählt, die sich zum Nachlassvertrag äussert. Sachwalter können Liquidatoren sein.

1 Der Nachlassvertrag mit Vermögensabtretung ist eine Form der **Zwangsvollstreckung** und, vorbehältlich anderslautender Staatsverträge sowie Art. 175 IPRG, vom Territorialitätsprinzip beherrscht: BGE 103 III 59 E.3d; vgl. auch BGE 105 III 95 E.2b; 107 III 109 E.3a.

2 Rechtmässigkeit einer Bestimmung, wonach Erlöse an im Ausland durch Gläubiger erwirkten **Arresten** auf die Dividenden anzurechnen sind: BGE 103 III 56 E.3.

3 Bezüglich der Durchsetzung der **Admassierung** einzelner Gegenstände vgl. BGE 83 III 120.

4 Betreibung **für grundpfandversicherte Forderungen** auf Pfandverwertung gegen die Liquidationsmasse zulässig: BGE 84 III 106.

5 Der Schuldner ist vom Augenblick der erteilten Nachlassstundung im Sinne von Art. 204 in der **Verfügungsmacht beschränkt**.

6 Notwendigkeit der Bekanntmachung auch der Tatsache, dass ein Nachlassvertrag mit Vermögensabtretung vorgeschlagen wird: BGE 56 III 94; Art. 319.

7 Die Aktivlegitimation des **Schuldners** wird mit dem Zustandekommen dieses Nachlassvertrages nicht berührt; er bleibt bis zur Verwertung Inhaber der Ansprüche, die in die Liquidationsmasse fallen; lediglich das Verfügungsrecht über diese wird ihm entzogen; vgl. hiezu und bezüglich nicht zur Liquidationsmasse gezogener Forderungen: BGE 80 III 49.

8 **OR Art. 575 Abs. 1** ist sinngemäss anwendbar: BGE 102 III 36 E.4.

9 Bei **Abtretung eines Gesellschaftsanteils** haben die Gläubiger Anspruch auf den entsprechenden Teil des Liquidationsergebnisses, wie es sich im Zeitpunkt der Auflösung ergibt: BGE 102 III 38 E.4b.

10 Frage der **analogen Anwendung von ZGB Art. 806** vom Richter zu entscheiden: BGE 105 III 30 E.2.

– Die **Pfandhaft** erstreckt sich im Sinne von ZGB 806 Abs. 1 auf die Miet- und Pachtzinsforderungen, die seit der Bestätigung des Nachlassvertrages bis zur Verwertung auflaufen: BGE 108 III 85 E.2–4.

11 Nachlassvertrag mit **teilweiser** Vermögensabtretung: BGE 122 III 181 E.5b.

Art. 317*a*–o
Aufgehoben.

Es entsprechen

alt	neu
317a	*337*
317b	*338*
317c	*339*
317d	*340*
317e	*341*
317f	*342*
317g	*343*
317h	*344*
317i	*345*
317k	*346*
317l	*347*
317m	*348*
317n	*349*
317o	*350*

Art. 318
B. Inhalt

[1] Der Nachlassvertrag enthält Bestimmungen über:

1. den Verzicht der Gläubiger auf den bei der Liquidation oder durch den Erlös aus der Abtretung des Vermögens nicht gedeckten Forderungsbetrag oder die genaue Ordnung eines Nachforderungsrechts;
2. die Bezeichnung der Liquidatoren *(320)* und der Mitglieder des Gläubigerausschusses sowie die Abgrenzung der Befugnisse derselben;
3. die Art und Weise der Liquidation, soweit sie nicht im Gesetz geordnet ist; wird das Vermögen an einen Dritten abgetreten, die Art und die Sicherstellung der Durchführung dieser Abtretung;
4. die neben den amtlichen Blättern für die Gläubiger bestimmten Publikationsorgane.

² Wird nicht das gesamte Vermögen des Schuldners in das Verfahren einbezogen, so ist im Nachlassvertrag eine genaue Ausscheidung vorzunehmen.

1 **Gläubigerausschuss** kann *nicht unterdrückt* werden (Entscheid zum Bankennachlassverfahren): BGE 61 III 185 E.2. Vgl. ferner BGE 64 III 20 E.1.

2 **Beschwerde** gegen Verfügungen der Liquidatoren geht an die AB; diese setzt auch deren Vergütung fest: BGE 64 III 30.

3 Das **Nachlassgericht** kann nur die ihm vom Gesetz zugewiesenen Aufgaben ausüben: BGE 82 III 89.

4 Tragweite von **Abs. 2**: BGE 122 III 181 E.5b.

Art. 319
C. Wirkungen der Bestätigung

¹ Mit der rechtskräftigen Bestätigung des Nachlassvertrages mit Vermögensabtretung erlöschen das Verfügungsrecht des Schuldners und die Zeichnungsbefugnis der bisher Berechtigten.

² Ist der Schuldner im Handelsregister eingetragen, so ist seiner Firma der Zusatz «in Nachlassliquidation» beizufügen. Die Masse kann unter dieser Firma für nicht vom Nachlassvertrag betroffene Verbindlichkeiten betrieben werden.

³ Die Liquidatoren haben alle zur Erhaltung und Verwertung der Masse sowie zur allfälligen Übertragung des abgetretenen Vermögens gehörenden Geschäfte vorzunehmen.

⁴ Die Liquidatoren vertreten die Masse vor Gericht. Artikel 242 gilt sinngemäss.

1 Für Entscheidungen vgl. Art. 320.

Art. 320
D. Stellung der Liquidatoren

[1] Die Liquidatoren unterstehen der Aufsicht und Kontrolle des Gläubigerausschusses.

[2] Gegen die Anordnungen der Liquidatoren über die Verwertung der Aktiven kann binnen zehn Tagen seit Kenntnisnahme beim Gläubigerausschuss Einsprache erhoben und gegen die bezüglichen Verfügungen des Gläubigerausschusses bei der Aufsichtsbehörde Beschwerde geführt werden.

[3] Im übrigen gelten für die Geschäftsführung der Liquidatoren die Artikel 8–11, 14, 34 und 35 sinngemäss.

1 **Einspracherecht** nur hinsichtlich Verwertungsmassnahmen: BGE 77 III 135 E.1.
   – Die Einsprache ist zu erheben, **bevor** bei der AB Beschwerde geführt wird: BGE 82 III 92 E.3.

2 **Schuldner und Gläubiger** können **Beschwerde** gegen Verwertungsmassnahmen bei Gesetzesverletzung (nicht aber wegen Unangemessenheit) und gegen Anordnungen führen, die Liquidatoren im Rahmen ihrer im Nachlassvertrag festgesetzten Kompetenzen im Liquidationsverfahren getroffen haben, der **Schuldner** nur insoweit, als er die Möglichkeit haben muss, auf eine rechtmässige Art der Verwertung hinzuwirken und soweit die beanstandete Massnahme in seine gesetzlich geschützten Rechte und Interessen eingreift: BGE 85 III 180 E.2b; 102 III 34 E.1; vgl. auch 95 III 28 E.2.

3 Sachliche Zuständigkeit der **Aufsichtsbehörde**: BGE 102 III 36 E.3b. Vgl. BGE 76 I 290 E.1.

Art. 321
E. Feststellung der teilnahmeberechtigten Gläubiger

[1] Zur Feststellung der am Liquidationsergebnis teilnehmenden Gläubiger und ihrer Rangstellung wird ohne nochmaligen Schuldenruf *(300)* gestützt auf die Geschäftsbücher des Schuldners *(293)* und die erfolgten Eingaben von den Liquidatoren ein Kollokationsplan erstellt und zur Einsicht der Gläubiger aufgelegt.

[2] Die Artikel 244–251 gelten sinngemäss.

1 **Nachträgliche** Eingabe und Teilnahme am Liquidationsergebnis ohne Erlöschen des Privilegs möglich: BGE 69 III 22; 97 III 86 E.6.

2 Verschiebung einer **Kollokationsverfügung**: BGE 92 III 30; 119 III 130.

- Auch über den Bestand eines **Pfandrechtes** ist trotz Absonderungsrecht der Faustpfandgläubiger im Kollokationsverfahren zu befinden: BGE 77 III 135 E.2.

- Über **Eigentum** des Schuldners oder eines Dritten am Pfandgegenstand ist im Kollokationsverfahren mitzuentscheiden: BGE 87 III 122 E.2.

3 Notwendigkeit, die Forderungen in **Schweizer Währung** aufzuführen: BGE 105 III 94 E.2.

4 **Anfechtung** des Kollokationsplanes durch Klage nach den Bestimmungen des Konkursverfahrens: BGE 83 III 81.

- Für die Berechnung des **Streitwertes** ist OG Art. 46 anwendbar: BGE 81 II 474;

- Anfechtung des Kollokationsplanes wegen Formmangel durch **Beschwerde**: BGE 83 III 81.

- Zur **Rechtskraft** des Kollokationsplanes: BGE 102 III 159 E.3. Vgl. auch BGE 76 I 291 f.

Art. 322
F. Verwertung
1. Im allgemeinen

¹ Die Aktiven werden in der Regel durch Eintreibung oder Verkauf der Forderungen, durch freihändigen Verkauf oder öffentliche Versteigerung der übrigen Vermögenswerte einzeln oder gesamthaft verwertet.

² Die Liquidatoren bestimmen im Einverständnis mit dem Gläubigerausschuss die Art und den Zeitpunkt der Verwertung.

1 Gegen die **grundsätzlichen Anordnungen** können Gläubiger und Schuldner direkt bei den AB Beschwerde führen, jedoch nicht wegen Unangemessenheit: BGE 85 III 179 E.1.

Art. 323
2. Verpfändete Grundstücke

Mit Ausnahme der Fälle, in denen das Vermögen einem Dritten abgetreten wurde, können Grundstücke, auf denen Pfandrechte lasten, freihändig nur mit Zustimmung der Pfandgläubiger verkauft werden *(256, 198, 37)*, deren Forderungen durch den Kaufpreis nicht gedeckt sind. Andernfalls sind die Grundstücke durch öffentliche Versteigerung zu verwerten (Art. 134–137, 142, 143, 257 und 258). Für Bestand und Rang der auf den Grundstücken haftenden Belastungen (Dienstbarkeiten, Grundlasten, Grundpfandrechte und vorgemerkte persönliche Rechte) ist der Kollokationsplan massgebend (Art. 321).

Keine Entscheidungen

Art. 324
3. Faustpfänder

[1] Die Pfandgläubiger mit Faustpfandrechten *(37)* sind nicht verpflichtet, ihr Pfand an die Liquidatoren *(320)* abzuliefern. Sie sind, soweit keine im Nachlassvertrag enthaltene Stundung *(295, 297)* entgegensteht, berechtigt, die Faustpfänder in dem ihnen gut scheinenden Zeitpunkt durch Betreibung auf Pfandverwertung zu liquidieren oder, wenn sie dazu durch den Pfandvertrag berechtigt waren, freihändig *(130, 256)* oder börsenmässig zu verwerten.

[2] Erfordert es jedoch das Interesse der Masse, dass ein Pfand verwertet wird, so können die Liquidatoren dem Pfandgläubiger eine Frist von mindestens sechs Monaten setzen, innert der er das Pfand verwerten muss. Sie fordern ihn gleichzeitig auf, ihnen das Pfand nach unbenutztem Ablauf der für die Verwertung gesetzten Frist abzuliefern, und weisen ihn auf die Straffolge (Art. 324 Ziff. 4 StGB) sowie darauf hin, dass sein Vorzugsrecht erlischt, wenn er ohne Rechtfertigung das Pfand nicht abliefert.

1   **Aussonderungsrecht** des Faustpfandgläubigers (im Gegensatz zur konkursrechtlichen Regelung, Art. 232 Ziff. 4). Abklärung der Gültigkeit des Pfandrechts im Kollokationsverfahren (BGE 77 III 135 E.2) oder in vorher eingeleitetem Prozess: BGE 84 III 116;

–   dem **Kollokationsverfahren** kommen die gleichen Rechtswirkungen zu wie im Konkurs: BGE 87 III 122 E.2.

2   Tragweite der **Selbstverkaufsrechtsbestimmungen:** BGE 81 III 59.

Art. 325
4. Abtretung von Ansprüchen an die Gläubiger

Verzichten Liquidatoren und Gläubigerausschuss *(318)* auf die Geltendmachung eines bestrittenen oder schwer einbringlichen Anspruches *(253 Abs. 2, KOV 79 Abs. 2)*, der zum Massenvermögen gehört, wie namentlich eines Anfechtungsanspruches oder einer Verantwortlichkeitsklage gegen Organe oder Angestellte des Schuldners, so haben sie davon die Gläubiger durch Rundschreiben oder öffentliche Bekanntmachung *(318 Abs. 1 Ziff. 4)* in Kenntnis zu setzen und ihnen die Abtretung des Anspruches zur eigenen Geltendmachung gemäss Artikel 260 anzubieten.

1 **Absolutes** Recht der Gläubiger auf Abtretung: BGE 61 III 186. Verfügungsrecht des Schuldners über eine nicht zur Masse gehörende Forderung: BGE 80 III 51.

2 Verhältnis zu **OR** Art. 164: BGE 122 III 176 E.3e, 188 E.5f.

Art. 326
G. Verteilung
1. Verteilungsliste
Vor jeder, auch bloss provisorischen, Abschlagszahlung haben die Liquidatoren den Gläubigern einen Auszug aus der Verteilungsliste zuzustellen und diese während zehn Tagen aufzulegen. Die Verteilungsliste unterliegt während der Auflagefrist der Beschwerde an die Aufsichtsbehörde.

1 Der auf streitige Forderungen entfallende Betrag ist zurückzubezahlen und zinstragend anzulegen. Der **Zinsertrag** kommt anteilsmässig denjenigen Gläubigern zugute, deren Forderung zu Unrecht bestritten wurde und die deshalb an der Abschlagsverteilung nicht teilnehmen durften: BGE 105 III 89 E.2.

Art. 327
2. Pfandausfallforderungen
[1] Die Pfandgläubiger, deren Pfänder im Zeitpunkt der Auflage der vorläufigen Verteilungsliste *(326)* schon verwertet sind, nehmen an einer Abschlagsverteilung mit dem tatsächlichen Pfandausfall teil. Dessen Höhe wird durch die Liquidatoren bestimmt, deren Verfügung nur durch Beschwerde gemäss Artikel 326 angefochten werden kann.

[2] Ist das Pfand bei der Auflegung der vorläufigen Verteilungsliste noch nicht verwertet, so ist der Pfandgläubiger mit der durch die Schätzung des Sachwalters festgestellten mutmasslichen Ausfallforderung zu berücksichtigen. Weist der Pfandgläubiger nach, dass der Pfanderlös unter der Schätzung geblieben ist, so hat er Anspruch auf entsprechende Dividende und Abschlagszahlung.

[3] Soweit der Pfandgläubiger durch den Pfanderlös und allfällige schon bezogene Abschlagszahlungen auf dem geschätzten Ausfall eine Überdeckung erhalten hat, ist er zur Herausgabe verpflichtet.

1 Für das **gewöhnliche** Nachlassverfahren vgl. VZG Art. 121.

2 In bezug auf **pfandgesicherte** Forderungen gelten die gleichen Regeln wie im Konkurs: BGE 87 III 120.

– Stellung der **Pfandgläubiger**: BGE 84 III 106.

3 Eine analoge Anwendung des Art. **206** ist ausgeschlossen: BGE 59 III 276.

Art. 328

3. Schlussrechnung

Gleichzeitig mit der endgültigen Verteilungsliste *(326)* ist auch eine Schlussrechnung, inbegriffen diejenige über die Kosten, aufzulegen.

Keine Entscheidungen

Art. 329

4. Hinterlegung

¹ Beträge, die nicht innert der von den Liquidatoren festzusetzenden Frist erhoben werden, sind bei der Depositenanstalt *(24)* zu hinterlegen.

² Nach Ablauf von zehn Jahren nicht erhobene Beträge sind vom Konkursamt zu verteilen; Artikel 269 ist sinngemäss anwendbar.

1   **Beginn** der Verjährung: BGE 68 III 176.

2   Betr. **Bezugsberechtigte** und Verfahren: BGE 93 III 114.

Art. 330

H. Rechenschaftsbericht

¹ Die Liquidatoren *(318)* erstellen nach Abschluss des Verfahrens einen Schlussbericht. Dieser muss dem Gläubigerausschuss zur Genehmigung unterbreitet, dem Nachlassrichter eingereicht und den Gläubigern zur Einsicht aufgelegt werden.

² Zieht sich die Liquidation über mehr als ein Jahr hin, so sind die Liquidatoren verpflichtet, auf Ende jedes Kalenderjahres einen Status über das liquidierte und das noch nicht verwertete Vermögen aufzustellen sowie einen Bericht über ihre Tätigkeit zu erstatten. Status und Bericht sind in den ersten zwei Monaten des folgenden Jahres durch Vermittlung des Gläubigerausschusses dem Nachlassrichter einzureichen und zur Einsicht der Gläubiger aufzulegen.

Keine Entscheidungen

Art. 331

I. Anfechtung von Rechtshandlungen

¹ Die vom Schuldner vor der Bestätigung des Nachlassvertrages *(306)* vorgenommenen Rechtshandlungen unterliegen der Anfechtung nach den Grundsätzen der Artikel 285–292.

² Massgebend für die Berechnung der Fristen ist anstelle der Pfändung oder Konkurseröffnung die Bewilligung der Nachlassstundung oder des Konkursaufschubes (Art. 725a, 764, 817 oder 903 OR), wenn ein solcher der Nachlassstundung vorausgegangen ist.

[3] Soweit Anfechtungsansprüche der Masse zur ganzen oder teilweisen Abweisung von Forderungen führen, sind die Liquidatoren zur einredeweisen Geltendmachung befugt und verpflichtet.

Keine Entscheidungen

V. Nachlassvertrag im Konkurs

Art. 332

[1] Wenn ein Schuldner, über welchen der Konkurs eröffnet ist *(175, 190–192)*, einen Nachlassvertrag vorschlägt *(252)*, so begutachtet die Konkursverwaltung den Vorschlag zuhanden der Gläubigerversammlung. Die Verhandlung über denselben findet in der zweiten Gläubigerversammlung statt *(252 Abs. 2, 253, 255)*.

[2] Die Artikel 302–307 und 310–331 gelten sinngemäss. An die Stelle des Sachwalters tritt jedoch die Konkursverwaltung. Die Verwertung wird eingestellt, bis der Nachlassrichter über die Bestätigung des Nachlassvertrages entschieden hat.

[3] Der Entscheid über den Nachlassvertrag wird der Konkursverwaltung mitgeteilt. Lautet derselbe auf Bestätigung, so beantragt die Konkursverwaltung beim Konkursgerichte *(162)* den Widerruf des Konkurses *(195 Abs. 1, 176)*.

1   Die Bestimmung ist auch anwendbar

- auf Pfandnachlassvertrag: BGE 59 III 221;
- auf **Aktiengesellschaften** und **Genossenschaften**: BGE 62 III 69.
- Keine Hemmung der Betreibung gegen einen Teilhaber einer **Kommanditgesellschaft**: BGE 62 III 133 E.2.

2   Allfällige *neue* **Gläubigerversammlung**: Art. 255 und BGE 48 III 135; 78 III 18.

3   Keine **Nachlassstundung**: BGE 35 I 268 E.2.

- Betreffend Einstellung der **Verwertung**: BGE 35 I 268 E.4; 120 III 95.

VI. Einvernehmliche private Schuldenbereinigung

Für diesen Abschnitt liegen keine Entscheidungen vor.

Art. 333

1. Antrag des Schuldners

[1] Ein Schuldner, der nicht der Konkursbetreibung unterliegt, kann beim Nachlassrichter die Durchführung einer einvernehmlichen privaten Schuldenbereinigung beantragen.

[2] Der Schuldner hat in seinem Gesuch seine Schulden sowie seine Einkommens- und Vermögensverhältnisse darzulegen.

Art. 334
2. Stundung. Ernennung eines Sachwalters

[1] Erscheint eine Schuldenbereinigung mit den Gläubigern nicht von vornherein als ausgeschlossen, und sind die Kosten des Verfahrens sichergestellt, so gewährt der Nachlassrichter dem Schuldner eine Stundung von höchstens drei Monaten und ernennt einen Sachwalter.

[2] Auf Antrag des Sachwalters kann die Stundung auf höchstens sechs Monate verlängert werden. Sie kann vorzeitig widerrufen werden, wenn eine einvernehmliche Schuldenbereinigung offensichtlich nicht herbeigeführt werden kann.

[3] Während der Stundung kann der Schuldner nur für periodische familienrechtliche Unterhalts- und Unterstützungsbeiträge betrieben werden. Die Fristen nach den Artikeln 88, 93 Absatz 2, 116 und 154 stehen still.

[4] Der Entscheid des Nachlassrichters wird den Gläubigern mitgeteilt; Artikel 294 Absätze 3 und 4 gilt sinngemäss.

Art. 335
3. Aufgaben des Sachwalters

[1] Der Sachwalter unterstützt den Schuldner beim Erstellen eines Bereinigungsvorschlags. Der Schuldner kann darin seinen Gläubigern insbesondere eine Dividende anbieten oder sie um Stundung der Forderungen oder andere Zahlungs- oder Zinserleichterungen ersuchen.

[2] Der Sachwalter führt mit den Gläubigern Verhandlungen über den Bereinigungsvorschlag des Schuldners.

[3] Der Nachlassrichter kann den Sachwalter beauftragen, den Schuldner bei der Erfüllung der Vereinbarung zu überwachen.

Art. 336
4. Verhältnis zur Nachlassstundung

In einem nachfolgenden Nachlassverfahren wird die Dauer der Stundung nach den Artikeln 333 ff. auf die Dauer der Nachlassstundung angerechnet.

Zwölfter Titel: Notstundung
Art. 337
A. Anwendbarkeit

Die Bestimmungen dieses Titels können unter ausserordentlichen Verhältnissen, insbesondere im Falle einer andauernden wirtschaftlichen Krise, von der Kantonsregierung mit Zustimmung des Bundesrates für die von diesen Verhältnissen in Mitleidenschaft gezogenen Schuldner eines bestimmten Gebietes und auf eine bestimmte Dauer anwendbar erklärt werden.

1 Unverbindlichkeit einer durch die Nachlassbehörde gewährten Stundung über diese **Frist** hinaus für die Betreibungsbehörden: BGE 49 III 11.

Art. 338
B. Bewilligung
1. Voraussetzungen

¹ Ein Schuldner, der ohne sein Verschulden infolge der in Artikel 337 genannten Verhältnisse ausserstande ist, seine Verbindlichkeiten zu erfüllen, kann vom Nachlassrichter eine Notstundung von höchstens sechs Monaten verlangen, sofern Aussicht besteht, dass er nach Ablauf dieser Stundung seine Gläubiger voll wird befriedigen können.

² Der Schuldner hat zu diesem Zwecke mit einem Gesuche an den Nachlassrichter die erforderlichen Nachweise über seine Vermögenslage zu erbringen und ein Verzeichnis seiner Gläubiger einzureichen; er hat ferner alle von der Nachlassbehörde verlangten Aufschlüsse zu geben und die sonstigen Urkunden vorzulegen, die von ihm noch gefordert werden.

³ Unterliegt der Schuldner der Konkursbetreibung, so hat er überdies dem Gesuche eine Bilanz und seine Geschäftsbücher beizulegen.

⁴ Nach Einreichung des Gesuches kann der Nachlassrichter durch einstweilige Verfügung die hängigen Betreibungen einstellen, ausgenommen für die in Artikel 342 bezeichneten Forderungen. Er entscheidet, ob und wieweit die Zeit der Einstellung auf die Dauer der Notstundung anzurechnen ist.

1 Die Einstellung einer Betreibung für Beiträge eines Arbeitgebers an **Ausgleichskasse** ist nicht zulässig: BGE 70 III 75.

Art. 339
2. Entscheid

¹ Der Nachlassrichter macht die allfällig noch notwendigen Erhebungen und ordnet sodann, wenn das Gesuch sich nicht ohne weiteres als unbe-

gründet erweist, eine Verhandlung an, zu der sämtliche Gläubiger durch öffentliche Bekanntmachung eingeladen werden: nötigenfalls sind Sachwalter beizuziehen.

[2] Weist das vom Schuldner eingereichte Gläubigerverzeichnis nur eine verhältnismässig kleine Zahl von Gläubigern auf und wird es vom Nachlassrichter als glaubwürdig erachtet, so kann er von einer öffentlichen Bekanntmachung absehen und die Gläubiger, Bürgen und Mitschuldner durch persönliche Benachrichtigung vorladen.

[3] Die Gläubiger können vor der Verhandlung die Akten einsehen und ihre Einwendungen gegen das Gesuch auch schriftlich anbringen.

[4] Der Nachlassrichter trifft beförderlich seinen Entscheid. Er kann in der Stundungsbewilligung dem Schuldner die Leistung einer oder mehrerer Abschlagszahlungen auferlegen.

Keine Entscheidungen

Art. 340
3. Weiterziehung

[1] Wo ein oberes kantonales Nachlassgericht besteht, können der Schuldner und jeder Gläubiger den Entscheid innert zehn Tagen nach seiner Eröffnung an dieses weiterziehen.

[2] Zur Verhandlung sind der Schuldner und diejenigen Gläubiger vorzuladen, die an der erstinstanzlichen Verhandlung anwesend oder vertreten waren.

[3] Eine vom Nachlassrichter bewilligte Notstundung besitzt Wirksamkeit bis zum endgültigen Entscheid des oberen kantonalen Nachlassgerichts.

Keine Entscheidungen

Art. 341
4. Sichernde Massnahmen

[1] Der Nachlassrichter ordnet spätestens bei Bewilligung der Notstundung die Aufnahme eines Güterverzeichnisses an. Für dieses gelten die Artikel 163 und 164 sinngemäss. Der Nachlassrichter kann weitere Verfügungen zur Wahrung der Rechte der Gläubiger treffen.

[2] Bei Bewilligung der Stundung kann er einen Sachwalter mit der Überwachung der Geschäftsführung des Schuldners beauftragen.

1 Verfügungen des **Sachwalters** unterliegen nicht der Beschwerde an die AB: BGE 73 III 3 E.3.

Art. 342
5. Mitteilung des Entscheides
Die Bewilligung der Stundung wird dem Betreibungsamt und, falls der
Schuldner der Konkursbetreibung unterliegt, dem Konkursgerichte mitgeteilt. Sie wird öffentlich bekanntgemacht, sobald sie rechtskräftig geworden ist.

Keine Entscheidungen

Art. 343
C. Wirkungen der Notstundung
1. Auf Betreibungen und Fristen
[1] Während der Dauer der Stundung können Betreibungen gegen den
Schuldner angehoben und bis zur Pfändung oder Konkursandrohung
fortgesetzt werden. Gepfändete Lohnbeträge sind auch während der
Stundung einzufordern. Dasselbe gilt für Miet- und Pachtzinse, sofern auf
Grund einer vor oder während der Stundung angehobenen Betreibung auf
Pfandverwertung die Pfandhaft sich auf diese Zinse erstreckt. Dagegen
darf einem Verwertungs- oder einem Konkursbegehren keine Folge gegeben werden.

[2] Die Fristen der Artikel 116, 154, 166, 188, 219, 286, 287 und 288 verlängern sich um die Dauer der Stundung. Ebenso erstreckt sich die Haftung des Grundpfandes für die Zinsen der Grundpfandschuld (Art. 818
Abs. 1 Ziff. 3 ZGB) um die Dauer der Stundung.

Keine Entscheidungen

Art. 344
2. Auf die Verfügungsbefugnis des Schuldners
a) Im allgemeinen
Dem Schuldner ist die Fortführung seines Geschäftes gestattet; doch darf
er während der Dauer der Stundung keine Rechtshandlungen vornehmen,
durch welche die berechtigten Interessen der Gläubiger beeinträchtigt
oder einzelne Gläubiger zum Nachteil anderer begünstigt werden.

Keine Entscheidungen

Art. 345
b) Kraft Verfügung des Nachlassrichters
[1] Der Nachlassrichter kann in der Stundungsbewilligung verfügen, dass die
Veräusserung oder Belastung von Grundstücken, die Bestellung von Pfändern, das Eingehen von Bürgschaften, die Vornahme unentgeltlicher Verfügungen sowie Leistung von Zahlungen auf Schulden, die vor der Stun-

dung entstanden sind, rechtsgültig nur mit Zustimmung des Sachwalters oder, wenn kein solcher bestellt ist, des Nachlassrichters stattfinden kann. Diese Zustimmung ist jedoch nicht erforderlich für die Zahlung von Schulden der zweiten Klasse nach Artikel 219 Absatz 4 sowie für Abschlagszahlungen nach Artikel 339 Absatz 4.

[2] Fügt der Nachlassrichter der Stundungsbewilligung diesen Vorbehalt bei, so ist er in die öffentliche Bekanntmachung aufzunehmen, und es ist die Stundung im Grundbuch als Verfügungsbeschränkung anzumerken.

Keine Entscheidungen

Art. 346
3. Nicht betroffene Forderungen

[1] Die Stundung bezieht sich nicht auf die Forderungen unter 100 Franken und auf Forderungen der ersten Klasse (Art. 219 Abs. 4).

[2] Doch ist für diese Forderungen während der Dauer der Stundung auch gegen den der Konkursbetreibung unterstehenden Schuldner nur die Betreibung auf Pfändung oder auf Pfandverwertung möglich.

Keine Entscheidungen

Art. 347
D. Verlängerung

[1] Innerhalb der Frist nach Artikel 337 kann der Nachlassrichter auf Ersuchen des Schuldners die ihm gewährte Stundung für höchstens vier Monate verlängern, wenn die Gründe, die zu ihrer Bewilligung geführt haben, ohne sein Verschulden noch fortdauern.

[2] Der Schuldner hat zu diesem Zweck dem Nachlassrichter mit seinem Gesuch eine Ergänzung des Gläubigerverzeichnisses und, wenn er der Konkursbetreibung unterliegt, eine neue Bilanz einzureichen.

[3] Der Nachlassrichter gibt den Gläubigern durch öffentliche Bekanntmachung von dem Verlängerungsbegehren Kenntnis und setzt ihnen eine Frist an, binnen welcher sie schriftlich Einwendungen gegen das Gesuch erheben können. Wurde ein Sachwalter bezeichnet, so ist er zum Bericht einzuladen.

[4] Nach Ablauf der Frist trifft der Nachlassrichter seinen Entscheid. Dieser unterliegt der Weiterziehung wie die Notstundung und ist wie diese bekanntzumachen.

[5] Das obere Nachlassgericht entscheidet auf Grund der Akten.

Keine Entscheidungen

Art. 348
E. Widerruf

[1] Die Stundung ist auf Antrag eines Gläubigers oder des Sachwalters vom Nachlassrichter zu widerrufen:

1. wenn der Schuldner die ihm auferlegten Abschlagszahlungen nicht pünktlich leistet;

2. wenn er den Weisungen des Sachwalters zuwiderhandelt oder die berechtigten Interessen der Gläubiger beeinträchtigt oder einzelne Gläubiger zum Nachteil anderer begünstigt;

3. wenn ein Gläubiger den Nachweis erbringt, dass die vom Schuldner dem Nachlassrichter gemachten Angaben falsch sind oder dass er imstande ist, alle seine Verbindlichkeiten zu erfüllen.

[2] Über den Antrag ist der Schuldner mündlich oder schriftlich einzuvernehmen. Der Nachlassrichter entscheidet nach Vornahme der allfällig noch notwendigen Erhebungen auf Grund der Akten, ebenso im Falle der Weiterziehung das obere Nachlassgericht. Der Widerruf der Stundung wird wie die Bewilligung bekanntgemacht.

[3] Wird die Stundung nach Ziffer 2 oder 3 widerrufen, so kann weder eine Nachlassstundung noch eine weitere Notstundung bewilligt werden.

Keine Entscheidungen

Art. 349
F. Verhältnis zur Nachlassstundung

[1] Will der Schuldner während der Notstundung einen Nachlassvertrag vorschlagen, so ist der Nachlassvertragsentwurf mit allen Aktenstücken und mit dem Gutachten des Sachwalters vor Ablauf der Stundung einzureichen.

[2] Nach Ablauf der Notstundung kann der Schuldner während eines halben Jahres weder eine Nachlassstundung noch eine weitere Notstundung verlangen.

[3] Der Schuldner, der ein Gesuch um Notstundung zurückgezogen hat oder dessen Gesuch abgewiesen ist, kann vor Ablauf eines halben Jahres keine Notstundung mehr verlangen.

Keine Entscheidungen

Art. 350
G. Verhältnis zum Konkursaufschub

[1] Ist einer Aktiengesellschaft eine Notstundung bewilligt worden, so darf ihr innerhalb eines Jahres seit deren Beendigung kein Konkursaufschub gemäss Artikel 725a des Obligationenrechts gewährt werden.

[2] Hat der Richter einer Aktiengesellschaft auf Grund von Artikel 725a des Obligationenrechts einen Konkursaufschub bewilligt, so darf ihr innerhalb eines Jahres seit dessen Beendigung keine Notstundung gewährt werden.

[3] Diese Bestimmungen gelten auch beim Konkursaufschub der Kommanditaktiengesellschaft, der Gesellschaft mit beschränkter Haftung und der Genossenschaft (Art. 764, 817 und 903 OR).

Keine Entscheidungen

Dreizehnter Titel: Schlussbestimmungen
I Bisherige Schlussbestimmungen
Art. 351
A. Inkrafttreten

1 Dieses Gesetz tritt mit dem 1. Januar 1892 in Kraft.

2 ... (obsolet)

3 Mit dem Inkrafttreten dieses Gesetzes werden alle demselben entgegenstehenden Vorschriften sowohl eidgenössischer als auch kantonaler Gesetze, Verordnungen und Konkordate aufgehoben, soweit nicht durch die folgenden Artikel etwas anderes bestimmt wird.

Art. 352
B. Bekanntmachung

Der Bundesrat wird beauftragt, gemäss den Bestimmungen des Bundesgesetzes vom 17. Juni 1874 betreffend Volksabstimmung über Bundesgesetze und Bundesbeschlüsse, die Bekanntmachung dieses Gesetzes zu veranstalten.

II Schlussbestimmungen des Bundesgesetzes über die Revision des SchKG
Art. 1
A. Ausführungsbestimmungen

Der Bundesrat, das Bundesgericht und die Kantone erlassen die Ausführungsbestimmungen.

Art. 2
B. Übergangsbestimmungen

1 Die Verfahrensvorschriften dieses Gesetzes und seine Ausführungsbestimmungen sind mit ihrem Inkrafttreten auf hängige Verfahren anwendbar, soweit sie mit ihnen vereinbar sind.

2 Für die Länge von Fristen, die vor dem Inkrafttreten dieses Gesetzes zu laufen begonnen haben, gilt das bisherige Recht.

3 Die im bisherigen Recht enthaltenen Privilegien (Art. 146 und 219) gelten weiter, wenn vor dem Inkrafttreten dieses Gesetzes der Konkurs eröffnet oder die Pfändung vollzogen worden ist.

4 Der privilegierte Teil der Frauengutsforderung wird in folgenden Fällen in einer besonderen Klasse zwischen der zweiten und der dritten Klasse kolloziert:

a. wenn die Ehegatten weiter unter Güterverbindung oder externer Gütergemeinschaft nach den Artikeln 211 und 224 des Zivilgesetzbuches in der Fassung von 1907 leben;

b. wenn die Ehegatten unter Errungenschaftsbeteiligung nach Artikel 9c des Schlusstitels zum Zivilgesetzbuch in der Fassung von 1984 leben.

[5]Die Verjährung der vor Inkrafttreten dieses Gesetzes durch Verlustschein verurkundeten Forderungen beginnt mit dem Inkrafttreten dieses Gesetzes zu laufen.

E.2, 3a;

– massgeblicher Zeitpunkt der Bewilligung der Nachlassstundung (und nicht der Genehmigung des Nachlassvertrags) bezüglioch der Kollokation nach alter oder neuer Privilegienordnung: BGE 125 III 158.

Art. 3
C. Referendum
Dieses Gesetz untersteht dem fakultativen Referendum.

Art. 4
D. Inkrafttreten
Der Bundesrat bestimmt das Inkrafttreten.

Anhang A: Vollstreckbare Urteile von Bundesbehörden

Schweizerischer Bundesrat

Schweizerisches Bundesgericht

Eidgenössisches Versicherungsgericht

Departemente und Bundeskanzlei (VwOG Art. 58, VwVG Art. 72 lit.a)

Verwaltungseinheiten des Bundes (VwOG Art. 58)

Bundesbehörden, deren unmittelbare Aufsichtsbehörde der Bundesrat ist (VwVG Art. 72 lit. b)

Instanzen autonomer eidgenössischer Anstalten und Betriebe (VwVG Art. 72 lit. c)

Kommissionen, deren Organisation sich ausschliesslich nach dem in der Sache anwendbaren Bundesrecht bestimmt (VwVG Art. 71d)

Eidgenössische Rekurs- und Schiedskommissionen (VwVG Art. 71a)

Anhang B: Ausländische vollstreckbare Urteile

Urteile zuständiger Gerichte oder Behörden privatrechtlichen Inhalts (IPRG Art. 25–27)

Urteile von Gerichten oder Behörden, die den Voraussetzungen eines der völkerrechtlichen Verträge bezüglich der Vollstreckung und Anerkennung von Urteilen privatrechtlichen Inhalts entsprechen

II. Ergänzende Erlasse

Verordnung über die Pfändung und Verwertung von Anteilen an Gemeinschaftsvermögen (VVAG)

vom 17. Januar 1923/5. Juni 1996

SR 281.41

Das Schweizerische Bundesgericht,

in Anwendung von Artikel 15 des Schuldbetreibungs- und Konkursgesetzes, *verordnet:*

I. Pfändung

Art. 1

Gegenstand der Pfändung

1 Hat der betriebene Schuldner am Vermögen einer ungeteilten Erbschaft, Gemeinderschaft, Kollektivgesellschaft, Kommanditgesellschaft oder ähnlichen Gemeinschaft Anteil, so kann sich die Pfändung des Anteilsrechtes nur auf den ihm bei der Liquidation der Gemeinschaft zufallenden Liquidationsanteil erstrecken, und zwar auch dann, wenn das gemeinschaftliche Vermögen aus einem einzigen Gegenstand besteht.

2 Dies gilt auch dann, wenn der Schuldner am Vermögen einer einfachen Gesellschaft Anteil hat und nicht im Gesellschaftsvertrag ausdrücklich vereinbart worden ist, das Gesellschaftsvermögen stehe im Miteigentum der Gesellschafter.

3 Der periodische zukünftige Ertrag (Zinse, Honorar, Gewinnanteile) eines Gemeinschaftsvermögens kann jeweilen nur auf die Dauer eines Jahres besonders gepfändet werden.

Abs. 1

1 Die Verordnung ist anwendbar, auch wenn das Gemeinschaftsvermögen in **Miteigentumsanteilen** besteht: BGE 55 II 5.

2 Dagegen ist die Verordnung nicht anwendbar auf eine **Vereinbarung über Gemeinschaft an Gewinn und Verlust** aus der Ausbeutung eines Rechtes, wenn keine eigentliche Kollektivgesellschaft vorliegt: BGE 58 III 111 E.1.

3 Bei Pfändung eines «**compte-joint**» ist Art. 1 nur anzuwenden, wenn zwischen Betreibungsschuldner und Mitinhaber des Kontos offensichtlich

ein Gemeinschaftsverhältnis im Sinne von Art. 1 besteht: BGE 110 III 26 E.4; 112 III 52 Nr. 14; 112 III 98 E.5.

4 Anwendbarkeit auch auf Verarrestierung von **Liquidationsanteilen** an unverteilter Erbschaft. BGE 118 III 66.

5 **Drittpersonen,** die das Bestehen eines Gemeinschaftsvermögens bestreiten, sind der Verordnung nicht unterstellt: BGE 62 III 28.

6 Bei Betreibung nur gegen einen Teilhaber einer Gemeinschaft zur gesamten Hand besteht der verwertbare Vermögensgegenstand bloss aus dem Anspruch des Teilhabers am **Liquidationsanteil:** BGE 124 III 508 E. 3b.

7 Die Arrestierung (Pfändung) von im Gesamteigentum des Schuldners und anderer Personen stehenden **Vermögenswerten** ist als nichtig von Amtes wegen aufzuheben: BGE 82 III 71 E.2; 91 III 72 E.1.

– An Stelle des Anteilrechtes können jedoch in einer ungeteilten Erbschaft für eine **gegen alle Erben** als Solidarschuldner in Betreibung gesetzte Forderung Vermögensstücke der Erbengemeinschaft gepfändet werden: BGE 73 III 112.

– Vgl. hiezu auch noch Ausführungen in BGE 82 III 73; 91 III 22 E.1.

Art. 2
Zuständigkeit

Zuständig zur Pfändung des Anteilsrechts und des Ertrages ist das Betreibungsamt des Wohnorts des Schuldners, auch wenn sich das Gemeinschaftsvermögen oder Teile desselben (Grundstücke oder Fahrnis) in einem andern Betreibungskreis befinden.

1 BGE 56 III 230. Gegenüber dem im Ausland wohnenden Miterben kann Arrestierung am **Ort der Erbgangsöffnung** verlangt werden: BGE 91 III 22 E.1; 109 III 90.

– Der Anteil eines im Ausland wohnenden Schuldners an einer **im Ausland gelegenen** unverteilten Erbschaft kann aber in der Schweiz nicht mit Arrest belegt werden, auch wenn ein zur Erbschaft gehörendes Grundstück in der Schweiz liegt: BGE 118 III 66 E.2d.

Art. 3
Reihenfolge der Pfändung

Anteilsrechte sollen vor Vermögensstücken, die von Dritten angesprochen werden, im übrigen aber immer erst in letzter Linie und nur dann gepfändet werden, wenn die blosse Pfändung des auf den betriebenen Schuldner allfällig entfallenden Ertrages seines Anteils zur Deckung der in Betreibung gesetzten Forderung nicht genügt.

1 Vgl. jedoch BGE 73 III 105; vgl. ferner BGE 80 III 119.

Art. 4
Widerspruchsverfahren

Ergibt sich aus dem Eintrag im Grundbuch, dass der betriebene Schuldner an einem Grundstück nicht ein nach Bruchteilen ausgeschiedenes Miteigentum, sondern die Rechte eines Gesamteigentümers besitzt, so kann der Gläubiger immerhin verlangen, dass ein Miteigentumsanteil des betriebenen Schuldners gepfändet werde, wenn er glaubhaft macht, dass der Grundbucheintrag unrichtig ist. Zuständig zur Vornahme dieser Pfändung ist das Betreibungsamt der gelegenen Sache (vgl. Art. 23d der V vom 23. April 1920 über die Zwangsverwertung von Grundstücken). Dem Gläubiger ist jedoch in einem solchen Falle sofort nach Artikel 108 SchKG Frist zur Klage gegen die andern im Grundbuch eingetragenen Gesamteigentümer anzusetzen. Wird die Frist nicht eingehalten oder der Gläubiger vom Gerichte abgewiesen, so fällt die Pfändung des Miteigentums dahin und ist das Anteilsrecht am Gesamteigentum zu pfänden.

Art. 5
Vollzug der Pfändung; Schätzung

[1] Kommt es zur Pfändung eines Anteilsrechts an einem Gemeinschaftsvermögen, so sind in der Pfändungsurkunde die sämtlichen Mitanteilhaber und ist auch die besondere Art des Gemeinschaftsverhältnisses, in dem diese stehen, vorzumerken. Der Schuldner ist zur Auskunft darüber verpflichtet. Die Bestandteile des Gemeinschaftsvermögens sind *nicht* einzeln aufzuführen und zu schätzen.

[2] Gehören Grundstücke zum Gemeinschaftsvermögen, so wird eine Verfügungsbeschränkung beim Grundbuch nicht angemeldet. Die Anwendung von Artikel 98 Absätze 1, 3 und 4 SchKG auf bewegliche Sachen des Gemeinschaftsvermögens ist ausgeschlossen.

[3] Kann der Wert des Anteilsrechts ohne eingehende Erhebungen nicht ermittelt werden, so genügt eine Feststellung darüber, ob nach Pfändung des Anteilsrechts die Forderungen der pfändenden Gläubiger durch den Schätzungswert aller gepfändeten Gegenstände gedeckt erscheinen, oder ob die Pfändungsurkunde als provisorischer Verlustschein zu betrachten ist.

Abs. 1

1 **Eigentümertitel**, die auf den im Gesamteigentum stehenden Liegenschaften errichtet wurden, sind jedoch in analoger Anwendung von Art. 98 Abs. 1 SchKG in Verwahrung zu nehmen; Bedeutung der Rechte Dritter: BGE 91 III 75 E.4b.

Abs. 2

2 **Summarische Feststellung** ist als Abweichung von Art. 97 Abs. 1 SchKG einschränkend auszulegen und nur in Ausnahmefällen anzuwenden: BGE 91 III 75 E.4a.

Art. 6
Wirkung gegenüber den Mitanteilhabern

[1] Sowohl die Pfändung des Anteilsrechts selbst als auch des periodischen Ertrages ist den sämtlichen Mitanteilhabern mitzuteilen, mit der Weisung, in Zukunft fällig werdende, auf den Schuldner entfallende Erträgnisse dem Betreibungsamt abzuliefern, und mit der Anzeige, dass sie sämtliche für den Schuldner bestimmten, die Gemeinschaft betreffenden Mitteilungen in Zukunft dem Betreibungsamt zu machen haben und Verfügungen über die zur Gemeinschaft gehörenden Vermögensgegenstände, für welche an sich die Zustimmung des Schuldners erforderlich wäre, nurmehr mit Zustimmung des Betreibungsamtes vornehmen dürfen.

[2] Handelt es sich um eine unverteilte Erbschaft, so kann zugleich, wenn ein gemeinsamer Vertreter der Erbengemeinschaft nach Artikel 602 ZGB noch nicht bestellt ist, die Bezeichnung eines solchen verlangt werden, dem alsdann behufs Wahrung der Rechte der pfändenden Gläubiger die Pfändung anzuzeigen ist.

Abs. 1

1 Obligator. **Formular** Nr. 17.

Abs. 2

2 Bei der Verwertung eines gepfändeten Anteils am Gemeinschaftsvermögen dürfen weder das BA noch die AB sich zur **Zusammensetzung der Erbengemeinschaft** äussern. Sie sind nicht zuständig für die Beurteilung materiell-rechtlicher Fragen und dürfen daher nicht darüber entscheiden, wer Mitglied der Erbengemeinschaft ist: BGE 113 III 38.,

– Auch nicht über die **Höhe** eines Anteils am Gemeinschaftsvermögen: BGE 113 III 40.

Art. 7
Kündigung einer Handelsgesellschaft

Die Rechte auf Kündigung einer Kollektiv- und Kommanditgesellschaft gemäss Artikel 575 Absatz 2 OR kann der Gläubiger erst ausüben, nachdem er das Verwertungsbegehren gestellt hat und die Verhandlungen vor dem Betreibungsamt oder der Aufsichtsbehörde gemäss den Artikeln 9 und 10 hiernach nicht zu einer Verständigung geführt haben.

1 Für das Konkursverfahren und das Nachlassverfahren mit Vermögensabtretung **nicht zwingend** vorgeschrieben: BGE 102 III 39 E.5.

II. Verwertung

Art. 8
Frist zur Stellung des Verwertungsbegehrens. Abschlagsverteilungen

[1] Auch wenn Grundstücke zum Gemeinschaftsvermögen gehören, so gelten für die Stellung des Verwertungsbegehrens die für die Verwertung von beweglichen Vermögensstücken, Forderungen und andern Rechten aufgestellten Vorschriften des Artikels 116 SchKG.

[2] Die nach der Pfändung des Liquidationsanteiles fällig werdenden, dem Schuldner zukommenden Erträgnisse des Gemeinschaftsvermögens können, selbst wenn sie in der Pfändungsurkunde nicht besonders erwähnt sind, den pfändenden Gläubigern auch ohne besonderes Verwertungsbegehren als Abschlagszahlung abgeliefert werden.

1 BGE 85 III 78 E.3. **Vertretung** der Anteilsrechte an einer einfachen Gesellschaft im **Konkurs**: BGE 78 III 169.

Art. 9
Einigungsverhandlungen

[1] Wird die Verwertung eines Anteilsrechts an einem Gemeinschaftsvermögen verlangt, so versucht das Betreibungsamt zunächst, zwischen den pfändenden Gläubigern, dem Schuldner und den andern Teilhabern der Gemeinschaft eine gütliche Einigung herbeizuführen, sei es durch Abfindung der Gläubiger, sei es durch Auflösung der Gemeinschaft und Feststellung des auf den Schuldner entfallenden Liquidationsergebnisses.

[2] Die Gemeinschafter sind zur Vorlage der Bücher und aller Belege verpflichtet, welche zur Feststellung des Abfindungswertes notwendig sind. Die Gläubiger erhalten jedoch nur mit Einwilligung aller Gemeinschafter Einsicht in die Bücher und Belege.

³ Die obere kantonale Aufsichtsbehörde kann zur Vornahme dieser Einigungsverhandlungen sich selbst oder die untere Aufsichtsbehörde als zuständig erklären.

Abs. 1

1 **Zuständig**, auch zur Verwertung, ist das Amt, welches den Anteil gepfändet hat und nicht dasjenige des Sitzes der Gesellschaft: BGE 52 III 6.

2 Die **Massnahmen** müssen nicht unbedingt durch das Betreibungsamt getroffen werden (vgl. Abs. 3): BGE 105 III 58 E.2a.

3 Im **Konkurs** eines Anteilhabers sind Einigungsverhandlungen fakultativ und nur zu begrenztem Zwecke zu führen: BGE 78 III 170. Vgl. auch·BGE 96 III 22 E.6.

4 **Beschwerde**: BGE 98 III 23.

5 Keine Notwendigkeit von Einigungsverhandlungen vor einer **Kündigung nach OR Art. 575 Abs. 2** im Konkurs und bei Nachlassvertrag mit Vermögensabtretung: BGE 102 III 39 E.5.

6 Tragung der **Kosten** und Vorschusspflicht: BGE 80 III 121 E.3.

7 Vorgehen bei **Aufschub der Verwertung** eines Grundstücks, das den Aktivbestandteil des Gemeinschaftsvermögens bildet: BGE 114 III 104.

Abs. 3

8 **Delegation** an eine andere Instanz ausgeschlossen: BGE 54 III 138.

Art. 10
Verfügungen der Aufsichtsbehörde

¹ Gelingt eine gütliche Verständigung nicht, so fordert das Betreibungsamt oder die Behörde, welche die Einigungsverhandlungen leitet, die pfändenden Gläubiger, den Schuldner und die Mitanteilhaber auf, ihre Anträge über die weiteren Verwertungsmassnahmen innert zehn Tagen zu stellen, und übermittelt nach Ablauf dieser Frist die sämtlichen Betreibungsakten der für das Verfahren nach Artikel 132 SchKG zuständigen Aufsichtsbehörde. Diese kann nochmals Einigungsverhand-lungen anordnen.

² Die Aufsichtsbehörde verfügt unter möglichster Berücksichtigung der Anträge der Beteiligten, ob das gepfändete Anteilsrecht als solches versteigert, oder ob die Auflösung der Gemeinschaft und Liquidation des Gemeinschaftsvermögens nach den für die betreffende Gemeinschaft geltenden Vorschriften herbeigeführt werden soll.

³ Die Versteigerung soll in der Regel nur dann angeordnet werden, wenn der Wert des Anteilsrechts gestützt auf die im Pfändungsverfahren oder

beim Einigungsversuch gemachten Erhebungen annähernd bestimmt werden kann. Die Aufsichtsbehörde ist berechtigt, über diesen Wert neue Erhebungen, insbesondere die Inventarisierung des Gemeinschaftsvermögens, anzuordnen.

4 Den Gläubigern, welche die Auflösung der Gemeinschaft verlangen, ist eine Frist zur Vorschussleistung anzusetzen mit der Androhung, es werde andernfalls das Anteilsrecht als solches versteigert.

Abs. 1

1 Bei **Ungültigkeit** des eigentlichen Verwertungsbegehrens kann der von einem Gruppengläubiger gestellte Antrag auf bestimmte Art der Verwertung eines gepfändeten Erbanteils als Verwertungsbegehren mit Wirkung für die ganze Gruppe berücksichtigt werden: BGE 85 III 80 E.3b.

Abs. 2

2 Erfolgt keine Einigung unter den Beteiligten, so ist ohne Rücksicht auf materiell-rechtliche Einreden die Art der **Verwertung** anzuordnen: BGE 87 III 108 E.1.

3 Blosse **nachträgliche Genehmigung** seitens der AB unzulässig: BGE 55 III 6.

4 **Voraussetzung** ist, dass die Verwertung noch nicht stattgefunden hat: BGE 54 III 95 E.3.

   – Voraussetzung der Verwertung von Vermögen einer **Aktiengesellschaft**, nachdem ein Anteil an jener Gemeinschaft gepfändet worden ist; Verletzung von Drittinteressen führt zur Nichtigkeit einer solchen Verfügung: BGE 87 III 99 E.3.

5 Zustimmung des Schuldners oder diese ersetzendes Gerichtsurteil zur **freihändigen Verwertung** unerlässlich: BGE 74 III 83.

Abs. 3

6 Vgl. hiezu BGE 80 III 119; 96 III 16 E.3.

Art. 11
Versteigerung des Anteilrechts

1 Bei der Versteigerung gemäss Artikel 10 ist als Steigerungsgegenstand ausdrücklich der Liquidationsanteil des Schuldners an der genau zu bezeichnenden Gemeinschaft mit den namentlich zu nennenden Mitanteilhabern anzugeben. Letztere sind durch Spezialanzeige gemäss Artikel 125 Absatz 3 SchKG von Zeit und Ort der Steigerung in Kenntnis zu setzen.

² Dem Ersteigerer ist eine schriftliche Bescheinigung des Betreibungsamtes darüber auszustellen, dass die Ansprüche des Schuldners auf Teilung der Gemeinschaft und Zuweisung des Liquidationserlöses auf ihn übergegangen sind.

1 Auch der Erwerber **sämtlicher** Anteile an einem Gemeinschaftsvermögen kann sich nicht ohne weiteres als Grundeigentümer eintragen lassen: BGE 57 I 48 E.2.

Art. 12
Rechtsvorkehren zur Liquidation der Gemeinschaft

Hat die Aufsichtsbehörde die Auflösung und Liquidation des Gemeinschaftsverhältnisses angeordnet, so trifft das Betreibungsamt oder ein von der Aufsichtsbehörde allfällig hiefür bezeichneter Verwalter die zur Herbeiführung derselben erforderlichen rechtlichen Vorkehrungen und übt dabei alle dem betriebenen Schuldner zustehenden Rechte aus. Handelt es sich um eine Erbengemeinschaft, so hat das Betreibungsamt die Vornahme der Teilung unter Mitwirkung der nach Artikel 609 ZGB zuständigen Behörde zu verlangen.

1 Unzuständigkeit des Betreibungsamtes und der Aufsichtsbehörde, sich zur **Zusammensetzung der Erbengemeinschaft** zu äussern: BGE 113 III 39.

2 Die gemäss ZGB Art. 473 begründete **Nutzniessung** bildet an sich kein Hindernis der Erbteilung: BGE 105 III 59 E.2c.

3 Nicht das BA, sondern die **nach kantonalem Recht zuständigen Behörden** haben im Erbteilungsverfahren an Stelle des betreffenden Schuldners einzugreifen: BGE 71 III 103.

– Ist aber das Teilungsverfahren bereits im Gange und verlangt ein Gläubiger die Verwertung des gepfändeten Erbteils, stellt das BA an seiner Stelle das in ZGB Art. 609 vorgesehene **Begehren** um behördliche Mitwirkung bei der Erbteilung: BGE 110 III 47.

4 Aus dem Ergebnis des Teilungsverfahrens sind vorab die **Kostenvorschüsse** des Gläubigers zu decken: BGE 96 III 22 E.5. Vgl. auch N 2 zu Art. 6.

5 Es ist allen Gemeinschaftern in gesetzlicher Weise zu **kündigen**: BGE 52 III 6.

Art. 13
Abtretung des Liquidationsanspruchs an die Gläubiger

[1] Widersetzt sich einer der Mitanteilhaber der Auflösung der Gemeinschaft, so bietet das Betreibungsamt den Gläubigern den Anspruch auf Auflösung der Gemeinschaft und Liquidation des Gemeinschaftsvermögens zur Geltendmachung auf eigene Gefahr gemäss Artikel 131 Absatz 2 SchKG an. Macht kein Gläubiger innert der angesetzten Frist von diesem Angebot Gebrauch, so wird das Anteilsrecht versteigert.

[2] Die Abtretung des Anspruchs ist ausgeschlossen bei Anteilsrechten an Erbschaften, an welchen der Schuldner unstreitig beteiligt und die unstreitig nicht geteilt sind, deren Teilung aber von den Miterben abgelehnt wird. Auf die Gläubiger, welche die Kosten des zur Herbeiführung der Erbteilung nötigen Verfahrens vorgeschossen haben, ist Artikel 131 Absatz 2 Satz drei SchKG entsprechend anwendbar.

Art. 14
Verwertung des Liquidationsergebnisses

[1] Wird bei der Liquidation des Gemeinschaftsvermögens der Wert des gepfändeten Anteils nicht in Geld ausgewiesen, so verwertet das Betreibungsamt die auf den gepfändeten Anteil zugeteilten Vermögensgegenstände ohne besonderes Begehren der Gläubiger unverzüglich.

[2] Die gemäss Artikel 131 Absatz 2 SchKG zur Geltendmachung des Anspruchs auf Auflösung der Gemeinschaft ermächtigten Gläubiger sind verpflichtet, diese Vermögensgegenstände dem Betreibungsamt zur Verwertung zur Verfügung zu stellen; handelt es sich um Geld, so können sie den zur Deckung ihrer Auslagen und Forderungen erforderlichen Betrag zurückbehalten, haben aber dem Betreibungsamt Abrechnung zu erteilen und den Überschuss an dieses abzuliefern.

[3] Die Verwertung erfolgt unter Beobachtung der Vorschriften der Artikel 92, 119 Absatz 2, 122 Absatz 2, 125–131, 132a, 134–143b SchKG und sinngemäss des Artikels 15 Buchstabe a der Verordnung vom 23. April 1920 über die Zwangsverwertung von Grundstücken. Die Gegenstände sind vor der Verwertung zu schätzen; die Schätzung ist dem Schuldner und allen Pfändungsgläubigern mitzuteilen.

Abs. 3

1 Betr. die Pfändung eines Erbanteils im Falle der **Liquidation des Erbschaftsvermögens** vgl. BGE 67 III 55.

2 Das BA hat über die **Pfändbarkeit** der dem Schuldner zugeteilten einzelnen Gegenstände zu entscheiden: BGE 71 III 13 E.2.

Art. 15

Aufgehoben.

Der Artikel sah eine Berichterstattungspflicht des Betreibungsamtes an die Aufsichtsbehörde nach vollständiger Verwertung des Anteilsrechtes vor.

III. Verwertung im Konkurs

Art. 16

Verfügung der Konkursverwaltung

[1] Im Konkursverfahren bestimmt die Konkursverwaltung unter Vorbehalt der Kompetenzen des Gläubigerausschusses und der Gläubigerversammlung die Art der Verwertung der zur Konkursmasse gehörenden Anteilsrechte.

[2] Die Bestimmungen der Artikel 9 Absatz 2 und 11 dieser Verordnung sind entsprechend anwendbar.

1 Dazu KS BGr Nr. 17 v. 1.II.1926 betr. Behandlung von Miteigentum und Gesamteigentum im Konkurs (Nr. 37); unter Ehegatten vgl. BGE 68 III 44.

Verordnung über die Geschäftsführung der Konkursämter (Konkursverordnung KOV)

vom 13. Juli 1911 / 5. Juni 1996

SR 281.32

Das Schweizerische Bundesgericht,

in Anwendung von Artikel 15 des Schuldbetreibungs- und Konkursgesetzes (SchKG),

verordnet:

A. Protokoll-, Akten- und Rechnungswesen

I. Allgemeine Bestimmungen

Art. 1

1. Obligatorische Verzeichnisse und Bücher

Die Konkursämter haben folgende Verzeichnisse und Bücher zu führen:

1. ein Verzeichnis der Konkurse und Rechtshilfegesuche in Konkursen;
2. ein Kassabuch;
3. ein Kontokorrentbuch;
4. ein Bilanzheft.

Art. 2

2. Obligatorische Formulare

Für folgende, von den Konkursbeamten zu errichtenden Aktenstücke sind einheitliche *Formulare* zu verwenden:

1. Konkursprotokoll;
2. Inventar;
3. Verzeichnis der Forderungseingaben;
4. Einladung zur Gläubigerversammlung;
5. Kollokationsplan;
6. Abtretung von Rechtsansprüchen der Masse gemäss Artikel 260 SchKG;
7. Steigerungsanzeigen gemäss Artikel 257 SchKG;
8. Kostenrechnung und Verteilungsliste;

9. Anzeige an die Gläubiger und an den Gemeinschuldner über die Auflegung der Verteilungsliste;

10. Verlustschein;

11. Gebühren- und Auslagenrechnung;

12. Bekanntmachungen über die Konkurseröffnung, die Auflegung des Kollokationsplanes, den Konkurswiderruf, die Einstellung und den Schluss des Konkursverfahrens.

1 Blosse **Ordnungsvorschrift**: BGE 120 III 166 E.2.

Art. 3
3. Muster für Bücher, Verzeichnisse und Formulare

1 Die in den Artikeln 1 und 2 genannten Bücher, Verzeichnisse und Formulare müssen den im Anhang zu der vorliegenden Verordnung aufgestellten Mustern entsprechen.

2 Die Kantone können noch weitere Formulare (für Steigerungsprotokolle, Anzeigen u. dgl.) gestatten oder vorschreiben.

Art. 4
4. Konkursverzeichnis

1 Die in das *Konkursverzeichnis* in der Reihenfolge ihres Eingangs einzutragenden Geschäfte sind fortlaufend zu numerieren. Jedes Jahr ist mit der Numerierung neu zu beginnen und das Verzeichnis am Ende jedes Jahres abzuschliessen. Die unerledigten Fälle aus dem Vorjahr sind im Verzeichnis des neuen Jahres summarisch vorzumerken.

2 Das Verzeichnis ist am Schlusse mit einem alphabetischen Register nach den Namen der Gemeinschuldner zu versehen.

Art. 5
5. Mitteilungen, Empfangsscheine und Bekanntmachungen

1 Sämtliche *Mitteilungen* der Konkursämter sind in Kopie zu den Akten zu legen.

2 Für jede Geld- oder Wertsendung sowie für jeden eingeschriebenen Brief sind Postempfangsscheine zu erheben und zu den Akten zu legen, oder es ist die Versendung in einem Postquittungenbuch zu bescheinigen.

3 Erfolgt die Mitteilung mittels öffentlicher *Bekanntmachung*, so ist eine Exemplar des Blattes oder ein mit dem Datum der Publikation versehener Ausschnitt zu den Akten zu legen.

Art. 6
6. Protokoll- und Aktenführung durch den Stellvertreter

[1] Befindet sich der Konkursbeamte im *Ausstande*, so übermittelt er die Akten unverzüglich seinem *Stellvertreter*. Kann auch dieser nicht amten und muss daher ein *ausserordentlicher Stellvertreter* bezeichnet werden, so soll der Konkursbeamte bei der zuständigen kantonalen Instanz die Ernennung eines solchen beantragen.

[2] Die Eintragung des vom Stellvertreter durchgeführten Konkurses erfolgt stets im Verzeichnis des zuständigen Konkursamtes. Dabei ist in der Rubrik «Bemerkungen» auf die Besorgung des Konkurses durch den ordentlichen oder ausserordentlichen Stellvertreter hinzuweisen und der Grund des Ausstandes anzugeben.

[3] Der Stellvertreter hat auf sämtlichen von ihm zu unterzeichnenden Aktenstücken seine Eigenschaft als Stellvertreter anzuführen und nach Erledigung des Konkurses Protokoll und Akten an das zuständige Konkursamt abzuliefern.

Art. 7
7. Amtsübergabe und Beamtenwechsel

[1] Bei jedem Beamtenwechsel hat eine förmliche *Amtsübergabe* unter Leitung einer von der kantonalen Aufsichtsbehörde zu bezeichnenden Amtsstelle stattzufinden. Dabei sind sämtliche Bücher abzuschliessen und vom bisherigen Konkursbeamten eigenhändig zu unterzeichnen. Ferner ist die Rechnungsführung nachzuprüfen und festzustellen, ob der Kassabestand mit der Summe der Kontokorrentsaldi nach Abrechnung des Depositensaldos übereinstimmt, sowie das Enddatum der Amtstätigkeit des bisherigen und das Anfangsdatum derjenigen des neuen Beamten in den Büchern zu verurkunden.

[2] Über den Übergabeakt ist ein Protokoll aufzunehmen, das von sämtlichen anwesenden Personen zu unterzeichnen ist.

II. Protokollführung
Art. 8
Konkursprotokoll
a. Zweck und Inhalt

Die Konkursbeamten haben in allen Konkursen, auch in denjenigen, welche mangels Aktiven eingestellt werden, sowie über jedes bei ihnen eingehende Rechtshilfegesuch sofort nach Eingang des Konkurserkenntnisses oder des Auftrages des ersuchenden Konkursamtes ein *Protokoll* anzulegen und nachzuführen, in welchem sämtliche Konkurshandlungen und sonstigen das Konkursverfahren beeinflussenden Vorgänge jeweilen unverzüglich in zeitlicher Reihenfolge zu verurkunden sind.

1 Formular KOV Nr. 2.

Art. 9
b. Eintragungen

Die Eintragungen sollen nur den *wesentlichen* Inhalt der einzelnen Handlungen und Vorgänge, soweit zum Verständnis des Protokolls oder für die Beweiskraft erforderlich, wiedergeben. Ebenso sind Mitteilungen des Konkursamtes nur insoweit zu notieren, als ihr Inhalt *rechtserheblich* ist. Für gerichtliche Verfügungen, Beschlüsse und Urteile genügt die summarische Erwähnung des *Dispositivs*. Im übrigen ist stets auf die Akten in der hierfür bestimmten Rubrik zu verweisen.

Art. 10
c. Anlage und Aufbewahrung

1 Die Eintragungen im Protokoll erfolgen auf fliegenden Bogen, welche zu paginieren und durch einen gemäss dem vorgeschriebenen Formular betitelten Umschlag zusammenzuhalten sind. Das Protokoll ist am Schluss vom Konkursbeamten unter Beisetzung des amtlichen Stempels zu unterzeichnen.

2 ...

3 Diesem Protokoll sind als integrierende Bestandteile beizulegen: das Inventar, das Verzeichnis der Forderungseingaben, die Kostenrechnung, die Protokolle der Gläubigerversammlungen, des Gläubigerausschusses, die Berichte der Konkursverwaltung und die gerichtlichen Verfügungen über den Schluss oder den Widerruf des Konkursverfahrens.

4 Nach Erledigung eines Rechtshilfegesuches liefert das ersuchte Amt die sämtlichen Akten dem ersuchenden Amte ab.

Art. 11
d. Edition

Die *Hauptakten* (Protokoll und integrierende Bestandteile gemäss Art. 10) dürfen in der Regel an Drittpersonen oder Gerichte nur dann aushingegeben werden, wenn die Umstände den Ersatz durch beglaubigte Abschriften oder durch die persönliche Einvernahme des Konkursverwalters nicht erlauben.

III. Elektronische Datenverarbeitung

Art. 12

Zulässigkeit

Die Führung der in Artikel 1 genannten Verzeichnisse und Bücher sowie die Erstellung der in Artikel 2 erwähnten Aktenstücke und der Mitteilungen gemäss Artikel 5 kann mit Bewilligung der kantonalen Aufsichtsbehörde mittels elektronischer Datenverarbeitung erfolgen.

IV. Ordnung und Aufbewahrung der Akten

Art. 13

1. Ordnung und Numerierung der Akten

[1] Sämtliche dem Konkursamt zugehende Schriftstücke sind sofort mit dem Eingangsdatum zu versehen.

[2] Die Akten jedes Konkurses sind, unter Vorbehalt der besondern Bestimmungen der Artikel 21 und 24 Absatz 2 betreffend die Kassa- und Kostenbelege, nach *Materien* (Inventar, Eigentumsansprachen, unpfändbare Gegenstände, Kollokationsplan usw.) zu sondern, innerhalb jeder Materie nach alphabetischer oder zeitlicher Ordnung zu numerieren und in einem mit der Bezeichnung des Konkurses zu überschreibenden Ordner beisammenzuhalten.

[3] Die von den Konkursgläubigern eingelegten Belege erhalten die Nummer der entsprechenden Forderungseingabe und werden fortlaufend mit Buchstaben bezeichnet.

Art. 14

2. Aufbewahrung

a. der Akten

[1] Die Akten erledigter Konkurse dürfen nach Ablauf von zehn Jahren, vom Tage der Erledigung an gerechnet, vernichtet werden, ebenso die Kassabücher nebst Belegen, die Kontokorrentbücher und Bilanzhefte nach Ablauf von zehn Jahren seit deren Abschluss.

[2] Das Konkursverzeichnis ist während 40 Jahren seit dessen Abschluss aufzubewahren.

Art. 15

b. der Geschäftsbücher und Geschäftspapiere

Hinsichtlich der Aufbewahrung der vom Konkursamt zu den Konkursakten beigezogenen Geschäftsbücher und Geschäftspapiere des Gemeinschuldners ist nach folgenden Grundsätzen zu verfahren:

1. Wird das vom Gemeinschuldner betriebene Geschäft im Konkursverfahren als Ganzes an einen Dritten veräussert, so sind die Geschäftsbücher und Geschäftspapiere auf Verlangen dem Erwerber zu übergeben.

2. Findet kein solcher Übergang des Geschäfts und damit der Geschäftsbücher und Geschäftspapiere auf einen Dritten statt, so ist wie folgt zu verfahren:

a. Im Falle des Konkurses über eine Einzelfirma sind die Geschäftsbücher und Geschäftspapiere nach durchgeführtem Konkursverfahren dem Gemeinschuldner herauszugeben, und es ist alsdann seine Sache, für ihre Aufbewahrung während der zehnjährigen Frist des Artikels 962 des Obligationenrechts zu sorgen.

b. War der Gemeinschuldner eine Kollektiv- oder Kommanditgesellschaft, so hat die Rückgabe der Geschäftsbücher und Geschäftspapiere an denjenigen unbeschränkt haftenden Gesellschafter zu erfolgen, der von den andern Gesellschaftern zu ihrer Empfangnahme ermächtigt ist. Besteht hierüber unter ihnen kein Einverständnis, so bleiben die Bücher und Papiere so lange beim Konkursamt, bis sie entweder gerichtlich einem der Gesellschafter zugesprochen worden sind oder die gesetzliche zehnjährige Frist vom Tage der letzten Eintragung an abgelaufen ist.

c. Die Geschäftsbücher und Geschäftspapiere von falliten Aktiengesellschaften und Genossenschaften sind auch nach Schluss des Konkursverfahrens auf dem Konkursamt aufzubewahren, solange nicht die nach Artikel 747 des Obligationenrechts hierzu kompetente Handelsregisterbehörde einen andern sichern Ort für die Niederlegung auf die Dauer von zehn Jahren bestimmt hat.

3. Ist die Aufbewahrung durch den Gemeinschuldner nicht möglich, so sind die Bücher und Papiere auf dem Konkursamt aufzubewahren.

4. Die kantonalen Aufsichtsbehörden haben dafür zu sorgen, dass die Konkursämter, welche nicht in der Lage sind, die nach vorstehenden Grundsätzen bei ihnen liegenden Bücher und Papiere aufzubewahren, sie an einem zentralen Orte archivieren können.

1 Ziff. 1 gilt auch bei Veräusserung der **Aktiven ohne Übernahme der Passiven**: BGE 42 III 400.

2 Stellung des **Konkursiten**: BGE 95 III 28 E.2.

Art. 15a
3. Aufzeichnung auf Bild- und Datenträgern

[1] Die aufzubewahrenden Akten können mit Zustimmung der kantonalen Aufsichtsbehörde auf Bild- oder Datenträgern aufgezeichnet und die Originalakten hierauf vernichtet werden.

[2] Die kantonale Aufsichtsbehörde sorgt dafür, dass die Vorschriften der bundesrätlichen Verordnung vom 2. Juni 1976 über die Aufzeichnung von aufzubewahrenden Unterlagen sinngemäss befolgt werden.

V. Buch-, Kassa- und Rechnungsführung
Art. 16
1. Kassabuch

[1] Alle Ein- und Auszahlungen, welche dem Konkursamt oder von ihm auf Rechnung einer Konkursliquidation gemacht werden, wie namentlich Konkurskosten (Vorschüsse und Saldo), inventierte Barschaft, eingehende Guthaben, Miet- und Pachtzinse, Steigerungserlöse, Bezüge des Konkursamtes auf Rechnung der Konkursgebühren, Einzahlungen und Rückzüge bei der Depositenanstalt, Abschlagsverteilungen, Ausrichtung der Dividenden, sind unverzüglich nach ihrer zeitlichen Folge in das *Kassabuch* einzutragen.

[2] Die Eintragungen sollen enthalten: das Datum der Zahlung, die Angabe des Konkurses, Name und Wohnort des Zahlenden oder des Empfängers, Betrag der ein- oder ausbezahlten Summe (ersterer im Soll, letzterer im Haben) und das Folio der entsprechenden Eintragung im Kontokorrentbuch.

[3] Das Kassabuch ist monatlich abzuschliessen und der Saldo vorzutragen.

1 Betr. Rechnungsführung über **Grundstücke** Anl Art. 15.

Art. 17
2. Kontokorrentbuch
a. Anlage im allgemeinen

[1] Für jede Konkursliquidation ist im *Kontokorrentbuch* eine laufende Rechnung zu eröffnen, welche eine übersichtliche chronologische Zusammenstellung sämtlicher auf die Liquidation bezüglicher Kassavorgänge auf Grund der Eintragungen im Kassabuch geben soll und mit der Beendigung der Liquidation abzuschliessen ist.

[2] Die Eintragungen sollen enthalten: das Datum der Zahlung, Name und Wohnort des Zahlenden oder des Empfängers, kurze Bezeichnung der Natur der Zahlung, Hinweis auf den Eintrag im Kassabuch, Betrag der ein-

oder ausbezahlten Summe (ersterer im Haben, letzterer im Soll). Setzt sich ein Kassaposten aus mehreren Teilposten zusammen, so sind diese aufzuführen.

Art. 18
b. Buchung der Depositen

[1] Ferner ist im Kontokorrentbuch über den *Verkehr mit der Depositenanstalt* ein besonderes Konto zu führen, in welchem sämtliche Einlagen und Rückzüge des Konkursamtes (erstere im Soll, letztere im Haben), sowie allfällige Zinsen einzutragen sind, unter Angabe des Konkursfalles, auf dessen Rechnung die Zahlungen stattgefunden haben.

[2] Die Einlagen sind bei der Depositenanstalt auf den Namen der betreffenden Konkursmasse (nicht des Konkursamtes) einzutragen, in der Meinung, dass die Depositenanstalt für jeden Konkurs ein besonderes Konto zu führen habe.

Art. 19
3. Bilanzheft

[1] Die am Ende jedes Monats vorzunehmenden *Kassaabschlüsse* (Art. 16 Abs. 3) sind im *Bilanzheft* einzutragen und vom Konkursbeamten zu unterzeichnen. Durch die Bilanz soll sowohl die Übereinstimmung der Eintragungen im Kassabuch mit denjenigen im Kontokorrentbuch als auch die Übereinstimmung des Barsaldos und der Depositen mit den Eintragungen im Kassa- und Kontokorrentbuch festgestellt werden.

[2] Die Übereinstimmung der Eintragungen in beiden Büchern ist nachgewiesen, wenn die Summe der Saldobeträge der einzelnen Konti nach Abrechnung des Depositensaldos dem Betrag des Kassasaldos entspricht. Allfällige Buchungsfehler sind aufzusuchen und zu berichtigen, bevor der Saldo vorgetragen wird.

Art. 20
4. Form der Eintragungen und Berichtigungen

Die Eintragungen im Kassabuch, Kontokorrentbuch und Bilanzheft sind in sorgfältiger Schrift unter Vermeidung von Rasuren, Durchstreichungen, Zwischenschriften und Lücken auszuführen. Die Berichtigung irrtümlicher Eintragungen erfolgt durch Nachträge oder Einschaltungen von Storniposten.

[1] Betr. die Vorlage der Quittungen über die Ausbezahlung der **Konkursdividende** an das Konkursgericht mit dem Schlussbericht s. Art. 92.

Art. 21

5. Quittungen

Die *Quittungen* (Art. 16) sind entweder, für jede Liquidation gesondert, in zeitlicher Reihenfolge zu numerieren, in einem mit der Bezeichnung des Konkurses überschriebenen Umschlag zu sammeln und nach Abschluss der Liquidation bei den übrigen Akten des Konkurses aufzubewahren, oder sie sind fortlaufend in der Reihenfolge der Eintragungen im Kassabuch zu numerieren, jedes Jahr mit Nr. 1 beginnend, und nach Jahrgängen geordnet aufzubewahren. Im ersten Falle sind die Belegnummern im Kontokorrentbuch, im zweiten Falle im Kassabuch vorzumerken.

Art. 22

6. Depositen

[1] Alle erheblichen Bareingänge sowie Wertpapiere und Wertsachen sind spätestens am vierten Tage nach dem Eingange der Depositenanstalt (Art. 9 und 24 SchKG) zu übergeben. Es darf immerhin soviel Barschaft zurückbehalten werden, als zur Deckung nahe bevorstehender Auslagen erforderlich ist. Die Ablieferung der Gelder hat ohne Rücksicht darauf zu erfolgen, ob Zinsen vergütet werden.

[2] Im Falle eines Rechtshilfegesuches sind die bei dem ersuchten Konkursamt eingegangenen Gelder, Wertschriften und Wertsachen sofort der ersuchenden Amtsstelle abzuliefern.

Art. 23

7. Gesonderte Buch- und Kassaführung

Den Konkursbeamten ist *untersagt:*

a. sowohl im Barverkehr als im Verkehr mit der Depositenanstalt Amtsgelder mit ihrem Privatvermögen zu vermischen;

b. da, wo der Beamte noch ein anderes staatliches Amt bekleidet, das Kassabuch und das Kontokorrentbuch für andere Eintragungen als für das Konkursamt zu benutzen, es sei denn, dass es in besondern Kolonnen geschieht;

c. die aus einer Konkursmasse stammenden Bareingänge auch nur vorübergehend zur Befriedigung von Bedürfnissen einer andern Konkursmasse zu verwenden. Soweit der Beamte selbst zur Bestreitung von Auslagen für Rechnung einer Konkursmasse Vorschüsse leistet, müssen diese sofort als solche gebucht werden.

Art. 24
8. Gebühren- und Auslagenrechnung

[1] Über die *Gebühren* und *Auslagen* des Konkursamtes sowie der Mitglieder des Gläubigerausschusses ist vom Konkursbeamten für jeden Konkurs und für jedes Rechtshilfegesuch von der Eröffnung des Verfahrens an eine besondere detaillierte Rechnung zu führen.

[2] Die Belege für die Barauslagen (Massakosten) sind fortlaufend nach ihrem Datum zu numerieren, in einem Umschlag zu sammeln und nach Schluss des Verfahrens bei den übrigen Akten des Konkurses aufzubewahren.

1 Obligator. **Formular** KOV Nr. 12.

Art. 24a
9. Andere Organisationsart

Die kantonale Aufsichtsbehörde kann eine andere Art der Organisation der Buch-, Kassa- und Rechnungsführung zulassen, sofern sie den vorstehenden Anforderungen genügt.

B. Verfahren in den einzelnen Stadien des Konkurses
I. Feststellung der Konkursmasse und Bestimmung des Verfahrens (Art. 221–231 SchKG)

Art. 25
1. Inventar
a. Anlage im allgemeinen

[1] Im *Inventar* sind in besondern Abteilungen, jedoch mit fortlaufender Numerierung, aufzunehmen: die Grundstücke, die beweglichen Sachen, die Wertschriften, Guthaben und sonstigen Ansprüche und die Barschaft. Am Schlusse des Inventars sind die Schatzungssummen der einzelnen Kategorien zusammenzustellen. Finden sich für einzelne Kategorien keine Objekte vor, so ist dies in der Zusammenstellung zu bemerken.

[2] Statt kategorienweise in besondern Abteilungen können die einzelnen Gegenstände auch ununterschieden nacheinander aufgenommen werden.

[3] Bei allen Objekten ist anzugeben, wo sie sich befinden (Konkurskreis, Gemeinde, Räumlichkeit).

1 Obligator. Formular KOV Nr. 3.

Art. 26
b. Bei Grundstücken im besondern

[1] Die *Grundstücke* sind auf Grund eines Auszuges aus dem Grundbuch unter Angabe der Rechte Dritter aufzuzeichnen oder es ist auf den Auszug zu verweisen.

[2] Sind die Grundstücke vermietet oder verpachtet, so sind Angaben über die Personalien des Mieters oder Pächters, die Dauer des Rechtsverhältnisses, die Höhe des Zinses und den Verfalltermin ins Inventar oder in eine besondere Liste aufzunehmen.

Art. 27
c. Inventarisierung von Objekten im Ausland und von Anfechtungsansprüchen

[1] Die im Ausland liegenden Vermögensstücke sind ohne Rücksicht auf die Möglichkeit ihrer Einbeziehung in die inländische Konkursmasse ins Inventar einzustellen

[2] Stehen der Konkursmasse Anfechtungsansprüche nach den Artikeln 214 und 285 ff. SchKG zu, so sind sie im Inventar vorzumerken, unter Beifügung einer ungefähren Schätzung für den Fall eines günstigen Ergebnisses der Anfechtung.

1 Nicht anwendbar auf die Frage, was **Inhalt** des Kollokationsplanes ist: BGE 114 III 111 E.3a.

Art. 28
d. Behandlung der Eigentümerpfandtitel

Im Besitz des Gemeinschuldners befindliche Pfandtitel über auf seinem Grundstück pfandgesicherte Forderungen sind im Inventar nicht als Aktiven aufzuführen, sondern lediglich pro memoria vorzumerken und vom Konkursamt in Verwahrung zu nehmen (vgl. Art. 75 hiernach).

1 Vgl. BGE 91 III 74 E.4.

Art. 29
e. Anerkennung durch den Gemeinschuldner und Unterzeichnung

[1] Das Inventar ist zu datieren und hat die Dauer der Inventur sowie die Namen sämtlicher mitwirkender Personen anzugeben.

[2] Der Konkursbeamte und die nötigenfalls zugezogenen Schätzer haben das Inventar zu unterzeichnen.

[3] Sodann ist der Gemeinschuldner vom Konkursbeamten anzufragen, ob er das Inventar als vollständig und richtig anerkenne, und auf die Straffolgen

einer unvollständigen Vermögensangabe ausdrücklich aufmerksam zu machen.

4 Die Erklärungen des Gemeinschuldners sind mit Bezug auf jede Abteilung des Inventars zu protokollieren und von ihm zu unterzeichnen.

Art. 30
f. Anerkennung an Stelle des Gemeinschuldners

1 Ist der Gemeinschuldner gestorben oder flüchtig, so sind seine erwachsenen Hausgenossen zur Abgabe dieser Erklärungen (Art. 29 Abs. 3 und 4) anzuhalten. Im Fall des Konkurses über eine Kollektiv- oder Kommanditgesellschaft sind die Erklärungen von allen unbeschränkt haftenden Gesellschaftern abzugeben, welche anwesend und zur Geschäftsführung befugt sind, im Fall des Konkurses über eine Aktiengesellschaft oder eine Genossenschaft von ihren Organen.

2 Können die Erklärungen nicht erhältlich gemacht werden, so ist der Grund ihres Fehlens vorzumerken.

Art. 31
g. Ausscheidung der Kompetenzstücke und Mitteilung an den Gemeinschuldner

1 Die *Kompetenzstücke* mit Einschluss einer allfälligen Familienheimstätte (Art. 349 ff. ZGB) sind am Schlusse des Inventars *auszuscheiden,* unter Verweisung auf die Nummer der einzelnen Gegenstände im Inventar.

2 Von dieser Ausscheidung ist dem Gemeinschuldner entweder bei der Vorlage des Inventars oder durch besondere schriftliche Verfügung Mitteilung zu machen.

3 *Verzichtet* der Gemeinschuldner auf die Kompetenzqualität bestimmter Gegenstände zugunsten der Konkursmasse, so ist diese Erklärung im Inventar von ihm zu unterzeichnen.

1 Beginn der **Beschwerdefrist**: BGE 106 III 77 E.1.

Art. 32
h. Mitteilung von der Ausscheidung an die Gläubiger

1 Von der Verfügung über die Kompetenzstücke ist an der ersten Gläubigerversammlung durch Auflegung des Inventars den anwesenden Konkursgläubigern Kenntnis zu geben, und es läuft alsdann für sie die Frist für die Beschwerde an die Aufsichtsbehörden von diesem Zeitpunkt an. Eine spätere Anfechtung der Verfügung durch die Konkursgläubiger ist ausgeschlossen.

² Ist die Ausscheidung der Kompetenzstücke bis zur ersten Gläubigerversammlung nicht möglich und ebenso im summarischen Verfahren soll die Mitteilung von der Auflegung des Inventars mit der Bekanntmachung über die Auflage des Kollokationsplanes verbunden werden, in welchem Falle die Frist für die Anfechtung des Inventars vom Tage der Auflegung an läuft.

Art. 33
i. Fruchterlös

Der Ertrag aus den natürlichen und den zivilen *Früchten,* welche die Grundstücke während des Konkurses abwerfen, ist im Inventar in einer besondern Abteilung sukzessive anzugeben.

1 Obligator. **Formular** KOV Nr. 3c.

Art. 34
k. Vormerkung der Eigentumsansprachen und ihrer Erledigung

¹ Ebenso sind die *Eigentumsansprachen* (Art. 242 SchKG) in einer besondern Abteilung des Inventars unter Angabe des Ansprechers, der Inventarnummer des angesprochenen Gegenstandes und der allfälligen Belege fortlaufend zusammenzustellen. Im Inventar selber ist bei den angesprochenen Gegenständen in der Rubrik «Bemerkungen» auf diesen Vormerk hinzuweisen.

² Am Ende des Titels sind die Erklärungen des Gemeinschuldners sowie die spätern Verfügungen der Konkursverwaltung über die Eigentumsansprachen und das Resultat allfälliger Prozesse summarisch vorzumerken.

1 Obligator. **Formular** KOV Nr. 3e.

Art. 35
2. Kostenvorschuss

¹ Hat das Konkurserkenntnis vom Gläubiger oder Schuldner, auf dessen Begehren die Eröffnung des Konkurses ausgesprochen wurde, nicht einen *Kostenvorschuss* für die bis und mit der Einstellung des Konkurses mangels Aktiven oder bis zum Schuldenruf erlaufenden Kosten gefordert, so kann das Konkursamt selbst von den nach Artikel 169 SchKG für diese Kosten Haftenden noch einen solchen verlangen.

² Die Aufnahme des Inventars darf dadurch keine Verzögerung erfahren.

1 Haftung, wenn **mehrere Gläubiger** das Begehren stellen: BGE 53 III 158.

2 Kostenvorschusspflicht auch bei **Insolvenzerklärung**: BGE 118 III 30 E.c; 119 III 117 E.bb.

Art. 36
3. Abschluss der Geschäftsbücher
Wird das Geschäft des Gemeinschuldners bis zur ersten Gläubigerversammlung weiter betrieben, so sind die Bücher auf den Tag der Konkurseröffnung abzuschliessen und von da an auf Rechnung der Konkursmasse weiterzuführen, sofern nicht besondere Bücher von der Konkursverwaltung geführt werden.

Art. 37
4. Einvernahme des Gemeinschuldners
Anlässlich der Inventaraufnahme hat der Konkursbeamte den Gemeinschuldner über folgende Punkte einzuvernehmen:

a. über die dem Namen und Wohnort nach bekannten Gläubiger, sofern die Bücher darüber nicht Aufschluss geben;

b. über den Bestand von Prozessen im Sinn von Artikel 207 Absatz 1 SchKG;

c. über den Bestand von Schadens- und Personenversicherungen (vgl. Art. 54 und 55 des BG vom 2. April 1908 über den Versicherungsvertrag);

d. ob Kinder oder Mündel unter seiner Gewalt stehen und ob zu ihren Gunsten Eigentums- oder Forderungsanprüche bestehen;

e. ob er Unteroffizier, Offizier oder Fachoffizier (Soldat, Gefreiter oder Unteroffizier in Offiziersfunktion) der Armee sei.

1 lit. e. zwecks Mitteilung gemäss KS (vorne Nr. 19)

Art. 38
5. Beschlagnahme von Postsendungen
Die Konkursämter sind berechtigt, von der zuständigen Kreispostdirektion für die Dauer des Konkurses die Einsichtnahme oder Auslieferung von Postsendungen und Postscheckgeldern, die an den Gemeinschuldner adressiert oder von ihm abgesandt werden, sowie Auskunfterteilung über den Postverkehr des Gemeinschuldners zu verlangen (vgl. Art. 14 und 18 der Verordnung [1] vom 1. September 1967 zum Postverkehrsgesetz). Der Gemeinschuldner hat jedoch das Recht, der Öffnung der Sendungen beizuwohnen.

1 Voraussetzungen der Anordnung der **Postkontrolle**: BGE 103 III 77 E.2.

Art. 39

6. Bestimmung des einzuschlagenden Verfahrens

[1] Bei der Begutachtung der Frage, ob der Erlös der inventarisierten Aktiven voraussichtlich zur Deckung der Kosten des *ordentlichen* Verfahrens hinreichen werde (Art. 231 Abs. 1 Ziff. 1 SchKG), hat das Konkursamt zu berücksichtigen, dass, soweit *Pfandrechte* an den Vermögensstücken haften, nur ein allfälliger Überschuss des Erlöses über die pfandgesicherten Forderungen hinaus zur Deckung der allgemeinen Konkurskosten verwendet werden kann (Art. 262 SchKG).

[2] Deckt der mutmassliche Überschuss in Verbindung mit dem Erlös aus den unverpfändeten Aktiven die voraussichtlichen Kosten nicht, so hat das Konkursamt beim Konkursgericht Durchführung des Konkurses im *summarischen* Verfahren oder *Einstellung des Konkurses,* sind die Verhältnisse einfach, Durchführung des Konkurses im summarischen Verfahren zu beantragen.

II. Schuldenruf (Art. 231–234 SchKG)

Art. 40

1. Spezialanzeigen über die Konkurseröffnung

[1] In die Spezialanzeigen nach Art. 233 SchKG ist der Inhalt der Konkurspublikation aufzunehmen. Damit ist die Aufforderung an die Pfandgläubiger sowie an die Drittpersonen, denen die Pfandtitel weiterverpfändet worden sind, zu verbinden, diese Titel dem Konkursamt einzugeben.

[2] Solche Spezialanzeigen sind im ordentlichen Verfahren zu erlassen:

a. an die Gläubiger, deren Namen und Wohnort bekannt sind;

b. an das Gericht, vor welchem ein Zivilprozess im Sinn von Artikel 207 Absatz 1 SchKG, und an die Behörde, vor welcher ein Verwaltungsverfahren im Sinn von Artikel 207 Absatz 2 SchKG hängig ist;

c. an den Versicherer, wenn der Gemeinschuldner eine Schadens- oder eine Personenversicherung abgeschlossen hatte;

d. an die zuständige Vormundschaftsbehörde, wenn Kinder oder Mündel unter seiner Gewalt stehen;

e. an die Grundbuchämter der andern Konkurskreise, in denen der Gemeinschuldner laut dem Inventar Grundstücke besass.

[3] Die Namen der Gläubiger, an welche Spezialanzeigen ergehen, sind im Konkursprotokoll oder in einer besondern, vom Konkursbeamten zu unterzeichnenden Liste zusammenzustellen.

1 **Musterformular** KOV Nr. 14a.

2 Pflicht eines jeden Besitzers zur **Ablieferung des Grundpfandtitels**, auch wenn die Forderung sich nicht gegen Gemeinschuldner richtet: BGE 64 III 70.

Art. 41
2. Rückgabe der Beweismittel

Beweismittel sollen, wenn der Gläubiger nicht spezielle Gründe geltend macht, bis zum Ablauf der Frist zur Anfechtung des Kollokationsplanes bei den Akten behalten und erst hernach zurückgegeben werden.

III. Verwaltung (Art. 235–243 SchKG)

Art. 42
1. Protokolle der Gläubigerversammlungen

[1] Über jede *Gläubigerversammlung* ist vom Konkursamt ein ausführliches Protokoll aufzunehmen, welches die Namen sämtlicher erschienener Gläubiger und ihrer Vertreter, evtl. unter Verweisung auf eine besonders angefertigte, vom Konkursbeamten und den Mitgliedern des Büros zu unterzeichnende Liste der bekannten Gläubiger sowie die Feststellung enthalten soll, ob die Versammlung *beschlussfähig* war (Art. 236 und 254 SchKG).

[2] Der vom Konkursamt gemäss den Artikeln 237 Absatz 1 und 253 Absatz 1 zu erstattende *Bericht* soll entweder schriftlich abgefasst, unterzeichnet und unter Vormerkung am Protokoll zu den Akten gelegt oder, falls er mündlich erstattet wird, in seinen wesentlichen Bestandteilen protokolliert werden.

[3] Das Protokoll soll im übrigen sämtliche gestellten Anträge und gefassten Beschlüsse enthalten, ohne Wiedergabe der Diskussion, und ist vom Konkursbeamten und den Mitgliedern des Büros zu unterzeichnen.

Art. 43
2. Aktenübergabe an ausseramtliche Konkursverwaltungen. Mitteilung

[1] Wird von der Gläubigerversammlung eine *ausseramtliche Konkursverwaltung* eingesetzt (Art. 237 Abs. 2 und 253 Abs. 2 SchKG), so hat das Konkursamt ihr die Akten und das Protokoll zu übergeben und die Aufsichtsbehörde unter Mitteilung der Namen, des Berufes und des Wohnortes der Mitglieder der Konkursverwaltung und eines Auszuges aus dem Protokoll der Gläubigerversammlung davon zu benachrichtigen.

[2] Ist der Gemeinschuldner im Handelsregister eingetragen, so hat das Konkursamt die ausseramtliche Konkursverwaltung auch dem Handelsregisteramt mitzuteilen.

1 Zur Anzeige an das Handelsregister Art. 64 HRegV.

Art. 44
3. Protokoll des Gläubigerausschusses
Ist ein *Gläubigerausschuss* bestellt worden, so ist über die von ihm gefassten Beschlüsse ein Protokoll zu führen, das nach Erledigung des Konkurses mit dem Konkursprotokoll zu verbinden ist (Art. 10).

Art. 45
4. Aussonderungsansprüche
a. Verfügung der Konkursverwaltung
Die *Verfügung über die Herausgabe von Sachen,* welche sich in der Verfügungsgewalt der Masse befinden und von einem Dritten zu *Eigentum* angesprochen werden (Art. 242 SchKG und Art. 34 dieser V), ist nach Ablauf der Eingabefrist (Art. 232 Abs. 2 Ziff. 2 SchKG) zu erlassen, ohne Rücksicht darauf, ob der Ansprecher selbst den Anspruch angemeldet habe oder ob die Sache vom Gemeinschuldner oder von einer andern Person als Dritteigentum bezeichnet worden sei. Die Verfügung ist auch dann noch zu erlassen, wenn der Anspruch erst nach der Versteigerung des angesprochenen Gegenstandes, jedoch vor der Verteilung des Erlöses angemeldet wird.

1 Gilt auch, wenn sich der Anspruch auf einen **Eigentumsvorbehalt** stützt: BGE 59 III 14.

Art. 46
b. Klagefristansetzung an den Drittansprecher
In die Klagefristansetzung an den Ansprecher nach Artikel 242 Absatz 2 SchKG ist die genaue Bezeichnung des streitigen Gegenstandes sowie die Androhung aufzunehmen, dass der Anspruch als verwirkt gelte, wenn die Frist nicht eingehalten werde.

1 Vgl. dazu BGE 107 III 86 E.2.

Art. 47
c. Wahrung der Gläubigerrechte
[1] Will die Konkursverwaltung den Anspruch *anerkennen,* so soll die Anzeige davon an den Drittansprecher und die Herausgabe des angesprochenen Gegenstandes an ihn unterbleiben, bis feststeht, ob die zweite Gläubiger-

versammlung etwas anderes beschliesst oder ob nicht einzelne Gläubiger nach Artikel 260 SchKG Abtretung der Ansprüche der Masse auf den Gegenstand verlangen.

² Die Verwahrungskosten gehen zulasten der Konkursmasse, nach erfolgter Abtretung der Ansprüche gemäss Artikel 260 SchKG zulasten des Abtretungsgläubigers. Die Konkursverwaltung kann diesem unter Androhung sofortiger Herausgabe des Gegenstandes an den Drittansprecher eine Frist ansetzen, innert der er für die Kosten der weitern Verwahrung unbedingte Gutsprache sowie Sicherheit zu leisten hat.

Abs. 1

1 Es ist der **Vorbehalt** von Art. 51 hiernach zu beachten; vgl. BGE 76 III 49; 89 III 16.

1 In der Versammlung ist ausdrücklich Gelegenheit zur Stellung bezüglicher **Anträge** zu geben: BGE 54 III 286. Vgl. BGE 107 III 86 E.2.

3 Die **Abtretung von Masserechten** bei nicht beschlussfähiger zweiter Gläubigerversammlung kann nur mit Zustimmung der Gläubiger, eventuell auf dem Zirkularwege erfolgen; Beschwerdemöglichkeit: BGE 71 III 138; 75 III 17 E.2; 77 III 83 E.2.

4 Befugnisse der **Konkursverwaltung**: BGE 116 III 102 E.b.

Art. 48
aa. Im ordentlichen Verfahren

¹ Zu diesem Zweck hat die Konkursverwaltung in der *Einladung zur zweiten Gläubigerversammlung* ausdrücklich zu bemerken, dass Abtretungsbegehren im Sinne von Artikel 260 SchKG bei Vermeidung des Ausschlusses in der Versammlung selbst oder spätestens binnen zehn Tagen nach ihrer Abhaltung zu stellen seien.

² Lassen indessen die besondern Umstände des Falles eine Erledigung der Eigentumsansprache *vor* der zweiten Gläubigerversammlung als wünschenswert erscheinen, so kann zu diesem Zwecke entweder eine besondere Gläubigerversammlung einberufen oder den Gläubigern durch Zirkular eine angemessene Frist angesetzt werden, binnen der sie, bei Vermeidung des Ausschlusses, der Konkursverwaltung mitzuteilen haben, ob sie den Anspruch gemäss Artikel 260 Absatz 1 SchKG an Stelle der Masse bestreiten wollen.

Abs. 1

1 Obligator. **Formular** KOV Nr. 5.

2 Verzicht auf eine geltend gemachte Eigentumsansprache vor diesem Fristenablauf berechtigt den Gläubiger zur Teilnahme am **Verwertungserlös** des betreffenden Objektes: BGE 75 III 18 E.3.

Abs. 2

2 **Beschwerdemöglichkeit**: BGE 54 III 122;
  − ohne dieses Verfahren vorgenommene Verfügungen der Konkursverwaltung über den Anspruch sind für die Gläubiger **unverbindlich**: BGE 54 III 285 E.2; 75 III 17 E.2.

Art. 49
bb. Im summarischen Verfahren
Im summarischen Verfahren hat in wichtigeren Fällen eine Fristansetzung zu erfolgen, welche mit der Bekanntmachung der Auflegung des Kollokationsplanes zu verbinden ist.

Art. 50
cc. Bei nachträglich eingegebenen Ansprüchen
Nachträglich eingegebene Ansprüche sind in wichtigeren Fällen den Gläubigern nach dem Ermessen der Konkursverwaltung durch öffentliche Bekanntmachung oder durch Zirkular mitzuteilen oder es ist, wenn nötig, eine besondere Gläubigerversammlung einzuberufen.

1 Vgl. betr. das *Verfahren* dabei: BGE 54 III 122.

Art. 51
dd. Ausnahmen
Die obigen Vorschriften (Art. 47–50) finden keine Anwendung, wenn das Eigentum des Drittansprechers von vornherein als bewiesen zu betrachten ist oder die sofortige Herausgabe des angesprochenen Gegenstandes im offenbaren Interesse der Masse liegt oder endlich vom Drittansprecher angemessene Kaution geleistet wird.

1 Bei **bedeutenden Eigentumsansprachen** ist den Gläubigern vor der Herausgabe Gelegenheit zur Stellungnahme und zur Wahrung ihrer Rechte zu geben, selbst wenn die Konkursverwaltung den Anspruch als begründet erachtet: BGE 75 III 16 E.1.

2 Hat ein Drittansprecher eine **Kaution** geleistet, so kann der Vermieter nicht ihre Verwertung auf dem Weg der Pfandverwertung verlangen, sondern muss seine Forderung und sein Retentionsrecht im Konkurs eingeben: BGE 121 III 95.

Art. 52
d. Klagefristansetzung bei Massarechtsabtretungen

Wird eine *Abtretung* der Rechtsanprüche der Masse verlangt, so setzt die Konkursverwaltung nach erfolgter Abtretung und Ausstellung einer Bescheinigung hierüber an die Abtretungsgläubiger dem Dritten die in Artikel 242 Absatz 2 SchKG vorgeschriebene Frist zur Klage an, unter Angabe der Gläubiger, gegen die er als Vertreter der Masse gerichtlich vorzugehen hat.

1 Die Konkursverwaltung ist berechtigt, dem die Abtretung verlangenden Gläubiger unter Androhung sofortiger Herausgabe an den Drittansprecher eine Frist anzusetzen, innert der er für die weitere Verwahrung **Kostengutsprache** und Sicherheit zu leisten hat: Art. 47 Abs. 2 Satz 2.

Art. 53
e. Konkurrenz von Pfand- mit Eigentumsansprachen

Werden Gegenstände vindiziert und daran zugleich von einem Konkursgläubiger Pfand- oder Retentionsrechte geltend gemacht, so ist folgendermassen zu verfahren:

— Wird der Eigentumsanspruch im Konkurs anerkannt, so ist ein allfälliger Streit zwischen dem Vindikanten und dem Pfandsprecher nicht im Konkursverfahren auszutragen.

— Kommt es dagegen zu einem Prozess über die Eigentumsansprache, so ist über die Pfandansprache erst nach rechtskräftiger Abweisung des Drittansprechers durch einen Nachtrag zum Kollokationsplan zu verfügen.

1 Betr. **Grundstückszugehör**: BGE 54 III 19.

2 Betr. Pfand im *Ausland:* BGE 51 III 131.

3 Betr. Wahrung des **Retentionsrechtes** an Gegenständen von Dritten: BGE 42 III 47.

4 Die Konkursverwaltung hat sich erst dann über das Retentionsrecht auszusprechen, wenn das die Eigentumsansprache abweisende Urteil in **Rechtskraft** erwachsen ist; bleibt die Eigentumsansprache unbestritten, so hat sich die Konkursverwaltung nicht mit dem allfälligen Streit zwischen dem Drittansprecher und dem Gläubiger, der das Retentionsrecht geltend macht, zu befassen: BGE 107 III 87 E.3; 121 III 95.

5 Betr. **unselbständigen Besitz** (Pfandbesitz) eines Dritten und selbständigen Besitz des Gemeinschuldners: BGE 73 III 80 E.2.

6 Die Klage auf **Admassierung** evtl. Pfandansprache des Beklagten kann im gleichen Prozesse, ohne Kollokationsverfahren, entschieden werden: BGE 71 III 84 E.1.

7 Analog ist auch vorzugehen bei **Bestreitung** der *Begünstigung* verpfändeter Lebensversicherungsansprüche: BGE 55 III 158. Vgl. ferner: BGE 67 III 112.

Art. 54

f. Konkurrenz von Pfand- oder Eigentums- mit Kompetenzansprachen

[1] Kompetenzstücke, an denen vertragliche Pfandrechte geltend gemacht werden, sind, sofern diese Rechte im Kollokationsverfahren anerkannt werden, in die Konkursmasse zu ziehen und zugunsten der Pfandansprecher zu verwerten. Ein allfälliger Überschuss ist dem Gemeinschuldner zuzuweisen.

[2] Werden von Dritten zu Eigentum angesprochene Gegenstände von der Masse als Kompetenzstücke anerkannt, so unterbleibt das Verfahren nach Artikel 242 SchKG und ist der Dritte darauf zu verweisen, den Anspruch gegen den Gemeinschuldner *ausserhalb* des Konkursverfahrens geltend zu machen.

Abs. 1

1 Betr. **Grundstückszubehör**: BGE 54 III 290.

2 Gleiches Verfahren bei Geltendmachung von Retentionsansprüchen: BGE 40 III 311.

Abs. 2

3 Die Masse muss die Kompetenzansprüche des Gemeinschuldners in erster Linie auf Gegenstände verweisen, die **nicht von Dritten** angesprochen werden: BGE 60 III 119.

  – Bei Konkurrenz von Kompetenzansprüchen Dritter ist Frage der Unpfändbarkeit **vor Aussonderungsverfahren** zu entscheiden: BGE 83 III 20.

IV. Erwahrung der Konkursforderungen

Kollokation der Gläubiger (Art. 244–251 SchKG)

Art. 55

1. Protokollierung der Erklärungen des Gemeinschuldners

Die *Erklärungen des Gemeinschuldners* über die einzelnen Forderungen (Art. 244 SchKG) sind entweder im Verzeichnis der Forderungseingaben oder in einem besondern Protokoll zu verurkunden und von ihm zu unterzeichnen. Ist der Gemeinschuldner gestorben oder abwesend, so ist dies anzugeben. Die Bestimmung in Artikel 30 Absatz 1 hiervor betreffend die Kollektiv-, Kommandit-, Aktiengesellschaften und Genossenschaften findet hier ebenfalls Anwendung.

1 Obligat. **Formular** KOV Nr. 4.

Art. 56
2. Kollokationsplan
a. Anordnung

[1] Der *Kollokationsplan* ist nach folgender Ordnung zu erstellen:

A. Pfandgesicherte Forderungen (vgl. Art. 37 SchKG):

    1. grundpfandgesicherte;

    2. faustpfandgesicherte.

B. Ungesicherte Forderungen: Klassen I–III (Art. 219 SchKG).

[2] Liegen für einzelne Kategorien oder Klassen des Kollokationsplanes keine Anmeldungen vor, so ist dies jeweilen zu bemerken.

1 Obligator. **Formular** KOV Nr. 6. **Besondere Lastenverzeichnisse** für die Grundstücke gemäss VZG Art. 125; obligator. Formular VZG Nr. 9 K und 9a K.

Art. 57
b. Abänderungen

Abänderungen des Kollokationsplanes innert der Beschwerdefrist, Erläuterungen oder Vervollständigungen dürfen nur durch unterschriftlich beglaubigte Randbemerkungen erfolgen und sind jeweilen neu zu publizieren.

Art. 58
c. Inhalt

[1] Jede Ansprache ist in derjenigen Klasse und in demjenigen Rang aufzunehmen, der ihr von der Konkursverwaltung oder vom Gläubigerausschuss zuerkannt wird.

[2] Bei jeder Ansprache ist die *Verfügung* der *Verwaltung* über *Anerkennung* oder *Abweisung,* im letztern Falle mit kurzer Angabe des Grundes, vorzumerken. Diese Verfügung hat sich auch auf die geltend gemachten oder im Grundbuch enthaltenen *beschränkten dinglichen Rechte* (Pfandrechte, Nutzniessung, Wohnrecht, Grunddienstbarkeiten) nach Bestand, Umfang und Rang zu erstrecken.

Abs. 1

1 Kollokation einer als **pfandgesichert** angemeldeten Forderung in der 5. (jetzt 3.) Klasse, wenn nach der Auffassung der Konkursverwaltung ein Anfechtungstatbestand i.S. von Art. 285 ff. SchKG besteht: BGE 114 III 112 E.b.

Abs. 2

2 Keine Verfügung über **öffentlich-rechtliche Eigentumsbeschränkungen**: BGE 53 143 E.2.

3 Umfang der **Pfandhaft**: BGE 106 III 27 E.3.

4 Besonderes Lastenverzeichnis für Grundstücke: VZG Art. 125.

5 Beweiskraft des **Kollokationsplanes**: BGE 105 IV 106 E.3.

Art. 59
d. Form der Kollokationsverfügungen

[1] Erscheint eine Forderung als nicht hinreichend belegt, so kann die Verwaltung sie abweisen oder dem Ansprecher zur Einreichung weiterer Beweismittel eine Frist ansetzen.

[2] Bedingte Zulassungen oder Abweisungen sind unstatthaft, ausser im Fall, wo die Tilgung einer im Bestand unbestrittenen Forderung angefochten wird, die bei Rückerstattung des Empfangenen wieder auflebt (Art. 291 Abs. 2 SchKG).

[3] Kann die Konkursverwaltung sich über die Zulassung oder Abweisung einer Ansprache noch nicht aussprechen, so soll sie entweder mit der Aufstellung des Kollokationsplanes zuwarten oder aber den Kollokationsplan nachträglich ergänzen und unter öffentlicher Bekanntmachung wieder auflegen.

Abs. 1

1 Wirkungen der **Aussetzung des Entscheides** über eine privilegierte Forderung auf die Rechte der andern Gläubiger: BGE 53 III 102 E.2.

Abs. 2

2 **Unzulässigkeit der Beschwerde** eines Gläubigers an die Nachlassbehörde gegen die von der Liquidatorin früher ausgesetze Kollokation einer Forderung, wenn diese keine neue Verfügung erlassen hat: BGE 121 III 36 E.2.

3 Die Bestimmung ist **weit auszulegen**: BGE 121 III 37 E.4.

4 Ausnahmsweise Zulässigkeit eines partiellen, auf bestimmte Forderungsklassen beschränkten Kollokationsplans: BGE 115 III 145 E.2–4; 119 III 130.

5 Abweisung «zur Zeit»: BGE 51 III 200. Vgl. BGE 103 III 16.

6 Durchbrechung des Grundsatzes durch VZG Art. 130 Abs. 2. Die Zulassung oder Abweisung muss von der Konkursverwaltung eindeutig erklärt sein: BGE 85 III 96.

7 BGE 87 III 82 E.1. Vgl. zum Fall von Art. 291 Abs. 2. KS BGr Nr. 10 v. 9.VII.1915 (hinten Nr. 42) und die ausführlichen Erwägungen in: BGE 79 III 34, speziell auch bei **angefochtener Zahlung** des Schuldners nach Art. 286 oder 288: BGE 83 III 44 E.2.

Abs. 3

8 Geltendmachung eines **Bauhandwerkerpfandrechts** im Konkurs des Grundeigentümers: BGE 83 III 141 E.3.

9 Das Lastenverzeichnis kann in besonderen Fällen vor dem übrigen Kollokationsplan aufgelegt werden: BGE 75 III 102.

10 **Verschiebung** einer Kollokationsverfügung: BGE 92 III 30 E.1.

11 Voraussetzungen einer nachträglichen **Ergänzung** des Kollokationsplans: BGE 119 III 131 E.3a.

Art. 60
e. Umschreibung der Ansprachen

¹ Die Ansprachen sind fortlaufend zu numerieren.

² Bei jeder Ansprache ist der Forderungsgrund zu bezeichnen und auf die Nummer der Ansprache im Verzeichnis der Forderungseingaben zu verweisen.

³ Der Kollokationsplan hat für jede Pfandansprache genau anzugeben, auf welchen Massagegenstand sie sich bezieht; bei Grundstücken sind die mitverhafteten Früchte und Erträgnisse sowie die Zugehör, bei Forderungen allfällig mitverpfändete Zinsbetreffnisse unzweideutig zu bezeichnen, unter Verweisung auf die Einträge im Inventar. Ist ein Dritter persönlicher Schuldner, so ist dies ebenfalls zu bemerken.

Abs. 3

1 Anzugeben sind auch zur Haftung beanspruchte **Zubehörgegenstände**, soweit über ihre Eigenschaft als solche Zweifel bestehen können: BGE 40 III 322. Vgl. auch VZG Art. 41 Abs. 2.

2 Verfahren bei **Ausschluss** der Ausdehnung der Pfandhaft auf Zubehör: BGE 97 III 41 E.2.

3 Enthält der Kollokationsplan keinen Entscheid darüber, ob sich die Pfandhaft auf die Mietzinserträgnisse erstrecke, so ist er zu **ergänzen** und neu aufzulegen: BGE 105 III 30 E.3, 4.

4 Die Anmeldung der Pfandrechts im Konkurs des Pfandeigentümers ist für seine rechtzeitige Beanspruchung auch dann ausreichend, wenn es zur **Sicherung einer Solidarschuld** bestellt worden ist; in einem Fall, da sich auch der persönlich haftende Mitverpflichtete im Konkurs befindet, ist die Geltendmachung der pfandgesicherten Forderung in jenem Konkurs dennoch nicht erforderlich: BGE 113 III 128 Nr. 29.

Art. 61
f. Drittpfandgesicherte Forderungen

[1] Forderungen, für welche ganz oder zum Teil im Eigentum eines Dritten stehende Gegenstände als Pfand haften, sind ohne Rücksicht auf das Pfand, aber unter Erwähnung desselben, in ihrem *vollen* (anerkannten) Betrage unter die *ungesicherten* Forderungen aufzunehmen.

[2] Hat die Pfandverwertung vor erfolgter Ausrichtung der Konkursdividende an den Pfandgläubiger stattgefunden, so ist der Pfandeigentümer an Stelle des Gläubigers zum Bezug der Dividende berechtigt, sofern und insoweit er nach dem geltenden materiellen Recht durch die Einlösung des Pfandes in die Rechte des Gläubigers eingetreten ist. Ist die Subrogation streitig, so ist die Dividende zu hinterlegen.

Abs. 1

1 **Sinn** der Bestimmung: BGE 102 III 52 E.a.

2 Analoge Anwendung auf **Nachlassvertrag mit Vermögensabtretung**: BGE 87 III 20.

3 Betr. Miteigentum und Gesamteigentum vgl. KS BGr Nr. 17 v. 1.II.1926 (hinten Nr. 36).

4 Die Bestimmung ist nicht anwendbar, wenn für die gleiche Forderung verschiedene Pfänder haften, von denen nur einzelne dem Gemeinschuldner gehören: BGE 51 III 55.

Abs. 2

5 Gerichtliches Verfahren zwecks Feststellung, ob eine **verpfändete Forderung** zum Massavermögen oder einem Dritten gehörte: BGE 62 III 196.

6 Lebensversicherung mit Begünstigungsklausel: BGE 105 III 133 E.8.

7 Ob Eintritt in die Rechte stattgefunden hat, ist nicht von der **Konkursverwaltung** zu entscheiden: BGE 54 III 69.

8 Die Bestimmung wird durch SchKG **Art. 217** eingeschränkt: BGE 60 III 217. Vgl. auch BGE 110 III 113 E.1a.

Art. 62
g. Forderungen mit ausländischem Pfandobjekt

Wenn die Pfandobjekte zwar dem Gemeinschuldner gehören, aber im *Ausland* liegen und nach dem massgebenden Rechte nicht zur inländischen Konkursmasse gezogen werden können, so wird die auf die Forderung entfallende Dividende so lange zurückbehalten, als das Pfand nicht im Ausland liquidiert worden ist, und nur soweit ausgerichtet, als der Pfandausfall reicht. Die auszurichtende Dividende berechnet sich nach dem Pfandausfall.

1 Gleiches Verfahren auch, wenn die Konkursforderung durch **Sicherungsabtretungen** gesichert ist: BGE 55 III 83 E.a.

Art. 63
h. Im Prozess liegende Forderungen

[1] Streitige Forderungen, welche im Zeitpunkt der Konkurseröffnung bereits *Gegenstand eines Prozesses bilden,* sind im Kollokationsplan zunächst ohne Verfügung der Konkursverwaltung lediglich pro memoria vorzumerken.

[2] Wird der Prozess weder von der Masse noch von einzelnen Gläubigern nach Artikel 260 SchKG fortgeführt, so gilt die Forderung als *anerkannt,* und die Gläubiger haben *kein* Recht mehr, ihre Kollokation nach Artikel 250 SchKG anzufechten.

[3] Wird der Prozess dagegen fortgeführt, so erfolgt je nach dessen Ausgang die Streichung der Forderung oder ihre definitive Kollokation, welche von den Gläubigern ebenfalls nicht mehr angefochten werden kann.

[4] Bei der Verhandlung darüber, ob der Prozess fortgeführt werden soll, ist nach Analogie von Artikel 48 hievor zu verfahren.

Abs. 1

1 Massgebend ist **nicht der Tag der Konkurspublikation**: BGE 54 III 264.

– Nicht genügend ist blosse Anhebung des **Sühneversuches**: BGE 54 III 164,

- doch ist die **Rechtshängigkeit** nicht ausschlaggebendes Kriterium: BGE 113 III 133.

2 **Beschwerde** wegen Missachtung dieser Vorschrift binnen 10 Tagen seit Mitteilung der Auflage des Kollokationsplanes: BGE 93 III 87.

3 Nach BGe auch anwendbar für **Aberkennungsprozesse**, die lediglich Fälligkeit der Forderung zum Gegenstand haben: BGE 83 III 76.

4 Prüfung der Identität der Forderung mit der im Prozess liegenden: BGE 112 III 38.

5 Wirkungen der vor der Konkurseröffnung erfolgten **vorläufigen Eintragung des Pfandrechtes** in Verbindung mit der darauf gestützten rechtskräftigen Kollokation durch Zulassung im Lastenverzeichnis; Legitimation eines Bauhandwerkers zur Klage nach ZGB Art. 841: BGE 83 III 141.

6 Es ist aber für öffentlich-rechtliche Forderungen nur so vorzugehen, wenn nicht **der Gläubiger selbst** das zur Feststellung führende Verfahren in Gang bringen muss: BGE 63 III 60 E.2.

Abs. 2

7 Hinweis auf Art. 260 ist **nicht gesetzwidrig** und gilt auch für Passivprozesse des Schuldners. Ein Kollokationsverfahren ist mit SchKG Art. 207 unvereinbar: BGE 88 III 45.

8 Eine Forderung, welche aufgrund von Abs. 2 als **anerkannt** gilt, darf von der Konkursverwaltung nicht mehr als streitig behandelt werden, selbst wenn der Prozess um sie formell noch hängig ist: BGE 109 III 34 E.4.

9 Das **Fehlen** eines Entscheides der Masse hat nicht die Anerkennung der vor Gericht streitigen Forderung zur Folge: BGE 109 III 36 E.5.

10 Einstellung eines **Aberkennungsprozesses**: BGE 118 III 41 E.5.

Abs. 3

11 Kein Armenrecht für die Masse vor BGr: BGE 61 III 173 E.3.

Art. 64
i. Protokollierung der Verfügungen des Gläubigerausschusses und des Prozessergebnisses

¹ Ist ein Gläubigerausschuss ernannt worden, so sind seine Verfügungen im Kollokationsplan anzugeben.

² Ebenso ist von allfälligen Kollokationsstreitigkeiten und der Art und Weise ihrer Erledigung im Kollokationsplan Vormerk zu nehmen.

1 Unzulässigkeit **nachträglicher Abänderung** des Kollokationsplanes: BGE 108 III 24.

Art. 65
k. Nachträgliche Abänderungen
aa. Innerhalb der Anfechtungsfrist

[1] Innerhalb der Anfechtungsfrist darf die Konkursverwaltung die im Kollokationsplan getroffene Entscheidung nur so lange *abändern,* als nicht eine Klage gegen die Masse oder einen andern Gläubiger angehoben ist.

[2] Die Abänderung ist neu zu publizieren (Art. 67 Abs. 3).

Abs. 1

1 **Ausnahme**, wenn der Wille der Konkursverwaltung zur Änderung vorher geäussert wurde: BGE 57 III 193.

2 Auch wenn ein **Gläubiger** gegen einen andern geklagt hat, darf nichts mehr geändert werden: BGE 38 I 745; 98 III 69 E.1.

Abs. 2

2 Vgl. dazu BGE 57 III 194; Ausnahme: BGE 96 III 76 E.1, 81 E.4.

Art. 66
bb. Im Prozess

[1] Will die Konkursverwaltung in dem gegen sie geführten Kollokationsstreit es *nicht* zu einem gerichtlichen Entscheide kommen lassen und anerkennt sie das geltend gemachte Rechtsbegehren nachträglich ganz oder zum Teil, so kann diese Anerkennung nur unter Vorbehalt der Rechte der Konkursgläubiger erfolgen, gemäss Artikel 250 SchKG die Zulassung der Forderung oder den ihr neu angewiesenen Rang ihrerseits noch zu bestreiten.

[2] Zu diesem Zwecke hat die Konkursverwaltung die aus ihrer nachträglichen Anerkennung sich ergebende Abänderung des ursprünglich aufgelegten Kollokationsplanes neu aufzulegen und zu publizieren.

[3] Vorbehalten bleibt die dem Gläubigerausschuss allfällig übertragene Kompetenz zum Abschluss oder zur Genehmigung von Vergleichen gemäss Artikel 237 Absatz 3 Ziffer 3 SchKG. In diesen Fällen hat eine Neuauflage und Publikation des durch den Vergleich abgeänderten Kollokationsplanes nicht stattzufinden.

Abs. 1

1 **Frist** für Anfechtung beginnt mit Publikation der Neuauflage zu laufen: BGE 197 III 138.

2 Keine Möglichkeit für die Konkursverwaltung, nur auf Kostenzusicherung einzelner Konkursgläubiger **Kollokationsprozesse** zu führen, oder Rechtsmittel zu ergreifen: BGE 60 III 60.

3 Keine Klageanerkennung gegenüber der von einem Konkursgläubiger **gegen den andern** erhobene Klage: BGE 98 III 69 E.1.

Abs. 2

4 Der **aussergerichtliche Vergleich** hat nicht die Wirkung eines rechtskräftigen Urteils. Die Masse kann sich daher (unter Berufung auf Willensmangel) weigern, den Kollokationsplan abzuändern; die Verfügung ist mit Beschwerde anfechtbar: BGE 113 III 90 Nr. 20.

5 Für die **Kosten der Neuauflage** ist der obsiegende Gläubiger nicht vorschusspflichtig: BGE 68 III 138 E.1, 2.

6 **Rechte der Konkursgläubiger** bei Abschluss eines Vergleiches: BGE 78 III 138; 86 III 127 E.3.

Art. 67
I. Publikation

[1] Die Bekanntmachung der Auflegung des Kollokationsplanes hat in den gleichen Blättern zu erfolgen, in denen der Konkurs publiziert wurde.

[2] Im Zeitpunkt der Auflegung des Planes sollen alle von der Konkursverwaltung oder dem Gläubigerausschuss erklärten Bestreitungen im Kollokationsplan gehörig vorgemerkt sein.

[3] Für nachträgliche Abänderungen genügt nicht eine Anzeige an den Gläubiger, sondern es ist innert der Anfechtungsfrist die Bekanntmachung der Auflegung des Kollokationsplanes zu widerrufen und der neu erstellte oder abgeänderte Plan wiederum aufzulegen und dessen Bekanntmachung anzuordnen.

1 **Musterformular** KOV Nr. 14b

Art. 68
m. Spezialanzeigen

In den nach Artikel 249 Absatz 3 SchKG zu versendenden Spezialanzeigen ist der Grund der Abweisung zu bezeichnen und beizufügen, dass die zwanzigtägige Anfechtungsfrist (Art. 250 SchKG) vom Tage der öffentlichen Bekanntmachung der Auflegung des Kollokationsplanes an zu laufen beginne.

1 Vgl. hiezu BGE 53 III 183; 62 III 55; 97 III 41. Gilt auch für die **Miteigentümer** einer zur Konkursmasse gezogenen Liegenschaft: BGE 66 III 20.

Art. 69
n. Behandlung verspäteter Konkurseingaben

Wird eine Konkursforderung erst nach erfolgter Auflegung des Kollokationsplanes eingegeben, so hat eine Publikation der Verfügung über sie nur zu erfolgen, wenn sie ganz oder teilweise *zugelassen* wird. Wird sie vollständig abgewiesen, so genügt die blosse Anzeige davon an den Gläubiger. Vorbehalten bleiben die Artikel 65 und 66.

1 Es steht der Konkursverwaltung frei, zwischen Publikation und **persönlicher Anzeige** zu wählen: BGE 68 III 52.

Art. 70
o. Im summarischen Verfahren

Ein Kollokationsplan ist stets auch im summarischen Verfahren zu erstellen. Dabei sind die auf die Errichtung, Auflage, Publikation und Anfechtung des Kollokationsplanes bezüglich Vorschriften des SchKG sowie der vorliegenden Verordnung in gleicher Weise zu beobachten.

1 **Anwendungsfall**: BGE 98 III 68.

V. Verwertung (Art. 252–260 SchKG)

Art. 71
1. Spezialanzeigen über Grundstückssteigerungen

Spezialanzeigen nach Artikel 257 SchKG sind ausser an die Grundpfandgläubiger auch an diejenigen Gläubiger zu erlassen, denen die Pfandtitel über die auf dem Grundstück haftenden Pfandrechte *verpfändet* sind (vgl. Art. 40 Abs. 1 hiervor).

1 Obligator. **Formular** KOV Nr. 8a und 8b. Über den weiteren Inhalt der Anzeige VZG Art. 129.

2 Keine Zustellung an **Schuldner**: BGE 94 III 102.

Art. 72

2. Steigerungsprotokoll

a. Anlage im allgemeinen

[1] Über jede Steigerung ist ein besonderes *Protokoll* zu führen, welches angeben soll: die leitenden Personen, den Tag und die Dauer sowie den Ort der Steigerung und den Betrag des Erlöses für jedes speziell versteigerte Objekt. Das Protokoll ist vom Steigerungsbeamten zu unterzeichnen. Bei der Verwertung von Wertschriften und Guthaben sind ausserdem die Namen der Ersteigerer zu verurkunden, bei der Verwertung von Fahrnis nur dann, wenn die Gegenstände insgesamt (en bloc) von einer und derselben Person erworben werden.

[2] Wird die Steigerung von einem andern öffentlichen Amt vorgenommen, so soll dies aus dem Protokoll ebenfalls hervorgehen.

Art. 73

b. Bei Liegenschaftssteigerungen im besondern

Das Protokoll über die Verwertung von Liegenschaften soll insbesondere noch enthalten: die Erklärung des Steigerungsbeamten: «Die Liegenschaft wird hiermit um den Preis von Fr. ... zugeschlagen an N.N.» und die Unterschrift des Erwerbers, der als der «Ersteigerer» zeichnet. Wo nicht zugeschlagen wird, ist am Fusse des Protokolls zu bemerken: «Die Liegenschaft wurde nicht zugeschlagen», und zwar unter Angabe des Grundes, warum der Zuschlag unterblieben ist. Wurde der Zuschlag an Bedingungen geknüpft, so sind diese genau anzugeben.

1 Vgl. dazu jetzt VZG Art. 130 und 61.

Art. 74

3. Löschung der untergegangenen Grundpfandrechte

[1] Werden die Pfandtitel über Grundpfandrechte, welche durch die Versteigerung ganz oder teilweise untergegangen sind, nicht beigebracht, so hat die Konkursverwaltung trotzdem die erforderlichen Löschungen oder Abänderungen im Grundbuch zu veranlassen.

[2] Die stattgefundene Löschung oder Abänderung des Grundpfandrechts ist durch einmalige Publikation im Amtsblatt zu veröffentlichen und dem Gläubiger, sofern sein Name und sein Wohnort bekannt sind, durch eingeschriebenen Brief zur Kenntnis zu bringen, mit der Anzeige, dass die Veräusserung oder Verpfändung des gänzlich zu Verlust gekommenen Pfandtitels oder des teilweise zu Verlust gekommenen über den erlösten Betrag hinaus als Betrug strafbar wäre.

³ Ist der Inhaber des Titels unbekannt, so hat das Betreibungsamt die Löschung oder Abänderung des Grundpfandrechts öffentlich bekanntzumachen, unter Hinweis auf die in Absatz 2 hiervor erwähnte Folge einer Veräusserung oder Verpfändung des Titels.

Abs. 3

1 Vgl. dazu VZG Art. 130, 69. Der letzte Absatz ist durch VZG Art. 69 Abs. 3 wie vorstehend abgeändert.

2 Für den **Nachlassvertrag mit Vermögensabtretung** vgl. BGE 99 Ib 432 E.1.

Art. 75

4. Spezialfälle
a. Entkräftung der Eigentümerpfandtitel und Löschung der leeren Pfandstellen

Im Besitz des Gemeinschuldners befindliche Pfandtitel über auf seinem Grundstück grundpfandgesicherte Forderungen sowie leere Pfandstellen dürfen gemäss Artikel 815 des Zivilgesetzbuches bei der Aufstellung der Steigerungsbedingungen nicht berücksichtigt werden. Die Pfandtitel sind ohne weiteres zur Entkräftung zu bringen und die leeren Pfandstellen nach der Versteigerung im Grundbuch zu löschen.

Art. 76

b. Behandlung der vom Gemeinschuldner verpfändeten Eigentümerpfandtitel

Die vom Gemeinschuldner verpfändeten Pfandtitel über auf seinem Grundstück grundpfandgesicherte Forderungen dürfen nicht separat versteigert werden, sondern es ist für die betreffenden Forderungen anlässlich der Versteigerung des Grundstücks in den Steigerungsbedingungen Barzahlung zu verlangen, und es sind die Titel nach der Versteigerung zur Entkräftung zu bringen.

1 Dazu VZG Art. 126 und 35; BGE 89 III 46.

2 Keine Entkräftung, insoweit Schuldübernahme möglich ist und vereinbart wird: BGE 52 III 170 E.1, 2.

3 Sinn und Zweck der Regelung: BGE 107 III 129 E.1; 134; 115 II 154 E.4.

4 Stellung des Faustpfandgläubigers im Konkurs des **Verpfänders** bei Verpfändung zur Sicherstellung einer Darlehensschuld eines Dritten: BGE 107 III 130 E.2–4.

5 Erstreckung der Pfandhaft auf die **Mietzinserträgnisse**: BGE 106 III 71 E.2–4.

Art. 77

c. Verwertung von Gegenständen und von Lebensversicherungsansprüchen

[1] Sind die zur Verwertung gelangenden Gegenstände gegen Schaden *versichert* (vgl. Art. 37 und 40 Abs. 2 hiervor), so ist bei der Verwertungshandlung auf die bestehende Versicherung aufmerksam zu machen. Wird die Gesamtheit der versicherten Gegenstände von einer und derselben Person erworben, so ist der Versicherer vom Übergang des Eigentums sofort in Kenntnis zu setzen.

[2] Bezüglich der Verwertung (Versteigerung oder Verkauf aus freier Hand) eines Lebensversicherungsanspruchs sind die Vorschriften der Artikel 10 und 15–21 der Verordnung vom 10. Mai 1910 betreffend die Pfändung, Arrestierung und Verwertung von Versicherungsansprüchen massgebend.

Art. 78

d. Verwertung von Vieh

Handelt es sich um die Verwertung von Vieh, so sind die Vorschriften des Tierseuchengesetzes vom 1. Juli 1966 (Art. 14) und der Tierseuchenverordnung vom 27. Juni 1995 (Art. 11) betreffend die Übergabe von Verkehrsscheinen an den Käufer zu beachten.

Art. 79

aufgehoben

(Die Bestimmung ist abgelöst durch Art. 256 Abs. 4 SchKG bzw. wegen Art. 260 revSchKG obsolet.)

Art. 80

5. Abtretung von Rechtsansprüchen der Masse

[1] Die *Abtretung* von Rechtsansprüchen der Masse an einzelne Gläubiger im Sinne von Artikel 260 SchKG erfolgt unter den im vorgeschriebenen Formular festgesetzten Bedingungen.

[2] Die aus der Flüssigmachung des Prozessergebnisses entstehenden Kosten dürfen nicht der allgemeinen Masse belastet werden.

1   Obligator. Formular KOV Nr. 7.

Art. 81

aufgehoben

(Die Bestimmung ist wegen Art. 332 revSchKG obsolet.)

VI. Verteilung (Art. 261–267 SchKG)

Art. 82

1. Abschlagsverteilungen

[1] Bevor *Abschlagsverteilungen* vorgenommen werden (Art. 237 Abs. 3 Ziff. 5 und 266 SchKG), ist eine *provisorische Verteilungsliste* aufzustellen, welche unter Mitteilung an die Gläubiger während zehn Tagen beim Konkursamt aufzulegen ist (Art. 263 SchKG).

[2] Teilbeträge, die auf streitige Forderungen, auf Forderungen unter aufschiebender Bedingung oder mit ungewisser Verfallzeit (Art. 264 Abs. 3 SchKG), auf Sicherheitsansprüche sowie auf solche Forderungen entfallen, welche verspätet, jedoch noch vor der Abschlagsverteilung angemeldet wurden (Art. 251 Abs. 3 SchKG), sind zurückzubehalten.

Abs. 1

1 BGE 94 III 53 E.4.

Abs. 2

2 Zinsforderung bei **Abschlagsverteilung**: BGE 105 III 90.

Art. 83

2. Erstellung der definitiven Verteilungsliste

a. Voraussetzungen

aa. Erledigung der Prozesse

[1] Die *definitive Verteilungsliste* darf erst erstellt werden, wenn sämtliche, auf die Feststellung der Aktiv- und Passivmasse bezüglichen Prozesse erledigt sind.

[2] Auf die von einzelnen Gläubigern gemäss Artikel 260 SchKG geführten Prozesse braucht dagegen keine Rücksicht genommen zu werden, wenn zum vornherein feststeht, dass ein Überschuss für die Masse nicht zu erwarten ist (vgl. Art. 95 hiernach).

Art. 84

bb. Bestimmung der Spezialvergütung nach Art. 48 Gebührenverordnung

Glaubt die Konkursverwaltung (und eventuell der Gläubigerausschuss), auf eine Spezialvergütung nach Artikel 48 der Gebührenverordnung zum SchKG vom 23. September 1996 Anspruch erheben zu können, so hat sie vor der endgültigen Feststellung der Verteilungsliste der zuständigen Aufsichtsbehörde ausser sämtlichen Akten eine detaillierte Aufstellung ihrer Verrichtungen, für welche die Verordnung *keine* Gebühren vorsieht, zur Festsetzung der Entschädigung einzureichen.

Art. 85
b. Anlage im allgemeinen

Bei der Aufstellung der Verteilungsliste ist wie folgt zu verfahren:

– In erster Linie sind bei *verpfändeten* Vermögensstücken sowohl der Erlös als die Kosten ihrer Inventur, Verwaltung und Verwertung für alle einzeln genau anzugeben. Diese speziellen Kosten sind vom Erlös der betreffenden Pfandgegenstände in Abzug zu bringen.

– Ergibt sich nach Abzug der Kosten und vollständiger Deckung der Pfandforderungen ein Überschuss, so wird er zum Erlös des freien Massevermögens geschlagen. Ergibt sich umgekehrt auf den Pfandobjekten ein Ausfall, so ist er unter die Forderungen in der ersten bis dritten Klasse einzureihen, sofern eine persönliche Haftung des Schuldners für die Forderung besteht.

– Der Gesamterlös des freien Massevermögens nebst einem allfälligen Mehrerlös aus der Liquidation der Pfandobjekte wird vorab zur Deckung der sämtlichen übrigen Konkurskosten, zu denen auch die Kosten eines vorausgegangenen öffentlichen Inventars zu rechnen sind, verwendet; der Rest ist nach Massgabe des Kollokationsplanes unter die Kurrentgläubiger zu verteilen.

1 Nicht abzuziehen sind natürlich die nach VZG Art. 130, 49 lit. a dem Ersteigerer zu überbindenden **Verwertungskosten**.

Art. 86
c. Im Fall des Art. 260 SchKG im besonderen

Sind von einzelnen Gläubigern Prozesse nach Artikel 260 SchKG mit Erfolg durchgeführt worden, so hat die Verteilungsliste, evtl. in einem Nachtrag, auch die Verteilung des Ergebnisses unter die Abtretungsgläubiger und die Masse festzustellen.

Art. 87
3. Anzeige über die Auflegung der Verteilungsliste

1 Die *Anzeige* an die einzelnen Gläubiger sowie an den Gemeinschuldner über die *Auflegung der Verteilungsliste* hat durch eingeschriebene Sendung zu erfolgen (Art. 34 SchKG).

[2] Diese Anzeige hat auch im Falle von Abänderungen der Verteilungsliste stattzufinden, es sei denn, dass die Änderung durch einen Entscheid der Aufsichtsbehörde erfolgt ist.

1 Dieses Verfahren ist auch für die Gebühren- und Kostenrechnung eines vorgängigen **Nachlassverfahrens** einzuschlagen: BGE 63 I 67.

2 Obligatorisches **Formular** für die Anzeige KOV Nr. 10.

Art. 88
4. Vornahme der Verteilung. Voraussetzung

Bevor die Konkursverwaltung zur *Verteilung* des Erlöses an die Gläubiger schreitet, hat sie sich darüber zu vergewissern, ob während der gesetzlichen Frist von zehn Tagen Beschwerden gegen die Verteilungsliste bei der Aufsichtsbehörde eingelangt sind, und bejahendenfalls ihre Erledigung abzuwarten.

1 BGE 94 III 52 E.4, 5.

Art. 89
5. Ausstellung der Verlustscheine bei Heimstätten

Besitzt der Gemeinschuldner im Zeitpunkte der Ausstellung der Verlustscheine ein zur *Heimstätte* erklärtes Gut oder Haus (Art. 349 ff. ZGB und Art. 31 hiervor), so ist davon in den *Verlustscheinen* Vormerk zu nehmen, mit Angabe des Schatzungswertes der Heimstätte und der auf ihr ruhenden Lasten. Ferner sind in den Verlustscheinen die Bestimmungen des Zivilgesetzbuches und die ergänzenden kantonalen Vorschriften über die Zwangsverwaltung der Heimstätten und die Befriedigung der Gläubiger aufzunehmen.

1 Obligator. **Formular** KOV Nr. 11.

Art. 90
aufgehoben

(Der Artikel ist durch die am 1. Januar 1988 in Kraft getretene Revision des ZGB – «neues Eherecht» – hinfällig geworden.)

Art. 91
aufgehoben

(Zur Aufhebung dieses Art. vgl. das unter Nr. 19 hiervor abgedruckte Kreisschreiben.)

VII. Schluss des Konkursverfahrens (Art. 268–270 SchKG)

Art. 92
1. Schlussbericht

[1] Der *Schlussbericht* der Konkursverwaltung (Art. 268 SchKG) ist stets schriftlich abzufassen und dem Konkursgerichte mit sämtlichen Akten und Belegen, mit Einschluss der Quittungen der Gläubiger für die Konkursdividende, einzureichen. Eine Abschrift des Berichts ist bei den Akten aufzubewahren.

[2] Der Bericht soll eine gedrängte Darstellung des Verlaufs der Liquidation enthalten. Er hat namentlich über die Ursachen des Konkurses, die Aktiven und Passiven und den Gesamtbetrag der Verluste summarisch Aufschluss zu geben und zu erwähnen, ob und eventuell welche Beträge gemäss Artikel 264 Absatz 3 SchKG bei der Depositenanstalt hinterlegt werden mussten.

Art. 93
2. Summarisches Verfahren

Die Erstattung eines Schlussberichtes und die Bekanntmachung der Schlussverfügung haben auch im summarischen Verfahren stattzufinden. Dagegen ist eine Publikation der Schlussverfügung bei Einstellung des Konkursverfahrens im Sinne des Artikels 230 Absatz 2 SchKG nicht erforderlich.

Art. 94
aufgehoben

(Der Artikel betraf die Mitteilung von Schluss oder Widerruf des Konkursverfahrens an Betreibungsamt und Grundbuchamt. Offenbar wurde die öffentliche Bekanntmachung (Art. 268 Abs. 4 und 195 Abs. 3 revSchKG) als genügend angesehen.)

Art. 95
3. Einfluss von Prozessen nach Art. 260 SchKG

Hat eine Abtretung von Rechtsansprüchen der Masse an einzelne Konkursgläubiger im Sinne von Artikel 260 SchKG stattgefunden und ist anzunehmen, dass aus der Verfolgung der abgetretenen Rechte ein Überschuss zugunsten der Masse sich nicht ergeben werde, so hat das Konkursamt dem Konkursgerichte unter Einsendung der Akten darüber Antrag zu stellen, ob das Konkursverfahren sofort geschlossen oder ob mit dem

Schluss des Verfahrens bis nach durchgeführter Geltendmachung des Anspruchs zugewartet werden soll.

VIII. Summarisches Verfahren

Art. 96
Besondere Vorschriften für das summarische Verfahren

Für das *summarische Verfahren* gelten, ausser den in den Artikeln 32, 49, 70 und 93 enthaltenen Vorschriften, folgende Besonderheiten:

a. Schlägt der Gemeinschuldner einen Nachlassvertrag vor, so ist eine *Gläubigerversammlung* einzuberufen, wenn er die Kosten dafür vorschiesst.

b. Für Grundstückssteigerungen gelten die Bestimmungen der Artikel 134–137 und 143 SchKG; ein allfälliger Zahlungstermin darf jedoch nicht mehr als drei Monate betragen. Im übrigen gelten für die *Verwertung* die Vorschriften der Artikel 71–78 und 80 dieser Verordnung.

c. Für die *Verteilung* ist unter Beachtung der Vorschriften der Artikel 262 und 264 Absatz 3 SchKG sowie der Artikel 83 und 85 hiervor eine Verteilungsliste zu erstellen. Abschlagsverteilungen sind nicht vorzunehmen, dagegen Verlustscheine nach Artikel 265 auszustellen. Auch ist Artikel 150 SchKG analog zur Anwendung zu bringen.

lit. c

1 **Gesetzliche Grundlage**: BGE 117 III 46 E.2b;

2 Verteilung von Zinsen auf dem Erlös der Verwertung von **Pfandgegenständen**: BGE 108 III 29 E.3.

C. Geschäftsführung der ausseramtlichen Konkursverwaltungen

Art. 97
1. Bezeichnung der anwendbaren allgemeinen Bestimmungen

Die in den Artikeln 1 Ziffern 2–4, 2, 3, 5, 8–10, 13, 15–34, 36, 38, 41, 44–69, 71–78, 80, 82–89, 92, 93 und 95 der vorliegenden Verordnung aufgestellten Vorschriften gelten auch für eine von den Gläubigern gewählte Konkursverwaltung (Art. 241 SchKG und Art. 43 hiervor).

Art. 98
2. Besondere Bestimmungen

[1] Die Auflegung des Kollokationsplanes, der Steigerungsbedingungen und der Kostenrechnung und Verteilungsliste hat, auch wenn eine ausseramtli-

che Konkursverwaltung eingesetzt ist, beim zuständigen Konkursamt zu erfolgen. Die Kantone können vorschreiben, dass der Vollzug der öffentlichen Steigerungen durch das Konkurs- oder ein anderes öffentliches Amt oder unter dessen Mitwirkung zu geschehen habe.

[2] Nach Schluss des Verfahrens hat die Konkursverwaltung das Protokoll und die Akten an das Konkursamt zur Aufbewahrung in dessen Archiv abzuliefern.

[3] aufgehoben (selber Grund wie bei Art. 90).

D. Schlussbestimmungen

Art. 99
1. Zeitpunkt des Inkrafttretens
Die vorliegende Verordnung tritt auf den 1. Januar 1912 in Kraft.

Art. 100
2. Übergangsbestimmung
[1] Alle mit den obigen Bestimmungen im Widerspruch stehenden Verordnungsvorschriften und Anweisungen werden aufgehoben.

[2] (Absatz 2 ist hinfällig, da Art. 12 der genannten Verordnung jetzt ausdrücklich auf KOV Art. 61 verweist.)

Verordnung des Bundesgerichts über die Zwangsverwertung von Grundstücken (VZG)

vom 23. April 1920 / 5. Juni 1996

SR 281.42

B. Verwertung im Pfandverwertungsverfahren

C. Verwertung im Konkursverfahren

Das Schweizerische Bundesgericht,

in Anwendung von Artikel 15 des Schuldbetreibungs- und Konkursgesetzes (SchKG),

verordnet:

Allgemeine Bestimmungen

Art. 1

A. Sachlicher Geltungsbereich

[1] Den Vorschriften dieser Verordnung unterliegen die in der Schweiz gelegenen Grundstücke im Sinne des Artikels 655 des Zivilgesetzbuches (ZGB).

[2] Für die Verwertung der Eigentumsrechte des Schuldners an Grundstücken, die im Gesamteigentum stehen (z. B. einer unverteilten Erbschaft angehören), gilt nicht diese Verordnung, sondern die Verordnung vom 17. Januar 1923 über die Pfändung Verwertung von Anteilen an Gemeinschaftsvermögen.

Art. 2
aufgehoben

(Dieser Artikel regelte die Einführung von Formularen.)

Art. 3
C. Anmeldung für Eintragungen und Vormerkungen im Grundbuch
I. Zeitpunkt

Die den Betreibungs- und Konkursämtern obliegenden Anmeldungen für die Eintragungen und Vormerkungen im Grundbuch haben unverzüglich nach Stellung des Antrages oder des Verwertungsbegehrens oder nach Vornahme der Pfändung oder des Arrestes zu erfolgen. Sie dürfen, auch wenn eine Beschwerde gegen diese Handlungen anhängig sein sollte, nur unterlassen werden, wenn und solange dieser durch provisorische Verfügung der Aufsichtsbehörde aufschiebende Wirkung beigelegt worden ist.

1 Betr. **Umfang** einer Verfügungsbeschränkung i.S. von ZGB Art. 960 Ziff. 1: BGE 72 III 7.

Art. 4
II. Zuständigkeit

Zuständig zur Anmeldung ist dasjenige Amt, welches die der Anmeldung zugrunde liegende Amtshandlung selbst vorgenommen hat, auch wenn es nur als beauftragtes Amt eines andern gehandelt hat. In letzterem Falle hat es jedoch den ihm zukommenden Ausweis über die Anmeldung (Art. 5 hiernach) mit den andern Akten dem ersuchenden Amte zuzustellen.

Art. 5
III. Verkehr mit dem Grundbuchamt

Die Zustellung der Anmeldung zur Eintragung oder Löschung erfolgt in zwei gleichlautenden Doppeln des einheitlichen Formulars entweder durch die Post, nach den für die Zustellung von Gerichtsurkunden geltenden Postvorschriften (Art. 28 der V(1) vom 1. September 1967 zum Postverkehrsgesetz), oder durch persönliche Übergabe gegen Bescheinigung des Empfängers auf dem einen Doppel. Das mit der Zustellungsbescheinigung des Grundbuchamtes versehene Doppel ist bei den amtlichen Akten der betreffenden Betreibung oder des Konkurses aufzubewahren.

Art. 6
IV. Verfügungsbeschränkung
1. Löschung

Eine vorgemerkte Verfügungsbeschränkung ist zur Löschung anzumelden:

a. Von Amtes wegen:

1. bei Wegfall der Pfändung oder des Arrestes infolge Erhebung eines Drittanspruches, der im Verfahren nach den Artikeln 106 ff. SchKG nicht bestritten worden ist;

2. wenn die Betreibung infolge Verwertung des Grundstückes oder Bezahlung erloschen ist;

3. wenn der gestundete Kaufpreis für das versteigerte Grundstück bezahlt worden ist;

4. wenn ein Pfändungsanschluss aus irgendeinem Grunde dahinfällt. In diesem Falle bezieht sich jedoch die Löschung nur auf die Vormerkung des Anschlusses;

5. wenn ein Arrest infolge Nichtanhebung der Betreibung oder Klage innert Frist erlischt;

6. wenn der Schuldner Sicherheit gemäss Art. 277 SchKG leistet.

b. Auf Antrag des betriebenen Schuldners, sofern er den erforderlichen Ausweis und den Kostenvorschuss dafür leistet:

1. wenn eine provisorische Pfändung infolge Gutheissung der Aberkennungsklage dahinfällt;

2. wenn eine Pfändung infolge Durchführung eines gerichtlichen Widerspruchsverfahrens dahinfällt;

3. wenn ein Arrest infolge Durchführung des Einspracheverfahrens oder durch sonstiges gerichtliches Urteil aufgehoben wird;

4. wenn die Betreibung infolge einer rechtskräftigen Verfügung des Richters nach Artikel 85 oder 85a SchKG aufgehoben oder eingestellt wurde oder infolge unbenützten Ablaufes der Frist zur Stellung des Verwertungsbegehrens erloschen ist.

Art. 7
2. Zuständigkeit

Zuständig zur Anmeldung der Löschung ist das Amt gemäss Art. 4.

A. Verwertung im Pfändungsverfahren
I. Pfändung
1. Pfändungsvollzug

Art. 8
A. Umfang und Vollzug der Pfändung

Das Betreibungsamt vollzieht die Pfändung auf Grund der Angaben im Grundbuch unter Zuziehung des Schuldners (Art. 91 SchKG), indem es so viele Grundstücke schätzt und in die Pfändungsurkunde einträgt, als erforderlich ist, um die Forderung nebst Zins und Kosten zu decken (Art. 97 SchKG).

1 Obligator. **Formulare** Nr. 6 u. 7.

2 Keine Anwendbarkeit im Rahmen von **Art. 277 SchKG**: BGE 116 III 39 E.2.b.

3 Betr. Einholung eines **Auszuges** aus dem **Grundbuch** s. Anl. 2 und obligator. Formular VZG Nr. 1.

4 Bei Inzidenzstreitigkeiten über Rechte an Grundstücken erfolgt **Parteirollenverteilung** nach den Eintragungen im Grundbuch: BGE 72 III 48.

5 Abstellen auf **Steuerschätzung** ist unzulässig: BGE 73 III 85.

Art. 9
B. Schätzung

[1] Die Schätzung soll den mutmasslichen Verkaufswert des Grundstückes und seiner Zugehör, unabhängig von einer allfälligen Kataster- oder Brandassekuranzschätzung, bestimmen. Die aus dem Grundbuch ersichtlichen Pfandforderungen sind summarisch anzugeben, jedoch ist zu ihrer Feststellung ein Widerspruchsverfahren nicht einzuleiten.

[2] Jeder Beteiligte ist berechtigt, innerhalb der Frist zur Beschwerde gegen die Pfändung (Art. 17 Abs. 2 SchKG) bei der Aufsichtsbehörde gegen Vorschuss der Kosten eine neue Schätzung durch Sachverständige zu verlangen. Hat ein Gläubiger die Schätzung beantragt, so kann er Ersatz der Kosten vom Schuldner nur dann beanspruchen, wenn die frühere Schätzung des Betreibungsamtes wesentlich abgeändert wurde. Streitigkeiten über die Höhe der Schätzung werden endgültig durch die kantonale Aufsichtsbehörde beurteilt.

Abs. 1

1 Abstellen auf **Steuerschätzung** ist unzulässig: BGE 73 III 85. Vgl. ferner BGE 120 III 79.

Abs. 2

2 Frist zur Bestreitung der Schätzung. BGE 122 III 340 E. 3c.

3 Anwendung von SchKG Art. 63 betr. **Frist für Kostenvorschuss**: BGE 84 III 11.

4 **Analoge** Anwendbarkeit
  - im **Konkursverfahren**: BGE 114 III 30 E.3, 30 E.3a.
  - Kein Anspruch im **summarischen** Konkursverfahren: BGE 114 III 30.
  - im **Nachlassverfahren**: BGE 114 III 30 E.d.
  - bei **Fahrnis**: BGE 114 III 30 E.3c.
  - Abs. 2 ist auf **nicht kotierte Aktien** nicht analog anwendbar: BGE 101 III 34 E.2c.
  - Doch besteht Anspruch bei **Grundpfandtitel**: BGE 110 III 70.

5 Überprüfung des Schätzungsentscheides durch das **Bundesgericht** nur bezüglich des bei der Schätzung einzuschlagenden Verfahrens und wegen Ermessensmissbrauchs: BGE 83 III 67; 86 III 92; 91 III 75 E.4b.

6 Betr. **Neuschätzung** vgl. BGE 86 III 91.
  - Das Recht auf neue Schätzung kann nicht durch eigene Nachprüfung seitens AB **verkümmert** werden: BGE 60 III 190.
  - Einholung einer Oberexpertise durch obere kantonale AB wird in BGE 86 III 93 **abgelehnt**.

7 **Änderung** der Schätzung verpflichtet BA nur zur Mitteilung an die Beteiligten: BGE 71 III 127.

8 Folgen des **Verzichts** auf neue Schätzung: BGE 122 III 339 E. 2.

9 **Unterlassen** der Schätzung macht Pfändung weder nichtig noch anfechtbar: BGE 97 III 20 E.2a.

Art. 10
C. Nicht auf den Schuldner eingetragene Grundstücke

¹ Grundstücke, die im Grundbuch auf einen andern Namen als denjenigen des Schuldners eingetragen sind, dürfen nur gepfändet werden, wenn der Gläubiger glaubhaft macht, dass entweder:

1. der Schuldner das Eigentum ohne Eintragung im Grundbuch (zufolge Aneignung, Erbgang, Enteignung, Zwangsvollstreckung, richterlichem Urteil) erworben hat (Art. 656 Abs. 2 ZGB), oder

2. das Grundstück kraft ehelichen Güterrechts für die Schulden des betriebenen Schuldners haftet, oder

3. der Grundbucheintrag unrichtig ist.

² In diesen Fällen hat das Betreibungsamt sofort nach der Pfändung das Widerspruchsverfahren einzuleiten.

Abs. 1

1   Der Begriff des **Glaubhaftmachens**: BGE 55 III 58.

2   **Unrichtigkeit** des Grundbucheintrags: BGE 117 III 31 E.3.

  – Dazu gehört auch der Fall, da nach der zivilrechtlichen Praxis die rechtliche Dualität von Gesellschaft und Alleinaktionär wegen Rechtsmissbrauchs **unbeachtlich** ist: BGE 102 III 169.

3   Das Recht zur Zwangsvollstreckung für ein nicht auf den Betriebenen als Eigentümer eingetragenes Grundstück besteht auch bei erfolgreicher **paulianischer Anfechtung** eines Kaufvertrages: BGE 81 III 102.

4   Kein Anspruch, wenn bloss **persönliche Haftung der Frau** nach ZGB Art. 202 behauptet wird: BGE 57 III 44.

  – Dagegen wenn **Haftung der Grundstücke** nach ZGB Art. **193** geltend gemacht wird: BGE 55 III 127.

5   **Prüfungsbefugnis** des BA: BGE 114 III 88; 117 III 31 E.3.

6   **Benachrichtigung** des im Grundbuch eingetragenen Dritten vom Arrest: BGE 114 III 118.

Abs. 2

7   Analoge Anwendung, wenn ein pfändender Gläubiger die **Zugehörqualität** einer Sache bestreitet und deren gesonderte Pfändung verlangt: BGE 55 III 58.

8   Vgl. dazu Anl. 9.

9   Bedeutung einer Verfügungsbeschränkung nach ZGB Art. 960 Ziff. 1 zugunsten des Gläubigers im **Widerspruchsverfahren**: BGE 81 III 103 E.2.

10 Einleitung dieses Verfahrens, auch wenn der im Grundbuch eingetragene Schuldner **gestorben** ist. Klage gegen den als Erbe in Betracht kommenden Schuldner; Feststellungsklage: BGE 84 III 18, 19.

Art. 11
D. Bestandteile und Zugehör
I. Im allgemeinen

¹ Gegenstände, die nach der am Orte üblichen Auffassung Bestandteile oder Zugehör sind, werden in der Pfändungsurkunde nicht erwähnt; sie gelten ohne weiteres als mit dem Grundstück gepfändet.

² **Dagegen** sind diejenigen beweglichen Sachen, die im Grundbuch als Zugehör angemerkt sind (Art. 805 Abs. 2 und 946 Abs. 2 ZGB) oder deren Eigenschaft als Zugehör zu Zweifeln Anlass geben könnte, als solche einzeln aufzuführen und zu schätzen. Befindet sich bei den Grundbuchakten ein genaues Verzeichnis über die Zugehörstücke (Inventar) und stimmt dieses mit den vorhandenen Gegenständen überein, so können diese unter Hinweis auf das Verzeichnis summarisch der Gattung nach bezeichnet und geschätzt werden.

³ Verlangt ein Beteiligter, dass noch weitere Gegenstände als Zugehör in die Pfändungsurkunde aufgenommen werden, so ist einem solchen Begehren ohne weiteres zu entsprechen.

⁴ Streitigkeiten über die Bestandteils- oder Zugehöreigenschaft werden im Lastenbereinigungsverfahren ausgetragen (Art. 38 Abs. 2 hiernach).

Abs. 1

1 Zugehör braucht auch im **Zahlungsbefehl** nicht ausdrücklich angeführt zu werden: BGE 52 III 174.

Abs. 2

2 Begnügt sich das BA mit dem Hinweis auf die **Vor- und Anmerkungen im Grundbuch**, hat dies nicht zur Folge, dass die Zugehör nicht als gepfändet zu gelten hätte: BGE 112 III 24 E.2.

3 Beschwerde bei Verletzung der Steigerungsbedingungen samt Lastenverzeichnis: BGE 86 III 19.

Abs. 4

4 Streitigkeiten über die **Mitverhaftung** der Zugehör für die Grundpfandgläubiger sind im Kollokationsverfahren zu erledigen: BGE 55 III 15; 86 III 19;

– ebenso Streitigkeiten über **Bestandteileigenschaften**: BGE 68 III 77 E.1.

– Bis zum Entscheid ist die **Verwertung** abzulehnen: BGE 57 III 22.

– Bei Bestreitung durch den **Schuldner** ist ihm die Klagefrist anzusetzen: BGE 59 III 82.

Art. 12
II. Gesonderte Pfändung der Zugehör
¹ Die gesonderte Pfändung der Zugehör eines Grundstückes ist nur zulässig, wenn der Schuldner und alle aus dem Grundbuche ersichtlichen Berechtigten (Grundpfandeigentümer usw.) damit einverstanden sind.

² Ist die gesondert gepfändete und verwertete Zugehör im Grundbuch angemerkt, so hat das Betreibungsamt dem Grundbuchamt nach der Verwertung ein Verzeichnis über diese Gegenstände zur Streichung derselben als Zugehör im Grundbuch einzureichen.

1 Voraussetzung ist **Anerkennung** der Zugehöreigenschaft. Bei Streit darüber Pfändung unter analoger Anwendung von Art. 10: BGE 55 III 58.

Art. 13
E. Eigentümertitel

¹ Im Besitze des Schuldners befindliche Eigentümerpfandtitel, die nicht gepfändet wurden, weil sie zur Deckung der in Betreibung gesetzten Forderung nicht ausreichen, sind vom Betreibungsamt für die Dauer der Pfändung des Grundstücks in Verwahrung zu nehmen (Art. 68 Abs. 1 Buchst. *a* hiernach).

² Nach Pfändung des Grundstückes ist eine Pfändung von Eigentümerpfandtiteln ausgeschlossen.

Abs. 1

1 Gilt auch für die Betreibung auf **Grundpfandverwertung**: BGE 66 III 41.

2 Für grundsätzliche Pfändbarkeit von **Eigentümerpfandtiteln**: BGE 62 III 115.

3 Befindet sich ein solcher Schuldbrief im Gewahrsam eines **Drittansprechers**, so kann er vom BA nicht in Verwahrung genommen werden: BGE 104 III 19.

– Wird das Grundstück selbst arrestiert und ist ein auf dem Grundstück lautender Eigentümerpfandtitel bereits zu seinem vollen Nennwert verpfändet worden, so kann der Zweck einer amtlichen Verwahrung des Titels nicht mehr erreicht werden; eine allfällige Weiterbegebung des Titels vermindert das Arrestsubstrat nicht. Der Drittgewahrsamsinhaber hat den betreffenden Titel daher **nicht** einzuliefern: BGE 113 III 145.

Art. 14
F. Früchte

¹ Die hängenden und stehenden Früchte sowie die laufenden Miet- und Pachtzinse gelten von Gesetzes wegen als mit dem Grundstück gepfändet (Art. 102 Abs. 1 SchKG). Sie sind daher in der Pfändungsurkunde nicht als besondere Pfändungsobjekte aufzuführen und können, solange die Pfän-

dung des Grundstückes dauert, nicht mehr gesondert gepfändet werden. Von den bestehenden Miet- und Pachtverträgen ist immerhin in der Pfändungsurkunde Vormerk zu nehmen.

[2] Werden die Früchte oder Miet- und Pachtzinse vor der Pfändung des Grundstückes gesondert gepfändet, so ist hiervon den Grundpfandgläubigern, gleich wie von der Pfändung des Grundstückes (Art. 15 Abs. 1 Buchst. *b* hiernach), Anzeige zu machen.

1 Vgl. BGE 94 III 12.

Art. 15
G. Anzeigen

[1] Das Betreibungsamt hat unverzüglich nach Vornahme der (provisorischen oder definitiven) Pfändung:

a. beim zuständigen Grundbuchamt eine Verfügungsbeschränkung im Sinne der Artikel 960 ZGB und 101 SchKG zur Vormerkung im Grundbuch anzumelden; ebenso ist jeder definitive oder provisorische Anschluss eines neuen Gläubigers an die Pfändung beim Grundbuchamt anzumelden (Art. 101 SchKG);

b. den Grundpfandgläubigern oder ihren im Grundbuch eingetragenen Vertretern sowie gegebenenfalls den Mietern und Pächtern von der Pfändung Kenntnis zu geben, erstern unter Hinweis auf die Artikel 102 Absatz 1, 94 Absatz 3 SchKG und 806 Absatz 1 und 3 ZGB, letztern mit der Anzeige, dass sie inskünftig die Miet-(Pacht-)zinse rechtsgültig nur noch an das Betreibungsamt bezahlen können (Art. 91 Abs. 1 hiernach);

c. wenn eine Schadensversicherung besteht, den Versicherer von der Pfändung zu benachrichtigen und ihn darauf aufmerksam zu machen, dass er nach Artikel 56 des Bundesgesetzes vom 2. April 1908 über den Versicherungsvertrag, eine allfällige Ersatzleistung bis auf weitere Anzeige gültig nur an das Betreibungsamt ausrichten könne; ebenso ist dem Versicherer, wenn die Pfändung in der Folge dahinfällt, ohne dass es zur Verwertung gekommen wäre (infolge Rückzugs oder Erlöschens der Betreibung, Zahlung usw.), hiervon sofort Anzeige zu machen (Art. 1 und 2 der V vom 10. Mai 1910 betreffend die Pfändung, Arrestierung und Verwertung von Versicherungsansprüchen).

[2] Vom Erlass dieser Anzeigen ist in der Pfändungsurkunde Vormerk zu nehmen.

[3] In dringlichen Fällen soll die Anmeldung der Verfügungsbeschränkung beim Grundbuchamt (Abs. 1 Bst. a) vor der Aufnahme der Pfändungsurkunde erfolgen.

1 Das **Unterlassen von Anzeigen** macht die Pfändung nicht ungültig: BGE 97 III 21 E.2c.

2. Verwaltung

Art. 16

A. Im allgemeinen. Dauer und Ausübung

[1] Das Betreibungsamt sorgt von Amtes wegen, solange die Pfändung besteht, für die Verwaltung und Bewirtschaftung des Grundstückes (Art. 102 Abs. 3 SchKG), es sei denn, dass sich dieses im Besitze eines Drittansprechers befindet.

[2] Die Verwaltung geht auch dann auf das Betreibungsamt über, wenn sie vom Schuldner vor der Pfändung vertraglich einem Dritten übertragen worden ist. Sie verbleibt beim Betreibungsamt auch während einer vorläufigen Einstellung der Betreibung (Rechtsstillstand, Nachlassstundung) und während eines dem Schuldner nach Artikel 123 SchKG (Art. 143a SchKG) erteilten Aufschubes.

[3] Die Verwaltung und Bewirtschaftung kann auf Verantwortung des Betreibungsamtes einem Dritten, die Bewirtschaftung auch dem Schuldner selbst übertragen werden. In letzterem Falle hat der Schuldner immerhin keine besondere Vergütung zu beanspruchen, sofern ihm nach Artikel 103 SchKG ein Teil der Früchte oder des Erlöses als Beitrag an seinen Unterhalt überlassen wird.

[4] Sofern die Verwaltung nicht genügend Einnahmen verspricht, ist das Betreibungsamt berechtigt, von dem Gläubiger für die Auslagen Vorschuss zu verlangen (Art. 105 SchKG).

Abs. 3

1 Zuwendung der Erträgnisse des Grundstücks an **Schuldner** während der ganzen Dauer der betreibungsrechtlichen Verwaltung: BGE 65 III 21; 73 III 125.

Abs. 4

2 Analoge Anwendung auch auf Pfändung einer **Nutzniessung** an einem Grundstück: BGE 51 III 175.

Art. 17
B. Umfang

I. Ordentliche Verwaltungsmassnahmen

Die Verwaltung und Bewirtschaftung des gepfändeten Grundstückes umfasst alle diejenigen Massnahmen, die zur Erhaltung des Grundstückes und seiner Ertragsfähigkeit sowie zur Gewinnung der Früchte und Erträgnisse nötig sind, wie Anordnung und Bezahlung kleinerer Reparaturen, Besorgung der Anpflanzungen, Abschluss und Erneuerung der üblichen Versicherungen, Kündigung an Mieter, Ausweisung von Mietern, Neuvermietungen, Einbringung und Verwertung der Früchte zur Reifezeit, Bezug der Miet- und Pachtzinse, nötigenfalls auf dem Betreibungswege, Geltendmachung des Retentionsrechts für Mietzinsforderungen, Bezahlung der laufenden Abgaben für Gas, Wasser, Elektrizität u. dgl. Während der Verwaltungsperiode fällig werdende oder vorher fällig gewordene Pfandzinse dürfen dagegen nicht bezahlt werden.

1 Analoge Anwendung auf das **Arrestverfahren**: BGE 83 III 110.

2 Über den Begriff der **laufenden Abgaben**: BGE 62 III 58.

Art. 18
II. Ausserordentliche Verwaltungsmassnahmen

[1] Erfordert die Verwaltung die Führung von Prozessen oder andere, mit grösseren Kosten verbundene oder sonstwie aussergewöhnliche Massnahmen, so hat das Betreibungsamt, wenn Gefahr im Verzuge ist, von sich aus das Nötige vorzukehren, jedoch die betreibenden Gläubiger, einschliesslich der Grundpfandgläubiger, die Betreibung angehoben haben (Art. 806 ZGB), und den Schuldner unverzüglich von den getroffenen Massnahmen zu benachrichtigen, unter Hinweis auf ihr Beschwerderecht.

[2] Ist keine Gefahr im Verzuge, so soll das Betreibungsamt die Gläubiger und den Schuldner vorher um ihre Ansicht befragen, unter Ansetzung einer angemessenen Frist und unter Formulierung eines bestimmten Vorschlages über die zu treffenden Massnahmen und die Art der Kostendeckung, der bei unbenutztem Ablauf der Frist als angenommen gilt. Verständigen sich Gläubiger und Schuldner über die Vornahme anderer Massnahmen, so hat das Betreibungsamt die ihm erteilten Instruktionen zu befolgen, vorausgesetzt, dass die Gläubiger einen allfällig erforderlichen Kostenvorschuss leisten oder dass sonst genügend Mittel vorhanden sind. Sind die Beteiligten über das zu beobachtende Verhalten nicht einig, so ersucht das Betreibungsamt die Aufsichtsbehörde um die nötige Weisung.

Abs. 1

1 Eine **aussergewöhnliche Massnahme** ist z. B. die von der Feuerpolizei verlangte Ausbesserung von Kaminen: BGE 64 III 200. Zur Gefahr im Verzuge vgl. BGE 64 III 201.

Art. 19
C. Stellung des Schuldners
Der Schuldner kann bis zur Verwertung des Grundstückes weder zur Bezahlung einer Entschädigung für die von ihm benutzten Wohn- und Geschäftsräume verpflichtet noch zu deren Räumung genötigt werden.

Art. 20
D. Rechnungsführung
I. Verwaltungskosten
1 Über die Kosten der Verwaltung hat das Betreibungsamt eine besondere Rechnung zu führen, die gleichzeitig mit der Verteilungsliste den Beteiligten zur Einsicht aufzulegen ist und der Beschwerde an die kantonalen Aufsichtsbehörden unterliegt. Diese entscheiden endgültig, soweit es sich nicht um die Anwendung der Gebührenverordnung handelt.

2 Die Entschädigung, die ein Dritter für die Verwaltung und Bewirtschaftung zu beanspruchen hat (Art. 16 Abs. 3 hiervor), wird im Streitfalle von den kantonalen Aufsichtsbehörden festgesetzt.

Art. 21
II. Einnahmen und Ausgaben
1 Über die aus der Verwaltung entstandenen Einnahmen und Ausgaben hat das Betreibungsamt laufend eine spezifizierte Rechnung zu führen, die jederzeit vom Schuldner und den betreibenden Gläubigern eingesehen werden kann und gleichzeitig mit der Verteilungsliste zur Einsicht der Beteiligten aufzulegen ist.

2 Streitigkeiten werden von der Aufsichtsbehörde beurteilt.

Art. 22
E. Früchte und Erträgnisse
1 Der Erlös der Früchte und die eingegangenen Erträgnisse sind in erster Linie zur Bestreitung der Verwaltungsauslagen und -kosten und zur Ausrichtung allfälliger Beiträge an den Unterhalt des Schuldners und seiner Familie (Art. 103 Abs. 2 SchKG) zu verwenden. Der Überschuss ist nach Ablauf der Teilnahmefrist der Artikel 110 und 111 SchKG und nach vorheriger Auflegung eines provisorischen Verteilungsplanes in periodischen

Abschlagszahlungen an die Berechtigten zu verteilen. Dabei sind in erster Linie die Grundpfandgläubiger zu berücksichtigen, deren vor der Verwertung der Früchte angehobene Betreibung auf Pfandverwertung unbestritten ist.

² Reicht der Reinerlös der Früchte und Erträgnisse zur völligen Deckung aller beteiligten Forderungen der Grundpfand- und Pfändungsgläubiger aus, so stellt das Betreibungsamt die Betreibung von sich aus ein und nimmt die Schlussverteilung vor, sofern die Pfandverwertungsbetreibungen rechtskräftig sind und für die Pfändungsgläubiger die Teilnahmefrist abgelaufen ist.

³ Kommt es nicht zur Verwertung des Grundstückes (Art. 121 SchKG), so ist ein allfälliger Reinerlös der Früchte und Erträgnisse den darauf berechtigten betreibenden Gläubigern auszurichten.

⁴ Wird über den Schuldner der Konkurs eröffnet, bevor das Grundstück verwertet ist, so wird der noch nicht verteilte Reinerlös der Früchte und sonstigen Erträgnisse nach den Art. 144–150 SchKG verteilt, sofern die Fristen für den Pfändungsanschluss abgelaufen sind (Art. 110 und 111 SchKG); ein Überschuss fällt in die Konkursmasse.

Abs. 1

1 **Unterhaltsanspruch** des Schuldners während der ganzen Dauer der betreibungs-rechtlichen Verwaltung der Liegenschaft: BGE 65 III 21.

 – Er bemisst sich nach dem **Unterhaltsbedarf** bis zur nächsten Ernte: BGE 73 III 125.

 – Wirkungen im **Arrestverfahren**: BGE 83 III 111.

2 Anl. 24 u. 25; obligator. **Formular** VZG Nr. 17.

3. Pfändung eines Miteigentumsanteils

Art. 23

A. Inhalt der Pfändungsurkunde, Schätzung, Miet- und Pachtzinse

¹ Bei der Pfändung eines Miteigentumsanteils an einem Grundstück hat die Pfändungsurkunde die Personalien des Schuldners und der übrigen Miteigentümer sowie die ihnen zustehenden Bruchteile (Art. 646 Abs. 1 ZGB) bzw. Wertquoten (Art. 712e Abs. 1 ZGB) anzugeben und die Beschreibung sowie den Schätzungswert des im Miteigentum stehenden Grundstücks und seiner Zugehör, im Falle von Stockwerkeigentum auch die Beschreibung sowie den Schätzungswert der dem Schuldner zugeschiedenen Grundstücksteile und ihrer allfälligen besonderen Zugehör zu enthalten.

² Für die Schätzung und die summarische Angabe der Pfandforderungen gilt Artikel 9 hievor entsprechend; neben den auf dem gepfändeten Anteil haftenden Pfandforderungen sind auch die Pfandforderungen anzugeben, die das Grundstück als ganzes belasten.

³ Für die der Pfändung der Miet- und Pachtzinse aus der Vermietung oder Verpachtung eines zu Stockwerkeigentum ausgestalteten Miteigentumsanteils gilt Artikel 14 hiervor entsprechend.

Art. 23a
B. Anzeigen
Artikel 15 hiervor ist sinngemäss anzuwenden, wobei zu beachten ist:

a. Eine Verfügungsbeschränkung ist nur für den gepfändeten Anteil vormerken zu lassen, nicht auch für die andern Anteile, doch soll eine Anmerkung auf dem Blatt des Grundstücks selbst auf die Anteilspfändung sowie darauf hinweisen, dass jede Verfügung im Sinne von Artikel 648 Absatz 2 ZGB der Bewilligung des Betreibungsamtes bedarf.

b. Die Pfändung ist den am gepfändeten Anteil pfandberechtigten Gläubigern und im Falle von Stockwerkeigentum auch den Mietern oder Pächtern des betreffenden Stockwerks anzuzeigen. Ferner ist sie den Versicherern mitzuteilen, bei denen eine Schadenversicherung für das Grundstück als ganzes oder für den gepfändeten Stockwerkanteil besteht.

c. Wirft das Grundstück als solches einen Ertrag ab, so hat das Betreibungsamt die Pfändung eines Anteils auch den übrigen Miteigentümern und einem allfälligen Verwalter anzuzeigen mit der Weisung, die auf den gepfändeten Anteil entfallenden Erträgnisse künftig dem Betreibungsamt abzuliefern (Art. 104 und 99 SchKG). Ausserdem ist die Pfändung in einem solchen Falle den Pfandgläubigern anzuzeigen, denen das Grundstück als ganzes haftet (vgl. Art. 94 Abs. 3 SchKG und Art. 806 ZGB).

Art. 23b
C. Bestreitung des Miteigentums- oder des Quotenverhältnisses
¹ Verlangt der Gläubiger, dass das Grundstück selbst gepfändet werde, weil er die Rechte der Mitberechtigten des Schuldners bestreiten will, so ist dem Begehren zu entsprechen, unter gleichzeitiger Ansetzung einer Klagefrist an den pfändenden Gläubiger nach Artikel 108 SchKG zur Einleitung des Widerspruchsverfahrens.

² Dieses Verfahren ist auch einzuleiten, wenn behauptet wird, dass nicht Miteigentum, sondern Gesamteigentum vorliege oder dass eine andere Quotenteilung bestehe.

³ Wird die Frist nicht eingehalten oder der Gläubiger abgewiesen, so ist der im Grundbuch eingetragene Anteil zu pfänden.

1 Die Klagefrist ist nicht dem Gläubiger, sondern den **andern Miteigentümern** anzusetzen, wenn sie den Miteigentumsanspruch des Schuldners entgegen dem Grundbucheintrag bestreiten: BGE 72 III 49.

Art. 23c
D. Verwaltung

¹ Das Betreibungsamt ersetzt den Schuldner bei der Verwaltung des Grundstücks als solchem und verwaltet bei Stockwerkeigentum die dem Schuldner zugeschiedenen Teile.

² Die Artikel 16–22 dieser Verordnung gelten dabei sinngemäss.

Art. 23d
E. Zuständigkeit

Zur Vornahme der Pfändung und zur Verwaltung ist stets das Betreibungsamt der gelegenen Sache (Art. 24 hiernach) zuständig.

4. Requisitorialpfändung

Art. 24

¹ Liegt das zu pfändende Grundstück in einem andern Betreibungskreis, so hat das Betreibungsamt den Beamten dieses Kreises, und wenn es in mehreren Kreisen liegt, denjenigen Beamten, in dessen Kreis der wertvollere Teil liegt, mit dem Vollzug der Pfändung zu beauftragen (Art. 89 SchKG), indem es ihm den Betrag, für den zu pfänden ist, mitteilt.

² Das beauftragte Amt vollzieht die Pfändung unter Beobachtung der Vorschriften der Artikel 89 und 90 SchKG und der Artikel 8, 9, 11, 14 und 15 hiervor und übermittelt die Pfändungsurkunde, von der es eine Abschrift als Beleg aufbewahrt, dem ersuchenden Amt, unter Beilegung des Ausweises über die erfolgte Anmeldung einer Verfügungsbeschränkung im Grundbuch. Das ersuchende Amt trägt den Inhalt der Pfändungsurkunde in seine Originalpfändungsurkunde ein, versendet die Abschriften der letztern an die Parteien (Art. 114 SchKG) und besorgt allfällige Fristansetzungen.

³ Die Verwaltung und Bewirtschaftung der Liegenschaft (Art. 16–21 hiervor) ist ausschliesslich Sache des beauftragten Amtes, dem auch die Ver-

teilung der Erträgnisse an die Gläubiger gemäss Artikel 22 hiervor übertragen werden kann.

II. Verwertung
1. Vorbereitungsverfahren
A. Allgemeine Vorschriften

Art. 25
A. Verwertungsfrist

[1] Ist die Pfändung bloss provisorisch, so kann der Gläubiger die Verwertung des Grundstückes erst verlangen, wenn die Pfändung definitiv geworden ist und seit der provisorischen Pfändung sechs Monate verflossen sind. Die Frist, während welcher die Verwertung verlangt werden kann, ist von dem Zeitpunkte an zu berechnen, wo die provisorische Pfändung sich in eine definitive verwandelte (Art. 116 und 118 SchKG).

[1] aufgehoben
(Die Bestimmung ist durch Art. 116 Abs. 3 revSchKG ersetzt.)

1 Späterer Fristbeginn bei **Nachpfändung** auf Begehren eines Gläubigers oder Pfändung auf Anordnung der AB: BGE 79 III 161.

Art. 26
aufgehoben
(Die Bestimmung ist ersetzt durch Art. 133 Abs. 2 revSchKG.)

Art. 27
B. Gesonderte Verwertung der Zugehör

Umfasst die Pfändung auch bewegliche Sachen, die Zugehör des Grundstückes sind (Art. 11 hiervor), so dürfen diese nur mit Zustimmung sämtlicher Beteiligter gesondert versteigert werden. Ist die gesondert verwertete Zugehör im Grundbuch angemerkt, so hat das Betreibungsamt die Vorschrift des Artikels 12 Absatz 2 hiervor zu beobachten.

Art. 28
C. Einforderung eines Grundbuchauszuges

[1] Nach der Mitteilung des Verwertungsbegehrens an den Schuldner (Art. 120 SchKG) fordert das Betreibungsamt einen Auszug aus dem Grundbuch über das zu versteigernde Grundstück ein oder lässt einen allfällig früher eingeholten Auszug als dem jetzigen Grundbuchinhalt entsprechend bestätigen oder ergänzen.

[2] Das Betreibungsamt hat anhand des Grundbuchauszuges durch Befragung des Schuldners Namen und Wohnort der Pfandgläubiger zu ermitteln und allfällig die Angaben des Auszuges danach zu berichtigen.

Abs. 1

1 Obligator. **Formular** VZG Nr. 7 in Anl 10. Vgl. auch Anl 11.

Abs. 2

2 Der Streit über die **Gläubigereigenschaft** bei Grundpfandforderungen gehört nicht zur Lastenbereinigung: BGE 87 III 70 E.3.

3 **Ermittlungspflicht** des Betreibungsamtes: BGE 116 III 87 E.2b.

4 **Kontrollpflicht** des Betreibungsamtes: BGE 112 III 29 E.3.

Art. 29
D. Bekanntmachung der Steigerung
I. Steigerungspublikation

[1] Der Zeitpunkt der Steigerung ist so festzusetzen, dass die Frist zur Beschwerde gegen die Steigerungsbedingungen vor dem Steigerungstag abgelaufen ist.

[2] Die Bekanntmachung der Steigerung soll ausser den in Artikel 138 SchKG geforderten Angaben den Namen und Wohnort des Schuldners sowie die genaue Bezeichnung des zu versteigernden Grundstücks und die Schätzung enthalten. Die Aufforderung an die Pfandgläubiger (Art. 138 Abs. 2 Ziff. 3 SchKG) ist dahin zu ergänzen, dass in der Eingabe an das Betreibungsamt auch angegeben werden soll, ob die Pfandforderung ganz oder teilweise fällig oder gekündigt sei, wenn ja, für welchen Betrag und auf welchen Termin.

[3] Die Aufforderung zur Anmeldung nach Artikel 138 Absatz 2 Ziffer 3 SchKG ist auch an alle Inhaber von Dienstbarkeiten zu richten, die unter dem frühern kantonalen Recht entstanden und noch nicht in die öffentlichen Bücher eingetragen sind. Damit ist die Androhung zu verbinden, dass die nicht angemeldeten Dienstbarkeiten gegenüber einem gutgläubigen Erwerber des belasteten Grundstückes nicht mehr geltend gemacht werden können, soweit es sich nicht um Rechte handelt, die auch nach dem ZGB ohne Eintragung in das Grundbuch dinglich wirksam sind.

[4] aufgehoben

(Es handelte sich um die Wiederholung der Publikation.)

Abs. 2

1 **Musterformular** VZG Nr. 7a.

2 Betr. **Versteigerung** eines Miteigentumsanteiles Anl. 31 u. 34.

3 Obligator. Text dieser Aufforderung in Anl 12. Die Aufforderung an die Dienstbarkeitsberechtigten kann in denjenigen Kantonen **unterbleiben**, in denen schon vor 1912 alle Dienstbarkeiten im Grundbuch eingetragen werden mussten. Beschwerdebefugnis der Grundpfandgläubiger gegenüber den die Verwertung betreffenden Massnahmen: BGE 87 III 4.

Abs. 3

4 Auch **gesetzliche Pfandrechte** sind innert Frist anzumelden: BGE 101 III 39 E.4.

Art. 30

II. Spezialanzeigen

¹ Die Spezialanzeigen (Art. 139 SchKG) sind sofort mit der Bekanntmachung der Steigerung zu versenden. Ist in der Bekanntmachung der Schätzungswert des Grundstücks angegeben, so gilt die Zustellung dieser Spezialanzeige zugleich als Mitteilung nach Artikel 140 Absatz 3 SchKG.

² Solche Anzeigen sind jedem Gläubiger, dem das Grundstück als Pfand haftet oder für den es gepfändet ist, den im Gläubigerregister des Grundbuches eingetragenen Pfandgläubigern und Nutzniessern an Grundpfandforderungen, dem Schuldner, einem allfälligen dritten Eigentümer des Grundstücks und allen denjenigen Personen zuzustellen, denen ein sonstiges, im Grundbuch eingetragenes oder vorgemerktes Recht an dem Grundstück zusteht. Soweit nach dem Auszug aus dem Grundbuch für Grundpfandgläubiger Vertreter bestellt sind (Art. 860, 875, 877 ZGB), ist die Anzeige diesen zuzustellen.

³ In den Spezialanzeigen an die Pfandgläubiger ist diesen mitzuteilen, ob ein Pfändungsgläubiger oder ein vorhergehender oder nachgehender Pfandgläubiger die Verwertung verlangt habe.

⁴ Spezialanzeigen sind auch den Inhabern gesetzlicher Vorkaufsrechte im Sinne von Artikel 682 Absätze 1 und 2 ZGB zuzustellen. In einem Begleitschreiben ist ihnen mitzuteilen, dass und auf welche Weise sie ihr Recht bei der Steigerung ausüben können (Art. 60*a* hiernach).

Abs. 2

1 Inhalt der Spezialanzeigen bei Versteigerung eines **Miteigentumsanteiles** Anl. 32, 34. Diese Spezialanzeigen sind in der Pfandverwertungsbetreibung auch an Gläubiger zu senden, welche während des Verfahrens das Grundstück gepfändet haben: BGE 55 III 189.

2 Das Ergebnis einer **Revision der Schätzung** ist den Beteiligten mitzuteilen: BGE 71 III 126.

3 Anwendung auf **Fahrnis**: BGE 40 III 20; 73 III 140 E.2.

Art. 31
III. Im Falle der Einstellung der Steigerung
Wird die Steigerung erst nach Ablauf der Frist zur Anmeldung der Lasten eingestellt, so braucht die neue Steigerung nur mindestens 14 Tage vorher ausgekündigt zu werden. Die Aufforderung des Artikels 138 Absatz 2 Ziffer 3 SchKG ist nicht zu wiederholen.

Art. 32
E. Aufschubsbewilligung nach erfolgter Publikation
[1] Nach erfolgter Anordnung der Verwertung darf ein Aufschub (Art. 123, 143a SchKG) nur bewilligt werden, wenn der Schuldner ausser dem festgesetzten Bruchteil der Betreibungssumme die Kosten der Anordnung und des Widerrufs der Verwertung sofort bezahlt.

[2] Die Abschlagszahlungen sind sofort nach ihrem Eingang an den Gläubiger, der die Verwertung verlangt hat, abzuliefern.

Abs. 2

1 Ist trotz Beschwerde gegen die Verweigerung des Aufschubs die Verwertung bereits erfolgt, so kann die kant. AB nötigenfalls den Zuschlag **aufheben**: BGE 121 III 199 E.2.

2 **Voraussetzung** des Aufschubs: BGE 121 III 200.

B. Lastenverzeichnis
Art. 33
A. Zeitpunkt der Aufstellung
Nach Ablauf der Anmeldungsfrist (Art. 138 Abs. 2 Ziff. 3 SchKG) hat das Betreibungsamt das Lastenverzeichnis anzufertigen, und zwar so rechtzeitig, dass es mit den Steigerungsbedingungen (Art. 134 Abs. 2 SchKG) aufgelegt werden kann.

1 Überschreitet der BB offenkundig seine **sachliche Zuständigkeit**, so ist die Aufnahme in das Lastenverzeichnis **nichtig**: BGE 113 III 45 E.2.

2 Betr. die Erstellung solcher Verzeichnisse im **Konkursverfahren** Art. 125 hiernach.

Art. 34
B. Inhalt
I. Im allgemeinen

[1] In das Lastenverzeichnis sind aufzunehmen:

a. die Bezeichnung des zu versteigernden Grundstückes und allfällig seiner Zugehör (Art. 11 hiervor), mit Angabe des Schätzungsbetrages, wie in der Pfändungsurkunde enthalten;

b. die im Grundbuch eingetragenen sowie die auf Grund der öffentlichen Aufforderung (Art. 29 Abs. 2 und 3 hiervor) angemeldeten Lasten (Dienstbarkeiten, Grundlasten, Grundpfandrechte und vorgemerkte persönliche Rechte), unter genauer Verweisung auf die Gegenstände, auf die sich die einzelnen Lasten beziehen, und mit Angabe des Rangverhältnisses der Pfandrechte zueinander und zu den Dienstbarkeiten und sonstigen Lasten, soweit sich dies aus dem Grundbuchauszug (Art. 28 hiervor) oder aus den Anmeldungen ergibt. Bei Pfandforderungen sind die zu überbindenden und die fälligen Beträge (Art. 135 SchKG) je in einer besondern Kolonne aufzuführen. Weicht die Anmeldung einer Last von dem Inhalte des Grundbuchauszuges ab, so ist auf die Anmeldung abzustellen, dabei aber der Inhalt des Grundbucheintrages anzugeben. Ist ein Anspruch in geringerem Umfange angemeldet worden, als aus dem Grundbuch sich ergibt, so hat das Betreibungsamt die Änderung oder Löschung des Grundbucheintrages mit Bewilligung des Berechtigten zu erwirken.

[2] Aufzunehmen sind auch diejenigen Lasten, die vom Berechtigten angemeldet werden, ohne dass eine Verpflichtung zur Anmeldung besteht. Lasten, die erst nach der Pfändung des Grundstückes ohne Bewilligung des Betreibungsamtes in das Grundbuch eingetragen worden sind, sind unter Angabe dieses Umstandes und mit der Bemerkung in das Verzeichnis aufzunehmen, dass sie nur berücksichtigt werden, sofern und soweit die Pfändungsgläubiger vollständig befriedigt werden (Art. 53 Abs. 3 hiernach).

Abs. 1

1 Obligator. **Formular** VZG Nr. 9; für das Konkursverfahren besonderes Formular VZG Nr. 9 K und 9a K.

2 Betr. **Zugehör**: BGE 59 III 81.

3 Umfang der **Pflicht** zur Aufnahme ins Lastenverzeichnis: BGE 113 III 45 E.2.

4 Ein nicht im Grundbuch eingetragenes bezw. vorgemerktes **Benützungs-recht** an einem Grundstück kann nicht ins Lastenverzeichnis aufgenommen werden: BGE 113 III 45 E.2.

5 Der anmeldende Gläubiger hat sich über seine **Gläubigereigenschaft** auszuweisen, sofern sie nicht aus dem Grundbuch hervorgeht: BGE 87 III 1.

6 Die von Amtes wegen erfolgte Aufnahme eines **Pfandrechts** bleibt auch dann wirksam, wenn sich der unbekannte Gläubiger nicht meldet: BGE 71 III 26.

7 Die Errichtung einer neuen **Dienstbarkeit** durch den mit der Zwangs-vertretung eines Grundstücks betrauten Beamten ist es nichtig: BGE 97 III 101.

8 Unterlassung der Angabe des Grundbuchinhaltes zieht nur **Anfechtbar-keit** innert Beschwerdefrist nach sich: BGE 56 III 223 E.2.

Insbes. lit. b

9 Folgen eines Schweigens des Lastenverzeichnisses darüber, in welchem Umfang die Grundpfandschulden dem Erwerber **überbunden** werden: BGE 116 III 89 E.3.

Art. 35
II. Leere Pfandstellen und Eigentümertitel

¹ Leere Pfandstellen sind bei der Aufstellung des Lastenverzeichnisses nicht zu berücksichtigen, desgleichen im Besitze des Schuldners befindliche Eigentümerpfandtitel, die nicht gepfändet aber nach Artikel 13 hiervor in Verwahrung genommen worden sind (Art. 815 ZGB und Art. 68 Abs. 1 Bst.*a* hiernach).

² Sind die Eigentümerpfandtitel verpfändet oder gepfändet, so dürfen sie, wenn das Grundstück selbst gepfändet ist und infolgedessen zur Verwertung gelangt, nicht gesondert versteigert werden, sondern es ist der Betrag, auf den der Pfandtitel lautet, oder sofern der Betrag, für den er verpfändet oder gepfändet ist, kleiner ist, dieser Betrag nach dem Range des Titels in das Lastenverzeichnis aufzunehmen.

1 **Sinn** und Zweck dieser Bestimmung: BGE 115 II 154 E.4.

Abs. 1

2 Massgebend ist der Zeitpunkt der **Erstellung** des Lastenverzeichnisses: BGE 76 III 44.

Abs. 2

3 Vgl. KOV Art. 75 u. 76. Gesonderte Versteigerung auch ausgeschlossen, wenn die Betreibung auf **Verwertung eines verpfändeten Eigentümertitels** bis vor die Verwertung gediehen war: BGE 55 III 138; 65 III 36.

4 Bei irrtümlicher **Unterlassung der Aufnahme** des Titels in das Lastenverzeichnis bleibt das Recht des Faustpfandgläubigers zur Teilnahme am Verwertungserlös auch noch nach der Verwertung des Grundstückes bestehen: BGE 66 III 42.

5 Bei **Zuwiderhandlung** keine Nichtigkeit, sondern Anfechtbarkeit: BGE 55 III 140.

Art. 36
III. Von der Aufnahme ausgeschlossene Ansprüche

[1] Ansprüche, die nach Ablauf der Anmeldungsfrist geltend gemacht werden, sowie Forderungen, die keine Belastung des Grundstückes darstellen, dürfen nicht in das Lastenverzeichnis aufgenommen werden. Das Betreibungsamt hat den Ansprechern von der Ausschliessung solcher Ansprüche sofort Kenntnis zu geben, unter Angabe der Beschwerdefrist (Art. 17 Abs. 2 SchKG).

[2] Im übrigen ist das Betreibungsamt nicht befugt, die Aufnahme der in dem Auszug aus dem Grundbuch enthaltenen oder besonders angemeldeten Lasten in das Verzeichnis abzulehnen, diese abzuändern oder zu bestreiten oder die Einreichung von Beweismitteln zu verlangen. Ein von einem Berechtigten nach Durchführung des Lastenbereinigungsverfahrens erklärter Verzicht auf eine eingetragene Last ist nur zu berücksichtigen, wenn die Last vorher gelöscht worden ist.

1 Keine Ausnahme von der Verwirkung, wenn Pfandgläubiger irrtümlich eine zu **niedrige** Forderung eingegeben hat: BGE 113 III 17 E.2.

2 Aufzunehmen ist aber der Anspruch des **früheren Eigentümers** auf Rückvergütung der von ihm bezahlten Grundpfandzinse: BGE 55 III 115.

3 Unzulässig ist die Aufnahme von Pfandrechten an **Grundpfandtiteln**: BGE 56 III 16; und eines vom Schuldner behaupteten *Unpfändbarkeitsanspruches* am Verwertungserlös für den Gegenwert von in der Liegenschaft steckenden Unfallversicherungsleistungen: BGE 52 III 151.

4 Gegen die durch die AB verfügte **Aufhebung** einer Verfügung des BA gemäss Abs. 1 ist dieses zur Beschwerde legitimiert: BGE 48 III 128; 55 III 113 E.1.

5 Anwendung von Abs. 1 auf **gesetzliche Pfandrechte**, über deren Bestand nur der Richter entscheiden kann: BGE 101 III 39 E.4.

6 Keine Aufnahme
- eines nicht im Grundbuch eingetragenen bzw. vorgemerkten **Benutzungsrechts** an einer Liegenschaft: BGE 113 III 45 E.2;
- einer Forderung für die Lieferung **elektrischer Energie**: BGE 117 III 37 E.2.

7 Schicksal von auf dem Gesamtgrundstück gelegenen Parkplätzen bei Versteigerung von **Stockwerkeinheiten**: BGE 121 III 27 E.2c.

8 Das Betreibungsamt darf das Lastenverzeichnis, wie es sich aus dem Grundbuchauszug ergibt, nicht abändern: BGE 121 III 26 E.2b.

Art. 37
C. Mitteilung

[1] Das Lastenverzeichnis ist sämtlichen Gläubigern, zu deren Gunsten das Grundstück gepfändet ist, allen Grundpfandgläubigern sowie den aus Vormerkungen Berechtigten (Art. 959 ZGB) und dem Schuldner mitzuteilen.

[2] Die Mitteilung erfolgt mit der Anzeige, dass derjenige, der einen in dem Verzeichnis aufgeführten Anspruch nach Bestand, Umfang, Rang oder Fälligkeit bestreiten will, dies innerhalb zehn Tagen, von der Zustellung an gerechnet, beim Betreibungsamt schriftlich unter genauer Bezeichnung des bestrittenen Anspruchs zu erklären habe, widrigenfalls der Anspruch für die betreffende Betreibung als von ihm anerkannt gelte (Art. 140 Abs. 2 und 107 Abs. 2 und 4 SchKG).

[3] Ist infolge einer früheren Betreibung bereits ein Prozess über eine im Lastenverzeichnis enthaltene Last anhängig, so hat das Betreibungsamt hiervon im Lastenverzeichnis von Amtes wegen Vormerk zu nehmen, unter Angabe der Prozessparteien und des Rechtsbegehrens. Der Ausgang des pendenten Prozesses ist auch für das Lastenverzeichnis der neuen Betreibung massgebend.

1 Obligator. **Formular** für die Mitteilung VZG Nr. 9 Btr. in Anl. 17.

2 Keine Berücksichtigung später eingetretener **Tilgung** einer nicht in Betreibung stehenden Schuldbriefforderung durch einen Dritten: BGE 76 III 43.

3 Mitteilung auch an die Gläubiger, welche während des Pfandverwertungsverfahrens das Grundstück **gepfändet** haben: BGE 55 III 189.

- Dagegen nicht an Miteigentümer eines zum **Konkursvermögen** gehörenden Grundstückes: BGE 66 III 19.

4 Im Konkurs bildet das Lastenverzeichnis Teil des **Kollokationsplanes**: BGE 93 III 87; 96 III 76.

- Abänderung des Lastenverzeichnisses ist aber **nicht** mit Abänderung des Kollokationsplanes gleichzusetzen: BGE 96 III 78 E.2.

- Dennoch **analoge Anwendung** von Art. 37, soweit nur das Rangverhältnis zwischen Grundpfandrechten zur Diskussion steht: BGE 96 III 81 E.4.

5 Ein Streit über die **Gläubigereigenschaft** bei Grundpfandforderungen gehört nicht zu Lastenbereinigung; daher keine Klagefristansetzung: BGE 87 III 69.

6 Die **Bestreitung** einer im Lastenverzeichnis eingetragenen Forderung verhindert den Eintritt der Rechtskraft des Lastenverzeichnisses im Umfange der Bestreitung nur gegenüber dem Bestreitenden: BGE 113 III 19 E.3.

Art. 38
D. Bereinigung
I. Zugehör

[1] Während der Frist für die Anfechtung des Lastenverzeichnisses können die Pfandgläubiger, die bisher dazu noch nicht in der Lage waren, beim Betreibungsamt verlangen, dass noch weitere Gegenstände als Zugehör der Liegenschaft in das Verzeichnis aufgenommen werden (Art. 11 Abs. 3 hiervor).

[2] Sind im Lastenverzeichnis Gegenstände als Zugehör des Grundstückes aufgeführt (Art. 34 Abs. 1 Buchst. *a* hiervor), so hat das Betreibungsamt gleichzeitig mit der nach Artikel 37 hiervor zu erlassenden Anzeige den Pfändungsgläubigern, dem Schuldner, und wenn die Gegenstände von einem Dritten als Eigentum beansprucht werden, auch diesem mitzuteilen, dass innerhalb der gleichen Frist die Zugehöreigenschaft dieser Gegenstände oder einzelner derselben beim Betreibungsamt bestritten werden könne.

[3] Werden die Zugehörgegenstände zugleich von einem Dritten als Eigentum beansprucht, so ist die zehntägige Frist zur Bestreitung dieses Anspruches (Art. 107 Abs. 2 SchKG) sämtlichen Pfändungs- und Pfandgläubigern und dem Schuldner anzusetzen.

Abs. 1

1 Analoge Anwendung, wenn **Bestandteileigenschaft** behauptet wird: BGE 68 III 78.

Abs. 1 und 2

2 Diese sind im **Konkurs** grundsätzlich nicht anwendbar: BGE 55 III 99; 86 III 74.

3 Im Falle des Abs. 1 obligator. **Formular** VZG Nr. 10 in Anl. 18, sonst Formular VZG Nr. 9 Btr.: BGE 86 III 75.

4 Sind **Pfandgläubiger** unbekannt abwesend, so ist die Ernennung eines Beistandes zu veranlassen: BGE 62 III 123; 71 III 111.

Art. 39
II. Parteirolle und Gerichtsstand im Prozess

[1] Erfolgt eine Bestreitung, so verfährt das Betreibungsamt nach Artikel 107 Absatz 5 SchKG. Handelt es sich um ein im Grundbuch eingetragenes Recht, dessen Bestand oder Rang vom Eintrag abhängt, oder um ein ohne Eintrag gültiges gesetzliches Pfandrecht, so ist die Klägerrolle demjenigen zuzuweisen, der eine Abänderung oder die Löschung des Rechtes verlangt.

[2] aufgehoben (die Bestimmung ist ersetzt durch Art. 140 Abs. 2 in Verbindung mit Art. 109 Abs. 3 revSchKG).

1 Ist der Inhaber eines eingetragenen Rechtes unbekannt, so ist curator **absentis** ernennen zu lassen: BGE 62 III 123; 71 III 111.

2 Betreffend die Miteigentümer, wenn das im Miteigentum stehende Grundstück zur **Konkursmasse** gezogen wird, vgl. BGE 66 III 20. Unverzügliche Fristansetzung: BGE 112 III 109.

3 Obligator. **Formular** zur Klagefristansetzung wegen der Pfandrechte oder anderer Lasten VZG Nr. 11a in Anl. 20; vgl. hiezu jedoch BGE 87 III 68 E.1; andernfalls obligator. Formular Nr. 23. Anwendungsfall: BGE 112 III 26.

4 Betr. Klagefristansetzung wegen **Zugehör** Anl. 19 und obligator. Formulare VZG Nr. 11 u. 12. Bestreitet der **Schuldner** die Zugehöreigenschaft speziell aufgeführter Gegenstände, so ist ihm die Klägerrolle zuzuweisen: BGE 59 III 81.

5 Im Widerspruchsverfahren über Rechte an Grundstücken ist derjenige zur Klage aufzufordern, dessen Rechtsbehauptung den Eintragungen im Grundbuch **widerspricht**: BGE 72 III 49.

6 Streitigkeiten über das **Gläubigerrecht** an Grundpfandforderungen sind nicht im Lastenbereinigungsverfahren auszutragen; die Vorschrift über

Verteilung der Parteirollen findet daher keine Anwendung: BGE 87 III 69; 112 III 28 E.2.

– **Parteirollenverteilung** in diesem Fall: BGE 112 III 29 E.3.

7 Vormerkung des **Prozessausganges** in Formular VZG Nr. 9 betr., Anl 17.

Art. 40
III. Ergänzung oder Berichtigung durch die Aufsichtsbehörde
Wird das Lastenverzeichnis infolge einer Beschwerde durch Verfügung der Aufsichtsbehörde ergänzt oder berichtigt, so hat das Betreibungsamt die Ergänzung oder Änderung den Beteiligten wiederum unter Ansetzung einer zehntägigen Bestreitungsfrist mitzuteilen.

Art. 41
aufgehoben (ersetzt durch Art. 141 revSchKG).

Art. 42
IV. Vom Schuldner anerkannte, von einem Gläubiger mit Erfolg bestrittene Ansprüche
Ist ein Anspruch von einem Gläubiger mit Erfolg bestritten, vom Schuldner dagegen durch Nichtbestreitung anerkannt worden, so kann der Ansprecher verlangen, dass das Grundstück sowohl mit als ohne Anzeige der von ihm behaupteten Last ausgeboten und dass, wenn das Angebot für das Grundstück mit der Last zur Befriedigung des Gläubigers, der den Anspruch bestritten hat, ausreiche, das Grundstück unter Berücksichtigung der Last zugeschlagen werde (Art. 56 hiernach).

Art. 43
V. Anfechtung von Rang und Höhe. Verhältnis zwischen Gläubigern einer Gruppe
[1] Rang und Höhe der im Lastenverzeichnis aufgeführten Pfandforderungen können von demjenigen, der dazu im Lastenbereinigungsverfahren Gelegenheit hatte, bei der Verteilung nicht mehr angefochten werden.

[2] Nahmen mehrere Gläubiger an der Pfändung teil, so wirkt eine Bestreitung und gerichtliche Anfechtung des Lastenverzeichnisses nicht zugunsten derjenigen Gruppengläubiger, welche die Last nicht bestritten haben.

Abs. 1
1 Ausnahme betr. **Bauhandwerkerpfandrechte** vgl. BGE 63 III 4.

Art. 44
E. Revision der Schätzung

Nach Durchführung des Lastenbereinigungsverfahrens ist festzustellen, ob seit der Pfändung Änderungen im Werte des Grundstückes, wie namentlich infolge Wegfall von Lasten, eingetreten sind. Das Ergebnis einer solchen neuen Schätzung ist den Beteiligten mitzuteilen. Die Bestimmung des Artikels 9 Absatz 2 hiervor findet entsprechende Anwendung.

1 Anwendbarkeit auf **Pfandverwertungsbetreibung**, wenn seit der Steigerungsauskündigung längere Zeit verstrichen ist: BGE 52 III 157. Aufhebung des Zuschlages wegen Nichtbeachtung von Art. 44 und eines weiteren Verfahrensfehlers: BGE 95 III 24 E.4b. Keine andere Verpflichtung des BA, als Änderung der Schätzung den *Beteiligten* mitzuteilen: BGE 71 III 127.

C. Steigerungsbedingungen

Art. 45
A. Inhalt
I. Im allgemeinen

[1] Die Steigerungsbedingungen müssen ausser der Angabe des Schuldners, des Gläubigers, auf dessen Begehren die Verwertung erfolgt, des Ortes und der Zeit der Steigerung sowie der Beschreibung des Grundstückes und seiner Zugehör mindestens folgende Bestimmungen enthalten:

a. die Bestimmung, dass das Grundstück mit allen nach dem Lastenverzeichnis darauf haftenden Belastungen (Dienstbarkeiten, Grundlasten, Grundpfandrechte und vorgemerkte persönliche Rechte) versteigert werde, unter Überbindung der damit verbundenen persönlichen Schuldpflicht auf den Erwerber für nicht fällige Forderungen, soweit sie nach dem Zuschlagspreis noch zu Recht bestehen (Art. 135 SchKG);

b. wenn mehrere Grundstücke zu versteigern sind, die Angabe, ob sie samthaft oder in Einzelgruppen und in welchen oder parzellenweise und evtl. in welcher Reihenfolge sie versteigert werden;

c. wenn ein doppeltes Ausgebot des Grundstücks oder seiner Zugehör stattfindet (Art. 42 hiervor, 57 und 104 hiernach), die Bestimmung, dass der Meistbieter beim ersten Ausgebot für sein Angebot behaftet bleibe bis nach Schluss des zweiten Ausgebotes (Art. 56 hiernach);

d. die Angabe der Beträge, die der Ersteigerer auf Abrechnung am Zuschlagspreis bar zu bezahlen, sowie diejenigen Posten, die er über den Zuschlagspreis hinaus zu übernehmen hat (Art. 46 und 49 hiernach);

e. die Bestimmung, ob und allfällig für welchen Betrag an der Steigerung selbst Barzahlung zu leisten sei, ob ein Zahlungstermin im Sinne des Artikels 136 SchKG gewährt werde und ob und welche Sicherheit in diesem Falle für den gestundeten Betrag an der Steigerung selbst oder innerhalb einer in den Steigerungsbedingungen zu bestimmenden Frist verlangt werden kann. Für den Fall, dass die Barzahlung oder Sicherheit an der Steigerung selbst verlangt wird, ist zu bestimmen, dass der Zuschlag von ihrer Leistung abhängig gemacht werde und dass deshalb jeder Bieter bei seinem Angebot so lange behaftet bleibe, als nicht dem Höherbietenden der Zuschlag erteilt sei;

f. wenn das Betreibungsamt den Betrag der einzelnen Angebote beschränken will, die Bestimmung, dass jeden Angebot das vorhergehende um einen bestimmten Betrag übersteigen müsse;

g. eine Bestimmung über die Wegbedingung der Gewährspflicht.

² Das entsprechend dem Ausgange allfälliger Prozesse oder Beschwerden berichtigte oder ergänzte Lastenverzeichnis ist den Steigerungsbedingungen als Anhang beizufügen.

Abs. 1

1 Anl. 21 Obligator. **Formular** VZG Nr. 13 Btr. (für Pfändung und Pfandverwertung) oder VZG Nr. 13 K (für Konkurs). Besonderheiten bei Versteigerung eines Miteigentumsanteiles Anl. 33, 34.

2 Kein Recht des Ersteigerers auf eine kostenlose **Abschrift** der Bedingungen: BGE 54 III 268.

Insbes. lit. d und e

3 Es ist nicht bundesrechtswidrig, in den Steigerungsbedingungen für einen bestimmten Betrag **Barzahlung** und für den Rest **Sicherheitsleistung** vorzusehen. In diesem Falle hat der Steigerungsleiter die mit dem Zuschlag verbundenen Kosten zu schätzen und die zu verlangende Sicherheit dementsprechend anzusetzen: BGE 109 III 109 E.3.

4 Bei der Beurteilung der **Zahlungsfähigkeit** eines Steigerers darf der Steigerungsleiter dessen Steuerkraft und die Tatsache, dass von ihm beherrschte Gesellschaften zahlungsunfähig sind, mitberücksichtigen: BGE 109 III 111 E.5.

Insbes. lit. g

5 Bestimmung über die Wegbedingung der **Gewährspflicht**: BGE 95 III 22 E.2.

Abs. 2

6 Die Frist für die **Anfechtung** der Steigerungsbedingungen beginnt mit dem Tag ihrer öffentlichen Auflegung zu laufen, sofern sie nicht das Lastenverzeichnis abändern: BGE 105 III 6 E.2. Das Lastenverzeichnis kann durch die Steigerungsbedingungen nicht abgeändert werden: BGE 99 III 70 E.3.

Art. 46

II. Barzahlung des Steigerungspreises
1. effektiv

[1] Auf Abrechnung am Zuschlagspreis ist in den Steigerungsbedingungen vom Ersteigerer Barzahlung zu verlangen für die fälligen, durch vertragliches oder gesetzliches Pfandrecht gesicherten Kapitalforderungen, die fälligen Kapitalzinse, inbegriffen Verzugszinse und Betreibungskosten, die Verwaltungskosten, soweit sie nicht aus den eingegangenen Erträgnissen Deckung finden, die Verwertungskosten und für den allfälligen, den Gesamtbetrag der pfandgesicherten Forderungen übersteigenden Mehrerlös.

[2] Als fällig sind diejenigen Kapital- und Zinsforderungen zu behandeln, die nach den Angaben im rechtskräftigen Lastenverzeichnis im Zeitpunkt der Versteigerung fällig sind, inbegriffen solche mit gesetzlichem Pfandrecht, sowie in Betreibung gesetzte Pfandforderungen, wenn ein Rechtsvorschlag nicht erfolgt oder gerichtlich aufgehoben worden ist.

[3] Pfandforderungen, die nicht fällig sind, müssen dem Ersteigerer stets überbunden werden (Art. 45 Abs. 1 Buchst. *a* hiervor).

Abs. 1

1 Barzahlung auch für durch **gesetzliches**, aber allen andern nachgehendes Pfandrecht gesicherte Forderungen: BGE 61 III 120;
   – ebenso für fällige **Beitragsforderungen** der Gemeinschaft der Stockwerkeigentümer gemäss Art. 712i ZGB: BGE 106 II 188 E.3d.

2 Im Nachlasskonkurs Barzahlung auch für die Kosten von Aufwendungen zur **Erhaltung** der Liegenschaften während der Ausschlagungsfrist: BGE 59 III 171.

3 **Kollokationsprozesskosten** der Masse gehören nicht zu den Verwaltungskosten; es ist daher unzulässig, in den Steigerungsbedingungen Barzahlung auf Rechnung des Zuschlagspreises zu verlangen: BGE 72 III 67.

Abs. 2

4 Vgl. BGE 96 III 86.

Art. 47

2. auf andere Weise

¹ Will der Ersteigerer eine bar zu bezahlende Pfandforderung auf andere Weise tilgen (z. B. durch Schuldübernahme oder Novation), so darf das Betreibungsamt dies nur berücksichtigen, wenn ihm innerhalb der in den Steigerungsbedingungen für die Zahlung festgesetzten oder durch Zustimmung sämtlicher Beteiligter verlängerten Frist (Art. 63 Abs. 1 hiernach) eine Erklärung des Gläubigers über dessen anderweitige Befriedigung vorgelegt wird.

² Wird ein solcher Ausweis nicht erbracht, so hat das Betreibungsamt sofort nach Ablauf des Zahlungstermins eine neue Steigerung anzuordnen (Art. 143 SchKG).

Abs. 1

1 Für Betreibungskosten des Pfandgläubigers ist **Barzahlung** zu leisten, als welche auch die Ausstellung eines Checks betrachtet wird: BGE 91 III 68 E.1b.

– Zulässig auch Abmachung des Ersteigerers mit dem Faustpfandgläubiger betr. **Übernahme** der Schuld durch den erstern unter Belassung des als Pfand bestehenden Eigentümerpfandtitels bis zum Betrag der durch ihn sichergestellten Forderung: BGE 52 III 171 E.2, 172 E.3;

2 Voraussetzungen der Barzahlung des Kaufpreises durch **Schuldübernahme**: BGE 115 III 62 E.2.

3 Der Gläubiger einer durch Klage **bestrittenen** Pfandforderung kann für sich allein nicht wirksam auf die Barzahlung verzichten: BGE 83 III 98 E.3.

4 Was der Ersteigerer an den Zuschlagspreis leistet, darf nicht als Intervention für den **Konkursiten** gelten; direkte Bezahlung an einen Pfandgläubiger begründet keine Subrogation: BGE 85 III 106 E.2.

Art. 48

III. Überbindung

1. auf Abrechnung am Zuschlagspreis

¹ Die bis zum Steigerungstag laufenden Zinse der überbundenen Pfandforderungen werden dem Ersteigerer auf Abrechnung am Zuschlagspreis überbunden, sofern die Steigerungsbedingungen nicht ausdrücklich etwas anderes bestimmen.

² Hinsichtlich der im Zeitpunkt der Versteigerung laufenden Erträgnisse können die Steigerungsbedingungen bestimmen, dass sie als Entgelt für

die Überbindung der laufenden Zinse der nicht fälligen Pfandforderungen dem Ersteigerer zufallen. An Stelle des Steigerungstages kann auch ein entsprechender Zinstermin als massgebend für Nutzens- und Schadensanfang bestimmt werden. Dagegen dürfen schon eingezogene und noch ausstehende fällige Erträgnisse dem Ersteigerer nicht zugewiesen werden.

1 Vgl. hierzu: BGE 96 III 86.

Art. 49
2. ohne Abrechnung am Zuschlagspreis
[1] Ohne Abrechnung am Zuschlagspreis sind dem Ersteigerer durch die Steigerungsbedingungen zur Zahlung zu überbinden:

a. die Kosten der Eigentumsübertragung und der in bezug auf die Grundpfandrechte, Dienstbarkeiten usw. erforderlichen Löschungen und Änderungen im Grundbuch und in den Pfandtiteln, mit Einschluss der Kosten des in Artikel 69 hiernach vorgeschriebenen Verfahrens betreffend fehlende Pfandtitel über Grundpfandrechte, die durch die Versteigerung ganz oder teilweise untergegangen sind, sowie die Handänderungsabgaben;

b. die im Zeitpunkt der Versteigerung noch nicht fälligen und daher im Lastenverzeichnis nicht aufgeführten Forderungen mit gesetzlichem Pfandrecht (Art. 836 ZGB, Brandassekuranzsteuern, Liegenschaftensteuern usw.), ferner die laufenden Abgaben für Gas, Wasser, Elektrizität u. dgl.

[2]Zu weitern Zahlungen über den Zuschlagspreis hinaus kann der Ersteigerer nicht verpflichtet werden, ausser es sei in den Steigerungsbedingungen vorgesehen.

Abs. 1

1 Unter lit. b fallen auch fällige, aber dem BA vor der Steigerung **nicht bekannte** Forderungen: BGE 60 III 42.

2 Behandlung **laufender Abgaben**: BGE 123 III 59 E. 4b.
   - Bei den **Liegenschaftensteuern** nach lit. b ist vorausgesetzt, dass sie den andern Pfandrechten nicht nachgehen: BGE 61 III 119.
   - Zu den laufenden Abgaben nach lit. b gehören auch **Kanalisationseinkaufssummen**: BGE 60 III 32.
   - Keine Anwendung dagegen auf **Anspruch der Stockwerkeigentümergemeinschaft** nach Art. 712i ZGB: BGE 106 II 194.

Abs. 2

3 Voraussetzungen der Pflicht zu Zahlungen, die über den Zuschlagspreis **hinausgehen**: BGE 123 III 57 E. 4.

Art. 50

3. Miet- und Pachtverträge

Bestehen auf einem Grundstück Miet- oder Pachtverträge, so gehen sie mit dem Eigentum an der Sache auf den Erwerber über (Art. 261, 261b und 290 Bst. a OR).

1 Weist der Scheidungsrichter ein Grundstück im Rahmen der vorsorglichen Massnahmen des Scheidungsprozesses der **Ehefrau** zur Benützung zu, so liegt jedenfalls kein Mietvertrag im Sinne des OR vor: BGE 113 III 46 E.3a, b.

Art. 51

4. Vorkaufsrecht

¹ Vertraglich begründete Vorkaufsrechte (Art. 216 Abs. 2 und 3 OR) können bei der Zwangsversteigerung nicht ausgeübt werden, gesetzliche Vorkaufsrechte nur nach Massgabe von Artikel 60a hiernach.

²Besteht zu Lasten des versteigerten Grundstücks ein im Grundbuch vorgemerktes Vorkaufsrecht, so wird es, wenn es nicht infolge des Ergebnisses eines doppelten Aufrufes des Grundstücks gelöscht werden muss (Art. 56 hiernach), so wie es im Lastenverzeichnis enthalten ist, dem Ersteigerer überbunden. Vorbehalten bleibt ein gerichtlicher Entscheid darüber, ob es nach seinem Inhalt bei einem künftigen Verkauf des Grundstücks geltend gemacht werden könne oder ob es erloschen sei.

Abs. 2

1 Der Absatz erfasst auch **andere** Formen der Zwangsverwertung (insb. den Freihandverkauf): BGE 126 III 94 E. 2a.

Art. 52

B. Abänderungen

Nachträgliche Abänderungen der Steigerungsbedingungen sind nur zulässig, wenn sie neu aufgelegt, publiziert und den Beteiligten nach Artikel 139 SchKG speziell zur Kenntnis gebracht werden.

2. Steigerungsakt und Zuschlag
A. Voraussetzungen des Zuschlags

Art. 53
A. Im allgemeinen

[1] Bei der Berechnung des Zuschlagspreises (Art. 142a in Verbindung mit Art. 126 Abs. 1 SchKG) dürfen von den dem betreibenden Gläubiger vorgehenden pfandgesicherten Forderungen (Kapital, rückständige Zinsen, laufender Zins bis zum Steigerungstag, allfällige Verzugszinse und Betreibungskosten) nur diejenigen berücksichtigt werden, die im Lastenverzeichnis enthalten und unbestritten geblieben oder gerichtlich gutgeheissen, evtl. noch beim Richter anhängig sind (Art. 141 SchKG).

[2] Ist das Grundstück in mehreren Pfändungen (Gruppen) enthalten, so fallen nur diejenigen pfandgesicherten Forderungen in Betracht, die gegenüber der Pfändung, in der die Verwertung verlangt wird, zu Recht bestehen.

[3] Pfandlasten, die erst nach der Pfändung ohne Bewilligung des Betreibungsamtes in das Grundbuch eingetragen wurden, fallen bei der Berechnung des Zuschlagspreises ausser Betracht, wenn sie nicht schon vorher kraft Gesetzes entstanden sind und allen eingetragenen Belastungen vorgehen.

1 Abs. 1 hat **im Verhältnis zu SchKG Art. 141 Abs. 1** keine Bedeutung: BGE 107 III 127 E.2.

2 Folgen der Berücksichtigung eines **nicht im Lastenverzeichnis aufgeführten** Pfandrechtes: BGE 58 III 136.

3 Besonderheiten bei der Versteigerung eines **Miteigentumsanteiles** Anl 33, 34.

Art. 54
B. Wenn ein Pfandgläubiger auf Pfändung betreibt und
I. der Pfandgläubiger die Verwertung verlangt

[1] Hat ein Pfandgläubiger für eine grundpfandgesicherte Forderung auf Pfändung betrieben und das ihm verpfändete Grundstück in Pfändung erhalten, so kann, wenn der Pfandgläubiger die Verwertung verlangt und die in Betreibung gesetzte Forderung im Lastenverzeichnis enthalten ist (Art. 53 Abs. 1 hiervor), der Zuschlag erfolgen, wenn nur die dem betreibenden Gläubiger im Range vorgehenden grundpfandgesicherten Forderungen überboten sind.

² Wenn jedoch der Pfandgläubiger nur für Zinse oder nur für einen Teil der Kapitalforderung auf Pfändung betrieben hat, so darf nur zugeschlagen werden, wenn auch die Kapitalforderung, soweit sie nicht in Betreibung gesetzt wurde, überboten ist.

1 Auch anwendbar in der Betreibung auf **Pfandverwertung**: BGE 58 III 17; 107 III 124 E.1.

Art. 55
II. ein anderer Gläubiger die Verwertung verlangt

Ist der Gläubiger, für dessen grundpfandgesicherte Forderung das Grundpfand selbst gepfändet ist, mit dieser Betreibung Teilnehmer einer Gruppe und wird die Verwertung von einem andern Gruppengläubiger verlangt, so muss auch jene grundpfandgesicherte Forderung, sofern sie im Lastenverzeichnis enthalten ist, überboten sein, damit der Zuschlag erfolgen kann.

B. Steigerungsverfahren

Art. 56
A. Doppelaufruf
I. Im allgemeinen

Muss der Aufruf des Grundstückes sowohl mit als ohne Anzeige einer Last stattfinden (Art. 42 hiervor und 104 hiernach), so ist, wenn dies nicht schon in den Steigerungsbedingungen erwähnt ist, jedenfalls vor Beginn der Steigerung den Beteiligten davon Kenntnis zu geben. Für den Zuschlag gelten folgende Bestimmungen:

a. Der erste Aufruf *mit* der Last erfolgt mit dem Bemerken, dass der Meistbieter für sein Angebot behaftet bleibe bis nach Schluss eines allfälligen zweiten Aufrufs ohne die Last. Reicht beim ersten Aufruf das Angebot zur Befriedigung des Gläubigers aus oder wird ein allfälliger Fehlbetrag vom Dienstbarkeits- oder Grundlastberechtigten sofort bar bezahlt, so wird die Last dem Ersteigerer überbunden; ein zweiter Aufruf findet nicht statt.

b. Wird der Gläubiger durch das Meistgebot beim ersten Aufruf mit der Last nicht voll gedeckt, so muss ein zweiter Aufruf stattfinden mit dem Bemerken, dann das Grundstück *ohne* die Last zugeschlagen werde, es sei denn, dass auch dieser Aufruf keinen höhern Erlös ergebe. Wird durch den zweiten Aufruf ein höherer Erlös erzielt, so wird der Zuschlag erteilt und muss die Last im Grundbuch gelöscht werden, selbst wenn der Gläubiger voll gedeckt wird (Art. 116 hiernach).

c. Ergibt der Aufruf ohne die Last keinen höhern Erlös, so wird der Zuschlag dem Höchstbietenden im ersten Aufruf mit der Last erteilt und ihm diese überbunden.

1 Schutz der Interessen des Grundpfandgläubigers bei Zwangsversteigerung eines Grundstücks, das mit einer nicht im Grundbuch vorgemerkten **Pacht** belegt ist: BGE 124 III 39 E. 2.

2 Fall eines **grundlosen** Doppelaufrufes; Anfechtung des Zuschlages: BGE 81 III 62; vgl. auch BGE 70 III 11.

Art. 57
II. Zugehör

Wenn Zugehörgegenstände mit dem Grundstück zu verwerten sind, so kann der Schuldner und jeder betreibende Gläubiger und Pfandgläubiger vor der Steigerung zunächst getrennte und hernach gemeinsame Ausbietung von Zugehör und Grundstück verlangen. Übersteigt dabei das Ergebnis des Gesamtrufes die Summe der Einzelangebote, so gilt der Zuschlag an die Einzelangebote als dahingefallen.

1 Vorgehen des Amtes, wenn die Zugehör möglicherweise einem **Dritten** gehört: BGE 54 III 19; bei Bestreitung der Zugehöreigenschaft: BGE 80 III 72.

Art. 58
B. Angebot
I. Form

[1] Angebote, die an Bedingungen oder Vorbehalte geknüpft sind oder nicht auf eine bestimmte Summe lauten, darf das Betreibungsamt nicht berücksichtigen.

[2] Von Personen, die als Stellvertreter in fremdem Namen oder als Organ einer juristischen Person bieten, kann vor dem Zuschlag der Nachweis der Vertretungsbefugnis verlangt werden. Die allfälligen Ausweise sind, wenn dem Vertretenen zugeschlagen wird, bei den Akten aufzubewahren.

[3] Angebote für namentlich nicht bezeichnete oder erst später zu bezeichnende Personen oder für noch nicht bestehende juristische Personen dürfen nicht angenommen werden.

[4] Schriftliche Angebote sind bei Beginn der Steigerung den Teilnehmern bekanntzugeben und unter den gleichen Bedingungen wie mündliche Angebote zu berücksichtigen.

Abs. 2

1 Wer **in fremdem Namen** bietet, hat sich auf Verlangen des Steigerungsleiters über seine Handelsbefugnis auszuweisen. Ist er dazu nicht in der Lage, so darf sein Angebot unberücksichtigt bleiben: BGE 82 III 55. Möglichkeit jederzeitiger Anfechtung der Steigerung durch den fälschlicherweise als Vertretenen Angegebenen: BGE 58 III 9; 82 III 58.

Abs. 3

2 Ungültigkeit von Angeboten für Personen, die bei Stellung des Angebotes **nicht namentlich bezeichnet** werden: BGE 55 III 71; 93 III 39.

3 **schriftliche Angebote** sind auch bei der Fahrnissteigerung zulässig: BGE 59 III 57.

4 **Anwendbarkeit** auf Freihandverkauf im Konkurs: BGE 128 III 110 E. 4a.

Abs. 4

5 Ein schriftliches Steigerungsangebot kann bis zu seiner Bekanntgabe bei Beginn der Steigerung **zurückgezogen** werden: BGE 128 III 199.

Art. 59
II. Gemeinsames Angebot mehrerer
Bieten mehrere Personen gemeinsam und erklären sie nichts anderes, so wird ihnen das Grundstück zu Miteigentum zu gleichen Teilen zugeschlagen.

Art. 60
III. Ausruf der Angebote und Zuschlag
[1] Jedes Angebot wird dreimal ausgerufen und dabei jeweilen angegeben, ob es sich um den ersten, zweiten oder dritten Ausruf handelt. Das Betreibungsamt ist verpflichtet, demjenigen Bieter, der das letzte und höchste Angebot gemacht hat, sofort öffentlich den Zuschlag zu erteilen.

[2] Der Zuschlag erfolgt, wenn nach den Steigerungsbedingungen eine sofort zu leistende Barzahlung oder Sicherheitsleistung verlangt wird, nur nach deren Leistung; andernfalls wird in Fortsetzung der Steigerung das nächst tiefere Angebot nochmals dreimal ausgerufen und, wenn es nicht überboten wird, daraufhin der Zuschlag erteilt.

Abs. 1

1 Angebot **nach dem dritten Ausruf** des vorangegangenen Angebots: BGE 118 III 52.

dreimaliger Ausruf mit jeweiliger Angabe, ob es der erste, zweite oder dritte Aufruf sei. **Kennzeichnung** des dritten Aufrufes durch erläuternde Bemerkungen des BB. Der Vorschrift des Art. 60 Abs. 1 VZG ist genügt, wenn bei jedem Aufruf unmissverständlich zum Ausdruck gebracht wird, der wievielte es ist, gleichgültig, ob sich der Gantleiter hiebei der entsprechenden Ordnungszahl oder eines andern Ausdrucksmittels bedient: BGE 83 III 38.

Art. 60a
IV. Ausübung gesetzlicher Vorkaufsrechte
[1] Gesetzliche Vorkaufsrechte können nur an der Steigerung selbst und zu den Bedingungen, zu welchen das Grundstück dem Ersteigerer zugeschlagen wird, ausgeübt werden (Art. 681 Abs. 1 ZGB).

[2] Vereinbarungen im Sinne von Artikel 681*b* Absatz 1 ZGB, die dem Vorkaufsberechtigten Vorzugsrechte gewähren, sind bei der Steigerung nicht zu beachten.

[3] Nach dreimaligem Ausruf des Höchstangebotes hat der Leiter der Steigerung die anwesenden oder vertretenen Inhaber eines gesetzlichen Vorkaufsrechtes aufzufordern, sich über dessen Ausübung auszusprechen. Bis dies geschehen ist, bleibt der Meistbietende an sein Angebot gebunden.

[4] Erklärt einer der Berechtigten, er wolle das Vorkaufsrecht zum angebotenen Preise ausüben, so wird ihm der Zuschlag erteilt. Geben mehrere Berechtigte diese Erklärung gemeinsam ab, so ist Artikel 59 hiervor, bei Miteigentümern Artikel 682 Absatz 1 Satz 2 ZGB anwendbar.

Art. 61
C. Steigerung und Protokoll
[1] Die Steigerung ist ohne Unterbrechung durchzuführen.

[2] Über jede Steigerung ist im Anschlusse an die Steigerungsbedingungen ein Protokoll zu führen, das vom Steigerungsbeamten sowie vom Ersteigerer zu unterzeichnen ist.

Abs. 2
1 Lastenverzeichnis und **Steigerungsprotokoll**. Im letztern (gegebenenfalls in dem diesen beigelegten Beschrieb) sind alle Gegenstände genau zu umschreiben: BGE 75 III 100.

Art. 62

D. Versicherte Zugehör

Werden Zugehörgegenstände, deren Gesamtheit den Gegenstand eines Versicherungsvertrages bildet (Art. 15 Abs. 1 Buchst. *c* hiervor), mitversteigert, so ist bei der Versteigerung auf die Versicherung aufmerksam zu machen. Wird die Gesamtheit der versicherten Gegenstände von einer und derselben Person erworben, so ist der Versicherer vom Übergang des Eigentums sofort in Kenntnis zu setzen (Art. 3 der V vom 10. Mai 1910 betreffend die Pfändung, Arrestierung und Verwertung von Versicherungsansprüchen).

Art. 63

E. Zahlungsverzug des Ersteigerers

[1] Befindet sich der Ersteigerer im Zahlungsverzug und können allfällige von ihm bestellte Sicherheiten nicht sofort ohne Betreibung oder Prozess liquidiert werden, so hat das Betreibungsamt, sofern nicht sämtliche Beteiligte (Schuldner, zu Verlust gekommene Pfandgläubiger, betreibende Gläubiger) zu einer Verlängerung der Zahlungsfrist ihre Einwilligung erteilen, ohne weiteres den Zuschlag aufzuheben und sofort eine neue Steigerung nach Artikel 143 Absatz 1 SchKG anzuordnen. Die Aufhebung des Zuschlages ist im Steigerungsprotokoll (Art. 61 hiervor) vorzumerken und dem Ersteigerer schriftlich anzuzeigen.

[2] Ist der Eigentumsübergang bereits im Grundbuch eingetragen (Art. 66 Abs. 3 hiernach), so beauftragt das Betreibungsamt das Grundbuchamt unter Hinweis auf die Aufhebung des Zuschlages mit der Löschung des Eintrages sowie der entsprechenden Vormerkung im Grundbuch.

Abs. 1

1 **Anwendbarkeit der Bestimmung** auf Freihandverkauf im Konkurs: BGE 128 III E. 4c.

2 **Beteiligte** im Betreibungsverfahren sind: Schuldner, die betreibenden (aber wohl auch der nach dem Lastenverzeichnis sonst bar zu bezahlende Pfand-) Gläubiger und der zu Verlust kommende Pfandgläubiger, im Konkurse diese letztern und die Konkursverwaltung. Fehlt diese Einwilligung, so ist der Zuschlag (mangels liquider Sicherheiten) ohne weiteres aufzuheben; dies auf jeden Fall dann, wenn die versäumte Zahlung nicht nachgeholt wird, solange entweder die Aufhebung noch nicht verfügt oder einem dagegen ergriffenen Rechtsmittel gemäss Art. 36 SchKG aufschiebende Wirkung erteilt ist: BGE 75 III 11.

3 Zusätzliche Frist von 10 Tagen, welche dem Ersteigerer im Gefolge eines Beschwerdeverfahrens von der kantonalen AB eingeräumt wird, damit er den Zuschlagspreis bezahlen kann; soweit diese zusätzliche Frist die Verlängerung der der Beschwerde erteilten aufschiebenden Wirkung bezweckt, ist sie aus praktischen Gründen gerechtfertigt und mit der Rechtsprechung vereinbar: BGE 109 III 37.

Art. 64
F. Neue Steigerung
I. Bekanntmachung

¹ Die neue Steigerung darf nicht vor Ablauf eines Monats seit der frühern stattfinden.

² Sie ist in der Bekanntmachung ausdrücklich als «Neue Steigerung infolge Zahlungsverzugs des Ersteigerers» zu bezeichnen.

³ Eine neue Schätzung des Grundstücks ist nicht vorzunehmen; ebensowenig erfolgt eine nochmalige Fristansetzung zur Anmeldung von Ansprüchen nach Artikel 138 Absatz 2 Ziffer 3 SchKG.

Art. 65
II. Lastenverzeichnis und Steigerungsbedingungen

¹ Das für die frühere Steigerung aufgestellte Lastenverzeichnis ist auch für die neue und eine allfällig weiter notwendig werdende Steigerung massgebend. Kommen dem Betreibungsamt neue, in der Zwischenzeit entstandene öffentlich-rechtliche Lasten zur Kenntnis, so hat es sie von Amtes wegen zu berücksichtigen. In diesem Falle ist die Ergänzung des Lastenverzeichnisses den Interessenten nach Artikel 140 Absatz 2 SchKG (Art. 37 hiervor) mitzuteilen. In der Zwischenzeit fällig gewordene, im Lastenverzeichnis als laufend angemerkte Kapitalzinse sind mit dem entsprechenden Betrag unter die fälligen und bar zu bezahlenden Forderungen einzustellen, ohne dass aber deswegen eine Neuauflage des Lastenverzeichnisses nötig wäre.

² Die übrigen Steigerungsbedingungen können vom Betreibungsamt innerhalb der Grenzen der ihm in Artikel 134 Absatz 1 SchKG eingeräumten Befugnisse abgeändert werden. Werden sie erst nach ihrer Auflegung abgeändert, so ist die Vorschrift des Artikels 52 hiervor zu beobachten.

Art. 66
G. Vollzug des Zuschlages
I. Anmeldung des Eigentumsübergangs

[1] Die Anmeldung des durch den Zuschlag bewirkten Eigentumsüberganges an dem versteigerten Grundstück zur Eintragung in das Grundbuch erfolgt durch das Betreibungsamt von Amtes wegen, sobald feststeht, dass der Zuschlag nicht mehr durch Beschwerde angefochten werden kann oder die erhobene Beschwerde endgültig abgewiesen worden ist.

[2] Sie soll in der Regel erst erfolgen, nachdem die Kosten der Eigentumsübertragung sowie der Zuschlagspreis vollständig bezahlt sind.

[3] Auf besonderes begründetes Begehren des Ersteigerers kann das Amt ausnahmsweise die Anmeldung auch vorher vornehmen, sofern der Ersteigerer für den ausstehenden Rest des Zuschlagspreises ausreichende Sicherheit leistet. In diesem Falle ist aber gleichzeitig eine Verfügungsbeschränkung nach Artikel 960 ZGB und Artikel 74 Absatz 2 der Verordnung vom 22. Februar 1910 betreffend das Grundbuch im Grundbuch vorzumerken.

[4] In denjenigen Kantonen, in denen die Eintragung im Grundbuch von der Bezahlung einer Handänderungssteuer abhängig gemacht wird, muss vor der Anmeldung auch diese an das Amt bezahlt oder der Ausweis über direkt geleistete Bezahlung erbracht werden.

[5] Ist der Schuldner noch nicht als Eigentümer im Grundbuch eingetragen (z. B. als Erbe), so veranlasst das Betreibungsamt dessen vorgängige Eintragung gleichzeitig mit der Anmeldung des Eigentumsübergangs auf den Ersteigerer.

Abs. 2

1 Für die Anmeldung besteht ein obligator. **Formular** VZG Nr. 15 in Anl 23;

2 Eigentumsübertragung bei **teilweiser Stundung** des Zuschlagspreises: BGE 112 III 26 E.b.

Abs. 3

3 Obligator. **Formular** VZG Nr. 2 in Anl. 3. Vgl. Art. 63 Abs. 2.

4 Betr. **Verrechnung** seitens des ersteigernden Grundpfandgläubigers mit einer vom Schuldner bestrittenen Grundpfandforderung: BGE 79 III 120.

Art. 67
II. Person, die einzutragen ist

Das Betreibungsamt darf nur denjenigen, dem der Zuschlag erteilt worden ist, als Eigentümer in das Grundbuch eintragen lassen. Die Eintragung eines Dritten, der als Zessionar oder als vertraglicher Vorkaufsberechtigter in den Steigerungskauf einzutreten erklärt, ist unzulässig, selbst wenn der Ersteigerer damit einverstanden ist.

1 Unzulässigkeit des **Verkaufs** des Grundstückes durch den Ersteigerer vor seiner Eintragung im Grundbuch: BGE 51 III 14 E.4.

2 **Anwendbarkeit** der Bestimmung auf Freihandverkauf im Konkurs: BGE 128 III 110 E. 4a.

Art. 68
III. Löschungen im Grundbuch

¹ Gleichzeitig mit der Anmeldung des Eigentumsübergangs zur Eintragung im Grundbuch hat das Betreibungsamt zur Löschung anzumelden:

a. leere Pfandstellen sowie Eigentümerpfandtitel, über die der Schuldner nicht verfügt hat (Art. 815 ZGB). Sind solche Titel verpfändet und ist die Faustpfandforderung fällig und deshalb dem Ersteigerer die entsprechende Pfandschuld nicht überbunden worden, so sind die Titel ebenfalls zu entkräften oder insoweit abzuschreiben, als sie durch den Zuschlagspreis nicht gedeckt sind;

b. die Pfandrechte und sonstigen Lasten, die nicht überbunden werden konnten;

c. die infolge der Pfändung des Grundstückes vorgemerkte Verfügungsbeschränkung (Art. 15 Abs. 1 Buchst. *a* hiervor).

² Ferner sind allfällige, im Lastenbereinigungsverfahren festgestellte, noch nicht im Grundbuch eingetragene Lasten (Dienstbarkeiten u. dgl.) zur Eintragung anzumelden.

Abs. 1

1 Obligator. **Formular** VZG Nr. 15 in Anl. 23.

lit. a

2 Pfändung eines **Eigentümerpfandtitels** ist ausgeschlossen, wenn Grundstück selbst gepfändet ist: BGE 91 III 76 E.2c/aa; vgl. auch Art. 35.

3 Die Vereinbarung einer **Schuldübernahme** ist zulässig: BGE 52 III 171 E.2.

4 Behauptete **Tilgung** einer nicht in Betreibung stehenden Schuldbriefforderung im letzten Range durch einen Dritten: BGE 76 III 42.

lit. b

5 **Löschung** von Pfandrecht und Titel
- Bei öffentlicher **Versteigerung**: BGE 125 III 255 E. 2a.
- Bei **Freihandverkauf**: BGE 125 III 255 E. 2b, 2c.

6 Für das **Nachlassverfahren mit Vermögensabtretung** vgl. SchKG Art. 323 und 327 sowie VBGr zum Bankengesetz, Art. 35 u. 39, entgegen BGE 53 III 85.
- Ferner in der Betreibung auf **Grundpfandverwertung**: BGE 106 II 189.

7 Folgen der irrtümlichen **Nichtaufnahme** von gegebenen Eigentümerpfandtiteln vgl. BGE 66 III 41.

lit. c

8 Obligat. **Formular** VZG Nr. 3 in Anl. 4.

Abs. 2

9 Später eintretende Tatsachen rechtfertigen ein **nachträgliches Lastenbereinigungsverfahren,** wenn sich nur dadurch bestimmte und erhebliche Rechte in geeigneter Weise wahren lassen: BGE 76 III 44.

Art. 69
IV. Zu löschende Pfandtitel

¹ Das Betreibungsamt hat die Titel über die durch die Versteigerung ganz oder teilweise untergegangenen Grundpfandrechte vor der Verteilung einzufordern. Werden sie nicht beigebracht, so hat das Betreibungsamt trotzdem die erforderlichen Löschungen oder Abänderungen im Grundbuch zu veranlassen, die auf die betreffenden Forderungen entfallenden Beträge aber zu hinterlegen.

² Die stattgefundene Löschung oder Abänderung des Grundpfandrechts ist in diesem Falle durch einmalige Publikation im Amtsblatt zu veröffentlichen und dem Gläubiger, sofern sein Name und sein Wohnort bekannt sind, durch eingeschriebenen Brief zur Kenntnis zu bringen mit der Anzeige, dass die Veräusserung oder Verpfändung des gänzlich zu Verlust gekommenen Pfandtitels oder des teilweise zu Verlust gekommenen über den erlösten Betrag hinaus als Betrug strafbar wäre.

[3] Ist der Inhaber des Titels unbekannt, so hat das Betreibungsamt die Löschung oder Abänderung des Grundpfandrechts öffentlich bekanntzumachen, unter Hinweis auf die in Absatz 2 hiervor erwähnte Folge einer Veräusserung oder Verpfändung des Titels.

1 Löschung von Pfandrecht und Titel
- Bei öffentlicher **Versteigerung**: BGE 125 III 255 E. 2a.
- Bei **Freihandverkauf**: BGE 125 III 255 E. 2b, 2c.

Abs. 1

2 Über die Einforderung im **Konkurs**: KOV Art. 40. Vgl. dazu Art. 35 N. 1 betr. die Folgen der Nichteinforderung zu Faustpfand gegebener Eigentümerpfandtitel.

3 Hinterlegung bis zum Ablauf der Verjährungsfrist: BGE 62 III 124. Über die Verteilung nach deren Ablauf a.gl.O.

Abs. 3

4 Die Bestimmung ist auch in der Betreibung auf **Grundpfandverwertung** anzuwenden: BGE 106 II 189.

5 Vgl. für das **Konkursverfahren** KOV Art. 74.

Art. 70
V. Anzeige an Mieter und Pächter

[1] Bestehen auf dem versteigerten Grundstück Miet- oder Pachtverträge, so teilt das Betreibungsamt dem Mieter oder Pächter den Eigentumsübergang mit, unter Angabe des Zeitpunktes, von wann an der Erwerber den Zins zu beziehen berechtigt ist.

[2] Ist der Kaufpreis dem Ersteigerer gestundet worden, so erfolgt diese Anzeige erst, nachdem der Kaufpreis bezahlt und die im Grundbuch vorgemerkte Verfügungsbeschränkung vom Betreibungsamt zur Löschung angemeldet worden ist.

Art. 71
H. Ergebnislosigkeit der Steigerung

[1] Bleibt die Steigerung ergebnislos, weil kein genügendes Angebot im Sinne von Artikel 142a in Verbindung mit Artikel 126 Absatz 1 SchKG oder gar kein Angebot erfolgt, oder hat das Betreibungsamt nach Artikel 127 SchKG von der Verwertung abgesehen, so fällt die Betreibung in Hinsicht auf das gepfändete Grundstück und dessen Zugehör dahin; eine gesonderte Verwertung der letztern ist unzulässig, es wäre denn, dass alle Beteilig-

ten (Schuldner, pfändende Gläubiger und Pfandgläubiger) sich damit einverstanden erklären.

² Der noch nicht verteilte Reinerlös der Früchte und sonstigen Erträgnisse des Grundstückes (Art. 22 Abs. 1 hiervor) sowie einer allfälligen Ausfallforderung (Art. 72 hiernach) ist den betreibenden Pfändungs- und Pfandgläubigern (Art. 806 ZGB) zuzuweisen.

³ Vom Wegfall der Pfändung und der dadurch begründeten Verfügungsbeschränkung ist den Mietern oder Pächtern sowie dem Grundbuchamt sofort Anzeige zu machen.

Art. 72
J. Ausfallforderung

¹ Hat der Ersteigerer den Steigerungskauf nicht gehalten und ist an der neuen Steigerung (Art. 63 hiervor) ein geringerer Erlös erzielt worden, so hat das Betreibungsamt die Ausfallforderung zunächst in ihrer Höhe festzustellen und, falls sie vom Schuldner derselben innert Frist nicht beglichen wird, den bei der Verwertung des Grundstückes zu Verlust gekommenen betreibenden Gläubigern und Pfandgläubigern Anzeige zu machen mit der Aufforderung an sie, ein allfälliges Begehren um Verwertung der Forderung gemäss den Artikeln 130 Ziffer 1 und 131 SchKG innert der Frist von zehn Tagen anzubringen. Wird kein solches Begehren gestellt, so ist die Forderung an einer einzigen öffentlichen Steigerung zu verkaufen.

² Hat der Schuldner der Ausfallforderung für die Erfüllung der Steigerungsbedingungen Sicherheiten bestellt, so sind diese denjenigen Gläubigern, welche die Forderung zur Eintreibung oder als Erwerber übernommen haben, oder dem Erwerber zu übergeben (Art. 170 Abs. 1 OR).

³ Muss auch die neue Steigerung wegen Nichthaltung des Kaufs wiederholt werden und entsteht dadurch ein Mehrverlust, so ist diese Schadenersatzforderung gegen den zweiten Ersteigerer in gleicher Weise wie die ursprüngliche Ausfallforderung zu verwerten.

Abs. 1

1 Obligator. **Formular** VZG Nr. 14 in Anl 22. Zur Anweisung nach SchKG Art. 131 müssen alle ungedeckten Pfändungs- und Pfandgläubiger **zustimmen**: BGE 50 III 179.

3. Verwertung eines Miteigentumsanteils

Art. 73

A. Grundbuchauszug

Ist ein Miteigentumsanteil zu verwerten, so hat der vom Betreibungsamt einzufordernde Auszug aus dem Grundbuch (Art. 28 hiervor) nicht nur über den Anteil des Schuldners, sondern auch über das Grundstück als ganzes Auskunft zu geben.

1 Erst nach Bekanntwerden des Umfangs eines zu verwertenden Grundpfandobjektes nach Abschluss des Grundbuchberichtigungsverfahrens, in dem zu entscheiden ist, ob der Grundpfandgegenstand mit einem Miteigentumsanteil an einem andern Grundstück **subjektiv-dinglich verknüpft** ist, bekannt ist, kann gemäss dieser Bestimmung vorgegangen werden: BGE 112 III 106 E.3.

2 steht ein überbautes Grundstück im **Miteigentum** mehrerer Personen, ohne dass Stockwerkeigentum begründet worden wäre, aber in der Weise, dass jeder Anteil das Recht auf die Nutzung bestimmter Räume gewährt, und wird ein Anteil gepfändet, der zusammen mit andern Anteilen mit einem Grundpfandrecht belastet ist, so hat die Versteigerung des Grundstückes selbst in diesem Sinne alle pfandbelasteten Anteile, aber auch nur diese zum Gegenstand: BGE 96 III 27.

3 Vgl. auch Bescheid der Schuldbetreibungs- und Konkurskammer des Bundesgerichts vom 5. Juli 1976 an das Inspektorat für die Notariate, Grundbuch- und Konkursämter des Kantons Zürich (hinten Nr. 37).

Art. 73a

B. Bekanntmachung der Steigerung; Anmeldung von Rechtsansprüchen

I. Publikation

1 Die Publikation der Versteigerung eines Miteigentumsanteils hat anzugeben, welcher Bruchteil bzw. welche Wertquote dem Schuldner zusteht, und muss die Beschreibung sowie den Schätzungswert des im Miteigentum stehenden Grundstücks und seiner Zugehör, im Falle von Stockwerkeigentum auch die Beschreibung sowie den Schätzungswert der dem Schuldner zugeschiedenen Grundstücksteile und ihrer allfälligen besondern Zugehör enthalten.

2 Die Aufforderung zur Anmeldung von Pfandrechten und von solchen Dienstbarkeiten, die unter dem frühern kantonalen Recht entstanden und noch nicht in die öffentlichen Bücher eingetragen sind (Art. 29 Abs. 2 und

3 hiervor), hat sich nicht bloss auf derartige Rechte am gepfändeten Anteil, sondern auch auf derartige Rechte am Grundstück selbst zu beziehen.

[3] Ist nach dem Grundbuchauszug (Art. 73 hiervor) das Grundstück selbst pfandbelastet, so wird einstweilen der Zeitpunkt der Steigerung nicht festgesetzt, sondern nur die öffentliche Aufforderung im Sinne von Absatz 2 hiervor erlassen und die Lastenbereinigung durchgeführt.

Art. 73b
II. Spezialanzeigen

[1] Für die Spezialanzeigen gilt Artikel 30 hiervor.

[2] Ist das Grundstück als solches verpfändet, so ist ein Exemplar der öffentlichen Aufforderung im Sinne von Artikel 73*a* Absätze 2 und 3 hiervor auch den Gläubigern der das Grundstück als solches belastenden Pfandforderungen sowie den Personen zuzustellen, denen nach dem Gläubigerregister an einer solchen Forderung ein Pfandrecht oder die Nutzniessung zusteht.

Art. 73c
C. Lastenverzeichnis
I. Inhalt

Das Lastenverzeichnis (Art. 33ff. hiervor) muss über den zu verwertenden Miteigentumsanteil und das Grundstück als solches die in Artikel 73*a* Absatz 1 hiervor vorgeschriebenen Angaben enthalten und die im Grundbuch eingetragenen sowie die auf Grund der öffentlichen Aufforderung (Art. 29 Abs. 2 und 3 und Art. 73*a* Abs. 2 hiervor) angemeldeten Belastungen des Anteils einerseits und des Grundstücks als solchem anderseits getrennt aufführen.

Art. 73d
II. Mitteilung

Das Lastenverzeichnis ist sämtlichen Gläubigern, zu deren Gunsten der Miteigentumsanteil gepfändet ist, allen Grundpfandgläubigern, denen der Anteil oder das Grundstück selbst haftet, sowie den aus Vormerkungen Berechtigten und dem Schuldner mitzuteilen.

Art. 73e

D. Vorgehen bei Pfandbelastung des Grundstücks als solchem.

I. Einigungsverhandlungen

[1] Ist nach dem Ergebnis des Lastenbereinigungsverfahrens das Grundstück als solches pfandbelastet, so hat die Steigerung einstweilen zu unterbleiben.

[2] Das Betreibungsamt versucht, durch Verhandlungen mit den am Grundstück als solchem pfandberechtigten Gläubigern und mit den andern Miteigentümern eine Aufteilung der betreffenden Pfandlasten auf die einzelnen Anteile herbeizuführen und im Falle, dass der Schuldner für eine durch das Grundstück als solches gesicherte Pfandforderung zusammen mit andern Miteigentümern solidarisch haftet, eine entsprechende Aufteilung der Schuldpflicht zu erreichen. Haben die Verhandlungen Erfolg, so ist, nachdem die erforderlichen Änderungen im Grundbuch vorgenommen sind, das Lastenverzeichnis ihrem Ergebnis anzupassen und der Anteil des Schuldners auf dieser Grundlage zu versteigern.

[3] Das Betreibungsamt kann auch versuchen, durch Verhandlungen mit den Beteiligten die Aufhebung des Miteigentums zu erreichen und so zu ermöglichen, dass der betreibende Gläubiger aus dem Ergebnis der Verwertung der dem Schuldner zugewiesenen Parzelle oder aus dem Anteil des Schuldners am Ergebnis des Verkaufs des Grundstücks als solchem oder aus der dem Schuldner zukommenden Auskaufssumme (vgl. Art. 651 Abs. 1 ZGB) ganz oder teilweise befriedigt werden kann.

[4] Soweit zur Herbeiführung der angestrebten Änderungen der rechtlichen Verhältnisse nach Zivilrecht eine Mitwirkung des Schuldners erforderlich ist, tritt das Betreibungsamt an seine Stelle (Art. 23*c* hiervor).

[5] Die obere kantonale Aufsichtsbehörde kann zur Durchführung dieser Einigungsverhandlungen sich selbst oder die untere Aufsichtsbehörde als zuständig erklären.

Abs. 1

1 Vgl. BGE 95 I 570; 112 III 102; Vorgehen, wenn über einen Miteigentümer des Grundstücks der **Konkurs** eröffnet und gegen einen weiteren Miteigentümer die Betreibung auf Pfandverwertung eingeleitet worden ist: BGE 115 III 122 E.1;

2 Fall, da das Grundpfandrecht **mehrere Miteigentumsanteile** erfasst: BGE 96 III 29.

Art. 73f
II. Versteigerung des Anteils

¹ Gelingt es nicht, die Pfandbelastung des Grundstücks als solchem und gegebenenfalls die Solidarschuldpflicht aufzuteilen, und kommt es auch nicht zur Aufhebung des Miteigentums, so ist der gepfändete Anteil nach vorheriger Publikation (Art. 73*a* Abs. 1 hiervor) und Benachrichtigung der Beteiligten im Sinne von Artikel 30 Absätze 2–4 und 73*b* Absatz 2 hiervor für sich allein zu versteigern. Die Aufforderung im Sinne von Artikel 29 Absätze 2 und 3 und Artikel 73*a* Absatz 2 hiervor ist dabei nicht zu wiederholen. Die Zwangsverwertung des Grundstücks als solchem ist unter Vorbehalt von Artikel 106*a* hiernach ohne Zustimmung aller Beteiligten nicht zulässig.

² Wird vor der Versteigerung des Anteils eine Grundpfandbetreibung angehoben, die das Grundstück als solches zum Gegenstand hat (Art. 106*a* hiernach), so ist dieser Betreibung der Vortritt einzuräumen.

1 Vorgehen, wenn über einen Miteigentümer des Grundstücks der **Konkurs** eröffnet und gegen einen weiteren Miteigentümer die Betreibung auf Pfandverwertung eingeleitet worden ist: BGE 115 III 122 E.1.

Art. 73g
E. Steigerungsbedingungen

¹ Die Bedingungen für die Versteigerung eines Miteigentumsanteils müssen ausser dem Schuldner und dem Gläubiger, auf dessen Begehren die Verwertung erfolgt (Art. 45 Abs. 1 am Anfang hiervor), auch die Personen nennen, die neben dem Schuldner Miteigentümer sind.

² Ist wegen Scheiterns der Einigungsverhandlungen im Sinne von Artikel 73*e* hiervor ein Miteigentumsanteil an einem Grundstück zu verwerten, das als ganzes verpfändet ist, so haben die Steigerungsbedingungen zu bestimmen, dass der Ersteigerer hinsichtlich der nach dem rechtskräftigen Lastenverzeichnis am Grundstück als ganzem bestehenden Pfandrechte und der dadurch gesicherten Forderungen ohne Anrechnung dieser Belastung auf den Steigerungspreis vollständig in die Rechtsstellung des Schuldners eintritt. Vorbehalten bleibt eine allfällige Erklärung des Gläubigers im Sinne von Artikel 832 Absatz 2 ZGB, er wolle den frühern Schuldner beibehalten (Art. 135 Abs. 1 Satz 2 SchKG).

³ Für die auf Grund von Artikel 712*c* ZGB errichteten Vorkaufs- und Einspruchsrechte gelten die Bestimmungen von Artikel 51 hiervor über die vertraglich begründeten und im Grundbuch vorgemerkten Vorkaufsrechte entsprechend.

Abs. 2

1 Es kommt auch ein Freihandverkauf in Frage: BGE 102 III 60 E.8.

2 Bei **Scheitern** der Versteigerung ist Art. 126 Abs. 2 SchKG analog anzuwenden: BGE 102 III 57 E.5.

Art. 73h
F. Zuschlagspreis
Bei der Berechnung des nach Artikel 142*a* in Verbindung mit Artikel 126 SchKG erforderlichen Mindestangebots sind die auf dem Grundstück als ganzem lastenden Grundpfandforderungen nicht zu berücksichtigen.

Art. 73i
G. Entsprechend anwendbare Bestimmungen
Unter Vorbehalt der Artikel 73–73*h* hiervor sind auf die Verwertung eines Miteigentumsanteils die Vorschriften der Artikel 25–72 hiervor entsprechend anwendbar.

4. Requisitorialverwertungen
Art. 74
A. Fälle
[1] Liegt das zu versteigernde Grundstück in einem andern Betreibungskreis, so ist das Verwertungsbegehren gleichwohl dem Betreibungsamt des Betreibungsortes einzureichen, auch wenn der Schuldner seit der Pfändung in einen andern Betreibungskreis gezogen ist. Der Beamte des Betreibungsortes beauftragt mit der Verwertung denjenigen des Kreises, in dem das Grundstück liegt, und leistet ihm auf Begehren einen angemessenen Kostenvorschuss.

[2] Liegt das Grundstück in mehreren Kreisen, so ist dasjenige Betreibungsamt zum Vollzug der Verwertung zuständig, in dessen Kreis der wertvollere Teil des Grundstückes liegt.

[3] Sind mehrere gemeinsam verpfändete Grundstücke samthaft zu versteigern, so ist die Verwertung, wenn sich eines der Grundstücke im Betreibungskreis des Betreibungsortes befindet, durch das Betreibungsamt dieses Kreises zu vollziehen. Liegt kein Grundstück in diesem Kreis, so ist dasjenige Betreibungsamt zuständig, in dessen Kreis das wertvollere Grundstück liegt.

Abs. 1

1 Auf die Verwertung von **beweglichen Sachen**, die in einem andern Betreibungskreis liegen, sind die Art. 74 ff. VZG (insbesondere Art. 74 Abs. 1, 76 und 77 Abs. 2) entsprechend anwendbar. Sind dem mit der Verwertung beauftragten Amte vorgehende Pfändungen bekannt, so hat es den Verwertungserlös entgegen Art. 77 Abs. 2 VZG nicht dem auftraggebenden Amte, sondern dem Amte abzuliefern, bei dem die Betreibungen hängig sind, die zu diesen Pfändungen geführt haben: BGE 75 III 54; vgl. auch BGE 83 III 130.

2 gegen die **Abrechnung** des requirierten Amtes ist nur innert der Beschwerdefrist Reklamation möglich. Jederzeitige Änderung der Kostennote von Amtes wegen, aber ohne Weiterzugsrecht des requirierten Amtes: BGE 68 III 2/3 E.1 und 2.

Abs. 2

3 Verfahren, wenn in beiden Kreisen das Grundstück als **selbständige Liegenschaft** eingetragen und selbständig verpfändet ist: BGE 56 III 33.

Art. 75
B. Pflichten des ersuchten Amtes

[1] Das beauftragte Betreibungsamt hat alle mit der Verwertung verbundenen Verrichtungen, insbesondere die amtliche Verwaltung, die öffentlichen Bekanntmachungen (Art. 138, 143 SchKG), die nötigen Mitteilungen (Art. 139, 140 Abs. 2 SchKG), die Aufstellung des Lastenverzeichnisses (Art. 140 SchKG) und der Steigerungsbedingungen (Art. 134, 135 SchKG), den Einzug der Steigerungssumme sowie die Anmeldung des Eigentumsübergangs an dem versteigerten Grundstück im Grundbuch von sich aus zu besorgen.

[2] Wo das Gesetz auf das Ermessen des Betreibungsbeamten oder auf den Ortsgebrauch abstellt (Art. 134 Abs. 1, 135 Abs. 2, 137, 140 Abs. 3 SchKG), entscheidet der beauftragte Beamte.

[3] Die Auswahl der Blätter für die Bekanntmachungen und die Festsetzung der Steigerungstermine steht innerhalb der gesetzlichen Schranken zunächst ebenfalls dem beauftragten Beamten zu; doch hat dieser begründete Begehren des auftraggebenden Beamten zu berücksichtigen.

Abs. 1

1 Es besorgt auch die **provisorische und definitive Schätzung** im Konkurs: BGE 51 III 9.

2 Die Regeln gelten entsprechend auch für bewegliche Sachen, die in einem **andern Betreibungskreise** liegen: BGE 75 III 55.

Art. 76
C. Mitteilungen und Fristansetzungen
Zur richtigen Besorgung der Mitteilungen und Fristansetzungen (Art. 139, 140 Abs. 2 SchKG) hat der Beamte des Betreibungsortes dem Beauftragten mit dem Auftrag ein Verzeichnis der an der Betreibung beteiligten Gläubiger mit ihren Forderungssummen zuzustellen.

Art. 77
D. Aufschubbewilligung. Einkassierte Gelder
1 Der beauftragte Beamte darf von sich aus keine Aufschubbewilligung im Sinne des Artikels 123 SchKG erteilen.

2 Die bei dem beauftragten Amte eingehenden Gelder sind sofort dem ersuchenden Amte abzuliefern, wenn nicht etwas anderes bestimmt worden ist (Art. 24 hiervor).

Abs. 2

2 Ausnahme, wenn dem beauftragten BA Pfändungen bekannt sind, die den beim beauftragten Amte hängigen Betreibungen **vorgehen**: BGE 75 III 56 E.4.

Art. 78
E. Protokoll und Nachpfändung
1 Nach Vollzug der Verwertung übermittelt der beauftragte Beamte dem ersuchenden Amte eine Abschrift des Verwertungsprotokolles mit den Belegen, die Schlussrechnung über das Ergebnis der Verwertung und den Erlös nach Abzug der Kosten. Das Original des Verwertungsprotokolls ist bei den Akten des beauftragten Amtes aufzubewahren.

2 Zur Anordnung einer Nachpfändung (Art. 145 SchKG) sowie zur Aufstellung des Kollokationsplanes und zur Verteilung des Erlöses ist ausschliesslich das Betreibungsamt des Betreibungsortes zuständig (Art. 24 hiervor).

5. Versteigerung eines Miteigentumsanteils auf Anordnung des Richters

Art. 78a
1 Zur Versteigerung auf Anordnung des Richters nach Artikel 649*b* Absatz 3 ZGB ist das Betreibungsamt oder, wenn das kantonale Recht es so be-

stimmt, das Konkursamt zuständig, in dessen Kreis das im Miteigentum stehende Grundstück oder der wertvollere Teil desselben liegt.

[2] Die Kosten des Versteigerungsverfahrens sind vom Gesuchsteller vorzuschiessen und aus dem Erlös vorweg zu decken.

[3] Der Zuschlag kann zu einem den Betrag der Pfandforderungen erreichenden Preise erteilt werden, auch wenn kein Überschuss erzielt wird.

[4] Das Ergebnis der Steigerung ist in allen Fällen, auch wenn sie erfolglos geblieben ist, dem Richter mitzuteilen.

[5] Im übrigen sind die Artikel 73–73*i* hiervor, Artikel 73*e* Absatz 3 ausgenommen, entsprechend anwendbar. Eine Verwertung des im Miteigentum stehenden Grundstücks selbst infolge Grundpfandbetreibung (Art. 73*f* Abs. 2 hiervor und Art. 106*a* hiernach) ist indes nur abzuwarten, wenn sie unmittelbar bevorsteht.

III. Verteilung

Art. 79

A. Zeitpunkt der Verteilung

[1] Die Aufstellung des Kollokationsplanes und die Verteilung des Erlöses (Art. 144ff. SchKG) dürfen erst erfolgen, wenn auch eine allfällige Ausfallforderung (Art. 72 hiervor) verwertet ist. Vorbehalten bleibt die Bestimmung des Artikels 199 SchKG.

[2] Der Kollokationsplan soll sich nur auf die Rangordnung der Pfändungsgläubiger erstrecken.

[3] Die im rechtskräftigen Lastenverzeichnis enthaltenen fälligen Forderungen sollen sofort nach Eingang des Zuschlagspreises bezahlt werden, auch wenn die Schlussverteilung für die Pfändungsgläubiger noch nicht möglich ist.

1 Verbindung von Kollokationsplan und Verteilungsplan Anl 27. Verteilungsplan für die Pfandgläubiger Anl 26.

Art. 80

B. Aufzulegende Aktenstücke

Mit dem Kollokationsplan und der Verteilungsliste ist gleichzeitig auch die Schlussrechnung über die Erträgnisse der Verwaltung und die Rechnung über die Kosten und Gebühren der Verwaltung und Verwertung zur Einsicht der Beteiligten und des Ersteigerers aufzulegen mit der Anzeige, dass sie durch Beschwerde angefochten werden können.

1 **Formular** für Verteilungsliste.

2 Grundsätze für die Verwertungsgebühren in Anl 15, 16. Gleichzeitige Auflegung mit Kollokationsplan Anl. 27 bzw. 24.

3 Obligator. **Formular** für die Anzeige VZG Nr. 20 in Anl. 28 und 30.

Art. 81
C. Verteilungsgrundsätze
I. Im allgemeinen

Die Verteilung des Reinerlöses erfolgt nach folgenden Grundsätzen:

Zunächst sind diejenigen Grundpfandgläubiger und Inhaber von Pfandrechten an Pfandtiteln zu befriedigen, deren Forderungen im Lastenverzeichnis als fällig aufgeführt und unbestritten geblieben oder gerichtlich gutgeheissen sind; der Rest ist unter die Gläubiger, zu deren Gunsten das Grundstück gepfändet oder arrestiert war, zu verteilen; für die Gläubiger mit provisorischer Pfändung ist der Betrag zu deponieren.

Grundpfandgläubiger, deren Pfandrechte erst nach der Pfändung in das Grundbuch eingetragen oder im Lastenbereinigungsverfahren aberkannt, aber vom Schuldner durch Nichtbestreitung anerkannt worden sind, haben erst dann Anspruch auf den Erlös, wenn die Pfändungsgläubiger befriedigt sind, es sei denn, dass die nachträglich eingetragenen Pfandrechte schon vorher kraft Gesetzes entstanden sind und allen eingetragenen Belastungen vorgehen.

1 Wenn der Erlös sowohl vom Titeleigentümer als auch von einem Faustpfand- und/oder Pfändungsgläubiger beansprucht wird, so darf **nicht ausbezahlt** werden, bis festgestellt ist, wer den Vorrang hat: BGE 56 III 17 E.4, 5.

Art. 82
II. Wenn ein Grundpfandgläubiger auf Pfändung betreibt

[1] Hat ein Gläubiger für eine grundpfandgesicherte Forderung auf Pfändung betrieben und das ihm verpfändete Grundstück in Pfändung erhalten, so wird der Mehrerlös über die vorgehenden Pfandforderungen zunächst zur Deckung der in Betreibung gesetzten Zins- oder Kapitalforderung und sodann der nachgehenden grundpfandgesicherten Forderungen nach ihrer Rangordnung verwendet.

[2] Reicht der Mehrerlös zur Deckung der in Betreibung gesetzten Forderung nicht aus, so kann der Grundpfandgläubiger für den Ausfall sein Recht als Pfändungsgläubiger auf den Erlös aus den übrigen in der Pfändung enthaltenen Gegenständen nach der gesetzlichen Rangordnung geltend machen.

Art. 83
III. Früchte und Erträgnisse
Die Früchte und Erträgnisse des Grundstückes fallen, wenn dieses in mehreren (Einzel- oder Gruppen-)pfändungen enthalten ist, auch insoweit den Gläubigern einer vorgehenden Pfändung zu, als sie erst *nach* Vollzug einer nachgehenden Pfändung verwertet oder fällig werden, und zwar für so lange, als die Pfändung des Grundstückes selbst dauert. Vorbehalten bleiben die Rechte der betreibenden Grundpfandgläubiger nach Artikel 94 Absatz 3 SchKG und Artikel 806 ZGB (Art. 114 hiernach).

Art. 84
D. Verlustschein
Dem betreibenden Gläubiger ist auch dann ein Verlustschein (Art. 149 SchKG) auszustellen, wenn die Steigerung erfolglos geblieben ist und eine Pfändung im Sinne des Artikels 145 SchKG nicht möglich war.

Art. 84a
E. Verteilung des Erlöses aus einem Miteigentumsanteil
Ist der Erlös aus der Verwertung eines pfandbelasteten Miteigentumsanteils an einem als ganzes verpfändeten Grundstück zu verteilen, so gelten die Bestimmungen der Artikel 79 Absatz 3 und 81 Absatz 2 hiervor über die Bezahlung fälliger Pfandforderungen nur für die allein den Miteigentumsanteil, nicht auch für die das Grundstück als ganzes belastenden Pfandforderungen.

B. Verwertung im Pfandverwertungsverfahren
I. Vorverfahren

Art. 85
A. Rechtsvorschlag
¹ Erhebt der Schuldner gegen den Zahlungsbefehl Rechtsvorschlag, so wird, wenn in diesem nichts anderes bemerkt ist, angenommen, er beziehe sich auf die Forderung und auf das Pfandrecht.

² Aufgehoben (ersetzt durch 41 Abs. 1bis revSchKG)

1 Wie ist ein beneficium excussionis realis bei pfandgesicherter Schuld geltend zu machen? In der Regel durch Beschwerde gegen die ordentliche Betreibung. Ist aber dem Gläubiger ein Selbstverkaufsrecht eingeräumt, so ist **Recht vorzuschlagen** und zur Entscheidung über Bestand und Tragweite des beneficium ist der Richter zuständig: BGE 73 III 13.

2 Keine Geltendmachung, wenn Pfandrecht erst nach Zustellung des ZB und **nachdem dieser rechtskräftig geworden ist**, begründet wird: BGE 121 III 484 E.2.

3 Entscheid der Steuerbehörden über gesetzliches Pfandrecht als Rechtsöffnungstitel gemäss SchKG Art. 80 Abs. 2 muss gegenüber **Dritteigentümer** ergangen sein: BGE 75 I 107 E.3.

Die Regel gilt auch für die Betreibung auf Verwertung eines *Faustpfandes:* BGE 57 III 26 E.2.

Art. 86
B. Unzulässigkeit

Die Anhebung einer Betreibung auf Grundpfandverwertung ist, ausser in den in den Artikeln 56–62 SchKG bestimmten Fällen, auch während der Dauer des öffentlichen Inventars für Schulden des Erblassers gegen die Erben oder die Erbmasse ausgeschlossen (Art. 586 ZGB), nicht dagegen während der Inventaraufnahme nach Art. 398 ZGB.

Art. 87
C. Pfandgegenstand
I. Subsidiäre Haftung

Haften von mehreren gemeinsam verpfändeten Grundstücken einzelne nur subsidiär, so wird die Betreibung zunächst nur gegen die andern angehoben und durchgeführt. Ergibt sich dabei ein Ausfall für die in Betreibung gesetzte Forderung, so hat der Gläubiger zur Verwertung der subsidiär haftenden Grundstücke ein neues Betreibungbegehren zu stellen.

Art. 88
II. Eigentum eines Dritten. Familienwohnung
1. Allgemeine Vorschriften

[1] Wird vom betreibenden Gläubiger, sei es im Betreibungsbegehren, sei es im Verlaufe der Betreibung, das Pfand als im Eigentum eines Dritten stehend oder als Familienwohnung dienend bezeichnet, oder ergibt sich dies erst im Verwertungsverfahren, so ist dem Dritten oder dem Ehegatten des Schuldners oder des Dritten durch Zustellung eines Zahlungsbefehls die Möglichkeit zu verschaffen, Rechtsvorschlag zu erheben.

[2] Dieses Recht kann jedoch derjenige Dritteigentümer, der das Grundstück erst nach der Vormerkung einer Verfügungsbeschränkung im Grundbuch gemäss den Artikeln 90 und 97 hiernach erworben hat, nicht für sich beanspruchen.

³ Im übrigen kann das Betreibungsverfahren gegen ihn nur fortgeführt werden, soweit es auch gegen den persönlichen Schuldner möglich ist, und es sind auf dasselbe die Vorschriften der Artikel 57–62, 297 SchKG, 586 ZGB anwendbar. Die Betreibung gegen den persönlichen Schuldner wird unter Vorbehalt der Artikel 98 und 100 dieser Verordnung von derjenigen gegen den Dritteigentümer nicht berührt.

⁴ Diese Bestimmungen sind sinngemäss anwendbar, wenn das Pfandgrundstück im Mit- oder Gesamteigentum des Schuldners und eines Dritten steht.

Allgemein

1 Erwerb der Pfandliegenschaft **nach Ansetzung der Steigerung**. Wenn im Zeitpunkte der Eintragung als Eigentümer im Grundbuch eine Verfügungsbeschränkung zugunsten einer Betreibung vorgemerkt ist, muss der Erwerber eine Verwertung über sich ergehen lassen, ohne auf nachträgliche Zustellung in der betreffenden Betreibung eines Zahlungsbefehls Anspruch zu haben: BGE 78 III 3.

Abs. 1

2 Es genügt eine **Abschrift** des an den Schuldner gerichteten ZB: BGE 52 III 116.

Abs. 3

3 Einstellung der Verwertung auch während der *Nachlassstundung* des *Dritteigentümers:* BGE 51 III 235.

Art. 89
2. Konkurs des persönlich haftenden Schuldners

¹ Ist der persönliche Schuldner im Konkurs, gehört aber das Grundstück nicht zur Konkursmasse, so kann die Betreibung auf Pfandverwertung gegen den Gemeinschuldner und den Dritteigentümer auch während des Konkursverfahrens durchgeführt werden.

² Wird der Nachlass des Schuldners konkursamtlich liquidiert (Art. 193 SchKG), oder ist eine juristische Person infolge Konkurses untergegangen, so ist die Betreibung auf Pfandverwertung ausschliesslich gegen den dritten Pfandeigentümer zu richten.

³ Diese Bestimmungen sind auch dann anwendbar, wenn das Pfandgrundstück im Mit- oder Gesamteigentum des Schuldners und eines Dritten steht.

Abs. 1

1 Ausnahme vom **Verbot neuer Betreibungen** während der Dauer des Konkursverfahrens: BGE 121 III 29 E. 2a.

- Betriebene im Pfandverwertungsverfahren:
- Der Schuldner **persönlich**: BGE 121 III 30 E. 2b.
- Der **Dritteigentümer** des Pfandgegenstandes: BGE 121 III 30 E. 2b.

2 Ist der persönliche Schuldner eine **Aktiengesellschaft**, die infolge Konkurses untergegangen ist, so geht die Betreibung allein gegen den Dritteigentümer, und eine Wiedereintragung der Gesellschaft ist nicht nötig: BGE 59 I 163.

3 Person des Betriebenen im **Pfandverwertungsverfahren**: BGE 121 III 30 E.2b.

Art. 90
D. Fakultative Verfügungsbeschränkung

[1] Auf Verlangen des betreibenden Pfandgläubigers hat das Betreibungsamt eine Verfügungsbeschränkung nach Artikel 960 ZGB zur Vormerkung im Grundbuch anzumelden (vgl. Art. 15 Abs. 1 Bst. *a* und 23*a* Bst. *a* hiervor), wenn entweder:

1. ein Rechtsvorschlag gegen den Zahlungsbefehl nicht (oder nicht in der rechtsgültigen Form oder Frist) eingereicht oder
2. der gültig erhobene Rechtsvorschlag durch Urteil im Rechtsöffnungs- oder im ordentlichen Prozessverfahren oder durch Rückzug rechtskräftig beseitigt worden ist.

[2] Diese Vorschrift ist dem betreibenden Gläubiger mit der Zustellung des Doppels des Zahlungsbefehls zur Kenntnis zu bringen.

Abs. 1

1 Obligat. **Formular** VZG Nr. 2 in Anl. 3.

Art. 91
E. Miet- und Pachtzinse
I. Zinsensperre

[1] Verlangt der betreibende Pfandgläubiger die Ausdehnung der Pfandhaft auf die Miet- und Pachtzinsforderungen (Art. 806 ZGB), stellt das Betreibungsamt sofort nach Empfang des Betreibungsbegehrens fest, ob und welche Miet- oder Pachtverträge auf dem Grundstück bestehen, und weist die Mieter oder Pächter unter Hinweis auf die Gefahr der Doppelzahlung

unverzüglich an, die von nun an fällig werdenden Miet- und Pachtzinse an das Betreibungsamt zu bezahlen.

² Die Anzeige ist auch während der Betreibungsferien sowie während eines dem Schuldner oder dem Pfandeigentümer gewährten Rechtsstillstandes zu erlassen, sofern der Zahlungsbefehl schon vor Beginn der Ferien oder des Rechtsstillstandes erlassen worden ist. Sie kann unterbleiben, wenn das Grundstück schon gepfändet ist (Art. 15 Abs. 1 Buchst. *b* hiervor), und ist nicht zu wiederholen, wenn ein neues Betreibungsbegehren auf Pfandverwertung gestellt oder das Grundstück gepfändet wird.

Abs. 1

1 Gesetzliche **Grundlage**: BGE 117 III 34 E.1, 2;

2 in der Betreibung auf Grundpfandverwertung kann die Miet- und Pachtzinssperre schon angeordnet werden, bevor der Grundpfandgläubiger das **Verwertungsbegehren** gestellt hat: BGE 117 III 35 E.3.

3 Zeitpunkt des Begehrens um Miet- und Pachtzinssperre: BGE 121 III 189 E.2c.

  – Bei späterem Begehren keine Rückwirkung auf den Zeitpunkt der Anhebung der Betreibung: BGE 121 III 190 E.2d.

4 Einer Miet- und Pachtzinssperre unterliegen, wenn das auf dem Grundstück betriebene **Hotel mit Restaurant** nicht vermietet oder verpachtet ist, weder die Forderungen des Eigentümers an Hotelgäste und Restaurantbesucher, noch, falls er das Haus durch einen Geranten führen lässt, sein Guthaben an diesen: BGE 77 III 119.

5 nichtleisten des **Kostenvorschusses** gilt als Verzicht; eine besondere Aufforderung ist nicht nötig: BGE 64 III 28. für die Kosten ist der Pfandgläubiger der Konkursmasse gegenüber vorschusspflichtig: BGE 71 III 160.

6 Obligator. Formular VZG Nr. 5 in Anl. 7.

Abs. 2

7 Auch während der **Nachlassstundung** kann die Anzeige nur erlassen werden, wenn der Zahlungsbefehl vorher zugestellt wurde: BGE 60 III 151. Einzug des Mietzinses während der Stundung ist nicht Sache des Sachwalters, sondern des BA: BGE 61 III 73.

Art. 92
II. Anzeige an den Pfandeigentümer

[1] Gleichzeitig mit dem Erlass der Anzeigen an die Mieter (Pächter) ist dem Pfandeigentümer anzuzeigen, dass die von nun an fällig werdenden Miet- und Pachtzinse infolge der gegen ihn angehobenen Betreibung auf Grundpfandverwertung durch das Betreibungsamt eingezogen werden und dass ihm daher bei Straffolge (Art. 292 StGB) nicht mehr gestattet sei, Zahlungen für diese Zinsforderungen entgegenzunehmen oder Rechtsgeschäfte über sie abzuschliessen.

[2] Dieser Anzeige ist beizufügen, dass der Pfandeigentümer, welcher die Einrede erheben will, dass sich das Pfandrecht nicht auch auf die Miet-(Pacht-)zinse oder dass es sich nur auf einen Teil davon erstrecke, dies dem Betreibungsamt binnen zehn Tagen seit Empfang der Anzeige, unter Angabe der Gründe und allfällig der bestrittenen Teilbeträge, zu erklären hat.

Abs. 1

1 Obligator. **Formular** VZG Nr. 6 in Anl. 8.

Abs. 2

2 Betr. Begründung der **Einsprache** vgl. BGE 71 III 59.

Art. 93
III. Rechtsvorschlag

[1] Ist gegen den Zahlungsbefehl Rechtsvorschlag erhoben worden, so fordert das Betreibungsamt den Gläubiger auf, innerhalb zehn Tagen entweder direkt Klage auf Anerkennung der Forderung und Feststellung des Pfandrechts anzuheben oder ein Rechtsöffnungsbegehren zu stellen und, wenn dieses abgewiesen werden sollte, innerhalb zehn Tagen seit rechtskräftiger Abweisung den ordentlichen Prozess auf Feststellung der Forderung und des Pfandrechts einzuleiten.

[2] Hat der Pfandeigentümer die Einrede erhoben, dass sich das Pfandrecht nicht auch auf die Miet-(Pacht-)zinse oder dass es sich nur auf einen Teil davon erstrecke, so fordert das Betreibungsamt den Gläubiger auf, innerhalb zehn Tagen Klage auf Feststellung des bestrittenen Pfandrechts an den Miet-(Pacht-)zinsen anzuheben.

[3] Die Aufforderung erfolgt mit der Androhung, dass, wenn diese Fristen nicht eingehalten werden, die an die Mieter (Pächter) erlassenen Anzeigen widerrufen oder bei bloss teilweiser Bestreitung der Miet-(Pacht-)zinssperre entsprechend eingeschränkt, und dass allfällig bereits bezahlte

Miet-(Pacht-)zinsbeträge, bei bloss teilweiser Bestreitung der Zinssperre die bestrittenen Teilbeträge, dem Vermieter (Verpächter) aushingegeben werden.

⁴ Werden die Fristen eingehalten, so bleibt die Miet-(Pacht-)zinssperre in vollem Umfange oder allfällig nur für den von der Klage festgehaltenen Teilbetrag aufrecht.

Abs. 1

1 Obligator. **Formular** VZG Nr. 8 in Anl. 13 Vgl. auch Anl. 14 Diese Vorschriften beziehen sich ausschliesslich auf Miet- und Pachtzinssperre: BGE 75 I 105.

Abs. 2

2 Anwendbares **Verfahren** bei einer Mietzinssperre, wenn zugeich die Forderung oder das Pfandrecht und das Pfandrecht an den Mietzinsen bestritten werden: BGE 126 III 483 E. 1.

3 Einspruch fehlender Pfandhaftung auf **Hoteleinnahmen**: BGE 77 III 121.

Art. 94
IV. Pflichten des Amtes während der Zinsensperre

¹ Das Betreibungsamt hat nach Erlass der Anzeigen an die Mieter und Pächter nach Artikel 91 hiervor alle zur Sicherung und zum Einzug der Miet- und Pachtzinse erforderlichen Massnahmen an Stelle des Schuldners oder Pfandeigentümers zu treffen, wie Einforderung auf dem Betreibungswege, Geltendmachung des Retentionsrechts, Kündigung an Mieter, Ausweisung von Mietern, Neuvermietungen. Es ist berechtigt, dringliche Reparaturen anzuordnen und aus den eingegangenen Miet- und Pachtzinsen die laufenden Abgaben für Gas, Wasser, Elektrizität u. dgl., die Kosten für Reparaturen sowie Unterhaltsbeiträge nach Artikel 103 Absatz 2 SchKG zu bezahlen.

² Das Betreibungsamt kann diese Massnahmen auf seine Verantwortung auch einem Dritten übertragen.

1 Dazu gehören nur solche Verpflichtungen, die sich als **Entgelt** für dem **Grundstück** zukommende **Leistungen** darstellen, deren Vorenthaltung dessen Ertragswert beeinträchtigen würde: BGE 62 III 57.

2 Die Verwaltungsgebühren sind aus den Zinseneingängen zu decken. Rückerstattung der Gebühren bei ungerechtfertigter Betreibung durch Gläubiger: BGE 64 III 56.

3 Betr. aussergewöhnliche Verwaltungsmassnahmen vgl. BGE 64 III 199.

4 Vorschriften über die Rechnungsführung Anl 15, 16. Vgl. BGE 109 III 46.

Art. 95
V. Verwendung der Zinse
1. Abschlagszahlungen an Gläubiger

[1] An nicht betreibende Grundpfandgläubiger dürfen aus den eingegangenen Miet- und Pachtzinsen für fällig werdende Zinsforderungen keine Zahlungen geleistet werden, dagegen können an den betreibenden Gläubiger, der sich darüber ausweist, dass seine Forderung anerkannt oder rechtskräftig festgestellt ist, auch vor der Stellung des Verwertungsbegehrens Abschlagszahlungen geleistet werden.

[2] Sind mehrere solche Betreibungen von Grundpfandgläubigern auf Verwertung des nämlichen Grundstückes hängig, so können Abschlagszahlungen an sie vorgenommen werden, wenn und soweit sämtliche betreibende Grundpfandgläubiger mit der Verteilung einverstanden sind oder, sofern einer Widerspruch erhebt, wenn vorher durch Aufstellung eines Kollokationsplanes gemäss Artikel 157 Absatz 3 SchKG Rang und Bestand der Pfandforderung festgestellt wurde. Der Verteilung vorgängig ist eine Verteilungsliste aufzulegen.

Abs. 1

1 Aufstellung einer **Verteilungsliste** Anl 24: BGE 94 III 15 E.5.

2 Dieser Artikel verbietet dem Amte nicht, eingegangene Mietzins-Abschlagszahlungen zur **teilweisen Rückzahlung** des einem vorgehenden Pfandgläubiger geschuldeten Kapitals zu verwenden, selbst wenn ein nachgehender Pfandgläubiger für die Zinsen oder für verfallene Annuitäten nicht befriedigt worden ist: BGE 95 III 37 E.2.

Abs. 2

3 Gleich zu behandeln der Fall, wo ein **Dritter** gestützt auf ein Rechtsgeschäft mit dem Pfandeigentümer die Mietzinsen für sich beansprucht: BGE 61 III 112;

4 Abschlagszahlungen an einen Grundpfandgläubiger bei Betreibungen von **mehreren andern**: BGE 122 III 89 E. 1. – Nur im Einverständnis aller oder nach Aufstellung eines Kollokationsplanes: BGE 122 III 91 E. 2.

5 **Anzeige** von der Auflegung durch obligator. Formular VZG Nr. 17 in Anl. 25.

Art. 96

2. Konkurs des Schuldners

Wird über den Schuldner, der zugleich Eigentümer des Grundpfandes ist, der Konkurs eröffnet, bevor das Grundstück verwertet ist, so fallen die vor der Eröffnung des Konkurses fällig gewordenen und noch nicht verteilten Miet- und Pachtzinse in die Konkursmasse, unter Vorbehalt des den betreibenden Grundpfandgläubigern nach Artikel 806 Absatz 1 ZGB zustehenden Vorzugsrechts (Art. 198 SchKG).

II. Verwertung

Art. 97

A. Vorverfahren

I. Obligatorische Verfügungsbeschränkung

[1] Nachdem das Verwertungsbegehren gestellt ist, hat der Betreibungsbeamte von Amtes wegen eine Verfügungsbeschränkung nach Artikel 960 ZGB zur Vormerkung im Grundbuch anzumelden (vgl. Art. 15 Abs. 1 Bst. *a* und 23*a* Bst. *a* hievor).

[2] Ist eine solche Vormerkung im Grundbuch bereits enthalten, so ist eine nochmalige Anmeldung nicht notwendig.

1 Obligator. **Formular** VZG Nr. 2 in Anl 3.

Art. 98

II. Berechnung der Verwertungsfristen

[1] Für die Berechnung der Verwertungsfristen des Artikels 154 SchKG ist, wenn das verpfändete Grundstück einem Dritten gehört oder als Familienwohnung dient, das Datum der letzten Zustellung des Zahlungsbefehls, sei es an den Schuldner, an den Dritteigentümer oder an den Ehegatten des Schuldners oder des Dritten, massgebend.

[2] Bei der Berechnung der Frist, während welcher die Verwertung verlangt werden kann, fällt, ist Rechtsvorschlag erhoben worden, die Zeit zwischen der Einleitung und Erledigung eines dadurch veranlassten gerichtlichen Verfahrens sowie die Dauer eines dem Dritteigentümer zukommenden Rechtsstillstandes oder einer Nachlassstundung (Art. 297 SchKG) oder eines über dessen Nachlass eröffneten Inventars (Art. 586 ZGB) nicht in Betracht.

[3] Während der Zeiten, die nach Absatz 2 hievor bei der Berechnung der Fristen des Artikels 154 SchKG ausser Betracht fallen, kann auch die Verwertung nicht stattfinden.

Art. 99
III. Grundbuchauszug und Schätzung

[1] Nach der Mitteilung des Verwertungsbegehrens an den Schuldner und gegebenenfalls den Dritteigentümer des Grundpfandes (Art. 155 Abs. 2 SchKG) fordert das Betreibungsamt einen Auszug aus dem Grundbuch über das zu versteigernde Grundstück ein (Art. 28 und 73 hiervor) und ordnet die Schätzung an (Art. 9 Abs. 1 und 23 hiervor).

[2] Das Ergebnis der Schätzung ist, wenn es nicht in die Steigerungspublikation nach Artikel 29 hiervor aufgenommen wird, dem Gläubiger, der die Verwertung verlangt hat, sowie dem Schuldner und einem allfälligen Dritteigentümer mit der Anzeige mitzuteilen, dass sie innerhalb der Beschwerdefrist bei der Aufsichtsbehörde eine neue Schätzung durch Sachverständige im Sinne des Artikels 9 Absatz 2 hiervor verlangen können.

Abs. 1

1 Obligator. **Formular** VZG Nr. 7 in Anl. 10. Vgl. ferner Art. 155 SchKG: BGE 96 III 125.

Abs. 2

2 Keine analoge Anwendung von Absatz 2 bei **nicht kotierten Aktien**: BGE 101 III 34/35.

3 Das Bundesgericht kann Schätzungsentscheide nur daraufhin überprüfen, ob die **bundesrechtlichen Vorschriften** für das bei der Schätzung einzuschlagende Verfahren richtig angewendet worden seien: BGE 60 III 190; 83 III 65.

4 Betr. **Neuschätzung** vgl. BGE 86 III 92; 110 III 70.

– Nochmalige Schätzung, wenn die Verwertung wegen Lastenbereinigungsverfahrens **verschoben** werden muss: BGE 52 III 157. Vgl. Art. 44 hiervor.

Art. 100
IV. Wenn sich nachträglich ergibt, dass Pfand Dritteigentum oder Familienwohnung ist

[1] Ergibt sich erst nach der Stellung des Verwertungsbegehrens, dass das verpfändete Grundstück Eigentum eines Dritten ist oder als Familienwohnung dient, so ist diesem oder dem Ehegatten des Schuldners oder des Dritten nachträglich ein Zahlungsbefehl zuzustellen. Die Verwertung darf erst vorgenommen werden, wenn der letztere rechtskräftig und die sechsmonatige Frist seit dessen Zustellung abgelaufen ist.

² Diese Vorschriften finden jedoch keine Anwendung, wenn im Zeitpunkt des Eigentumserwerbs durch den Dritten eine Verfügungsbeschränkung nach Artikel 90 oder 97 hiervor im Grundbuch vorgemerkt war.

³ Ergibt sich erst aus dem Grundbuchauszug, dass für die in Betreibung gesetzte Forderung mehrere Grundstücke verschiedener Eigentümer haften, und ist nicht gegen alle Betreibung angehoben, so ist der Gläubiger aufzufordern, binnen einer kurzen Frist den Kostenvorschuss für die nachträgliche Zustellung des Zahlungsbefehls zu leisten, unter der Androhung, dass sonst die Betreibung als dahingefallen betrachtet werde.

Abs. 1

1   Wer mit dem Schuldner **gemeinschaftlicher Eigentümer** des Pfandgrundstückes ist, muss als Dritteigentümer in die gegen jenen angehobene Betreibung einbezogen werden, selbst wenn eine besondere Betreibung gegen ihn als Mitschuldner hängig ist: BGE 77 III 30.

  –   Erwerb der Pfandliegenschaft nach Ansetzung der Steigerung. Hat der Erwerber auf **Zustellung eines Zahlungsbefehls** Anspruch? Wenn im Zeitpunkte der Eintragung als Eigentümer im Grundbuch eine Verfügungsbeschränkung zugunsten einer Betreibung vorgemerkt ist, muss der Erwerber eine Verwertung über sich ergehen lassen, ohne auf nachträgliche Zustellung eines Zahlungsbefehls in der betreffenden Betreibung Anspruch zu haben: BGE 78 III 3.

2   Möglichkeit des **Verzichts** eines Dritteigentümers: BGE 59 III 70.

Art. 101
B. Verwaltung

¹ Von der Stellung des Verwertungsbegehrens an hat das Betreibungsamt in gleicher Weise für die Verwaltung und Bewirtschaftung des Grundstückes zu sorgen wie im Pfändungsverfahren von der Pfändung an (Art. 155 Abs. 1, 102 Abs. 3 SchKG sowie Art. 16ff. und 23*c* hiervor), es sei denn, dass der betreibende Gläubiger ausdrücklich darauf verzichtet.

² Gehört das Grundstück einem Dritten, so kann es vom Betreibungsamt erst in Verwaltung genommen werden, wenn ein allfälliger Rechtsvorschlag des Dritten beseitigt ist.

Abs. 1

1   Gegebenenfalls ist erst jetzt zur Miet- bzw. Pachtzinssperre gemäss Art. 91, 92, 94–96 hiervor zu schreiten.

Art. 102
C. Verwertung
I. Im allgemeinen

Auf die Vorbereitung und Durchführung der Verwertung sind die Artikel 13, 28 Absatz 2, 29–42, 43 Absatz 1, 44–53, 54 Absatz 2, 56–70 und 72, im Falle der Verwertung eines Miteigentumsanteils die Artikel 73–73i sowie Artikel 74–78 hiervor entsprechend anwendbar; ausserdem gelten dafür die nachstehenden besondern Vorschriften.

1 Für die Festsetzung des **minimalen Zuschlagspreises** ist es ohne Bedeutung, ob neben der Forderung des betreibenden Gläubigers im gleichen Range noch eine andere Pfandforderung besteht. Berücksichtigung der streitigen Forderung im Verteilungsstadium, indem der Erlös bis zur rechtskräftigen Feststellung des darauf Berechtigten zurückzubehalten ist. Die Rechtsprechung hat es immer wieder abgelehnt, als berechtigtes Interesse an einer Verschiebung den Wunsch eines Pfandansprechers gelten zu lassen, über den Bestand des streitigen Rechts orientiert zu sein, um sein Verhalten an der Steigerung als Gantliebhaber danach richten zu können: BGE 42 III 222; 67 III 46; 68 III 113; 84 III 89. Vgl. auch BGE 87 III 4.

2 Die behauptete Tilgung einer **nicht in Betreibung stehenden** Schuldbriefforderung im letzen Range durch einen Dritten rechtfertigt auch dann kein nachträgliches Lastenbereinigungsverfahren, wenn jener nicht in die Gläubigerrechte eintritt: BGE 76 III 41.

Art. 103
II. Besondere Bestimmungen
1. Bei Dritteigentum

Gehört das Grundstück einem Dritten, so ist in der Bekanntmachung der Steigerung (Art. 29 Abs. 2 hiervor) auch dessen Name und Wohnort anzugeben und sind ein Exemplar dieser Bekanntmachung (Art. 30 hiervor) sowie das Lastenverzeichnis (Art. 34 hiervor) auch ihm zuzustellen.

1 **Musterformular** VZG Nr. 7a.

2 Beschwerde nach Art. 17 SchKG wegen **verspäteter Anzeige** der Steigerung: BGE 78 III 7 E.2.

Art. 104
2. Doppelaufruf

[1] Haften auf dem Grundstück Dienstbarkeiten, Grundlasten oder im Grundbuch nach Artikel 959 ZGB vorgemerkte persönliche Rechte (Vor-

kaufs-, Kaufs-, Rückkaufsrechte, Miet-[Pacht-]rechte usw.), so zeigt das Betreibungsamt den Grundpfandgläubigern gleichzeitig mit der Zustellung des Lastenverzeichnisses an, dass die Inhaber derjenigen Pfandrechte, die diesen Lasten im Range vorgehen, binnen zehn Tagen beim Betreibungsamt schriftlich den doppelten Aufruf nach Artikel 142 SchKG verlangen können, sofern der Vorrang des Pfandrechts sich aus dem Lastenverzeichnis ergibt und nicht mit Erfolg bestritten wird.

[2] Ist ein Miteigentumsanteil zu verwerten, so ist Art. 142 SchKG hinsichtlich der den Anteil und der das Grundstück als ganzes belastenden Rechte im Sinne von Absatz 1 anwendbar.

[3] (bisher Abs. 2) ist aufgehoben, weil ersetzt durch SchKG Art. 142 Abs. 2.

Abs. 1

1 Analoge Anwendung, wenn im Lastenverzeichnis eine Verfügungsbeschränkung im Sinne von Art. 23 BewG (hinten Nr. 45) bzw. Art. 16 BB 1961 vermerkt ist: BGE 111 III 32 E.4.

2 Nichtanwendung im Konkurs: BGE 112 III 33 E.3.

3 Doppelaufruf bei Zwangsversteigerung eines Grundstücks, das mit einer nicht im Grundbuch vorgemerkten **Pacht** belegt ist: BGE 124 III 39 E. 2.

4 Anzeige mit obligator. **Formular** VZG 9 B.

Art. 105
3. Betreibender Gläubiger nach Art. 142a (126) SchKG

[1] Als betreibender Gläubiger nach Artikel 142a in Verbindung mit Artikel 126 SchKG gilt derjenige Gläubiger, auf dessen Begehren die Steigerung angeordnet wurde, und unter mehreren derjenige, der den andern pfandrechtlich vorgeht.

[2] Steht der Pfandgläubiger, auf dessen Begehren die Verwertung angeordnet wurde, im gleichen Rang mit andern Pfandgläubigern, so gelten diese als mitbetreibend, auch wenn sie die Verwertung nicht verlangt haben.

Art. 106
4. Bauhandwerkerpfandrecht

Der Zuschlagspreis berechnet sich auch dann nach Artikel 142a in Verbindung mit Artikel 126 SchKG sowie den Artikeln 53 Absatz 1 und 105 hiervor, wenn Pfandforderungen zugunsten von Handwerkern und Unternehmern nach Artikel 839 ff. ZGB bestehen. Für alle diese Forderungen ist jedoch in den Steigerungsbedingungen für den Fall, dass sie nicht vollständig gedeckt werden, Barzahlung zu verlangen (Art. 840 ZGB).

1 Innerhalb der Frist von Art. 839 ZGB können **Bauhandwerker** ihr gesetzliches Grundpfandrecht auch nach Eröffnung des Konkurses über den Eigentümer des Grundstücks eintragen lassen: BGE 95 III 32.

Art. 106a
4a. Verwertung eines im Miteigentum stehenden, als ganzes verpfändeten Grundstücks

[1] Muss infolge Grundpfandbetreibung eines Gläubigers, dem ein im Miteigentum stehendes Grundstück als ganzes verpfändet ist, die Verwertung angeordnet werden, so ist das Grundstück als ganzes zu versteigern.

[2] In die Lastenbereinigung sind auch die Belastungen der einzelnen Miteigentumsanteile einzubeziehen.

[3] Der Steigerungserlös dient in erster Linie zur Deckung der das Grundstück als ganzes belastenden Pfandforderungen. Ein allfälliger Überschuss entfällt auf die einzelnen Miteigentumsanteile im Verhältnis ihrer Bruchteilsquoten (Art. 646 ZGB), bei Stockwerkeigentum im Verhältnis der nach Artikel 9 und 23 festzustellenden Schätzungswerte.

[4] Für den Teil des Steigerungspreises, der den Gläubigern der die Anteile belastenden Pfandforderungen zukommt, ist in den Steigerungsbedingungen Barzahlung zu verlangen.

[5] Die Verteilungsliste (Art. 112 hiernach) hat auch die Verteilung eines allfälligen Überschusses des Erlöses über die das ganze Grundstück belastenden Pfandforderungen zu regeln.

1 Die Bestimmung ist auch im **Konkurs** anwendbar: BGE 119 III 129 E.3a.

2 Das als ganzes verpfändete Grundstück kann bei Konkurs eines **Miteigentümers** desselben und bei Betreibung auf Pfandverwertung gegen einen weiteren Miteigentümer nicht im Konkurs versteigert werden: BGE 115 III 122 E.1.

Art. 107
5. Haftung mehrerer Grundstücke

[1] Haften für die in Betreibung gesetzte Forderung mehrere Grundstücke, die dem gleichen Eigentümer gehören, so sind nur so viele Stücke zu verwerten, als zur Deckung der Forderung des betreibenden Pfandgläubigers sowie allfälliger dem letztern im Range vorgehender Pfandforderungen erforderlich ist (Art. 119 Abs. 2 SchKG). Dabei sind in erster Linie diejenigen Grundstücke zu verwerten, auf welchen dem betreibenden Gläubiger keine Grundpfandgläubiger im Range nachgehen.

² Gehören die gemeinsam verpfändeten Grundstücke verschiedenen Eigentümern, so sind zuerst die dem Schuldner gehörenden Grundstücke zu verwerten. Die Grundstücke Dritter dürfen erst verwertet werden, wenn jene keine Deckung bieten. In diesem Falle müssen alle Grundstücke an der gleichen Steigerung verwertet werden (Art. 816 Abs. 3 ZGB).

³ Die Reihenfolge der zu versteigernden Grundstücke ist in den Steigerungsbedingungen anzugeben (Art. 45 Abs. 1 Buchst. *b* hiervor).

1   Die **Gesamtforderung** ist aus den Erlösen der einzelnen Grundstücke in der gleichen Reihenfolge zu tilgen, wie sie verwertet wurden: BGE 51 III 87 E.2.

2   Solange nicht **sämtliche Grundpfandgläubiger** gedeckt sind, kann dem betriebenen Schuldner nichts zugewiesen werden: a.a.O.

Art. 108
6. Getrennt verpfändete Grundstücke

¹ Getrennt verpfändete Grundstücke dürfen nur dann gesamthaft oder gruppenweise versteigert werden, wenn sie eine wirtschaftliche Einheit bilden, die sich ohne starke Wertverminderung nicht auflösen lässt.

² Dem Gesamt- oder Gruppenruf muss stets ein Einzelruf vorausgehen. Die Meistbietenden beim Einzelruf bleiben an ihre Angebote gebunden, bis der Gesamt- oder Gruppenruf erfolgt ist. Der Zuschlag wird je nachdem, ob der Einzelruf oder der Gesamt- oder Gruppenruf den höhern Gesamtpreis ergibt, den Meistbietenden beim Einzelruf oder dem bzw. den Meistbietenden beim Gesamt- oder Gruppenruf erteilt.

³ Dieses Verfahren ist, wenn immer möglich, in den Steigerungsbedingungen vorzusehen, jedenfalls aber bei Beginn der Steigerung den Teilnehmern bekanntzugeben.

⁴ In den Steigerungsbedingungen ist ferner darauf hinzuweisen, dass der bei der gesamthaften Verwertung jedem einzelnen Grundstück zukommende Anteil am Erlös wenigstens so hoch sein muss wie das höchste Angebot, welches für das betreffende Grundstück bei der Einzelversteigerung gemacht worden ist.

Abs. 2

1   **Beschwerdemöglichkeit** an das BGr: BGE 63 III 9.

2   **gesamthafte** Versteigerung getrennt verpfändeter Grundstücke, die zwar einen höheren Ertrag erbringt als die Einzelversteigerung, aber gewisse Grundstücke zulasten anderer benachteiligt: BGE 115 III 56 E.1, 2.

Abs. 3

3 Wenn **keine Beschwerde** geführt wurde, ist der Zuschlag im Gesamtruf nicht mehr anfechtbar

- wegen **ungenügender Zuteilung**: BGE 61 III 135;
- oder wegen **unrichtiger Auskunft** über die Verteilung: BGE 60 III 37.

Art. 109
7. Gleichzeitige Pfändung des Unterpfandes

Wenn das infolge einer Grundpfandbetreibung verwertete Grundstück zugleich gepfändet war, so ist von der Verwertung in den einschlägigen Pfändungsurkunden mit der Nummer der Pfandverwertungsbetreibung Vormerk zu nehmen.

Art. 110
8. Anmeldung im Grundbuch

[1] Das Betreibungsamt hat gleichzeitig mit den in Artikel 68 hiervor vorgeschriebenen Anmeldungen beim Grundbuchamt die nach den Artikeln 90 und 97 hiervor vorgemerkte Verfügungsbeschränkung zur Löschung anzumelden.

[2] Die Urkunden über die ganz oder teilweise zu Verlust gekommenen Pfandrechte sind, wenn es sich um Schuldbriefe oder Gülten handelt, dem Grundbuchamt zur Abschreibung oder Entkräftung einzureichen, diejenigen über Grundpfandverschreibungen dürfen dem Gläubiger nur aushingegeben werden, nachdem das Betreibungsamt darin den Untergang des Pfandrechts angemerkt hat.

Abs. 1

1 Obligator. **Formular** VZG Nr. 3 in Anl. 4.

Art. 111
9. Ergebnislosigkeit der Verwertung

[1] War die Betreibung ergebnislos (Art. 158 SchKG und Art. 71 hiervor), so hat das Betreibungsamt das Pfandrecht für die in Betreibung gesetzte Forderung (Kapital, Rate oder Annuität) sowie die nach den Artikeln 90 und 97 hiervor vorgemerkte Verfügungsbeschränkung zur Löschung anzumelden. Die an Mieter und Pächter erlassenen Anzeigen (Art. 91 hiervor) sind unverzüglich zu widerrufen.

[2] Der Reinerlös der Früchte und sonstigen Erträgnisse des Grundstückes ist den betreibenden Pfandgläubigern zuzuweisen.

Abs. 1

1 Betrifft nur die **konkrete**, nicht auch die allfällig im gleichen Range stehende, aber nicht in Betreibung gesetzte Forderung: BGE 55 III 61.

2 Ein Amt, das eine Steigerung, zu der niemand erschienen ist, nach zwanzig Minuten **für geschlossen erklärt** und sich weigert, sie bei Erscheinen des Pfandgläubigers wieder zu eröffnen, missbraucht das ihm zustehende Ermessen nicht: BGE 122 III 433 E.4.

3 **Gesetzmässigkeit** der Löschung des Pfandrechts bei ergebnisloser Betreibung: BGE 121 III 434 E. 2a; BGE 122 III 434 E. 5; BGE 125 III 254 E. 2a. Beim **Freihandverkauf**: BGE 125 III 255 E. 2c.

4 Keine Löschung von Pfandrechten für **Baurechtszins**: ZGB 779k.

5 Kein Widerspruch der Löschung zur **Systematik des SchkG** und der Pfandrechte: BGE 122 III 434 E.5.

Abs. 2

6 Vgl. hiezu Anl. 28; obligator. **Formular** VZG Nr. 20.

7 Es dürfen daraus nicht die Kosten einer ergebnislosen Steigerung gedeckt werden: BGE 60 III 162.

III. Verteilung

Art. 112
A. Verteilungsliste

¹ Nach Eingang des vollständigen Erlöses der Versteigerung stellt das Betreibungsamt gestützt auf das Ergebnis des Lastenbereinigungsverfahrens die Verteilungsliste auf. Eine nochmalige gerichtliche Anfechtung der darin festgestellten Forderungen ist weder hinsichtlich des Forderungsbetrages noch des Ranges möglich.

² Die Verteilungsliste ist gleichzeitig mit der Kostenrechnung (Art. 20 hiervor) und der Abrechnung über die eingegangenen Erträgnisse während zehn Tagen zur Einsicht der Gläubiger aufzulegen. Jedem nicht voll gedeckten Gläubiger und dem Schuldner ist hiervon schriftlich Anzeige zu machen, jenem unter Kenntnisgabe des auf seine Forderung entfallenden Anteils.

Abs. 1

1 Vom Ersteigerer bezahlte **Verzugszinsen** sind Ertrag des unverteilten Verwertungserlöses und stehen der Gesamtheit der Gläubiger zu: BGE 89 III 41; 94 III 50.

2 Ist die sofortige Verteilung des Erlöses aus der Pfandverwertung unabhängig vom Willen der Grundpfandgläubiger nicht möglich, so bilden die aus der Anlage dieses Erlöses fliessenden Zinserträgnisse ein den Grundpfandgläubigern zustehendes **Nebenrecht der Grundpfandforderung**. Der Anspruch des Grundpfandgläubigers auf den Verwertungserlös und auf die dazugehörigen Nebenrechte entsteht mit der Bezahlung des Zuschlagspreises durch den Ersteigerer an die Konkursverwaltung: BGE 108 III 31.

Abs. 2

3 Verteilungsplan für die Pfandgläubiger Anl 26; obligator. **Formular** VZG Nr. 20 in Anl 28.

4 Das Lastenverzeichnis bildet die Grundlage für den Verteilungsplan. Bei Verwertung einer in Miteigentum Mehrerer stehenden Liegenschaft ist für den auf eine Anteilshypothek entfallenden Teil des Steigerungspreises Barzahlung zu verlangen: BGE 69 III 14 E.1, 2.

5 Verteilungsliste im Verfahren für den Nachlassvertrag mit Vermögensabtretung vgl. SchKG Art. 326.

6 Stimmt die Anzeige nicht mit der **aufgelegten Liste** überein, so beginnt die Beschwerdefrist erst mit dem Moment der Kenntnisnahme vom richtigen Inhalt der Liste: BGE 59 III 215 E.2.

Art. 113
B. Konkurrenz zwischen Pfändungs- und Pfandgläubigern

[1] War das infolge einer Pfandverwertungsbetreibung verwertete Grundstück zugleich gepfändet, so sind in der Verteilungsliste (Art. 157 Abs. 3 SchKG) nur die Pfandgläubiger, nicht auch die bei der Pfändung beteiligten Gläubiger zu berücksichtigen, und ein allfälliger Überschuss nach Deckung der Verwaltungs-, Verwertungs- und Verteilungskosten (Art. 157 Abs. 1 SchKG) und des betreibenden Pfandgläubigers sowie allfälliger nachgehender Pfandgläubiger ist für die Pfändungsgläubiger zurückzubehalten und bei Erledigung der Pfändungsbetreibung in die Verteilung einzubeziehen.

[2] Solange die Pfandgläubiger nicht vollständig gedeckt sind, darf, soweit die Pfändungsgläubiger diesen im Rang nicht vorgehen, der Erlös des verpfändeten Grundstückes weder für die Kosten der Pfändungsbetreibung noch für die Forderungen der Pfändungsgläubiger in Anspruch genommen werden.

[3] Bei der spätern Verteilung in der betreffenden Pfändung (Art. 144 ff. SchKG) sind die Pfandgläubiger nicht in den Kollokationsplan aufzunehmen.

Abs. 1

1 **Verteilungsplan** für die Pfändungsgläubiger: Anl. 27.

Art. 114

C. Miet- und Pachtzinse

[1] Der Reinerlös der seit der Stellung eines Begehrens auf Grundpfandbetreibung bis zur Verwertung des Grundstückes eingegangenen Miet- und Pachtzinse ist dem betreibenden Grundpfandgläubiger für seine Forderung zuzuweisen ohne Rücksicht darauf, ob der Erlös des Grundstückes ihm genügende Deckung bieten würde.

[2] Haben mehrere Grundpfandgläubiger zu verschiedenen Zeiten das Betreibungsbegehren gestellt, so hat für die nach Stellung seines Begehrens fällig werdenden Miet- und Pachtzinse derjenige das Vorrecht, der den bessern Rang hat.

[3] Der Reinerlös der natürlichen Früchte, die nach Stellung des Verwertungsbegehrens bezogen wurden, sowie der Erlös einer allfälligen Ausfallforderung (Art. 72 hiervor) sind zum Grundstückserlös hinzuzurechnen und zur Befriedigung sämtlicher Pfandgläubiger nach ihrer Rangordnung zu verwenden.

Abs. 1

1 Zuweisung des **Reinerlöses** auch bei Ergebnislosigkeit der Steigerung: BGE 60 III 161 E.4.

Art. 115

D. Zugehör

[1] Der Erlös für Zugehörgegenstände, die nur einzelnen Grundpfandgläubigern verpfändet waren, ist ausschliesslich diesen Gläubigern nach ihrer Rangordnung zuzuteilen in der Weise, dass jeder dieser Gläubiger für seine Forderung zuerst auf den Erlös des Grundstückes und erst, soweit er daraus nicht befriedigt wird, auf denjenigen der Zugehörgegenstände angewiesen wird. Ein allfälliger Überschuss dieses Erlöses fällt, wenn keine Pfändungen bestehen, dem Pfandeigentümer zu.

[2] Die Verteilung des Erlöses auf Grundstück und Zugehör erfolgt, wenn letztere nicht gesondert verwertet worden ist (Art. 27 hiervor), nach dem Verhältnis ihrer rechtskräftig festgestellten Schätzung.

Art. 116
E. Dienstbarkeits- und Grundlastberechtigte, deren Recht gelöscht worden ist

[1] Muss eine den Grundpfandrechten nachgehende Last nach dem Ergebnis eines doppelten Aufrufes des Grundstückes gelöscht werden (Art. 56 hiervor) und bleibt nach Deckung des vorgehenden Grundpfandgläubigers ein nach Artikel 812 Absatz 3 ZGB zu verwendender Überschuss, so hat das Betreibungsamt den Berechtigten aufzufordern, ihm binnen zehn Tagen den Wert der Belastung anzugeben, den er dieser beilegt. Kommt der Berechtigte der Aufforderung nicht nach, so wird angenommen, er verzichte auf den ihm zustehenden Entschädigungsanspruch.

[2] Die Angabe des Wertes der Belastung ist in die Verteilungsliste aufzunehmen. Die Vorschriften der Artikel 147 und 148 SchKG finden in bezug auf diese Forderung entsprechende Anwendung.

1 Im Konkurs ist die Abfindungssumme durch nachträgliche **Konkurseingabe** geltend zu machen: BGE 54 III 101 E.3–5.

Art. 117
F. Bestreitung durch Bauhandwerker

[1] Kommen bei der Verteilung Pfandforderungen von Bauhandwerkern oder Unternehmern (Art. 837 Abs. 1 Ziff. 3 ZGB) zu Verlust, so setzt das Betreibungsamt den letztern eine Frist von zehn Tagen an, um beim Gericht des Betreibungsortes einen allfälligen Anspruch auf Deckung aus dem den vorgehenden Pfandgläubigern zufallenden Verwertungsanteil (Art. 841 Abs. 1 ZGB) einzuklagen.

[2] Wird der Prozess innerhalb dieser Frist anhängig gemacht, so bleibt die Verteilung hinsichtlich des streitigen Anteils bis zu gütlicher oder rechtlicher Erledigung des Prozesses aufgeschoben. Wenn und soweit die Klage gutgeheissen wird, hat das Betreibungsamt den Baupfandgläubiger die ihnen auf Grund des Urteils zukommenden Betreffnisse aus dem Verwertungsanteil des vorgehenden unterlegenen Pfandgläubigers zuzuweisen.

[3] Ist bei der Steigerung das Pfandrecht des vorgehenden Pfandgläubigers dem Ersteigerer überbunden worden, so wird der obsiegende Baupfandgläubiger bis zur Höhe seines Anspruchs auf Deckung aus dem vorgehenden Pfandrecht gemäss dem ergangenen Urteil in jenes eingewiesen. Zu diesem Zwecke hat das Betreibungsamt die notwendigen Eintragungen im Grundbuch und in den Pfandtiteln von Amtes wegen zu veranlassen.

⁴ Wird der Prozess nicht innert der angesetzten Frist anhängig gemacht, so schreitet das Betreibungsamt ohne Rücksicht auf die Ansprüche der zu Verlust gekommenen Bauhandwerker zur Verteilung.

Abs. 1

1 **Klagevoraussetzungen**: BGE 80 II 23.

2 Voraussetzung der Fristansetzung ist die Rechtskraft der Verteilungsliste. Kein Verlust des Anfechtungsanspruches bei Nichtbeachtung der Klagefrist, aber Verteilung **ohne Rücksicht** auf ihn: BGE 53 II 471; 83 III 145 E.4; 96 III 131 E.4.

3 Vorrecht erstreckt sich auch auf eine erst während oder nach Vollendung des Baues und für eine den gegenwärtigen Wert des Grundstückes nicht übersteigenden Betrag errichtete **Pfandbelastung**: BGE 67 III 111 E.1.

Abs. 2

4 Vgl. dazu BGE 110 III 77.

Abs. 3

5 Klage der Bauhandwerker richtet sich gegen die ihnen im Range vorgehenden Gläubiger: BGE 85 III 105.

- Frage, ob auch gegen allfällige am Grundpfandtitel berechtigte **Faustpfandgläubiger** zu klagen sei, vom Richter zu entscheiden, der streitige Teil des Verwertungserlöses ist alsdann vom Amt zu hinterlegen: BGE 100 III 59 E.1, 2.

- **örtliche Zuständigkeit** für die Klage des Baupfandgläubigers, wenn mehrere Grundstücke versteigert werden: wo der wertvollste Teil der Grundstücke liegt: BGE 96 III 23.

6 **Steigerungsbedingungen**, welche die Zahlung des Betrags, der den Baupfandgläubigern zusteht, zusätzlich zur verlangten Akontozahlung vorschreiben, verletzen diesen Artikel und Art. 106 VZG nicht: BGE 119 III 129 E.3b.

Art. 118
G. Bei samthafter Verwertung getrennt verpfändeter Grundstücke
Sind getrennt verpfändete Grundstücke nach Artikel 108 hiervor samthaft versteigert worden, so ist der im Gesamtruf erzielte Erlös auf die einzelnen Grundstücke nach dem Verhältnis der Schätzung der Einzelgrundstücke, die im Lastenbereinigungsverfahren vorgenommen wurde, zu verlegen.

1 Gesamthafte Versteigerung **getrennt verpfändeter Grundstücke**, die zwar einen höheren Ertrag erbringt als die Einzelversteigerung, aber gewisse Grundstücke zulasten anderer benachteiligt: BGE 115 III 56 E.1, 2.

Art. 119
H. Bei Verwertung solidarisch verpfändeter Grundstücke

Werden mehrere verpfändete Grundstücke verschiedener solidarisch haftender Eigentümer nicht vom gleichen Ersteigerer erworben, so ist bei der Verteilung nach folgenden Grundsätzen zu verfahren:

Diejenigen Grundpfandforderungen, denen keine nur auf einzelnen Grundstücken haftende Pfandforderungen im Range vorgehen, sind auf die einzelnen Grundstücke nach dem durch die Steigerung ausgewiesenen Wertverhältnis derselben zu verlegen.

Gehen dagegen der Gesamtpfandforderung Einzelpfandforderungen im Range vor, so erfolgt die Verlegung der Gesamtpfandforderung auf die einzelnen Grundstücke nach dem Verhältnis der vom Steigerungserlös der einzelnen Grundstücke nach Deckung der Einzelpfandforderungen noch vorhandenen Restbeträge.

Der in Betreibung gesetzten Forderung vorgehende Gesamtpfandforderungen sind bar zu bezahlen, auch wenn sie nicht fällig sind.

1 Auch für die Verteilung ist in erster Linie **VZG Art. 107** massgebend: BGE 51 III 86.

Art. 120
J. Pfandausfallschein
I. Im allgemeinen

Konnte das Pfand wegen ungenügenden Angeboten nicht verwertet werden, oder deckt der Erlös die Forderung des betreibenden Pfandgläubigers nicht, so ist diesem ein Pfandausfallschein gemäss Art. 158 SchKG auszustellen. Den übrigen Pfandgläubigern wird lediglich eine Bescheinigung des Inhaltes ausgestellt, dass ihre Forderungen ungedeckt geblieben sind.

1 Obligator. **Formular** VZG Nr. 21 in Anl. 29.

2 Für **nicht fällige** Ausfallforderungen bei einer Grundstückverwertung wird nur eine einfache den Ausfall verurkundende Bescheinigung ausgestellt, die kein Recht auf Zugriff auf das übrige Schuldnervermögen ohne (neuen) Zahlungsbefehl gibt: BGE 85 III 137.

3 Ersteigert der Gläubiger selbst den Schuldbrief bei einer Faustpfandverwertung, so wird er **Schuldbriefgläubiger** und kann nun die Grundpfandforderung unabhängig von der allfälligen Restforderung aus dem andern Rechtsvehältnis (z. B. Darlehen) geltend machen (Art. 158 Abs. 2 SchKG), d.h. dass nunmehr auch ihm nach Art. 120 VZG gegebenenfalls ein Pfandausfallschein ausgestellt werden kann: BGE 89 III 43. Vgl. jetzt aber Art. 156 Abs. 2 SchKG.

4 Anwendbarkeit bei der Zwangsverwertung **eines Stockwerkeigentumsanteils**, wobei die Stockwerkeigentümergemeinschaft mit ihrem Pfandrecht für die Beitragsforderung im Sinne von Art. 712h ZGB zu Verlust kommt: BGE 106 II 189.

5 Betr. Gläubiger mit Faustpfand an Schuldbriefen, die bei Verwertung des Grundpfandes nicht gedeckt wurden: BGE 97 III 120.

Art. 121
II. In nach Bestätigung des Nachlassvertrages durchgeführter Verwertung

Ist für eine vor der Bestätigung eines Nachlassvertrages entstandene Pfandforderung gestützt auf eine nach diesem Zeitpunkt vorgenommene Pfandverwertung dem Gläubiger ein Pfandausfallschein zugestellt worden, so findet Artikel 158 Absatz 2 SchKG keine Anwendung. Eine Betreibung für die ungedeckt gebliebene Forderung ist demnach auch binnen Monatsfrist nur mit Zustellung eines neuen Zahlungsbefehls zulässig, es sei denn, dass der Schuldner gegen die ohne vorangegangenes Einleitungsverfahren fortgeführte Betreibung binnen zehn Tagen seit der Vornahme der Pfändung oder der Zustellung der Konkursandrohung keine Beschwerde erhoben hat.

1 Anwendung auf **Fahrnis- und Grundpfand**: BGE 67 III 78;

2 **Ablehnung** des Fortsetzungsbegehrens ohne vorgängigen Zahlungsbefehl von Amtes wegen: BGE 66 III 78.

3 Betreibung **unzulässig** im Falle von VZG Art. 89 oder bei speziellem Nachlassverfahren: BGE 64 III 178; 67 III 78.

C. Verwertung im Konkursverfahren
Art. 122
A. Verhältnis zur Verordnung über die Geschäftsführung der Konkursämter

Für die Verwertung von Grundstücken im Konkursverfahren gelten die Vorschriften der Verordnung vom 13. Juli 1911 über die Geschäftsführung der Konkursämter, mit den aus den nachstehenden Bestimmungen sich ergebenden Ergänzungen und Änderungen.

Art. 123
B. Besondere Vorschriften
I. Anmeldung der Dienstbarkeiten

[1] Im Anschluss an die Konkurspublikation (Art. 232 SchKG) sind die Inhaber von Dienstbarkeiten, die unter dem früheren kantonalen Recht ohne Eintragung entstanden und noch nicht im Grundbuch eingetragen sind, ausdrücklich aufzufordern, diese Rechte innert einem Monat beim Konkursamt unter Einlegung allfälliger Beweismittel anzumelden.

[2] Die Aufforderung erfolgt mit genauer Bezeichnung des Gemeinschuldners und des zu verwertenden Grundstückes und mit der in Artikel 29 Absatz 3 hiervor bestimmten Androhung.

1 Text in Anl 12; **Musterformular** KOV Nr. 14a.

2 Die Aufforderung kann in denjenigen Kantonen unterbleiben, in denen schon vor 1912 alle Dienstbarkeiten im Grundbuch eingetragen werden mussten: Anl. 12 Abs. 2.

Art. 124
II. Anzeige an Mieter und Pächter

Sofort nach Empfang des Konkurserkenntnisses hat das Konkursamt an die allfälligen Mieter und Pächter eines im Eigentum des Gemeinschuldners stehenden Grundstückes von der Konkurseröffnung schriftliche Anzeige zu machen und sie aufzufordern, die von nun an fällig werdenden Miet- und Pachtzinse unter Hinweis auf die Gefahr der Doppelzahlung an das Konkursamt zu bezahlen.

1 Obligator. **Formular** VZG Nr. 5 in Anl. 7.

Art. 125
III. Lastenbereinigung

[1] Zur Feststellung der auf dem Grundstücke haftenden beschränkten dinglichen Rechte (Pfandrechte, Dienstbarkeiten, Grundlasten, Vorkaufs-, Kaufs-, Rückkaufs-, Miet- und Pachtrechte usw.) gemäss Artikel 58 Absatz 2 der Verordnung vom 13. Juli 1911 über die Geschäftsführung der Konkursämter ist ein besonderes Verzeichnis sämtlicher auf den einzelnen Grundstücken haftender Forderungen sowie aller andern bei der Steigerung dem Erwerber zu überbindenden dinglichen Belastungen, soweit sie nicht von Gesetzes wegen bestehen und übergehen, anzufertigen, welches auch die genaue Bezeichnung der Gegenstände (Grundstücke und Zubehör), auf die sich die einzelnen Lasten beziehen, enthalten muss.

² Diese Lastenverzeichnisse bilden einen Bestandteil des Kollokationsplanes. Anstelle der Aufführung der grundpfandgesicherten Forderungen ist im Kollokationsplan auf die bestehenden besondern Verzeichnisse zu verweisen.

Abs. 1

1 Was **Zugehör** ist, soll in dem mit dem Kollokationsplan aufzulegenden Lastenverzeichnis festgelegt werden, unter Vorbehalt der Kollokationsklage nach Art. 250 SchKG. Hierbei unabgeklärt gebliebene Punkte sind bei der Verwertung der Liegenschaft (in dem mit den Steigerungsbedingungen aufzulegenden Lastenverzeichnis) zu bereinigen. Es ist nicht zulässig, diese Verfügungen der Konkursverwaltung erst nach Aufstellung der entsprechenden Verteilungsliste anzufechten: BGE 86 III 70.

2 Öffentlich-rechtliche Eigentumsbeschränkungen nicht aufzunehmen: BGE 53 III 140 E.1.

3 Das Konkursamt darf ein im Grundbuch vorgemerktes und ins Lastenverzeichnis aufgenommenes Kaufsrecht nach Ablauf der Vormerkungsdauer ohne weitere Förmlichkeit im Lastenverzeichnis streichen: BGE 105 III 7 E.3.

4 Im **Kollokationsplan** sind diese Aufgaben nicht mehr aufzuführen: BGE 60 III 77.

5 Vorgehen bei **Konkurrenz** von Grundpfand- und Eigentumsansprachen an der Zugehör: BGE 58 III 139.

6 Kollokationsverfügung im Lastenverzeichnis über **Mithaftung** eines Gegenstandes als Erträgnis, Bestandteil oder Zugehör: BGE 55 III 42; 97 III 97 E.3.

7 Im Kollokationsverfahren unabgeklärte **Zugehöreigenschaft** ist bei Verwertung der Liegenschaft zu bereinigen: BGE 86 III 72.

8 Anfechtung der Aufnahme verspätet angemeldeter Hypothekarzinsen auf dem Beschwerdeweg: BGE 99 III 26.

Abs. 2

9 Obligator. **Formular** VZG Nr. 9 K und 9a K. Vgl. Anl. 17. Betr. Kollokation von Grundpfandrechten auf Liegenschaften im Miteigentum und Gesamteigentum KS BGr Nr. 17 v. 1.II.1926.

10 Das Lastenverzeichnis kann in besonderen Gefahrsfällen **vor dem übrigen Kollokationsplan** aufgestellt werden; bei Anfechtung kann vorzeitige Verwertung nur nach Art. 128 Abs. 2 stattfinden: BGE 75 III 102 E.1–3.

11 Betr. vorläufige Eintragung nach ZGB Art. 961 Abs. 1 Ziff. 1, Art. 22 Grundbuch–VO (in casu: Bauhandwerkerpfandrecht): eine solche Forderung ist als **grundpfandgesichert** im Lastenverzeichnis aufzunehmen: BGE 83 III 141 E.3.

12 Unzulässigkeit der Änderung eines rechtskräftigen Lastenverzeichnisses durch die Konkursverwaltung: BGE 105 III 7 E.3.

13 Das Lastenverzeichnis kann in Fällen besonderer Gefahr vor dem übrigen Kollokationsplan aufgelegt werden (Art. 243 Abs. 2 SchKG; Erweiterung der Regeln von Art. 59 Abs. 2 KOV). Wird es angefochten, so kann **vorzeitige Verwertung** nur mit Bewilligung der AB nach Art. 128 Abs. 2 VZG stattfinden: BGE 75 III 100.

Art. 126
IV. Faustpfandforderungen, für welche Eigentümertitel haften

[1] Forderungen, für welche Eigentümerpfandtitel als Faustpfänder haften, sind als faustpfandgesichert zu kollozieren, während die verpfändeten Pfandtitel mit dem Betrag der zugelassenen Faustpfandforderung unter die grundpfandgesicherten Forderungen aufzunehmen sind, unter Verweisung auf die Faustpfandkollokation.

[2] Ist eine faustpfandgesicherte Forderung kleiner als der verpfändete Grundpfandtitel, so ist der Mehrbetrag nicht als Grundpfand zu kollozieren.

1 **Anwendungsbereich**: BGE 115 II 154 E.4.

2 Bankkredit mit **Generalpfandrecht** an Inhaberschuldbriefen. Nach VZG Art. 126 ist die Bank als durch Faustpfand, d. h. durch den Schuldbrief in seinem ganzen Umfange einschliesslich der verfallenen Zinsen, gesichert zu kollozieren. Dieser Betrag, d. h. «der Betrag der zugelassenen Faustpfandforderung», ist in den Schranken von ZGB Art. 818 ins Lastenverzeichnis aufzunehmen: BGE 104 III 35.

3 Aufnahme in den **Kollokationsplan**: BGE 60 III 78.

4 Erstreckung der Pfandhaft auf die Mietzinserträgnisse: BGE 106 III 71 E.2–4.

5 Aufnahme in das **Lastenverzeichnis**: BGE 60 III 78.

6 Der Titel ist auf den Betrag der Forderung **herabzusetzen**, wenn er nicht nach der Versteigerung fortbestehen soll: BGE 52 III 172 E.3. Vgl. dazu Art. 47 hiervor.

7 Zur **Bedeutung** von Abs. 2 vgl. BGE 102 III 94 (Nr. 7); zur Bedeutung des ganzen Artikels: BGE 107 III 134.

8 Ergibt sich bei der Verwertung des belasteten Grundstücks im Konkurs des Drittverpfänders ein **Pfandausfall**, so kann der Pfandgläubiger nicht in diesem Konkurs eine entsprechende Forderung kollozieren lassen; eine solche Pfandausfallforderung kann nur gegenüber dem Darlehensschuldner geltend gemacht werden: BGE 107 III 130 E.2–6.

Art. 127
V. Legitimation zur Anfechtung der Lastenverzeichnisse

[1] Die Kurrentgläubiger sind zur Anfechtung der Lastenverzeichnisse über die Grundstücke (Art. 125 hiervor) nicht berechtigt, soweit es sich nur um die Frage des Vorranges eines Pfandgläubigers vor dem andern handelt, und sie können sich auch nicht einer solchen von einem Pfandgläubiger gegen einen andern angestrengten Kollokationsklage anschliessen.

[2] Will ein Pfandgläubiger nur den Rang eines andern bestreiten, so hat er nur gegen diesen und nicht auch gleichzeitig gegen die Masse zu klagen.

1 Der Eigentümer eines Schuldbriefes kann als Grundpfandgläubiger nicht gleichzeitig ein **Faustpfandrecht** am Titel beanspruchen: BGE 105 III 122.

2 Der Faustpfandgläubiger an Eigentümerpfandtiteln ist im Konkurs des Eigentümers des belasteten Grundstückes berechtigt, auf die seit der Konkurseröffnung bis zur Verwertung auflaufenden **Miet- oder Pachtzinsforderungen** zu greifen: BGE 106 III 67.

3 Das Deckungsprinzip gilt für die Festsetzung des Mindestzuschlagspreises nicht für die in Betreibung gesetzte Forderung: BGE 107 III 124.

4 Faustpfandrecht an Eigentümerschuldbriefen, die ein Grundeigentümer zur Sicherstellung der Darlehensschuld eines **Dritten** verpfändet hat; Stellung des Faustpfandgläubigers im Konkurse des Verpfänders: BGE 107 III 128.

5 Ergibt sich bei der Verwertung des belasteten Grundstückes im Konkurs des Verpfänders ein **Pfandausfall**, so kann der Pfandgläubiger nicht im gleichen Konkurs eine entsprechende Forderung (in der dritten Klasse) kollozieren lassen; eine solche Pfandausfallforderung kann nur gegenüber dem Darlehensschuldner geltend gemacht werden: BfE 107 III 130 E.2–6.

Art. 128
VI. Zeitpunkt der Verwertung

[1] Wenn nach den Einträgen im Grundbuch oder dem Ergebnis des öffentlichen Aufrufes (Art. 123 hiervor) Pfandrechte oder andere beschränkte dingliche Rechte an dem Grundstück geltend gemacht werden, so darf die

Verwertung (Versteigerung oder Verkauf aus freier Hand), selbst im Falle der Dringlichkeit, erst stattfinden, nachdem das Kollokationsverfahren über diese Rechte durchgeführt und allfällige Kollokationsprozesse rechtskräftig erledigt sind.

[2] Ausnahmsweise können die Aufsichtsbehörden die Versteigerung schon vorher bewilligen, wenn keine berechtigten Interessen verletzt werden. In diesem Falle ist in den Steigerungsbedingungen auf einen allfällig pendenten Prozess hinzuweisen und eine vorläufige Eintragung im Grundbuch (Art. 961 ZGB) vorzumerken.

I. Allgemeines

1   VZG Art. 128 ist auf die Verwertung von **Fahrnis** nicht analog anwendbar. Die Verwertung von retinierten Gegenständen darf daher nach der zweiten Gläubigerversammlung ohne Rücksicht auf allfällige Kollokationsprozesse über das Retentionsrecht angeordnet werden: BGE 107 III 88.

2   Während der Hängigkeit der die Grundpfandbelastungen betreffenden **Kollokationsprozesse** darf das Grundstück nach Art. 128 weder versteigert noch aus freier Hand verkauft werden. Nur ausnahmsweise kann die AB nach Absatz 2 schon vorher eine Verwertung bewilligen: BGE 87 III 111.

II. Abs. 2

3   Voraussetzungen des **vorzeitigen Verkaufs**: BGE 111 III 78 E.1, 119 III 85;

– bedeutend höherer Erlös bei sofortigem Verkauf (weil rechtskräftige, aber zeitlich befristete Baubewilligung vorhanden): BGE 111 III 79 E.2–5.

4   Für die Erteilung der Bewilligung nach Abs. 2 ist eine sog. «Überdringlichkeit» der Verwertung Voraussetzung. Entscheid liegt weitgehend im Ermessen der kantonalen AB. Das Bundesgericht kann in diesem Punkt nur eingreifen, wenn die kantonalen Behörden Grundsätze verkannt oder bei ihrer Anwendung das ihnen zustehende Ermessen **überschritten** haben: BGE 72 III 27, 75 III 100, 78 III 80, 80 III 80.

5   Verbot der Verwertung eines Grundstücks während der **Hängigkeit eines Prozesses** über dingliche Lasten. Ausnahmen, Voraussetzungen; unaufschiebbare Reparaturen sind in der Regel kein hinreichender Grund: BGE 78 III 78.

6 Konkurs, vorzeitige Grundstücksverwertung. Voraussetzungen. Berücksichtigung der Werteinbusse, die daraus entstünde, dass der **Betrieb des Gemeinschuldners** vor der Verwertung eingestellt werden müsste, wenn damit bis nach Abschluss des Kollokationsverfahrens zugewartet würde: BGE 80 III 79.

7 **Keine besonderen Umstände** im Sinne der Rechtsprechung zu Art. 128 Abs. 2 sind z. B.: Zustimmung aller Grundpfandgläubiger zur vorzeitigen Verwertung, lange zu erwartende Dauer von hängigen Prozessen, Vermutung eines Vorteils, wenn mehrere Grundstücke miteinander versteigert werden können.

8 Die Bewilligung gemäss Absatz 2 ist zu erteilen, wenn ein ernsthaftes Kaufsangebot zu einem Preise vorliegt, der neben der Deckung der Kosten und Masseschulden die vollständige Befriedigung aller angemeldeten und noch nicht rechtskräftig abgewiesenen Konkursforderungen gestattet. In einem solchen Falle kann die vorzeitige Verwertung nicht bloss auf dem Wege der Versteigerung, sondern auch auf dem Wege des **Freihandverkaufs** erfolgen. Ein Freihandelsverkauf zu einem solchen Preis bedarf der Zustimmung der Gläubiger nicht, doch ist allen Gläubigern (und im Falle des Konkurses einer Aktiengesellschaft auch allen Aktionären) Gelegenheit zu geben, den angebotenen Preis zu überbieten: BGE 88 III 28; vgl. jetzt SchKG 256 III.

Art. 129
VII. Spezialanzeige

[1] In den Spezialanzeigen an die Pfandgläubiger nach Artikel 257 SchKG (Art. 71 der V vom 13. Juli 1911 über die Geschäftsführung der Konkursämter – KOV), ist denjenigen Gläubigern, denen nach dem Lastenverzeichnis (Art. 125 hiervor) ein anderes beschränktes dingliches Recht (Dienstbarkeit, Grundlast, Vorkaufsrecht usw.) im Range nachgeht, gleichzeitig anzuzeigen, dass sie binnen zehn Tagen beim Konkursamt schriftlich den doppelten Aufruf des Grundstücks im Sinne des Artikels 142 SchKG verlangen können, mit der Androhung, dass sonst Verzicht auf dieses Recht angenommen würde.

[2] Spezialanzeigen sind in entsprechender Anwendung von Artikel 30 Absatz 4 hiervor auch den Inhabern gesetzlicher Vorkaufsrechte im Sinne von Artikel 682 Absätze 1 und 2 ZGB zuzustellen.

1 Obligator. **Formular** KOV Nr. 8a.

2 Bei öffentlicher Versteigerung eines Grundstücks im Konkurse hat der Konkursit keinen Anspruch auf eine **besondere Anzeige** (BGE 94 III

101). Massgeblichkeit von Kollokationsplan und Lastenverzeichnis: BGE 112 III 31.

Art. 130
VIII. Steigerung

[1] Hinsichtlich der Steigerungsbedingungen und der Durchführung des Steigerungsverfahrens finden die Artikel 45–52, 56–70, 106 Absatz 2, 108 und 110 Absatz 2 hiervor entsprechende Anwendung.

[2] Die Konkursverwaltung kann sich in den Steigerungsbedingungen auf Grund eines Beschlusses der Gläubigerversammlung das Recht vorbehalten, den Zuschlag zu verweigern, falls das Höchstangebot nicht einen bestimmt zu bezeichnenden Betrag erreicht.

[3] Kommt es in einem solchen Falle nicht zu einem Freihandkauf, so kann in einer nachfolgenden neuen Steigerung auch zugeschlagen werden, wenn der gemäss Absatz 2 hiervor bezeichnete Mindestbetrag nicht erreicht wird.

[4] Die Bestimmung des Artikels 135 Absatz 1 Satz 2 SchKG findet im Konkursverfahren keine Anwendung.

Abs. 1

1 Lastenverzeichnis und Steigerungsprotokoll. Im letzteren (gegebenenfalls in dem diesem beigelegtem Beschrieb) sind **alle Gegenstände** genau zu umschreiben: BGE 75 III 100.

2 **Anfechtung** von Steigerungsbedingungen: BGE 105 III 6 E.2.

Abs. 2

3 Vgl. BGE 72 III 29. Bezüglich **Freihandverkauf** im summarischen Verfahren vgl. BGE 76 III 104 E.2.

Art. 130a
a. Besonderheiten der Verwertung eines Miteigentumsanteils
1. Grundbuchauszug. Anmeldung von Dienstbarkeiten

[1] Umfasst die Konkursmasse einen Miteigentumsanteil an einem Grundstück, so gilt Artikel 73 hiervor für den nach Artikel 26 KOV einzuholenden Grundbuchauszug entsprechend.

[2] Die Aufforderung zur Anmeldung von Dienstbarkeiten, die unter dem frühern kantonalen Recht ohne Eintragung in die öffentlichen Bücher entstanden und noch nicht eingetragen sind (Art. 123 hiervor), ist an die Inhaber solcher Dienstbarkeiten am Grundstück selbst und im Falle von Stockwerkeigentum, das vom frühern kantonalen Recht beherrscht wird

(Art. 20bis SchlT/ZGB), auch an die Inhaber solcher Dienstbarkeiten an dem zur Konkursmasse gehörenden Stockwerk zu richten.

Art. 130b
2. Anzeigen. Verwaltung

¹ Die Konkurseröffnung ist neben den am Miteigentumsanteil des Gemeinschuldners pfandberechtigten Gläubigern auch den Gläubigern anzuzeigen, denen das Grundstück als Ganzes verpfändet ist, doch sind diese nicht zur Einreichung der Pfandtitel aufzufordern.

² Hat der Gemeinschuldner einen Miteigentumsanteil an einem Grundstück, das einen Ertrag abwirft, so gilt Artikel 23*a* Buchstabe *c* Satz 1 hiervor entsprechend.

³ Auf die Verwaltung ist Artikel 23*c* Absatz 1 hiervor sinngemäss anwendbar.

Art. 130c
3. Lastenverzeichnis. Kollokationsplan

¹ Im Lastenverzeichnis (Art. 125 hiervor) sind nicht nur die Belastungen des Anteils, sondern auch diejenigen des Grundstücks selbst aufzuführen, und zwar getrennt.

² Pfandforderungen, die das Grundstück als ganzes belasten, sind mit dem auf den Gemeinschuldner entfallenden Teilbetrag, bei Solidarhaftung des Gemeinschuldners mit ihrem Gesamtbetrag, als ungesicherte Forderungen zu kollozieren (Art. 61 Abs. 1 KOV); dies für den Fall, dass die Einigungsverhandlungen nach Artikel 130*e* hiernach und Artikel 73*e* hiervor sowie die Versteigerung des Miteigentumsanteils des Gemeinschuldners zu den nach Artikel 130*f* hiernach und Artikel 73*g* hiervor geltenden Bedingungen ergebnislos bleiben.

1   Behandlung der **Konkursdividende** auf der nach Abs. 2 kollozierten Forderung: BGE 102 III 50 E.1, 2.

Art. 130d
4. Steigerungspublikation und Spezialanzeigen

¹ Die Steigerungspublikation (Art. 257 Abs. 1 und 2 SchKG) muss die in Artikel 73*a* Absatz 1 hiervor genannten Angaben enthalten.

² Spezialanzeigen (Art. 257 Abs. 3 SchKG, Art. 71 KOV, Art. 129 hiervor) sind auch den Gläubigern zuzustellen, denen das Grundstück selbst oder ein dieses belastender Pfandtitel verpfändet ist.

Art. 130e
5. Vorgehen bei Pfandbelastung des Grundstücks als solchem

Ist nach dem Ergebnis des Lastenbereinigungsverfahrens das Grundstück als ganzes pfandbelastet, so sind die Artikel 73e und 73f hiervor entsprechend anwendbar.

Art. 130f
6. Steigerungsbedingungen

Für die Steigerungsbedingungen gilt Artikel 73g hiervor entsprechend, jedoch ohne den in Absatz 2 dieser Bestimmung enthaltenen Vorbehalt von Artikel 832 Absatz 2 ZGB (Art. 130 Abs. 4 hiervor).

1 Bei **Scheitern der Versteigerung** ist Art. 126 Abs. 2 SchKG analog anzuwenden: BGE 102 III 57 E.5.

Art. 130g
7. Vorbehalt der Grundpfandbetreibung

[1] Dem Gläubiger einer das Grundstück als ganzes belastenden Pfandforderung bleibt vorbehalten, diese bei Fälligkeit schon während des Konkursverfahrens (Art. 89 Abs. 1 hiervor) auf dem Wege der Grundpfandbetreibung (Art. 106a hiervor) geltend zu machen.

[2] Erfolgt die Pfandverwertung vor Ausrichtung einer allfälligen Konkursdividende an den Pfandgläubiger, so ist Artikel 61 Absatz 2 KOV anwendbar. Vorbehalten bleibt Artikel 217 SchKG.

Art. 131
IX. Ausfallforderung

Die Ausfallforderung (Art. 143 Abs. 2 SchKG) ist, wenn sie bestritten und ihr Einzug durch die Konkursverwaltung nicht möglich ist, zur Geltendmachung nach Artikel 260 SchKG zunächst den ungedeckten Pfandgläubigern und eventuell hernach den Kurrentgläubigern anzubieten und, wenn keiner von ihnen die Abtretung verlangt, öffentlich zu versteigern. Artikel 72 hiervor findet entsprechende Anwendung.

Art. 132
X. Verteilung

Für die Verteilung des Erlöses finden die Bestimmungen der Artikel 115–118 hiervor entsprechende Anwendung.

Art. 133
aufgehoben

(Die Bestimmung ist ersetzt durch Art. 230a SchKG.)

Art. 134
aufgehoben
(Die Bestimmung ist ersetzt durch Art. 230a SchKG.)

Gebührenverordnung zum Bundesgesetz über Schuldbetreibung und Konkurs (GebV SchKG)

vom 23. September 1996
SR 281.35

Der Schweizerische Bundesrat,

gestützt auf Artikel 16 des Bundesgesetzes über Schuldbetreibung und Konkurs (SchKG),

verordnet:

1. Kapitel: Allgemeine Bestimmungen

Art. 1

Geltungsbereich

[1] Diese Verordnung regelt die Gebühren und Entschädigungen der Ämter, Behörden und übrigen Organe, die in Anwendung des SchKG oder anderer Erlasse des Bundes im Rahmen einer Zwangsvollstreckung, eines Nachlassverfahrens oder einer Notstundung Verrichtungen vornehmen.

[2] Für Verrichtungen, die in dieser Verordnung nicht besonders tarifiert sind, kann eine Gebühr bis zu 150 Franken erhoben werden. Die Aufsichtsbehörde kann höhere Gebühren festsetzen, wenn die Schwierigkeit der Sache, der Umfang der Bemühungen oder der Zeitaufwand es rechtfertigt

1 Missachtung des Artikels hat nicht **Nichtigkeit** zur Folge: BGE 103 III 46.

2 Beizug eines **Dritten** darf nicht zu einer die Ansätze der GebV SchKG übersteigenden Belastung der Masse führen: BGE 103 III 45. Vgl. aber Art. 30 Abs. 6.

3 Beurteilt sich der **Besoldungsanspruch** von Konkursbeamten teilweise auf Grund der GebVSchKG, so gelangt sie als kantonales Recht zur Anwendung, dessen Verletzung nicht mit Beschwerde gerügt werden kann: BGE 125 III 247 E. 2.

Art. 2
Aufsicht

Die Aufsichtsbehörde überwacht die Anwendung der Verordnung; den Betreibungs- und Konkursbeamten, ausseramtlichen Konkursverwaltern, Sachwaltern und Liquidatoren steht das Recht der Weiterziehung zu (Art. 18 und 19 SchKG).

1 AB sind nicht zuständig, **Honorar des Sachwalters** i.S. von 725a Abs. 2 OR festzusetzen: BGE 98 III 42. Vgl. auch Art. 55 GebV SchKG.

2 Zulässigkeit der **Beschwerde an das Bundesgericht**: BGE 126 III 491 E. 2.

Art. 3
Kostenrechnung

Auf Verlangen einer Partei wird auf deren Kosten eine detaillierte Kostenrechnung, welche die entsprechenden Bestimmungen dieser Verordnung nennen muss, erstellt; die Gebühr bestimmt sich nach Artikel 9.

Art. 4
Berechnung nach Zeitaufwand

1 Ist die Gebühr nach Zeitaufwand zu berechnen, so fällt die für den Gang oder die Reise beanspruchte Zeit ausser Betracht.

2 Der Bruchteil einer halben Stunde zählt als halbe Stunde.

3 Die Dauer der Verrichtung ist in der Urkunde anzugeben.

Art. 5
Berechnung nach Seitenzahl

1 Ist die Gebühr nach der Anzahl Seiten eines Schriftstückes zu berechnen, so gilt jede beschriebene Seite als ganze Seite.

2 Seiten, die ausschliesslich Standardtexte wie Gesetzestexte oder Erläuterungen enthalten, werden nicht gezählt.

Art. 6
Berechnung nach Forderungsbetrag

Ist die Gebühr nach dem Betrag der in Betreibung gesetzten Forderung zu berechnen, so fallen nicht bezifferte Zinsen ausser Betracht.

Art. 7
Zustellung auf Ersuchen eines andern Amtes
Die Gebühr für die Zustellung auf Ersuchen eines anderen Amtes, einschliesslich Eintragung, beträgt 10 Franken je Zustellung.

Art. 8
Nacht-, Sonntags- und Feiertagszuschlag
Die Gebühr wird verdoppelt, wenn die Verrichtung ausserhalb des Amtslokals in der Zeit von 20 Uhr bis 7 Uhr, an Sonntagen oder an staatlich anerkannten Feiertagen (Art. 56 Ziff. 1 SchKG) vorgenommen werden muss.

Art. 9
Schriftstücke
1 Die Gebühr für die Erstellung eines nicht besonders tarifierten Schriftstücks beträgt:

a.   8 Franken je Seite bis zu einer Anzahl von 20 Ausfertigungen;

b.   4 Franken je Seite für jede weitere Ausfertigung.

2 Schriftstücke im Geldverkehr und Aktenexemplare sind gebührenfrei.

3 Für Fotokopien aus bestehenden Akten kann das Amt eine Gebühr von 2 Franken je Kopie erheben.

4 Das Amt kann für das Ausfüllen von Formularen für Begehren eine Gebühr bis zu 5 Franken erheben.

Art. 10
Telefongespräche
Für ein Telefongespräch kann eine Gebühr von 5 Franken erhoben werden.

Art. 11
Öffentliche Bekanntmachungen
Die Gebühr für eine öffentliche Bekanntmachung beträgt bis 40 Franken. Übersteigt der Zeitaufwand eine halbe Stunde, so erhöht sich die Gebühr um 40 Franken für jede weitere halbe Stunde.

Art. 12
Akteneinsicht und Auskunft
1 Die Gebühr für die Vorlegung von Akten oder für Auskünfte aus Akten beträgt 9 Franken. Die Vorlegung von Forderungstiteln (Art. 73 SchKG) und Auskünfte darüber sind gebührenfrei.

[2] Übersteigt der Zeitaufwand eine halbe Stunde, so erhöht sich die Gebühr um 40 Franken für jede weitere halbe Stunde.

[3] Für schriftliche Auskünfte wird zusätzlich die Gebühr nach Artikel 9 erhoben.

Art. 13
Auslagen im allgemeinen

[1] Unter Vorbehalt der Absätze 2 und 3 sind alle Auslagen, wie Verwaltungskosten, Post- und Fernmeldetaxen, Honorare für Sachverständige, Kosten für den Beizug der Polizei sowie Bankspesen zu ersetzen. Die Mehrkosten einer Nachnahme trägt die Partei, welche sie verursacht.

[2] Bei Zustellung durch das Amt gelten als Auslagen nur die dadurch eingesparten Posttaxen.

[3] Keinen Anspruch auf Ersatz begründen:

a. Kosten des Materials und der Vervielfältigung gebührenpflichtiger Schriftstücke;

b. die allgemeinen Telekommunikationsgebühren;

c. Postkontotaxen, unter Vorbehalt von Artikel 19 Abs. 3;

d. Die Einschreibegebühr bei Zustellung eines Zahlungsbefehls, einer Pfändungsankündigung oder einer Konkursandrohung durch das Amt.

Art. 14
Wegentschädigung, Spesenvergütung

[1] Die Wegentschädigung, einschliesslich Transportkosten, beträgt 2 Franken für jeden Kilometer des Hin- und des Rückweges.

[2] Die Entschädigung für Mahlzeiten, Übernachtungen und Nebenauslagen bestimmt sich nach Artikel 47 Absatz 2 der Beamtenordnung (1) vom 10. November 1959.

[3] Die Aufsichtsbehörde kann in besonderen Fällen die Entschädigung angemessen erhöhen, wenn die Entlegenheit des Ortes einen Aufwand an Zeit oder Kosten verursacht, den die in den Absätzen 1 und 2 vorgesehene Entschädigung offensichtlich nicht deckt.

1 Entschädigung der Mitglieder des **Gläubigerausschusses**: BGE 103 III 69 E.5.

Art. 15
Mehrere Verrichtungen

¹ Mehrere Verrichtungen sind soweit möglich miteinander zu besorgen; die Wegentschädigung ist auf die verschiedenen Verrichtungen zu gleichen Teilen umzulegen.

² Werden an mehreren Orten Verrichtungen besorgt, so ist die Entschädigung nach der Entfernung der Orte verhältnismässig auf die einzelnen Verrichtungen umzulegen.

2. Kapitel: Gebühren des Betreibungsamtes

Art. 16
Zahlungsbefehl

¹ Die Gebühr für den Erlass, die doppelte Ausfertigung, die Eintragung und die Zustellung des Zahlungsbefehls bemisst sich nach der Forderung und beträgt:

Forderung/Franken				Gebühr/Franken
bis			100	7.–
über	100	bis	500	20.–
über	500	bis	1'000	40.–
über	1'000	bis	10'000	60.–
über	10'000	bis	100'000	90.–
über	100'000	bis	1'000'000	190.–
über	1'000'000			400.–

² Die Gebühr für jede weitere doppelte Ausfertigung beträgt die Hälfte der Gebühr nach Absatz 1.

³ Die Gebühr für jeden Zustellungsversuch beträgt 7 Franken je Zahlungsbefehl.

⁴ Die Gebühr für die Eintragung eines vor Ausfertigung des Zahlungsbefehls zurückgezogenen Betreibungsbegehrens beträgt, ohne Rücksicht auf die Höhe der Forderung, 5 Franken.

Art. 17
Feststellung von Miete und Pacht

Die Gebühr für die Feststellung der Miet- und Pachtverhältnisse bei Grundstücken beträgt 40 Franken je halbe Stunde.

Art. 18
Rechtsvorschlag
Die mit dem Rechtsvorschlag verbundenen Verrichtungen sind gebührenfrei.

Art. 19
Einzahlung und Überweisung
[1] Die Gebühr für die Entgegennahme einer Zahlung und deren Überweisung an einen Gläubiger bemisst sich nach der betreffenden Summe und beträgt:

Summe/Franken	Gebühr/Franken
bis 1'000	5.–
über 1'000	5 Promille, jedoch höchstens 500.–

[2] Einzahlungen des Amtes auf ein Depot und Abhebungen sind gebührenfrei (Art. 9 SchKG).

[3] Auslagen für die Überweisung von Zahlungen an einen Gläubiger gehen zu seinen Lasten.

Art. 20
Vollzug der Pfändung
[1] Die Gebühr für den Vollzug einer Pfändung, einschliesslich Abfassung der Pfändungsurkunde, bemisst sich nach der Forderung und beträgt:

Forderung/Franken			Gebühr/Franken
bis		100	10.–
über	100	bis 500	25.–
über	500	bis 1'000	45.–
über	1'000	bis 10'000	65.–
über	10'000	bis 100'000	90.–
über	100'000	bis 1'000'000	190.–
über	1'000'000		400.–

[2] Die Gebühr für eine fruchtlose Pfändung beträgt die Hälfte der Gebühr nach Absatz 1, jedoch mindestens 10 Franken. Für einen erfolglosen Pfändungsversuch beträgt die Gebühr 10 Franken.

[3] Erfordert der Vollzug mehr als eine Stunde, so erhöht sich die Gebühr um 40 Franken für jede weitere halbe Stunde.

[4] Die Gebühr für die Protokollierung des Fortsetzungsbegehrens, das infolge Zahlung, Rückzug des Fortsetzungsbegehrens, Einstellung oder Aufhebung der Betreibung zu keiner Pfändung führt, beträgt 5 Franken.

Art. 21
Arrestvollzug und Aufnahme eines Retentionsverzeichnisses
Die Gebühr für den Arrestvollzug und für die Aufnahme eines Retentionsverzeichnisses bemisst sich nach Artikel 20.

Art. 22
Ergänzung der Pfändung und Nachpfändung, Pfändungsanschluss und Revision von Einkommenspfändungen
[1] Die Gebühr für eine Ergänzung der Pfändung (Art. 110 und 111 SchKG) und für eine Nachpfändung von Amtes wegen (Art. 145 SchKG) oder auf Begehren eines Gläubigers bestimmt sich nach Artikel 20.

[2] Die Gebühr für die Vormerkung der Teilnahme eines weiteren Gläubigers an der Pfändung ohne Ergänzung derselben beträgt 6 Franken.

[3] Die Gebühr für die Revision der Einkommenspfändung (Art. 93 SchKG) beträgt die Hälfte der Gebühr nach Artikel 20 Absatz 1.

Art. 23
Pfändung für mehrere Forderungen
[1] Die gleichzeitige Pfändung für mehrere Forderungen gegen denselben Schuldner gilt als eine Pfändung. Die Gebühr bemisst sich nach dem Gesamtbetrag der Forderungen.

[2] Gebühren und Auslagen sind auf die einzelnen Betreibungen im Verhältnis der Forderungsbeträge zu verteilen.

[3] Verursacht ein Gläubiger zusätzliche Gebühren und Auslagen, so sind diese einzeln nach dem Verursacherprinzip zu verrechnen.

Art. 24
Abschrift der Pfändungsurkunde
Die Gebühr für die Abschrift der Pfändungsurkunde (Art. 112 SchKG) oder eines Nachtrages dazu (Art. 113 SchKG) bestimmt sich nach Artikel 9 Absatz 1.

Art. 25
Beweismittel für Drittansprüche

Die Gebühr für die Vorlegung der Beweismittel für einen Drittanspruch im Pfändungs-, Arrest- oder Retentionsverfahren geht zu Lasten des Gesuchstellers und bestimmt sich nach Artikel 12.

Art. 26
Verwahrung beweglicher Sachen

[1] Die Gebühr für die Verwahrung von gepfändeten oder arrestierten Wertschriften sowie von Wertschriften, die zur Faustpfandverwertung eingeliefert wurden, beträgt monatlich 0,3 Promille vom Kurswert oder, wenn dieser nicht feststellbar ist, vom Schätzungswert, höchstens jedoch 500 Franken insgesamt je Verwahrung.

[2] Die Gebühr für die Verwahrung von Pfandtiteln, die beim Gläubiger in der Betreibung auf Grundpfandverwertung eingefordert wurden, beträgt monatlich 0,1 Promille vom Nennwert, höchstens jedoch 500 Franken insgesamt je Verwahrung.

[3] Die Gebühr für die Verwahrung einer anderen Wertsache beträgt je Stück 5 Franken monatlich.

[4] Das Amt setzt für die Verwahrung von Gebrauchs- oder Verbrauchsgegenständen, unter Berücksichtigung des Schätzungswertes, eine angemessene Gebühr fest.

Art. 27
Verwaltung von Grundstücken

[1] Die Gebühr für die Verwaltung von Grundstücken, einschliesslich Abschluss von Miet- oder Pachtverträgen sowie Buch- und Rechnungsführung, beträgt 5 Prozent der während der Dauer der Verwaltung erzielten oder erzielbaren Miet- oder Pachtzinse.

[2] Wird das Grundstück nicht genutzt, so beträgt die jährliche Gebühr 1 Promille des Schätzungswertes des Grundstücks.

[3] Die tatsächlichen Verwaltungskosten (Unkosten, Barauslagen) gelten als Auslagen.

[4] Die Aufsichtsbehörde kann in besonderen Fällen die Gebühr angemessen erhöhen.

Abs. 1

1 Abschliessende Abgeltung einer **Pauschalgebühr**: BGE 126 III 491 E. 3.

Art. 28
Schätzung von Pfändern
Gebühren und Auslagen für die Schätzung von Faustpfändern und Grundstücken bei Betreibung auf Pfandverwertung, einschliesslich Abfassung der Schätzungsurkunde, bestimmen sich nach Artikel 20.

Art. 29
Lastenverzeichnis und Steigerungsbedingungen
[1] Die Gebühr für die Aufstellung des Lastenverzeichnisses beträgt 300 Franken für jedes Grundstück.

[2] Die Gebühr für die Festsetzung der Steigerungsbedingungen beträgt 150 Franken für jedes Grundstück.

[3] Sind für bewegliche Sachen besondere Steigerungsbedingungen festzusetzen, so beträgt die Gebühr 100 Franken.

[4] Die Gebühr für die Bereinigung des Lastenverzeichnisses und der Steigerungsbedingungen für weitere Steigerungen beträgt die Hälfte der Gebühren nach den Absätzen 1 und 2.

Art. 30
Versteigerung, Freihandverkauf und Ausverkauf
[1] Die Gebühr für die Vorbereitung und Durchführung einer Versteigerung, eines Freihandverkaufs oder eines Ausverkaufs, einschliesslich Abfassung des Protokolls, bemisst sich:

a.   bei der Versteigerung nach dem gesamten Zuschlagspreis;

b.   beim Freihandverkauf nach dem gesamten Kaufpreis;

c.   beim Ausverkauf nach dem gesamten Erlös.

[2] Sie beträgt:

Zuschlagspreis, oder Erlös/Franken		Kaufpreis	Gebühr/Franken
bis		500	10.–
über 500	bis	1'000	50.–
über 1'000	bis	10'000	100.–
über 10'000	bis	100'000	200.–
über 100'000			2 Promille

[3] Die Gebühr darf auf keinen Fall den erzielten Erlös übersteigen.

4 Findet sich kein Erwerber, so bemisst sich die Gebühr nach dem Schätzungswert und vermindert sich um die Hälfte, beträgt aber höchstens 1000 Franken.

5 Dauert die Verwertung länger als eine Stunde, so erhöht sich die Gebühr um 40 Franken für jede weitere halbe Stunde.

6 Die Kosten für Gehilfen und Lokale gelten als Auslagen.

7 Die Gebühr für die Eintragung des Verwertungsbegehrens beträgt 5 Franken, wenn die Verwertung infolge Zahlung, Rückzug des Begehrens oder Einstellung der Betreibung nicht durchgeführt wird. Erfolgt der Rückzug oder die Zahlung erst nach der Bekanntmachung, so bemisst sich die Gebühr nach Absatz 4.

Art. 31
Verwertung aus mehreren Betreibungen
Werden Gegenstände aus verschiedenen Betreibungen gleichzeitig verwertet, so ist die Verwertungsgebühr nach dem Gesamterlös zu berechnen. Dieser Betrag ist auf die einzelnen Betreibungen zu verteilen, und zwar im Verhältnis des Erlöses aus den betreffenden Objekten oder, wenn sich kein Erwerber findet, im Verhältnis zu den Schätzungswerten.

Art. 32
Mitteilungen an das Grundbuchamt
Die Gebühr für die doppelt auszufertigende Mitteilung einer Handänderung an das Grundbuchamt sowie die Veranlassung der erforderlichen Löschungen und Umschreibungen (Art. 150 Abs. 3 SchKG) beträgt 100 Franken.

Art. 33
Einzug und Überweisung
Die Gebühr für den Einzug des Verwertungserlöses und der Zahlungen aus Einkommenspfändungen und deren Überweisung an einen Gläubiger bestimmt sich nach Artikel 19; überbundene Beträge gelten nicht als Verwertungserlös.

Art. 34
Erstellung des Kollokations- und Verteilungsplans
1 Die Gebühr für die Erstellung eines Kollokations- und Verteilungsplanes beträgt:

a. 25 Franken für die erste Seite bei beweglichen Sachen und Forderungen;

b. 70 Franken für die erste Seite bei Grundstücken allein oder zusammen mit beweglichen Sachen oder Forderungen;

c. 8 Franken für jede weitere Seite.

2 Die Gebühr für die Abrechnung einer Einkommenspfändung, für die kein Verteilungsplan notwendig ist, beträgt 10 Franken je Betreibung.

Art. 35
Anweisung von Forderungen

1 Die Gebühr für die Anweisung von Forderungen des Schuldners an Zahlungs Statt (Art. 131 Abs. 1 SchKG) bestimmt sich sinngemäss nach Artikel 19 Absatz 1.

2 Die Gebühr für die Anweisung von Forderungen des Schuldners zur Eintreibung (Art. 131 Abs. 2 SchKG) beträgt 20 Franken.

Art. 36
Besondere Art der Abgeltung

Die Gebühr für die Feststellung, dass eine in bar zu tilgende Forderung auf andere Weise abgegolten wird, beträgt 20 Franken.

Art. 37
Eigentumsvorbehalt

1 Die Gebühr für die Verrichtungen bei der Eintragung von Eigentumsvorbehalten nach Verordnung vom 19. Dezember 1910 betreffend die Eintragung der Eigentumsvorbehalte geht zu Lasten des Antragstellers und beträgt:

Restschuld/Franken	Gebühr/Franken
a. für die Eintragung des Eigentumsvorbehaltes:	
bis 1'000	25.–
über 1'000 bis 5'000	50.–
über 5'000 bis 10'000	60.–
über 10'000	6 Promille, jedoch höchstens 150.–
b. für die Eintragung einer Zession	10.–
c. für die Vorlegung des Registers oder für eine sich darauf abstützende Auskunft	9.–
d. für Auszüge, Bescheinigungen und schriftliche überdies für jede Seite	8.–

[2] Die Löschung einer Eintragung und die Bestätigung von Verrichtungen im Sinne von Absatz 1 Buchstaben a und b auf dem Vertrag sind gebührenfrei.

[3] Im Falle des Verkaufs derselben Sache an mehrere Erwerber mit Wohnsitz im gleichen Registerkreis ist nur eine Gebühr geschuldet.

Art. 38
Selbständige Festsetzung des Kompetenzbetrages

[1] Die Gebühr für die Festsetzung des Kompetenzbetrages ausserhalb der Zwangsvollstreckung geht zu Lasten des Gesuchstellers und beträgt 40 Franken.

[2] Dauert die Verrichtung länger als eine Stunde, so beträgt die Gebühr 40 Franken für jede weitere halbe Stunde.

Art. 39
Konkursandrohung

Die Gebühr für den Erlass der Konkursandrohung bestimmt sich nach Artikel 16.

Art. 40
Güterverzeichnis
Die Gebühr für die Erstellung eines Güterverzeichnisses (Art. 162 und 163 SchKG) beträgt 40 Franken je halbe Stunde.

Art. 41
Löschung eines Verlustscheines
Die Löschung eines Verlustscheines ist gebührenfrei.

Art. 42
Übrige Eintragungen
Die Gebühr für eine in den Artikeln 16–41 nicht besonders tarifierte Eintragung beträgt 5 Franken.

3. Kapitel: Gebühren im Konkursverfahren

Art. 43
Geltungsbereich
Die Gebühren nach den Artikeln 44–46 gelten sowohl für die amtliche wie für die ausseramtliche Konkursverwaltung.

Art. 44
Feststellung der Konkursmasse
Die Gebühr beträgt 50 Franken je halbe Stunde für die:

a. Schliessung und Versiegelung sowie andere sichernde Massnahmen;

b. Einvernahme des Konkursiten oder anderer Personen;

c. Aufnahme und Bewertung der Aktiven;

d. Reinschrift des Inventars;

e. Aufstellung eines vorläufigen Gläubigerverzeichnisses.

Art. 45
Gläubigerversammlung
Die Gebühr für die Ausarbeitung des Berichtes an die Gläubigerversammlung, für deren Leitung und für die Protokollierung bemisst sich nach den durch das Inventar ausgewiesenen Aktiven und beträgt:

Aktiven/Franken	Gebühr/Franken
Bis 500'000	400.–
Über 500'000	1'000.–

Art. 46
Andere Verrichtungen

¹ Die Gebühr beträgt:

a. 20 Franken für die Einschreibung und Prüfung jeder Konkursforderung, einschliesslich der Abfassung, Reinschrift und Auflegung des Kollokationsplanes;

b. 20 Franken für eine Verfügung über einen Eigentumsanspruch;

c. je 200 Franken für die Schlussrechnung, den Verteilungsplan und den Schlussbericht an das Konkursgericht; dauert die Verrichtung länger als eine Stunde, so erhöht sich die Gebühr um 50 Franken je weitere halbe Stunde;

d. 20 Franken für eine Abtretung von Rechtsansprüchen auf Verlangen eines Gläubigers.

² Im übrigen bestimmen sich die Gebühren sinngemäss nach:

a. den Artikeln 26 und 27 für die Verwahrung und Verwaltung von Gegenständen des Massevermögens;

b. Artikel 19 für den Einzug von Forderungen und für die Begleichung von Masseschulden;

c. den Artikeln 29, 30, 32 und 36 für die Verwertung des Massevermögens;

d. Artikel 33 für die Verteilung des Erlöses.

³ Die Entschädigung je halbe Sitzungsstunde beträgt:

a. 60 Franken für den Präsidenten des Gläubigerausschusses und den Protokollführer;

b. 50 Franken für die übrigen Mitglieder des Gläubigerausschusses und den Konkursverwalter, der nicht als Protokollführer mitwirkt.

⁴ Für Verrichtungen ausserhalb von Sitzungen beträgt die Entschädigung für den Präsidenten und die übrigen Mitglieder des Gläubigerausschusses 50 Franken je halbe Stunde.

Abs. 3 lit. b

1 Vgl. BGE 103 III 67 E.3.

Art. 47
Anspruchsvolle Verfahren

¹ Für Verfahren, die besondere Abklärungen des Sachverhaltes oder von Rechtsfragen erfordern, setzt die Aufsichtsbehörde das Entgelt für die amtliche und die ausseramtliche Konkursverwaltung fest; sie berücksich-

tigt dabei namentlich die Schwierigkeit und die Bedeutung der Sache, den Umfang der Bemühungen sowie den Zeitaufwand.

[2] Ferner kann in solchen Verfahren die Aufsichtsbehörde sowohl bei amtlicher wie bei ausseramtlicher Konkursverwaltung die Entschädigungsansätze für die Mitglieder des Gläubigerausschusses (Art. 46 Abs. 3 und 4) erhöhen.

1   Anwendbarkeit: BGE 103 III 67 E.3.

2 Bei der Festsetzung der Pauschalgebühr zu beachtende **Kriterien:** BGE 108 III 69 E.2.

3   Fall des schwierigen Verfahrens: BGE 114 III 44 E.1.

4. Kapitel: Gerichtsgebühren
Abschnitt: Allgemeine Bestimmungen

1 Übereinstimmung mit dem **alten Recht:** BGE 123 III 272 E. 4a. 2)

2 Massgeblichkeit der Spruchgebühren im **kantonalen Rechtmittelverfahren:** BGE 124 III 265.

Art. 48
Spruchgebühr

Sofern diese Verordnung nichts anderes vorsieht, bestimmt sich die Spruchgebühr für einen gerichtlichen Entscheid in betreibungsrechtlichen Summarsachen (Art. 25 Ziff. 2 SchKG) wie folgt nach dem Streitwert:

Streitwert Fr.			Gebühr Fr.
bis		1'000	40– 150
über	1'000	bis 10'000	50– 300
über	10'000	bis 100'000	60– 500
über	100'000	bis 1'000'000	70–1000
über	1'000'000		120–2000

Art. 49
Pauschalgebühr und Kostenvorschuss

[1] Die Spruchgebühr ist eine Pauschale, durch die auch sämtliche Auslagen abgedeckt sind.

[2] Sie ist von der Partei vorzuschiessen, die das Gericht angerufen oder einen Entscheid weitergezogen hat. Artikel 194 Abs. 1 zweiter Satz SchKG bleibt vorbehalten.

Art. 50
Kantonale Tarife
Im ordentlichen und im beschleunigten Zivilprozess bestimmen sich die Gerichtskosten nach kantonalem Recht.

2. Abschnitt: Betreibungs- und Konkurssachen

Art. 51
Aufhebung des Rechtsstillstandes
Die Gebühr für einen Entscheid über Aufhebung des Rechtsstillstandes (Art. 57 d SchKG) beträgt 40–150 Franken.

Art. 52
Konkurseröffnung
Die Gebühr für den Entscheid über die Konkurseröffnung beträgt:

a. in nicht streitigen Fällen 40–200 Franken;
b. in streitigen Fällen 50–500 Franken.

Art. 53
Andere Verfügungen des Konkursgerichts
Die Gebühr beträgt 40–200 Franken für:

a. vorsorgliche Anordnungen;
b. die Einstellung des Konkurses;
c. die Anordnung des summarischen Verfahrens;
d. den Widerruf des Konkurses;
e. das Schlussdekret.

3. Abschnitt: Nachlassverfahren, Schuldenbereinigung und Notstundung

Art. 54
Nachlassstundung
Die Gebühr für Entscheide des Nachlassgerichts beträgt 200–2500 Franken; das Nachlassgericht kann sie in besonderen Fällen bis auf 5000 Franken erhöhen.

Art. 55

Honorar der Organe

[1] Das Nachlassgericht setzt das Honorar des Sachwalters sowie im Falle eines Liquidationsvergleichs das Honorar der Liquidatoren und der Mitglieder des Gläubigerausschusses pauschal fest.

[2] Im Falle eines Nachlassvertrages im Konkurs setzt die Aufsichtsbehörde das Honorar der Konkursverwaltung pauschal fest.

[3] Bei der Festsetzung des Honorars nach den Absätzen 1 und 2 werden namentlich die Schwierigkeit und die Bedeutung der Sache, der Umfang der Bemühungen, der Zeitaufwand sowie die Auslagen berücksichtigt.

Abs. 1

1 Der Sachwalter kann Vorschüsse verlangen: BGE 105 III 26 E.4c.

Art. 56

Einvernehmliche private Schuldenbereinigung

[1] Die Gebühr für Bewilligung, Verlängerung oder Widerruf der Stundung beträgt 40–200 Franken.

[2] Für die Festsetzung des Honorars des Sachwalters gilt Artikel 55 sinngemäss.

Art. 57

Notstundung

Gebühren und Honorare im Notstundungsverfahren bestimmen sich sinngemäss nach den Artikeln 40, 54 und 55.

4. Abschnitt: Stundungs-, Konkurs- und Nachlassverfahren über Banken

Art. 58

Stundung

[1] Die Gebühr für Entscheide des Stundungsgerichts im Stundungsverfahren über Banken und Sparkassen (Art. 29–35 des Bankengesetzes) beträgt höchstens 7000 Franken.

[2] Das Stundungsgericht holt vor der Ernennung des Kommissärs in der Regel Offerten ein und legt das Honorar pauschal oder mittels Stundenansatz fest.

Art. 59
Konkurs

[1] Die Gebühr für Entscheide des Konkursgerichts im Konkursverfahren einer Bank (Art. 36 des Bankengesetzes) beträgt:

a. 200–2000 Franken für die Konkurseröffnung in nicht streitigen Fällen;

b. 500–7000 Franken für die Konkurseröffnung in streitigen Fällen;

c. 100–1000 Franken für andere Verfügungen.

[2] Das Konkursgericht holt vor der Ernennung der Konkursverwaltung oder des an ihre Stelle tretenden Kommissärs in der Regel Offerten ein und legt das Honorar pauschal oder mittels Stundenansatz fest.

Art. 60
Nachlass

[1] Die Gebühr für Entscheide der Nachlassbehörde im Nachlassverfahren einer Bank (Art. 37 des Bankengesetzes) beträgt höchstens 7000 Franken.

[2] Die Nachlassbehörde holt vor der Ernennung des Sachwalters und des Liquidators in der Regel Offerten ein und legt das Honorar pauschal oder mittels Stundenansatz fest. Das Honorar des Gläubigerausschusses wird durch die Nachlassbehörde pauschal oder mittels Stundenansatz festgelegt.

1 Vgl. BGE 104 III 62, 106.

5. Abschnitt: Weiterziehung und Beschwerdeverfahren; Parteientschädigung

Art. 61
Gebühren

[1] Das obere Gericht, an das eine betreibungsrechtliche Summarsache (Art. 25 Ziff. 2 SchKG) weitergezogen wird, kann für seinen Entscheid eine Gebühr erheben, die höchstens das Anderthalbfache der für die Vorinstanz zulässigen Gebühr beträgt.

[2] Unentgeltlich sind:

a. das Beschwerdeverfahren und die Weiterziehung eines Beschwerdeentscheides (Art. 17–19 SchKG);

b. im Stundungs-, Konkurs- und Nachlassverfahren der Banken das Beschwerdeverfahren vor dem Stundungsgericht, dem Konkursgericht und der Nachlassbehörde.

Art. 62
Parteientschädigung

[1] In betreibungsrechtlichen Summarsachen (Art. 25 Ziff. 2 SchKG) kann das Gericht der obsiegenden Partei auf Verlangen für Zeitversäumnisse und Auslagen auf Kosten der unterliegenden Partei eine angemessene Entschädigung zusprechen, deren Höhe im Entscheid festzusetzen ist.

[2] Im Beschwerdeverfahren nach den Artikeln 17–19 des SchKG darf keine Parteientschädigung zugesprochen werden.

1 Fall von **Konkurseröffnung**: Anspruch auf Beizug eines Anwaltes: BGE 113 III 109.

2 Anwendbarkeit von Abs. 2

– auf Beschwerden gegen Entscheide im **Bankennachlassverfahren:** BGE 102 III 48 E.4.

– im Rekurs- (jetzt Beschwerde)verfahren **vor Bundesgericht**: BGE 112 III 58 E.6, 99 E.7, 127 E.7.

3 Gesetzwidrig i.S. von SchKG Art. 19 Abs. 1 ist ein Entscheid nur, wenn er gegen **schweizerisches Bundesrecht** mit Einschluss der völkerrechtlichen Verträge des Bundes verstösst: BGE 96 III 65.

5. Kapitel: Schlussbestimmungen

[1] Die Gebührenverordnung vom 7. Juli 1971 zum Bundesgesetz über Schuldbetreibung und Konkurs wird aufgehoben. Sie findet jedoch Anwendung auf Verrichtungen, die bis 31. Dezember 1996 vorgenommen wurden und für welche später abgerechnet wird.

Art. 63
[2] Diese Verordnung tritt am 1. Januar 1997 in Kraft.

Sachregister

Im nachstehenden Sachregister sind unter den Stichworten aufgeführt die Artikel des SchKG und die zugehörigen Kommentar-Noten, welche die fragliche Materie behandeln. Angegeben sind auch die entsprechenden Artikel der Verordnungen.

Darstellung

Es werden nach jedem Stichwort die Artikelnummer mit der/den Note(n), wobei ohne besondere Angabe immer das SchKG gemeint ist, oder die bezügliche Verordnung angegeben.

A

G

L

M

6 5 4 3 2 1